대륙을 질주하는 검은 말
후진타오

胡錦濤傳
Copyright © 2002 by Mirror Books
All rights reserved.
Korean Translation Copyright © 2004 by DULNYOUK Publishing Co.
Korean edition is published by arrangement with Mirror Books
through BookCosmos, Seoul.

이 책의 한국어판 저작권은 북코스모스를 통한
저작권자와의 독점 계약으로 들녘에 있습니다.
신저작권법에 의해 한국 내에서 보호를 받는 저작물이므로
무단전재와 무단복제를 금합니다.

대륙을 질주하는 검은 말 후진타오
ⓒ 들녘 2004

초판 1쇄 발행일 · 2004년 10월 13일
초판 7쇄 발행일 · 2004년 12월 15일

지은이 · 런즈추/ 원쓰융
옮긴이 · 임국웅
펴낸이 · 이정원

펴낸곳 · 도서출판 들녘
등록일자 · 1987년 12월 12일
등록번호 · 10-156
주소 · 서울시 마포구 서교동 394-14 명성빌딩 2층
전화 · 마케팅 (02)323-7849 편집 (02)323-7366
팩시밀리 · (02)338-9640
홈페이지 · www.ddd21.co.kr

*값은 뒤표지에 있습니다. 잘못된 책은 구입하신 곳에서 바꿔드립니다.
ISBN · 89-7527-449-7 (03820)

胡錦濤

대륙을 질주하는 검은 말
후진타오

런즈추 · 원쓰융 지음 | **임국웅** 옮김

들녘

|차 례|

■ 들어가는 글

후진타오, 그는 누구인가 · 7

1
인걸이 났으니 그곳이 명승지 · 23
(1942~1959)

2
공정사의 요람 · 55
(1959~1968)

3
서북에서 장안을 바라보다 · 109
(1968~1982)

4
가장 훌륭한 제2인자 · 161
(1983~1985)

5
야랑국으로 내려가다 · 227
(1985~1988)

6
세계의 지붕은 하늘 밖의 하늘이다 · 283
(1989~1991)

7
두 번째 발사된 로케트 · 333
(1992년)

|차 례|

8
높은 곳은 찬바람이 세다 · 365
(1992~1997)

9
무대 뒤에서 무대 앞으로 · 419
(1998~2002)

10
공청단파의 새로운 리더 · 497

11
공산당의 후계자인가,
공산당의 무덤을 파는 사람인가 · 557

■ 결론 아닌 글
　평행봉 위의 말 · 595

■ 부록 / 중공 계승제도의 말로 · 606
■ 저자 후기 · 634
■ 후진타오 연보 · 638
■ 참고자료 · 658

일러두기

* 이 책의 중국 인명, 지명은 현재 외래어 표기법에 따라 중국어 원음대로 표기했으며
단, 신해혁명 이전은 우리 한자음대로 표기했음을 밝힙니다.

(예) 마오쩌둥(毛澤東), 공자(孔子)

■ 들어가는 글

후진타오, 그는 누구인가

후진타오는 말띠다. 10년 전 그가 50세일 때 사람들은 그를 설산에서 뛰어나온 '검은 말'이라고 표현했다. 10년 후의 말띠 해에 그는 60회갑의 나이다. 이제는 이미 '길을 아는 늙은 말'이라고 할 수 있다. 그는 중국공산당의 새로운 지도자이지만 사람들은 여전히 그를 두고 "춘풍에 돛단 격으로 말발굽소리 울리겠는가", 아니면 "흰 눈밭에 빈 말발자국만 남기겠는가"라고 회의 섞인 말을 한다.

2002년 봄, 중국의 지도자인 장쩌민江澤民, 리펑李鵬, 주룽지朱鎔基, 원자바오溫家寶 등이 잇달아 출국 방문을 통한 외교 공세를 진행했다. 후진타오는 말레이시아와 싱가포르, 그리고 미국을 방문했다. 그는 가장 마지막으로 출국 방문한 사람이다. 그러나 그의 출국 방문은 사람들의 주목을 가장 많이 받아, 해외 언론에서는 전에 없는 특별한 관심을 보여주었다. 후진타오의 성장 과정과 경력 등에 대해 폭넓은 보도를 펼쳤다. 언론 매체에서 '후진타오 열풍'을 일으킨 것이다.

언론에 보도된 다음의 내용은 제법 음미할 만하다.

4월 25일은 후진타오가 말레이시아를 방문한 지 사흘째 되는 날이다. 주최측은 휴가지로 빈랑도의 손중산 옛집과 호접원을 방문하도록 배치했으며, 중국 수리전력대회공사에서 건설한 언제堰堤를 방문하는 일정을 짰다. 언제의 방문은 아마 중국의 귀빈이 칭화대학 수리공정학과를 전공한 배경을 염두에 두었을 것이다.

출렁이는 파도와 넘실거리는 햇살 아래 펼쳐진 유람이기 때문에 기자들과 대담하는 후진타오의 얼굴에도 여유가 넘쳤다. 그들은 대화 도중 해외에서는 후진타오에 대해 '신비하고 추측이 불가능한 인물'이라는 평가를 하고 있다는 말을 꺼냈다. 이때 후진타오는 뜻밖에도 얼굴에 환한 웃음을 띠며 '항의'를 했다. 그는 "나를 그렇게 표현하는 것은 공평하지 못합니다"라고 말했다.

공평하지 못하다? 그렇다면 후진타오가 '신비하고 추측이 불가능한' 인물이 아니란 말인가?

설문조사에서 일치한 답

'후진타오는 어떤 사람인가?'

필자는 2001년 6월부터 중국 대륙과 미국에서 각 분야의 사람들을 대상으로 설문조사를 실시했다. 그 설문조사에 위의 문항이 있었다. 설문조사지는 238부, 즉 238명이 이 설문조사에 응해주었다. 그런데 위의 문항에 대해 누구나 할 것 없이 모두 다 모른다고 답했다.

이 설문에 참가한 사람으로는 중국공산당 중층 지도자와 기층 지도자들이 총망라되어 있었다. 베이징北京, 상하이上海와 광저우廣州 대학교 교수, 중앙 1급의 정책연구 부문의 전문가, 언론사 주필 등이 포함되어 있었다. 그들 중 많은 사람이 후진타오를 직접 만났거나 사업적으로 후진타오와 관련이 있었고, 간접적으로나마 후진타오와 왕래가 있는 사람도 있었다. 이들은 후진타오를 언급할 때면 습관적으로 '진타오 동지'라고 부르는 사람들이다. 그러나 그들은 위와 같은 간단한 물음에도 누구 하나 확실한 대답을 하지 않았다.

그가 베이징으로 상경해 정계에 몸을 담은 지 어느새 20년이 되었다.

그리고 중공 핵심층에 진입한 지도 10년이나 된다. 또한 그가 국가 부주석에 오른 지도 어느새 4년이 되었다. 그는 중공 제16차 대표대회에서 중국 제4대 최고 지도층 핵심 일원이 되었다. 그러나 당원, 국민들은 그가 어떤 사람인지 전혀 모르고 있다. 그의 치국治國 방침은 무엇이고, 그의 인생관은 무엇인지, 그리고 지도력이 어느 정도인지 전혀 모르고 있다. 이것은 그야말로 중국의 특색이 고스란히 담겨 있는 일이라고 할 것이다.

10년 전 가을, 후진타오는 사람들의 예상과는 달리, 중공 최고 결정책임자층의 자리에 올랐다. 국내외의 연구자들은 급히 자료박스를 뒤졌다. 그는 어떤 사람인가? 그에게 어떤 정치적 성과가 있으며 그의 생각은 또한 어떠한가? 그는 어떤 파에 속해 있으며, 어떤 명문가의 후손인가? 그가 로케트를 타고 급부상한 원인은 어디에 있는가? 무엇 때문에 중공 원로들의 관심을 끌게 되었는가? 백 명 중 한 사람을 뽑는 이 선발에서 그가 뽑힌 것은 그가 세련되었기 때문인가, 아니면 그와 반대로 지극히 평범하기 때문인가?

국내외의 중국정치 평론가나 언론에서 위의 문제에 아무리 초점을 맞추려고 해도 할 수가 없었다. 그들은 결국 놀라움을 금치 못했다. 후진타오가 베일에 가려져 있는 사람이라는 것을 그제야 알았던 것이다.

물론 우리는 후진타오의 생김새를 말하는 것이 아니다. 생김새로 본다면 그는 아주 영리하고 준수하게 생긴 멋있는 사나이다. 그의 기질이나 풍채를 보면 가히 일류라 할 수 있다. 중공 원로들과 함께 있을 때나 정치국 상무위원들과 함께 있을 때도 그는 언제나 사람들의 주목을 끄는 인물이었다. 그가 옆에 조용히 서 있다고 하더라도 사람들은 그를 보는 순간 눈이 번쩍 뜨이게 되니까.

우리가 말하는 것은 그의 정치 이럭履歷이 분명치 못하다는 것이다.

가령 당시 후진타오가 중난하이中南海의 '새로운 인물'이라고 한다면 세인들이 그를 이해하는 데는 일정한 과정이 필요하다. 그러나 이미 10년이 지났고 그는 수없이 많은 연설을 했으며 수많은 글을 발표했다. 그는 국내 각계 대표를 무수히 접견했으며 해외 대표단을 수시로 접견했다. 그는 수많은 기업과 기관을 방문하고 시찰했다. 그리고 여러 국가를 방문했다. 하지만 국내외 연구자들은 후진타오가 어떤 사람인가의 문제에서는 여전히 확실한 답을 얻지 못했다.

1992년 중공중앙 제14차 당대표대회 이후 정식으로 공포한 정치국 상무위원의 프로필에서 후진타오에 대한 이력을 다음과 같이 소개했다.

후진타오, 1942년 생, 안후이安徽 지시績溪 사람. 1964년 4월 입당, 1965년 사업에 참가함. 칭화清華대학 수리공정학부 하천발전공장과 졸업, 공정사. 1959~64년 칭화대학 수리공정학부에서 수학하며 정치보도원으로 활동. 1965~68년 칭화대학 수리공정학부에서 과학기술연구 참가함과 동시에 정치보도원으로 활동('문화대혁명'이 시작되면서 중지). 1968~69년 수리전력부 류자샤劉家峽 공정국 아파트 건축대에서 일함. 1969~74년 수리전력부 제4공정국 813분국 기술원, 비서, 기관 당총지서기. 1974~75년 간쑤성甘肅省 건설위원회 비서, 1975~80년 간쑤성 건설위원회 관리처 부처장. 1980~1982년 간쑤성 건설위원회 부주임, 공청단 간쑤성 위서기. 1982~85년 공청단 중앙서기처 서기, 전국 청년연합회 주석, 공청단 중앙 제1서기, 제6기 전국 정치협상위원회 상무위원. 1985~88년 중국 공산당 구이저우성貴州省 위서기, 제6기 전국 정치협상회 상무위원. 1988년부터 티베트 자치구 당위서기 역임.
제12기 중앙후보위원, 위원, 제13기 중앙위원.

제15차 당대표대회 이후 발표된 프로필에는 다음과 같은 내용이 덧붙여졌다.

'1992~93년 중앙정치국 상무위원, 중앙서기처 서기. 1993년부터 중앙정치국 상무위원, 중앙서기처 서기, 중앙당학교 교장.'

그러나 국민들의 눈에는 그의 직무를 나열한 것에 지나지 않는 관청의

문구일 뿐이다. 이런 프로필로는 그의 진실한 면목을 알 수 없다. 19세기 러시아의 저명한 문예 이론가의 개념을 빌린다면 이런 사람을 '익숙하면서도 낯선 사람'이라고 한다. 후진타오가 바로 '익숙하면서도 낯선 사람'이다. 사람들은 그래서 그의 진면목을 알 수 없는 것이다. 해외 학자들이 내놓는 그에 대한 갖가지 분석도 실은 장님이 코끼리를 만지는 것과 다름없다.

후진타오가 해외에서 자신을 '신비하고 추측이 불가능한 인물'이라고 보는 것에 대해 원망한 것은 사실 '불공평'하다. 일반적으로 말해 자기 자신을 가장 잘 아는 사람은 바로 본인이 아니던가. 본인이 자신의 의도를 가장 잘 알고 있지 않은가. 때문에 그는 자기 자신에 대해 '신비하고 추측이 불가능한 인물'이 아니다. 그러나 다른 사람들은 그 속마음을 읽을 수가 없다.

「Who's Hu?」

2002년 4월 미국 〈위클리 월드〉의 아시아 판에는 후진타오의 미국 방문을 계기로 후진타오를 표지인물로 선정했을 뿐만 아니라, 6페이지나 되는 면을 할애해 후진타오에 대해 상세하게 소개했다. 다음은 〈위클리 월드〉 아시아 판에 「키잡이를 이어받다」란 제목으로 기고된 글에서 인용한 것이다.

「중국 미래의 지도자는 춤을 아주 멋있게 잘 춘다. 그러나 그가 앞으로 잠재적인 폭발 위기가 있는 국가를 잘 이끌어갈 수 있을까? 후신타오는 험악한 중국 정치무대의 최고봉에 안전하게 올랐다. 주석의 위치가 바로 그의 눈앞에 보인다. 그런데 그가 정말로 자신의 색깔을 진실로 보여줄까? 10년 동안 장쩌민의 후계자역을 맡은 후진타오는 이제 얼마 되지 않아 그의 보스 자리를 이어받고 세계가 주목하는 중심이 될 것이다. 그러나 수수께끼처럼 공산당 상층 지도권 밖에 있는 후진타오의 성격과 그의 정치신념은 모두 백지 상태로 있다. 대다수의 중국 국민은 방송에서 아직 그의 목소리를 들어보지 못했다. 그리고 텔레비전에서도 그의 모습을 한번도 보지 못했다.

후진타오는 정밀하게 배치한 필묵측험(墨跡測驗. 본래의 뜻은 필답시험인데, 위에서 소개한 것처럼 그의 목소리도 듣지 못했고 모습도 보지 못했지만, 그를 기용한 것은 마치 필답시험만 치르고 면접을 하지 않은 상태에서 기용한 것이나 다름이 없다는 뜻이다 — 옮긴이)의 결과이다. 너무도 정밀해 당신이 아무리 그의 미래에 대해 이런저런 해석을 가한다고 하더라도 다 맞아떨어질 수 있다.」

이 기사는 앞서와 같은 우려를 조금도 숨기지 않았다. 또한 '딱딱한 얼굴 표정'이라든가 '밀랍으로 만들었다'라는 말로 후진타오를 표현한 곳도 적지 않다.

작가 마슈 푸니는 유럽의 어느 외교관이 후진타오가 2001년 가을 유럽 방문 때의 일을 회고하는 말을 다음과 같이 인용했다.

"비록 그는 글을 보고 말을 하지는 않았지만, 당신은 그가 이미 작성한 글을 읽고 있다는 것을 감지할 수 있다."

또한 후진타오가 미국을 방문한 것에 대해 마슈는 다음과 같이 말했다.

"후진타오가 명확하고 또는 개성있는 일을 할 것이라고는 제발 바라지 말라."

보스턴대학의 국제정치학 교수 퓨스미스는 이런 말을 했다.

"후진타오가 미국을 방문하는 최고 기대치는 생존하여 남는 것이다."

다음은 베이징에서 보낸 글 중에서 결론 부분이다.

'일찍, 또는 늦을 수도 있지만 그의 주변에 있는 어떤 사람들은 서둘러 추진할 것이다. 때문에 후진타오는 그의 전임자의 관례에 따라 그들을 진압할지, 아니면 정치 기류에 따라 움직일지에 대해 결정해야 할 것이다.

그때가 되면 세계는 그때서야 후진타오가 누구인지 알 수 있을 것이다.'

작가 미슈는 '후진타오'의 성姓 발음으로 교묘하게 문자 유희를 즐겼다. 'Who's Hu?'(후는 누구인가?)와 같은 발음으로 서구의 인명록에서는 "Who's Who?"로 표기했다. 이렇듯 서구에서는 후진타오에 대해 잘 모르고 있다는 뜻을 실감있게 전달했다. 이런 글귀가 있다.

〈위클리 월드〉는 후진타오에 대해 심도 있게 연구하면서 얻은 결론은 중국 미래의 주석主席은 신비한 인물이라는 것이다.'

역시 '신비한 인물'이었다.

동방과 서방의 권력교체

후진타오가 중국 정계 정책결정층으로 진입한 1990년대는 신구교체의 풍랑이 지구촌을 휩쓸었다. 동방에서부터 서방에 이르기까지 우리는 어디서나 '왕조 변혁'이라는 역사 드라마를 볼 수 있었다.

1990년 영국에서 3기 수상 직무를 연임한 '철의 여인' 마거리트 대처 여사는 47세인 존 메이저를 수상 자리에 올려놓았다. 1996년 영국 내각에서는 43세밖에 안 된 토니 블레어가, 연임을 기대하고 대선에 뛰어든 메이저를 격파하고 런던의 다우닝가 10번지의 문을 열었다.

1992년 미국에서는 46세인 빌 클린턴이 아버지뻘 되는 72세의 조지 부시를 물리치고 백악관의 열쇠를 손아귀에 쥐었다. 당시 부통령인 앨버트 골은 나이가 클린턴보다 두 살 아래인 44세였다.

1995년 프랑스 대선에서도 장년인 자크 시라크가 78세의 고령에 암에 걸린 미테랑을 밀어내고 대통령 자리에 올랐다.

일본 내각은 최근 몇 년동안 재빨리 주인을 바꿨다. 수상의 이름에 익숙해지기도 전에 사람갈이를 했다. 그러나 가이후 도시키, 하시모토 류타로, 오부치 게이조, 고이즈미 준이치로를 망라해 수상을 지낸 이들이 모두 젊은 사람들이다. 1993년에는 히로히토 천황이 별세하자 아키히토 천황이 황위를 계승했다.

세계에서 가장 폐쇄된 나라라고 알려진 북한에서도 40여 년을 통치한 김일성이 별세하고 그의 아들 김정일이 정권을 이어받았다.

국정이 다르고 정치상황이 다름에 따라 권력교체의 상황도 달라진다. 자연적으로 권력을 계승하는가 하면, 선거를 통해 권력을 장악하기도 하고, 쿠데타를 일으켜 최고 정권보좌에 올라앉기도 한다. 제2차 세계대전이 끝난 뒤 수많은 군인들이 귀향해 가정을 이루었다. 이후 출산율이 급증하게 되어, 이른바 '베이비붐Baby Boom' 열풍이 불었다. 그들이 1990년대 이르러 사회의 중견으로 성장하면서 정권의 세대교체 바람을 몰고 왔다. 그리하여 제2차 세계대전 시기의 인물들인 부시 대통령이나 미테랑, 히로이토 천황 같은 이들이 역사 무대에서 물러나게 되었다. 권력의 이동이 자연스럽게 연장자에서 젊은이들에게 옮아가게 된 것이다. 심지어는 한 세대나 젊은 사람에게 권력이 이양되기도 했다.

〈위클리 월드〉 아시아 판에 재미있는 부록을 실렸다. 이 부록은 미국과 아시아 여섯 국가의 지도자를 복싱 선수에 빗대어 비교하고 있다.

미국의 작은 부시는 55세이다. '그에게는 호랑이 눈이 있다. 또는 텍사스의 사팔뜨기 눈일 수도 있다.' 약점은 '소금에 절인 즉석 면처럼 처분하기 어려운 중동 문제'이다. 현재 그의 점수는 1 : 0, 단지 아프가니스탄만 전승했다.

인도네시아의 수카르노도 55세이다. 현재 점수는 0 : 0이다. 그는 모든 라운드를 다 취소했다.

북한의 김정일, 60세이다. '평양에서는 아직 전패한 기록이 없다.' '군사무기 중에 치명적이고 예리한, 뒤로 빗어넘긴 머리도 포함되어 있다. 거인과 같은 그 머리는 바로 화학 무기이다.' 현재 점수는 1253 : 0이다. 이와 같이 눈부신 점수가 나온 것은 '모든 라운드를 자기 집안에서만 치렀기 때문이다.'

일본 수상 고이즈미 준이치로는 60세이다. 현재 점수는 0 : 235이다. 그의 점수가 이처럼 낮을 수밖에 없는 것은 '살빼기 기간이어서 전승할 수가 없기 때문이다.' 그는 '일본 경제보다 더 취약하다.' 동시에 그가 '안녕히'라고 말하기 전에 더 야위어 갈 것이다.

중국의 후진타오는 59세이다. 현재 그의 점수는 0 : 0이다. '그는 천사처럼 춤을 추지만 그가 (복싱의) 종소리를 제대로 듣기나 할까?'

한 세대를 뛰어넘어 지명된 황태자

서방(일본도 포함)과 중국의 정권교체 양상은 완전히 다르다. 서방에서 왕조를 바꿀 때는 신세대가 구세대의 울타리에서 벗어나 격렬한 충돌 가운데 치국治國의 능력을 과시하며 정치 자원을 축적하여 최후의 승리를 쟁취한다. 그러나 중국에서 권력의 교체는 신세대의 노력이 구세대의 수긍을 얻어야 점차 구세대가 설정한 정치궤도 안으로 진입할 수 있다.(물론 이 과정에서 정치궤도에 대한 일정한 변화를 가져올 수도 있다.) 최후에 가서 구세대의 영수들이 자기의 방침과 노선에 충실할 것이라는 믿음을 가질 때 그에게 옥새를 넘겨준다.

많은 정치 분석가들이 후진타오를 가늠할 수 없는 것은 중국식 정권교체의 양상을 분석해도 그가 왜 최고 영도층으로 선정되었는지 알아낼 수 없기 때문이다.

그의 정치 실적으로 볼 때 대단한 실적이 있는 것도 아니다. 구이저우에서 3년이나 성위서기로 있었지만 낙후된 구이저우는 조금도 달라진 것이 없다. 티베트에서도 3년이나 있었지만 혼란은 여전하다.

사업 경험에서도 마찬가지다. 중국 대륙에서는 대량으로 '사회주의 상품경제'를 발전시키고 있다. 이 방면에서도 그는 상품경제가 발달한 연해

지역인 광저우나 상하이 등의 제후諸侯들을 따를 수 없다.

인맥 관계를 보더라도 그는 파벌 색채가 짙지 않다. 비록 그가 후야오방胡耀邦을 중심으로 한 '공청단파'에 귀속되어 있다는 일설이 있기는 하지만, 1992년은 이 파벌이 가장 침체기에 있던 때였기 때문에 그에게 거대한 배경이 있었다는 것은 성립되지 않는다.

사상면에서도 그는 사람들의 귀를 쩌렁쩌렁 울리는 창의적인 견해를 발표하지 않았다.

선정될 이유가 분명하게 보이지 않는데도, 선정된 데에는 두 가지 가능성이 있다. 그중 한 가지 가능성에는 확실한 이유가 있다. 일반인들이 알고 있지 못할 뿐이다. 후진타오를 선정한 사람에게 독특한 '혜안'이 있을 것이다. 그는 현상을 통해 본질을 찾아내는 혜안으로 그가 대업을 이어받을 수 있는 잠재적인 능력을 보유하고 있음을 알아냈을 것이다. 또 다른 한 가지 가능성엔 근본적으로 이유가 없다. 후진타오가 선정된 것은 어디까지나 우연성이 중간에서 작용한 것으로 보는 것이다.

학자들은 미국 역사에서 '격세(隔世, 세대를 뛰어넘는다는 뜻-옮긴이)계승현상'을 연구했다. 최근 반세기의 미국 정치사를 분석해본 결과, 미국에서는 15년 정계 주기를 정치상의 1대라고 한다. 이를 주기로 후세 사람들이 '할아버지 1대'의 정책을 계승하는 현상을 볼 수 있다. 이와 같은 주기로 자유주의와 보수주의가 부상했다가 가라앉기를 반복했다. 즉 30년이 정반正反의 한 주기를 이루며 왕복 순환의 과정을 이루었다. 루스벨트—케네디—클린턴, 이들은 일맥상통한 줄기다. 그들이 집권한 시기는 약 30년의 간격을 두고 있다. 이와 대립되는 것으로 아이젠하워—레이건—부시다. 이는 또 다른 한 갈래의 맥락이다. 이들도 30년간의 간격을 두고 권좌에 앉았다. 아이젠하워는 루스벨트를 부정했고 케네디는 아이젠하워를 부정한 뒤 한 세대를 뛰어넘어 루스벨트를 계승했다. 레이건은 케네디를 부정하고 아이젠하워를 계승했다. 레이건을 부정한 클린턴은 케네디를 계승했다.

이러한 현상이 얼마나 믿을 만한 이론적인 근거 위에 있는지를 논하지 않더라도 이런 패턴으로는 절대 중국 상황을 설명하지 못한다. 중국 사회와 권력 체계에서 1세대가 권력을 장악한 기간은 아주 길다. 그의 재임 기간에 빈번히 정반正反 주기가 발생한다. 선대의 지도자는 후세의 지도자들이 자신이 지켜온 정책에 변화를 가하는 걸 허용하지 않는다. 후세의 지도자 또한 선대의 지도자에서 이어져 온 것이기 때문에 선대의 정책에 도전을 한다면 자기 권력의 합법성에 걸맞지 않게 된다. 이른바 '정책의 연속성'과 '권력의 안정성'을 고려해 그들은 상당히 자각적으로 선대의 지도자가 설정한 방침에 급작스런 변화를 꾀하지 않는다.

우리는 여기서 '격세계승'이란 개념을 차용하기는 하지만, 한 가지 언급할 것이 있다. 후진타오는 장쩌민이 몸소 지목한 후계자가 아니라는 것이다.

후진타오가 급부상하기까지 장쩌민(그와 동시대 정치 지도자들인 리펑, 차오스喬石 등)이 인사 처리에 직접 가담한 것은 당연한 일이다. 즉 장쩌민은 후진타오에 대해 심사하고 검토해보았을 것이다. 그리고 또 자신의 견해도 발표했을 것이다. 그러나 장쩌민 정계의 '부친 세대', 또는 후진타오 정계의 '조부 세대'들(덩샤오핑鄧小平, 천윈陳雲, 쑹핑宋平 등을 포함한 중공 원로들)이 더욱 핵심적인 역할을 했을 것이다. 이를 더 분명하게 말한다면 중공의 '제2대 지도자'들이 '제3대 지도자'를 지정한 다음 얼마 되지 않아 '제3대 지도자'의 황태자를 지정한 것이다. 이것을 격세지정隔世指定이라 한다.

그런데 후진타오란 인물을 어떻게 발견했으며, 어떻게 그가 최고 지도자의 자리까지 올랐을까? 그리고 제2대 지도사가 격세지정 형식을 통해 후진타오에게 황태자의 중임을 맡긴 것에 확실한 이유가 있는가, 아니면 '하느님의 주사위'처럼 던져진 것을 누군가가 주워 주인이 되었는가 하는 문제는 뒤에서 깊이 다루기로 하겠다. 다만 널리 전해지는 말을 간단히 언급하는 것으로 일단락짓기로 한다. 제14차 당대표대회를 준비할 때 중앙 지도층들이 모여 인선人選에 대해 상의했다. 이때 덩샤오핑이 "내 보기에는 후진타오가 괜찮은 사람인 것 같아"라고 말했다. 이 한마디가 아주 중요한 역할을 했을 것은 틀림없는 사실이다. 1992년에 덩샤오핑의 이 말은 그저 귓등으로 들을 것이 아니었다.

말과 생각과 일

이 점에 대해 가장 잘 알고 있는 사람은 아마도 후진타오 자신일 것이다.

많은 사람들은 후진타오가 정치국 상무위원이며 서기처 서기가 된 지 몇 년이 지났지만 무엇 때문에 사람들에게 '정치적으로 불분명한 사람'이란 인상을 주었는지 알지 못하고 있다. 곤경에서 완전히 헤어나오지 못한 중국 미래의 구태의연한 답습과 발전, 그리고 개방과 개혁이라는 중대한 과제에 대해 후진타오는 도대체 어떤 입장을 취하고 있으며 어떤 태도를 가지고 있는가? 그리고 어떤 '신사고新思考'를 지니고 있는가? 그의 기본 정치적 취향과 가치는 과연 어떠한가? 당내와 사회적으로 쟁론이 비교적 많은 화제에 대해 그는 궁극적으로 어떤 경향을 띠고 있는가? 그를 중국 외의 어느 지도자와 비교할 수 있는가? 이를테면 그는 중국의 고르바초프인가, 아니면 그 누구인가?

이런 문제를 두고 아무리 유추한다 하더라도 사람들은 오리무중에 빠질 수밖에 없다.

이에 대해선 한 가지 중요한 원인이 있다. 후진타오는 아주 조심성 있는 사람이다. 그는 자기를 포장하지 않으며 자기를 널리 알리려고 하지 않는 사람이다. 그는 "돼지는 살이 찌는 것을 겁내고, 사람은 이름 날리는 것을 겁낸다"는 속담의 뜻을 누구보다 잘 알고 있다. 이런 뜻을 지닌 속담은 아주 많다. "나무가 크면 바람이 잦다", "삐져 나온 서까래가 먼저 썩는다." 그는 이미 '이름을 날렸고' '살이 쪘으며' '크게 되었다.' 이것은 이미 변할 수 없는 사실이 되었다. 그는 되도록 기자들 앞에서 목소리를 낮추어 말하고 기자들에게 제발 앞서지 말아달라고 부탁한다.

이보다 더 중요한 원인이 있다면, 그것은 자기 권력의 근원이 전당全黨도 아니고 전민全民도 아니라는 것을 누구보다 더 잘 알고 있기 때문이다. 그의 권력의 근원은 중공 원로층이다. 때문에 그는 절대로 자기 자신의 진실한 견해를 발표하지 않으며, 나아가서는 자신의 진실한 견해에 따라 일을 처리하지 않는 것이다. '물은 배를 떠올릴 수도 있고 반대로 배를 뒤집어버릴 수도 있다.' 후진타오처럼 어느 정도 지위에 오른 사람에게 원로들은 '부드러운 바람을 타고 구름 위로 올릴 수도 있고', '8월에도 흰 눈이 날리게 할 수 있으며', '북풍이 불게 하여 모든 풀들의 허리를 꺾어지게 할 수도 있는' 사람들이다. 그는 절대로 원로들의 심기를 함부로 건드려서는 안 되었다. 그는 원로들의 비위를 맞춰야 하고 원로들의 생각과 견해를 자기의 입을 통해 전파해야 한다.

미국의 전 대통령 닉슨이 『지도자』라는 책을 펴냈다. 그는 이 책에서 구소련의 흐루시초프에 관한 에피소드를 소개했다. 한 번은 흐루시초프가 강단에서 스탈린의 과오를 비난한 적이 있었다. 이때 청중 속에서 메모장이 올라왔다. 메모장에는 '스탈린이 그 많은 과오를 저지를 때 당신은 어디에 있었는가?'라는 질문이 적혀 있었다. 흐루시초프가 메모장을 흔들며 큰 목소리로 대답했다. "이 메모장은 누가 쓴 거요? 일어나보십시오." 아무도 대답하지 않았다. 한참을 기다리던 흐루시초프가 말했다. "좋습니다. 이제 내가 이 문제에 대답하겠습니다. 내가 당시 어디에 있었는가? 바로 당신이 있는 그곳에 있었습니다."

독재정권 아래서 후계자가 자기의 진실한 견해를 적당히 은폐하지 않는다면 이는 자멸로 가는 길이나 다름없다. 뿐만 아니라 후진타오는 '태상황太上皇'(덩샤오핑을 지칭함—옮긴이)이 점지한 황태자이기 때문에 두 세대의 '시어머니'를 모셔야 한다. 즉 그는 제2지도자 집단과 제3지도자 집단이 지켜보는 '장손 며느리'인 셈이다. 권력이 점차 '노老 시어머니'에서 '시어머니'로 이양되면서 그도 주로 '시어머니'의 말을 들어야 한다. 그렇다고 당초 자기를 점지한 '노 시어머니'의 말을 듣지 않아도 된다는 것은 아니다. 그가 정계 최고층에서 10여 년을 지내왔지만, 제2지도자 집단에서는 예의상 안쪽 배경으로 물러섰다. 그가 실권으로부터 절반 가량 물러섰다가 완전히 물러서자 원래의 '황태자'인 장쩌민이 정식으로 등극해 정권을 장악하게 되었다. 장쩌민도 이제는 자신이 손수 폐위하든가 옹립할 권력을 향유하게 되었다. 지난날의 '황태자의 황태자'였던 후진타오의 처지는 더욱 묘하게 되었다. 때문에 그는 살얼음판을 걷듯 조심하고 또 조심해야 했다.

적지 않은 중국 문제 전문가들이 후진타오에게 이런저런 조언을 했을 것이다. 앞으로 큰일을 하려면 지금처럼 자신을 너무 드러내지 않는 것이 바람직하다는 조언일 것이다. 중공의 권력체제 내에 이런 말이 유행한다. "과오를 저지르지 않는 것이 바로 공을 쌓는 것이다." 후진타오는 이 말이 지니고 있는 이론상의 황당함과 실천상의 유효성을 너무도 잘 알고 있다. 창의성과 안정 지수는 반비례한다. 노인들의 눈에 '규정을 벗어나지 않았다'고 보인다면(중공의 정치술어로 말한다면 '중앙의 뜻을 지키고 허튼 움직임이 없다'는 것으로 풀이된다.) 그의 앞날은 창창하다.

지금 후진타오는 10여 년의 시련을 겪는 동안 두 날개가 굳어졌다. 그의 인맥도 많이 넓어졌다. 그리고 그의 지위 역시 확고하게 되었으며 그의 신심도 두터워졌다. 제15차 당대표대회에서는 정치국과 서기처, 중앙위원회에 젊은 사람들이 많이 보강되었다. 후진타오는 이들 중에서 선두주자로 나서게 되었다.

제14차 당대표대회 때 그는 벌써 덩샤오핑, 천윈, 쑹핑 등 제2대 지도자 집단에 의해 격세지정 형식으로 후계자로 선정되었다. 제15차 대표대회에서는 또다시 두 계단이나 훌쩍 뛰어올랐다. 이것은 덩샤오핑, 천윈 같은 제2대 지도자들이 정계를 물러나면서 그의 후계자의 지위가 제3대 지도자집단인 장쩌민을 핵심으로 하는 지도층의 승인을 받았기 때문이다. 가령 제16차 당대표대회에서 후진타오가 제4대 지도자집단을 이끌어 순탄하게 권력을 계승받는다면 그가 10여 년 동안 활용해왔던 책략이 성공적이며 유효한 것임을 증명하게 된다.

제16차 당대표대회가 다가오면서 후진타오의 인기가 또 한 차례 치솟고 있다. 국내외에서 중국의 미래에 관심을 갖는 사람들 중에 후진타오를 이해하려는 숫자도 점차 늘어나고 있다. 이 책은 이런 욕구를 충족시키는 데 착안하여 후진타오의 정계 궤적을 살펴보고 그의 사상성과 문화적 취향을 찾으려고 심혈을 기울였다. 동시에 그가 구상하는 정계의 배치를 그려보려 했으며, 미래의 정계 발전과정에 있을 그의 도전에 대해서도 전망해 보았다. 또한 앞으로 중국 미래에 끼칠 영향에 대해서도 언급했다. 동시에 적지 않은 노력을 들여 더욱 근본적이고 법칙적인 문제를 탐색해보았다.

사람들은 또 후진타오가 말띠라는 것을 떠올릴 것이다. 후진타오는 말띠다. 10년 전 그가 50세일 때 사람들은 설산雪山에서 뛰어나온 '검은 말'이라고 표현했다. 10년 후의 말띠 해엔 그는 60 회갑의 나이다. 이제는 이미 '길을 아는 늙은 말'이라고 할 수 있다. 그는 중국공산당의 새로운 지도자이지만 사람들은 여전히 그를 두고 '춘풍에 돛단 격으로 말발굽 소리를 울리겠는가', 아니면 '흰눈 밭에 빈 말발자국만 남기겠는가'라는 회의를 한다.

사람들은 이에 대한 질문을 계속할 것이고 또 그 답을 기대하고 있을 것이다.

1
인걸이 났으니 그곳이 명승지
(1942~1959)

후진타오는 본적을 쓸 때면 언제나 자기가 17년 동안이나 생활한 장쑤의 타이저우라 하지 않는다. 그 대신 그는 안후이의 지시 사람이라고 한다. 후이저우는 중국의 유명한 명승지이고, 대부호들이 가장 많은 지역이기도 하며, 학자들을 많이 배출한 지방이기도 하다. 이곳에서는 후씨 성을 가진 명인들이 많이 태어났다.

중국 명승지 중에 가장 뛰어난 고장

후진타오는 자신의 원적原籍을 '안후이 지시'로 적는다.

안후이는 남방 사람들에게는 북방이 되고, 북방 사람들에게는 남방이 되는 곳이다. 비록 중국의 동남부에 위치하고 있지만 경제는 주변의 다른 성보다 뒤떨어져 있다. 지시는 안후이의 남부에 위치하고 있는데 중국에서는 이 지역을 완난皖南이라고 부른다.

완난 일대는 고대의 유명한 후이저우徽州이다. 상고시대 『우공禹貢』이란 책에는 이 일대가 양저우揚州에 속한다고 쓰여 있다. 주나라 말기 이곳은 먼저 오국吳國에 속해 있었다. 월국越國이 오국을 멸망시키자 다시 월국에 속하게 되었다. 초국楚國이 월국을 멸망시킨 다음 이곳은 또다시 초국에 귀속되었다. 진국秦國이 천하를 통일한 뒤, 이 일대에 '이移'와 '흡歙'이라는 두 개의 읍을 설치했다. 한나라, 진나라, 수나라, 당나라 등 역대에 많은 변화가 있었다. 북송 말기 방납方臘이 이곳에서 봉기를 일으켜 항저우杭州와 서저우歙州의 52개 현을 점령했다. 이 때문에 남송은 흔들리기 시작했고 송 휘종宋徽宗은 대군을 집합해 이를 진압했다. 선화 3년(1121년)에 송 휘종은 자신의 제호를 따서 이곳을 후이저우라고 개명했다.

1988년 후이저우라는 행정구역이 황산시黃山市로 바뀌었다. 그리고 황산에서 약 1백 킬로미터 떨어진 후이저우 지구위원회 소재지인 툰지시屯溪市라는 명칭이 없어지게 되었다. 그리하여 안후이를 대표하는 '후이徽'로 이름 붙인 후이저우는 사라지고 말았다. 전자잡지 〈민주중국〉 2002년 9월호에 청메이신程美信이 「후이 학열學熱의 진상」이란 제목으로 글을 발표했다. 이 글에서 그는 후이저우가 없어진 내막을 소개했다.

당시 안후이 성 지방정부와 툰지 시는 서로 다른 속셈을 가지고 있었다. 툰지 시는 황산 명승지의 후광을 입어 자기 지역의 영향을 더 넓게 확장하기 위해 개명하는 것에 동의했다. 그렇게 되면 자기 지역을 찾는 관람객이 많아지고 황산 시는 성의 직할시로 승격할 수 있다. 그리고 자신의 관직도 따라서 올라가게 되는 것이다. 그런데 화동의 서북에 속하는 안후이 성은 황산 시를 성 정부 직속 행정구역으로 만들어 성 정부에서 직접 관할한다면 성 청에도 많은 경제적 도움을 줄 수 있었다. 하지만 당시 민중들은 감정적으로나 관습적으로 행정구역의 개명을 받아들이기가 어려웠다. 그 중에서도 후스胡適와 후진타오의 고향인 지시 사람들은 자기네가 팔렸다는 감정까지 갖게 되었다. 지시란 곳은 후이저우의 전통적인 고장인데, 이 지시를 이성宜城 지역에 귀속시켰다. 거리가 너무 먼 것도 문제였지만 그보다 언어나 생활습관 등 많은 부분에서 엄청난 차이를 보이게 되었다.

이 글에서는 안후이를 화동의 '서북'이라고 지적했다. 확실히 현재 안후이 성의 경제발전 수준은 주변 성과 비교해볼 때 차이가 있다. 중국 과학기술부, 중국 과학원, 국가 자연과학 기금위원회에서 공동으로 조사한

「중국현대화 보고 2002」는 각 성의 현대화 수준에 따라 순서를 매겼다. 안후이는 '제1차 현대화'의 서열에서는 22위에 있었는데, 이는 칭하이靑海보다 앞섰고 간쑤甘肅보다 뒤떨어진 것이었다. 그리고 '제2차 현대화'의 서열은 이보다 더 뒤로 밀린 25위였다. 이는 장시江西보다 앞섰고 허난河南보다 뒤떨어진 것이다.

그러나 안후이는 '남방의 스위스'란 별명도 갖고 있다. 안후이의 자연풍경이 수려하기 때문에 붙여진 별명이다. 그중에서도 후이저우의 풍경은 천하절경이라 할 수 있다. 다시 말해 중국 명승지 중에서 가장 뛰어난 곳으로 손꼽힌다. 이곳에는 '천하 제1산'이라고 부르는 황산이 있다. 당나라 때 이백은 "황산의 길이는 4천 인仞이요, 봉우리는 서른둘이로다"라는 글귀를 남겼다. 또한 명나라의 유명한 여행가 서하객徐霞客은 "오악五岳을 돌아보고 와서는 다른 산을 돌아보지 않을 것이며, 황산을 돌아보고 와서는 오악도 돌아보지 않을 것이다"라는 말로 황산의 아름다움을 극찬했다. 1천2백여 평방킬로미터나 되는 황산은 기송奇松과 괴석怪石, 운해雲海와 온천으로 유명하다. 중국에서 처음으로 명산 10위를 선정할 때도 황산이 뽑혔다.

이곳은 중국 불교 4대 명산의 하나다. 지장보살의 도량道場인 구화산이 이곳에 있다. 당나라와 송나라 이후 이백李白, 유안석劉禹錫, 왕안석王安石, 소식蘇軾, 문천상文天祥, 왕양명王陽明 등 수많은 명인 묵객들이 이곳에 자신의 자취와 작품을 남겼다. 당나라 시대 때 이곳은 절이 가장 많은 고장의 하나였는데, 그 숫자가 무려 999개나 되었다. 여기에서 "구화 천여 사찰이 운무 중에 널려 있다"라는 말이 나왔다. 청나라 강희년간康熙年間에도 이곳 절의 향불이 천하 제일이었다는 말이 전해지고 있다.

불교와 도교는 이곳에서 교리를 널리 전파했다. 구화산과 멀리 떨어지지 않은 곳에 중국 도교에서 4대 명산 중의 하나로 꼽는 제운산齊雲山이 있다. 역사적으로 이 산을 찾는 명인 묵객들 역시 이루 헤아릴 수 없이 많았다. 청나라 건륭乾隆 황제가 강남을 순찰할 때 '천하에 명승지가 무수하지만 강남이 그래도 제1명산이로다'라며 주봉인 황산에 대해 찬탄을 금치 못했다. 건륭은 문학에도 남다른 기예가 있어 산과 강을 읊을 때면 과장하는 경우가 아주 많지만, 황산만은 확실히 다른 산보다 돋보이는 산임에 틀림없다.

후이저우에는 산만 있는 것이 아니라 물도 있다. 칭이강靑弋江, 수이양강水陽江, 솨이수率水, 롄강練江, 신안강新安江 등 많은 강들이 있다. 이 강들은 서로 거미줄처럼 얽힌 채 맑고 푸른빛을 자랑하고 있다. 강과 산은 서로 멋진 조화를 이루어 이곳의 풍경을 더욱 생동감 있고도 수려하게 장식하고 있다. 명나라의 희곡『모란정牡丹亭』의 작가 탕현조湯顯祖는 다음과 같은 칭송의 글을 썼다.

금은金銀의 기운을 알려면 황산과 백산을 많이 유람하고, 일생 동안 이곳에 미련이 남아 꿈을 꾸지 않아도 후이저우를 이르노라.

역사·문화적으로 볼 때 안후이는 북으로는 황허강黃河江에 접해 있고 남으로는 양쯔강揚子江 유역에 속하기 때문에 중화민족 양대 문화기원이 만나는 장소이다. 이곳을 방문하는 사람들은 마치 중화 화하華夏 문명의 박물관을 둘러보는 느낌을 갖게 될 것이다. 가는 곳마다 명승 고장이요, 닿는 곳마다 전고典故와 전설이 너무도 풍부하다. 그중에서도 가장 유명한 것은 후이상徽商과 후이학徽學이다.

후이상과 후이학의 발상지

후이저우는 이상하게도 빈부격차가 심한 지역이다. 예부터 산악지구는 밭이 없어 식량이 풍부하지 못했다. 또한 자원개발이 활발하지 못해 좁은 땅에 인구밀도는 높았다. 백성들의 생활은 무척이나 힘들고 가난했다.

타이완의 음악가 친이欽怡가 장이머우張藝謀가 감독한 영화 '쥐더우菊豆'의 촬영지인 이현 난핑춘南屛村을 방문했다. 그곳의 가수 예신펑葉新鳳에게 그곳 방언으로 민요를 불러보게 했다. 가사의 내용은 아래와 같다.

"아침에는 짠지나 먹고 점심에는 절인 콩으로 먹으며 저녁에는 찬밥에 절인 채를 먹는다."(《중국시보》 2001년 6월 22일 「남성들이 고생하지만 여성들은 더 고생한다」 안후이 이현에서 전해오는 양걸[秧歌, 중국 한족의 민속놀이인 춤의 한 가지-옮긴이] 중에서)

이 노래만으로도 과거 이곳 백성들이 얼마나 가난한 생활을 했는지 가늠할 수 있다.

그러나 후이저우는 후이상의 발상지이기도 하다. 이곳은 수륙 교통이 발달한 곳이다. 하지만 이곳에서는 농사로는 아무래도 출세하기가 어렵고, 부자가 될 수도 없었다. 그 결과 장사꾼들이 많이 나왔다. 이곳은 전통적으로 상업이 우세한 지역이었다. 남송 때 조정에선 도읍을 린안臨安, 지금의 항주-옮긴이)으로 천도했다. 중국 문화와 경제가 남쪽으로 옮겨지게 된 것이다. 따라서 지정학적으로도 몹시 유리한 이곳은 상업이 더더욱 발전하게 되었다. 업주들은 주로 쌀, 소금, 명주, 차, 종이, 먹, 목재와 이에 따른 대외무역에 종사했다. 이로써 명나라와 청나라 시대에 후이저우의 상업이 매우 발달하기에 이르렀다. 중국 문인들이 무척 귀중하게 여기는 '문방사보文房四寶' 중에 명품으로 불리는 '흡연'(歙硯, 흡읍에서 나는 벼루-옮긴이)과 '휘묵'(徽墨, 안후이에서 나는 먹-옮긴이) 등이 바로 이곳에서 난다. 명나라와 청나라 때 이곳에서는 상업이 제1의 생업이었다. "후이 상인들은 세상에서 가장 부유하다"는 말이 나올 정도로 이곳의 상업은 발달했다.

'후이방徽幇'이란 말이 있는데, 이 말은 안후이에서 활동하고 있는 상인

무리라는 뜻이다. 이 말은 '진방'(晉幇, 산서성의 금융무리라는 뜻—옮긴이)과 함께 중국 역사상에서 가장 유명한 말이다. 청나라 건륭 황제가 강남에 시찰을 갔을 때 강남의 8대 대부호를 접견했다. 그중 네 명이 흡현 사람이다. 안후이 상업가 중에 가장 유명한 사람은 역사 소설가 가오양高陽의 장편소설 『붉은 모자를 쓴 상인』의 주인공인 후쉐옌胡雪岩이다.

상업에 종사하는 사람들은 한곳에 머물러 있지 않는다. 말하자면 후이상이라고는 하지만 그들이 꼭 후이저우만 지키고 있는 것은 아니라는 말이다. 전국 각지에 그들의 발길이 닿지 않은 곳이 없다. 후이저우의 남성들은 어릴 때부터 집을 떠나 생활을 한다. 그들은 몇 년에 한 번씩 귀향하기 때문에, 아내는 홀로 집을 지키면서 남편이 돌아오기만을 기다려야 했다. 그래서 후이저우에는 여성이 '정절'을 지킨 미담들이 많이 전해지고 있다. 그리고 정절패도 지방마다 적지 않다. 그곳에 전해지는 민요 중에 이런 것이 있다.

"전생에서 게을리 했더니 후이저우에서 태어났네. 열서너 살이면 벌써 외지로 내몰리네."

이 민요는 이곳 남성들이 장사를 하기 위해 집을 떠나는 장면을 노래한 것이다. 어쩔 수 없는 일이지만, 어딘가 감상적인 부분도 없지 않아 있다. 그들은 외지에서 관직을 얻게 되었다든가 큰돈을 벌면 반드시 고향으로 돌아온다. 귀향한 그들은 그곳에서 집을 짓고 남은 인생을 보낸다. 이렇게 대에서 대를 이어 전해 내려오면서 후이저우에 으리으리한 기와집을 짓게 되었는데, 이때부터 이곳의 집들이 유명해지게 되었다. 이러한 거주 형태가 이곳의 문화적인 분위기를 형성하게 되었으니, 후이저우에는 "동남東南의 공자와 맹자가 태어난 곳이요, 정희와 주희가 사는 집이다"는 말이 전한다. 말하자면 후이상들도 풍부한 문화적 소질을 지닌 사회계층으로 인정받은 것이다. 그들은 거금을 들여 교육과 출판업을 발전시켰다. 이때부터 중국 고대 상업사에서 그들은 높이 평가받는 위치에 올랐다. 후에 후이상보다 한층 차원이 높은 금융업에서 일맥을 이룬 '진상晉商'도 이 방면에서는 후이상을 따르지 못했다.

송나라 이후 후이저우는 전국의 중요한 학술지이며 문화 중심이 되었다. 정주학에서 가장 유명한 세 사람 모두 원적이 후이저우이며, 그들의 고향은 후이저우의 황둔篁墩이다. 주희는 고향으로 돌아와 후학들을 가르쳤으며 그를 따르는 제자들이 아주 많았다. 자양서원紫陽書院은 당시 주희가 강의를 한 곳이다. 그들은 학문을 강론하는 열성으로 이른바 후이저우의 학풍을 일으켰다. 후이저우에는 "심산 벽골의 백성 집 어디를 가도 스승이 있고 학생이 있다"는 말과 "비록 가난한 산골이지만 책 읽는 소리가 귀를 울린다"라는 말이 전해지고 있다.

과거 중국 사람들은 "모든 것은 다 속물스러우나 오로지 독서만이 고상하여라"는 말을 믿었다. 그러나 후이저우 사람들은 "책을 읽는 것은 관직을 얻기 위함이다"라고 말할 정도로 매우 실리적이었다. 그들은 독서의 목적을 관직에 두고 이를 행동으로 옮겼다. 후이저우 사람들은 '부유'함이 '고귀'함을 이기지 못한다는 것을 누구보다 더 잘 알고 있다. 오로지 관직과 함께 상업을 겸하는 것만이 부귀영화를 오랫동안 지킬 수 있다는 것을 잘 알고 있다는 뜻이다. 때문에 그들은 상업과 관직을 대등한 관계로 지켜오면서 과거시험을 남달리 중시했다. 송나라, 명나라, 청나라 3대에 걸쳐 흡현에서 372명의 진사가 나왔고, "연이어 과거에 합격해 장원급제한 사람이 있으니, 10리 안에 한림에 진출한 사람이 네 명이나 되었다"는 말이 전한다. 우먼캉터우婺門坑頭의 한 가문에서는 진사가 열 명이나 나왔다. 그리하여 "한 가문에 아홉 진사가 있으니 이들은 6부에 네 상서가 되었다"라는 말이 있다. 슝춘雄村에서는 명나라와 청나라 두 왕조에 걸쳐 진사가 40여 명이나 나왔다. 아직도 그곳에는 '4대1품四代一品'이라는 패가 있다. 후이저우의 백성들은 '부자상서父子尙書'와 '형제승상兄弟丞相', '동포한림同胞翰林'을 자랑으로 여기고 있다. 명나라와 청나라 시기 후이저우의 사람들이 진사에 급제한 숫자는 소주 다음으로 전국에서 두 번째로 많았다.

청나라 이후 이곳에서 학자들이 연이어 배출되었다. 후이저우 쉬닝休寧에서 태어난 대진戴震의 자는 신수愼修와 동원東原이라 한다. 그는 경학을 중심으로 소학, 음운, 사학, 천문학, 수리와 지리에 능통했다. 그는 실사구시적인 학풍을 드높였으며 "도리道理는 욕망에 있다"라는 학설을 주장했다. 그는 정주이학程朱理學을 비판했으며 정주 이학은 "도리로 살인하는 것"이라고 맞서 비난했다. 1773년 건륭 황제가 칙서를 내려 '4고 전서관四庫全書館(청대의 황실도서관)'을 설립하도록 했다. 이때 기윤紀昀을 총찬관總纂官으로 임명했다. 대진도 이 전서관의 찬수관贊修官으로 임명되었다. 그와 그의 문하인 단옥재段玉裁, 왕념순王念孫 등 제자들이 환파(晥派, 안후이파라는 뜻-옮긴이) 고거학考據學을 창립해 유명한 지역 학파를 이루었다. 이 학파는 국내외에 큰 영향을 끼친 지역 학파였다.

근대에 들어서도 이곳에서는 명인들이 많이 배출되었다. 쑹칭링宋慶齡이 '만세사표萬世師表'라 높이 평가한 교육계의 타오싱즈陶行知, 녜얼聶耳과 함께 음악계에서 명성이 자자한 장수張曙, 미술계에서 '남황북제'(南黃北齊, 제는 제백석을 칭한다-옮긴이)로 불리는 황빈홍黃賓虹, 그리고 언론계에서 신해혁명의 선구자이며 <신주일보>의 주필인 왕윈쭝王允宗……. 이보다 중국 신문화운동의 주역이며 후에 주미 중국대사와 베이징대학 총장을 지낸 타이완 중앙연구원 원장인 후스胡適의 고향도 바로 후이저우이다.

후이저우의 문화는 서예, 의학, 조각이나 건축, 조경, 음식 등 다방면에 걸쳐 독특한 개성을 가진 것으로 유명하다. 어떤 사람들은 이곳의 문화적 배경을 두고 이런 말을 했다.

"마을마다 고적이 있으며 산과 물마다 모두 명승이다. 행상의 두툼한 호주머니와 향촌 유학자들의 책 읽는 소리가 서로 어울려 조화를 이루고, 패나 누각이 민가와 함께 어울려 정교한 목각 전각이 수림 속에서 유난히

눈부시다."

완난 관광구에는 해마다 일년에 3, 4백만 명의 유람객들이 찾아오는데 그중 백만여 명은 문화 관광객들이다. 후이저우의 소재지인 흡현은 전국 문화 명승지에 올라 있다.

이와 같이 후이저우의 뜨거운 문화 열기 때문에 중공 총서기이며 국가 주석인 장쩌민도 이곳을 보고 싶어했다. 그는 비록 양저우 사람이지만, 원적 역시 후이저우라고 한다. 2001년 5월 장쩌민은 사업시찰을 겸해서 후이저우에 속한 우위안장춘婺源江村과 징더장춘旌德江村을 찾아가 자신의 뿌리가 어디인지 알아보았다고 한다. 이 일로 후이저우의 문화 열기는 더욱 뜨거워졌다.

지시는 후진타오 조상의 고향

황산과 구화산, 제운산이 만나는 곳에 후이저우에 속한 지시현績溪縣이 있다.

지시현은 원래 후이저우의 읍이었다. 과거에는 이 읍을 화양진華陽鎭이라 불렀다. 『후이저주부지徽州府志』의 기록을 보면 남북 시기에 이곳에 '소량蕭梁 초기 양안현良安縣'을 세웠으나 얼마 되지 않아 이를 폐지했다. 당나라 시기에 이곳에 지시를 건립했다. 이것은 중하中下급 현에 속한다. 송나라 때는 망현望縣이라 불렀고 명나라 때는 중현中縣이라 불렀다. 지시현이라는 이름의 유래에 대한 글이 있다.

"경내에는 유계乳溪와 후이계徽溪가 1리 거리를 두고 서로 합쳐졌다가 다시 빗겨나는 모양이 마치 적(績, 삼을 벗겨 그 줄로 꼰 새끼라는 뜻이다)과 비슷하다 하여 그 이름을 단 것이다."

지시현은 황산 관광구와 인접해 있으며, 칭량봉青涼峰 자연보호구와 붙어 있다. 산림이 빽빽하게 둘러서 있어 '백리화원百里花園'이라는 아름다운 이름도 가지고 있다. 자연 경관만으로도 이곳은 사람들의 발길을 끄는 곳이다. 그러나 경관이 아름다운 곳을 보면 대개가 가난하다. 이곳도 다른 관광구와 마찬가지로 1990년대 초기에는 '빈곤현'이라는 불명예를 벗지 못했다. 중국 유람명승지인 황산 지역이 안후이성의 빈곤 지역이라는 뜻이다. 황산시의 재정 수입이라든가 농민들의 수입 등의 생활지표는 안후이성에서도 가장 꼴찌에 속했다.

1990년대 초 홍콩의 어느 신문에서 이곳에 대해 아주 생생하게 보도한 적이 있다.

지시현 성동에서 남쪽으로 약 10리 정도 떨어진 곳에 옛날에는 룽촨춘龍川村이라 부른 다컹커우춘大坑口村이라는 마을이 있다. 1942년 12월의 어느 날, 이 마을에서 자지러지는 어린아이의 울음소리가 겨울의 새벽 하늘을 열었다. "열 집이 사는 마을에도 책 읽는 소리가 쟁쟁하다"라는 명성을 가진 이곳 농촌 사람 후증위胡增鈺의 집에서 한 남자아이가 태어났으니…….

이 남자아이가 바로 후에 중국 공산당 정치국 상무위원이 된 후진타오이다. 그러나 이 서술은 글쓴이가 허구로 쓴 것에 지나지 않는다. 많은 통신사와 신문사는 중공 중앙에서 배포한 프로필에 따라 후진타오의 원적을 그가 태어난 고향으로 알았던 것이다. 그러나 실제로 지시는 후진타오 조상들의 고향이지, 그가 출생한 곳은 아니다.

이제 다시 역사를 백여 년 전으로 거슬러 올라가 보기로 하자. 후진타오의 조상은 고조부 후융위안胡勇源 때 지시현을 떠났다. 앞에서 이미 언급한 바 있지만 후이저우 일대는 땅이 많지 않아 모두 행상에 나섰다. 사람들은 자신들의 살길을 여러 방면에서 찾았다. 후융위안은 고향을 떠나 장쑤江蘇의 타이저우泰州에 도착해 그곳에서 조그마한 가겟방을 꾸렸다.

그는 산야에서 재배한 차 등 토산물과 특산물을 팔았다. 후진타오의 증조부 후수밍胡樹銘 대에 이르러서는 제법 규모를 갖춘 상점이 되었다. 그는 또 상하이와 저장浙江 등지에 일곱 곳이나 되는 분점을 두었다. 그와 함께 차의 수출을 꾀했다. 후씨의 사업이 가장 번창했을 때는 영어 통역사가 몇 명이었다는 등의 말이 전해지고 있다.

상하이는 한 세기라는 짧은 기간에 국제도시로 부상한 도시이다. 상하이가 경제도시로 부상한 데는 후이방 상인들이 일익을 담당했다. 상하이가 개방되기 전에는 인구가 겨우 50만에 불과했다. 개방과 함께 국내외 상인들이 밀물처럼 상하이로 몰려들었다. 항일전쟁에서 승리했을 때 상하이는 이미 5백만 인구를 가진 대형도시로 자리매김했다. 상하이 발전에 공헌을 한 상업가로 우선 후이상을 들어야 할 것이다. 상하이가 개방되기 전에도 후이상들은 이미 상하이에서 활약했다. 그들이 다룬 주요 품목은 생선과 소금이었다. 그 다음으로는 포목과 비단이 주를 이루었다. 그러나 실제로 후이상들이 다룬 품목이 이것만은 아니었다. 또한 후이상들은 조선업을 장악했으며 전당포를 독점했다. 상하이가 개방된 다음 후이상들의 입지가 약간 좁혀지기 시작했다. 그러나 그들은 상하이의 차와 포목을 주도해왔다. 후이상 회관과 회의소 등이 속속 건립되었다. 〈중국시보〉의 기사에 따르면, 청나라 도광년간(道光年間, 청나라 선종 재위기간인 1821~51년) 후이방 상인들은 12개 상호와 연합해 대동문 밖에다 회의소를 설립했다. 당시 모금한 공적금(公積金, 한국의 계와 비슷한 자금-옮긴이)만 해도 1천2백만 량에 달한다고 쓰여 있다. 후이방이 꾸려가는 야채점과 차점茶店 상하이 곳곳에 분포되어 있었다.

후진타오의 증조부 후수밍도 바로 상하이에 진출한 후이방 상인 중의 한 명이다. 후진타오의 고향에 살고 있는 그의 사촌누이의 말을 빌리자면, 후수밍은 4대가 한집에 사는 대부호였다. 그에게는 아들이 두 명 있었다. 한 아들의 이름은 후빙화胡炳華이고 다른 아들의 이름은 후빙형胡炳衡

이다. 이들도 각각 아들을 둘씩 낳았다. 이들 사촌들의 서열을 따지자면, 맏이인 후쩡신胡增鑫과 넷째인 후쩡진胡增金은 후빙화의 아들이고, 그리고 둘째인 쩡린增麟과 셋째인 쩡위增玉는 후빙형의 아들이다. 중국의 대가족에서 사촌들 사이에 서열을 가르는 것은 아주 흔한 일이다. 이 네 형제는 상하이에서 장사를 하면서 종종 틈을 내 타이저우로 돌아오곤 했다.

셋째인 쩡위는 후에 후징즈胡靜之로 개명했다. 그는 50여 년 전에 상하이에서 결혼식을 올리고 이내 첫아들을 보았다. 이 아들이 바로 후진타오이다. 그렇기 때문에 후진타오의 출생지는 당연히 상하이라고 해야 한다. (어떤 자료를 보면 후진타오는 장쑤 타이저우에서 출생했다는 일설도 있다. 그러나 우리는 그의 출생지가 상하이라는 것이 더 신빙성이 있는 결론이라고 본다. 그 이유는 다음에 언급하게 된다.) 후징즈는 그후 딸을 둘이나 더 보았다. 후진타오의 두 여동생을 보면 오빠가 출세했다고 집안 역시 그렇지 않은 것 같다. 진룽錦蓉이라는 여동생은 1990년대 말부터 타이주현 방산개발공사房産開發公司에서 일을 했다. 또 다른 여동생 진라이錦萊는 타이현에서 상업에 종사했다. 후진타오의 모친은 중공 건국 전에 이미 사망했다. 그래서 그는 두 동생과 함께 타이저우에 있는 할머니(후빙형의 아내)의 슬하에서 컸다. 후에 두 자매는 타이현에 하방(下放, 정책에 따라 믿을 만한 성분이 못되면 농촌으로 내려보내는 것을 중국에서는 하방이라고 한다-옮긴이)을 가게 되었다. 아버지 후징즈도 타이저우에서 타이현으로 자리를 옮겼다. 딸들과 가까운 곳에서 살려고 한 것이다. 그는 문화대혁명 이후 사망했다. 그때 후진타오는 간쑤甘肅에서 사업을 하고 있을 때였다. 그는 부친의 부고를 받고 고향으로 돌아가 장례를 치렀다.

후쩡신의 아들인 후진장胡錦江은 후에 난징南京사범대학 부속 유아사범학교 교장이 되었다. 그의 말에 따르면 후진타오는 타이저우의 다푸大浦 소학(小學, 한국의 초등학교 해당-옮긴이)을 다녔고, 고중(高中, 한국의 고등학교에 해당-옮긴이)은 타이저우 중학을 다녔다고 한다. 여기서 후진장은 중요한 사실 하나를 제공해주었다.

"원래 그는 원적을 상하이와 장쑤의 타이저우로 썼습니다. 그러다가 후에 나의 원적을 본 다음 안후이 지시로 고쳤습니다. 그때 그가 나에게 이렇게 물었습니다. '형님, 형님은 왜 안후이 지시로 적었어?' 그래서 내가 이렇게 대답했습니다. '우리의 조상들은 다 지시 사람들이야. 그러니까 네가 비록 상하이에서 출생했지만 원적은 안후이 지시가 되는 거야.' 후진타오는 이때부터 원적을 지시로 바꿨습니다. 후에 전국 공청단대표대회 때 후진타오는 안후이 대표단을 찾아가 자기도 안후이 사람이라고 말하면서 자기의 원적은 후이저우 지구이며, 지시 사람이라고 했습니다."

후스와 본이 같은가?

후진장이 회고한 내용으로 볼 때 후진타오는 자신의 원적지를 방문하지는 않은 것 같다. 그러므로 그는 원적지의 종친들이나 친척들과 거의 관계가 없었다. 비교적 가까운 그의 친척들은 주로 타이저우와 타이현, 그리고 상하이에 거주하고 있다.

그렇다면 여기에서 어떤 결론을 얻을 수 있을까? 후진타오는 후진장이 후씨의 원적이 안후이 지시라고 알려주기 전에는 이에 대해 전혀 몰랐던 걸까? 이것은 어딘가 상식에 어긋나는 것 같다. 후징즈는 왜 자기 아들에게 이런 사실을 전혀 알려주지 않았을까? 할아버지가 안후이 후이저우 지시에서 타이저우로 왔다는 사실을 왜 말하지 않았을까?

우리 생각에, 후진타오는 이미 자기 조상(할아버지의 할아버지)의 고향이 지시였다는 것을 알았을 것이다. 단지 원적을 적을 때 안후이 지시로 기입해야 한다는 것을 몰랐을 뿐이다. 그렇다면 그가 때로는 '장쑤 타이저우'라고 쓰고, 때로는 '상하이'라고도 쓴 것은 어떻게 해명할 수 있을까?

여기에 합리적인 해석이 있다. 즉 그가 장쑤 타이저우라고 쓸 때는 그곳을 원적으로 생각한 것이고, 상하이라고 쓸 때는 상하이를 자기가 태어난 곳으로 생각하고 기입했을 것이다. 이것이 바로 우리가 그의 출생지는 상하이라고 추측한 이유이다. 그의 조부모와 부친은 다 타이저우 사람인데 그가 상하이에서 태어나지 않았다면 그가 상하이를 원적에 쓸 이유가 없다. 그리고 우리가 그의 출생지를 상하이로 정한 또 다른 이유는 위에서 언급한 후진장의 말 중에 '너는 상하이에서 태어났지만'이라고 한 말 때문이다.

이에 관해 국가가 운영하는 중국신문사에서 간행된 〈시점視點〉이라는 잡지의 글을 보면 비교적 이해하기가 쉬울 것이다. 2000년 제1기에 중링鐘靈이라는 필자가 인물실록「군사위원회 부주석 후진타오」를 게재했다. 이 글은 최고층의 지령을 받고 쓴 것인데 이 글에 이런 대목이 있다. "후진타오는 상하이에서 출생했다."

후진타오는 비록 안후이 지시에 가보지 않았지만 재종형再從兄이 원적은 지시로 써야 한다는 권고를 듣고 곧바로 원적을 지시로 고쳐 기입했다. 또한 그는 후에 안후이 공청단 대표를 만나 자기는 지시 사람이라고 선포했다. 그는 자신이 지시 사람이라는 것에 대해 영광으로 생각하고 있었다. 후이저우는 상업적으로나 문화적으로 모두 좋은 평판을 받는 곳이며 큰 영향을 끼치는 지역임에 틀림없다. 그곳 사람이라면 누구나 다 자부심을 느낄 만하다.

그렇다면 사람들은 자연히 한 가지 문제를 제기할 것이다. 지시에서는 근대에 이르러 수많은 명인들이 속출했는데, 그중에는 문장으로 이름을 날린 후카이원胡開文, 상업으로 이름을 날린 후쉐옌, 신문화운동 창시자의 한 사람인 후스 등 후씨 성을 가진 사람들이 적지 않다. 그렇다면 후진타오는 후스와 본이 같은 종친일까?

후이저우 사람들은 전통적으로 종친 관념이 아주 강했다. 후진타오의 가족 사당과 족보가 지금까지 전해 내려오는 것만 봐도 알 수 있다. 후이저우 사람들은 사당을 짓고 족보를 물려받아 간직해왔다. 이는 종친 관계를 대대로 이어가기 위한 것이라 하겠다. 농사는 '천하지대본'이라고 여기는 중국에서 드문 현상이 하나 있는데, 그것은 전쟁이나 천재가 아닌데도 후이저우에서는 백성들의 이동이 아주 빈번했다는 것이다. 중국 전통의 관청에서는 백성들의 이동을 막았다. 때문에 후이저우 사람들은 사당을 짓고 족보를 이어가는 것으로 종친들과의 관계를 명백하게 밝혀 놓았다. 성이 없고 본이 없는 유민으로 전락하는 것을 방지하기 위한 하나의 방편이다. 과거시험 때 학생들의 원적은 중요했다. 타향에서 후이저우 사람들이 멸시를 받아 과거시험을 치르지 못하면 고향으로 내려와 그곳에서 초시를 치르고 현시와 주시를 치렀다. 이것이 바로 후이저우 사람들이 사당을 짓고 족보를 중시한 주요 요인의 하나이다.

중국인들은 역사를 쓸 때 대체로 제왕이나 고관대작, 그리고 명문가들의 족보에 중점을 두었다. 상업에 종사하는 사람들에게는 별로 눈길을 돌리지 않았다. 20세기 초 일본학자 후지이 히로시藤井宏는 한 가지 놀라운 사실을 발견했다. 그것은 후이저우의 민간문서가 명나라와 청나라의 민간판 역사라고 해도 과언이 아니라는 것이다. 후이저우의 민간문서는 백성들의 생활과 경제에 대해 중국 정사에서 부족한 점을 채워줄 수 있는 가치가 있었다. 이때부터 후이상들의 종친 족보는 역사학자들에게 중요한 자료가 되었다. 근래에 와서 '후이학'은 돈황학에 이어 또 하나 뜨거운 열풍을 일으키는 '학과'가 되었다. 이와 더불어 후이상 족보는 학자들이 무엇보다 많이 보는 문헌이 되었다.

후이저우의 성씨 중에 대성大姓은 위진魏晉 대란 때 중원에서 옮겨 온 성씨이다. 그중에는 혁혁한 세도가들도 있으니 지금까지 여러 족보에서 이 점을 밝혔다. 지시 후씨는 확실히 그곳 대성의 하나이다. 후이저우에서도 후씨는 대성에 속한다. 『후이저우 부지』를 펼치면 수학, 도덕, 경제,

무공 등 각 방면에서 이름을 날리던 명인들 중 가장 많은 성씨가 후씨와 왕汪씨라는 것을 알 수 있다.

그렇다면 후스와 후진타오는 종친인가? 후스의 족보에 대해 깊이 연구한 수쯔차오書子超의 말에 따르면, 지시의 후씨에는 세 가지 본이 있다고 한다. 후스 가家의 후씨는 '이李씨를 고쳐 후씨'가 되었다는 것이다. 당나라가 융성했던 시기 당소종唐昭宗이 전란으로 인해 황망히 타지로 피난을 갔다. 그때 그의 아들 한 명을 유모가 데리고 떠났는데 그 유모 남편의 성씨가 바로 후씨였다. 그는 황족의 성씨를 알리면 화가 될 것을 우려해 황손의 성씨를 자기 성씨로 고쳐 무원으로 피난을 갔다가 다시 그곳에서 지시로 옮겨간 것이다. 후스는 자신의『후스 구술자전』을 쓴 탕더강唐德剛 교수에게 구술할 때, 자기는 당나라 황실인 이씨의 후손이라고 말했다. 후스의 집은 지시현에서 서북 방향에 위치한 상좡진上莊鎭에 있었다. 그는 후카이원, 후쉐옌과 본이 같다.

지시현 성안에 '금자호金紫胡'라는 본을 가진 후씨가 있다. 이 본은 조상이 송나라 때 금자광록대부金紫光祿大夫란 벼슬을 가진 것을 계기로 생겼다. 이 본을 가진 후씨는 이곳에서 가장 토착적인 성이다. 전하는 말에 따르면, 이 성씨는 요순 시절에 벌써 이곳에 정착했다고 한다. 후진타오의 후씨는 현성 동남향에 위치한 다컹커우춘에서 살았다. 후스의 일가와 대각선을 이루고 있는 위치다. 거리는 거의 백 리나 떨어져 있다. 이곳 사람들은 후스의 후씨를 북후北胡라 불렀고, 후진타오의 후씨를 남후南胡라 불렀다. 따라서 후스의 후씨성은 원래 후씨가 아니기 때문에 '가짜' 후씨라 했으며 기타 다른 두 후씨를 진짜 후씨라고 했다.

남후와 북후 사이에 산이 하나 가로놓여 있는데, 이 산은 별로 높지 않다. 그러나 이것이 자연스럽게 분수령이 되어 장강 유역과 신안강 유역을 갈라놓았다. 후스는 지역적으로 북후에 속하지만 오히려 장강 유역에 가깝고, 후진타오는 남후라고는 하지만 오히려 신안강 유역에 속한다.

후씨 종친사당

후진타오와 후스는 같은 본이 아니라는 것이 밝혀졌다. 후스의 북후가 황실의 후손이라 하지만, 후진타오의 남후를 낮게 볼 것만은 아니다. 그의 후씨 조상은 동진東晉까지 거슬러 올라가게 된다.

지시현의 룽촨춘에 후씨의 종친사당이 있다. 1988년 1월 13일(그때 후진타오는 구이저우 성위서기로 있었다) 중국 국무원에서는 이 종친사당을 '전국 중점문물 보호물'로 공표했다.

후진타오의 가족 내력에 대해 룽촨춘 후씨 사당에 이렇게 기록되어 있다. 동진 시기 산기상시散騎常侍 후옌胡炎이 시저우(歙州, 현재 안후이성 신안시—옮긴이)의 진을 수비하고 있었다. 그는 화양(지시현성)을 유람했으며 룽촨을 시찰했다. 동쪽으로는 높은 산이 우뚝 섰고, 서쪽으로는 계관산이 그 웅장함을 자랑하고 있었다. 또한 남쪽은 천마가 달려온 기상이었으며, 북쪽은 유려한 강줄기가 이어졌다. 이에 동진 성강成康 3년(서기 337년)에 가족을 데리고 칭저우(青州, 지금의 산동성 일대)에서 이곳으로 옮겨와 정착했다. 종친사당은 송나라 때 짓기 시작해 명나라 가정년간(嘉靖年間, 1522~67년)에 완공되었다. 이 사당은 종친 중에서 병부상서로 있었던 후쭝셴胡宗憲이 거금을 털어 짓기 시작했다. 후에 여러 차례 수리를 하여 지금의 면모를 갖추게 되었다. 전체적인 구조나 예술조각은 아직도 명나라 때의 풍모를 보여주고 있다. 건축 면적은 1,564평방미터이며 담장, 툇마루, 문루門樓, 정원 등 아홉 개의 부분으로 이루어져 있다. 또한 목재, 벽돌, 석재와 채색 그림 등으로 각각의 개성을 살려 독특한 분위기다. '목조건물의 예술품'이라는 찬사를 받고 있는 이곳은 관광객들의 발길이 끊이지 않는다. 종친사당 맞은편에는 높은 패를 지었는데 그 패에는 혁세관보奕世官保, 태자소보太子小保 후푸胡富, 태자태보太子太保 후쭝셴의 이름이 적혀 있다.(혁세관보 중의 '혁세'란 말은 『국어, 주어國語, 周語』에 '혁세재덕'이라고 쓰인 말에서 비롯된 것으로 '세대를 이어간다'는 뜻이다.)

후진타오의 종친 연장자인 지시현 정치협상위원회 위원인 후서우민胡 壽民의 말에 따르면, 후씨 종친은 '동서남북중' 다섯 개의 지사支祠가 있는데 후진타오의 종친은 이중 중사에 속한다는 것이다. 이는 바로 후쫑셴의 계열이다. 이를 또한 대종大宗이라고도 하는데 이 종친은 후씨의 적계嫡系로 이어지는 종친이다. 지금 다컹커우춘의 사람들은 다 후옌의 후손들이다. 진나라 태조 후옌으로부터 명나라 후푸까지 33대이고 후쫑셴은 그를 이어 34대이다. 이때는 후씨가 가장 융성했을 시기다. 후푸가 태자소보로 있으면서 호부상서로 승진했고, 후쫑셴은 태자태보로 있으면서 병부상서로 승진했다. 그는 북부 오랑캐에 맞서 싸운 장군 척계광戚繼光의 상사였으며, 역시 오랑캐를 물리친 명장이기도 하다. 사람들은 그를 매림공梅林公이라 칭송했다. 지금 후진타오는 48대손이며 그의 관직은 후푸나 후쫑셴보다 더 높다!

지시 사람들에 대한 태도가 복잡하다

후진타오는 장쑤에서 컸기 때문에 조상들의 고향에서 그리 영향을 받지 못했다. 그러나 우리는 지역문화의 영향을 살펴볼 때 단지 직접적이고 유형적인 것만으로 평가하는 방법은 타당하지 않다고 본다. 조상들의 고향 문화에 대한 이해는 넓은 시각과, 상대적이고 무형적인 시점에서 출발하여 연구하는 것이 바람직하다고 본다. 한 세대 또 한 세대를 이어 내려온 문화 요소는 사람들의 성격 형성에 알게 모르게 영향을 주었을 것이다. 비록 그가 고향에서 시간적으로나 공간적으로 멀리 떨어져 있다 하더라도 그 영향을 무시할 수는 없다.

구체적으로 후이저우의 상황을 놓고 보면 이 점을 쉽게 이해할 수 있을 것이다. 왕전중王振忠이 『향토 중국·휘이저우』(베이징 싼롄출판사 출간)란 책을 썼다. 그는 이 책의 머리말인 '꿈속의 옛 고향'이란 글에서 다음과 같이 썼다.

후이저우의 문화와 민속은 마치 돈황의 장경동藏經洞과 같다. 이것은 황실의 법문사法門寺 지궁地宮과는 다른 형태다. 세월이 흐름에 따라 남은 것은 가장 광범한 집단이 창조한 민간 문화이다. 이 문화에는 기나긴 정사가 기록되지 않았으나 여전히 전해 내려온다. 이른바 향토 중국이란 바로 이렇게 끊임없이 이어온 민간 문화의 자양분을 먹고 자라난 것이다.

예를 들면 후이저우의 후이상들은 상업에만 몰두한 것이 아니라 문화 또한 매우 중시했다. 이들은 일반 상인들처럼 실리만 따지는 그런 타입이 아니다. 일반 상인들은 문화와 학문에는 관심이 없다. 그들이 문화를 중시한 것은 구체적으로 후씨 성을 가진 가문에서 잘 표현되고 있다. 후징즈의 형제들은 모두 장사를 해서 자기 자식들에게 많은 공부를 시켰다. 후진타오의 재종再從은 모두 대학생이다. 바로 이 점이 좋은 증거다. 후이저우 문화는 지시에서 살지 않은 후진타오에게, 단지 그가 옛 고향 명사들에 대한 자랑에서 그친 것이 아니라, 마음속으로 더 깊은 자부심이 있음을 보여준다. 이를테면 학문과 지식인에 대한 존중, 경영과 관리에 대한 익숙한 지식, 현대 상업사회의 규칙과 계약정신에 대한 이해 등에서 잘 찾아볼 수 있다. 이 모든 것은 대대손손 전해 내려오며 형성된 후이저우 문화에서 그 맥락을 엿볼 수 있다.

지금부터 얘기하려는 한 가지 사실만으로도 고향이 후진타오에게 직접적인 영향을 주었음을 알 수 있다. 그가 대학에서 전공과목을 수리공정학부 하천발전공장과를 선택한 것은 경쟁을 피하기 위한 이유도 있을 것이다(이에 대해서는 다음에 다시 설명하기로 한다). 하지만 그때는 제1차 5년계획을 실시하던 기간이었다. 지시에서 얼마 멀지 않은 곳에서 신안강 댐 공사가 한창 진행 중에 있었다. 후진타오는 이 영향을 받았을 수도 있다. 이 학과를 지원해 공부를 마친 뒤 고향인 신안강 댐 공사에 참여하고 싶다는 생각을 할 수도 있었을 것이다.

후진타오가 정계에 입문한 뒤에는 조상의 고향에 대한 태도가 제법 복잡해졌다. 결론적으로 말하자면, 그는 고향에 대해 자긍심을 가지기는 했지만, 고향 사람들에 대해서는 별로 뜨거운 애정을 느끼지 못했던 것이다. 후진타오가 정계에 처음으로 등장했을 때 지시의 종친들은 족보를 통해 이미 그와 그의 부친 이름을 찾아냈다. 당시 어떤 사람들은 후진타오에게 편지를 써서 촌수를 따지기도 했고, 또 어떤 사람들은 그에게 모금을 요청하기도 했다. 그러나 그들은 후진타오에게서 아무런 답장도 받지 못했다. 후진타오는 자신이 지시 후씨 가문의 후손이라는 것을 확실하게 확인하지 않았다. 종합적으로 분석해볼 때 우리는, 고향과 고향 사람들에 대한 후진타오의 태도는 주로 자신이 과거 대신大臣의 후손이라는 데 주안점을 두었다는 결론을 얻을 수 있다. 심지어 그는 자신의 지위가 점점 더 높아질수록 고향 사람들이 자기의 이름을 빌려 이익을 취해 자신에게 피해가 올까 봐 무척 조심했다고 한다. 그의 고향 룽촨의 사당과 무덤이 장안의 화제가 되었을 때, '후씨 사당'이 국가급 보호물이 되었을 때, 그리고 이곳이 유명한 관광지로 부상했을 때 후진타오는 그곳 지방장관에게 후씨 사당에 대해 너무 크게 선전하지 말라는 말을 전했다고 한다. 이 말이 전해진 다음부터 후씨 사당과 무덤은 관광객을 받지 않기로 했다.

물론 후진타오는 자기 고향과 고향 사람들에게 최소한의 예절을 지켰으며 어느 정도의 관심도 보여주었다. 여기에 두 가지 실례가 있다.

앞에서 이미 후서우민에 대해 언급한 바 있지만, 후서우민은 후진타오보다 3세대나 윗세대이다. 후옌에서부터 계산하면 그는 제45대손이며, 황포 군관학교 출신이다. 후에 후이저우 사범학교에서 교편을 잡았다. 정년퇴직한 그가 1993년 3월 7일 후진타오에게 편지를 보냈다. 그의 회고에 따르면, 그 편지에는 고향의 상황을 소개하기 위해 이 편지를 쓴다고 밝혔을 뿐 어떤 부탁이나 요구 같은 것은 없었다고 한다. 그는 편지에 현재 지시에 18만 인구가 있는데 아직 빈곤에서 벗어나지 못하고 있음을 밝혔으며, 앞으로 시간이 나는 대로 한 번 고향에 다녀가는 것도 좋을 것이라고 썼다.

3월 14일, 후진타오는 편지를 받는 그날로 그에게 답장을 썼다.

고향에 계신 부모형제들의 관심과 지지에 감사를 드립니다. 이 편지를 통해 고향의 부모형제들에게 따뜻한 인사를 올립니다.

우리가 알아본 바에 의하면, 후진타오 집무실로 매일 2백여 통의 편지가 날아든다고 한다. 그가 이 편지를 받았을 무렵에는 평안한 시기가 아니었다. 후진타오가 구이저우성에서 티베트로 전근간 지 얼마 안 되어 티베트 자치구 당위 제1서기로 임명되었을 때다. 또한 티베트 라싸에서는 대규모의 소요사태가 일어나고 있었다.(이 소요사태는 3월 5일에 일어났다. 3월 7일 후서우민이 편지를 쓴 그날, 폭동은 최고조에 달했을 때였다. 물론 후서우민이 편지를 쓸 때는 이 사실을 모르고 있었다.) 3월 7일, 국무원에서는 다음날인 3월 8일 자정부터 라싸에 대해 계엄을 실시한다고 공포했다. 티베트는 민족과 종교문제 등으로 매우 복잡한 곳이었다. 처음 이곳에 도착한 후진타오가 하루 동안 처리해야 할 일은 수없이 많았다. 그런데 그 시간을 쪼개 별로 잘 알지도 못하는 고향의 먼 친척에게 답장 편지를 썼다. 게다가 별로 중요하지도 않은 개인 편지를 쓴다는 것은 그가 고향에 대한 감정을 중시하지 않았다면 불가능한 일이었다.

그런데 여기 한 가지 의문점이 있다. 그 당시 후진타오는 라싸에 있어야 했다. 그런데 어째서 답장을 띄운 곳은 구이저우인지, 정말 모를 일이다.

또 다른 한 가지 실례가 있다. 1990년 지시의 전국인민대표인 쉬자정許家政이 대회 참석차 베이징으로 가게 되었다. 후서우민은 그에게 편지를 주며 후진타오에게 전해 달라고 부탁했다. 역시 고향의 실정을 알리는 편지였다. 후진타오는 티베트 대표단을 인솔해 대회에 참가했다. 그는 주석단의 성원으로 주석대에 앉게 되었다. 쉬자정은 후진타오를 알지 못할 뿐만 아니라 그의 주소도 모른다. 그는 후서우민의 편지를 비서실에 넘기면서 후진타오에게 전해 달라고 부탁했다. 얼마 지나지 않아 쉬자정은 후진타오의 전화를 받았다. 한 번 만나자는 내용이었다. 후진타오는 시간도 절약할 겸 대회 참석 때 찾아볼 테니 쉬자정의 좌석번호를 알려 달라고 했다. 그는 회의 시작 30분 전에 그 좌석에서 만나자고 제의했다. 쉬자정은 약속 시간에 맞춰 대회장에 입장했다. 후진타오도 약속 시간에 그곳을 찾았다. 후진타오는 고향인 지시의 사정과 그밖에 여러 가지 궁금한 것들을 물어보았다. 회의 시작을 알리는 벨이 두 번이나 울린 뒤 쉬자정이 빨리 주석대로 가시라고 해서야 후진타오가 그 자리를 떴다.

여기에서 후진타오가 자신의 이미지 관리에 신경을 쓰지 않았다고 할 수는 없지만, 아무튼 그가 고향에 관심을 보인 것만은 사실이다.

후진타오 부친은 작은 차점 업주

후진타오의 소년 시기에 대한 자료를 우리는 아직 제대로 수집하지는 못했다.

그는 타이저우에서 소년 시기를 보냈다. 타이저우는 장쑤성 북부에 속한다. 사람들은 그곳을 '어미지향'(漁米之鄕, 물고기와 쌀 등 산물이 풍부하다는 뜻임 ─ 옮긴이)이라고 부른다. 사실 장강은 장쑤성을 남부와 북부로 나누었다. '어미지향'이라고 하는 곳은 장쑤 북부가 아니라 장쑤 남부이다. 장쑤 남부의 면적은 장쑤 북부의 3분의 1밖에 안 된다. 그러나 경제는 상당히 발달해 장쑤 북부보다 훨씬 앞서 있다. 역사상 장쑤 북부는 화이허淮河가 자주 범람해 수해를 입는 경우가 많았다. 이재민들은 살길을 찾아 상하이, 저장浙江 등지로 나가 막일을 하든가 아니면 자그마한 가겟방을 꾸려 생계를 유지하곤 했다. 타지에서 살아가야 하는 그들은 서로 똘똘 뭉쳐 자신들의 권익을 보호했다. 이 때문에 그들은 그곳 사람들의 시기를 많이 받았다. 그러나 타이저우는 장쑤 북부 중에서 양쯔강과 가장 가깝게 위치하고 있어 경제력은 장쑤성에서도 일곱 번째에 속한다.

안후이 남부 후이저우와 비교한다면 장쑤의 타이저우는 역사적으로나 문화적으로 뒤떨어져 있다. 그러나 이곳은 중국에서 유명한 소금 산지다. 이곳에는 들판이 넓게 펼쳐져 있고, 산맥이 면면이 이어져 있으며, 강과 운하가 그물처럼 얽혀 있다. 때문에 이곳은 제법 부유한 고장이다. 오대(五代, 당나라 이후의 시대) 남당南唐 승원년간(升元年間, 923~36년)에 처음으로 타이저우를 설치했다. 관할 지역은 지금의 타이저우시, 타이현, 루가오如皋, 타이싱太興, 싱베이興北 등이다. 송나라 이후 관할하는 지역이 좁아졌고, 청나라에 와서는 현을 설치하지 않았으며, 1912년에는 타이저우를 현으로 강등시켰다. 지금 타이저우시는 1949년 타이현에서 나누어져 새로 신설된 것이다.

후진타오가 태어날 즈음은 중화민족이 가장 심각한 위기에 빠졌을 때다. 일본 침략군은 1937년 '7·7사변'과 '8·13사변'을 일으켰다. 이를 구실로 화북과 화동을 침범했다. 후진타오의 고향 인근 몇몇 지역은 일본 침략군들이 점령하고 있었다. 후진타오의 고향은 일본 침략군들이 점령한 지역에 가까이 위치하고 있었기 때문에 전화戰禍가 끊일 날이 없었다. 당시 왕징웨이(汪精衛, 난징에 설치한 일본 괴뢰정부의 주석-옮긴이) 정권은 '점'(도시-옮긴이)과 '선'(중요한 교통선-옮긴이)을 점령하고 있을 뿐 전면을 장악하지는 못했다. 신사군(新四軍, 공산당과 국민당이 연합하면서 공산당 소속

부대를 일컬음-옮긴이)과 국민당 군대, 그리고 갖가지 이름을 붙인 지방 무장들이 톱질하듯 공격을 가했다. 전 중공의 고급관리이며 중공지하당 타이현 위서기에 항일 근거지를 개척한 항일장군 쉬자툰許家屯 선생이 필자에게 이런 사실을 들려주었다. 당시 그가 이끄는 이 지역의 3, 4개 현에는 민간에도 천여 자루의 총이 있었다. 후진타오가 태어날 때 총소리가 울려 퍼졌다는 말은 과장이 아니다. 1940년 10월 천이陳毅, 쑤위粟裕 등이 지휘하는 신사군은 일당백으로 전승을 적잖이 올렸다. 그중에서도 특히 유명한 전투는 '황차오黃橋 결전'이다. 이 전투에서 국민당 군대 1만여 명이 궤멸했다. 황차우는 주요 전쟁터인데 이곳은 후진타오 부친이 가게를 연 장옌전姜堰鎭에서 불과 백여 리밖에 떨어지지 않은 곳이다. 1941년 1월 6일 세계를 놀라게 한 '환남사변'(皖南事變, 국민당이 국공합작협의를 파괴하고 돌연 신사군을 포위 소탕한 사변-옮긴이)이 발생한 곳도 후이저우와 아주 가까운 곳이다. '환남사변'이 일어난 안후이성 징현의 삼림지역과 후진타오의 고향인 지시는 불과 2백 리밖에 떨어지지 않았다.

후진타오가 철이 들기 시작한 여섯 살 때, 집에서 가까운 화이하이 평야에서 국민당과 공산당간에 전에 없는 대규모 '화이하이 전투'가 발발했다. 1948년 11월 6일 자정, 이 전투의 첫 포성이 울려퍼졌다. 이 전투는 66일 동안이나 계속되었다. 공산당이 지휘하는 해방군은 13만 4천여 명의 인명 피해를 내는 대가로 국민당 군대 55만여 명을 섬멸했다. 시체는 넓은 평야에 겹겹이 쌓였고, 붉은 피는 강물을 이루었다. 타이현 일대가 주요 전쟁터는 아니지만 양쪽 군인들 중에는 이 고장 출신이 적지 않았다. 이것은 국민들의 생활과 정서에 매우 큰 영향을 주었다. 모친이 사망한 지 얼마 되지 않은 때라 나이 어린 후진타오는 누구보다 긴장했을 것이다.

해방군이 장강을 넘는 데 성공해 대거 남하했고, 중화인민공화국을 세웠다. 그제야 비로소 이 고장에 총소리가 사라지고 평화가 다시 찾아들었다. 후진타오와 그의 가족은 타이저우에서 별다른 일없이 평온한 생활을 누릴 수 있었다.

후진타오의 증조부 후수밍은 상당한 규모의 차점을 경영했다. 후빙형에서부터 후쩡위(후징즈)에 이르자 이미 가업이 몰락하기 시작했다. 후진타오의 소학교 동창생인 장전쳰姜鎭拳에게 들은 얘기로는, 중공 정권의 초창기에 후징즈는 장옌전에서 차점을 꾸리고 있었다. 당시 중공의 계급분류 표준으로 볼 때 차점을 꾸리는 사람이 일꾼을 고용하지 않으면 그들을 '소업주小業主'라는 계급으로 분류했다고 한다. 그리고 일꾼을 고용했다면 '소자본가'나 '자본가'로 분류되었다.

후진타오의 집은 타이저우시의 구내 시창제西倉街 뒤얼샹多爾巷 1번지이다. 부친이 경영하는 차점에서 22리 정도 떨어진 곳에 살림집이 있었다. 그러나 그의 부친은 워낙 사업이 분주하여 일주일, 또는 그 이상이 지나야 한 번씩 귀가했다. 점포는 진鎭에 세우고 집을 도시에 둔 데는 이유가 있었다. 아내가 저세상 사람이 되었기 때문에 혼자서 아이들을 돌볼 수 없어 모친에게 아이들을 맡긴 것이다. 또한 도시에서는 아이들이 보다 나은 교육을 받을 수 있다는 점도 감안했을 것이다. 〈명보明報〉기자가 1998년 3월에 취재한 내용에 따르면, 당시 후진타오가 살고 있던 지역엔 대체로 중·하층 시민들이 많았다고 한다. 이로 미루어 보아 아마도 후진타오 부친의 계급은 '소업주'였을 것이다.

네 명이나 되는 사촌형제들 가운데 후진타오의 부친은 셋째인 후징즈이다. 그는 쓸쓸한 생을 살았다. 별로 큰부자도 아니었는데다 장년의 나이에 아내까지 잃어 마음이 편치 않았을 것이다. 후진타오가 소학교와 중학교를 다닐 때 아버지 후징즈는 타이저우의 한 토산공사의 회계로 있었다. 그의 수입과 가정형편을 보면 그다지 살림이 넉넉하지는 못했을 것이다. 그러나 다행인 것은 그가 중국공산당이 정권을 잡기 전에 부자가 아니었기 때문에 많은 부담을 피할 수 있었다. 중공의 계급 관점으로 볼 때, 그의 집은 3대가 아무것도 가진 게 없는 노동자 계급은 아니지만, 그렇다고 중점 타도의 대상인 계급에도 들지 않았다. 또한 3반, 5반, 반우파, 대약진 등 중공에서 실행한 갖가지 정치운동에도 조심하고 또 조심해 별로 큰 타격을 받지 않았다. 중공이 건국 후 실시한 수차례의 정치운동은 점점 더 지식인을 중점 타격 대상으로 삼았다. 그래서 후징즈 같은 사람은 이 화를 면할 수 있었다.

여기서 잠깐 참조할 사항이 있다. 후진타오와 어릴 때 같이 생활했던 그의 육촌누이 후진샤胡錦霞다. 그의 부친은 후징즈보다 꽤 부유했다. 그리하여 토지개혁 때 '지주'라는 계급딱지가 붙게 되었다. 그녀는 이런 가정적인 배경 때문에 대학 진학시험을 칠 생각도 하지 못했다. 그녀는 후에 잉저우샹瀛州鄕으로 내려갔다. 지주 성분으로 농촌에 내려가면 그곳에서 대중들의 감시를 받아야 한다. 이런 생활이 매우 힘들다는 건 뻔한 사실이다. 1992년 그녀의 집은 여전히 농촌에 호적을 가진 처지였다. 당시 그들의 연평균 수입은 몇백 위안元밖에 되지 않았다. 이 수준은 빈곤층보다 더 아래에 속한다.

후진타오의 소학과 중학 시절

후진타오의 옛집은 뒤얼샹에 있었으나 몇 년 전에 이미 다 허물어버렸다. 〈명보〉의 기자는 현장에서 불도저로 그곳을 밀어 평지로 만드는 광경을 직접 목격했다고 한다. 얼마 뒤 그곳에는 어깨를 겨루며 고층 아파트가 즐비하게 늘어섰다. 타이저우시에서 시 건설 계획을 짤 때 '후진타오의 옛집'인 뒤얼샹 1호를 남겨두자고 건의한 사람이 있었다고 한다. 그러나 시청에서는 이에 대해 아무런 답변도 하지 않았다는 것이다. 중앙에 보고를 올렸는지, 아니면 보고조차 하지 않았는지 알 수 없다. 결과는 원래 기획대로 뒤얼샹을 포함한 그 구역 일대를 모두 재건축했다.

후진타오는 다푸 소학교를 다녔다. 이 학교는 뒤얼샹 맞은편에 자리잡고 있었으며, 지금도 남아 있다. 후진타오는 소학교를 졸업한 뒤 타이저우시 제2중학교에 입학했다. 그는 그 학교에서 초중(한국의 중학교-옮긴이)을 다녔다. 초중을 졸업한 그는 장쑤성의 유명 중학교인 타이저우 중학교에 입학해 고중을 다니게 되었다. 그의 학급은 4반으로, 그때(1956년) 그의 나이 겨우 열네 살이었다. 이 중학교의 자료에 따르면 이 학교는 1902년에 건립되었다. 대학입시의 합격률은 백 분의 백이라고 한다. 그래서 당시 이런 말이 나돌았다. "타이저우 중학교에 입학하면 곧 대학에 입학한 것이나 다름없다."

타이저우 중학교는 송나라의 안정서원安定書院을 본떠 만들었다. 재미있는 것은 이 안정서원의 창설자가 후씨 성을 가진 사람이라는 것이다. 그리하여 '후공서원胡公書院'이라는 이름도 있다. 이 서원을 창립한 사람의 이름은 후안딩胡安定이다. 그리고 그에게는 또 다른 이름도 있는데 바로 후이즈胡翼之이다. 송나라 인종 때 태학령太學令이었던 그는 당시 경학 대사이며 교육가였다. 왕안석王安石은 그를 '천하호걸귀'(天下豪傑魁, 천하의 호걸 중에서도 우두머리라는 뜻-옮긴이)라고 높이 평가했다. 타이저우 중학교에서는 아마도 이런 선현들의 후광을 입어서인지 인재들이 속출했다. 중국과학원 원사院士만 해도 세 명이나 된다. 한자漢字 정보처리 개척자인 빙이秉彝, 수학가 샤다오싱夏道行, 원거리 감시 전문가 리더런李德仁 등이 이 학교 출신이다. 또 이 학교를 다닌 사람 중에 유명인으로는 덩샤오핑의 사위이며 덩난의 남편인, 중국과학원 하이테크 기업국 국장 장홍張宏도 있다.

후진타오의 담임이었던 천진린沈進林 선생은 이미 연세가 많이 들었다. 그는 〈명보〉 기자와의 취재 도중 후진타오의 학창시절에 대해 얘기해주었다. 후진타오는 다른 학생들보다 나이가 한두 살 어렸다. 키도 작은 편이었다. 그래서 그의 체육 점수는 언제나 다른 학생들보다 낮았다. 그는 고중 3년 동안 체육을 제외한 다른 과목은 모두 90점 이상이었다. 딱 한 번 고중 1학년 때 어문 성적 하나가 89점을 맞은 적이 있었다. 고중 3학년 때 후진타오는 반장을 지냈다. 선생은 또 다른 말을 덧붙였다. 후진타오는 조직력이 강한 학생이었다. 성격이 활발하고 문예에 남다른 취미가 있었다. 학교에서 오락회를 열 때마다 그는 반 학생들을 지휘해 합창을 했다. 학기말 때의 평가는 언제나 좋았다. 그가 고중 3학년 반장으로 있을 때가 바로 1959년이다. 아래 글은 선생이 후진타오에 관해서 쓴 평가이다.

본 학생은 정치적 각오가 높고 급우들을 잘 단결시켜 갖가지 활동을 전개했다. 학습 능력도 뛰어나고 좋지 않은 경향에 대해서는 직접 비평 의견을 제출하기도 했다.

후진타오의 동창생인 차이즈창蔡志强은 그에 대해 이렇게 얘기했다. 후진타오의 성적은 평균 90점 이상이지만 반에서 공부를 가장 잘하는 학생은 아니었다. 이로 미루어보아 이 학교는 명실공히 인재들이 모인 학교임에 틀림없다. 차이즈창은 또 후진타오의 체육 점수는 높지 않지만 그는 탁구를 아주 잘 했다고 한다.

왜 타이저우에 관해 말하기를 꺼리는가

후진타오가 중공 고위층에 모습을 드러내기 시작하면서 사람들은 그에 대해 한 가지 의문을 갖게 되었다. 그것은 왜 자신이 유아기와 소년기를 지낸 타이저우에 대해 언급하기를 꺼리는가 하는 점이다.

그와 대조되는 인물은 이미 별세한 중공 총리 저우언라이周恩來이다. 그의 조부는 관리의 신분으로 원래 고향인 사오싱紹興에서 장쑤 화이안淮

安으로 이사를 가게 되었다. 3대째에 태어난 저우언라이는 자기의 원적을 언제나 화이안이라고 썼다. 그리고 언제나 화이안 사람이라고 말했다. 때로는 반쯤 농담 삼아 자기는 "절반 사오싱 사람이다"라고 말했다. 후진타오도 저우언라이와 마찬가지로 타지방으로 옮겨간 뒤 3대째(원문엔 이렇게 되어 있지만 헤아려보면 5대째가 아닌가 싶다─옮긴이)가 된다. 그러나 중공의 자료를 보면 그는 자신의 원적을 '안후이 지시'라고 밝혔다. 그리고 장쑤 타이저우에서 17년 동안 생활했다는 말을 하지 않았다.

관청에서도 이런 사실을 밝히지 않았고, 후진타오도 되도록 이 말을 피했다. 중공 중앙판공청은 타이저우에서는 후진타오 생애에 관한 해외 기자들의 취재를 거절하라는 공문서까지 하달했다. 타이저우에서는 이곳이 후진타오의 고향이라는 것을 해외에 홍보해 타이저우의 지명도를 높이려고 했다. 그러나 이 공문서를 받은 뒤로는 감히 해외 기자들의 취재에 응하지 못했다. 전국 정치협상회의의 기관지인 〈인민정협보人民政協報〉는 1996년에 「후진타오는 타이저우 사람이다」라는 글을 발표했다. 그 결과 상급의 비난을 받았다.

그렇다면 후진타오는 조상들의 고향인 지시에는 감정이 있고, 자기가 어렸을 때 자란 고향에 대해서는 아무런 감정이 없단 말인가? 그런 것은 결코 아니다. 구이저우성 성정부의 한 간부는 그렇지 않음을 밝히고 있다. 후진타오가 구이저우성의 성위서기로 임명되었을 때 타이저우 중학교 교장이 회의차 구이저우에 올 일이 생겼다. 이 일을 알게 된 후진타오는 일부러 호텔로 찾아가 옛 중학교 교장을 찾아뵈었다. 그는 자기 돈으로 마오타이茅臺 술 한 병을 사서 옛 교장선생에게 선물했다. 후에 그가 티베트 자치구 제1당위서기로 있을 때 고산병이 들어 치료 중에 옛 고중 때 선생이었던 천진린 선생에게 편지를 쓴 일도 있다. 그 편지에는 "만약 제가 사업에서 어떤 성공을 거두었다면 그건 다 저에 대한 모교의 가르침 덕택입니다"라는 구절이 있다. 그리고 "타이저우 중학교는 엄하게 학생들을 가르쳤기 때문에 저에게 깊은 인상을 남겨주었습니다. 그와 함께 저의 향후 학습과 사업 계획에 커다란 영향을 끼쳤습니다"라고 덧붙였다. 그는 편지와 함께 티베트에 있을 때 찍은 사진을 동봉해 보냈다.

중공 중앙판공청의 한 간부는 이런 이야기를 들려주었다. 후진타오가 중공 최고 정책결정층으로 떠오른 뒤에는 판공청에서 주최하는 연극이나 문예만 구경할 뿐이며, 절대 취미 삼아 그밖의 공연을 구경하는 법이 없다는 것이다. 그런데 장쑤성 후이극(徽劇, 안후이성 일대의 지방 연극-옮긴이) 단이 베이징에서 공연할 때 후진타오는 연극 구경을 해야겠다고 나섰다. 그는 극이 끝나자 무대에 올라가 배우들을 접견하면서 후이극의 발전을 위해 고생이 많다며 위로의 말을 아끼지 않았다.

후진타오가 이처럼 조심하는 것은 앞에서 얘기했듯이, 자기 고향인 지시의 사당과 무덤을 지나치게 포장해서는 안 된다고 했던 것과 같은 맥락이라고 보면 된다. 그는 언제나 자신을 드러내려 하지 않았고 자기를 홍보하지 않았다. 만일 자신이 타이저우에서 자랐다는 것을 알게 되면 많은 기자들이 타이저우에 가서 그의 '성장 과정'을 취재하려 할 것이다. 심지어는 '옛집 기념관'까지 신축할 수도 있고, 친척들도 이를 계기로 사욕을 채울지도 모를 일이라 만약 그렇게 되면 오히려 자신에게 불리하다는 판단이 섰을 것이기 때문이다. 이런 분석은 충분히 가능성이 있다. 왜냐하면 후진타오가 이런 일은 되도록 피하려고 한 것이 사실이기 때문이다.

그러나 다른 예를 보면 그렇게 간단히 정의내릴 일이 아니라는 것을 알 수 있다. 1992년 후진타오가 중앙정치국 상무위원으로 진입했을 때 그는 언론에서 '안후이 지시 사람이다'라고 발표하는 것을 별로 막지 않았다. 1997년 상하이 도서관이 준공되었다. 그때 후진타오의 가족과 그의 옛 고향인 지시의 족보를 공개했다. 이 역시 제지를 받지 않았다. 도서관에서는 이미 많이 파손된 후씨 족보를 가져다 잘 표구했으며, 한 부를 더 제작해 후진타오에게 증정할 것이라고 밝혔다. 새로운 세기에 중대한 출판사업의 하나인 『중국족보총목中國家譜總目』에 수록된 후씨의 족보는 전체를 다 다루었고 지면이 크게 할애된 것이 인상적이다.

그렇다면 그는 사람들에게 무엇 때문에 자기는 '안후이 지시 사람'이라는 것을 알리려 하는가? 왜 자신이 장쑤 타이저우 사람인 것을 밝히지 않으려고 했는가? <명보>에서 이에 대해 분석한 것이 있다.

이 의심을 해명하기 위해서는 중앙정치국 일곱 명 상무위원들의 원적을 살펴보면 그 이유를 알 수 있다. 장쩌민은 장쑤 양저우 사람이고, 리란칭李嵐淸은 장쑤 진장鎭江 사람이다. 여기에 장쑤 타이저우의 후진타오까지 합치면 사람들에게 '장쑤방江蘇帮'이란 인상을 줄 수도 있다. 이들 세 사람의 고향은 멀리 떨어져 있는 것이 아니라 각각 50여 리밖에 떨어져 있지 않다. 중공의 간부정책은 전국 방방곡곡에서 재능 있는 사람들이 모이는 것을 지향한다. 공산당이 장제스蔣介石를 독재적이며 부패적이라고 질책하는 이유 중 하나가 바로 장제스가 '저장방浙江帮'을 묶었기 때문이라는 것이다. 지금 여차하다가는 자기네도 무의식중에 '장쑤방'이란 혐의를 받게 될지도 모른다. 때문에 중공 고위층에서는 아주 조심스럽게 이 문제를 처리했다. ……베이징에서는 오랫동안 이른바 '상하이방'이란 말이 돌았다. 이것만 해도 고위층에서는 골치 아픈 일이다. 때문에 다시 '장쑤방'이란 말이 사람들 입에 오르내릴 근거를 주어서는 안 되는 것이다.

위의 해명은 어느 정도 일리가 있는 말이다. 그런데 한 가지 역시 의심되는 것은 장쩌민이 안후이 후이저우의 우위안장춘과 징더장춘에 가서 자기 조상의 뿌리를 찾았다는데, 후진타오는 이 사실 앞에서 안후이 원적에 대해 어떤 생각을 할 것인가?

후진타오의 가족 성분은 중공의 시점에서 보면 그다지 믿을 만한 것은 아니다. 다행이 성분을 나눌 때 중공은 건국 초기여서 아직 좌파에 대한 경향이 엄중하지 않아 후진타오가 소학이나 중학을 다닐 때 별다른 문제가 없었다. 겨우 17세밖에 안 되는 청년이 중국에서 가장 유명한 대학인 칭화대학에 진학했다는 것은 선생이나 선배, 그리고 마을에서도 큰 자랑거리가 아닐 수 없었다.

2
공정사의 요람
(1959~1968)

칭화대학은 '공정사의 요람'이라고 하기보다는 '정계 지도자의 요람'이라고 하는 것이 더 맞는 말이겠다. 여기서 정계로 진출한 사람들은 강을 건너는 잉어처럼 헤아릴 수 없이 많다. 이곳은 후진타오를 위해 몇십 년 전부터 이른바 정계의 인맥을 준비했다.

'홍색 수리 전문가'의 꿈

'총노선', '대약진', '인민공사.' 이것을 중국에서는 '세 가지 붉은 기'라고 한다. 이 세 가지 붉은 기가 중공 상공에서 훨훨 휘날릴 때 중국 땅 어디를 가나 제철소가 널려 있었다. 그러나 중국의 국민경제는 이때부터 어려움에 처하게 되었다. 기아飢餓는 그림자처럼 온 국민을 따라다니며 전국을 휩쓸었다. 17세밖에 되지 않은 후진타오는 이때 진포선津浦線을 따라 강남을 떠나 북을 향해 베이징으로 상경했다. 그리고 베이징 서부 교외에 있는 칭화원의 일원이 되었다.

그때 그와 함께 공부한 동창생의 회고에 따르면, 1959년 9월 11일 정식으로 등록했다고 한다. 이보다 한달 전인 7월 2일부터 8월 16일 사이 중공 중앙은 루산廬山에서 정치국 확대회의를 열었는데, 8기(새로운 당총서기를 선출하여 차기 총서기를 선거할 때까지 5년에 한 번 열리는 전국대회를 가리킨다.

기란 곧 '회'를 뜻한다―옮긴이) 8중中 전체회의를 진행했다는 것을 그는 그때 알 수 없었다. 이 회의에서는 감히 '좌경'을 비판한 펑더화이彭德懷, 황커청黃克誠, 장원톈張聞天, 저우샤오저우周小舟 등 이른바 '반당 집단'에 대한 비판이 진행되었다. 또한 이 대회에서는 '당의 총노선을 보위하고 우경 기회주의를 반대하는 투쟁을 진행하는 데 대한 결의'를 통과시켰다. 그는 짐을 꾸려 고향을 떠날 때 타이저우 중학 동창생들과 이웃 친척들이 자신을 전송했던 그 시기의 일을 기억했다. 그때 그는, 〈인민일보〉에서 '우경 정서를 극복해야 한다'는 사설을 연일 발표했으며 그 사설 어딘가에 화약 냄새가 난다는 것을 어렴풋이 느낄 수 있었을 것이다. 그러나 젊은 후진타오는 그 내막을 알 수 없었다. 혈기 넘치는 청년 후진타오는 사설의 강렬한 논조에 감염되어 마음의 격정을 금할 수가 없었다.

그는 칭화대학 수리공정학부 하천발전공장학과에 입학했다. 당시 중국 학생들 사이에서는 오래 전부터 이런 말이 유행하고 있었다.

"수학, 물리, 화학만 잘 배운다면 천하 어딜 가든지 무서울 게 없다."

물리학부나 화학학부에 비해 수리공정학부는 그다지 학생들에게 널리 알려진 학부는 아니다. 이 학부에서 공부한다는 것은 졸업한 뒤에 직장을 따라 물 깊고 산 깊은 곳으로 이동생활을 해야 한다는 것을 의미한다. 즉, 오랜 시간 동안 경제가 낙후한 지역에서 문명의 혜택을 등진 채 생활해야 한다는 뜻이다. 이는 밝은 실험실이나 사무실에서 설계도를 그리거나 실험하는 일과 비교할 때 너무나 고되고 힘든 일이다. 게다가 노벨 물리학상이나 화학상 같은 것은 생각도 하지 못하는 일이다.

그렇다면 후진타오가 이 학과를 선택한 구체적인 동기는 무엇이었을까? 이에 대해서는 후진타오가 직접 언급한 바 없기 때문에 다만 당시의 시대 배경으로부터 추측하는 수밖에 없다.

1950년대 말에 중국은 국민경제 제2차 계획을 실현한다는 홍보를 널리 진행하고 있었다. 사람들 사이에서 수력발전소는 매우 로맨틱하고 인기를 끄는 직장이었다. 이미 시공을 시작해 곧 준공하게 될 황허 싼먼샤三門峽 수력발전소와 신안강 수력발전소, 그리고 정식으로 측량을 시작한 양쯔강 싼샤三峽 수력발전소는 많은 청년들의 발길을 잡아끌었다. 이는 웅대한 건설사업을 통해 학교에서 배운 지식을 충분히 이용하겠다는 대학생들의 충동 심리를 불러일으켰다. 후진타오도 다른 청년들과 마찬가지로 이런 로맨틱한 충동에 이끌렸을 것이다. 그는 다른 청년들보다 나이가 어렸기 때문에 더욱 쉽게 감화되었다. 이미 제1장에서 언급했듯이 당시 건설 중에 있던 신안강 수력발전소에는 많은 인재가 필요했기 때문에 일단 학업을 끝내면 취직하기가 쉬웠다.

후진타오는 당시 가정적인 상황을 고려하지 않으면 안 되었다. 그의 고중 수학선생인 예펑우葉鳳梧는 당시를 이렇게 회고했다. 후진타오가 졸업 전에 대학입시 원서를 쓸 때 칭화대학에 진학할 생각으로 자기를 찾아왔다고 한다. 예펑우는 그에게 이렇게 말했다.

"학생의 평상시 학습 성적과 가정 출신으로 봐서는 칭화에 진학해도 문제없을 거야. 그러나 너무 좋은 학과는 지원하지 않는 것이 좋겠네. 그런 학과는 시험 점수와 가정 신분에 대한 심사가 아주 엄격하거든."

예펑우 선생은 그에게 칭화대학의 제2류나 제3류 학과에 지원하는 것이 좋을 거라고 권했다. 선생과의 상담으로 후진타오는 칭화대학의 수리공정학부에 지원했다. 이 학부를 졸업하면 대체로 야외 작업을 하는 곳에 배치되기가 쉽다. 그런 이유로 이 학부에 지원하지 않는 학생들이 많다. 그 결과 이 학부는 다른 학부보다 경쟁이 심하지 않다.

공정사의 요람

칭화대학은 역사적으로 봐도 중국에서 가장 유명한 일류 대학이다.

현재 이 대학의 재학생은 2만여 명이고, 교원과 직원들만 해도 7천 명이 넘는다. 그리고 중국과학원, 중국공정원의 원사院士가 무려 45명이다. 칭화에는 11개 학원(한국의 대학에 해당-옮긴이)이 있고, 44개 학부와 87개 박사학과가 있다. 또한 국가 공정연구중심이 5개나 되고, 15개의 국가 중점실험실이 있다. 이밖에도 29개의 국가 중점학과가 있다. 이상의 숫자만으로도 칭화의 위치를 얼마든지 가늠할 수 있다. 칭화대학은 2002년 중국 대학평가에서 1위를 차지했다.

칭화 출신들은 중국 국가기관에서 발표한 숫자를 아주 큰 자랑으로 여긴다. 중국과학원과 중국공정원 원사 중에서 401명이 칭화대학 선생이나 학생 출신이라는 점과, 1950년대 이후부터 칭화대학에서 중국 국무원 산하 각부에 3백여 명이나 되는 부부장(한국의 차관급-옮긴이)이 나왔다는 것이다. 이밖에도 칭화대학은 '원자탄과 수소탄 및 인공위성'을 생산하는 데 특수 공헌을 한 23명의 과학자 중 13명이나 배출했다. 칭화대학 출신들이 중국 정계에서 맹활약을 하고 있다는 것 역시 누구나 다 아는 사실이다.

1907년 12월 3일 미국 대통령 시어도어 루스벨트가 국회에서 정식으로 선포했다.

"나는 실력으로 중국의 교육을 지원하려 합니다. 인구가 많은 중국이 점차 근대 문화에 접근할 수 있도록 도와주려고 합니다. 지원하는 방법은 경자배상금庚子賠償金(청나라 광서제 26년에 서방 열강이 청나라를 침략한 뒤 그 이듬해에 신축조약을 맺었는데, 이 조약에 청나라가 외국열강에게 바쳐야 할 배상금 조목이 규정되어 있는 것을 말한다-옮긴이)에서 일부를 떼어 기증할 생각입니다. 중국에서는 이 돈으로 학생을 미국에 보내 유학하도록 할 것입니다."

이 말을 살펴보면 그 뜻을 더 잘 이해할 수 있다. '인구가 많은 중국이 점차 근대 문화에 접근할 수 있도록'이라는 말은 '실력으로 중국의 교육을 지원'하려는 취지를 설명해주고 있다. 이를 좋게 해석한다면 미국의 가치관으로 중국을 개조하겠다는 뜻일 것이요, 나쁘게 해석한다면 중국을 서방 열강들의 체계에 귀속시키겠다는 뜻이다.

이듬해 5월 25일 미국 의회에서는 미국이 받게 될 배상금 중에서 일부를 중국에 지원한다는 의안이 정식으로 통과했다. 그 금액은 1,165만 492.29달러. 지금 돈으로 환산하면 약 2억 달러에 해당한다. 그뒤 영국과 프랑스에서도 미국의 뒤를 이어 경자배상금에서 나머지 부분을 중국에 돌려주기로 했다. 역시 미국과 마찬가지로 영국과 프랑스로 유학생을 보낸다는 조건을 내세웠다.

1911년 4월 29일 신해혁명 전야, 청나라 조정에서는 경자배상금의 일부를 투자해 칭화학당을 새로 세웠다. 마침내 칭화학당은 베이징 서부 교외 수려한 황실공원 칭화원에서 개교했다.

칭화원 내에는 사람들의 발길을 끄는 명승지 '수목청화水木淸華'라는 곳이 있다. 일년 사시사철에 따라 다양한 색깔을 보여주는 들판에는 한줄기 강물이 흐르고 물과 나무 사이에는 두 개의 정자가 서 있다. 그 정자의 정문에 '수목청화'라고 쓴 편액이 걸려 있다. '수목청화'라는 네 글자는 진晉나라 때 시인인 사혼謝混의 시 「서부 못을 돌아보고」란 시에서 뽑은 것이다.

푸근한 하늬바람이 스쳐 지나며 / 흰 구름이 물가에 비치네 / 수려한 경치는 새들을 부르고 / 물과 나무는 너무도 푸르고 화려하여라.

〈신화사〉는 칭화대학 건교 90주년에 소식 한 편을 보도했다. 칭화대학에 대해 연구하는 전문가의 말에 따르면, 칭화원의 주건축은 청나라 황실의 공원이었다. 강희제康熙帝의 별궁인 희춘원熙春園의 일부라는 것이다. 이 공원을 처음 신축한 것은 부근의 원명원과 비슷한 시기다. 그후 황제들이 이를 물려받아 관리했다고 한다. 청나라 도광제道光帝에 이르러 자녀가 많은 것을 감안해 희춘원을 동서로 나누어 서쪽 부분은 근춘원近春園이라 이름 짓고, 넷째 아들(후에 등극한 함풍제咸豊帝)에게 주었다. 민간에서는 이를 '넷째 나리님 공원'이라 불렀다. 동쪽 부분은 별관 백여 칸을 더 증축한 뒤 다섯째 아들에게 주었다. 이 또한 민간에서는 '다섯째 나리님 공원'이라 불렀다. 이를 '칭화원'이라 개명했으며 친히 편액을 써주어 정문에 걸도록 했다.

다섯째 아들이 죽자 칭화원은 그의 맏아들 재렴載濂이 소유하게 되었다. 재렴의 동생인 재의載漪는 의화단의 영수 자리에 있었다. 그는 의화단이 실패하자 죄를 물어 신장新疆으로 유배를 가게 되었고, 조정에서는 그에게 '다시는 등용하지 않겠다'는 결정을 내렸다. 재렴도 이에 연루되어 파면을 당했고 칭화원은 황실에서 몰수했다. 그러나 그뒤 황실에서 이를 관리하지 않아 점점 황폐해졌다. 그리하여 마침내 이곳에 칭화학당을 짓게 된 것이다.

이는 어딘가 의미가 있는 상징이기도 하다. 칭화대학의 부지는 원래 청나라 제왕들의 공원 자리였다. 반세기 전에 이곳 역시 원명원처럼 중국을 침입한 8국 열강들의 유린을 받았다. 그런데 중국에서 전쟁 배상금으로 미국과 영국에 바친 돈의 일부로 이곳에 학교를 세운 것이다. 민족의 치욕과 민족의 흥기가 이 한 곳에 집중되어 있다.

당시 미국과 영국이 전쟁 배상금의 일부로 중국의 교육을 지원한 뜻은 무엇인지 알 수 없지만, 그때 세운 칭화대학이 이제 중국 최고의 대학이 된 것만은 사실이다. 칭화대학은 건교 후 무려 10여만 명의 졸업생을 사회로 진출시켰다. 그중에는 중화민족의 자랑인 대학자와 공정사들이 수도 없이 많다. 이공학자들은 더 말할 것도 없다. 양전닝楊振寧, 리정다오李政道, 화뤄겅華羅庚 등이 대표적인 인물이다. 이밖에 유명한 인문학자들도 칭화 출신이 많다. 왕궈웨이王國維, 량치차오梁啓超, 천인커陳寅恪, 우미吳宓, 첸중수錢鐘書, 원이둬聞一多, 왕리王力 등이 그 대표적인 인물이다.

중공은 정권을 수립한 다음 대학의 학과 조정을 진행했다. 칭화대학은 인문과를 분류해서 내보내기로 하고, 전문 공과대학으로 그 성격을 규정했다. 학자 셰융謝泳은 이에 대해 다음과 같은 견해를 피력했다.

칭화대학에서 인문과를 분류한 것은 칭화대학의 큰 손실이 아닐 수 없다. 동시에 이것은 민족의 손실이다. 칭화대학은 초기 종합적인 현대 대학으로 이름난 대학이다. 1930년대에 이미 그 위치를 확보했다. 그후부터는 어떻게 진일보할지가 문제였다. 그런데 칭화대학은 그만 절반의 강산을 잃게 되었다.(『서생사견書生私見』상하이 문예출판사. 1998년)

칭화대학의 이 변화는 단순한 학과 조정으로만 볼 일이 아니다. 이것은 인재를 양성하는 근본이념과 전략목표에 관계되는 일이다. 마오쩌둥毛澤東은 이런 말을 했다. "대학은 여전히 있어야 한다. 여기서 내가 말하는 것은 공과대학이다." 그의 말은 문화대혁명 기간에 했던 말이지만 이는 중공 건국 초기의 교육이념과 일맥 상통한 것이다. 중공이 '인재'와 '교육'에 중점을 두는 것은 모두 이상적인 사회를 건설하는 데 직접적으로 유용한 것에 착안한 것이다.

칭화대학은 비록 인문과라는 '절반 강산'을 상실하게 되었지만 칭화대학에 남은 '절반 강산'은 전국 일류의 지위를 확보했다. 건국 후에도 칭화대학이 중국 제일류 하이테크 공과대학이란 지위에는 흔들림이 없었다. 1950, 60년대 칭화대학은 '공정사의 요람'으로 이름을 날렸다. 1980년대 초 칭화대학은 인문학과를 개설해 다시 종합대학으로 탈바꿈했으며, 지금까지 초창기 전통의 맥을 잇고 있다. 2002년 봄, 중국 대학 본과와 연구생원에 대한 조사에서 칭화대학은 모두 첫자리를 차지했다. 지닌날의 영예를 다시 회복한 것이다.

학과를 회복하고 증설하는 것은 사실 별로 중요한 것이 아니다. 진정으로 대학 교육의 근본이념과 전략목표를 세우는 게 무엇보다 중요하고 어려운 일이다.

중공 '양성 대상'이 되다

후진타오가 입학한 다음 칭화대학은 즉시 중국공산당의 인재 양성 방침에 따라 움직이게 되었다.

수리공정학부는 5년제다. 그런데 후진타오가 입학한 그해부터 6년제로 바뀌었다.

당시의 학생들이 "추위를 무릅쓰고 고학했다"고 말하는데 그 '추위'나 '고학'은 절대 수사학적 수식어가 아니다. 당시 중국 북방은 학생들에게 한달 식량으로 30근을 공급했다. 그나마 쌀과 밀가루는 매우 적었다. 바로 그때가 '3년 고난의 시기'(식량난으로 전국이 기아지경에 이르렀다 — 옮긴이)였다. 그 어느 때보다 어려웠던 것은 분명한 일이다. 한끼 식단이 만두 하나, 잡곡가루로 빚은 떡 하나, 야채국 한 그릇, 더운물 한 사발이 고작이었다. 식당에는 앉을 자리도 없어 모두 서서 식사를 해야 했다.

후진타오는 남방에서 온 학생이다. 쌀밥을 주로 먹던 남방 학생들에게는 일주일에 한두 번밖에 쌀밥이 공급되지 않는 칭화대학 생활이 무척 힘들었을 것이다. 쌀밥을 먹는 날이 후진타오에게는 명절이나 다름없었다. 그는 수업이 끝나기만 하면 식당으로 달려갔다.

수리공정학부 학생들은 13호 기숙사를 썼다. 홍콩 〈성도일보星島日報〉의 기자가 이 기숙사에 대해 묘사한 부분이 있다.

13호 기숙사는 낡은 4층 건물이다. 칭화대학의 선배가 알려주지 않았다면 기자는 이것이 칭화대학 기숙사라는 것을 전혀 몰랐을 것이다. 후진타오는 2층

27호 침실에 들어 있었다. 입구 대문에는 미국 매직 농구팀의 사진이 붙어 있었다.

누군가가 한때 이 침실 문에 '후진타오 옛 침실'이라는 글을 써 붙였는데, 후에 별로 재미가 없다고 생각했는지 떼어버렸다고 한다.

이 침실에는 침대가 네 개 있었다. 이층 침대였기 때문에 한 침실에 여덟 명이 들게 되어 있다. 침실 공간은 상당히 비좁았다. 그러나 40여 년 전 학생들은 별로 짐이 없었고, 책들도 많지 않았기 때문에 그런 대로 공간에 여유가 있었을 것이다.

그렇다면 후진타오는 칭화대학에서 어떻게 공부했을까? 이에 관한 자료는 많지 않다. 또한 들리는 얘기도 서로 다르다. 당시 그의 동창생을 만나 취재하던 중 그에게서 다음과 같은 얘기를 들었다. 그의 학습 성적은 평범했다고 한다. 별로 뛰어나지 않았다는 뜻이다. 그런데 또 다른 동창생은 후진타오의 성적이 '아주 좋았다'고 말했다. 후진타오는 학부에서 '이름난 재간둥이'로 소문이 났다고 한다. 그러나 그가 얼마나 공부를 열심히 했는지 기억하는 사람은 없었다. 해외 언론사 중의 하나는 후진타오가 칭화대학에서 공부할 때 "한 과목만 4점을 맞고 그밖에 다른 과목은 모두 5점이었다"고 소개한 적도 있다. 그런데 이 사실을 증명할 수 있는 증거가 없다.

그러나 한 가지 사실은 누구나 다 인정한다. 후진타오가 예술적인 재능이 많다는 것이다.

그가 입학할 때는 학급에서 나이가 가장 어려 여느 학생들의 동생뻘밖에 되지 않았다. 그런데 그의 춤과 노래 실력은 누구도 당할 사람이 없을 만큼 훌륭했다. 입학한 지 얼마 되지 않아 그는 칭화대학 문공단文工團에 가입했다. 후에 그는 무용단의 단지부서기까지 맡았다.

그가 1학년 여름학기下學期를 맞았을 때는 1960년대 첫 봄이었다. 베이징에 있는 1천5백여 명의 대학생들이 칭화대학에서 미국에 도전한 쿠바의 학생대표단을 환영하는 대회를 열었다. 칭화대학의 문공단은 이 환영대회에서 합창을 공연했다. 18세가 안 된 후진타오는 이 합창단의 일원이었다. 그는 다른 합창단원과 함께 열성적으로 노래를 불렀다. 혁명 투지로 불타오르는 쿠바 학생들에게 중국 대학생들의 마음을 전달한 것이다. 그때 그들이 부른 노래 중에 '중국인민지원군전가'가 있다. "힘차고 기세 높이 압록강 뛰어넘어……"라는 구절이 있는 이 노래의 마지막 구절은 "미 제국주의의 승냥이를 단호히 타도하자"이다.

그 시대에는 노래하고 춤을 추는 것도 그저 단순한 가무놀이가 아니라 문자 그대로 전투였다. 노래와 춤은 그대로 총이고 창이었으며 호루라기였다. 이것이 마오쩌둥이 말한 '인민을 단결하고 인민을 교육하며 적들을 타도하고 적들을 소멸하는 유력한 무기'였던 것이다. 때문에 이런 문예활동에 적극 참가하는 것은 혁명 임무를 완수한다는 정치적 의의를 띠고 있다.

후진타오는 아주 행운아였다. 그는 자신의 취미를 즐기면서 동시에 정치적으로도 발전할 수 있었다. 그가 노래하고 춤을 추는 것은 온전히 그의 혁명 투쟁으로 단련되었다. 이보다 더 좋은 일이 어디 있는가? 그는 자신의 예술적인 욕구를 충족시키는 동시에 혁명 과업과 유기적으로 결합해 일체를 이룬 것이다.

후진타오가 입학한 지 2년이 되던 해, 이미 당조직에서는 그를 '양성 대상'으로 내정했다. 그가 정치 투쟁을 담은 각종 공연에 열성을 보인 것이 '양성 대상'으로 내정된 전적인 요인은 아니더라도 중요한 원인으로 작용했던 것은 사실이다.

1950년대 초부터 1980년대 말까지 중국대륙에서 사람들의 주목을 끄는 현상이 있었다. 그것은 중공이 성공적으로 만민이 '입당'하는 것을('공산주의의 실현을 위해 한몸 바친다는 것을 취지'로 하는 정치단체에 '입당'하는 것을) 자기 인생에서 추구해야 하는 목표로 삼게 했다는 사실이다. '프롤레타리아 선봉대의 일원이 된다'는 것은 사람들이 자기 스스로에게 정치적으로 설정한 목표이기도 하고, 도덕적인 자아 완성의 목표이기도 하다.(물론 뒤로 가면서 점점 더 분명하게 드러난 현상이지만, 집권당에 가입하는 것으로 자신의 사회적 지위를 높이고 경제적인 처지를 변화시키는 등의 실리적인 목적이 많아지기 시작했다.)

이것이 서방 민주국가의 정당과 다른 점이다. 서방의 정당은 정치적으로 일치한 사람들의 동아리에 지나지 않는다. 그러나 중국공산당은 그외에도 도덕적으로 일반 사람들의 귀감이 되어야 하며, 인품도 일반 사람들의 본보기가 되어야 한다는 요구가 있다. 다른 비아시아 국가 공산당의 상황을 보더라도 중국공산당처럼 두드러지지는 않는다. 그들의 문화는 공중생활과 개인생활의 경계선이 분명하다. 그러나 중공은 완전히 일체를 이루고 있다. 당원은 정치적으로 집권당의 방침을 따르고 집행해야 하며 인품과 도덕이 고상해야 하고 태도가 엄격해야 한다. 사업이나 학습에도 노력을 기울여야 하고 대중들과 단결해야 하며 항상 모범적인 모습을 보여야 한다. 심지어는 부부간에 화목해야 하고 고부간에 마찰이 없어야 한다는 요구까지 한다. 한마디로 말해 당원이거나 입당을 신청한 사람은 '완전한 사람'이 되도록 애써야 한다. 그러나 '금도 백 퍼센트 금이 없고 사람도 완전한 사람이 없다'는 것이 실제 생활이다. 때문에 당원이거나 입당을 요구하는 사람은 목숨이 살아 있는 한 투쟁을 멈추지 말아야 한다.

이제 겨우 18세밖에 안 된 후진타오가 당조직의 '양성 대상'으로 내정되었다는 것은 당시 중국의 상황으로 볼 때 지극히 평범한 일이다. 그의 나이가 너무 어렸기 때문에 위에서 말한 이치를 다 이해하지 못했을 뿐이다.

중공의 기층 조직(당위원회, 당총지위원회, 당지부)은 당원을 발전시키기 위한 계획을 자주 짠다. 한 직장이나 기관의 임직원 중에서 신분 배경을 파악한 다음 서열을 매긴다. 이미 입당 신청서를 쓴 사람은 대체로 '고찰 대상'에 넣는다. 그중에서 '표현이 좋은' 사람은 중점인물로 정하여 '양성

대상'에 포함시킨다. 당원을 지정한 뒤, 그와 면담을 하고 그에게 정기적으로 당조직에 사상을 보고하도록 하고 자기 언행을 검토하도록 지시한다. 당 규약에 정한 당원 표준과 비교해 어떤 차이가 있으며, 이를 어떻게 '개진'할 것인가를 보고하라고 한다. 당조직에서는 정기적으로 '양성 대상'의 '보고된 상황'을 놓고 토론한 뒤 조건에 거의 맞는 사람을 '발전 대상'으로 내정한다. 이것은 당의 문턱을 넘을 수 있음을 의미한다.

후진타오, 마오 주석을 보다

칭화대학 수리공정학부의 당조직에서 후진타오를 '양성'하기 시작한 뒤로 어느새 4년이 지났다. 1964년 4월, 5·4절(중국에서는 5월 4일이 청년절이다-옮긴이) 전야에 당지부대회에서 한국 나이로 22세밖에 되지 않은 대학 5학년 학생 후진타오를 중공 예비당원으로 접수할 것을 토론했다.

정식 당원으로 될 때 우선 그가 정치적 '풍랑' 속에서 '입장이 견고하고 기치가 선명'한지 여부를 검토한다. 후진타오는 당지부와 상급 당조직의 심사에서 '당원 표준'에 합격했다. 그가 입당까지 한 것은 다른 사람들과 마찬가지로 당중앙의 구호에 따랐을 뿐인가? 아니면 그가 학습과 사업상 구체적이고 창의성 있는 능력을 발휘한 것일까? 당지부와 학부 지도자들은 어떤 근거에 따라 그를 당조직에 받아들였는가? 이에 대해서는 앞으로 좀더 자료를 발굴해야 결론을 내릴 수 있을 것 같다.

중공당원이 된다는 것은 그가 중공 각급 조직의 부서를 따라야 한다는 것을 말한다. 즉 '각종 정치운동에 적극 참가'해야 한다는 뜻이다. 후진타오는 1959년 여름 칭화대학에 입학했다. 이때는 공부만 하고 정치에 무관심한 것을 비판하는 과정을 겪지 않았다. 이 운동의 내용은 '붉은 기를 꼽고 흰 기를 뽑는 것'이다(학습만 하는 것을 자제하고 정치에도 열심히 참가한다는 뜻-옮긴이). 그러나 그는 '우경을 반대'하는 운동을 겪었고, 3년 고난의 시기의 어려움을 경험했다. 1963년, 중공은 마침내 어두운 골짜기에서 헤쳐나와 전국적으로 사회주의 교양운동을 진행했다. 그는 이 과정도 겪었다. '전국 인민이 해방군을 따라 배워야 한다'는 운동과 함께 '자력갱생·분발노력'의 구호가 전 중국을 휩쓸었다. 동시에 구소련 '흐루시초프의 수정주의 집단'과 대 논쟁의 서막을 열었다. 입당을 요구받은 후진타오는 이 모든 정치운동을 겪게 되었다.

그는 또 마오쩌둥을 보게 되는 기회를 갖기도 했다.

중화인민공화국 건국 15주년 기념일인 10월 1일 오전, 베이징의 톈안먼天安門 광장이었다.

후진타오가 칭화대학에 입학한 그해에 중화인민공화국 창건 10주년을 맞이했다. 그러나 후진타오는 그때 신입생이었기 때문에 경축행사에 참가할 기회가 없었다. 그는 버스를 타고 톈안먼 광장으로 가서 건국 10주년을 경축하기 위해 마련한 인민대회당, 역사박물관 등 10대 건물을 구경하는 수밖에 없었다. 그리고 부러운 마음으로 선배들이 들려주는 경축대회의 상황을 전해들었다. 그중에서도 그가 가장 부러워했던 것은 만 갈래 빛깔을 뿌리는 붉은 태양(마오쩌둥 주석을 중국에서는 붉은 태양이라 존칭했다-옮긴이)을 직접 보았다는 것이다.

중공에서는 건국을 기념해 10년에 한 번씩 대형 경축행사를 벌이고, 5년에 한 번씩 소형 경축행사를 진행했다. 후진타오가 베이징에 온 지 어느새 5년이 지났다. 그도 마침내 경축행사를 맞았다. 칭화대학에서는 천 명의 대학생을 뽑아 10월 1일 경축 대행진에 참가하기로 했다. 후진타오도 행진 대오의 한 사람으로 선정되었다.

중공 예비당원인 후진타오에게 이것은 영예이며 또한 단련이었다. 한 달 동안 훈련을 진행했다. 그는 다른 학생들과 함께 수업을 마친 다음에는 대열을 지어 행진 연습을 했다. 한 발짝에 75센티미터, 일분간 73발짝,

이런 식으로 밤늦게까지 연습했다. 나중에는 두 다리에 돌덩이를 매달아 놓은 듯 제대로 들지도 못했고, 땀은 비오듯 쏟아졌다.

드디어 국경절이 되었다. 이른 새벽 1시, 후진타오와 다른 동료들은 심야의 어둠을 가르며 일어났다. 그들은 흰 적삼에 청색 바지를 똑같이 입고 대열을 지어 집합했다. 그들이 톈안먼 근처 행진 출발지점에 도착했을 때는 이미 동녘 하늘이 훤히 밝아오고 있었다. 초가을 이른 새벽 날씨는 제법 쌀쌀했다. 그러나 그들은 전혀 추위를 느끼지 못했으며 힘든 줄도 몰랐다. 그들의 가슴속엔 혁명의 격정이 끓어오르고 있었다. 그들은 앞으로 다가올 그 희열의 순간을 동경했다.

그러나 한순간일 따름이다. 행진이 시작되자 칭화대학의 대열은 규정된 순서에 따라 행진했다. "앞으로 걸엇!"이라는 구령에 맞춰 후진타오와 그의 동료들은 씩씩하게 두 팔을 흔들며 힘차게 톈안먼 광장을 지났다.

〈성도일보〉에서는 후진타오의 동창생을 통해 그 당시 상황을 게재했다. 그가 '남몰래 마오 주석을 쳐다보았다'는 것이다.

"후진타오는 무의식적으로 눈길을 돌려 먼 성루에 서서 손을 흔들어 주는 마오 주석을 쳐다보았습니다. ······비록 한순간이었지만 후진타오는 아주 격앙되어 있었습니다."

그 동창생의 회고는 그리 정확한 것이 아니었다. 후진타오는 '남몰래 본 것'이 아니다. 행진 대오가 톈안먼 성루 검열대 앞을 지날 때면 행진 대오는 구령에 따라 일제히 톈안먼 성루를 향해 목례를 올려야 했다. 후진타오는 이때 마오 주석을 쳐다보았을 것이며 '인민의 크나큰 구원의 신神'의 형상이 뇌리에 각인되었을 것이다. 그는 어쩌면 마오쩌둥의 모습을 똑똑히 보지 못했을 수도 있다. 심지어 누가 마오쩌둥인지 제대로 분간하지 못했을 수도 있다.

그해 10월에 후진타오에게는 또 하나 잊지 못할 일이 있다. 수도首都문예 종사자들이 대형 음악사시 「동방홍東方紅」을 창작했다. 저우언라이 총리가 이 사실에 대해 문의한 적이 있다. 당시 이 극은 국경절의 헌사의 하나로 선정한 것이다. 칭화대학에서는 합창단원으로 1백 명의 학생을 파견하게 되었다. 이때 후진타오도 선출되었다. 10월 16일 대형 음악사시 「동방홍」이 인민대회당에서 정식으로 공연하게 되었다. 마오쩌둥은 흥미진진하게 이 극을 관람했다. 공연이 끝나자 마오쩌둥은 배우들을 접견했다. 마침 그때 저우언라이가 기쁜 소식을 하나 전했다. "중국의 첫 원자탄이 성공적으로 폭발했습니다." 그날 밤 칭화대학의 캠퍼스는 온통 들끓었다. 후진타오도 기쁨을 참을 수 없었다. 그는 학생들을 지휘해 「조국을 노래한다」라는 혁명가곡을 합창했다.

후진타오는 대학 1학년 정치보도원으로 임명되었다. 중국의 대학에서 4, 5학년 학생이 1, 2학년 학생을 담당하는 정치보도원으로 임명되는 것은 정상적인 관례였다. 이것은 일석삼조의 효과를 보게 된다. 국가에서 월급을 따로 줄 필요 없이 정치적으로 표현이 좋고 당조직의 말을 잘 듣는 학생들을 뽑아 당조직의 조수로 쓸 수 있는 것이다. 그들은 학생들의 사상과 학습을 지도하고 또한 통제하는 역할을 한다. 학생 정치보도원은 정치적으로 신임을 얻은 자만이 임명되며, 조직에서 자기를 양성하고 있다는 것을 감지하게 되어 더욱 충성을 다해 사업을 진행하게 된다. 그리고 이 과정을 통해 자신의 재능을 단련하고 발휘할 수 있다. 또한 이 기회를 이용해 정치적인 발전을 기할 수도 있고, 정치 수준을 높일 수도 있다. 1, 2학년 학생들의 입장에서 보면 선배 보도원들과 직접 대면하면서 학생이라는 신분에서 서로 쉽게 이해하고 마음을 나눌 수도 있다.

정치 풍랑이 없는 세월에 정치보도원으로 임명된다는 것은 위험성이 별로 없다. 그 대신 시간을 할애해 학생들의 '사상정치사업'을 진행해야 한다. 정치에 뜻을 품은 사람들은 이 기회를 이용해 정치 자본을 축적할 수 있으며 사업 경험을 쌓을 수도 있다. 하지만 정치에 뜻이 없고 학업에만 열중하는 사람에게는 여간 부담이 아닐 수 없다. 그러나 '조직상'에서는 어떤 방법으로라도 정치보도원에게 일정한 보답을 한다. 다름이 아니라 졸업 배치 때 적당히 보살펴주는 것이다. 졸업 배치 때 어느 정도 배려를 한다는 것은 졸업생에게 유리한 기관이나 직장으로 배치한다는 뜻이다. 이를테면 국가 연구기관에 배치한다든가, 학교에 남도록 해 대학 교수가 되도록 해주는 것이다. 이런 기관은 실력 있는 학생들 모두가 눈독을 들이는 곳이다.

후진타오는 학업에서도 대단한 열성을 보였으며, 정치적으로도 끊임없이 성숙한 면모를 보여주었기 때문에 자신도 모르게 앞으로 정계에서 비약할 수 있는 첫 번째 문턱을 넘어서게 되었다.

미래의 아내와 그의 외삼촌을 알게 되다

후진타오는 칭화원에서 많은 사람을 알게 되었고 많은 사람을 사귀었다. 그중에서 가장 중요한 사람이 있는데, 바로 후진타오 미래의 아내 류융칭劉永淸이다.

후진타오는 어떤 매력으로 소녀 류융칭의 마음을 살 수 있었을까?

당시 칭화대학에는 여대생이 아주 적었다. 모든 여대생은 학생 기숙사에서 생활하고 있었다. 류융칭이 생활하고 있는 여자 기숙사는 후진타오의 기숙사와 불과 20미터도 떨어지지 않았다. 후진타오가 류융칭과 만나는 데는 일단 거리상으로 유리했다. 그러나 이와 같이 '물가의 누각에서 먼저 달 그림자를 볼 수 있는' 사람은 그뿐만이 아니었다. 아마 몇백 명은 될 것이다. 수리공정학부의 남녀 학생 비례는 10대 1 정도다. 여대생들은 거의 모두가 자기에 대해 관심을 보이는 남학생들에게 포위되어 있는 것이나 다름없었다.

후진타오는 학급에서 나이가 가장 어린 남학생이다. 류융칭 역시 학급에서 나이가 가장 어린 여학생이었다. 류융칭의 키는 큰 편이 아니었다. 그녀의 피부는 젖빛처럼 하얗고 예쁘게 생겼으며 성격이 온화했다. 때문에 그녀는 수리공정학부의 남학생들 모두가 아끼는 여동생이었다. 그녀는 왜 온통 남학생뿐인 수리공정학부에 지망했을까? 이에 대한 충분한 해명이 없다. 그녀는 바로 베이징에서 이 학부를 지망한 것이다. 그의 부친은 부청장급 간부이다. 하지만 부친이 베이징에 있었던 것은 아니었다. 그녀는 외삼촌이며 〈광명일보〉 전임 주간인 창즈칭常芝靑의 집에서 주말을 보냈다. 1950년대 말기 부청장급 간부라면 지방에서는 제법 지위가 높은 간부다. 가히 비바람을 몰고올 수 있는 지위였다. 그러나 베이징에서는 겨우 쪽걸상에나 앉을 수 있는 정도다. 지금 중국에서는 "베이징에 와 본 뒤에야 자기 지위가 낮은 것을 알았다"는 말이 있다. 또 베이징의 "장관급 간부는 대회장에 앉을 수 있고 국장은 복도에나 자리가 있으며 처장은 광장에나 서 있을 수 있다"는 말도 있다. 아마 이것이 류융칭이 유명대학에 입학하기는 했지만 부득불 학생들이 선호하지 않는 학과를 선택한 이유로 볼 수도 있다.

하지만 류융칭은 간부 집 딸이다. 그리고 후진타오의 가정 신분은 소업주다. 여기에는 정치적 등급의 차이가 있다. 그런데 후진타오가 어떻게 이런 차이를 뛰어넘었을까?

홍콩이나 타이완, 그리고 해외 언론에서는 이에 대해 다음과 같이 추측하고 있다. 즉 후진타오는 '무도장의 백마왕자'이다. 후진타오는 춤을 잘 출 뿐만 아니라 춤추기 또한 즐긴다. 이것은 틀림없는 사실이다. 1960년대 초, 대약진 때문에 중공의 경제는 심각한 위기에 빠져들었다. 중공에서는 국민의 부담을 줄이고 생활을 안정시켜 원기를 회복하는 정책을 실시했다. 이에 따라 사회문화생활도 어느 정도 유연해졌다. '우경 반대'의 매서운 삭풍에서 한 가닥 봄날의 훈훈한 바람이 불었다. 칭화원에서는 주말이 되면 무도회를 개최했다. 젊은 사람들이 청춘을 느낄 수 있도록 자리를 마련해준 것이다. 후진타오는 무도장에서 단연 눈에 띄는 인물이었다. 블루스나 왈츠 등 모르는 것이 없었다. 그는 무도장 한쪽에 조용히 앉아 있는 류융칭에게 춤을 청했다.

그러나 후진타오가 춤을 잘 추고 노래를 잘 불렀기 때문에 류융칭이 그 청을 받았다고 생각한다면 이는 두 사람을 너무 가볍게 여긴 것이나 다름없다. 칭화대학에 진학한 학생이 춤이나 잘 춘다고 해서 그 사람에게 반할 정도는 아니다.

후진타오는 비록 공학을 전공했지만 문학작품을 무척 즐겨 읽었다. 그는 틈만 있으면 도서관으로 달려가서 당시 널리 애독되는 작품들을 빌려 읽었다. 『붉은 바위』(국민당 감옥에 수감된 중국공산당원의 옥중 투쟁을 쓴 장편소설 - 옮긴이), 『청춘의 노래』(베이징의 대학생들이 중국공산당의 지도 아래 항일구국투쟁을 전개해 1936년 12월 9일 유명한 학생구국운동을 전개한 사실을 배경으로 쓴 장편소설 - 옮긴이), 『창업사』(중공 건국 초기 농업합동농장을 실시할 당시 농촌 생활을 배경으로 한 장편소설 - 옮긴이) 등의 작품이 그가 주로 읽은 장편소설들이다. 그는 자기가 먼저 읽은 다음 류융칭에게 책을 넘겨주어 읽도록 권했다. 이렇게 책을 빌려주고 돌려받으면서 두 사람은 점점 친해졌다. 날이 갈수록 가까워진 그들의 행동은 점차 다른 학생들에게 공개되었다.

류융칭의 외삼촌 창즈칭이 두 사람의 관계에 대해 어떤 입장을 보였는가는 매우 중요한 부분이다. 여동생과 매부가 자신에게 조카딸을 보살펴 달라고 부탁했다. 그녀 평생의 중대한 일에 대해 외삼촌은 외면할 수 없는 처지였다. 후진타오는 베이징에 친척이 없었다. 그는 류융칭과 사귀게 되면서 류융칭을 따라 창즈칭의 집으로 인사하러 갔다. 얼굴을 익힌 다음 그는 자주 그녀의 외삼촌 집으로 놀러갔다. 창즈칭의 집은 그의 두 번째 집이나 다름없게 되었다. 당시는 3년 고난의 시기가 막 지나간 뒤였지만 학교 생활은 여전히 어려운 형편이었다. 학교 식당의 음식도 말이 아니었다. 그렇다고 그의 호주머니에 돈이 있는 것도 아니었다. 주말이면 젊은 남녀가 창즈칭의 집을 찾았고, 창즈칭은 조카딸 얼굴을 봐서라도 후진타오에게 괜찮은 음식을 대접해야 했다.

창즈칭은 당시 쉰 살 정도였다. 그는 중공 신문업계에서 매우 중요한 인물이었다. 그는 산시 자오청山西 交城 사람이다. 1911년생인 그는 1985년에 병으로 사망했다. 1935년 중국공산당에 가입한 그는 산시 서북〈항전일보〉의 주간으로 있었으며, 중공의 주요 신문 중의 하나인〈진수일보晉綏日報〉의 주간과 사장을 역임했다. 그는 또 신화통신사 진수총분사의 사장도 역임했다. 건국 후 그는〈신화일보〉사 부사장과 사장을 역임했으며, 중공 중앙 서남국 선전부 부부장을 지내기도 했다. 또한〈광명일보〉주간을 역임하기도 했는데, 후진타오와 류융칭이 주말이면 찾아갔을 무렵에는〈광명일보〉의 주간이 아닌 다른 신문을 관리하고 있을 때였다.

그가〈광명일보〉의 주간 자리를 내놓게 된 데는 중공 고위층에서 일사분란하게 내린 결정과 중요한 관련이 있다. 그가 내놓은〈광명일보〉주간 자리에는 후에 유명한 '대 우파'인 추안핑儲安平이 앉게 되었다.〈광명일보〉는 중공이 정권을 창립하기 직전인 1949년 6월 16일에 창간되었다. 초창기에는 이 신문을 중국민주동맹('민맹'이라 약칭)이 주관했다. 마오쩌둥과 저우언라이, 그리고 주더朱德 등 중앙 지도자들이 이〈광명일보〉창간호에 제사題詞를 써주었다. 마오쩌둥은「단결하면 광명이 앞에 있다」라는 제목으로, 저우언라이는「광명의 길」, 주더는「민주광명」이라는 제목으로 글을 써주었다.

1953년 1월〈광명일보〉는 각 민주당파와 무당파無黨派 민주인사들의 연합이 주최가 되어 운영했다. 그리고 지식인들이 여전히 주요 독자들이다. 그러나 영도권은 중공의 손아귀에 들어가게 되었다. 1956년 중공이 제8차 당대표대회를 열었다. 제8차 당대표대회 직전 중공 최고층에서는 민주당파 지식인들에 대한 사상 개조를 몇 년 동안이나 진행했기 때문에 이제는 지식인들이 중공의 말을 잘 듣는다고 인식하고, 그들에 대한 감독을 풀어주기로 결정했다. 이를 통해 '장기공존·상호감독'의 정치구도를 확정하려 했다. 여론에서 먼저 '민주'를 보여주기로 내정한 것이다. 이런 책략에 따라 〈광명일보〉를 다시 민맹에 돌려주기로 했다. 그 결과 〈광명일보〉를 책임진 공산당 원로 창즈칭이 주간 자리를 내놓고 〈광명일보〉를 떠나게 된 것이다.

다이칭戴晴의 「추안핑과 '당천하'」라는 문장에 이런 대목이 있다.

1957년 봄에 열린 선전회의 때부터 마오쩌둥은 각계 인사를 여러 번 접견했다. 신문계와 출판계의 인사들과 대담할 때 마오쩌둥은 돌연 〈광명일보〉 책임자를 둘러보며 "당원이요?"라고 한마디 물었다. 그때 접견에 참가한 사람은 창즈칭이었다. 그는 일어나 "예, 공산당원입니다"라고 대답했다. 마오쩌둥이 이어서 한마디 더 했다. "공산당원이 민주당파를 대신해 신문을 꾸린 것은 잘못된 것이오." 그날은 3월 10일이었다.

다이칭은 또 이렇게 서술했다.

마오쩌둥이 위대한 지도자이며 또한 위대한 모략가라는 사실을 감안한다면 그때 누가 〈광명일보〉의 주간인지 정말 몰랐는지, 아니면 뻔히 알면서도 물었는지 알 수 없는 일이다.

중국공산당 선전부 부부장 야오전姚溱이 원로기자 쉬주청徐鑄成을 불렀다. 그에게 〈광명일보〉 주간을 맡기려 한 것이다. 그런데 쉬주청은 이를 거절했다. 그리고 후에 이 사람 저 사람 물색하던 중에 추안핑을 선정한 것이다. 1957년 4월 1일 추안핑이 정식으로 출근했다. 그런데 그 의자에 두 달도 앉지 못하고 추안핑은 마오쩌둥의 의도에 따라 '굴을 나온 뱀'이 되고 말았다. 그는 이른바 '당천하'란 말로 중공에 의해 '우파'로 낙인찍힌 것이다. 과거 〈관찰〉이란 잡지를 꾸릴 때의 일까지 다 끄집어내어 그의 반당, 반사회주의의 역사와 사상 근원을 찾았다. 학자 셰용의 연구에 따르면, 〈관찰〉에 대한 비판 중 「'연합정부를 논함'으로 추안핑을 반박하다」와 「추안핑-〈관찰〉에서 본 민주적인 개인주의 신문 관점」이란 문장이 가장 대표적이다. 이 두 글을 쓴 사람은 다름 아닌 추안핑이 밀어낸 〈광명일보〉의 전임 주간 창즈칭이다. 다이칭은 "추안핑은 누구를 끌 필요도 없고 또 누구를 막을 필요도 없다. 창즈칭을 포함해서 말이다. 후에 우리가 알게 되겠지만 이처럼 천진한 것은 얼마나 측은한 일인가"라고 말했다.

창즈칭은 당성이 강한 언론계 원로임에 틀림없다. 후진타오가 그를 알았을 때 그는 이 젊은이에게 '고위층 기밀' 같은 것을 말하지는 않았을 테지만 정치적으로 그를 살펴보고 지도했을 것은 분명하다. 마오쩌둥은 당시 이미 프롤레타리아 혁명사업의 후계자를 양성할 것을 전국에 호소했으며 다섯 가지 표준을 제시했다. 지식인들의 사상개조를 강화해야 한다는 것과, 1957년 자산계급 우파들이 들고일어나 당을 공격한 경험과 교훈 등에 비춰 젊은이들을 제대로 교육하는 것이 주요 내용이었다.

가정 출신이 소업주이며 친척들이 모두 도시 중·하층 민중인 후진타오에게는 중공 중앙 최고층의 지시를 직접 들을 수 있는 창즈칭의 존재는 한없이 위를 올려다봐야 하는 위치에 있었다. 그리고 후진타오는 그의 말을 무조건 받아들여야 하는 처지였다. 아마 창즈칭도 남방에서 온 이 젊은이를 만족스럽게 생각했을 것이다. 그리고 자신의 생각을 류융칭 부모에게 그대로 전했을 것이다.

정계에서는 이공과가 강하고 문과가 약하다

후진타오의 인생 궤적을 추적해볼 때 칭화대학에서의 학문 탐구 과정에서 그냥 넘어갈 수 없는 문제가 있으니 그것은 바로 '칭화방'이라는 현상이다.

칭화대학에서 정계의 엘리트들이 속출했다는 것을 설명하기 전에 먼저 언급할 사항이 있는데, 그건 바로 중국의 공과대학이 문과대학보다 정계의 인물들을 더 많이 배출했다는 사실이다. 이것은 상당히 주목을 끄는 현상이다. 문화대혁명 중이나 문화대혁명 이후에 지도자 직위에 오른 관리들을 살펴보면 과학기술학 배경을 가진 사람이 인문학 배경을 가진 사람보다 많고 승진도 빨랐다는 것을 알 수 있다. 최근 들어서는 법률·경제·관리학과 출신의 관리도 많아지고 있어 이 비율에 변화가 생겼지만, 그래도 아직은 중국에서 성급·장관급 이상의 관리들을 보면 여전히 공과 출신의 관리들이 압도적인 우세를 보이고 있다.

그 원인을 분석해보면, 정치운동이 끊임없이 이어지면서 의식형태 영역은 포연砲煙이 가득 찬 격렬한 전쟁터가 되었다는 것을 알 수 있다. 인문학과의 의식형태 영역은 그 어느 시기를 막론하고 언제나 '심각한 재해 지역'이었다. 철학과 사회과학을 연구하는 것은 위험한 직업이었다. 사람들은 쉽게 '착오'를 범하게 되는데, 그 결과 두 방면에서 가혹한 타격을 받게 된 것이다. 첫째는 '물가에서 자주 놀다보면 자연히 신발이 젖게 된다'는 것이다. 이들이 연구하고 제출한 성과는 종종 '자산계급 입장'이거나 '수정주의 관점', 또는 '반마르크스 이론체계'나 아니면 이보다 더 심각한 죄명을 씌워 비판하거나 숙청되었다. 둘째는 '닭을 잡아 원숭이에게 보여준다'는 것이다. 비판을 받거나 숙청되지 않은 사람도 겁에 질려 조심스러워지며 창의력과 연구력이 억압당하게 된다. 또는 책 속에 빠져들어 사회 현실과는 거리가 먼 과제를 연구하거나, 심지어는 인간 생활과는 단절된 과제를 연구하기도 한다.

이밖에도 이런저런 구실을 만들어 사회과학, 인문과학을 비판하는 일이 잦았다. 이 분야의 사람들은 누구나 다른 사람을 비판했고 또 누구나 다른 사람에게 비판을 받았다. 이들은 이른바 '늙어버린 운동선수'이다. 이들 사이에는 원망과 한이 서로 엇갈려 쌓여 있기 때문에 누구를 승진시킨다고 해도 '깨끗한 사람', '민중의 분노가 없는 사람'을 찾아보기가 어렵게 되었다.

과학기술을 배경으로 한 사람들이 인문 배경을 가진 사람보다 정계에서 승진이 빠른 것에는 또 한 가지 원인이 있다. 중공이 정권을 건립할 초창기 모든 사회과학연구와 교육은 현정권의 난폭한 간섭을 받았다. 또한 교조주의敎條主義가 성행했다. 그렇기 때문에 진정으로 과학적인 차원에 이르지 못한 것이다. 사회과학을 배경으로 한 사람들은 '정치의 노예'가 되어 민중 속에서 위신을 잃었다. 그 대신 과학기술을 배경으로 한 사람들은 정치와 어느 정도 거리가 떨어져 있었기 때문에 간섭을 적게 받았다. 동시에 그들이 종사하는 사업은 실제적인 문제를 해결하는 사업이기 때문에 변증법적으로 일을 해결해야 했다. 그렇지 못할 때에는 자연으로부터 보복과 징벌을 받게 된다. 상대적으로 말해서 공과 출신들이 실사구시적實事求是的인 과학정신을 좀더 갖추고 있고, 과학적인 방법론을 좀더 많이 알고 있는 것은 사실이다(우리가 말하는 것은 '좀더 많이'이다). 이런 형편이다 보니 그들은 정계에서 더 많은 발언권을 갖게 되었다. 더욱이 중국은 1970년대 이후 '전략 중심이 경제건설로 이동'되면서 이른바 '과학기술의 봄날'을 맞이하게 되었다. 과학기술 배경을 가진 사람들에게 이른바 잘 나가는 전반적인 사회 환경이 조성된 것이다.

칭화대학은 왜 중국의 '제2당 학교'가 되었는가?

비록 앞에서 말한 것 같은 배경이 있다 하더라도 중국의 수천 개 대학 중에서 그 어느 대학도 칭화대학처럼 끊임없이 정계의 고위관리를 배출한 대학은 없다. 지금도 중앙 최고 정책결정층에서부터 각 부와 위원회, 각 성과 주요 도시의 지도자 관리에 이르기까지 칭화대학 출신이 많은 비율을 차지하고 있다.

칭화대학 총장 왕다중王大中이 2001년 칭화대학 건교 90주년 기념식에서 연설을 했다. 그는 이 연설에서 미국 정계의 요인 중 많은 사람이 하버드대학과 예일대학 출신이라는 것을 예로 들었다. 그는 대단한 자부심으로 칭화대학이 바로 그 대학들과 같은 대학이라고 자처하면서 중국의 고위층 지도자들 중 적지 않은 사람이 칭화대학 출신이라고 언급했다. 그러나 그는 한 가지 중요한 사실을 놓쳤다. 그는 하버드대학이나 예일대학 졸업생 중에서 정계로 진출한 사람 중 대부분이 법률이나 경제를 전공한 인재라는 것을 언급하지 않았던 것이다. 칭화대학에서는 전기공학이나 기계공학을 전공한 사람이 정계의 최고위층이 되었다. 그렇다면 이는 무엇 때문인가?

중국 정부에서 운영하는 신화 사이트에서 칭화대학 건교 90주년 때 다음과 같은 숫자를 정식으로 발표했다. 중앙과 성, 시의 당과 정부의 지도급 직무를 맡았던 인물 중에는 칭화 출신이 많다. 중공중앙정치국 상무위원 4명과 중공 중앙정치국 위원을 포함한 후보위원 11명, 중공중앙위원과 후보위원이 53명, 중공중앙규율검사위원회 위원이 7명이다. 국무원 총리가 1명, 국무원 부총리, 국무위원이 6명이다. 전국 인민대표대회 부위원장이 6명이고 전국정치협상위원회 부주석이 8명이다. 또한 전국인민대표대회 상무위원이 45명이고 전국정치협상위원회 상무위원이 79명이다. 국무원 정부 장관이 30명이고, 각 성과 시의 성장, 시장, 당위서기(정서기)가 23명이다.

이런 숫자만으로 그 계열을 완전히 파악하기란 어려운 일이다. 이제 하나하나 구체적으로 분석해보자.

중공중앙 제13차 대표대회에서 선출한 정치국 상무위원 6명 중 두 사람은 칭화대학을 졸업한 사람이다. 한 사람은 야오이린(姚依林, 1943년 역사학과)이고 다른 한 사람은 쑹핑(1935년 화학학과)이다. 중공 중앙 제14차 대표대회에서는 위의 두 사람이 물러나고 새로운 정치국 상무위원 7명이 선출되었다. 그중 두 사람이 칭화대학 출신이다. 그들이 바로 주룽지와 후진타오이다. 이 두 사람은 제15차 당대표대회에서 연임했다.

'칭화방'은 중앙정치국 위원이라는 제2층 권력 핵심 중에서도 적지 않은 비중을 차지하고 있다. 중공 제14차 대표대회 정치국에는 주룽지와 후진타오를 제외하고도 우방궈(吳邦國, 1967년 무선전학과 졸업, 국무원 부총리)와 왕한빈(王漢斌, 정치국 후보위원, 전국인민대표대회 부위원장)이 있다. 후에 다섯 번째로 선출된 사람도 칭화대학 출신이었는데 그가 바로 황쥐(黃菊, 1963년 무선전학과 졸업, 상하이시 위서기)이다. 제15기 정치국에서는 왕한빈이 물러났지만 우관정(吳官正, 1965년 에너지학과 졸업, 1968년 에너지학과 연구생, 산동성위 서기)이 보충되어 여전히 칭화 출신은 5명이었다.

그 아래층인 중앙위원회의 위원을 보기로 하자. 제14기에서는 29명의 중앙위원이 칭화 출신이다. 그중 정식위원은 18명, 후보위원은 11명이다.

14기 이후 반년이 지나 제8차 인민대표대회와 정치협상회의에서는 칭화대학 출신들이 대거 포진했다. 국무원 부총리에 1명(주룽지), 국무원 장관에 6명이 임명되었다. 국가안전부 장관 자춘왕(賈春旺, 1958년 입학), 방송영화텔레비전부 장관 아이즈성(艾知生, 1951년 졸업), 전자공업부 장관 후치리(胡啓立, 1970년대 칭화대학 부총장 역임), 국가체육위원회 주임 우사오쭈(伍紹祖, 1957년 공정물리계 입학), 국무위원 겸 국가산아제한위원회 주임 펑페이윈(彭珮雲, 1949년 사회학과, 1950년에 졸업했다는 일설도 있음)과 국무원 신문사무실 주임 쩡젠후이(曾建徽, 1948년 모터학과 졸업) 등이다.

중공 15기와 제9차 전국인민대회(이하 전국 인대로 칭한다)에서도 칭화대학 출신의 득세가 식을 줄 몰랐다. 정부 주도로 체제개혁과 부문합병에 따라 칭화 출신의 숫자는 줄어들었지만 지위는 눈에 띄게 상승했다. 주룽지는 '재상宰相'의 국쇄를 손에 쥐었고, 후진타오는 국가 부주석이 되었다.

전국인민대회 부위원장을 지낸 칭화 출신으로는 1935년 사회학과를 졸업한 사회학자이며 민맹 주석인 페이샤오퉁費孝通, 왕한빈과 펑페이윈 부부, 1949년 건축학과를 졸업했으며 중공 정치국 위원을 역임한 리시밍李錫銘, 1950년 수학학부를 졸업한 딩스쑨丁石孫, 1951년 물리학부를 졸업한 저우광자오周光召 등이 있다.

전국정협全國政協 부주석 중 칭화 출신으로는 아래와 같다. 1916년 미국에 유학을 다녀온 마오이성茅以昇, 1924년 칭화를 졸업하고 오랫동안 베이징대학 총장을 역임한 이론물리학자 저우페이위안周培源, 1935년 미국 유학생 첸쉐썬錢學森, 1935년 물리학과를 졸업한 첸웨이창錢偉長, 1940년 계산기학과를 졸업한 쑨푸링孫孚凌, 1945년 물리학학부를 졸업한 중국과학기술협회 주석, 중국공정원 부원장 저우광야周光亞 등이 있다.

우리는 칭화 출신의 고위층 정계 관리들에게서 붉은색의 혈통을 읽을 수 있다.

• 시진핑習近平 : 저장성 성장省長, 시중쉰習仲勛의 아들, 칭화대학 화학공학과 졸업.

• 저우샤오촨周小川 : 중국증권감독위원회 주석, 전자공업부 전임 장관 저우젠남의 아들, 칭화 경영관리과 졸업.

• 린옌즈林炎志 : 중공 지림성위 부서기, 전임 전국인대 부위원장 린펑의 아들.

이밖에도 천윈의 아들 천위안陳元, 예젠잉葉劍英의 아들 예쉬안핑葉選平, 허룽賀龍의 아들 허펑페이賀鵬飛 등이 있다.

그들은 청운의 뜻을 품고 고위직으로 승진했는데, 부모들의 후광을 입어서 승진한 것인지, 아니면 칭화 출신이라는 인맥의 힘을 등에 업은 것인지 사람들은 분별하기 어려울 것이다. 그저 쉽게 말한다면 '칭'자만 붙으면 되는 것이다.

숲이 우거지면 온갖 새들이 다 날아드는 법이다. 정계에서 활동하는 칭화 출신들이 많긴 하지만 탐관 비율도 적지 않다. 전 윈난성 성장 리자팅 李嘉廷, 전 랴오닝성遼寧省 부성장 겸 천양시沈陽市 시장 무쑤이신慕綏新, 전 광시 자치구 부주석 쉬빙쑹徐炳松, 전 샤먼시 시장 자오커밍趙克明 등도 모두 칭화 출신이다. 칭화대학 경축대회 정식 연설에서는 위의 사람들에 대해 언급하지 않았다. 어쩔 수 없이 그들은 칭화대학 출신이 아닌 것처럼 처리했다. 그러나 그들의 선생들과 동창생들은 그들을 뇌리에서 털어내지 못한다. 칭화방이라 할 때 이런 사람들을 언급하지 않으면 전체적인 것이 되지 못하니까.

학습에는 엄격, 사람됨에는 정직

이처럼 수많은 칭화 출신들이 정계에서 활약하자 자연스레 사람들의 관심과 비난이 모아졌다. 사람들은 각자의 시점에서 이 현상을 분석하고 있다.

칭화 출신들은 서로 인맥을 이용해 자기네 동아리를 크게 묶는 것을 부인하지는 못한다.(이에 대해서는 뒤에 다시 상세하게 언급할 것이다.) 그러나 '스스로 끊임없이 자신을 강한 사람으로 만들고, 덕을 중시해 기능을 기른다自强不息, 厚德載物'는 것이 칭화의 교훈이다. 이 교훈의 단련을 받은 칭화 출신의 인재들은 자연히 그 소질을 소유하게 될 것이다. 경쟁 사회에 뛰어들어 능히 자신의 출중한 재능을 과시할 수 있는 조건을 갖추게 된 것도 자명한 일이다. 이런 기초가 있었기 때문에 후에 정계 발탁의 기회를 가지게 된 것이 아니겠는가?

그렇다면 모교 칭화대학은 그들에게 무엇을 마련해주었는가?

베이징대학의 학생들은, 칭화는 영국의 옥스퍼드대학과 케임브리지대학, 미국의 예일대학과 하버드대학 같은 대학에 '주유와 제갈량의 콤플렉스'가 있다고 말한다. 이에 대해 사회에서 잘 나가는 칭화 출신의 졸업생들은 펄쩍 뛰며 뭐라 대꾸할 것이다. 몇 년 전 베이징대학 출신들이 칭화 출신들을 조소하면서 이런 말을 했다.

"칭화가 뭔데? 시키는 대로만 하는 사람들이 아닌가? 그렇기 때문에 그들은 공산당이 선택하는 인재선발 표준에 들어맞았을 뿐이다."

이와 반대로 베이징대학의 학생들은 독립적이고 자유를 갈망하며 당권자의 말을 잘 듣지 않는다는 것이다.

칭화대학이 역사상 가장 찬란했던 시절에 대해 총장 메이이치梅貽琦는 자신의 건학 이념을 이렇게 설파했다.

"학교 당국은 마땅히 차이쯔민蔡子民 선생이 주창한 겸손하고 포용해야 한다는 이념을 지켜 학술 자유의 사명을 고수해야 한다. 지난날의 '신구'란 것과 오늘날의 '좌우'란 것에 대해 학교에서는 자유롭게 모색할 기회를 마련해주어야 하는데, 이런 상황은 지난날과 다름이 없다. 이것이 바로 지난날의 베이징대학이 베이징대학으로 자리매김을 하게 된 원인이며, 장래의 칭화대학이 칭화대학의 위상을 확립하게 되는 요인이다. 여기에 바로 두 학교의 차이점이 있다."

1992년 모학부母學部 창건 60주년을 경축할 때 주룽지는 칭화대학의 학문과 인품에 대해 자신의 견해를 설명한 적이 있다.

40여 년 전 모교의 전기학부 학장 장밍타오章名濤 교수가 이런 강의를 했다. '학생들이 칭화대학에 입학했는데 여기서 배울 것은 어떻게 학습할 것인가 뿐만 아니라 어떻게 진정한 사람으로 성장해야 하는가를 배워야 합니다. 청년 학생들은 먼저 사람됨을 배워야 합니다. 이것을 기초로 하여 공부를 잘해야 합니다. 나쁜 사람이 된다면 아무리 공부를 잘해도 그는 사람들을 해치는 말이 되고 말 것입니다. 사람됨을 배우는 첫 단계가 기개가 있는 중국인이 되는 것입니다.

철인哲人은 이미 저세상 사람이 되었지만 그 말은 아직 우리들의 귀에 쟁쟁합니다. 칭화는 우리에게 '어떻게 공부하는가'를 가르쳐주었을 뿐만 아니라 우리에게 '어떻게 진정한 사람으로 성장하는가'를 가르쳐준 곳입니다. 엄격한 학풍과 혁명의 전통으로 일세대 또 일세대를 혁명과 조국건설에 헌신하는 '기개 있는 중국인'으로 양성했습니다. 중국 속담에 "물 마실 때 우물 판 사람을 생각한다"는 말이 있습니다. 선생의 말씀은 한평생 잊을 수 없습니다. 엄격하게 학습한다는 것은 엄격하고 책임감 있게 학습한다는 것을 말합니다. 엄한 선생님 밑에 훌륭한 학생이 있다는 말이 있습니다. 사람은 정직해야 하고 공명정대해야 하며 정직하고 청렴해야 합니다. 자기가 정직해야 다른 사람도 정직하게 가르칠 수 있습니다.

메이이치 총장이 칭화의 정체성 건설의 시점에서 얘기했다면 주룽지는 칭화대학 학생들의 개인 성장에 대해 말했다고 볼 수 있다. 메이이치 총장의 말은 칭화대학 출신들이 무엇 때문에 정계에서 두각을 나타나게 되었는지에 대한 문제를 해명하는 데는 도움이 안 된다. 정권을 손아귀에 쥔 사람들은 '학술자유'나 '자유토론'을 운운할 마음의 여유가 없다. 그러나 주룽지의 말은 공산당의 언어관습에 맞게 해명한다면, 즉시 칭화 출신이 무엇 때문에 정계에서 두각을 보였는지에 대한 문제의 오묘함에 접근할 수 있다. 즉 '엄하고' '바르다'는 것을 지키는 것이다. '엄하다'는 것은 당의 임무를 조금도 빈틈없이 완수해야 한다는 것이요, '바르다'는 것은 공산당의 의식 형태를 틀림없이 그대로 따른다는 것을 뜻한다.

칭화와 베이징대학생들의 상·중·하

또 다른 해석도 있다. 칭화대학 출신들이 정계에서 권력을 잡을 수 있는 것은 칭화대학의 건학이념이 실사구시적인 것을 추구하고 단체협동을 중시하는 교풍이 있기 때문이라고 풀이하는 사람들도 있다. 베이징대학을 졸업하고 현재 칭화대학에서 교편을 잡고 있는 한 교수는 두 대학의 스타일에 대해 직접 피부로 느낀 바를 잘 전해주고 있다. 그는 칭화대학은 단체를 중시하는 반면 베이징대학은 개체를 중시한다고 한마디로 표현했다. 그는 또 칭화대학이 실사구시적인 것을 추구한다면 베이징대학은 로맨틱한 것을 추구한다고 말했다. 또 칭화대학은 조용한 것을 좋아하고 베이징대학은 떠들썩한 것을 좋아한다고 덧붙였다. 정계로 진출한 칭화대학 출신들은 대체로 기업에서 사업을 하다가 정계로 발탁된 경우가 많다. 그들은 '기술원-공정사-기업 책임자-정부 본 업종의 주관부문 책임자-정부 책임자'라는 인생 궤적을 통해 부상한 사람들이다. 공장이나 기업을 꾸리다가 이 업종의 책임자가 된다. 이 기초에서 한 지역을 관장한다. 그러다가 마지막으로 국가의 지도자로 자리매김을 한다. 그러나 베이징대학의 사이트를 보면 위의 관점에 반대하는 견해가 있다. 그들은 다음과 같은 질문을 들이댄다.

"이처럼 승승장구 승진한 칭화 출신들에게 도대체 어떤 기업관리 능력과 경영 재능이 있는가? 그들은 정말로 기업이나 업종에서 실적을 올려 그 실적에 따라 정계로 진출한 것인가? 정말로 칭화는 실사구시적이어서 실리를 중시한다면 그들이 운영하는 학교 기업은 왜 베이징대학을 따르지 못하는가?"

칭화대학에서는 베이징대학보다 먼저 손을 써서 기업을 운영했다. 1980년대 중반에 이미 대거 기업을 창업한 것이다. 가장 먼저 세운 것은 칭화쯔광淸華紫光이다. 재미있는 것은 이 이름을 자기네가 바로 '중난하이 자광각中南紫光閣(중난하이란 베이징 고궁 옆에 있는 중앙 수장首長들의 거처이고, 자광각은 마오쩌둥의 거처다-옮긴이)'의 '대단한 배경'이 있다는 뜻에서 지은 것이다. 그러나 칭화대학의 쯔광공사는 별로 발전적이지 못했다. 그런데 상대적으로 이론적인 면이 짙은 베이징대학은 아시아에서 제일 큰 대학 기업을 창설했다. 이 기업은 학교 기업으로는 유일하게 중국전자공업 10위 안에 들었고 중국 하이테크기업 10위 안에 들었으며 중국기업 500위 안에 들었다. 베이징대학의 이 기업은 '베이다팡정 집단北大方正集團'이라고 부른다. 이 집단의 연간 총매출액은 전국 대학 기업 총매출액의 4분의 1이나 차지한다. 이 매출액은 칭화대학 기업의 총매출액의 세 배나 된다.

하긴 대학 기업의 매출액을 두 학교 인재들의 우열을 가르는 근거로 삼을 수는 없다. 따라서 이보다 더 넓은 시각에서 칭화와 베이징대학을 비교해 그들의 정신적 특징과 인생의 방향을 파악하는 것이 더 바람직한 일이다. 베이징대학을 졸업한 수필가 리팡李方이 「베이다와 칭화」라는 글을 썼다. 그는 베이징과 칭화에 대해 상당히 세심하게 대비 분석했다.

더 넓은 시각에서 살펴본다면 칭화 출신들은 아주 쉽게 사회의 주류에 진입할 수 있다. 그러나 베이다의 사람들은 비평자이지 건설자가 아니다. 때문에 그들은 영원히 이단식異端式 회의懷疑의 눈빛을 가지고 있다.
너무 일찍 출세하고 너무 일찍 은퇴하는 베이다 사람들은 도가 정신이 어떻게 자기의 영혼에 스며들었는지를 깨닫지 못한다. 그러나 칭화 출신들은 과학과 자율적인 면에서 유가에 더 접근하고 있다.
베이다 출신들은 오기로 이름이 났다. 그들은 세속적인 목적을 위해 동아리를 이루는 걸 꺼린다. 그러나 칭화는 그와 반대다. 그들은 천성적으로 단체협동 정신이 있는 것 같다. 이런 의미에서 베이다가 아테네라면 칭화는 스파르타다.

우리가 더 주시할 대목은 다음이다.

중국 금후今後의 역사는 역시 칭화 출신들이 쓸 것이다. 베이징대학은 영원히 방랑자의 모습으로 다른 책에 기록될 것이다. 그들 중 상上에 속하는 사람은 선지 선각자가 될 것이고, 중中에 속하는 사람은 사람들이 이해하지 못하는 견사狷士가 될 것이며, 하下에 속하는 사람은 막바지 방랑자가 될 것이다. 칭화 출신들 중에서는 상에 속하는 사람은 다부진 지도자가 될 것이고, 중에 속하는 사람은 온건한 관리가 될 것이며, 하에 속하는 사람은 믿을 만한 병사가 될 것이다.(이상 글은 모두 『욕망 원년-신인류의 도덕과 나아갈 길』에서 인용. 리팡 저, 돈황출판사 1997년)

어찌 보면 후진타오의 경력을 위의 논점에서 피력하듯이, 칭화인들의 하층, 중층을 거쳐 상등으로 부상하는 과정을 설명해준다. 이제 그가 다부진 지도자가 되는 길이 남았을 뿐이다.

칭화방의 대부 장난샹

가령 학교 교풍과 정계 출세의 관계가 보이지 않아 더 구체적이고 더 실질적인 원인을 찾을 거라면, 칭화방의 대부代父 역할을 했던 장난샹蔣南翔을 꼽아야 할 것이다.

1932년 칭화대학 중국국문과에 입학해 이듬해에 중국공산당에 입당한 장난샹이 칭화방에 기여한 공로는 대체로 두 가지가 있다. 하나는 베이핑(北平, 베이징의 전 이름-옮긴이)에 있다. '12·9운동'(베이핑 대학생들의 항일투쟁 기념일-옮긴이) 기간에 그는 칭화대학 중공 지하당의 당지부서기였다. 그는 '중국이 이렇게 크다고 하지만 책상 하나 안전하게 놓을 곳이 없다'라는 슬로건을 내걸었다. 그는 이 슬로건 아래 적지 않은 칭화의 학생 당원을 선발해 교육시켰다. 이들은 나중에 중공의 고급직무를 맡게 되었다. 마지막으로 정치국 상무위원이 된 후배 야오이린과 쑹핑을 제외하고도 중공 석유장관을 역임했던 캉스언康世恩, 국가체육위원회 주임으로 있었던 룽가오탕榮高棠, 중국과학원 부원장이었던 리창李昌, 그리고 중국 사회과학원 부원장으로 있었던 위광위안於光遠 등이 모두 당시 장난샹이 양성한 중공당원이다. 칭화에는 또 '남북 두 교목喬木'이라는 인물들이 나타났다. '북방 교목'은 중공의 일류 문인이며 마오쩌둥의 비서로 있었고, 후에 류사오치劉少奇의 비서로 있었던 후차오무胡喬木이다. 그는 신화사 사장과 인민일보사 사장을 역임했다. 나중에는 중공 정치국위원까지 되었다. 그는 글을 쓸 때 '교목'이라는 필명을 썼다. '남방 교목'은 차오관화喬冠華를 일컫는다. 그도 글을 쓸 때면 '교목'이라는 필명을 달았다. 항일전쟁 때 중칭重慶에서 장기간 〈신화일보〉의 필진을 이끌었다. 후에 중국 외교계에서 저우언라이를 뒤이은 외교관으로 자리매김한 사람이다. 그의 외교적 재능은 누구보다도 탁월해 많은 중국인들의 화젯거리가 되었다. 1972년 그는 외교부 장관 명의로 중국 정부를 대표해 처음으로 유엔에서 중국의 좌석을 회복한 회의에 참석했다.

장난샹의 두 번째 공헌은 중공의 정권 창립 초창기 시절 장기간 고등교육부 장관 겸 칭화대학 총장으로 있으면서 '칭화방'의 초대 대부가 된 것이다. 그는 1952년부터 칭화대학 당위서기까지 겸했다. 그때부터 문화대혁명이 시작될 때까지 그는 장장 13년 동안이나 칭화방의 대부로 있었던 것이다. 중공 정권 수립 초장기의 개국공신 중에 칭화 출신이 없는 것은 아니지만 수적으로 아주 제한되어 있었다. 1950년대 중반에 가서야 정계로 진출한 칭화 출신들이 많아지기 시작했다. 장난샹은 베이징대학의 총장 마인추馬寅初처럼 당외 인사가 아니었다. 그리고 또 중국인민대학의 셰줴짜이謝覺哉와 같은 당내 선비도 아니었다. 그는 매우 실속 있는 인물이었다. 그는 처음 고등교육계와 교육계로부터 시작해 원근遠近 조합을 조율해 각급, 각계에서 칭화 출신 세력을 양성하고 확장했다. 그는 칭화대학의 동기생과 선후배 중에서 많은 간부를 각급, 각계의 관리 부서에 심어놓았다. 이로써 칭화대학은 중국 고등교육계에서 튼튼한 자리를 확보할 수 있었다. 때문에 사람들은 당시 고등교육부라고 하면 다들 '장씨 구역'이라고 했다. 그는 칭화대학생들의 졸업 배치에 대해 누구보다 관심을 갖고 중요하게 생각했다. 그는 '오늘은 제자지만 내일은 국가의 기둥'이라는 이치를 누구보다 잘 알고 있었기 때문이다.

장난샹은 칭화에서 원자에너지, 자동제어 등 새로운 학과를 설치했다. 이는 중국 과학기술의 발전을 추진한 것이다. 그는 학생들에 대한 마르크스–레닌주의 학습과 정치사상 고취를 매우 중시했다. 그는 다른 학교에는 없는 정치보도원이란 제도를 칭화에 도입했다. 그는 또한 학생들의 신체 단련에도 남다른 관심을 두었다. 중국 대학에서 유명한 '조국 위해 건강하게 50년을 봉사한다'라는 슬로건은 장난샹이 만든 것이다.

칭화대 원로 총장인 장난샹은 칭화대학에 남다른 애정이 있다. 1988년 75세가 되던 해, 그가 임종을 앞두고 자신을 간호하는 친척들에게 "나는 한평생 해놓은 것이 별로 없다. 저축이 약간 있는데 그것을 (칭화)대학에 바쳐라. 이것을 학생들의 장학금으로 사용하라고 하거라"는 유언을 남겼다.

장난샹 후에 허둥창何東昌이 교육부 장관을 맡았다. 1980년대 들어서자 교육부는 국가교육위원회로 승격했다. 그는 이때 부주임을 맡으면서 실권을 장악했으며, 사상이 보수적이고 강직한 사람이다. '6·4사태'(1989년 6월 4일 중국 톈안먼 광장에서 벌어졌던 중국 민중들의 민주화 운동—옮긴이) 때 그의 위신이 많이 떨어졌지만 '칭화방'에 대해서는 누구보다 많은 힘을 쓴 인물이다. 허둥창이 물러난 다음 칭화의 새 총장 장샤오원張孝文이 국가교육위원회 제1부주임을 겸했다. 국가교육위원회의 또 다른 부주임은 런텅텅任騰藤인데 그도 칭화대학 1951년 졸업생이다. 후에 그 역시 칭화대학 부총장을 역임했다.

칭화를 졸업하고 미국 유학을 다녀온 학자 츠옌쿤遲延昆은 자신의 경험에 비추어 최근 20여 년간 칭화대학에서 수많은 정계 관리들이 속출할 수 있었던 원인을 풀이했다.

"내가 보기에 이것은 주로 장난샹의 교육사상과 관련 있다고 생각한다. 장난샹에게는 인재를 양성하는 세 가지 방법이 있다. 재능에 따라 교육하고 문화체육 대표단을 구성하고 정치보도원 제도를 세운 이 세 가지가 그의 독특한 인재 양성법이다. 재능에 따라 교육한다는 것은 학과 설치에서 이미 다 나타났다. 학습 성적이 좋은 학생을 유망 학과에 배치해 그들에게 중임을 맡긴다. 동시에 일정한 조건을 마련해주어 학과에서 더 좋은 성적을 내게 한다. 장 총장의 말을 빌리자면 '천재의 두뇌는 바로 비옥한 토양이다.' 그런데 문화대혁명 때 과학연구 부서를 파괴해 이 부분은 눈에 띄는 성과를 거두지 못하고 말았다. 그러나 한 가지 좋은 점이 있으니 부담을 주었기 때문에 시야를 넓혔을 뿐만 아니라 자만심을 가질 만한 정서를 제거했다. 문화체육 대표단의 인재를 양성하는 것은 일대 혁신이었다. 이에 대해 나 역시 당시에는 제대로 이해하지 못했다. 칭화는 체육대학이 아니지 않는가 하는 반문까지 했다. 그러나 나는 점차 이런 과외활동은 한 사람의 자질과 정서 함양에 아주 큰 역할을 한다는 것을 체험하게 되었다. 동시에 단체의식을 수립하는 좋은 계기가 되었다."

츠옌쿤은 특별히 세 번째 방법을 강조했다.

"정치보도원 제도는 완전히 장난샹의 발상이다. 학습 성적도 좋고 성품이나 도덕심이 훌륭한 학생들을 선발해 아래 학년의 보도원으로 임명했다. 이것은 따지고 보면 중학교 때의 반주임班主任과 비슷한 역할을 했던 것 같다. 이밖에 공청단 위원회가 있고 학생회가 있어, 이에 신경을 써야 하는 학생 간부가 있게 된 것이다. 보도원을 맡은 학생은 1년 늦게 졸업한다. 그리고 보도원을 담당한 기간에는 일정한 보수를 받는다. 이 역할의 표면적인 목적은 '어깨에 두 짐을 지어준다'는 것이지만 실은 업무 근간을 양성하는 것이 목적이다. ······내가 알고 있는 정치보도원 중 한 사람이 캘리포니아에 정착한 것 외에 다른 사람들은 모두 정계로 진출했다."

현재 우리는 후진타오가 재학시절 장난샹과 직접적인 접촉이 있었는지 없었는지에 대한 자료나 근거를 가지고 있지 못하다. 우리는 후진타오가 장 총장의 연설을 들었을 것이요, 장 총장은 후진타오가 활동하고 있는 학교 문공단의 공연을 관람했을 것이다. 우리가 추측할 수 있는 것은 이것뿐이다. 그러나 한 가지 분명한 것은 후진타오는 장난샹의 '인재 양성 세 가지 방법'의 수혜자란 사실이다. 후진타오의 정치 생애 중 그는 장난샹으로부터 매우 중요하고도 효과적인 이끌음을 받았을 것이다.

유일하게 중난하이에서 회의를 여는 동창회

'칭화방'에 대해서는 국내외 언론에서 모두 관심을 보이고 있다. 세심한 사람들은 성과 부급에서뿐만 아니라 군대, 사법, 금융, 외교, 조직 등 각 영역을 분석해 '태자당太子黨'이 드러나는 시점에서 칭화 출신을 하나하나 발굴해냈다. 이것으로 칭화방의 세력이 얼마나 강대한 것인가를 증명해보이려고 했다.

지방에서 요직에 앉아 있는 사람들 중에 칭화 출신이 얼마만한 비중을 차지하고 있는가는 장쩌민이 직접 체험했을 것이다. 그가 상하이 서기로 있을 때 상하이 당정 주요 간부 중 다섯 명이 칭화 출신이었다. 당시 상하이 시장이었던 주룽지, 시위 부서기였던 우방궈를 제외하고도 시위 부서기이며 부시장인 황쥐, 부시장인 니톈쩡倪天增과 장이런蔣以任 등이 있었다. 장쩌민이 총서기가 된 뒤에 칭화대학 학생대표를 접견한 적이 한 번 있었다. 그때 그는 무심코 "우리 상하이 영도 층은 이미 '칭화방'이 다 되었습니다"라는 말을 했다고 한다. 그러나 그는 이 말이 실수란 것을 직감했는지 "이 말은 농담입니다"라고 얼른 덧붙였다고 한다.

칭화 출신들은 대부분 이런 사실에 대해 무척 자랑스러워한다. 필자가 국내에서 취재할 때 칭화 출신 한 사람이 이런 말을 했다.

"기자 선생님, 아십니까? '만청황조滿淸皇朝'를 뭐라고 하는지 말입니다. 중화인민공화국의 국명과 국가를 정한 것도 칭화 출신의 공로라고 합니다. 확실히 그런 일이 있었습니다. 칭화에서 미국으로 유학 갔던 정치학부 주임 장시뤄張奚若는 무당파 출신의 신분으로 1950년대 교육부 장관을 역임했습니다. 그는 후에 국무원 대회연락위원회 주임으로 전임했습니다. 그가 전국 정치협상위원회에서 건국을 준비할 때 새로운 중국을 '중화인민공화국'이란 이름으로 정할 것을 제의했으며, 이 제의가 받아들여진 것입니다. 그리고 중화인민공화국 국가國歌를 결정할 때에도 장시뤄가 적극 추천했습니다. 이에 쉬페이홍徐飛鴻이 호응해 '의용군행진곡'을 대리 국가로 결정하자고 제의했고 대회에서 접수한 것입니다."

정계의 칭화방 중에 후진타오의 정치 궤적에 매우 중요한 영향을 끼친 사람이 있으니, 이 사람들에 대해 좀더 깊이 소개해야겠다.

우선 먼저 언급할 사람은 주룽지다. 중공 12차 대표대회 때 그는 대표가 되지 못했다. 13차 때에야 비로소 당중앙 후보위원으로 당선되었다. 그러다가 14차 대표대회 때는 한걸음에 중앙정치국 상무위원이 되었다. 뒤이어 그는 국무원 부총리로 임명되었고, 15차 대표대회이후에는 국무원 총리가 되었다.

주룽지는 1928년 후난성湖南省 창사시長沙市에서 태어났다. 그는 1947년 19세이던 해에 칭화대학 모터학부 모터제조학과에 진학했다. 그는 후에 칭화대학 학생자치회 회장을 역임했다. 중공의 새 정권을 수립하는 시기에 발맞춰 그는 중공당원이 되었다. 1957년 그는 '우파'로 몰려 당에서 축출당했으며 기층으로 내려가 노동단련을 하게 되었다. 그 이후로도 문화대혁명 때 다시 한 번 시련을 겪었다. 덩샤오핑이 세 번째로 재기했을 때 그의 액운은 마침내 종지부를 찍었다.

주룽지와 모교 칭화대학과의 관계는 아주 밀접하다. 1984년 칭화대학에서 경제학원을 설립한 다음 그는 학장을 겸임한 교수로 재직했다. 그는 학기 때마다 대학의 경영 상황에 대한 보고를 받았으며, 몸소 네 명의 박사과정 학생을 지도했다. 상하이 시위서기와 시장으로 있을 때도 그는 칭화와의 관계를 중단하지 않았다. 또한 국무원 총리가 된 다음에도 그는 경제관리 인재에 대한 양성을 멈추지 않았다. 주룽지는 별로 제사題詞를 써주지 않는 사람이다. 하지만 그는 이 학원의 신관 낙성 때 신관 대리석에 '경제관리학원'이란 여섯 글자를 써주었다. 이 필적에 그는 서명을 거절했다.

주룽지는 "나는 앞으로 정년퇴직하면 다시 칭화로 돌아가 학생들을 가르칠 것이다"는 말을 자주 하곤 했다. 그러나 그는 정년퇴직을 한참 앞둔 2001년 6월 7일, 칭화대학에서 고별연설을 했다. 그는 17년 동안 겸하고 있었던 경제학원 학장직을 사직한다고 발표했다. 그때 그는 이렇게 말했다.

"나는 오늘 칭화와 고별하려고 합니다. 앞으로는 자주 오지 못할 것 같습니다. 사실대로 말한다면 영원히 오지 못할 것입니다. 그러나 여러분들은 마음을 놓으십시오. 저의 마음속에는 칭화가 영원히 자리잡고 있습니다. 안녕히 계십시오. 저는 영원히 칭화 사람입니다."

그로부터 며칠 뒤인 6월 하순, 그는 옛 고향인 후난을 찾아갔다. 그때 그가 지은 율시가 <중화시사>에 발표되었다. 그것과 함께 이 시의 원작 사진을 동봉했다. 이 사진으로 시가 '칭화대학'이란 글이 박힌 편지지에 쓴 것임을 알 수 있다. 그렇다면 주룽지는 무엇 때문에 칭화대학 경제학원 학장을 사직했는가? 그리고 왜 "영원히 오지 못합니다"라고 말했을까? 왜 "저는 영원히 칭화 사람입니다"라고 강조했을까? 또 무엇 때문에 자신의 필체를 보여주는 사진을 통해 자신과 칭화와의 관계를 보여주었을까? 그는 수수께끼 하나를 남겼다.

칭화 출신이면서 후진타오의 발탁에 직접적이고 가장 큰 역할을 한 사람은 쑹핑이다. 그는 야오이린과 함께 중공 원로 중 관직이 가장 높은 칭화 출신의 사람이다. 쑹핑은 1934년에 칭화에 입학한 야오이린보다 한 학년 아래이다. 후진타오 부부와 같은 점이 있다면 그것은 쑹핑의 부부도 모두 칭화 출신이라는 것이며, 그의 부인 천순야오陳舜珧는 그보다 한 학년 아래이다. 그러나 그의 부인은 칭화원과 더 깊은 인연이 있다. 1950년대 그녀는 칭화대학의 당위부서기 겸 부교무총장으로 재직했기 때문이다. 1939년 칭화를 졸업한 쑹핑은 칭화대학 졸업장을 받은 지 50년이 되던 해에 그의 선배 야오이린과 함께 중공정치국 상무위원으로 승진했다. 그는 중공정치국에서 주로 중공의 조직과 인사를 관장했다. 실권이 많은 직무이다. 그가 간쑤성甘肅省 제1서기로 있을 때와 정치국 상무위원 임기 동안 후진타오의 운명에 대해 그 누구도 따를 수 없는 중요한 역할을 한 사람이다.

또 중공중앙정치국 상무위원으로 있던 사람 중 후진타오가 청운을 타고 곧바로 오를 수 있도록 영향을 준 사람이 있었으니 그가 바로 후치리胡啓立다. 일반 사람들은 후치리와 후진타오의 관계를 그저 공청단파共靑團派 계보로 보는 견해가 있다. 그들은 이 두 사람이 '칭화방'이라는 사실을 몰랐던 것이다. 후치리는 칭화대학 출신은 아니다. 그러나 그는 1970년대 후기 칭화대학 부총장을 역임했다. 이로써 칭화와 인연을 맺게 되었고 '칭화방' 명단에 오르게 되었다. 한때 중권을 장악한 후치리는 중앙 정책결정층 다섯 명의 상무위원 중 한 사람이었고, 중앙 서기처 서기였지만 '6·4사태' 때 그만 경질되고 말았다. 정책결정층에서 쫓겨나고 만 것이다. 그러나 후에 다시 전자부 차관을 거쳐 장관으로 승격했다.

후진타오의 동년배 학우들 중에 관직이 가장 가까운 사람은 정치국 위원이며 국무원 부총리인 우방궈이다. 그는 후진타오와 고향이 같은 안후이 사람이다. 그는 후진타오보다 조금 늦게 칭화에 입학했다. 그의 경력은 후진타오와 대동소이하다. 1960년부터 1967년까지 칭화대학 무선전자학부에서 전기진공기학과를 전공했다. 그는 1, 2학년 때 단지부서기와 반장을 지냈고, 3학년 때는 중공에 입당해 저학년 정치보도원으로 발탁되었으며 학부 단위團委 부서기를 겸했다. 졸업 후 그는 후진타오처럼 대도시를 떠난 게 아니라 상하이로 배치를 받았다. 그는 상하이에서 베이징으로 상경하기 전까지 상하이를 떠나지 않았다. 그리고 후진타오와 또 다른 것이 하나 있으니, 그것은 그가 한 전자관 공장에서 노동자로 있다가 기술원, 직장주임, 부공장장, 공장장 등의 길을 달린 사람이라는 것이다. 다시 말해 그는 업무와 행정의 두 갈래 길을 통해 승진한 사람이지, 후진타오처럼 당무사업을 통해 승진한 것이 아니라는 뜻이다.

황쥐는 1962년에 칭화대학 모터학부를 졸업했다. 말하자면 그는 후진타오의 선배이다. 그도 상하이에 있는 기층공장에서 장기간 일을 했다. 장쩌민과 주룽지, 그리고 우방궈가 앞서거니 뒤서거니 중앙으로 승격한 다음, 그는 상하이시 시위서기를 맡아 중국에서 가장 큰 대도시를 관리했다.

우관정은 1962년 칭화대학 에너지학부를 졸업한 다음 1968년 이 학과의 연구생으로 진학했다. 그는 장기간 우한武漢 근처에 있는 화학공장에서 기술과 업무를 책임지고 있었다. 1975년 그는 우한시 과학기술위원회 부주임으로 발탁되면서 정계에 진출하게 되었다. 그후 그는 무한시장, 장시성장, 성위서기, 산둥 성위서기로 있다가 15차 당대표대회 때 정치국으로 진입했다.

이밖에 또 왕수청汪恕誠이란 인물이 있는데 권력상으로는 위의 인물들과 비교도 되지 않는다. 그는 수리부 장관에 불과하지만 후진타오와의 관계만을 따진다면 누구보다도 후진타오와 가깝다. 그는 후진타오와 같은 학부 같은 학년 동창생이다.

그들은 전공하는 학과가 다르기 때문에 공부할 때는 접촉이 많지 않았다. 그러나 왕수청은 당시 공청단지부 조직위원이고 학생간부였기 때문에 사회활동도 많았다. 그리하여 후진타오와 알게 되었고 아주 가까운 사이가 되었다. 대학을 졸업한 다음 왕수청은 연구생 공부를 했다. 그는 학교에 남아서 정치보도원으로 있으면서 과학기술 연구를 하는 후진타오와 같은 당지부에 속해 있었다. 후진타오는 이때 이미 정식당원이었으며 왕수청은 예비당원이었다. 이런 관계로 그들의 접촉은 더욱 잦아졌다.

왕수청은 후에 랴오닝 단둥丹東의 수리전력 제6공정국에 배치받아 중국 동북의 강과 협곡을 따라 이동했다. 그때부터 그는 후진타오와 만날 기회가 거의 없어지게 되었다. 그의 정계 진출 길은 그리 순탄하지 못했다. 그는 1982년 제6공정국 당위부서기로 재임하다가 1987년에야 정청급 正廳級 직무로 승진했다. 그 사이 그는 사업기관을 여러 번 옮겼으나 승진을 한 것은 아니었다. 1992년 8기 인민대표대회 때 후진타오가 인사를 관장했다. 그 당시 왕수청은 원래 에너지 사장司長에서 해임되어 일없이 있었는데 일약 전력공업부 차관 겸 당조성원으로 발탁되었다. 그런데 1998년 국가기관의 개혁과 더불어 전력공업부가 없어지게 되었다. 왕수청은 또다시 경질되어 국가전력공사 부총경리로 임명되었다. 그러나 그해의 '세기적인 장마'가 그에게 뜻밖의 기회를 제공해주었다. 주룽지는 "이처럼 큰 홍수가 발생하여 어마어마한 손실을 주게 되었는데 이에 대해 수리부 책임자들은 국민들에게 정당한 설명이 있어야 한다"고 지적했다. 그 결과 수리부 장관으로 발탁된 지 8개월밖에 되지 않은 뉴마오성鈕茂生이 장관 자리를 내놓고 허베이河北로 가게 되었다. 그 뒤를 이어 왕수청이 주룽지 내각으로 발탁되었다. 이는 후진타오가 추천한 것이라는 말이 돌았다.

후진타오가 칭화에 있을 때 왕수청을 제외하고 위에서 열거한 칭화 출신의 사람들을 과연 알았을까? 후에 자기를 돌봐준 선배들과 스승들을 알았을까? 지금으로선 이에 대한 명확한 답이 없다. 그러나 추측할 만한 것은 칭화대학에서 공청단대표대회를 개최하든가 또는 학생대표대회를 개최했을 때 후진타오, 우관정, 우방궈, 황쥐 등이 대표로 있을 수도 있었다는 사실이다. 그러나 그들이 서로 알고 지냈다고는 확언하기 어려우며 서로 교분을 나누었다고는 더더욱 말할 수 없다. 후진타오가 그때부터 일찍

감치 정계 진출을 꿈꾸어 인맥을 엮었다고는 더욱 말하기 힘든 일이다. 그 당시에는 훗날 자신이 중국 최고 권력에 오르리라고는 생각하지 못했을 것이다. 후에 그는 이런 말을 했다.

"지금까지 나는 내가 관리가 될 줄은 생각지도 못했다. 젊었을 때는 그저 홍색 수리전문가가 되기를 꿈꾸었을 뿐이다."

이 말은 믿을 만하다. 그러나 후진타오가 칭화에서 공부하며 보도원으로 있을 때 한 가지 사실만은 명심했을 것이다. 자기 일생의 6분의 1이라는 '황금 시간'과 자기 사업의 목표, 자기 사랑의 꿈이 바로 칭화원과 끈끈한 인연을 맺고 있다는 사실 말이다.

동창생 활동의 열성자

1965년 여름, 후진타오는 졸업을 했다. 정치적으로도 믿을 만하고 학습 성적도 좋으며 보도원도 겸하고 있던 후진타오는 졸업생들 중에서도 상위에 꼽혔다. 그는 학교에 남아 정치보도원을 전임하면서 일정한 과학 연구에도 참여하게 되었다.

그의 연인 류융칭의 운은 그다지 좋은 편이 못 되었다. 그녀는 간쑤성 란저우蘭州시 근처에 있는 바판샤八盤峽로 배치를 받았다. 그곳에서는 황허에서 또 한 곳 수력발전소를 건설하기 위한 설계를 다그치고 있었다. 바판샤 수력발전소는 1969년 10월에 정식 착공해 1975년에 발전을 시작했으며, 1980년에 모든 공정을 다 끝냈다. 발전기 다섯 대를 설치했는데 발전량은 18만 킬로와트이다.

후진타오에게는 강렬한 정치공명심 같은 것은 없었다. 그러나 그는 성격, 또는 습관적으로 스승이나 동창들과 연락을 하고 지냈으며 때로는 반갑게 만나 인사를 나누기도 했다. 그의 기억력은 상당히 좋았으며, 상대방으로 하여금 자신의 친절함과 성실함을 느끼게 하는 감화력이 있었다. 그의 관직이 점점 높아지면서 지난날에 대한 세세한 관심과 기억은 사람들을 감동시키는 좋은 계기가 되었다. 당중앙에 입주해 한 영역을 관장하고 있을 때도 동창생들에게 걸려오는 전화는 꼭 직접 받았다. 그는 통화 중에 앞으로도 어려움이 있으면 자기를 찾으라고 말하면서 자기가 없을 때는 '융칭을 찾으면 된다'는 배려도 잊지 않았다.

한 기자는 그가 구이저우성 성위서기로 있을 때의 미담美談을 찾아냈다. 어느 일요일 그는 기층에서 사업하는 칭화의 동창생을 찾아나섰다. 그런데 동창생은 집에 없고 그의 장인 장모가 집을 지키고 있었다. 그는 즉시 두 노인과 정답게 이야기를 나누었다. 그의 동창생이 집으로 돌아와 자기를 찾아온 사람이 후진타오라는 것을 알게 되자 노인은 놀라움을 금치 못했다.

후진타오는 학교 사업에 맞춰 모교를 위해 적지 않은 도움을 주었다. 1984년 5월 24일 당시 후진타오는 당중앙서기처 서기로 있었다. 그날 그는 모교에 가서 수리학과 졸업생들과 대담을 나누었다. 그는 좌담회에서 자신의 체험담과 함께 인생 경험담을 들려주었다. 그는 졸업생들에게 시대 조류에 발맞춰 사회 전진의 추진파가 되어야 한다고 피력하며, 국가와 개인의 관계를 잘 유지해야 한다는 말도 잊지 않았다. 그는 실천을 중시해, 국가와 인민이 필요로 하는 훌륭한 인재로 성장해야 한다고 강조해 말했다.

후진타오는 동창생 학우회를 통해 될 수 있으면 더 많은 학우들과 사귀기 위해 노력했다. 학우들이 활동한다는 통지를 받기만 하면 그는 되도록 시간을 내어 꼭 참석하곤 했다. 그가 구이저우를 떠날 때 칭화대학 구이저우 학우회 회장을 통해 미안하다는 뜻을 전달했다. 그는 중앙의 고위층에 승진한 다음 이렇게 유감의 뜻을 밝혔다.

"이후에는 이런 활동에 참가하기가 그리 자유롭지 못하게 되었다."

그러나 그는 정치국 상무위원이 된 다음에도 동창생들이 모이는 자리에 드문드문 참석했다. 그가 정치국 상무위원이기 때문에 아무리 간단한 수행원을 데리고 간다 해도 비서, 경호원, 학교 책임자 등이 수행하게 마련이다. 그때 그는 학우들과 아무런 구속 없이 대화를 나누기는 이미 불가능했다.

1995년 4월 30일 후진타오는 자신이 공부했던 수리학부 신관 303호 교실에서 동년급 동창생들과 졸업 30주년 경축행사를 준비했다. 그들은 학교 근춘루 앞에 설송 한 그루를 심었다. 수리학부 1959년 졸업생들의 염원을 상징하는 설송은 가지가 무성한 소나무였다. 이 나무 앞에 기념석을 세웠는데 그 기념석에는 후진타오와 당시 참가했던 모든 학우들의 이름을 새겨져 있다. 저명한 수리전문가이며 칭화 교무위원회 명예 부주임인 장광더우張光斗 원사도 이 모임에 참가했다. 후진타오는 즉시 일어나 그에게 인사를 올렸다.

1999년 4월 하순 1959년 졸업생 80여 명이 또다시 베이징에 있는 중국 수리과학연구원에 모여 입학 40돌을 축하하는 모임을 가졌다. 4월 23일 저녁 후진타오는 부인 류융칭과 동창이며 수리부 장관인 왕수청과 함께 8층 회의실에 나타났다. 그는 이 모임에서 동창들과 많은 이야기를 나누었다. 이번 모임을 이곳에서 갖게 된 것은 칭화 수리학부 1969년 학우인 가오지장高季章이 수리과학연구원의 원장으로 있었기 때문이다. 부원장 쿵자오녠孔昭年 역시 후진타오와 같은 학년 동창이다.

후진타오는 부담없이 여러 동창생들의 이름을 부르며 학창시절에 누구와 누구는 어느 침실에 들었다는 등의 이야기를 나누었다. 그가 이렇게 말했다.

"우리가 이렇게 한자리에 모이다 보니 먼저 우리 학년에서 이미 저세상 사람이 된 11명의 동창생들이 생각난다. 그들은 비록 우리보다 먼저 이 세상을 떠났지만 그들의 모습과 목소리, 그리고 그들이 조국과 인민을 위해 바친 공헌은 영원히 우리 마음속에 남아 있다.

　내가 여기서 특별히 말하고 싶은 것은 아직까지 수도에서 멀리 떨어진 먼 변두리 성과 기층 제1선에서 사업하고 있는 동창들이 더욱 그립다는 것이다. 그들의 사업정신과 헌신에 대해 나는 더 없는 감격으로 우러러보게 된다. 그들은 내가 따라 배울 본보기인 것이다."

　후진타오는 이 모임에서 동창생들과 거의 두 시간이나 대담을 나눴다. 그는 마지막으로 다음과 같은 말을 남겼다.

　"나는 정말 여러 동창생들에게 미안한 마음을 금할 길 없다. 내일모레에 있을 행사에 참가할 수 없는 형편이다. 다행히 우리 집에는 내 대행자가 있으니깐······."

　이때 동창들은 와와 웃음보를 터뜨렸다. 이튿날 오전 후진타오의 '대행자' 류융칭이 그들의 모임에 참석했다.

　동창들이 한자리에 모여 이야기꽃을 피운 다음날인 4월 25일 새벽, 중공 고위층을 뒤흔드는 사건이 발생했다. 그것은 후진타오가 머물고 있는 중난하이를 수천 수만이 넘는 파룬궁法輪功 신도들이 포위할 줄은 아무도 몰랐다. 장쩌민은 파룬궁을 '사교邪敎'라 정의 내리고 모두 구속하라고 지시했다. 그후부터 파룬궁과 중공의 싸움은 계속되었다. 파룬궁 신도 중에 장명예張孟葉라는 후진타오의 동창이 있었다. 전하는 말에 따르면 장명예는 광동 전력학교 부교장으로 있었다. 그는 베이징으로 상경해 동창생의 자격으로 후진타오에게 접견을 요청했다. 그는 후진타오에게 파룬궁에 대한 진압을 거둬들이도록 권하려 했다고 한다. 그러나 그는 후진타오를 만나보지 못하고 베이징에서 체포되었다. 2000년 2월, 그는 2년 노동개조를 판결받았다.

　장명예가 2002년 4월 칭화대학 동창들에게 보낸 편지를 보면 위에 기술한 상황과 약간 다른 점이 있다. 그는 편지에 '다만 톈안먼 광장의 경찰에게 편지 한 통을 당중앙에 전해 달라고 주었을 뿐'이라고 썼다. 그 편지는 모두 17쪽, 만여 자나 된다. 편지에 「파룬궁에 대한 나의 이해와 인식」이란 제목까지 붙여가며 "그런데 그들은 우리 부부가 파룬궁 신도라는 것을 알고 우리를 구속했으며 우리를 강제 노동시켰다"라고 밝혔다.

장멍예는 편지에 이런 말을 썼다.

> 1979년 나는 급성간염에 걸렸고 후에 만성으로 전환되었다. 1983년 끝내 간경화로 변이되었다. 나는 10여 년간 수없이 입원 치료를 해야 했으며 매일 여러 가지 약을 먹어야 했다. 돈을 많이 썼지만 아무런 효과가 없었으며 잠도 편히 자지 못했다. 1984년부터 나는 정말 마음을 다해 기공을 연습했다. 하루에 한 번 아니면 두 번씩 연습했다. ……그러나 나는 실망하고 말았다. 나의 희망은 거품처럼 꺼지고 말았다.
> 1994년 7월 나는 우연히 파룬궁을 알게 되었다. 아무런 약도 쓰지 않고 8개월간 파룬궁을 애써 연습했더니 모든 문제가 해결되었다. 나의 간경화가 완전히 치유된 것이다. 이때부터 아무리 힘들고 아무리 고생을 해도 배가 불룩하게 나오지 않았다. 그리고 다시는 병이 도지지 않았다. 이보다 더 신기한 일이 있는데, 내가 구속 상태로 있던 최근 2년 동안 강제노동을 하며 영양도 섭취하지 못하고 휴식도 제대로 취하지 못하면서 고생을 해야 했지만 간병이 도지지 않았다는 사실이다. 그런데 아무런 이유 없이 나의 형기를 연장했기 때문에 나는 이에 항의해 단식을 단행했다.(전후 합해 47일 동안 단식을 했다.) 내가 단식할 때 3단계에서는 연속 28일 동안 먹지 않고 마시지도 않았다. 나는 피골이 상접해 앙상하기 짝이 없었다. 걸음조차 걸을 수 없었다. 그런데 이상한 것은 나의 목숨은 여전히 붙어 있었고 간병도 도지지 않았다. 이것은 내가 10여 가지 기공을 다 포기했어도 오직 파룬궁만은 포기하지 않았기 때문이다.

그의 편지에는 이런 내용도 있었다.

> 파룬궁을 버리지 않은 근본 원인은 장씨 집단에서 감행한 파룬궁에 대한 진압 중에도 광범한 파룬궁 신도들이 보여준 '진리를 견지하기 위한 관용'에 감

동했기 때문이다. 또한 생명을 구하려는 자비와 같은 대선대인大善大仁 정신에
도 감동했다. 이것은 진짜 '진·선·인'의 진실한 체현이기 때문이다.

그는 편지에 후진타오에 대해 일언반구도 비치지 않았다. 그는 아주 총
명한 사람이다.

2001년 4월 하순 칭화대학에서는 건학 90주년 경축대회를 진행했다.
장쩌민, 주룽지, 리란칭 등 지도자들이 칭화대학의 경축대회에 참석했다.
이것은 중국 제1대학이라는 위치에 걸맞은 대학에 대한 최고 예우이다.
장쩌민은 칭화대학에 '세계 일류 대학을 꾸려 중화민족의 위대한 부흥을
위해 힘써 노력하자'라는 글을 써주었다.

이 경축대회를 정식으로 진행하기 전인 3월에 후진타오는 중난하이에
서 칭화대학 총장 왕다중王大中과 당위서기 허메이잉賀美英의 학교 사업에
대한 보고를 받았다. 보고가 다 끝나자 그는 왕다중 총장과 허메이잉 당
위서기에게 칭화대학의 건학 실천 중에 보여준 우수한 전통과 경험을 잘
되살려 나가라고 지시했다. 그는 칭화대학에서 앞으로 더 많은 학문 연
구, 학문을 일으키고 치국의 훌륭한 인재를 양성해 국가 부흥과 민족 진
흥에 공헌해주기를 부탁했다.

4월 29일 후진타오, 류융칭 부부는 칭화원 신수루에서 벌어진 경축행
사에 참석했다. 그들 부부는 신관 앞에서 동창들과 사진을 찍었으며, 재
학시 공청단지부 조직위원이었던 왕수청이 주최한 좌담회에 참석했다.
동창 몇몇이 먼저 말문을 열자, 그 뒤를 이어 후진타오가 발언했다.

"나는 모교 90돌 경축을 진심으로 축하한다. 이 기회를 빌어 모교의 교
직원들과 모든 칭화대학 학우들에게 충심으로 감사를 드린다. 42년 전 우
리는 혈기 왕성한 시절에 칭화대학에 진학했다. 우리는 여기서 6년이란
잊지 못할 세월을 보냈다. 우리는 칭화대학에서 6년 동안 기초를 닦았고,
이곳에서 6년이란 세월 동안 칭화 정신의 가르침을 받았기 때문에 사회

에 진출하고 직장으로 진출할 때 국가를 잊지 않았으며, 국가를 위해 민족의 부흥을 위해 우리가 짊어져야 할 책임을 서슴없이 두 어깨 위에 올려놓을 수 있었다. 우리가 기쁨을 숨기지 않았던 것은 칭화 학우들 중에서 학문을 연구하는 대 스승이 태어났는가 하면 나라의 부흥을 위한 인재도 태어났기 때문이다. 우리는 칭화 학우들이 취득한 성취에 자부심을 느끼며, 또한 모교가 거둔 성취에 기쁨을 느낀다."

그는 학교 당위부서기 천시陳希의 안내로 왕수청과 함께 새로 지은 스포츠 센터를 참관했다. 그는 스포츠 센터로 가는 길에 자기를 알아본 학우들과 동창들을 만날 때마다 일일이 뜨거운 악수를 나누며 인사를 했다.

후진타오는 이런 행사에 여러 번 참석했다. 학교 차원에서 조직한 활동은 신문에 소식이 나가지만, 학부나 반급의 활동은 그 소식을 찾아보기 어렵다. 후진타오는 자신을 포장하는 걸 좋아하지 않기 때문에 이런 활동에 대해서는 소식을 내지 말아달라고 부탁했다. 그는 이런 활동을 언제나 개인생활 범위에 국한시켰던 것이다.

후진타오가 당시 의식적으로 사람들을 사귀었는지는 알 수 없다. 그러나 칭화원 출신들 중에 정계에서 거물급으로 있는 사람들이 많기 때문에 알게 모르게 후진타오의 정계 진출을 위해 길을 열어놓은 것은 사실이다. 이는 후진타오에게 풍부한 인적자원을 쌓는 기회가 되었다. 마치 『홍루몽』에서 말한 '호관부護官符' 같은 것이다. 호관부라는 것은 인맥을 지칭하는 것인데, '칭화방'의 색채를 아무리 빼낸다 하더라도 이 인맥만은 존재하기 때문에 후진타오의 정치 잠재력은 무궁무진하다고 볼 수 있다.

문화대혁명, 칭화 생애의 종지부

만일 문화대혁명이 없었더라면 후진타오의 칭화대학 학자 생활은 아주 완벽할 수 있었다. 공부도 매우 잘했겠다, 공산당에 입당했겠다, 미래의 아내를 사귀었겠다, 학교에 남아 보도원으로 있으며 과학기술 연구에 착수했겠다, 이런 궤적으로 계속 발전해 나간다면 사업과 가정 모두 안정된 눈부신 학자의 앞날은 보장받은 것이나 다름없었다.

그런데 문화대혁명이 터진 것이다.

후진타오가 졸업한 지 1년 만에 중국 역사상 가장 어둡고 무서운 회오리바람이 불었다. 칭화대학은 삽시간에 이 회오리바람의 중심이 되어버렸다.

장난샹은 회오리바람이 불기 시작한 초기에 그만 바람에 휩쓸리고 말았다. 학교는 혼란에 빠졌다. 당시 국가 주석으로 있던 류사오치는 칭화대학이 매우 중요한 대학이고, 문화대혁명에 대한 영향도 아주 크기 때문에 칭화에 대해 남다른 관심을 보였다. 그는 칭화대학을 자신이 직접 관할하는 중심지로 삼으려고 했다. 그는 칭화를 통해 마오 주석이 남방에서부터 코밑까지 공격해오는 것을 제어하려고 한 것이다. 1966년 6월 19일 그는 '4청 운동'(四淸運動, 중국 농촌에서 1964년부터 자본주의 집권파를 대상으로 한 정치청산 운동-옮긴이) 때 크게 활약한 자신의 부인 왕광메이王光美를 칭화대학으로 파견해 문화대혁명의 상황을 파악하도록 했다. 처음에는 그저 대자보(大字報, 붓으로 쓴 의견서. 이 의견서를 건물 벽에 붙이게 했다. 후에 자리가 모자라 대자보를 붙이는 구역을 따로 만들어 임시 벽을 세우기도 했다-옮긴이)를 훑어보던 왕광메이는 사흘째 되는 날 정식으로 칭화대학 공작대의 성원이 되었다. 이 공작대는 당원들과 학생 간부들을 동원해 학교 당위에 의견이 많은 학생들을 제압했다. 그들에게 '반동 학생'이라는 죄명을 덮어씌워 이른바 반당 활동을 억제한 것이다. 이때 전국을 흔든 사건이 칭화대학에서 터졌다. 공정화학학부 콰이다푸蒯大富라는 학생이 단식 투쟁을 벌인 것이다.

마오쩌둥은 자신의 눈에 '중국의 흐루시초프'로 비친 류사오치를 타도

하려고 했다. 칭화대학에서 발생한 사건을 빌미로 류사오치에 대한 공격을 시작했다. 마오쩌둥이 중앙문화대혁명 영도소조의 성원을 지휘해 류사오치에 대한 투쟁을 공개했다. 이 바람에 콰이다푸는 일약 전국에서 가장 유명한 반란파의 대표가 되었다. 그는 하루아침에 반란파 영웅이며 문화대혁명의 기수가 되어 직접 중앙과 대화를 할 수 있게 되었다. 그는 '칭화대학 정강산병단井崗山兵團'이란 반란 조직을 만들었다. 후에는 또 수도首都 홍위병 제3사령부를 설립했다. 1966년 12월 25일 그는 장춘차오張春橋의 밀령을 받아 톈안먼 광장에서 집회를 열고 "류사오치를 타도하자"라는 구호를 수도 여기저기에 붙이고 살포했다.

당시 칭화대학 수리공정학부 정치보도원 후진타오는 아무 관직도 없는 형편이었다. 그러나 혁명 격정에 휩싸인 학생들의 눈에는 그도 '집권파'로 보였다. 그래서 그도 학생들의 공격을 약간 받았다. 그는 문화대혁명 초기에 상급 당조직의 조치에 따라 학생들을 지도해 '삼가촌'(三家村, 문화대혁명 초기 대중 동원의 일환으로 베이징시의 세 사람에 대한 비판을 진행했다. 베이징시의 세 사람을 삼가촌이라고 불렀다―옮긴이)에 대한 비평을 조직했다. 그러다가 장난샹과 학교의 당조직이 혼란에 빠지게 되자 그는 자연히 학교 당조직과 장난샹을 보호하게 되었다. 이는 그가 문화대혁명 초기 학교 당조직의 지시를 받아 집행한 것으로, 학생들의 반란을 제압한 것이 되었다. 그리하여 그는 당연히 학생 반란파의 투쟁 대상이 되었다. 그의 죄명은 '혁명운동을 제압'한 '보황파'(保皇派, 당시 학생운동에는 두 파가 있었는데 현 집권자를 반대한 파는 반란파라 하고, 그를 보호한 파는 보황파라 했다―옮긴이)라는 것이다. 그 결과 그는 다른 기층 당간부들이 겪은 것처럼 학생들의 공격을 받았고 검토서를 써서 반란파들에게 바쳐야 했다.

이전에는 '혁명의 에너지'로 중심에 있던 후진타오가 갑자기 하루아침에 '혁명의 대상'이 된 것이다. 처음에 그는 자신이 어떤 갈래인지 판단력을 상실했다. 이제 '혁명의 대상'이란 신분에서 다시 '혁명의 에너지' 신분으로 탈바꿈한다는 것은 너무도 어려운 일이었다. 학부 당총지서기와 학장 등은 평상시에 자신을 신임해주었고 잘 보살펴주었다. 그런데 하루아침에 그들을 비판하라고 하니 도저히 그렇게 할 수 없었다. 때마침 중앙문화대혁명 영도소조 부조장으로 있던 왕런중王任重이 이후에 반드시 총결산을 할 것이라고 말했다. 이 말의 뜻은, 지금은 학생들이 혼란스러운 상태에서 여러 파벌로 나뉘어 암투를 벌이고 있지만 앞으로 반드시 이에 대한 총평가가 있게 되고 그에 따라 선진, 후진이 결정된다는 것이다. 그렇다면 지금 진행되고 있는 이 운동 역시 마지막 결론이 어떻게 날지 모른다는 것이다. 그래서 후진타오는 더욱 신중하게 행동했다. 가령 학장을 비판했다가 나중에 학장이 옳았던 것이 되면 그때 가서 자기는 서 있을 자리를 잃게 되는 것이다. 이른바 줄을 잘못 서게 된 꼴이 된다. 이런 그에게 충고를 해줄 수 있는 사람은 창즈칭인데, 그 역시 후진타오에게 한마디의 충고도 해줄 수가 없었다. 문화대혁명은 너무도 상상 밖의 일이었기 때문에 이에 대해 누구도 감히 판단을 내릴 수가 없었다. 모든 집권자들은 무조건 권력을 내놓았다. 그렇다고 학생들이 그 권력을 충분히 집행한 것도 아니다. 전국은 혼란에 빠졌다. 마오쩌둥이 속으로 무슨 생각이 있어 이런 장면을 만들어 놓았는지는 아무도 모른다. 이때 후진타오는 정치 운동이라는 것엔 함정이 많기 때문에 함부로 뛰어들어서는 안 된다는 생각을 했을 것이다.

운동의 발전 속도는 너무도 빨랐다. 초기 투쟁 대상이 되었던 학장이나 총지서기 등은 며칠 지나지 않아 반란파들이 거들떠보지도 않았다. 반란파들에게는 이보다 급이 더 높고 더 자극성 있는 투쟁 목표가 얼마든지 있었다. 그들은 학교를 떠나 다른 성으로 가서 성장과 성위서기를 대상으로 투쟁했고, 중앙으로 올라가 중앙의 고위급 관리들을 투쟁 대상으로 삼았다. 때문에 후진타오와 같은 기층 '보황파'들을 관리할 겨를도 없었다. 후진타오는 짧은 몇 달 사이에 '혁명의 주력'에서 '혁명의 대상'이 되었다가 이제는 할일 없는 '혁명의 구경꾼'이 되었다. 후에 중국 당정의 언론들은 후진타오가 문화대혁명 때 '구경꾼'으로 있던 사실을 두고 그를 매우 온당하고 착실한 성격을 지닌 인물이라고 평가했다.

이런 생활이 2년 동안 이어졌다. 콰이다푸는 반란파를 앞세워 자기 세력의 동아리로 형성해 학교의 한 구역을 차지하고 학교의 문화대혁명을 쥐락펴락했다. 그렇다고 다른 학생들이 가만히 있었던 것은 아니다. 그들 역시 콰이다푸에 맞서 자신의 세력을 규합하여 학교 한 구역을 차지하고 그와 대결해 나갔다. 당시 중국 내 모든 대학의 상황은 칭화대학처럼 파벌 싸움으로 학교가 어지러운 상태였다. 하지만 여기서 끝난 것이 아니라 사사로이 무기를 제작하여 총질까지 해대기 시작했다. 마오쩌둥은 이때 문화대혁명이 제대로 안 되고 있음을 알았다. 그대로 두었다가는 자신이 추진하려고 하는 이상사회의 건설은 물거품이 되고 말리라는 것을 직감했다. 또한 국외 제국주의와 수정주의자들에게 웃음거리를 제공하게 될 것이다. 1968년 7월 27일 그는 노동자와 해방군으로 '마오쩌둥 사상선전대'를 조직해 칭화대학에 들어가게 했다. 콰이다푸는 이에 대해 무장으로 저항했다. 선전대 중에서 인명 피해가 나기도 했다. 마오쩌둥은 콰이다푸를 포함한 베이징 5대학생 지도자를 접견해 그들에게 훈계했다. 마오쩌둥은 앞으로 선전대의 말을 잘 들어야지 그렇지 않다가는 아예 조직을 없애버리겠다고 으름장을 놓았다. 이렇게 해서 그는 자기가 몸소 키운 손오공을 다시 오행산 돌바위 아래 늘어놓았다.

후진타오가 문화대혁명 전에 설계한 아름다운 앞날은 이렇게 바람에 날아가버렸다. 그는 칭화대학에 남아 있을 재미가 없어졌다. 장난상이 구축한 '칭화대학'이란 금빛 간판은 문화대혁명의 광풍과 폭우 속에서 흑색 간판으로 변하고 말았다. 학교에 남아 있는다면 그는 영원히 '지식분자'란 모자를 벗을 수 없을 것이다. 이 말은 곧 '자산계급 지식분자'를 줄인 것임을 그는 잘 알고 있었다. 이 신분은 영원히 개조의 대상이 된다. 마오쩌둥은 당시 대학도 노동자, 농민, 군인들이 관리하고 개조해야 한다고 주장했다. 이를 통해 '자산계급 지식분자들이 통치하고 있던 학교의 현상'을 근본적으로 개혁하려고 한 것이다. 후진타오는 문화대혁명 전 학교 당조직의 믿음직한 인물로 활동했다는 사실에서 계속 칭화에 남아 있다면 절대 밝은 앞날이 보이지 않는다는 것을 알아차렸다. 아예 다른 곳으로 나가 그곳에서 새로운 진로를 찾아보는 것이 좋겠다고 판단한 것이다.

17세부터 26세까지 후진타오는 9년이란 세월을 칭화에서 보냈다. 1968년 12월 그는 칭화와 고별하고 베이징을 떠나 만리이역인 서북으로 달려갔다. 그의 약혼녀 류융칭이 있는 그곳은 간쑤성 류자샤劉家峽였다.

3
서북에서 장안을 바라보다
(1968~1982)

아파트 건축 공사장의 일꾼, 이름 없는 비서, 관직이 겨우 부처장에 지나지 않던 사람이었다. 만약 그가 쑹핑을 만나지 못했다면 그는 끝없이 넓은 서역의 사막에서 한평생을 보냈겠는가, 아니면 그래도 역시 빛을 발휘해 이름을 떨칠 수 있었겠는가?

류자샤에 새로 온 젊은이

후진타오가 류자샤로 올 때는 이미 26세였다.

그가 칭화대학에 진학할 때는 학년에서 나이가 가장 어렸다. 그런데 정작 사회로 진출할 때는 나이가 제법 많은 편에 속했다. 이를 두고 이른 새벽에 일어나 오후 늦장을 보았다고 한다. 그는 칭화에서만 9년이란 세월을 보낸 것이다. 1965년 학생증을 바치고 교사증과 월급을 타기 시작했지만 그가 정식으로 사업에 뛰어든 것은 아니었다. 그는 이제야 사업에 뛰어들었다는 감을 느낄 수 있었다. 26세에 사업에 참가한 것은 좀 늦은 감이 있었다. 그러나 1968년은 아직 문화혁명의 고조기라 수정주의를 반대하고 방지하는 것이 전국 전당의 첫 번째 일이었다. 중국의 대학생들은 누구도 이로써 '청춘을 소모'한다는 생각을 감히 하지 못했다. 자신이 배운 지식을 하루라도 빨리 자기가 뛰어든 사업에서 운용하지 못한다고 불만을 갖는 사람도 없었다.

중국 변화의 중심은 어디에 있는가? 대체로 사람들은 이에 대해 자신 있는 대답을 하지 못할 것이다. 정확한 대답은 간쑤성 란저우蘭州다. 이곳이 중국 판도의 중심이다. 이 점을 이해한다면 중국 서북지역이 얼마나 광활한지 대강 짐작할 수 있을 것이다. 중국의 지도를 보면 장쑤, 안후이와 류자샤는 베이징을 중심으로 하여 완전히 반대 방향에 위치하고 있다. 베이징에서 류자샤로 가는 길에는 전에 어디선가 본 것 같은 지명이 선뜻 선뜻 나타난다. 셴양咸陽, 바오지寶鷄, 톈수이天水, 린탸오臨洮……. 이곳들은 당나라 때 변경邊境 시인들의 시 구절에 오른 지명들이다.

옷을 지어 멀리 보내오니 / 그 언제 린탸오에 도착할 것인가.(이백)

선두부대가 지난밤 린탸오에서 전투를 벌였다더니 / 어느새 투구훈을 생포했다는 첩보가 왔네.(왕창령王昌齡)

오랑캐의 피리소리 무엇 때문에 수양버들을 원망하느냐 / 봄바람은 옥문관을 넘지 아니하도다.(왕지환王之渙)

위의 시를 잘 음미하다 보면 그 여운이 아주 깊다는 것을 느낄 수 있다. 고향은 안후이지만 쑤베이 타이저우에서 성장한 후진타오에게는 고향이 비록 부유한 곳은 아니라 하더라도 어딘가 타향에서 고향의 향수를 느끼지 않을 수 없었을 것이다. 그가 자란 고장은 기후가 따뜻하고 산물이 풍부한 고장이다. 그곳은 봄이면 백화가 만발하고 가을이면 오곡백과가 무르익는 곳이다. 그 어디를 가나 풍요롭고 그 어디를 가도 번화한 시장이 있다. 베이징으로 온 것만 해도 이미 고향을 멀리 떠난 것이다. 그러나 베이징은 수도의 웅혼한 기세가 있고 정치와 경제·문화의 중심이며 5주와 통하고 정보가 빨라 젊은 마음을 달랠 수 있었다. 그런데 지금 그는 찬바람이 무섭게 몰아치는 서북 지역, 가도 가도 또 가도 밥 짓는 연기가 보이지 않는 간쑤로 가게 된 것이다. 고대 중국인들은 이것을 무엇이라 말했던가? 유배간다고 했던가? 아니면 추방된다고 했던가?

티베트 고원과 내몽골 고원, 그리고 황토고원이 이마를 맞대고 있는 간쑤는 관광객의 눈으로 본다면 '끝없는 벌판에 저녁 연기 곧게 오르고 / 긴 강물에 떨어지는 석양이 둥글어라'는 창망한 자연에 도취될 수 있을 것이다. 이곳은 '종횡으로 흐르는 강물에 배를 띄워 건너고 / 수차水車에 퍼올리는 물로 곡식에 물주다'라는 고즈넉한 풍광을 감상할 수도 있다. 또한 고적답사로 이곳을 방문한다면 수없이 많은 웅관雄關 석벽에 감탄을 금치 못할 것이며, 헤아릴 수 없는 고분벽화에서 지난날의 역사를 더듬어 볼 수도 있을 것이다. 그러나 이제 금방 대학문을 나선 젊은 지식인이 이곳에서 짐을 풀고 살아야 한다고 생각하니 어떤 시적 흥취도 살아나지 않고 내일에 대한 희망도 느끼지 못했다. 그는 다만 현실을 주시하는 길밖에 다른 방법이 없었다.

현실 상황은 도대체 어떠했을까? 1968년 말의 간쑤는 중공 정권이 수립된 뒤부터 저조기에 진입했다. 간쑤는 부유한 곳이 아니다. 그런데다 문화대혁명으로 말미암아 이곳은 전면적으로 파괴된 상태였다. 생산량은 해마다 떨어지고 생활수준은 점점 형편없어졌다. 이해의 공업 총생산액은 1966년에 비해 11퍼센트나 추락했다. 농업생산도 지난해에 비해 7퍼센트나 감소되었다. 재정수입은 엄청나게 줄어들어 1967년에 27퍼센트가 하락했는데 1968년에는 여기에서 또 2.3퍼센트가 감소되었다. 인민들의 생활수준은 더 말할 나위가 없었다. 1967년 간쑤성 도시와 농촌의 평균 소비수준이 88위안元밖에 되지 않았다. 이것은 1966에 비해 7퍼센트 떨어신 것이며 1968년에는 또다시 3.4퍼센트가 떨어져 겨우 85위안에 지나지 않았다. 악화된 경제상황은 후진타오가 이곳에 뿌리를 내린 그해 겨울에야 겨우 회복 기미를 보였다.

위에서 나열한 숫자는 그 당시엔 모두 비밀에 속한 것이었다. 일반 백성들은 이 숫자를 알지 못했다. 후진타오는 앞서 간쑤에 배치받아서 온 약혼녀 류융칭과 다른 학우들의 편지를 통해 간쑤의 빈곤에 대해 어느 정도 알고 있었다. 그러나 그도 위의 통계에 대해서는 알 수가 없었다. 그는 '이왕 온 바에 우선 마음을 붙이고 보자'는 생각으로 현실 사업에 뛰어들려 했다. 그는 어릴 때 외운 맹자의 말이 생각났다.

하늘은 나에게 큰일을 시킬 것이오니 먼저 고생할 마음을 닦고 고역을 이기는 뼈를 다듬고 굶거나 목마를지언정 절대 초지初志를 굽혀서는 안 되며 참을 것은 참고……

그런데 이 말은 류사오치가 『검은 수양』(공산당원의 수양을 논한다 – 옮긴이)에서 인용했기 때문에 이를 인생 좌우명으로 삼을 수는 없다. 그는 다만 "혁명 청년들은 변경으로 가고 기층으로 가며 가장 빈곤한 곳으로 가서 주관세계와 객관세계를 개조해야 한다"는 마오 주석의 교시로 자신을 추슬렀다.

후진타오는 마치 한 방울의 물처럼 류자샤 수리건설 공사 현장에 흘러 들어갔다.

흙 파고 벽돌 쌓는 칭화 졸업생

류자샤는 수력발전소의 시점에서 본다면 가장 후미진 고장은 아니다. 류자샤는 간쑤성 융징현永靖縣에 위치해 있는데 이곳은 란저우에서 가까운 곳에 자리하고 있다. 이 수력발전소는 중국의 대약진시기인 1958년 6월에 1차적으로 설계를 끝내고 9월 27일에 착공을 시작했다. 3년 고난의 시기인 1961년 기본 건설을 조정할 때 공사를 중단했다가 1964년 초에 공사를 다시 시작했다.

후진타오가 이 공사 현장으로 가기 전 해인 1967년 문화대혁명 때 공사 과정상의 문제로 하자가 생기고 말았다. 그 결과 갑문을 설계대로 닫을 수 없어 물이 새어나가게 되었고 그 바람에 다른 곳이 무너져 저수를 할 수 없게 되었다. 한동안 복구작업을 거쳐 1968년 초 정방향폭파定方向爆破 기술을 이용해 물이 흘러가는 터널 입구 주변의 언제(堰堤, 강이나 바다의 일부를 가로질러 둑을 쌓아 물을 가두어 두는 구조물 – 옮긴이)를 폭파했다. 그러나 이 언제는 복구하기가 아주 힘들게 되었다. 그래서 공사를 일시 정지할 수밖에 없었다. 당시의 상황은 이처럼 험난하고 매우 곤란한 지경이었다. 저우언라이는 이른바 '반란파'들을 믿고서는 이 난제를 풀지 못한다는 것을 알고 있었다. 그는 꼭 수리전문가들을 파견해 이 문제를 해결해야 한다고 생각했다. 그해 2월 3일 저우언라이가 당번을 서는 이에게 수리전력부 군사관리회에 대해 한 가지 물었다. 류자샤 문제를 해결하는 회의석상에서 군 대표 외에 장관급 중에 기술을 아는 사람은 없는가, 가령 국무원에서 이 문제를 토의할 때 전문가가 참석할 수 있는가, 없는가를 물었다. 이 말의 뜻은 15년 동안 수리부 차관 겸 단조부서기로 있다가 뒤로 밀려난 첸정잉錢正英이 국무원 토론회에 참석하도록 하라는 뜻을 군관회에 전한 것이다. 2월 8일 저우언라이가 류자샤 문제를 해결하는 국무원 회의를 소집했다. 그는 회의에서 첸정잉이 나서서 류자샤 저수지 문제를 해결하도록 지시했다. 이 회의가 끝나자 첸정잉은 즉시 류자샤 공사 현장으로 달려갔다. 그는 현장에서 수리전문가와 일꾼들을 모아놓고 연구에 연구를 거듭했다. 그 결과 터널 안에 다시 둑을 쌓는 방법을 찾아냈다. 이렇게 해서 류자샤 터널 문제는 해결되었다.

이듬해인 1969년 3월 29일, 류자샤 수력발전소의 첫 발전기가 가동되었다. 이는 당의 제9차 대표대회 때 중대한 성과 보고가 되었다. 뒤이어

제2호, 3호, 5호 발전기를 발전, 운행했다. 1974년 제4호 발전기가 운행하면서 류자샤 수력발전소는 완전히 준공되었다. 이 대형 콘크리트 중력댐의 높이는 147미터이고 저수량은 57억 입방미터이다. 이것은 홍수방지와 농토관개 및 양식 등 다기능을 갖춘 댐이다. 이 발전소의 발전량은 55.8억 킬로와트이다. 당시 중국에서는 이 댐은 여러 가지 규모면에서 가장 큰 댐이었다. 동시에 7, 80년대 중국 수리건설의 최고 수준을 보여준 공사 과정이었다.

류자샤 댐 근처에는 작은 댐 두 개가 있다. 옌궈샤鹽鍋峽 댐과 바판샤 댐이다. 이 세 개의 댐은 삼족정립三足鼎立 지세를 보여주었다. 이 세 댐은 황허를 한 허리에 펜 것이어서 그곳 백성들이나 당시 문예인들은 이 댐들을 일컬어 '황허 금실에 꿰여진 세 개의 밝은 구슬'이라고 불렀다.

류융칭은 바판샤 댐에 배치를 받았다. 그러나 이 댐은 착공을 늦게 시작했다. 후진타오가 류자샤로 배치받아 갔을 때는 아직 착공도 시작하지 않았다. 류자샤 댐 하류에서 30킬로미터 떨어진 곳에 위치한 옌궈샤 댐은 류자샤와 같은 시기에 착공했다. 1961년 초 첫 발전기가 발전 운행하기 시작했다. 1970년대 초기와 중기에 이르러 류자샤 댐을 중심으로 하여 산시성, 간쑤성, 칭하이靑海성 등 3성의 전기망이 합해졌다. 이로써 칭하이 동부, 간쑤 중부, 산시 중부의 경제발전에 지대한 공헌을 했다. 후에 중공 티베트자치구 당위 제1서기가 된 후진타오는 사람들에게 "나는 20년 전에 벌써 당신들의 번영과 진보를 위해 피와 땀을 흘렸다"라고 자신 있게 말할 수 있게 되었다.

첸정잉 여사가 나서서야 류자샤 문제가 해결된 것은 전문지식이 현대화 건설에 있어서 얼마나 중요한 것인가를 다시 한 번 증명한 셈이 되었다. 류자샤 공정국 혁명영도소조의 우두머리들은 이런 것을 전혀 고려하지 않고 새로 배치받아 온 칭화대학의 우수 졸업생을 아파트 건축대로 내려보내 노동단련을 하도록 했다. 그를 노동단련하도록 보낸 사람이나 노동단련을 접수한 사람이나 이것이 궤도이탈 행위라는 것을 인식하지 못했다. 누구도 이런 처사가 '인재를 망친다'고 생각하지 못했다. 당시에는 하천 공정을 전공한 대학 졸업생이 막일을 하는 일꾼들과 함께 건설현장에서 돌을 메고 벽돌을 쌓는 것은 너무도 당연한 일이라고 생각했던 것이다. 더욱이 그는 문화대혁명 전에 입당한 사람이라(당시 대학생이 입당을 한다는 것은 아주 힘든 일이었다) 당의 말을 듣고 당의 배치에 복종해야 하는 것은 너무도 자연스런 일로 여겨졌다. 그가 누구보다 땀을 더 많이 흘리고 얼굴이 검게 그을린 것은 누구보다 일을 더 많이 했으며 노동자나 농민들과 잘 화합하려는 결심이 있었다는 것을 증명해준다.

후진타오에게는 육체노동이 확실히 큰 부담이었다. 그러나 그보다 더 참기 어려운 것은 생활환경의 차이가 너무나 컸다. 남방 사투리에 익숙한 그가 서북 사투리를 쓰려니 적응이 잘 되지 않았다. 강남에서 쌀밥을 먹고 자란 그가 서부 변경에서 잡곡밥을 먹으려니 얼마나 힘들었는지 모른다. 그는 고향이 그리웠을 것이고, 한편으로는 자신을 단련해 이 어려움을 이기겠다는 의지도 있었을 것이다. 그렇다면 대학 공부까지 하고 막일을 하는 것이 마땅치 않다고 생각한 적이 없었을까? 그리고 이렇게 하다간 세월만 허비한다는 생각을 한 적은 없었을까? 이에 대한 그의 생각은 확인할 수는 없다. 그러나 후에 그가 공청단 중앙으로 올라간 뒤 청년 지식인 출신의 작가나 예술가들과 활발한 접촉이 있었는데, 이것으로 그의 생각을 알 수 있지 않을까 싶다. 혹시 그들과의 접촉을 통해 '우리는 한때 아득히 먼곳에 있는 험난한 곳으로 유배갔던 사람들'이라는 공감을 불러 일으키려 했던 것은 아닐까?

1999년 4월 하순, 후진타오를 비롯한 칭화대 수리공정학부 졸업생 80여 명이 중국 수리수력과학연구원에 모였다. 입학 40돌을 기념하는 모임이었다. 후진타오의 부인도 이 자리에 참석했다. 동창들 사이에 중심 화제는 단연 수리수력에 관련된 문제였다. 후진타오는 얼마 전 황허 샤오랑디小浪底 공정을 시찰할 때의 느낌을 얘기했다.

"내가 60년대 사업하던 류자샤의 일이 떠올랐다. 그때는 정말로 생활이 말이 아니었지. 공사가 한창 진행될 때는 현장 일꾼이 2만 명이나 되었어."

비록 그는 그때 자신이 어떤 고생을 했는가에 대해서는 한마디도 하지 않았지만, 그 경험이 그에게 지울 수 없는 인상을 남겨 주었다는 것만은 분명하다.

두말할 나위 없이 당시 후진타오는 '봄날이 화창한데 잠 깨고 보니 / 어느새 강 따라 수천 리를 왔네.(진천쑤參)'와 같은 소자산계급 정서가 있으면 안 되었다. 후진타오는 막일을 1년간 했다. 그는 그 당시 간부나 노동자들에게 좋은 인상을 남겼다. 그는 아무리 힘든 일도 반드시 해냈다. 그리고 '유명대학 출신'이라는 티를 전혀 내지 않았다. 노동자들에게 사심없이 일하는 법을 배웠다. 당시 이런 일은 청년 지식인들에 대해 가장 높은 평가를 줄 수 있는 행동이었다. 다행히 류융칭이 백여 리 떨어진 곳에 있어 매일 볼 수는 없어도 가끔 만날 수 있어 마음의 위안을 받을 수 있었다.

정치밥을 먹게 된 기술간부

1년 후 그는 건축대 간부가 써준 '재교육을 참담하게 받았고 굽힘없이 노동자 계급과 결합하는 길을 걸어왔다'라는 높은 평가서를 받고 그 건축대를 떠나게 되었다. 813분국의 기술원으로 재배치받은 것이다. 그가 학창 시절에 꿈꾸었던 '홍색 수리전문가'의 길이 앞에 놓이게 되었다. 그가 칭화대학에서 배운 지식을 활용할 수 있는 위치를 새로 찾은 것이다.

1969년 류자샤 수력발전소가 발전 운행을 시작한 이 해는 후진타오의 운명 전환의 해였다. 이 전환은 칭화대학에 진학한 것이나 류자샤에 배치 받은 것처럼 사람들의 관심을 끌지는 못했다. 그저 사업 위치를 옮긴 데 불과하기 때문이다. 27세가 된 후진타오는 기술원이 된 지 얼마 되지 않아 813분국의 사무실 비서로 탈바꿈했다.

비서란 관직이라고 말하기 어렵다. 그러나 관직과의 거리가 매우 가까워진 것이다. 비서직은 직접적인 권력이 있는 자리는 아니지만 권력 체계에 속한다. 이 자그마한 전환으로 후진타오는 업무를 관리하던 기술간부에서 행정과 정치공작 대열의 일원으로 일변한 것이다. 당시의 말대로라면 그는 '정치밥'을 먹게 된 것이다.

이때는 중공 제9차 대표대회 이후였다. 마오쩌둥과 린뱌오林彪가 동맹을 맺고 류사오치 집단을 철저하게 무너뜨렸다. 그런데 마오쩌둥과 그의 '친밀한 전우'이며 '후계자'인 린뱌오의 밀월은 그리 오래 가지 못했다. 당 규약에 분명하게 서명한 통수와 부통수가 너무 일찍 결렬된 것이다. 1970년 여산 회의를 소집했다. "마오 주석은 천재다"라는 말과 함께 국가주석을 설치하는가 설치하지 않는가라는 문제를 두고 논쟁이 진행되었다. 그 결과 마오쩌둥의 비서실장으로 있다가 문화대혁명 시기 중공 문화대혁명소조 고문으로 있던 천보다陳伯達가 무너졌다. 동시에 린뱌오 집단도 흔들리기 시작했다. 이듬해에 '9·13사건'(린뱌오가 국외로 탈출하던 중 내몽골 원두얼 지역에서 비행기가 추락해 사망한 사건 – 옮긴이)이 터졌다. 린뱌오는 자기 부인, 아들과 함께 황급히 외국으로 탈출하던 중 사막지대에서 비행기가 추락해 전 세계를 진동시켰다.

그 이후로 중앙의 투쟁은 한 층 또 한 층 전국 기층으로 파급되었다. 후진타오는 끝없이 써야 하는 브리핑, 국장보고, 총화보고 등에서 어느 문장에나 '수정주의를 비판하고 당의 기강을 성논해'(후에는 린뱌오를 비판하는 것으로 수정했다)란 말과 '류사오치 같은 정치사기꾼'이라는 말을 써넣었다. 또한 '천재론을 비판하며'라는 말과 '좌경인 것 같지만 실은 우경인 반혁명 수정주의 노선을 비판한다'라는 글을 무조건 써넣어야 했다. 그리고 그 어떤 건설 성과든지 모두 '문화대혁명의 위대한 승리이며 마오쩌둥 혁명노선의 찬란한 성과다'라고 써야 했다.

'중공 역사상 제10차 노선 투쟁'이라고 불린 이 투쟁은 어딘가 드라마적인 면이 있다. 기층에 대한 충격은 '제9차 노선 투쟁'인 마오쩌둥이 전국 대중을 선동하여 류사오치를 타도한 것보다는 파괴력이 적었다. 기층의 정권조직이나 기업기구는 전처럼 혼란에 빠지지 않았다. 이때는 상층에서 투쟁할 것은 상층에서 투쟁하고, 기층에서는 기층이 할 일을 했다. 유일한 변화라면 군 대표의 권력이 전처럼 막대하지 못했다는 점이다. 한때 '세 가지를 지원한다'(좌파를 지원한다, 노동계급을 지원한다, 농민들을 지원한다)와 '군사훈련과 군사관리'를 담당했던 군대의 기세가 린뱌오의 물러나자 많이 수그러졌다. 수력건설 대오도 '전국이 해방군을 따라 배우자'라는 슬로건 하에 전국의 모든 군대가 일치된 편제로 개편해 건설 대오까지 화약 냄새가 가득했는데, 다시 편제가 대대와 작업조로 회복되었다.

린뱌오를 비판하던 후진타오는 당풍 정화를 실시하는 운동에서 아무런 풍파도 겪지 않았다. 그는 충성심과 근면함과 세심함으로 상급 지도자들의 관심을 받게 되었다. 그리하여 관리직에서 춘풍에 돛단 격이 되어 순탄한 길을 달리게 되었다. 그는 1971년에 813분국 당총지부서기로 발탁되었다.

홀아비 신세를 면하다

그에게 정치 성적이 어떤가 묻는다면 대답은 간단하다. 기층기관 간부로서 정치 성적이 그리 두드러지지 않았다는 말로 정리할 수 있다. 후진타오는 사람을 깜짝 놀라게 하는 성적은 아니라도 조용히 경험을 쌓고 교훈을 음미하고 사물을 사색했으며 모든 일을 깔끔하게 처리했다. 그는 자기가 맡은 사업을 이행하는 과정에서 중공의 사업담론 계통에 대해 점차 깊이 인식하게 되었다. 그것은 하나의 고정된 사유습관이며 누구도 복종하지 않으면 안 되는 당 문화였다. 이것에 깊이 침잠할수록 운용에 활용할 수 있는 것이다. 기관 당총지서기인 그는 기관 각 부처와 연락을 가져야 하고 기관 고위층 책임자로부터 최하층 행정 잡일꾼까지 다 접촉해야 한다. 또한 자기 운명을 주관하는 당위 정치부와 기술, 설계, 공급 등의 일꾼들을 모두 접촉해야 한다. 그는 상급자에게는 어떤 자세를 보이고, 동료들에게는 어떻게 대하고, 하급자는 어떻게 처리해야 한다는 것을 알게 되었다. 또한 정치공작 일꾼들은 어떻게 대하고 기술 일꾼들에게는 어떻게 대해야 한다는 것도 잘 알게 되었다. 그리고 서류 처리 경로까지 모두 파악하게 되었다. 그는 말없이 이 모든 것을 터득했으며 빈틈없이 잘 처리했다.

세월은 이렇게 말없이 흘렀다. '하늘은 높고 황제는 멀다'는 곳의 정치풍조는 신문지상이나 방송에 지나지 않았다. 비록 때마다 형식은 달랐지만 현실 생활에서는 별로 큰 변화가 없었다. 비가 내리면 땅이 젖지만 배가 지나면 그 흔적이 없다. 변화는 그의 개인생활에 있었다. 드디어 그가 독신의 처지를 벗어난 것이다. 후진타오와 류융칭은 정식으로 결혼했다. 그리고 얼마 지나지 않아 아기가 태어났다.

시간적 여유가 되면 후진타오는 가끔 가족과 함께, 때로는 기관 간부들과 함께 유람을 떠나곤 했다. 우리는 후진타오가 간쑤성 장족(藏族, 티베트를 통치한 가문 — 옮긴이) 자치주인 샤허현夏河縣의 라푸렁사에 가보았는지 알 길이 없다. 장족 불교인 게룩파黃帽派의 6대 사찰 중 하나인 라푸렁사는 류자샤에서 불과 다섯 시간 정도밖에 걸리지 않은 곳에 있다. 그가 그곳에 가보았는지 가보지 않았는지는 잘 모르겠으나, 그는 당시 그가 미래에 티베트의 불교와 깊은 인연이 있게 될 줄은 몰랐을 것이다.

당시 그는 차로 두 시간이면 갈 수 있는 대도시 란저우에 자주 갔다. 란저우는 황허변에 위치했는데 남북은 짧고 동서는 긴 띠형의 도시다. 사방이 다 산으로 둘러싸여 있으나 공업의 발달로 대기 오염이 상당히 심각한 도시이다. 1990년대 말에는 중국에서 오염 정도가 가장 심각한 도시에 들었다. 그러나 란저우는 필경 서북의 대도시임에 틀림없다. 서북 지구에서는 시안西安 다음으로 가장 번화한 도시다. 류자샤, 바판샤의 건설자들은 란저우를 문화의 중심으로 생각한다. 그들은 란저우에서 문명세계에 대해 희미하나마 감각을 되살릴 수 있었다.

후진타오는 가까이에 있는 빙링사炳靈寺 석굴에는 가보았을 것이다. 류자샤 발전소에서 쪽배를 타고 물위를 두 시간만 노 저어 가면 닿는 곳이다. 빙링사는 국무원에서 1961년에 처음으로 지정한 전국 중점문물 보호물의 하나다. '빙링'은 티베트 말인데 '10만 부처'라는 뜻이다. 이 사찰은 북조 시기 서진西秦 건홍建弘 원년(서기 402년)에 세운 것이다.

명나라의 석굴은 황허 북안의 지스산積石山에 자리잡고 있다. 이곳에는 석굴이 183개 있고, 크고 작은 석상이 694개 있으며, 흙조각이 82개나 있다. 그중 가장 큰 것은 당나라 마야대부처상이다. 높이가 30미터나 되는 이 불상은 상체는 돌로 조각했고 하체는 흙으로 만들었다. 돈황 석굴이나 낙양 룽먼龍門 석굴, 그리고 대동운강大同雲崗 석굴에 비하면 유명하지는 않지만 구성이 기묘하고 조각이 정교한 것이 특징이다. 높은 협곡에 댐이 들어앉았고 기괴한 산봉우리에 깊은 석굴이 있으며 그곳에 수많은 불상이 있어 초연히 속세를 외면하고 있다. 수많은 부처상은 헤아릴 수 없이 찾아오는 나그네 중에서 남다른 눈길을 가진 사람을 중시했는지 모를 일이다.

수력발전 건설대군을 떠나다

1974년, 후진타오가 간쑤에 온 지 어느새 6년이 되었다. 그해 〈인민일보〉에서는 린뱌오와 공자孔子를 비판하는 기사와 더불어 류자샤 댐이 완공되었다는 소식을 실었다. 헤아릴 수 없는 세월의 피와 땀을 바쳐온 노력이 마침내 결실을 맺게 된 것이다. 후진타오는 모든 건설자와 함께 더없는 희열을 느꼈다

그런데 류자샤 댐 공사가 거의 마무리될 무렵 제4공정국 상하는 뒤숭숭한 분위기에 잠겼다. 사람들은 수력건설 대군들을 '현대판 집시', '공업 유목민족'이라고 불렀다. 그것은 고산 협곡을 따라 끊임없이 이동했기 때문에 생긴 별칭이다. 그들은 언제나 황량한 협곡에 텐트를 친 다음 피와 땀을 쏟아 그곳에 거대한 발전소를 건설했다. 그리고 그 일이 다 끝나고 나면 또다시 텐트를 다른 곳으로 옮겼다. 그럴 때면 소수의 관리자들을 제외하고 모두가 또 다른 황량한 곳으로 떠나야 한다.

류자샤의 건설자 중 어떤 사람들은 더 멀리 가지 않아도 되었다. 근처에 제4공정국에 속해 있는 다른 현장이 있기 때문이다. 그것은 바판샤 댐 건설현장이었다. 그곳에서도 많은 도움의 손길이 필요했다. 그렇다고 해서 지휘부의 공정국 기관이 동시에 모두 떠나는 것은 아니다. 하지만 바판샤의 공사도 마무리 단계에 접어들었기 때문에 제4공정국의 주력은 반드시 전략적으로 이동을 하지 않으면 안 되었다.

그러면 누가 가고 누가 남게 되는가? 또 어디로 가고 어디에서 일하게 되는가? 수력건설자들의 애로점은 바로 이처럼 사업 성격에 따라 이동이 너무 잦은 데 있다. 이동하기 때문에 그들의 생활은 어느 곳에서나 불안했다. 안정된 가정을 이룰 수 없고 부부 역시 한지붕 아래서 살 수 없었으며 자식들의 학교 입학과 공부에 문제들이 많았다. 어느 한 곳에 정착해 사는 것이 모든 수력건설자들의 소망이었다. 어떤 사람들은 류자샤에 남

으려고 인맥을 찾기도 하고, 심지어는 직위가 낮아지고 봉급이 깎이는 한이 있더라도 전근을 희망하기도 한다.

바로 이런 때에 후진타오는 수리전력부 제4공정국을 떠나게 되었다. 그는 성청이 있는 란저우의 성건설위원회로 전임되었다.

후진타오가 자발적으로 전임을 신청했는가? 아니면 조직에서 '사업상 필요'로 그를 전임시켰는가? 이에 대한 확실한 결론은 아직 내리기 어렵다. 우리는 이 방면의 자료를 충분히 갖고 있지 못하다. 제4공정국은 국무원 수리전력부에 귀속되어 있다. 그리고 건설위원회는 간쑤성 혁명위원회의 기관이다. 물론 위의 두 조직은 업무상 상당히 밀접해 있다. 그러나 간부나 인사 부분, 즉 임명이나 전근 같은 것은 각각 독립적으로 진행한다. 제4공정국의 기층 간부에 대해 성정부 건설위원회에서 잘 알지 못하는 것은 사실이다. 그런데 813분국의 당총지부서기를 역임한 후진타오가 성건설위원회의 보통 비서로 전근했다. 이것으로 볼 때 우리는 이번 전근이 본인의 요구로 실현된 것이라고 분석하고 싶다. 그는 관직에서 한 등급 강등되더라도 성청이 있는 도시로 가서 살려는 것이다. 도시생활이 가정이나 자녀 모두에게 유익한 것은 두말할 나위도 없다.

그리고 이번 전근을 접수 기관에서도 환영하는 태도로 받아주었다. 그가 성건설위원회로 전근한 이듬해인 1975년 후진타오는 설계관리처 부처장으로 임명되었다. 그는 다시 승진했을 뿐만 아니라 더욱 중요한 직장인 성건설위원회의 설계관리처 부처장이 된 것이다. 이 위치는 자신의 전공을 충분히 발휘할 수 있는 위치이며 또한 실제로 권력이 있는 부서이기도 하다. 그가 원래 제4공정국에서 맡은 당총지서기는 사람들이 '만금유'(萬金油, 만병통치약을 일컫는다—옮긴이)라고 할 정도로 실속이 없는 자리다.

홍콩 〈성도일보〉는 2002년 5월 초에 「후진타오를 추적하다」라는 내용의 기사를 실었다. 이 기사에 이런 대목이 있다.

간쑤성 건설위원회의 원로급 처장이 기자에게 이런 이야기를 들려주었다. 댐 건설은 비록 국가에서 직접 관리하는 것이지만 그 공정은 간쑤성 경내에 있다. 때문에 건설 기자재의 공급 및 생필품의 공급은 당 지방정부의 결재를 받아야 한다. 때문에 댐 건설지휘부와 성건설위원회는 상당히 밀접한 관계를 맺고 있다. 한때 비서로 있었던 후진타오는 간쑤성 관리를 접대하는 자리에 자주 나타나게 되었다. 그때부터 성건설위원회의 부주임인 장옌칭張延青과 친숙하게 되었다. 장옌칭은 품위 있고 겸손한 칭화 출신의 그를 좋게 보았다. 하루는 장옌칭이 바판샤 댐 현장에 내려갔다. 후진타오가 자리를 같이했다. 댐 건설이 이제 막바지에 이르렀는데 앞으로 어떤 계획이 있는가, 하고 장옌칭이 후진타오에게 물었다. 후진타오는 아직 구체적인 계획이 없다고 대답했다. 이때 장옌칭 부주임이 그에게 성건설위원회로 올 생각이 없느냐고 물었다. 그러면서 건설위원회로 와서 자신의 비서로 있는 것이 어떠냐고 덧붙였다. 후진타오는 뜻밖의 일이라 즉시 장옌칭 부주임의 건의를 받아들였다.(《성도일보》 2002년 5월 3일)

이 원로급 처장의 회고는 어딘가 억지스러운 감이 있어 그리 믿을 만한 것이 못 된다. 성건설위원회의 부주임이 813분국으로 사업 시찰을 나갔을 때 분국에서 업무를 관할하는 국의 관리가 접대하지 않고 기관의 당 총지부서기가 나서서 접대했다는 것은 믿을 수가 없다. 또 후진타오가 성건설위원회로 전근한 것은 1974년의 일이다. 당시로서는 바판샤 댐 건설이 준공되려면 아직 더 많은 시간이 걸려야 했다. 이보다 더 사람들이 이해하지 못하는 점은 장옌칭이 후진타오를 좋게 보았으면 그가 말한 것처럼 자기 비서로 기용해야 할 것인데 왜 1년이 지난 다음 그를 설계관리처 부처장으로 임명했는가이다.

간쑤성 건설위원회에서 후진타오를 받아들이는 문제를 토의할 때 무엇보다 염두에 두었던 것은 그의 학력일 것이다. 그가 칭화대학 출신이기 때문에 기술의 특장점特長點을 충분히 발휘시키려는 생각이 가장 먼저 떠올랐을 것이다. 때문에 먼저 그를 받아들인 다음 적당한 자리가 나면 그를 위임하려 했던 게 아닐까?

당시 간쑤성 건설위원회에서는 우수한 인재가 필요할 때였다. 마오쩌둥은 1969년 중공 제9차 당대표대회와 9차 12중 전회에서 전쟁 준비를 강조하여 제3방어선에 대한 건설을 대대적으로 실행하기로 결정했다. 따라서 군비기업의 대량 건설과 원유 군사기업의 확충, 재건을 활발히 전개할 시기에 들어섰다. 그리고 연해지역과 동북지역의 대형기업과 중형기업이 대대적으로 안쪽으로 옮겨왔다. 뒤이어 야금, 기계, 화학공업기업이 투입되었으며 지방의 소강철공장, 소형 탄광, 소형 화학비료공장, 소형 시멘트공장, 소형 수력발전소 등이 우후죽순처럼 중국 전역에 생겨났다. 성건설위원회의 일손이 모자랐다. 후진타오가 전근한 해에는 린뱌오 비판과 공자 비판으로 생산 건설이 한때 주춤했지만 이듬해에는 즉시 제 궤도에 올랐다.

빙저우가 고향이었으면 얼마나 좋았을까

후진타오가 부처장으로 진급한 그해에 덩샤오핑이 다시 재기해 대거 정화작업을 실행했다. 덩샤오핑은 아홉 개 분야의 정화하겠노라 강조했다. 그는 마오쩌둥의 '세 가지 지시'를 기본으로 하여 정상적인 사업질서를 전면적으로 건립하고 회복해야 한다고 역설했다. 이런 배경 때문에 후진타오의 부서는 할 일이 많아지게 되었다. 그러나 좋은 시절은 얼마 가지 못했다. 그해 연말에 돌연 '우경 번안풍(飜案風, 문화혁명 당시, 덩샤오핑이 다시 중공 국무원 부총리에 올라 사회 정화를 주도하고 생산 확대를 위한 작업 - 옮긴이)을 반대'하는 새로운 운동이 전개된 것이다. 이번 운동의 도화선은 후진타오의 모교인 칭화대학과 관련이 있었다.

이 운동에 대해서는 마오마오毛毛가 쓴 『나의 부친 덩샤오핑』의 「문혁의 하루」란 장에 비교적 상세하게 쓰여 있다. 그는 이 대목에 대해 다음과 같이 썼다.

1975년 8월 13일부터 10월 13일까지 칭화대학의 당위부서기인 류빙劉氷이 마오쩌둥에게 두 번이나 글을 올렸다. 그는 마오쩌둥에게 올리는 글에서 칭화대학 당위서기인 츠췬遲群과 당위부서기인 셰징이謝靜宜 사이의 생활 태도와 당의 정책을 집행하는 절차에 대한 문제를 언급했다. 마오쩌둥에게 올린 편지에는 '4인방'에 속하는 츠췬과 셰징이 두 대표가 독재를 실시하고 당의 원칙을 위반한 활동에 대해 낱낱이 적혀 있었다. 츠췬이 중앙위원이 되지 못한 것과 정부 장관이 되지 못한 것을 원망했다는 것까지 상세하게 썼다. 류빙이 마오쩌둥에게 올린 두 편지는 모두 덩샤오핑의 손을 거쳐 마오쩌둥에게 전달되었다.

류빙은 문혁 전에 칭화대학에서는 장난샹 다음으로 가는 인물이었다. 그는 칭화대학 당위부서기로 있었다. 칭화대학의 자료에 따르면 그는 당의 사업을 관장했는데 그의 사상은 아주 '좌파'적이며 적지 않은 사람들에게 피해를 주었다. 그는 '문혁' 중 '혁명지도간부'라는 명목으로 '3결합'(반란파 대표, 혁명지도대표, 군인대표로 당위를 결성한 것을 3결합이라고 한다 —옮긴이)의 성원이 되었다. 마오쩌둥에게 두 번이나 올린 글은, 시시각각 문화대혁명을 부정하는 세력이 생겨 언제나 불안한 마오쩌둥의 심기를 건드렸다. 마오쩌둥에게는 츠췬이나 셰징이 등은 모두 '문혁공신'이었다. 그런데 덩샤오핑이 두 번이나 류빙의 편지를 자기에게 전달해준 것이다. 이것은 덩샤오핑이 류빙을 지지한다는 것을 표명한 것이나 다름없었다. 마오쩌둥은 심사숙고 끝에 마오위안신(毛遠新, 마오쩌둥의 친조카, 당시 마오쩌둥의 비서로 있었다—옮긴이)을 통해 정치국에 '성지聖旨'를 전달하게 했다.

1976년 초, 후진타오는 위에서부터 아래로 차근차근 전달된 중앙 문건을 받았다. 마오쩌둥이 최신 지시였다.

칭화대학의 류빙 등이 나에게 두 번이나 편지를 올려 츠췬과 셰징이를 고발했다. 나는 이 편지의 동기가 좋지 못하다고 본다. 츠췬과 셰징이를 타도하겠다는 것은 사실 창끝을 나에게 겨눈 것이다.
칭화에서 발생한 문제는, 현재 두 갈래 노선 투쟁의 반영이다.

"덩샤오핑은 류빙을 두둔했다"라고 밝힌 뒤 이어서 다음과 같이 썼다.

여기에는 두 가지 입장이 있다. 하나는 문화대혁명에 대해 불만을 표시하는 것이고 다른 하나는 문화대혁명을 청산하려는 것이다.
일부 동지들, 주로 원로 동지들의 사상은 아직 자산계급 민주혁명 단계에 머물러 있다. 그들은 사회주의혁명에 대해 이해하지 못하고 있으며, 혁명에 저촉되는 행동을 벌이고 있다.

류빙은 칭화대학에서 반 년 동안 비판받고 간쑤로 유배를 가게 되었다. 1975년 말부터 1976년 가을까지 중국은 가장 복잡하고 가장 변화무쌍한 시기에 진입했다. 저우언라이가 세상을 떠났고 그해 청명 날에 이른바 톈안먼 사건이 터졌다. 덩샤오핑은 다시 숙청되었고 탕산唐山에서는 대지진이 일어났다. 마오쩌둥이 운명했으며 화궈펑華國鋒이 위기에 처한 중국의 정권을 이어받았다. 그리고 10월 6일 예젠잉, 화궈펑, 왕둥싱汪東興 등이 합작해 '4인방'을 일망타진 구속했다.
이렇듯 큰 사건 중에 후진타오와 관련된 일은 탕산唐山 대지진이다. 탕산 대지진은 무려 20만 명의 목숨을 앗아간 대형 재난이었다. 탕산시는 완전히 폐허가 되고 말았다. 탕산시를 재건하기 위해 전국각지에서 재건 지원자들이 탕산으로 대거 모였다. 간쑤성에서도 탕산에 지원대를 파견했다. 후진타오는 이 지원대 지도자의 한 사람이었다. 그는 차마 눈뜨고 보기 힘들 정도로 폐허가 된 탕산을 재건하는 일원이 된 것이다. 그는 탕산에서 재건 일선의 어려운 건설 임무를 완수하는 한편, 베이징에서 가까운 곳이었기 때문에 그곳으로 전근하고 싶은 일념이 생겼다.

당나라 시인 매도賈島는 이런 시를 지었다.

병주幷州에서 산 지도 어느새 10여 년이 되는구나 / 함양으로 돌아갈 마음은 꿈에도 잊지 않았네 / 끝없이 펼쳐진 뽕나무밭을 건너다보지만 / 병주가 고향이었으면 하는 욕망뿐일세.

이 시는 당시 후진타오의 심정을 그대로 보여준 작품이다. 베이징은 비록 고향은 아니지만 그곳에서 9년이나 생활했다. 그러니 베이징이 고향처럼 느껴지는 것은 당연했다. 강남으로 돌아가지 못할 바에야 차라리 베이징으로 돌아가고 싶었다.

간쑤에서 후진타오와 함께 사업했다는 동료들의 말을 들어보면 몇 년 전부터 후진타오는 간쑤를 떠나 베이징으로 돌아갈 생각이 있었다는 것이다. 재건임무차 탕산까지 왔을 때 그는 인맥을 찾아 베이징으로 돌아갈 길을 모색하기 시작했다.

서북에서 장안을 바라보니 / 헤아릴 수 없는 산맥이 가로놓였네.(신엽지辛棄疾)

전에는 베이징이 산과 강에 가로 막혔다지만 지금은 베이징이 후진타오와 지척에 있었다.

중공에서 간부를 채용할 기관을 찾기는 쉬우면서도 어려운 일이다. '간부'라는 것은 국가의 간부이며 월급은 어디를 가나 똑같다. 국가에서 주는 것이기 때문에 간부를 채용하려고만 한다면 일은 쉬워진다. 간부 채용에는 기관마다 나름의 편제가 있다. 그러나 편제가 있다 하더라도 찾으면 구실은 얼마든지 있다. 국가에서 월급을 주는 것이기 때문에 한 사람 더 많다고 해서 나쁜 점은 없다. 그러나 베이징에 들어가기는 어려운 일이다. 베이징은 수도이며 대도시다. 어느 정도 외지 인구의 유입을 통제하지 않으면 베이징은 당장 풍선처럼 팽창하게 될 것이다. 그래서 당국에서는 베이징 유입을 철저히 제한한다. 이보다 베이징으로 들어가기가 더 어려운 이유가 있다. 재능이 있는 사람을 원래 기관에서 내놓으려고 하지 않는다는 것이다.

후진타오는 정치, 문화와 사업경험 등에서 매우 유리한 조건을 가지고 있다. 베이징에는 스승도 있고 동창생들도 있으니 인맥은 별로 문제가 아니다. 그를 간쑤의 직장에서 풀어주려고 하지 않는 데 문제가 있다. 그해 10월 '4인방'이 무너졌다. 중국의 정세는 급격하게 변화되었다. 지식인들의 '썩어빠진 아홉째'(중국 문화대혁명 시기 반혁명 세력을 분류할 때 아홉 번째로 꼽히는 지식인들을 일컫는다-옮긴이)란 지위도 점점 변했다. '계급투쟁을 기본 고리'로 한다는 국가의 슬로건도 슬그머니 사라졌다. 중공 중앙에서는 각 부처에 새로운 간부들을 배치하기 시작했다. 동시에 '비전문가가 전문가를 이끄는' 상황도 많이 바뀌었다. 그 당시에는 어디를 가나 지식인들을 서로 잡아당길 때였다. 그리하여 각 기관에서는 앞으로 꼭 '중용'할 테니 안심하고 사업하라고 설득했다.

중앙에서 신구 교체의 첫 계단을 넘게 되었다

세월은 하염없이 흘렀다. 후진타오는 자기 인생에서 세 번째로 말띠 해를 맞이했다. 이 나이에 처급이 되었다 해도 승진이 빠른 게 아니고, 과급이 되었다 해서 전혀 늦은 것도 아니다. 그리고 청급이 되었다고 해서 썩

긴히 채용된 것도 아니다. 그러나 후진타오의 능력은 확실히 동년배들보다 탁월했다. 그가 아무리 겸손하고 아무리 조심한다고 해도 그는 이미 승진의 길에서 두각을 보이기 시작했다.

잘못을 시정하고 진리의 토론이 한창 진행되었다. 덩샤오핑을 대표로 한 '개혁파'들이 화궈펑을 대표로 한 '무릇파'(화궈펑은 '무릇' 마오쩌둥이 한 말에 따라야 하며 '무릇' 마오쩌둥이 지시한 것을 그대로 집행해야 한다는 주장을 내세웠기 때문에 그를 '무릇파'라고 했다-옮긴이)를 전복시켰다. 중공 11기 3중 전회에서 중공은 새로운 장을 열었다. "일찍 일어난 것이 제때 일어난 것보다 못하다"는 속담이 있다. 후진타오는 바로 중공이 중청년中青年 간부를 양성하고 선발하는 시기를 맞이하게 된 것이다.

중공 중앙은 1979년 9월에 전국 조직사업 좌담회를 주최했다. 이것은 '4인방'을 분쇄한 뒤에 열린 가장 중요한 조직사업 회의였다. 이 회의에서, 방금 남방에서 베이징으로 돌아온 덩샤오핑의 의견을 전달했다. 즉, 전당의 사업 중심의 이동에 따른 네 가지 현대화를 순조롭게 실현하기 위해 중청년 간부를 양성하고 선발해야 한다는 지침이었다. 다시 말해 간부 제도의 개혁을 현재 가장 중요하고 절박한 사안으로 받아들여야 한다는 것이다.

중청년 간부를 중용해야 한다는 덩샤오핑의 의지는 1975년에 이미 구상되었던 일이다. 1979년 11월 2일 중앙당과 정부, 그리고 군대의 차관급 이상 간부회의에서 그는 지난 일을 회고했다.

"1975년 왕훙원(王洪文, 4인방의 일원-옮긴이)은 상하이로 가서 사람들에게 이런 말을 했습니다. '10년 후에 다시 보자'라고 말입니다. 당시 나는 리셴녠(李先念, 당시 국무원 부총리 역임-옮긴이)에게 이런 말을 했습니다. 10년이 지나면 지금의 우리는 모두 어떻게 됩니까? 나이로 봐서 우리는 그들을 이길 수 없습니다. 이 자리에 앉은 사람들은 그들을 이길 수 없습니다."

그들을 이길 수 없으니 어떻게 해야 하는가? 덩샤오핑은 후계자를 양성해야 한다는 결심을 세운 것이다.

덩샤오핑은 계속 말했다.

"오늘 내가 할 말이 여기 앉아 있는 고급간부들에게는 별로 듣기 좋은 말이 아닐 것입니다. 지금 우리나라는 정말 위기에 처해 있습니다. 이것은 진정한 위기입니다. 우리가 네 가지 현대화를 실현하려고 하는데 우리에게는 젊은 간부가 없습니다. 젊고 능력 있고 전문기술이 있는 간부가 없다는 뜻입니다. 이 점에 대해 우리는 똑똑히 알아야 합니다. 이 문제를 해결하지 않으면 우리가 제시한 네 가지 현대화의 실현은 불가능한 일입니다. 이것은 백년대계이며 우리의 전략사상입니다. 국가와 민족과 당에 대한 위기의식이 있어야 합니다."

이 말을 하고 얼마 되지 않아 1980년 2월이 되었다. 중공 11기 5차 회의에서 당 규약을 수정하기로 하고 직무 종신제終身制를 폐지한다는 조목을 싣기로 결정했다. 그리고 당 규약에 '조건이 된 중청년 간부를 대담하게 기용한다'라는 조목을 써넣었다. 3월에는 중앙총서기 후야오방胡耀邦의 연설을 발표해 조직능력이 있는 과학기술 인재를 대담하게 당과 정부, 경제, 과학기술 계통의 지도 직무에 기용하라는 지시를 내렸다. 이것이 바로 후계자 양성정책의 돌파구였다. 5월에는 중앙조직부에서 전문 좌담회를 조직해 중청년 간부 선발에 관한 문제를 토론했다. 후야오방이 이 회의에 참석해 연설을 했다. 그는 대회연설에서 이렇게 중청년 간부를 선발하는 것이 '이상적인 지도부 구성의 중요 조치'라고 피력했다. 그는 또 이런 지도부는 사회주의 길을 지켜나가고 당의 정책을 공고히 집행하며, 동시에 젊고 능력 있으며 전문지식과 지도능력이 뛰어난 지도부가 될 기본 전제라고 호소했다. 지도부에 대한 이같은 요구에 따라 지도부 성원에 대한 요구도 같은 조건으로 설정했다. 이것이 후에 언론에서 선전한 이른바 '세 가지 조건'이다.

후야오방은 사람들에게 놀라운 한 가지 사실을 말했다. 중앙 서기처 11명 서기의 나이를 합치면 718살이나 되는데 이는 너무나 많은 나이라고 말한 것이다.

1980년 8월 18일 중앙 정치국에서는 확대회의를 개최했다. 중심 의제는 당과 국가의 영도제도 개혁에 관한 문제였다. 이 회의에서 덩샤오핑은 체계적인 간부제도의 개혁에 대해 설명했다. 그는 모든 일의 관건은 선발제도를 공정히 하는 것이며 모집과 임명, 탄핵 등 제반과정을 투명하게 해야 한다는 것을 강조했다. 그리고 어느 지도 간부의 직무도 무기한이 아니라고 덧붙였다. 이 연설은 후에 '신新 시기 간부제도 개혁의 강령성 문헌'이라는 높은 평가를 받았다. 이 문장은 『덩샤오핑 문선』에 수록되었는데 제목은 「당과 국가 영도제도의 개혁」이다.

그해 여름 쑹런궁(宋任躬, 당시 조직부 장관 역임-옮긴이)이 중공 중앙을 대표해 간부정책을 설명했다. '지식인들은 이미 노동계급의 일부분이다'라는 명제를 명확하게 선포했다. 지식인들을 선발해 각급 지도부에 위임하는 것은 당의 계급노선에 위배되는 일이 아니라는 것을 명백하게 밝혔다. 앞으로 간부를 선발할 때면 문화수준이 낮은 노동자나 농민들 속에서 선발하는 것이 아니라 대학, 중등학교 및 고등학교를 졸업한 사람들 속에서 선발한다고 선포했다.

이상의 연설과 규정은 전당의 전략중심이 현대화 건설로 이동되면서 중공의 조직노선이나 간부정책에 중대한 변화가 일어났다는 것을 설명해준다. 새로운 정책은 전문지식과 문화수준 쪽으로 기울어지기 시작했다.

쑹핑이 관할하고 있는 간쑤성위에서는 그해 4월 24월 우수한 중청년 전문과학기술 간부를 선발해 각급 지도부를 충실하게 해야 한다는 결정을 내렸다.

중앙과 성위에서는 연속적으로 중청년 간부를 중용하고 선발, 임명하라는 지시를 내렸다. 이같이 지식인과 과학기술 인재를 지도부로 진입시키려는 정치 분위기에서는 후진타오 같은 간부는 분명 인기를 끌 인물이었다. 그러나 여기에는 누군가 그를 끌어주는 사람이 있어야 했다.

그렇다면 누가 그에게 두 팔을 벌려 감싸주겠는가?

덩샤오핑이 후진타오에게 은혜를 갚다?

후진타오는 중공 제14차 당대표대회에서 검은 말의 자세로 일약 정치국 상무위원이 되었다. 그의 출세와 경력에 대해 각 방면 사람들의 이론이 분분했다. 홍콩 〈신보〉는 1994년 1월 30일자 '류푸펑 코너'에 「덩샤오핑의 은인 후진타오」라는 글을 실었다. 이 글은 후진타오가 일약 중국 최고층의 성원이 된 것은 덩샤오핑이 은혜를 갚기 위해 그를 중용한 것이라는 내용이다. 이 글에 이런 대목이 있다.

작년 4월 나는 항저우杭州를 유람했다. 나는 열차에서 간쑤에서 온 사람을 만나게 되었다. 그가 나에게 이런 말을 들려주었다. 자오쯔양趙紫陽 총리가 1980년대 간쑤성에 시찰왔을 때 성위지도부 성원들을 만나 이런 말을 했다. 그는 덩샤오핑 동지가 후진타오는 잘 있는지 안부를 전해 달라는 부탁을 나에게 했으며, 후야오방 동지는 리쯔치李子奇 마타오馬濤 등이 잘 있는지 알아보라고 했다는 것이다. 그런데 놀라운 사실은 후진타오란 사람에 대해 아무도 모르고 있다는 것이다. 황제가 재상을 통해 문안을 전하라고 했으니 그 사람은 절대 그저 그런 사람이 아닐 것이다. 그리하여 성위에서는 인원을 배치해 후진타오가 누구인지 알아내도록 지시를 내렸다. 얼마 후 그는 간쑤성 어느 한 지역 수리공정국의 기술원에 불과한 사람이라는 것이 밝혀졌다. 그런데 그 내막을 알아봤더니 이런 사정이 있었다. 문화혁명 당시, 후진타오가 베이징에 있는 대학에서 공부할 때 덩포팡鄧樸方은 부친 덩샤오핑과 관련하여 반란파들이 박해를 가하자, 그는 누각에서 떨어져 자살을 기도했다. 이때 그는 중상을 입었는데, 마침 그곳을 지나가던 후진타오가 이를 발견하여 그를 사경에서 구해냈으며 치료기간 동안 매우 살뜰히 보살펴주었다. 그러다가 헤어지게 되었고 문혁 이후 덩샤오핑이 권력을 다시 장악하게 되었다. ······은혜에 보답해야 한다는 것은 동방의 미덕이다. 그래서 자오쯔양을 통해 문안을 전한 것이다. 이 말은 널리 퍼지게 되었고, 각급 상하에서는 이 일을 어떻게 처리해야 한다는 것을 너무도 잘 알고 있었다······.

그 간쑤성 간부가 말하길, 간쑤 사람들 중에는 후진타오의 입신 출세에 관한 일에 대해 모르는 사람이 없을 정도라고 했다. 중요한 것은 자오쯔양이 덩샤오핑과 후야오방을 대신해 문안을 전한 일을 성위 공문서에 기록해 아래 기층까지 전달했다는 것이다.

이 기사보다 더 빨리 게재한 판본도 있다. 홍콩 〈경제일보〉 1993년 4월 20일자 「저우쯔헝周自橫 코너」에 이미 이런 글이 실렸다.

후진타오는 왜 승진이 그토록 빠른가?

그는 직설적인 말을 피해 자신의 견해를 피력했다. "한 기관의 평범한 기술자인데"라는 구절을 보면 아주 조심스럽게 표현한 게 분명하다. 이 글은 후에 다른 매체에서 인용했으며, 이런 과정을 통해 수많은 가지들이 생겨나게 되었다.

그러나 이 이야기는 처음부터 끝까지 모두 허구인 것이 분명하다. 완전히 믿을 게 못 된다. 기차에서 만났다는 간쑤성 간부에 대해 말할 때도 그들의 만남은 너무도 우연적이었다. 그래서 무슨 말이든 할 수 있었을 것이다. 하지만 정말 간쑤성 간부를 만났는지 아닌지는 그 글의 작자만이 알 노릇이다. 그리고 자오쯔양이 간쑤성에 갔을 때 성위 지도부 성원들에게 덩샤오핑과 후야오방이 문안을 전해달라고 먼저 말했다고 했는데, 이는 중공 관가의 언어 방식을 너무도 모르고 한 말이다. 자오쯔양은 1980

서북에서 장안을 바라보다

년 9월에 화궈펑을 대신해 총리가 되었다. 그리고 후진타오는 1974년에 이미 제4공정국 813분국을 떠나 간쑤성 건설위원회로 전근해 왔으며 1980년에는 건설위원회 부주임으로 승진했다. 그러니 그는 '어느 수리공정국의 평범한 기술원'이 아닌 것이다. 성위의 사람들은 1980년 당시 후진타오에 대해 전혀 모를 리가 없다. 그리고 '문혁 때 후진타오가 베이징의 대학에서 공부할 때'라고 썼는데 이것도 사실과 다르다. 문혁 때는 이미 후진타오가 대학을 졸업한 뒤였다. 그리고 그중 가장 중요한 오류는 덩포팡은 1962년 베이징 대학 핵물리학과에 진학했다는 사실이다. 1968년 그를 감시하는 사람이 있는 상태에서 덩포팡은 누각에서 뛰어내렸다. 누각에서 뛰어내리자마자 그 사람이 이를 알고 즉시 병원으로 호송해 치료를 받았다. 후진타오는 그해 가을 베이징을 떠나 류자샤로 왔다. 이를 분석해볼 때 그들 두 사람은 서로 아는 처지가 될 수 없다. 그리고 또 같은 학교에 다닌 것도 아니다. 그런데 어떻게 후진타오가 덩포팡을 구해줄 수 있었겠는가?

이것은 아마도 중앙에서 간부를 선발할 때면 친밀한 사람을 먼저 중용한다는 밀실 작업에 대한 풍자이므로 전혀 믿을 만한 것이 못 된다. 이에 대해 홍콩 신문의 칼럼 작가들이 이에 반박하는 글을 썼다.

재능 있는 사람을 아끼는 쑹핑

1980년은 후진타오의 벼슬길에 복이 굴러들어온 한 해다. 그에게 복을 준 사람은 간쑤성의 성위 제1서기 쑹핑이다.

우리는 앞에서 쑹핑에 대해 언급한 적이 있다. 그는 칭화대학의 총장이며 당위서기인 장난샹과 중앙 정치국 상무위원이며 국무원 부총리인 야오이린과 함께 중공 '12·9운동' 출신의 간부이다. 즉 1935년 12월 9일에

요원의 불길처럼 일어난 항일애국 학생운동에 참가한 사람이다. 장난샹과 야오이린은 그보다 일찍 입당했으며 '12·9' 때는 이미 중공 칭화대학 지하당지부의 책임자였다. 그들은 당시 학생운동의 지도자였으며, 쑹핑은 그 학생운동에 참가한 열혈 청년이었다. 그는 1937년에 중국공산당에 입당했다.

쑹핑은 1938년에 연안으로 간 뒤 중공 각 파벌의 여러 원로들과 친숙한 사이가 되었다. 그는 저우언라이가 주도하는 중공 남방국의 비서로 있었으며 1940년대에는 중칭에서 〈신화일보〉사의 비서장을 겸했다. 후에 또 난징南京 매원촌에서 저우언라이의 정치비서를 담당했다. 당시 그는 중공과 국민당의 담판 과정에 중공의 대변인으로 있었다. 이와 같은 이력은 그가 후에 중공 권력층에서 활약하는 데 커다란 도움이 되었다. 1940년대 후기 중공은 동북에서 근거지를 확보하게 되었다. 이 시기에 동북에서는 많은 공산당 간부가 투입되었다. 그 당시 동북에서 공회의 사무를 보던 쑹핑은 펑전彭眞과 밀접한 관계를 갖게 되었다. 중공이 정권을 수립한 뒤 쑹핑은 중공 경제 부문에서 여러 직무를 담당했다. 그는 국가계획위원회 노동월급국 국장을 역임했으며, 후에 노동부 차관으로 승진했다가 다시 국가계획위원회 부주임으로 발탁되었다. 이 시기 그의 부인인 천순야오는 칭화대학 당위부서기 겸 부교무총장으로 있었다.

'문혁'이 일어나기 전, 중공은 구소련과의 관계가 악화되었다. 중공은 '전쟁준비, 재해준비, 인민을 위한 봉사'에 따른 인력, 물력, 재력 이 세 가지 분야를 강화하기 위한 정책을 추진했다. 쑹핑은 서북구 계획위원회 주임이라는 중임을 맡았다. 그러나 얼마 되지 않아 문화대혁명이 일어났고 계획위원회는 무산되고 말았다. 쑹핑도 이때 적지 않은 고생을 했다. 다행이 그는 서북구에 온 지 얼마 되지 않았고 또 이전 직장에서는 그에 대해 생각할 여지가 없었다. 그는 그곳 관직에 있었던 시간이 짧기 때문에 정적政敵이 없었으며 원한을 산 일도 없었다. 그는 한직으로 쫓겨났지만 다행히 격렬한 비판은 당하지 않았다. 1970년 여산회의에서 린뱌오 집단은 심각한 타격을 받았다. 이 시기를 틈타 저우언라이는 쑹핑을 기용하기로 했다. 1971년 7월 5일 쑹핑은 간쑤성 혁명위원회 부주임으로 임명되었다.

홍콩 잡지 〈광각경廣角鏡〉에 따르면 당시 간쑤성에서 성위서기로 있던 사람은 시진한沈恆漢이었다. 당시 간쑤는 계속 가뭄이 들어 농업생산량이 형편없었다. 그런데도 시진한은 베이다허北大河 회의에서 간쑤의 상황이 아주 좋다고 보고했다. 이 말을 듣고 참을 수 없어 쑹핑은 저우언라이 앞에서 간쑤의 농민들이 얼마나 고생하고 있는지에 대해 보고했다. 그의 보고에 저우언라이는 지대한 관심을 보였다.

저우언라이는 조사단을 파견해 현지 조사를 진행하게 했다. 조사 결과 쑹핑의 보고가 정확했다. 국무원에서는 간쑤 농민들을 구제하는 조치를 마련하여 간쑤 농민들의 어려움을 해결해 주었다. '4인방'이 타도되자 시진한도 파면되었다. 그리하여 쑹핑이 간쑤성의 일인자가 되었다. 그는 간쑤성위 제1서기, 성군구 제1정치위원, 란저우 대군구 제2정치위원으로 발탁되었다. 그는 1981년 베이징으로 상경하기 전까지 계속 이 세 직무를 담당했다.

어떻게 성위에서 후진타오를 선발하게 되었는가에 대해서는 여러 설이 있다. 우선 같은 칭화대학 출신이라는 데서 쑹핑이 '젊은 후배'를 중용했다는 일설이 있다. 이 말은 사실과 다르다. 쑹핑은 중공 당내에서 아주 청렴한 간부라는 정평이 나 있는 인물이다. 그런 사람이 단순히 같은 학교 후배라는 이유로 후진타오를 중용할 리 없다.

또 다른 일설이 있다. 후진타오가 두각을 나타내기 시작한 것은 쑹핑의 부인 천순야오 때문이라는 일설이다. 천순야오가 '베갯머리'에서 말했기 때문에 후진타오가 쑹핑의 관심을 끌었다는 것이다. 1960년대 초 후진타오가 칭화대학에서 공부할 때 천순야오와 접촉할 기회가 많았다. 후진타오는 당시 칭화대학에서 중점적으로 양성하는 미래의 중공 핵심이었기 때문이다. 설령 그녀가 후진타오에 대해 아무런 인상을 받지 않았다고 하더라도 그가 칭화대학 출신이라는 것을 알게 되면 절로 친근감이 생기게 되는 건 당연했다. 이것은 인지상정이다. 그리하여 쑹핑에게 후진타오에 관한 말을 했을 수도 있다. 하지만 아내의 말을 듣고 즉시 그 말대로 시행한다면 쑹핑이 아니다.

비교적 믿을 만한 이야기는 1979년 쑹핑이 후진타오와 직접 대면하는 기회를 갖게 되었고, 그 자리에서 쑹핑은 후진타오에 대해 아주 깊은 인상을 받았다는 것이다.

11기 3중 전회 후 중공 중앙은 화귀펑의 치국 계획을 비판했다. 화귀펑은 '치국 3년에 큰 효과를 볼 수 있다'란 슬로건을 내걸었다. 그는 '대규모 석유기지 10개'를 건설한다는 슬로건을 내걸고 '대약진'을 시행하려 한 것이다. 경제건설에 대해 그는 '조절, 개혁, 정리, 제고'라는 방침을 세웠다. 그는 투자를 조절하고 건설항목을 청산하며 건설전선을 축소하기로 했다. 쑹핑은 간쑤 건설위원회에서 소집한 회의에 참석했다. 그는 그 회의에서 각처 책임자들의 보고를 들었다. 쑹핑이 들은 보고 중에는 후진타오의 보고도 있었다. 쑹핑은 다년간 경제계획을 책임지고 관장한 경험이 있다. 누구든 그를 가볍게 대할 수는 없었다. 후진타오는 두뇌가 아주 명석한 사람이다. 그리고 그의 기억력은 매우 출중했다. 그는 설계관리처에서 4, 5년간 일하면서 실제로 현장조사를 통해 건설상황에 대해 훤히 꿰뚫고 있었다. 그는 보고하는 자리에서 통계수치를 섞어가며 조금도 거침없이 소개했다. 그리고 해결방법과 대책에 관해서도 매우 간결하고 사리분명하게 설명했다. 쑹핑은 그의 보고를 듣고 그에 대해 깊은 인상을 가지게 되었다.

리덩잉은 후진타오를 '파격 승진'시킬 권리가 있는가

홍콩 <성도일보>는 2002년 5월초에 「후진타오의 궤적을 추적하다」라는 글을 발표했다. 그 글에 다음과 같은 대목이 있다.

당시 후진타오를 적극 추천한 사람은 지금 간쑤성 성장으로 있는 리덩잉李登瀛이다. 리덩잉은 후진타오의 아내 류융칭의 삼촌과 전쟁 전우이다. 중공이 들어서자 리덩잉은 중공 사천북부구위 상무위원과 조직부장을 역임했다. 후에 중공 중앙농공부 부비서장으로 있었으며 국무원 농림판공실 부주임을 역임했다. 또한 중공 서북국 농공부 부장과 산시성 농업판공실 주임을 역임하기도 했다. 1978년 이후 리덩잉은 중공 간쑤성위 서기와 성장으로 승진했다.

이 보도에서는 쑹핑에 대해 한마디도 언급하지 않았다.

리덩잉은 후진타오의 정치적 제2의 은사라고 할 수 있다(제1 은사는 후진타오를 건설위원회로 이끈 간쑤성 건설위원회의 장옌칭이다). 그는 후진타오를 간쑤성 건설위원회 부주임으로 파격 승진시켜주었을 뿐만 아니라, 그를 중앙당학교로 보내 1년간 학습하게 한 사람이다. 이로써 후진타오의 벼슬길을 열어준 것이다.

이 이야기에는 의심가는 점이 많다.
'문혁'이 막을 내린 다음 간쑤성은 '시진한 시대'에서 벗어나 '쑹핑 시대'로 접어들었다. 1980년 중공 중앙에서는 펑지신馮紀新, 리차오보李超伯, 자오추치趙處琪, 리덩잉, 마지쿵馬繼孔, 양즈린楊植霖 등 성위서기와 샤오젠광蕭劍光, 거스잉葛士英 등 성위부서기(앞에서 마오쩌둥에게 파면을 당하고 간쑤로 유배당한 류빙도 이때 성위부서기가 되었다)를 간쑤성 주요 지도자로 임명했던 것이다. 리덩잉은 1978년 3월에 성위서기로 임명되었다가 1979년 11월에 간쑤성 인민대표대회 부주임으로 천거되었다.(동시에 부주임으로 임명된 사람은 무려 14명이나 된다.) 1980년 12월 말 간쑤성 제5기 인민대표대회 제2차 회의에서 리덩잉은 간쑤성 펑지신을 대신해 부성장의 자리에 앉았다. 이와 함께 인대 부주임 직무를 내놓았다. 이것은 중공 중앙이 간쑤성 인사배치의 일환으로 단행한 것이다. 한 달 후에 간쑤성위 제1서기인 쑹핑은 중앙으로 올라왔고 펑지신이 성위 제1서기로 임명되었다.

1980년 가을, 후진타오에게는 행운의 계절이었다. 그는 부처장급에서 처장급을 건너뛰고 곧바로 부청급으로 승진해 간쑤성 건설위원회 부주임으로 승진한 것이다. 후진타오가 승진할 시기에 리덩잉은 간쑤성 성위서기에 인대 부주임이었다. 이 직무는 실권이 컸다. 하지만 이 자리에 과연 '적극 추천'과 함께 '파격 승진'시킬 만한 힘이 있었을까?

리덩잉은 장기간 중앙과 지방에서 농업을 관장하는 직무에 있었다. 1951년 쓰촨성에서 중공 쓰촨북부구역 상무위원 겸 구역 총공회주석을 역임했다. 당시 그의 상급자는 쓰촨북부구역 구위서기이며 지방장관인 후야오방이었다. 여기서 간단히 언급하고 지나갈 것은 리덩잉과 후야오방과의 관계이다. 이들은 항일전쟁 기간과 국공합작 기간 동안 모두 진수 일대에서 활동했다. 당시 리덩잉은 지방에서 일했고 후야오방은 군에서 일했다. 산시 쥐윈현左雲縣 현사 자료에 이런 내용이 있다.

1945년 8월 일본이 항복을 선언했다. 28일 산서와 내몽골 전선의 총지휘 쉬광다許光達는 성을 지키는 경찰들에게 최후 투항통첩을 보냈으나 거절당했다. 29일 쑤이멍綏蒙 야전군 32여단의 한 대대가 쉬광다의 수하에 집합했다. 이날 밤 그들은 투항을 거절한 경찰부대를 향해 총공격을 감행하고 현성을 마침내 해방했다. 31일에는 쥐윈현에 대한 군사관리를 실시했다. ……군사관리회의 주임은 리덩잉이었다.

비록 그는 주임 자리에 며칠밖에 있지 않았지만, 9월 상순 '진수 지역

(지금 산시성과 허베이성 북부지역-옮긴이)의 다섯 개 지구 당위원회와 다섯 개 전원공서(專員公署, 성이나 현의 치안을 담당하는 파출소-옮긴이), 다섯 개 군사관리 기관', 즉 '후야오방이 이끄는 화베이 야전군 4종대가 북상해 쒜원현을 거쳐 하룻밤을 묵었다.'

중공이 정권을 수립한 다음 리덩잉은 대부분 농업을 관할하는 부서에서 근무했다. 역대 전국인대나 전국정협 회의 때 그는 '농민조'에 편입되어 회의에 참석했다. 그는 간쑤성 인대에서도 농업을 관할했다. 그가 정협의 '농민위원'이라는 직함을 가진 것이 약간 의아하긴 하지만 그가 중국 농민과 중국 농촌에 대해 누구보다 깊은 관심과 이해를 가지고 있는 것만은 사실이다.

〈광명일보〉에서 개혁개방 20년을 회고하는「하늘땅의 대격변을 돌이켜보다」라는 주제로 글을 실었다. 이때 중국 사회과학원 학자 루쉐이陸學藝와 장이더張義德가 구술하고 정리한「가정단위 도급생산-중국 개혁의 첫 돌파」가 발표되었다. 루쉐이는 이 글에서 자신이 1979년 농촌 조사를 진행할 때 허페이合肥에서, 가정단위 도급생산(토지 소유권은 집단에 있고, 경영권은 개인이 가짐-옮긴이)의 모범을 발견하게 되었다고 회고했다.

베이징으로 돌아온 다음 나는 안후이에서 보내온 문서 세 편을 접수했다. 그 내용은 가정단위 도급생산을 소개한 것이었다. 이 세 편의 글은 당지에 발표하기 어려워, 나는 이 세 편의 문서를 쭝이핑(宋一平, 당시 사회과학원 부원장)에게 보고했다. 그는 나의 의견에 대해 적극적으로 지지하면서, 세 편의 문장을 〈미결정 원고〉(과학원의 내부 간행물)에 발표할 것에 동의했다. 그는 나에게 '자네도 한 편 쓰게, 이론적으로 좀더 깊이 조사하게'라고 말했다.

루쉐이의 글은「가정단위 도급생산 문제는 새로 연구해야 한다」라는 제목으로 발표되었다. 그는 이 글에서 '가정단위 도급생산은 땅을 나누어

주는 것이 아니다'라는 것과 '가정단위 도급생산은 사회주의지 자본주의가 아니다'라는 것을 논리적으로 설명했다.

1979년 11월에 출판한 이 〈미결정 원고〉는 네 편의 글을 발표했다. 이 네 편의 글은 가정단위 도급생산에 대한 최초의 논문이다. 루쉐이는 이 간행물의 발행부수는 적지만 상층에서 상당히 중시했다고 소개했다. 간쑤성 성위서기 리덩잉은 이 네 편의 글을 읽고 1980년 1월 5일에 쑹핑 등 성위 지도자들에게 이 글을 추천했다.

"당신들이 이 논문을 읽을 것을 권고합니다. 그중에서도 사회과학원에서 쓴 글은 관심을 가지고 읽어볼 필요가 있습니다(루쉐이의 문장을 말한다). 가정단위 도급생산은 마땅히 우리들이 새롭게 고려해야 할 과제입니다."

쑹핑 등 성위 지도자들은 그에 동의하는 뜻으로 모두 동그라미를 그렸다. 간쑤성에서는 가정단위 도급생산을 비교적 일찍 시작했으며 발전도 아주 빨랐다(1998년 11월 5일 〈광명일보〉 참조).

여기에서 루쉐이의 회고가 약간 빗나간 것이 있다. 당시 리덩잉은 성장이 아니었다. 당시 리덩잉은 성위서기이며 성인대省人大 부주임으로 임명된 지 두 달밖에 되지 않았다. 루쉐이의 회고 문장을 통해 리덩잉의 견해는 당시 자오쯔양, 완리萬里 등과 같았음을 알 수 있다. 그는 개혁의지가 있는 사람이었다.

그러나 그때 당시의 그의 권력으로는 자기 전우의 조카사위인 성건설위원회 부처장 후진타오를 직접 기용해 부청급으로 진급시키지 못했을 것이다. 리덩잉은 간쑤성에서 쑹핑을 제외하고는 후진타오를 가장 소중하게 여긴 사람임에 틀림없을 것이다. 그는 성위와 성인대 및 성정부에서 후진타오가 네 가지 현대화 건설을 실현하는 조건에 적합한 간부라는 것을 여러 번 강조했기 때문이다.

간쑤성은 중공 간부의 요람지

비록 '상하이방', '장쑤방', '광둥방'이란 명칭은 없지만 중공 간부 중에 간쑤성과 관련을 가진 사람은 정말로 많다. 고급간부 중에서도 간쑤 출신을 찾아보기는 어렵지 않다. 쑹핑과 후진타오를 제외하고도 전중공정치국 상무위원인 차오스喬石는 1950년대 중반와 후반에 간쑤성 주취안酒泉 강철공사에서 설계원장을 역임했다. 정치국위원인 우이吳儀는 1960년대 초, 대학을 졸업하고 란저우 정유공장에 배치받아 일했다. 장관과 차관 중에는 간쑤와 관련 있는 사람들이 더 많다. 인사부 장관 장쉐중張學忠, 신강건설병단 사령 장칭리張慶黎, 중국 인민은행 당조서기 겸 부행장인 옌하이왕閻海王, 국가경제무역위원회 부주임 장우러張吾樂……

간쑤성 출신인 위 사람들의(뒤에 또 몇 명 언급하게 된다) 신원을 분석한 결과 공통점을 발견할 수 있었다. 다른 고장 출신의 관리들과 비교할 때 위의 관리들은 두 가지 특징을 가지고 있다. 하나는 사람됨이 비교적 정직하고 청렴하다. 또 다른 하나는 모두 자신을 잘 드러내지 않으며 책임감 있게 집무에 몰두한다는 것이다. 다시 말하자면 이들은 개인의 실리를 도모하지 않으며 헛된 명성에 연연해하지 않는다. 하긴 이것도 아주 상대적인 관점에서 한 말이다. 이런 특징을 간쑤의 풍토에서 비롯되었다고 할 것인가, 아니면 쑹핑 같은 선배들이 말과 행동으로 가르치며 바로잡아주었기 때문인가?

한때 장쑤성에서 성장으로 있다가 화학공업부 장관을 역임하고 현재 전국부녀연합회 부주석 겸 서기처 제1서기로 있는 구슈롄顧秀蓮도 간쑤성에 오랫동안 있었다. 한동안 구슈롄을 발탁한 사람이 쑹핑이라는 일설이 돌기도 했으나 조사한 바에 따르면 그런 게 아니었다. 구슈롄은 간쑤성에서 제법 오랫동안 일했다. 그녀는 1936년 장쑤 난퉁南通에서 출생했다. 1958년 천양沈陽 야금기계 단과대학에 진학해 1961년에 졸업하고 간쑤성에 배치받았다. 그녀는 금천 유색금속공사 기계수리공장의 노동자로 일했다. 그러다가 1964년 간쑤성을 떠나 기계공업부 기술원으로 전근했다. 1973년 쑹핑이 간쑤성 혁명위원회 부주임으로 있을 때 구슈롄은 이미 국가계획위원회 부주임의 자리에 있었다. 이 직무는 한때 쑹핑이 담당했던 직무였다. 그녀는 1977년에 중공 중앙후보위원으로 선출되었고, 그후 당 대표대회에서는 위원으로 선출되었다. 이와 동시에 장쑤성 위서기로 임명되어 지방으로 내려갔으며 이듬해에는 성장의 지위에 올랐다. 그녀는 중국에서 첫 여성 성장이 되었다. 1989년 다시 상경해 화학공업부 장관에 임명되었으며 1998년에는 전국부련(부녀연합회)에서 지도자직을 맡았다. 그녀의 경력으로 보아 그녀는 쑹핑과 어깨를 스치고 지나갔을 뿐 함께 일한 경력이 없다. 때문에 그녀는 쑹핑이 추천한 인물이 아니다.

  정말 쑹핑이 발견하고 쑹핑이 추천한 사람은 천광이陳光毅라고 할 수 있다. 천광이는 동북공업대학 전기학과 졸업생이다. 1959년 간쑤성에 배치받은 뒤 바이인시白銀市 유색금속공사의 기술원으로 일했다. 그러다가 '문혁' 전에 란저우 유색야금 설계원으로 자리를 옮긴 뒤, 간쑤성 중공업청 부처장직을 역임했다. 쑹핑이 간쑤성의 일인자로 있을 때 그는 천광이가 능력을 발휘할 수 있도록 성계획위원회로 전근시켰다. 후에 그를 부주임으로 승진시키고 주요 간부 후보로 삼았다. 쑹핑이 간쑤를 떠난 다음에도 천광이는 계속 승진해 간쑤성위 부서기로 임명되었다. 그러다가 간쑤성 성장의 자리에까지 앉게 되었다. 1986년 그는 서북에서 동남으로 이동해 푸젠福建에 자리를 잡았다. 그는 푸젠에서 성위서기로 있다가 선후 성정협주석, 성인대주임 등의 직책을 맡았다. 8년 후 천광이는 베이징으로 상경해 중국 민용항공총국 국장을 역임했다. 1998년에는 전국인대 상무위원회 재정경제위원회 주임위원으로 전거되었다. 천광이가 관직에 있었던 시간은 꽤 오래되었지만 그의 성적은 별로 놀라운 것이 없다. 이 때문에 쑹핑이 실망하지는 않았는지 모르겠다.

지금까지 쑹핑이 실망하지 않고 여전히 큰 기대를 거는 사람이 있으니 그는 바로 쑹핑이 성심을 다해 추천한 원자바오溫家寶이다. 비교적 순탄한 원자바오의 승진 궤적은 후진타오와 거의 비슷하다.

원자바오는 톈진天津 사람이다. 1942년 그는 후진타오보다 석 달 앞서 이 세상에 태어났다. 그러나 그가 대학에 진학하는 것은 후진타오보다 1년이 늦다. 1960년부터 1965년까지 베이징 지질대학 광산학부 지질측량학과에 재학했다. 후진타오와 같은 점이 있다면 그 역시 대학에서 입당했다는 것이다. 그러나 그는 후진타오보다 학력이 높다. 1965년부터 1968년까지 베이징 지질대학 지질구조학과에서 3년간 연구생 공부를 더 했던 것이다. 그러나 '문혁'이 시작되면서 그는 '마오쩌둥 저작학습'과 반혁명 수정주의 비판이라는 과목을 학습했다. 1968년 그는 후진타오와 비슷한 시기에 간쑤에 배치받았으며, 후진타오보다 더 서쪽으로 가서 장예張掖 지질역학대地質力學隊의 기술원이 되었다. 그런데 후진타오와 같은 점이 또 있었다. 그건 바로 그 역시 후에 정치 쪽으로 전향했다는 사실이다. 그는 이후 정치간사, 정치처 책임자를 역임했다. 그러다가 1978년 지질역학대 부대장을 역임했다. 이 지질역학대는 리쓰광(李四光, 중국의 유명한 지질학자—옮긴이)의 이론에 따라 지질지학地質地學 탐사를 연구하는 전문단체이다.

만일 원자바오가 이 경로를 쭉 따라갔다면 유명한 지질학자가 되었을 수도 있다. 그런데 그는 1년 후에 또다시 후진타오의 뒤를 따랐다. 그는 간쑤성 지질국의 부처장으로 부임되었다. 부처장급으로 승진한 것은 후진타오보다 늦었다. 그러나 이듬해에 그는 후진타오와 어깨를 나란히 하게 되었다. 그 역시 부청급으로 승진해 성지질국 부국장으로 발탁된 것이다. 1982년 그는 후진타오와 함께 베이징으로 자리를 옮겨 국무원 지질광산부 정책연구실 주임으로 자리를 굳혔다. 이듬해 차관으로 승진한 그는 전국광산조사위원회 부주임을 겸임했다.

1985년 그는 당중앙 계통으로 자리를 옮겨 판공청 부주임으로 발탁되었다. 이 시기 판공청 주임은 당중앙 제1서기인 왕자오궈王兆國가 겸하고 있었다. 후진타오와 원자바오는 이때 모두 왕자오궈의 수하에 있었다. 1986년 44세인 원자바오는 왕자오궈의 바통을 이어받아 중공 중앙 판공청주임이라는 요직에 앉게 되었다. 당시 후진타오는 구이저우성으로 가서 그곳의 제일인자가 되었다.

원자바오는 문무를 겸비한 인재다. 그는 영어, 러시아어, 프랑스어 등 3개 국어(어떤 자료에는 그가 '3국 외국어에 능통하다'라고 했는데 이것은 과장된 표현일 것이다)를 했으며 두뇌가 명석할 뿐만 아니라 문체도 매우 수려했다. 그는 오토바이를 운전할 줄 알았고 탱크를 몰 줄 알았으며 사격 솜씨도 백발백중이었다고 한다.

중앙당학교에서 더 깊이 연구하다

후진타오를 성건설위원회 부주임 자리에 앉혀놓은 쑹핑은 후진타오에 대해 더 많은 관심을 기울이려고 노력했다. 쑹핑은 후진타오가 앞으로 나라의 큰 기둥이 될 수 있는 재목이라는 걸 알아차리고는 후진타오의 평탄한 승진을 위해 적당히 길을 열어주는 식으로 조심스럽게 행동했다.

후진타오가 성건설위원회 부주임 자리에 익숙해지기도 전에 쑹핑은 자신의 칭화 동창생인 야오이린의 부름을 받고 상경했다. 그가 베이징으로 간 시기는 1981년 1월이었다. 쑹핑은 국가계획위원회 제1부주임 겸 당조부서기로 임명받았다. 그는 란저우를 떠나기 전에 후진타오를 중앙당학교 중청년간부 연수반으로 보내 당의 정책을 깊이 연구하도록 이미 손을 쓴 상태였다.

중앙당학교의 중청년 연수반 양성 대상은 중청년 청급廳級 간부였다.

연수생은 모두 142명이었고, 과정은 1년으로 정했다. 덩샤오핑과 후야오방 등 개혁파가 화궈펑, 왕둥싱 등 보수파를 제거한 지 얼마 되지 않은 때였다. 중공 당내에서는 신구교체의 새로운 시기를 맞이하게 되었다. 이 시기에 중청년간부 연수반을 조직한다는 것에는 아주 중요한 의의가 있다. 이 연수반에 들어간다는 것은 중공에서 채용하게 될 대상이 된다는 것이요, 그래서 관심의 대상이 될 뿐만 아니라 누구보다도 먼저 심사를 받게 된다는 것을 의미한다.

후진타오는 이제 다시 베이징으로 돌아왔다. 강산이 한 번 변하고도 3년이 지난 베이징은 예전과는 완전히 달라져 있었다. 그는 흥분을 감추지 못했다. 그리고 그 흥분 속에는 기대감도 있었다. 베이징을 떠날 당시 느꼈던 막연한 심정과 중압감이 마치 어제의 감정처럼 생생하게 떠올랐다.

중앙당학교는 의화원과 가까운 위치에 있다. 나무들이 드문드문 서 있는 고즈넉한 곳이었다. 얼마 전에 '진리표준토론'이라는 사상 공방을 벌일 정도로 이 학교는 당시 사상 토론이 가장 활발한 곳이었다. 후야오방이 1977년 7월에 창립한 당학교는 내부간행물 〈이론동태理論動態〉를 발간할 때마다 위로는 당중앙에, 대외로는 중앙 각 부서와 각 성시省市 책임자들에게 보낸다. 대내로는 당학교 모든 학생들에게 한 부씩 돌려 꼼꼼히 읽어보도록 되어 있다. 이 내부간행물은 후야오방의 신임을 받고 있는 당학교 부교육장이며 철학교육연구실 주임인 우장吳江이 관장했다. 일주일에 한 번씩 출간되는 이 잡지는 당시 중국에서 사상이 가장 개방적일 뿐만 아니라, 시야가 탁 트인 이론들을 다뤘다. 후진타오가 입학했을 때는 신선한 사상이 흐르고 있을 때였다. 〈이론동태〉라는 잡지의 이름만 보아도 당시 중앙당학교의 사상토론과 정책탐구의 범위를 짐작할 만하다. 이 잡지에 실린 문장들의 제목을 보면 국가 대사와 관련된 문제를 깊이 있게 탐구하고 있음을 알 수 있다. 이를테면 「우리나라 국영기업 지도제도의 개혁방향을 논함」(제291호), 「농촌 생산책임제와 농촌 경제체제 개혁」(제

299호), 「당의 결의를 준수하는 것과 과학연구의 자유를 보장하는 관계」(제330호), 「국제 분야에서의 인권문제에 관해」(제339호) 등이 그 예라 할 수 있다.

후진타오가 중앙당학교에서 학습한 1년간 당내의 정치적인 대결과 사상적인 대결은 매우 복잡했다. 당시 〈이론동태〉는 「네 가지 기본원칙을 견지해야 한다」라든가 「자산계급 자유화를 반대해야 한다」라는 글도 적지 않게 발표했다. 경제체제를 토론하는 부분에는 「계획경제를 견지해야 한다」라는 글들이 발표되기도 했다.

후진타오 반에는 20여 명의 학생이 있었다. 그들은 대체로 선생의 지도하에 마르크스-레닌주의 기본이론을 연구했고, 당중앙 문건과 정책정신을 연구했으며, '4인방'의 사상체계를 비판했다. 학생들은 개혁개방 중에 일어난 문제에 대해 뜨거운 토론을 벌이기도 했다. 같은 반 학생 중에는 후에 국무원 재정부 장관을 역임했던 류중리劉仲藜도 있었다. 그는 흑룡강성 계획위원회에서 온 학생이었다. 후야오방의 아들 후더핑胡德平도 후진타오와 같은 반이었다. 그는 베이징대학 역사학부를 1968년에 졸업했다. 당시 그는 중국 역사박물관 부관장으로 있었다. 전하는 말에 따르면, 후더핑이 후진타오를 자기 집으로 초대한 적이 있었는데 후진타오는 그때 후야오방에게 좋은 인상을 남겼을 것이라고 한다.

후진타오는 1981년부터 1982년까지 중앙당학교에서 학습할 때 천재일우의 좋은 기회를 만나게 되었으며, 지역적으로도 유리한 조건을 갖추게 되었다. 그런데다 '불화不和' 속에서도 아무런 영향을 받지 않았다.

천재일우의 '좋은 기회'란 무엇을 뜻하는가? 당시 중공에서는 제12차 당대표대회를 준비하고 있었다. 당중앙에서 '혁명사업의 후계자'를 확보하기 위해 낭대표에 참석하는 중청년 대표비례를 결정했다. 그 결과 후진타오가 득을 보게 된 것이다. 그는 당시 39세였으며, 중앙당학교에서 학습 과정을 밟는 중이었다. 마침내 후진타오는 제12차 당대표대회에 참석할 수 있는 간쑤성의 당대표로 당선되었다.

이와 동시에 중공 중앙조직부와 공청단 중앙에서도 공청단 11차 대표대회를 소집할 준비를 하고 있었다. 1978년 공청당 10차 대표대회에서 공청단 중앙 제1시기로 당선된 한잉韓英은 일찌감치 덩샤오핑과 후야오방의 눈 밖에 난 인물이었다. 그래서 일찌감치 인사 조취를 취하기로 한 당중앙에서는 쓸 만한 인재를 물색하고 있었다. 그들이 당중앙 지도 후보자를 선택하는 데는 조건이 있었다. 첫째 나이 45세 이하, 둘째 청년사업 경험이 있는 사람, 셋째 대학 학력이 있으며 기층사업 경험이 있는 사람, 넷째 정치사상이 건전한 사람이다. 이는 마치 후진타오를 위한 조건 같았다.

또한 '지역적으로 유리한 조건'이라는 것은, 후진타오가 마침 그 당시 중앙당학교에서 학습하고 있었기 때문에 당중앙의 바로 코밑에 있는 것과 다름없다는 뜻으로 한 말이다. 그들은 당중앙 개혁파들이 가장 먼저 눈길을 돌리는 중청년 후계자의 대상이 된 것이다. 당중앙 개혁파 인사들은 업무가 아무리 바빠도 중앙당학교에 와서 특강을 해주었으며 적당히 내부 소식도 전해주면서 그들의 동태를 살폈다. 1982년 7월 20일 이 연수반 학생들이 졸업을 하게 되었다. 학생들은 당총서기 후야오방이 직접 와서 특강해줄 것을 요청했다. 그런데 후야오방이 학교에 갈 처지가 못 되자 학생들을 중난하이로 초청해 그곳에서 특강을 했다. 후야오방은 당시 그들에게 여섯 가지 사항을 제시했다. 그리고 중앙당학교 학생들은 중앙인사지도소조 성원들이 직접 살피는 대상이 되었다. 만일 후진타오가 간쑤성 건설위원회의 부주임으로 란저우에 있었다면 그런 기회를 과연 얻을 수 있었을까?

그렇다면 '불화'라는 것은 도대체 무슨 말인가? 이 말은 후진타오가 중앙당학교에서 학습하던 시기가 중앙당학교 내 정치 투쟁과 인사 갈등이 매우 심할 때였다는 뜻이다.

1977년 3월 중공 중앙사업회의에서 중앙당학교를 복교하기로 결정했다. 당주석 화궈펑이 이 중앙당학교의 교장을 겸했고 왕둥싱이 제1부교장을 겸했다. 중공 중앙에서는 중국과학원에서 일하다가 비판을 받은 후야오방을 기용하기로 결정하고, 그를 중앙당학교의 부교장으로 임명했다. 그는 이 중앙당학교에서 1981년 6월까지 일하다가 화궈펑의 자리를 물려받아 당중앙 총서기가 되었다. 중공의 관례에 따르면 중앙당학교 교장은 당중앙 총서기가 겸하게 되어 있다. 후야오방이 당중앙 총서기가 되었으니 그가 중앙당학교 교장이 되는 것은 당연한 일이다. 그런데 그는 이를 거절했을 뿐만 아니라 중앙당학교의 내부 일에 대해서는 일절 물어 보지도 않았다. 당시 있었던 연수반 학생들에 대한 특강은 특수한 사정이라고 봐야 할 것이다.

1981년에 누군가가 천원에게 의견서를 작성했다. 중앙당학교에서 출간하는 〈이론동태〉에 실린 한 문장이 바로 천원을 빗대어 썼다는 것이다. 그 일로 후야오방이 질책을 받았다. 천원은 이 일을 조사했다. 그런데 후야오방이 그런 일이 없다며 나서서 막았다. 그러면서 조사할 테면 조사해 보라고 했다. 중앙조직부에서는 즉각 조사단을 파견해 중앙당학교에 대한 감사를 실시했다. 그들은 간행물 책임자인 우장, 롼밍阮銘, 쑨창장孫長江 등에 대한 심사를 진행했다. 그런데 조사 결과 아무런 혐의점도 찾을 수 없었다. 중공 중앙 제12차 당대표대회가 임박할 무렵 후야오방은 중앙당학교의 부교장직을 사직했다. 1982년 4월 24일 중앙서기처에서 중앙당학교의 새 지도부로 왕전王震을 교장으로 임명했다. 그는 교장의 자리에 앉자마자 즉시 위의 세 명을 중앙당학교에서 다른 기관으로 전근시켜버렸다. 그와 동시에 롼밍은 당의 제명 처분을 받았다.

우장은 후에 『10년의 길 – 후야오방과 함께 있던 나날』이라는 책을 썼다. 이 책에 이런 대목이 있다. 후야오방은 개혁 초기에 당내 일부 정치 파벌에 충격을 가했다.

왕전이 중앙당학교 교장으로 온 것은 어느 한 세력이 후야오방을 견제하려는 책략의 하나이다.

당시 중앙당학교의 일상사업을 관장하는 제1부교장은 안쯔원安子文이다. '문혁' 전에 중앙조직부장이었던 그는 후야오방의 사돈이기도 하다. 그런데 그가 사망하는 바람에 그를 대신할 사람이 필요했다. 후야오방이 펑원빈馮文彬을 부교장으로 데려오긴 했지만 그는 중앙반공청 주임을 겸했기 때문에 중앙당학교의 사무를 돌볼 시간이 좀처럼 없었다. 또한 교육장인 쑹전팅宋振庭은 당시 암에 걸려 입원해 있었다. 왕전은 교장으로 부임하자마자 이미 제거하기로 마음먹은 사람들에게 칼날을 들이댔다. 우장과, 이론연구실 부주임이며 『실천은 진리를 검증하는 유일한 표준』 집필자의 한 사람인 쑨창장, 〈이론동태〉의 편집자이며 연구실 부주임인 롼밍 등을 파면한 것이다.

후차오무는 제1차 중앙서기처회의에서 고문으로 물러난 전前 칭화대학 총장 장난샹을 중앙당학교의 제1부교장으로 임명하자고 건의했다. 이때, 우장은 장난샹이 과거 공청단 중앙에서 일할 때 펑원빈의 조수로 있었기 때문에 장난샹을 임명하는 것은 '펑원빈을 내보내기 위한 조치'라고 맞섰다.

이번 접전에서의 최후 승리자는 보수세력인 왕전이다. 롼밍은 당에서 제명당했고, 펑원빈은 부교장직을 사퇴했으며, 우장과 쑨창장은 중앙당학교를 떠났다. 그리고 장난샹이 중앙당학교의 일상사업을 주관하는 부교장이 되었다.

과거 적지 않은 사람들은 장난샹이 중앙당학교 부교장으로 있을 때 후진타오에 대해 많은 관심을 가졌다고 분석했다. 필자도 장난샹이 칭화방 거두巨頭이기 때문에 기회만 있으면 칭화 출신들을 도와줄 것이며 추천했을 것이라고 믿는다. 그는 또 공청단 초대 부서기를 역임했기 때문에 쑹핑이 굳이 그에게 귀띔을 해주지 않았다 하더라도 그는 후진타오에 대해 관심의 눈을 돌렸을 것이다.

그러나 자세히 분석해본 결과 장난샹과 후진타오가 중앙당학교에 같이 있었다는 것은 꾸며낸 말이다. 후진타오는 1982년 7월 20일에 학교를 떠났고, 장난샹은 그해 9월에 중공 제12차 당대표대회가 끝난 다음 중앙당학교로 부임했다. 때문에 그는 후진타오의 승진에 대해 아무런 도움을 주지 못했다. 중공의 개혁파와 보수파들간의 암투는 후진타오에게 아무런 영향을 주지 않았다.

신구교체의 좋은 시기

이제 우리는 다시 시야를 넓혀 중공 제12차 당대표대회의 역사적 배경에 대해 알아보기로 하자.

지금도 학자들 중에는 당내에서 덩샤오핑과 천윈 두 파의 투쟁에 대해 연구하는 사람들이 적지 않다. 그러나 1980년대 초기 중공의 주요 모순은 역시 개혁파와 보수파의 충돌이다. 중공 후계자를 선발하는 문제에서는 그들간에 원칙적인 의견 차이가 없었는데, 이에 천윈의 공로도 매우 크다고 하겠다. 당시 그와 덩샤오핑 간의 개혁을 둘러싼 충돌은 훗날처럼 그렇게 격렬하지 않았다. 그는 문혁 후 중공 간부제도의 재건과 간부표준의 설정 등에서 주도적인 역할을 했다. 그리고 과거 천윈과 인연이 있던 쑹핑이 후에 중공 조직부를 관장할 수 있었던 것은 천윈의 조직노선과 간부정책에 대해 비교적 깊이 체험하고 있었기 때문이다. 따라서 쑹핑이 후진타오를 발견하고 그를 양성한 것도 바로 천윈의 호소와 계획의 일환이라고 보아야 할 것이다.

1981년 5월 천윈은 항저우를 방문했다. 명목상으로는 휴식이라고 하지만 당시 수행한 사람의 말에 따르면 단순한 휴식 차원만은 아니었다. 예전에는 항저우에 도착해 호텔에서 산책할 때면 그는 주변의 수행자들과 이런저런 이야기를 자주 나누었다. 그런데 그 당시 항저우를 방문했을 때는 침묵을 지키며 말을 별로 하지 않았다. 그가 어떤 문제에 대해 깊이 생각하고 있음이 분명했다. 저녁이면 책상 앞에 앉아 중앙에 올릴 보고서를 썼다. 보고서의 제목은 「중청년 지도간부를 양성하고 선발하는 것이 급선무이다」라는 것이었다. 천원의 비서로 있다가 후에 중국 사회과학원 부원장으로 임명된 주자무朱佳木는 이렇게 회고했다.

"천원 동지는 중앙에 수천수만의 중청년 간부를 양성하고 선발하는 것에 관한 12가지 건의를 제안했다. 11기 6중 전회가 끝난 다음 중앙에서는 각 성과 시의 서기들을 남게 하여 천원 동지의 의견을 놓고 토의를 했다. 덩샤오핑 동지는 그 회의에서 중요 연설을 했다. 나는 당시 그 뒤에 앉아 있었다. 나는 그때 덩샤오핑 동지가 유머러스한 말을 한 것을 잊지 않고 있다. 그는 '천원 동지의 의견에 대해 나는 무조건 두 손 들어 동의할 뿐만 아니라 두 발 들어 동의한다'라고 말했다. 그는 이 말을 하면서 동작까지 해 보여 사람들의 웃음을 자아냈다."

천원과 기타 몇몇 사람들의 추진으로 1981년 6월, 11기 6중 전회 결의안에 처음으로 간부들에 대한 '혁명화, 연소화, 지식화, 전문화'라는 '4화 四化 표준'을 제출했다.

'혁명화'라는 것은 1979년 예젠잉이 중공 중앙을 대표해 10월 1일 연설에서 지적한, 정치 차원에서 지도간부들이 지켜야 할 세 가지 조건이다. 첫째는 당의 정치노선과 사상노선을 단호하게 지지해야 한다. 둘째는 공평무사해야 하고 법률과 규율을 준수해야 하며 당성을 지키고 파벌성을 근절해야 한다. 셋째는 혁명사업을 위한 뜨거운 마음이 있어야 하며 정치적 책임감이 있어야 한다. '당내 정치생활에 관한 몇 가지 준칙'에도 이 세 가지를 간부 선발의 조건으로 규정했다.

'연소화'라는 것은 55세 이하의 후계자를 선발하고 각급 지도부에서 계단식 구조를 이루어야 한다는 것이다. 1982년부터 중공에서는 인사조직이 점점 엄격하고 계통적으로 바뀌었다. 성급은 60세 이하와 50세 전후, 40세 전후로 조성한다. 그중에서 꼭 한 사람은 40세 전후여야 한다. 성위 상무위원 중 3분의 1은 55세 이하의 사람이어야 한다. 각부에 속하는 사장이나 국장, 그리고 지구와 지구급 시의 당과 정부의 지도자는 55세 이하, 50세 이하, 40세 이하의 사람들로 구성한다. 그중 반드시 40세 이하의 사람이 있어야 한다. 지구와 시의 지도자는 50세 이하 사람들이 3분의 1과 2분의 1이 되어야 하며, 현급에서는 50세 이하, 40세 전후, 30세 전후로 구성한다.

'지식화'라는 것은 학력과 문화 수준을 말한다. 1982년 10월 이후(즉, 중공 제12차 당대표대회 이후) 중앙 당정기관의 간부들은 적어도 고등학교나 그 이상의 학력자여야 하며, 5년 내 중앙 당정기관 간부들의 학력 수준을 고등학교나 중등전문학교 수준으로 맞춰 놓아야 한다. 새로 중앙 부급 지도간부, 성급과 지구급 지도성원으로 승진할 경우에는 전문대 이상이 되어야 한다. 성급 지도부의 성원 중 전문대 이상 되는 사람이 적어도 3분의 1은 넘어야 한다. 1984년 7월 중앙조직부 장관 차오스는 2년 내에 중앙 사급·국급 지도간부들의 학력을 절반 이상 전문대 이상으로 높여야 한다고 요청했다. 또한 과학기술과 경제를 관리하는 간부가 3분의 2는 차지해야 한다고 제안하기도 했다.

'전문화'라는 것은 업무를 관장하는 간부는 꼭 전문지식이 있어야 하고 그에 따른 능력과 경험 및 자격이 있어야 한다는 것을 뜻한다.

이렇게 몇 년 동안 진행해온 결과 간부들의 연령, 지식, 전문 등의 차원에서 커다란 변화가 일어났다. 더욱이 학력 수준은 전에 비해 커다란 변화가 있음을 알 수 있다.

1954년 간부는 483만 명, 이중 전문대 이상이 7.2퍼센트였고, 중등학교 이하 수준이 77.7퍼센트였다. 1978년에는 간부가 1,740만 명, 그중 전문대 이상이 18.0퍼센트였으며, 중등학교 이하 수준은 49.5퍼센트였다. 그러다가 1988년에는 3천만 명의 간부 중, 전문대 이상이 28.3퍼센트, 중등학교 이하 수준이 24.3퍼센트였다.

기쁜 소식이 연달아 들려온 한 해

1979년 이후 지도기관에서 두 차례나 되는 조정이 있었다. 1차 조정은 1982년에 있었고 2차 조정은 1985년에 있었다. 이 두 해는 중청년 간부 양성에서 분수령이 되는 해였다. 후진타오는 이 두 차례의 조정 모두 수혜를 입은 사람 중에 한 명이다. 1985년 조정에 대해서는 뒤에서 언급하기로 하고, 1982년의 조정에 대해 살펴보기로 하자.

1982년 2월 중공 중앙에서는 간부 정년퇴직 제도를 마련하기로 결정했다. 이것은 중공이 직무 종신제를 폐기하는 첫 발단이기도 하다. 그해 9월에 진행된 중공 제12차 당대표대회는 화궈펑과 왕둥싱 등 '무릇파'가 실각한 뒤로 처음 열리는 당대표대회였다. 중공에서는 신구교체를 실현하기 위해 제12차 당대표대회에서 특별한 대목을 내놓았다. 중공중앙고문위원회란 조직을 설립한 것이다. 목적은 중앙위원회의 연소화를 실현하기 위함이다. 즉 원로급 간부들을 고문위원으로 임명해 체면을 세우면서 1선에서 2선으로 물러나게 한 것이다.

그런데 각 세력을 위로하기 위해 임시로 설치한 이 부서가 훗날 중공의 중요한 시기에 악랄한 역할을 하게 될 줄은 아무도 생각하지 못했다. 중앙고문위원회라는 이 괴이한 조직은 우선 방대하기 짝이 없거니와 특권까지 거머쥐고 있었다. 중앙고문위원회 전체위원은 중앙위원회에 배석할 권리가 있으며, 중앙고문위원회 상무위원은 중앙정치국회의에 배석할 권리가 있다. 이것은 사실 중앙위원회와 중앙정치국의 독립적인 정책결정력에 대한 제약이 아닐 수 없다. 모종의 시점에서 본다면 이와 같은 격식은 가히 중공의 '태상황'이라고 말할 수 있다.

제12차 당대표대회를 소집하기 전 덩샤오핑은 다음의 지시를 하달했다. 50살 이하의 사람 50명이 중앙위원회 위원이 되어야 한다는 것이다. 그는 "이 요구는 가혹한 것이 아니다"라고 말하면서 이렇게 덧붙였다.

"만약 이만한 것도 해내지 못한다면 우리의 당대표대회는 성공적인 대표대회가 될 수 없다. 이렇게 하는 것은 우리의 사업이 번창하고 발전할 수 있는 기반을 마련하기 위함이다."

덩샤오핑의 이 지시가 제12차 당대표대회에서 실현되었다. 젊고 학력이 높은 관리들이 처음으로 중앙위원회에 대거 진입한 것이다. 348명의 중앙위원과 후보중앙위원 중에 새로 당선된 사람이 211명이다. 전문대 이상의 학력을 가진 사람이 120명이며, 55세 이하의 당선자가 3분의 1이나 되어 112명이 되었다. 그러나 이에 해당하는 사람들은 대개가 후보 중앙위원이었다. 이듬해에 전국인민대표대회를 소집했다. 국무원의 총리가 바뀌었고 부총리는 원래 10여 명에서 네 명으로 줄어들었다. 이와 동시에 부총리급인 국무위원을 설치했다.

1982년은 후진타오에게 아주 중요한 해였다. 이해에 그는 연이어 기쁜 소식을 접하게 되었다. 또 하나의 승진 소식이 그에게 날아들었다.

간쑤성위에서는 그를 공청단 성위서기로 내정했다. 그가 중앙당학교를 졸업하고 간쑤성으로 돌아왔을 때, 마침 간쑤성 공청단 대표대회를 소집할 때였다. 그는 이때 정식으로 간쑤성 공청단 성위서기에 당선되었다. 또한 공청단 중앙지도부 지도간부 입후보자 명단에 그의 이름이 들어 있어 그는 순탄하게 제12차 당대표로 발탁되었다. 그리고 이후 9월에 열린 당대표대회에서 그는 또다시 후보 중앙위원으로 당선되었다. 중앙당학교를 졸업하고 간쑤로 돌아가 석 달이 되지 않아 그는 대표단을 이끌고 12월에 소집된 공청단 11차 대표대회에 참석했다. 그는 이 대표대회에서 당중앙위원, 상무위원, 서기처 서기로 당선되었다.

희망으로 가득 찬 정신적 인수인계

한때 마오쩌둥의 비서로 있다가 후에 전력부 장관으로 임명된 리루이 李銳는 1982년 천윈의 추천을 받아 새로 설립한 중공 중앙조직부 청년간부국 국장으로 자리를 옮겼다. 그는 당시의 사정을 회고하며 다음과 같이 말했다.

중앙조직부 청년간부국의 구체적인 임무는 성급과 부급 후보간부를 선발하는 것이다(모두 천여 명을 심사했다.) 제12차 당대표대회의 인사 변동에서 이 임무가 시작되었다. 1982년 5월에 12차 당대표대회 인사소조를 구성했다. 후야오방이 조장을 맡았다. 부조장은 위추리余秋里와 청쯔화程子華이다. 일상적인 실제사업은 위추리가 담당했다. 인사소조 직원은 10여 명이었고, 나는 사무실의 사업을 맡았다. 사무실의 일꾼은 조직부 판공청주임 등으로 이루어졌다. 사무실의 사업은 각 지방과 연락하고 '보고자료'를 출간해 중앙에 제공하는 사업이다. 사업처는 옥천산에 있었다. ……후야오방 동지는 인사소조를 돌아보는 기회가 많지 못했다. 인사소조의 임무는 12차 당대표대회의 세 가지 명단, 즉 중앙위원회, 중앙규율위원회, 중앙고문위원회의 명단을 작성하는 것이다. 옥천산에서 서너 달 있었다. 일의 양은 아주 많고 복잡했다. 한 사람을 빼고 다른 사람을 넣을 때는 매우 오랫동안의 조사를 거쳐 결론을 내린다. 반복적으로 연구하고 토론해 결정하게 된다. (중략)
제12차 당대표대회의 마지막 순서는 신문에 정식으로 공개하지 않았다.(이는 당시에 그렇다는 말이다. 후에 여러 가지 회고문과 취재문이 발표되었다—필자 주) 사진도 남기지 않았다. 대회가 폐막될 무렵, 느닷없이 후야오방의 지시가 전달되었다. 새로 당선된 중청년(중앙위원과 후보 중앙위원)에서 30명에서 40명을 선정해 정치국에 소개하라는 것이었다. 이에 앞서 먼저 그들의 이력서를 작성해 올리라고 지시했다. 이것은 별로 어렵지 않은 일이다. 우리는 즉시 요구대로 모든 준비를 다 끝냈다. 대회가 폐막되는 날, 인민대회당의 한 방을 쓰기로 했다. 지금 내 기억으론, 예젠잉, 덩샤오핑, 천윈, 리셴녠, 등잉초오鄧潁超, 펑전 등이 도착했다. 후야오방이 이 접견회를 주최했다. 그는 나에게 한 사람씩 소개하라고 지시했다. 원로동지들은 나의 소개를 듣고 아주 만족한 듯 고개를 끄덕이며 얼굴 가득 웃음을 담았다.

1982년 9월 13일 오후, 중공 12기 1중 전회가 끝난 다음 중앙지도자들은 12차 대표들과 함께 인민대회당에서 기념촬영을 했다. 그리고 4시 반 후야오방은 리루이가 선정한 39명의 새로 당선된 중청년 중앙위원과 후보중앙위원들을 이끌고 인민대회당 신장 룸으로 가 덩샤오핑, 예젠잉, 천윈, 리셴녠, 등잉초오, 녜룽전聶榮臻, 쉬샹첸徐向前, 펑전 등 중공 원로들에게 인사를 올렸다.

12기 중앙위원회의 특징이라면 '덕과 재능을 겸비하고 전문 지식을 갖춘' 중청년 간부를 중앙의 지도자 직위에 올려놓은 것이다. 55세 이하인 이들은 당중앙이 여러 번 독촉해 각 지방에서 선출한 우수 인물들이다. 이와 같이 많은 중청년 간부를 발굴하고 발탁한 것은 후야오방의 공이 컸다. 때문에 그는 이들을 '원로급 무산계급 혁명가'들에게 소개하고 싶었던 것이다. 그래야 원로들이 마음을 놓을 수 있기 때문이다.

이들이 신장 룸에 들어서자 원로들이 모두 좌석에서 일어섰다. 이처럼 융숭한 대접을 받은 중청년 중앙위원과 후보 중앙위원들은 흥분되었으며 또한 긴장했다. 사전 준비에 따라 원로들이 앞좌석에 앉았고, 젊은 사람들은 뒷줄에 앉았다. 좌석 배치가 끝난 다음 중앙조직부 책임자가 한 사람씩 호명하며 소개했다(리루이의 회고록에는 자기가 이름을 부르고 소개했다고 쓰여 있다). 책임자가 이름을 부르면 중청년 간부는 즉시 회의청 앞으로 나가 가운데 서서 인사를 올렸다. 인사가 끝나면 중앙조직부 책임자가 그의 이력을 소개한다. 원로들은 이 시간을 이용해 새로운 위원들을 자세히 볼 수 있었다.

가장 먼저 소개한 사람은 52세 된 중공중앙대회연락부 여성 차관이며 이번에 후보중앙위원으로 선출된 리수정李淑靜이었다. 이번 접견에 참가한 사람 중에는 새로 중앙서기처 후보 서기로 당선된 46세의 허젠슈郝健秀, 53세인 민정부 장관 추이나이푸崔乃夫, 55세인 전자공업부 장관 장쩌민, 53세인 수리전력부 제1차관 리펑, 47세인 톈진시의 서기 리루이환李瑞環, 52세인 푸젠성위서기 후핑胡平, 47세인 교통부 여성 차관 정광유鄭光油, 50세인 항천공업부 차관 쑹젠宋健, 52세인 기계공업부 부부장 허광위안何光遠, 52세인 상하이교통대학 부총장 장서우張壽, 그리고 칭화대 출신으로 톈진 무선전연합공사 제1총경리이며 총공정사인 42세의 리후이펀李慧芬 등이 망라되어 있었다.

후야오방은 중앙위원으로 당선된 사람 중에 가장 젊은 왕자오궈를 이렇게 소개했다.

"저분은 덩샤오핑 동지가 발견한 인재인데 지금 제2자동차공장 부공장장으로 있습니다."

왕자오궈도 다른 사람과 마찬가지로 앞으로 나섰다. 천원이 그에게 물었다.

"나이가 어떻게 되오?"

중앙조직부 관리가 대신 대답했다. "마흔 한 살입니다." 천원은 왕자오궈에게 좀 가까이 보자며 그에게 손짓을 했다. 왕자오궈의 얼굴이 붉게 상기되었다. 중앙지도자들은 그를 찬찬히 뜯어보았다. 원로들의 얼굴에는 만족한 기색이 엿보였다. 한 사람씩 소개할 때마다 후야오방은 "너무 긴장하지 말고 용감히 중간에 나와 서라"고 그들에게 귀띔해주었다. 이런 식으로 앞으로 나와 소개를 하고 원로들과 일일이 악수를 나눈 뒤 자기

좌석으로 돌아갔다.

후보 중앙위원 후진타오의 차례가 되었을 때, 중공 중앙조직부의 책임자는 특별히 이번에 당선된 후보위원 중에서 나이가 가장 어린 사람이라고 소개했다. 그는 당시 겨우 39세였고, 간쑤성 건설위원회 부주임이었다. 후진타오는 처음으로 이처럼 많은 무산계급 혁명가들과 같은 자리에 있게 되었다. 이전에 덩샤오핑과 천윈 등은 그에 대한 아무런 정보가 없었다. 그저 후진타오는 쑹핑이 추천한 사람이라는 것 정도만 알고 있었다.

한 시간 가량의 접견이 끝났다. 마지막으로 후야오방이 간단한 연설을 했다. 그는 오늘 접견한 사람들은 중앙위원회 112명 55세 이하 동지들 중의 일부라고 하면서 나머지 위원들은 전회 때 만나보게 될 것이라고 말했다.

무산계급 원로 혁명가들이 새로 당선된 젊은 중앙위원과 후보 중앙위원들을 접견한 이번 행사를 두고 중공 건당 80주년 기념식에서 '지도간부 신구교체 중 의의가 깊은 역사적인 악수이며, 희망 넘치는 정신적 인수인계였다'라고 평가했다.

후에 '공청단파'로 불린 후진타오가 지금까지 관직의 길에서 별로 굴곡 없이 순탄하게 승진하게 된 것은 모두 '마르크스-레닌주의의 정통파'의 세력에 힘입어 실현된 것이다. 이는 '칭화방'의 한 성원이며 국가교육위원회 부주임을 역임한 허둥창과 방송텔레비전부 장관 아이즈성艾知生과 처지가 같다. 후진타오는 후야오방이 발견한 인재가 아니다. 덩샤오핑과 천윈 같은 원로들과도 아무런 관계가 없다.

후진타오 인생행로에서 획기적인 시대는 이렇게 열렸다. 과거 그의 모든 분투와 노력은 커다란 성과를 거두었다. 1980년 그는 새로운 문 앞에 서게 되었다. 이후의 세월과 비교할 때 지난날의 모든 것은 서막에 지나지 않았다.

4
가장 훌륭한 제2인자
(1983~1985)

베이징 첸먼의 둥다가 10호 12층 담황색 본관에 중국 공산주의 청년단 중앙이 있다. 일단 권력의 각축장에 진입했다면 곧 지정받은 역할을 받아들여야 한다. 운명이란 것은 언제나 가늠할 수 없는 단어이다.

'3후'도 아니고 '5후'도 아니다

1982년 12월 20일부터 30일까지 중국 공산주의 청년단 제11차 대표대회가 베이징에서 열렸다.

간쑤 대표단을 인솔해 이번 대회에 참석한 후진타오는 당중앙에서 추천하고 전체 대표가 투표로 선거해 단중앙위원회에 진입하게 되었다. 12월 31일에 진행된 11기 단중앙위원회 제1차 전원회의에서 그는 단중앙상무위원, 단중앙서기처 상무서기로 당선되었다. 단중앙의 2인자가 된 것이다.

당중앙과 마찬가지로 '공청단 중앙위원회'는 단규약에 명백하게 밝힌 것처럼 전국 공청단 대표대회가 폐막된 뒤에는 공청단의 최고 지도기구가 된다. 그러나 이 기구는 당연히 명예기구이며, 또는 그 어떤 자격을 표명하는 기구라고 할 수도 있다. 몇백 명이나 되는 단중앙위원들은 일년에 기껏해야 전원회의에 한두 번밖에 참석하지 않는다. 또한 3, 4일 동안 가장 원칙적인 문제만 토론한다. 위원들은 거수가결로 의결할 뿐 공청단의 중대한 사무에 대해서는 아무런 결정권이 없다. 그러나 중앙위원회의 상무위원회는 위원 수가 적고 회의도 자주 소집한다. 여기서도 역시 중대한 문제만 토론하고 결정한다. 진정으로 공청단의 권력을 장악하고 있는 부서는 서기처이다. 후진타오는 이 시각부터 국내외에서 관심을 갖는 중국 정계의 후계자로 인기를 끌게 될 것이다. 즉 중국 정계의 스타로 부상한 것이다. 이후부터 그에 대한 자료들이 급증하기 시작했다.

후진타오가 단중앙에 입주한 뒤부터 사람들 사이에서는 그가 단중앙의 '3후 1왕三胡一王'의 한 사람이라는 소문이 돌았다. 그러나 이 소문은 정확하지 않다.

이른바 '3후 1왕'이란 '문혁' 전인 1964년 6월, 중국공청단 제9차 대표대회에서 당선된 단중앙서기처 서기 13명과 후보서기 중에 가장 크게 활약했던 청년 지도자들을 가리킨다. 즉, 제1서기 후야오방, 서기처 서기 후커스胡克實와 왕웨이(王偉, 어떤 사람은 왕웨이가 아니라 왕자오화王照華라고도 한다), 그리고 서기처 후보서기 후치리다. 후진타오는 그들에 비하면 한참 뒤의 사람이다. '3후 1왕'이 공청단 중앙에서 한창 이름을 날릴 때 후진타오는 칭화대학에서 공부하고 있었다.

이밖에 악의적으로 조소하면서 공격하는 소문도 있다. 그것은 1980년대 초기 '5후 난화五胡亂華'라 불린 '5후'의 한 사람이라는 것이다. 이 역시 확실하지 않다.

'5후'란 후야오방, 후치리(당시 그는 중공중앙정치국 위원이었으며 서기처 서기였고 후에 정치국 상무위원으로 승진했다), 후차오무(그는 당시 중앙정치국 위원이었으며 중국사회과학원 원장이었다), 후지웨이(胡績偉, 인민일보 사장), 후줴원(胡厥文, 전국인민대표대회 부위원장이며 중국민주건국회 주석이었다.) 등 다섯 명을 일컫는다. 그중 후줴원은 억지로 '5후'에 집어넣은 것 같다. 나머지

'4후'는 서로 경쟁하면서 암투를 벌여 그 결과 정치풍파를 불러일으키곤 했다. 당시 간쑤에서 금방 상경한 후진타오에게는 아직 그런 영향력과 에너지가 없을 때다. 그를 '5후' 옆에 나란히 세울 수는 없다. 같은 시기에 똑같은 후씨 성을 가진 사람이 정계에 이처럼 많은 것은 우연이 아닐 수 없다.

단중앙 서기처의 새로운 진용

간쑤성 단성위서기로 당선된 후진타오는 자기 생각이 어떻든 이미 '공청단 열차'를 탄 사람이 되었다. 그후 그가 베이징 첸먼前門 둥다가東大街 10호에 위치한 12층 황색 관청인 공청단 중앙 건물에 입주한 다음 그는 '공청단파'라는 회전 계단에 오르게 된 것이다.

사람들은 중공 정계에 몇몇 동아리가 있다고 추측하고 있다. 이른바 '태자당太子黨', '공청단파共靑團派', '비서방秘書幇' 등이 그 대표적인 예이다. '태자당'은 1980년대 후기에 와서 사람들의 비난을 받는 대상이 되었다. 1989년에 일어난 학생운동은 중공의 고급간부권력의 세습적인 현상이 날로 심해지다 보니 이를 막으려는 원인이기도 했다. 1980년대 초기까지는 '태자당'의 문제가 아직 위험 수위에 떠올라 있지 않았다. 그때까지 사람들의 화제에 많이 오른 것은 '공청단파'였다.

1980년대 초기 중국 정계에서 '공청단파'가 주류 세력을 이룰 수 있었던 것에는 주로 두 가지 원인이 있다. 하나는 이 파의 두목인 후야오방과 후치리가 당중앙 최고 정책결정층으로 진입했기 때문이다. 이들이 당중앙의 실권을 장악했기 때문에 사람들의 주목을 끌게 되었던 것이다. 둘째, 이 시기 중공에서는 '4인방'을 분쇄한 다음 또 한 차례 권력 재조합 단계에 진입했다. 그런데 공청단파는 연령상 우위를 차지했기 때문에 전면적으로 후계자 계열의 성원이 되었다.

공청단 기관은 급이 한 급 낮은 공산당 기관이나 다름없다. 기관의 구성도 완전히 당중앙의 요구를 반영할 수밖에 없었다. 후진타오가 단중앙에서 집권할 때는 서기처 아래 7개 부, 1청과 1위원회, 1실이 있었다. 즉 조직부, 선전부, 통일전선부, 국제연락부, 노농청년부, 학교부, 판공청, 소년선봉대사업위원회와 연구실이 있었다. 앞의 네 개 부와 판공청은 중공 중앙과 이름이 같을 뿐만 아니라 사업내용도 관련이 있었다. 공청단은 기관지인 〈중국청년보〉와 〈중국청년〉이 있는데, 이 역시 중공 중앙과 똑같다.(이밖에 소년 아동들을 대상으로 한 신문잡지도 있다.) 중공중앙에는 고급당학교가 있고 공청단 중앙에는 단학교가 있다. 이 단학교는 후에 중국 청년정치학원으로 바뀌었다. 당에 출판기구가 있는 것처럼 단에도 출판기구가 있다. 대표적인 것이 중국 청년출판사와 중국 소년출판사이다. 여기에서 특히 지적할 것은 공청단 산하에 중국 청년여행사가 있다는 사실이다. 다른 정당에는 여행사가 없다.

1982년의 마지막날 공청단 11기 1중 전회에서 새로운 서기처를 선출했다. 새로 선출된 서기처는 8명으로 구성되었다. 서기 왕자오궈, 후진타오, 류옌둥(劉延東, 여), 리하이펑(李海峰, 여), 커유무 바우둥克尤木 巴吾東, 천하오쑤陳昊蘇, 허광웨이何光煒 등이다. 이밖에 한 명의 후보 서기를 선출했으니 그가 장바오순張寶順이다.

금방 선출된 서기처에서는 업무를 분업했다.

왕자오궈는 서기처 제1서기이기 때문에 전면 사업을 관장하면서 연구실과 단학교를 관할했다. 류옌둥은 국제연락부를 관할했는데 후에는 주로 출국 방문과 국제회의 참석 등으로 바삐 돌아다녔다. 리하이펑은 조직부를 관할하기로 했다.

커유무 바우둥은 위구르족이다. 그를 서기처 서기로 선출한 것은 '민족정책'을 실현하기 위한 것이다. 그는 통일전선부를 관할하면서 중화전국

청년연합회의 사업을 돌보기로 했다. 그는 전국청년연합회 부주석과 비서장을 겸했다. 중공 원로 허창궁何長工의 아들 허광웨이는 판공청에 있다가 뒤에 행정 실무를 관할하기로 했다. 동시에 중국 청년여행사와 단중앙의 재정을 관리하도록 했다.

선비의 풍모를 지닌 중공의 저명한 무장武將인 천이陳毅의 아들 천하오쑤는 학교부를 관장하기로 했고, 장바오순은 노농청년부를 관할하기로 했다.

그러나 불과 몇 달이 지나지 않아 이 구조는 흔들리기 시작했다. 리하이펑이 단중앙을 떠나게 되었다. 그는 원래 다칭大慶의 단위서기였는데 단중앙으로 전근온 지 어느새 6년이나 되었다. 그는 10차 단대표대회에서 연임된 지 얼마 되지 않아 허베이성 성위 상무위원 겸 스자좡시石家莊市 지위서기로 임명되었다. 후에 그는 허베이성 부성장으로 승진했다. 1년 후에 천이의 아들 천하오쑤도 베이징시 펑타이구 부구장으로 임명되어 단중앙을 떠나게 되었다. 그러다가 1984년 베이징시 부시장으로 발탁되었다. 바우둥도 1985년에 단중앙을 떠나 신장으로 돌아가 구위 상무위원으로 있다가 후에 구당위 상무위원 겸 구정부 부주석으로 승진했다.

위의 사람들은 단중앙을 떠났지만 1985년 공청단 전국대표대회가 열려서야 정식으로 직무에서 사퇴했다. 그러나 그들은 단중앙 서기처 회의에도 참가하지 않았으며, 단중앙 상무위원회의에도 참가하지 않았다. 하지만 단중앙의 정식 문건과 보고자료 등은 정식으로 그들에게 보내주었다.

떠나는 사람이 있으면 오는 사람도 있다. 1983년 공청단 11기 2중 전회에서는 당중앙의 추천으로 서기처 서기를 보선했다. 33세밖에 되지 않은 리위안차오李源潮를 상하이에서 전근시켜 단중앙의 서열 4위에 앉혔다. 그는 선전을 주관하기로 했다. 중국 인민해방군 총정치부 청년처 부처장이며 나이가 37세인 쑹더푸宋德福는 서기처에서 조직을 관장하기로 업무을 분담했다. 그리고 겨우 '이립而立'의 나이밖에 안 되는 리커창李克強은 학교부를 관리하도록 했다.

떠난 사람 자리에 새사람이 온 것에 1984년 왕자오궈가 당중앙 판공청으로 전근해 판공청 주임으로 임명된 것까지 합치면 이 지도부가 성립된 지 2년 사이에 지도부 구성원 중 절반이 새로 물갈이되었다.

목청이 높은 왕자오궈, 미남 후진타오

서기처의 다른 동료들과 비교할 때 후진타오의 권력과 책임 범위는 누구보다 넓었다. 그는 단중앙 서기처 상무서기다. 그는 이 방대한 기관의 일상 사무를 총괄한다.

그는 홍보를 관장하게 되어 있다. 단중앙의 선전부를 관할하면서 공청단의 신문, 잡지, 출판사 등을 모두 관할해야 한다. 또한 그는 단중앙 기관당위서기를 겸했다. 다시 말해 단의 직속기관 계통의 최고 책임자인 것이다.

후에 그는 단중앙의 관례에 따라 단중앙 제2인자의 신분으로 전국청년연합회 주석을 겸했다. 그는 이 지위를 빌려 청년대표로 전국정치협상회의 상무위원으로 당선되었다. 이밖에 그는 전국소년사업위원회 주임을 겸하기도 했다. 비록 명의상 주임이라고는 하지만 적어도 소년사업위원회의 중대한 정책 결정에는 참가해야 했다. 동시에 중요한 활동에도 참가해야 한다.

후에 어떻게 상황이 돌아갔는지는 자세히 알 수 없으나 그의 권한은 더욱 커졌다.

리하이펑이 전근한 뒤 그가 관할하던 조직의 권한을 왕자오궈에게 넘겨주었다. 그런데 얼마 되지 않아 왕자오궈가 중앙 판공청 주임으로 승진한 다음 이 권한은 후진타오로 넘어갔다. 동시에 왕자오궈가 관할하던 연구실 사업까지 맡아야 했다. 그러나 중요한 정책연구와 인사임명, 면직은 후진타오 혼자 결정할 일이 아니다. 천하오쑤가 전근한 뒤에도 그가 관할하던 학교부 역시 후진타오가 맡게 되었다. 커유무 바우둥이 신장으로 자리를 옮긴 다음에도 전국청년연합회 주석인 그가 통전부의 일을 관장하게 되었다.

그 결과 단중앙에서 국제연락부의 사업을 제외하고는 기타 선전, 조직, 학교, 소년사업위원회, 연구실, 직속기관 등을 모두 후진타오가 관할하게 되었다. 적어도 명목상 책임지고 관리하는 인물이 된 것이다. 그런데 후진타오는 머리가 셋이고 팔이 여섯 개나 달린 것처럼 이 모든 것을 빈틈없이 소화해냈다.

공청단 11차 대표대회 이후 단중앙기관 전체회의에서 새로운 단중앙서기처 서기들이 한자리에 모이게 되었다. 이 회의가 있은 다음 어떤 사람들은 새로 선출된 1인자와 2인자에 대해 "왕자오궈는 목청이 높고 후진타오는 인물이 미남형이다"라고 평가했다. 왕자오궈가 11차 단대표대회에서 연설할 때 덩샤오핑과 천윈, 후야오방이 참석해 그의 목소리를 듣고 만족한 듯 고개를 끄덕였다고 한다. 후진타오는, 패기는 왕자오궈보다 못하고 목청도 가늘었지만 인물이 출중한데다 품위가 높은 것으로 평가를 받았다.

권력 각축장의 예선시합

당중앙과 또 한 가지 같은 점이 있다면 단중앙도 권력 각축장이라는 것이다. 이에 대해서는 후진타오가 단중앙으로 오기 전부터 언급해야 한다.

단의 11차 대표대회 전 단중앙서기처 성원들을 보고 덩샤오핑, 후야오방 등은 별로 만족해하지 않았다. 이 지도부에 훗날 덩샤오핑과 후야오방의 신임을 얻고 중임을 맡은 정계 스타가 없다는 뜻은 아니다. 예를 들면 리루이환과 후치리가 그 대표적인 인물이다. 그런데 그들은 단중앙서기처에서 일한 시간이 얼마 되지 않고, 단지 이름만 걸어두고 다른 부서에서 일했다. 후치리는 1978년 칭화대학 부총장의 신분에서 단중앙으로 부임되어 왔다(그는 '문혁' 전에 이미 단중앙 후보서기였다). 그는 단중앙서기처 서기와 전국청년연합회 주석을 겸임했다. 그러나 그는 얼마 후 톈진시 시장으로 전임했다.

이 시기 단중앙서기처의 1인자는 한잉韓英이었다. 그는 원래 산시성 탄광 계통에서 기술원으로 있었다. 그러다가 '문혁' 후기인 1973년 5월 13일 산시성 성위서기로 임명되었다(후의 부서기에 해당한다-필자 주). 그는 세전화謝振華, 천융구이陳永貴, 장핑화張平華, 왕첸王謙 등과 함께 산시성을 책임지고 관리했다. '4인방'이 무너진 다음 그 주변에 있던 적지 않은 사람들이 정계에서 낙오자가 되었는데 그는 무난하게 통과되었다. 그리고 1978년 산시 제4차 당대표대회에서 성위서기를 연임하게 되었다. 후에 화궈펑이 산시 출신을 뽑아 단중앙을 정리할 때 그가 뽑혀 올라오게 되었다. 이렇게 되어 그는 단중앙 1인자가 되었다. 문화대혁명 시기 로케트를 타고 떠오른 그의 지위는 덩샤오핑이 화궈펑 등 보수파를 격파한 뒤부터 흔들리기 시작했다.

한잉은 재임 기간 동안 '신장정新長征 돌격수'를 평가하고 선발하는 활동을 진행했다(공청단 중앙에서 갖가지 사업을 위해 전국 청년 중 우수한 사람을 골라 그에게 '신장정 돌격수'란 영예를 수여한 작업이다-옮긴이). 그는 이 형식으로 당중앙의 사업 중심을 현대화 건설로 옮아가려는 전략에 발맞추려 한 것이다. 동시에 그는 정치사업 부문과 군중단체 등과 협력해 문화를 꽃피우고 예절을 지키고 위생을 강조하는 등의 대중활동을 전개했다. 이것으로 '사회주의 문명'을 만회하려 한 것이다.

그런데 문혁 이후의 청년들은 보편적으로 '사상 위기'에 빠져 있었다.

1979년 사상해방운동 이후 청년들의 사상 논쟁은 더욱 활발해졌다. 그들은 당의 의식형태에 대해 점점 예리한 질문을 던졌다. 당중앙은 단중앙에서 '2인자 역할'을 충분히 하여 이들의 도전을 막아주기를 기대했다. 당중앙에 대한 충격을 덜어줄 것을 기대한 것이다. 당시 민간 간행물인 〈베이징의 봄〉이라든가 〈4·5논단〉, 〈탐색〉 등이 앞다투어 간행되었다. 이런 간행물에 잘못된 안건들을 시정해달라는 요구들이 실려 있었다. '정책을 제대로 실행하라'며 항의하는 사람들이 물밀듯 베이징으로 몰려들었다. 당중앙에서는 이런 상태를 막기 위해 단중앙에서 적극 나서서 사태가 더 이상 발전되지 않도록 했다. 투서 내용 중 적지 않은 부분은 공청단 사업과 관련된 것이었다. 이를테면 지식청년의 도시회귀, 청년들의 취직문제 등은 공청단 사업과 관련된 투서 내용들이다.

한잉 등도 일련의 조치를 강구했지만 별로 효과를 보지 못했다. 그 결과 그는 당중앙의 비판을 받아야 했다. 또한 '자산계급 자유화 비판' 때에도 전혀 힘을 쓰지 못했다. 이 시기 단중앙위원과 후보위원에는 왕쥔타오 王軍濤와 한즈슝韓志雄 등이 있었다. 그들은 1976년 '4·5운동' 때 저우언라이를 추대하고 '4인방'을 반대한 영웅들이다. 그들의 이런 행동은 톈안먼 사건이 수습된 이후 전국적으로 널리 알려져 청년들의 영웅이 되었다.

그런데 1970년대 말과 1980년대 초, 그들은 민주운동의 선두주자가 되었다. 그들은 글을 발표하고 연설을 하는 등 활발한 민주운동을 전개했다. 왕쥔타오는 자신이 공부하고 있는 베이징대학에서 하이뎬海淀구 인민대표 선거에 나섰다. 그리하여 또 한 번 이름을 날리게 되었다. 그들은 자신들의 이런 행동이 '4·5' 정신을 발휘하는 것이라고 인식했던 것이다. 그러나 당국에서 볼 때 이들은 사람들에게 좋지 않은 본보기로 나서고 있다고 편단했다. 당중앙에서는 한잉에게 현 상황의 '불안 요소'인 왕쥔타오 등을 제거하고, 그 파급력을 '단 내부'에서 최대한 억제하여 사회 전반으로 퍼지지 않도록 요구했다. 그런데 이것은 이미 한잉 등의 힘으로는 불가능한 일이었다. 결과 당중앙의 불만만 더욱 부채질한 꼴이 되고 말았다. 한잉의 설득과 요구에도 왕쥔타오는 뜻을 굽히지 않았다.

〈베이징의 봄〉은 1998년 8월호에 야이亞衣가 왕쥔타오를 취재한 인터뷰를 실었다. 「정치는 책임과 지혜 그리고 선의善意다」는 제목의 이 글에서도 한잉이 속수무책이었다는 내용을 언급한 부분이 있다.

나는 1978년 공청단 제10차 대표대회의 대표와 주석단 성원으로 선출되었다. 그리고 10차 대표대회에서 단중앙 후보위원으로 당선되었다. 1980년 단중앙에서 회의를 소집했을 때 당시 제1서기인 한잉은 서기 두 명과 부장 세 명을 파견해 베이징 소조의 토론에 참석하도록 했다. 나를 처분하려 한 것이다. 그런데 후야오방이 이를 제지시켰다. 후야오방이 외지에서 베이징으로 돌아오는 날 한잉이 공항에 나가 그를 영접했다. 그는 후야오방에게 나의 문제를 보고했다. 후야오방은, 젊은 사람들이니 새로운 문제를 토론하는 것도 무방하다고 대답했다. 비판은 하되 조직적인 처분은 내리지 말라고 지시했다.

〈인민일보〉부주필을 맡았던 왕뤄수이王若水가 1994년 2월 27일 미국의 〈월드 뉴스〉에 「민주벽에 대한 지나간 한 가지 사실」이란 제목으로 글을 발표했다. 그는 다른 관점에서 당시 민주운동에 대해 소개했다. 그는 글에서 다음과 같은 사실을 밝혔다. 1979년 12월 13일 당시에 중앙비서장이며 중앙규율검사위원회 제3서기이고 중앙선전부 부장이었던 후야오방은 〈인민일보〉총편집인 후지웨이와 부총편집인 왕뤄수이, 중앙선전부 부부장인 주무즈朱穆之, 공청단 중앙 제1서기인 한잉을 자기 집으로 불러 대화를 나눴다. 후야오방은 화궈펑, 덩샤오핑, 그리고 자신에게 의견을 묻는 공안부의 보고서를 그들에게 보여주었다. 이 보고는 〈4·5논단〉의 책임자 쉬원리徐文立가 11월 15일 〈인민일보〉독자편지부에 가서 류칭劉靑을 석방해달라고 쓴 편지를 중앙에 전달해 달라고 했으며, 왕뤄수이가 그들을 접견했다는 내용이었다. 당시 쉬원리는 단중앙에서도 자기네의 요구를 지지한다고 말했다는 것이다. 이 보고를 접한 덩샤오핑은 "왕뤄수이 등은 이 사실에 대해 정식으로 보고를 올려야 한다"는 지시를 내렸다. 그리고 화궈펑은 후야오방에게 "주무즈와 한잉 등에 건의해 처리하도록 하라"는 지시를 내렸다.

이에 대해 왕뤄수이는 다음과 같이 쓰고 있다.

한잉은 후야오방 앞에서 억울하다고 변명했다.
"그런 사람들은 정말 설득하기 너무도 힘듭니다. 우리논 그들보다 책을 많이 보지 못한 것이 단점입니다."
한잉은 왕궈타오를 불러 그때의 대화 내용을 말해주고 나서 이렇게 말했다.
"이런 청년들은 우리와 생각하는 것이 같지 않습니다. 그들은 중국이 사회주의가 아니라고 주장합니다. 중공이 정권을 건립한 이후 문화대혁명 때까지의 17년도 사회주의가 아니라고 봅니다. 그렇기 때문에 일본보다 떨어진 게 아니냐고 질문하는 것입니다. 이게 무슨 관점입니까? 그런데 그는 자신의 관점에 대해 자신이 있다는 것입니다."
한잉은 또 왕궈타오의 부친을 찾아 도움을 청했다. 그러나 그의 부친도 아들을 설득하지 못하겠다고 했다.

단순 설득으로는 아무런 효과를 볼 수 없게 되었다. 그리고 그들에게 법적 처분을 내리는 것에는 후야오방이 동의하지 않았다. 한잉 등이 '자산계급 자유화'를 부르짖는 '민주운동 청년'들을 처결하려고 하지 않은 것이 아니라 그로서는 별다른 방법이 없었던 것이다.

'태지당'을 공중투하한 풍파

중앙에서 한잉 등을 파면하려고 한 직접적인 도화선은 1981년 8월 공청단 11차 3중 전회에서 당중앙에서 네 명의 간부를 추천해 단중앙서기처에 배치한 사실이다. 당시 공중 투하한 네 명은 커유무 바우둥, 왕젠궁, 천하오쑤, 허광웨이다. 그중 두 명이 '태자당'이다.

이처럼 중공당중앙에서 군중조직의 지도자를 임명하는 것은 중공의 관례다. 공청단은 완전히 공산당을 따르는 정치조직이니 더 이상 더 말할 나위도 없다. 과거에도 이렇게 해왔기 때문에 이를 부당하다고는 생각하지 않았다. 후야오방도 이런 방법으로 마오쩌둥이 쓰촨에서 불러올렸고, 한잉도 마찬가지로 화궈펑이 산시에서 불러올린 인물이다. 그들에게 단중앙은 완전히 독립된 군중조직이 아니다. 이것은 공산당의 '청년사업부'나 다름없다.

후야오방은 별 부담 없이 단중앙의 인사문제를 결정하고 한잉 등에게 통보했다. 그러나 어쨌든 단중앙이 공식적으로는 당중앙에 속해 있는 부서가 아니기 때문에 합법성에 문제가 생긴다. 때문에 단중앙 전원회의에서 위원들의 거수로 통과시키는 형식을 밟아야 한다.

그런데 그 누가 알았으랴? 과거에는 그 누구도 이런 형식에 대해 아무런 이의를 제기하지 않았다. 하지만 이번에는 단중앙위원들이 반발하고 나선 것이다. 어쩌면 당시 베이징과 전국에 민주운동이 활발하게 전개되면서 단중앙위원들이 '계몽啓蒙'된 것인지도 모를 일이다. 또는 그 네 사람이 오면 원래 자기 입에 들어오게 되어 있는 고깃덩이가 다른 사람의 입으로 넘어가기 때문일 수도 있다. 아니면 한잉을 따르던 사람들이, 당중앙에서 다음 파면대상으로 자기들을 겨냥할지도 모른다는 불안을 느꼈기 때문일 수도 있다. 그 결과 단중앙 전회의 소조 토론 때 적지 않은 사람들이 불만을 갖게 되었다. 고급간부 자식들이라고 해서(모두 그런 신분은 아니었다) 뭐가 더 잘난 데 있는가? 그들이 덕이 있는가, 아니면 지식이 많은가? 앞으로 단사업을 어떻게 한단 말인가? 왜 오랫동안 단중앙에서 단사업을 해온 사람은 승진시키지 않는가? 이런 불만의 목소리가 높았다.

그들이 원래 직장에서 단중앙의 서기처 서기로 온다는 것은 완전히 '헬리콥터'를 탄 것과 다름없다는 것이다. 단중앙위원과 후보위원 중 전직 단간부가 아닌 왕쿼타오 같은 사람은 심지어 "당중앙에서 단중앙의 인사를 결정한다면 군중조직의 권리는 과연 어디에 있는가"라고 질문하기까지 했다.

중공 중앙조직부와 단중앙 재임 책임자들은 뜻밖의 일에 부딪치자 당황했다. 그들은 조를 나눠 밤을 새워가며 불복하는 사람들을 설득했다. 그리하여 최후 선거 때 겨우 원래 계획대로 통과되었다. 그러나 득표수는 아주 적었다 그중 왕젠중은 유효 숫자인 절반에서 겨우 3표가 넘었다. 당중앙은 이에 난처함을 금치 못했다. 후야오방은 이후에 한잉을 호되게 비판했다. 그러나 이 비판으로 달라지는 것은 없었다. 그리하여 후야오방은 단중앙에서 전회를 열 때 단중앙 지도자를 물갈이 할 것을 결심했다.

덩샤오핑이 직접 선정한 왕자오궈

후진타오가 단중앙에서 주로 함께 일한 사람은 왕자오궈이다.

왕자오궈는 후진타오보다 일찍 단중앙에 들어온 사람이다. 그는 대표대회를 열기 석 달 전 후베이湖北 스옌시十堰市에 위치한 제2자동차 공장에서 단중앙으로 전근해 왔다. 1982년 9월 초 그들 두 사람은 당 12차 대표대회에 참석했다. 그때까지만 해도 당중앙에서는 후진타오를 단중앙으로 전근시킬 의향이 없었다.

중공중앙서기처에서는 9월 4일 12차 대표대회를 개최하는 자리에서 한잉을 비롯한 단중앙 상무위원과 왕자오궈를 불렀다. 당중앙서기처에서는 이 자리에서 단중앙 제1서기인 한잉을 파면하고 왕자오궈가 이를 인계한다고 정식으로 선포했다. 왕자오궈에게 즉시 단중앙에 가서 부임할 것을 지시한 다음, 한잉에게는 조직의 배치를 기다리라는 지시를 내렸다. 그는 후에 설립 중에 있는 북방석탄공사 네 번째 서열 부총경리로 임명되었다. 이 공사는 부급 공사이다. 한잉은 차관급이 된 것이다. 그가 단중앙의 1인자로 있을 때보다 반급 강등된 셈이다. 한잉은 관직은 지킬 수 있게 되었지만, 다시 중공 중앙위원이 될 수 없게 되었다. 왕자오궈가 12차 대표대회에서 중공 중앙위원으로 당선되었다. 후진타오는 그 대회에서 당중앙 후보위원으로 당선된 뒤 란저우로 돌아가 공청단 간쑤 성위서기의 자리를 지키게 되었다.

후야오방 등은, 당중앙에서 다시 사람을 파견했을 때 또다시 '공중낙하'라는 파문이 일지 않기 위한 방법을 모색했다. 그리하여 그해 11월 초에 공청단 10기 4중 전회, 즉 11차 단대표대회를 소집하기 전에 전체 단중앙위원과 대면하는 자리를 마련했다. 그리고 그 회의에서 그를 단중앙위원, 상무위원, 서기처 서기로 선출했다.

바로 1년 전에 절차를 소홀한 탓으로 하마터면 좌초할 뻔한 교훈을 살려 이번에는 중앙조직부 부부장 왕자오화王照華가 직접 대회에 참석해 모든 단중앙위원들에게 왕자오궈에 대한 당중앙의 심사경과와 심사의견을 전달했다.

그가 공포한 내용에 따르면, 왕자오궈는 1980년 덩샤오핑이 후베이 제2자동차 공장을 시찰할 때 발견한 인물이 분명했다. 당시 제2자동차 공장의 당위서기 황전야黃振亞가 덩샤오핑에게 사업을 소개할 때 왕자오궈의 공로도 함께 소개했다. 1976년 '덩샤오핑을 비판하고 우경 번안풍을 반격'할 때 분공장의 부공장으로 있던 왕자오궈가 이를 집행하지 않았을뿐더러 덩샤오핑을 비판하지 않았다는 내용이었다. 덩샤오핑은 그 말을 그냥 흘러넘길 수 없었다. 덩샤오핑은 왕자오궈를 만날 수 없겠느냐고 물었다. 그리하여 왕자오궈와 덩샤오핑의 첫 만남이 이루어졌다. 이 만남을 통해 덩샤오핑은 왕자오궈에 대해 깊은 인상을 갖게 되었다.

그러나 대회에 참석한 왕자오화는 왕자오궈를 빨리 승진시킨 이유가 덩샤오핑 한 사람의 추천 때문에 결정된 것은 아니라고 강조했다. 덩샤오핑은 당중앙 인사소조에 왕자오궈를 추천만 했을 뿐, 그 이후에 중앙조직부에서 그에 대해 여러 차례 검토했다는 것이다. 후베이성위에서도 성의 후보 간부 명단에 왕자오궈를 넣었으며, 후에 후야오방이 후베이에 시찰 갔을 때에도 왕자오궈를 단독으로 만나 면담할 기회가 있었는데 인상이 좋았다고 설명했다. 그뒤 왕자오궈는 중앙당학교에서 연수를 받았다. 일련의 과정을 거친 다음 당중앙에서는 신중하게 검토하고 토의한 결과 왕자오궈를 전국 청년들의 지도자 자리에 앉힐 것을 결정한 것이다.

그렇다면 왕자오궈에게는 결점이 없는가? 왕자오화는 이번 대회에서 그의 장점을 많이 소개했다. 그는 하얼빈공업대학 출신이며 "당성이 강하고 원칙이 분명하며 패기가 있다"고 소개했다. 또한 간부의 혁명화, 연소화, 전문화, 지식화의 정책에 어긋남이 없었다고 덧붙였다. 왕자오화는 동시에 그의 결함에 대해서도 세 가지나 제시했는데, 이렇듯 좋지 않은 점까지 소개하는 것은 예전에는 드문 일이었다. 왕자오궈의 첫 번째 결함은 그가 '원로 동지들을 너무 조심스럽게 대한다'는 것이다. 두 번째 결함은 그는 장기간 기층에서 기술과 기업 관리에 종사했기 때문에 청년들의 정치사상공작에 대한 경험이 모자란다는 것이다. 세 번째 결함은 그가 문화, 역사, 철학, 경제 등에 대한 지식이 부족한 것이라고 하면서, 문학작품 중에서는 중국 '4대 고대명작'만 읽었다고 덧붙여 소개했다.

왕자오화가 여기까지 말하자 아래에서는 수군거리며 서로 의견을 나누었다. 이 세 가지 결함이 단중앙에서 사업하는 데 치명적인 결점이 아닌가 하는 의심이 들었던 것이다. 하지만 당시 단중앙서기처 서기들은 이미 사전에 설득을 해놓은 상대였다. 때문에 그 누구도 공개적으로 실문한 사람은 없었다. 왕자오궈는 이렇게 순조롭게 단중앙 제1서기로 당선되었다. 후진타오는 당시 단중앙위원은 아니지만 공청단 성위서기의 자격으로 이 대회에 참석했다.

두 달이 지난 다음 중국공청단 11차 대표대회를 개최했다. 그리고 전체 대표들의 투표로 새로운 단중앙 지도부가 선출되었다.

전임 지도자들을 환송하다

후야오방은 단중앙 새 지도부에 대해 아주 큰 기대를 걸었다. 전임 지도부를 선출할 때는 화궈펑과 왕둥싱의 조종을 받았던 것이다. 후에 '모래를 섞으려는' 식의 조치를 취했지만 성공하지 못했다. 하지만 이번에는 자신이 직접 새로운 지도부를 구성했기 때문에 앞으로 당중앙의 의도를 제대로 집행할 것이라고 믿었다.

새로운 지도부를 구성할 때 당중앙에서 전혀 우려하지 않았던 것은 아니다. 왕자오궈, 후진타오와 왕옌둥은 모두 과거 공청단 사업경험이 없는 사람들이다. 때문에 전임 지도부에서 한두 사람을 남겨두어 인수인계의 실수를 면하기로 했다. 전임 단중앙의 핵심 인물들이었던 한잉, 류웨이밍 劉維明, 저우펑청周鵬程, 왕젠궁 등은 물론 다 내보내야 했다. 그러나 전임 단중앙서기처의 유일한 여성인 리하이펑은 새 지도부의 서기처 서기로 임명했다. 그러다가 적당한 자리가 나면 그때 다시 전근시키기로 했다. 아닌게 아니라 단대표대회가 끝난 지 얼마 지나지 않아 그녀도 단중앙을 떠났다. 그러나 단중앙에서는 전임 지도부에서 홍보를 책임졌던 가오잔샹高占祥만큼은 계속 새 지도부에 남도록 했다.

후야오방, 완리, 후치리 등은 '문혁' 전에 베이징 인쇄공이고 노동모범이며 후에 베이징시위 단위부서기였던 가오잔샹에 대해 전부터 알고 있었다. 그의 경력은 리루이환, 장바이파張百發와 거의 비슷했다. 가오잔샹은 사람됨이 정직하고 사업에 열성적이며 들떠 있지 않다는 평가를 받았다.

대륙에는 전국청년연합회에서 출간하는 〈중화의 아들 딸〉이라는 잡지가 있다. 1995년 6기에 「철공 출신인 장관 가오잔샹」이라는 제목의 글이 게재되었다.

1985년 소집한 중앙서기처 회의는 후야오방이 사회를 맡았다. 후야오방 동지는 회의에서 40세 전후의 인재를 성위서기로 등용할 수 없겠는가 하는 문제를 제기했다. 완리가 그의 말을 받았다.
"어찌 되지 않겠습니까? 우리가 성위서기를 맡을 때는 나이가 마흔도 안 되었지 않았습니까?"
이런 제의가 받아들여져 가오잔샹이 허베이성 성위서기로 출마하게 되었다. 당시 가오잔샹은 공청단 11차 대표대회의 비서장을 책임지고 있었다. 그는 원래 단중앙 서기를 맡게 되어 있었다. 이미 선거용지까지 다 인쇄해 놓은 상태였다. 그런데 왕자오궈가 중앙서기처 회의에서 가오잔샹은 단중앙에 그대로 남겨두는 것이 좋겠다고 건의하면서, 그에게 폐막사閉幕詞를 하도록 하는 것이 좋겠다는 의견도 함께 올렸다. 후야오방이 이에 대답했다. 폐막사는 그가 하기로 하고 그런 다음 허베이로 가도 되지 않느냐고 말했다. 이를 두고 '시를 한 수 써주고 길을 떠난다'라는 것이다. 아닌게 아니라 가오잔샹은 대회에서 폐막사를 한 다음 허베이로 가서 성위서기를 맡았다.

이 단락은 사실감이 있어 보이긴 하지만 오차가 너무 많다.
우선 연대가 틀렸다. 단의 11차 대표대회는 1982년 말에 개최되었지, 1985년이 아니다. 당시 왕자오궈는 아직 당중앙서기처의 회의에 참가할 자격이 없었다. 또한 믿을 만한 소식에 따르면 왕자오궈는 가오잔샹이 단중앙에 남는 것을 반대했다고 한다. 공청단 11차 대표대회를 마친 날은 마침 그믐이었다. 가오잔샹은 폐막사를 하지도 못하고 허베이로 갔다. 그 당시 가오잔샹이 전근하는 것은 결정되었지만 그를 어디로 배치하느냐는 아직 결정되지 않았다. 그러나 한 가지 사실은 분명하다. 당중앙은 마지막에 가오잔샹이 단중앙을 떠날 것을 결정했다.

공청단 11차 대표대회를 진행할 때 가오잔샹은 주석단 비서장을 맡고 있었다. 이미 인쇄한 공청단 중앙위원 후보자 명단과 단중앙 상무위원 명단, 그리고 단중앙서기처 서기 후보자 명단에 모두 가오잔샹의 이름이 들어가 있었다. 회의 기간은 10여 일이나 걸렸다. 회의기간 동안 비서장인 그는 누구보다 바빴다. 그런데 투표하기 전날 밤 갑자기 당중앙에서 새로운 결정이 내려왔다. 가오잔샹을 이번 단중앙 지도부의 성원으로 선출하지 말라는 지시였다.

이 지시는 너무도 돌발적이라 모두가 어리둥절했다. 후에 내막을 알아낸 사람의 말에 따르면, 단중앙위원회를 투표선거하기 전에 당중앙서기처 월례회에서 '새로운 단중앙의 주요 지도자'가, 가오잔샹이 계속 단중앙에 남는 것을 싫어한다는 말이 있어 인선이 바뀌게 되었다는 것이다. 다시 말해 전임 지도자가 남아서 이래라저래라 하는 것을 듣기 싫다는 것이다. 선거는 이제 내일 진행하게 된다. 때문에 선거용지를 다시 인쇄한다는 것은 불가능했다. 이때 당중앙에서 지시가 내려왔다. '(비록 서기처 서기로 선거하지는 않지만) 가오잔샹 동지는 단중앙의 중앙위원회와 상무위원회에 그냥 명단을 두어도 괜찮다'는 지시였다.

가오잔샹의 배치 문제는 한때 어려운 과제였다. 그가 맡은 단중앙서기처 서기는 차관급이다. 차관급 간부를 함부로 배치할 수는 없었다. 중앙에서는 얼마 전 왕런중王任重을 대신해 중앙선전부 부장으로 임명된 덩리췬鄧力群에게 문의했다. 선전부 부부장으로 임명하는 것이 어떤가 하고 의중을 떠본 것이다. 덩리췬은 지금도 부부장이 많아서 문제인데 부부장으로 한 사람이 더 온다면 일을 어떻게 분담하겠느냐며 한마디로 거절했다. 중앙에서는 또 국무원 문화부 장관인 주무즈에게도 문의해보았다. 가오잔샹을 문화부 차관으로 보내면 받겠는가 하고 물어본 것이다. 주무즈도 완곡하게 거절했다. 나중에는 허베이성의 제1서기 가오양高揚의 뜻을 알아보았다. 가오양이 좋다고 하여 허베이성 네 번째 서열의 성위서기로 가오잔샹을 임명했다. 그러다가 결국 다시 상경하여 문화부 상무차관과 중국 문화예술인연합회 당조서기를 겸했다. 가오잔샹은 단중앙에 계속 남아 있을 생각이 없었을 수도 있다. 그러나 너무도 급하게 단중앙을 떠난다는 것은 아무래도 그의 마음에 걸렸을 것이다.

당시 후진타오는 아직 정식으로 단중앙에 오르지 않았다. 그러나 그는 단중앙 지도부의 인사변동을 조용히 지켜보았다. 그는 아마도 단중앙 지도부의 인사변동을 지켜보면서 새로운 지도부의 구성원 역시 매우 복잡하기 때문에 조심하는 것이 좋겠다는 결론을 내렸을 것이다.

소년아동사업위원회를 취소한 데 대한 논쟁

후진타오가 단중앙에 정식으로 부임되어 왔을 때는 서기처의 서기들이 각자 자기의 역할이 있었다. 관례에 따르면 위로부터 아래로 하향 조절해 각 중층 간부들을 새로 위임하게 되어 있다. 단중앙 기관은 연령 제한이 아주 엄격하고, 과도적인 성격이 아주 강하기 때문에 누구든 이 자리에 오래 있지 못한다. 그래서 많은 사람들은 새로운 선택을 할 수밖에 없다. 계속 남을 것인가 아니면 떠날 것인가. 인사변동에 따라 한 부서를 없애야 하는 문제가 제기되었다.

중공은 한 가지 일상적인 법칙이 있다. 어느 정도 일정한 기간이 지나면 기구가 커지는데, 이에 따라 기구를 간소화하자는 목소리가 높아진다. 한번 수술을 진행하면 여러 부서를 한데 합친다. 이렇게 해서 간부를 적당히 줄인다. 그러나 시간이 얼마 지나면 또다시 사람들이 넘친다. 왕자오궈는 단대표대회를 소집하기 전에 당중앙의 지시에 따라 단중앙부서를 간소화하려는 계산이 서 있었다. 새로운 지도부를 세워놓은 다음 토론에 부쳐 실시하면 되었다. 원래의 청년노동자부, 청년농민부를 합병해 노농청년부로 하고 원래의 문예와 체육부를 선전부에 귀속시키려고 생각했다. 그리고 소년아동사업위원회를 없애고 그중 일부 사업은 학교부에 귀속시키기로 계획을 세운 상태였다.

단중앙은 특수한 기관이다. 단중앙이 특수한 기관으로 남게 된 것은 단 조직의 이중성 때문이다. 공청단은 대외적으로 '청년군중조직'이란 형상을 띠고 있으나 대내적으로는 당의 청년사업 부문을 책임져야 한다. 그 결과 특수한 기관이 될 수밖에 없다.

중화전국학생연합회는 대외적으로는 단중앙과 대등한 기구이지만 대내적으로는 단중앙 학교부에 소속된 대학처에 지나지 않는다.

중화전국청년연합회는 대외적으로는 단중앙을 능가한(규약에 공청단조직은 이 조직에 '가입'해 '단체회원'이 된다고 규정했다) 기구이지만 대내적으로는 단중앙 통전부에 불과하다. 통전부 부장이 전국청년연합회 비서장을 겸하고 일상 사무를 처리했다.

때문에 이론상 소년아동사업부의 기구설치 문제도 다른 두 기구의 방법대로 처리하면 된다. 즉 대외적으로는 '독립기구'지만 내부적으로는 단중앙 학교부에 귀속하는 한 개 처로 설치하면 된다. 그런데 소년아동사업부의 책임자와 그 밑에서 일하는 간부들이 강렬하게 반대의견을 들고 나왔다. 그들이 제기하고 나선 반대 이유는 소년아동사업과 단중앙 학교부의 사업은 내용과 성격, 그리고 임무가 완전히 다르다는 것이다. 때문에 합병할 수 없다는 의견이었다.

그들의 반대 목적에는 자기 자리를 지키려는 실리적인 면도 없지 않아 있을 것이다. 그러나 그 반대 이유를 탁자 위에 올려놓아 공개했으니 이제 정당한 이유가 되었다. 공청단 11차 대표대회 시기 이 부서를 책임진 리치민李啓民이 왕자오궈와 가오잔샹 등을 찾아 자신의 의견을 피력했다. 그는 이들 뿐만 아니라 어지간한 사람들은 다 찾아다니며 자신의 의견을 지지해달라고 요청했다. 동시에 그는 대회선전처의 편집인을 찾아가 이 요구를 보고자료에 넣어달라고 부탁했다. 대회 보고자료는 당중앙의 관련부처에 송달하기 때문에, 당중앙에서는 이 문제를 다시 고려해 달라는 청원서나 다름이 없다고 보았다.

방금 부임한 후진타오도 리치민의 면접을 받아들여 그와 대화를 나누었다. 후진타오는 그뒤 광저우에서 열린 전국소년아동사업회의에서 소년아동사업의 선배들로부터 충고를 들은 탓에 단중앙에서 이 문제를 섣불리 처리할 수 없게 되었다. 사방팔방에서 이 문제를 다시 고려해달라고 요청하는 사람이 아주 많았기 때문이다. 그리하여 단중앙에서는 원래의 계획을 취소하기로 했다. 즉 소년아동사업위원회를 단중앙의 다른 부와 대등한 기구로 그냥 두기로 한 것이다.

후진타오의 입장에서 보면, 당시 그가 생각했는지는 모르지만, 이 사건은 그에게 아주 유익한 결과를 안겨주었다. 이 부서의 취소가 보류되었기 때문에 그는 중앙 원로들의 부인들과 접촉할 수 있는 기회를 갖게 된 것이다. 원로의 부인들은 자기 남편이 이미 세상을 떠났든 않았든 정치 참여의식이 아주 강해 상당한 정치력을 갖춘 여성들이다. 그들은 자기 남편이 신중하게 처신하는 반면, 그에 대해 조심스러워하는 점이 적다. 그들에게는 "내가 큰누님인데 뭐가 두려워!"라는 자부심이 있다. 캉커칭(康克淸, 주더의 부인-옮긴이), 덩잉차오(鄧穎超, 저우언라이의 부인-옮긴이) 등 당내 원로들의 부인들은 각종 소년아동 관련 기금회에 이름을 걸고 있을 것이다. 후진타오는 소년아동사업을 관할하는 기구인 소년아동사업위원회의 상급 지도자로서 자연히 원로 부인들과 자주 접촉할 수밖에 없다. 그리고 그들은 자기 남편들에게 후진타오에 대한 인상을 이야기할 것이다. 언젠가 원로들은 어떤 사람을 추천할 것인가 하는 문제가 제기될 때면, 자연히 자기 부인이 칭찬한 '후진타오'를 떠올리게 될 것이다.

단중앙의 네 갈래의 세력

단중앙은 참새처럼 작은 기관이다. 그러나 오장육부가 다 있고 사람들의 구성도 아주 복잡하다.

단중앙의 인원 구성은 대체로 네 갈래의 세력으로 되어 있다.

첫 번째 부류의 사람들은 후야오방이 단중앙을 관장할 때부터 단중앙에서 일한 원로급 사람들이다. 단중앙의 임직원들은 장기간에 걸쳐 한 차례씩 다른 기관으로 승진해 나갔다. 그러나 학력이 높지 못하고 능력이 적은 사람들은 승진하지 못하고 그냥 제자리에 눌러앉게 된다. 그러나 그들은 당과 단에 모두 충성하고 사람됨이 정직하다. 그들은 비록 고위급에 오르지는 못했지만 과거 단중앙의 주요 지도자(후야오방, 후치리 등)들과 아주 밀접한 관계가 있으며 개인적으로도 매우 가깝게 지낸다. 그들은 당중앙 최고층과 직접 통할 수 있는 통로를 가지고 있다.

두 번째 부류의 사람들은 한잉이 단중앙 제1서기로 있을 때의 임직원들이다. 그들은 지방 공장과 광산 등 기업단위에서 정치사업을 하다가 상경해 단중앙에 자리를 잡은 사람들이다. 이들은 정계에서 오랫동안 일해 왔기 때문에 세력 범위를 묶을 줄 아는 사람들이다. 이들은 한잉 시기 이미 단중앙 중층의 주요 자리를 다 차지했기 때문에 절대 무시할 수 없는 실제적인 권력을 장악하고 있는 사람들이다. 그러나 그들은 자기들의 뒷심을 잃게 되었고 게다가 학력도 높지 못해 그들은 자기네의 권력이 제한될 수밖에 없다는 것을 너무도 잘 알고 있다. 그들은 끊임없는 연수과정을 거쳐 학력을 높이기 위해 애쓰고 있으며, 새로운 지도부 성원들과 함께 일할 의도가 있음을 온 몸으로 보여준다.

세 번째 부류의 사람들은 1982년 새로 단중앙에 배치받은 대학 졸업생들과 연구생들이다. 이 부류의 사람들은 중국에서 대학 진학시험을 다시 치르게 되었을 때 가장 먼저 대학에 입학한 사람들이다. 그래서 나이가 조금 많은 편이다. 앞에서 언급한 사람들과 거의 같은 연령대에 있다. 그런데 이들은 학력이 높은 대신 경험이 부족하다. 앞에서 언급한 두 부류의 사람들과는 정반대이다. 그들 중 어떤 사람은 포부가 커서 정계의 일정한 지위를 목표로 한 사람도 있다. 그러나 그들은 단중앙에서 일한 경험이 짧아 아직 자신들의 세력을 이루지 못했다.

골칫거리는 네 번째 부류의 사람들이다. 이들은 2, 3년 전에 단중앙에 '모래를 섞기 위해 배치한' 사람들이다. 이른바 '태자당' 사람들이다. 예를 들면 천하오쑤와 허광웨이 같은 사람들이다. 인원은 많은 편이 아니지만 공중투하된 사람들이어서 이미 모두 다 중요 부서의 자리를 차지하고 있다. 그들은 자기가 단중앙에서 일을 오래하지 않으리란 것을 잘 알고 있다. 그들이 단중앙에 배치받은 것은 다만 그것을 널로 삼아 다른 곳으로 뛰어 올라가기 위해서이다. 그들은 장기적으로 단중앙에 있을 생각이 전혀 없는 사람들이다. 때문에 그들은 권력에 대한 집념 외에는 다른 욕구가 없는 사람들이다. 그들은 다만 충성과 작은 꾀를 써서 상급자의 눈에 들려는 노·농 간부들을 존중하지 않는다. 그리고 후에 단중앙의 주요 권력을 장악한 왕자오궈와 후진타오에게 협조하지 않는 부류들이다. 그들은 툭하면 자기네 '큰아버지, 삼촌'에게 단중앙의 내부 일을 보고한다. 그러나 그들의 기본 자질을 보면, 새 시기의 '청년사업국면'에 대해 묘책도 없는 사람들이라 다른 부서에 갈지라도 별로 성과를 내지 못할 인물들이다.

그렇다고 '태자당' 사람들도 똘똘 뭉쳐 있는 것은 아니다. 천하오쑤는 군사사軍事史 연구를 전공했다. 그의 부친인 천이는 그에 대한 기대가 아주 컸다. 천하오쑤는 문체도 좋고 학자적인 기풍이 있다. 일반 관리들처럼 권세에 대한 탐욕이 많은 것도 아니다. 다만 그는 말을 함부로 하는데, 바라는 것이 특별히 없는 탓에 두려울 것이 없기 때문이다. 그는 전쟁에 대해 이야기할 때면 청산유수로 막힘이 없는데 벼슬길에서는 신통한 묘략이 없는 사람이었다.

이런 성격을 지닌 그는 기층에서 올라온 기관간부(주로 두 번째 부류의 사람들)들과 함께 어울릴 수 없었다. 오히려 후에 대학을 졸업하고 온 젊은이들과 대화가 잘 되었다. 그의 사상도 점차 개방되었다. 그는 단중앙에 있을 때 공산주의 교육을 확실하게 실시했다. 당시 청년들, 그중에서도 자기가 맡은 학교의 사업대상인 대학과 중학교 학생들의 '비정치화 경향'을 하루바삐 변화시켜야 한다고 인식했던 것이다. 그러나 후에 베이징시 부시장이 되어 문화교육과 위생을 관할할 때 그의 이미지는 완전히 바뀌어버렸다. 그 결과 리시밍李錫銘과 천시퉁陳希同의 불만이 매우 커졌다. 그는 점점 더 우경 쪽으로 나아갔다. 그는 베이징시에서 당대표대회를 개최할 때 선거에 참가하지 않겠다고 선포했다. 후에 그는 중국 방송텔레비전부의 차관 자리에 앉았다. "먹과 가까이 있으면 조만간 먹칠을 하게 된다"는 말이 있듯이, 예술인들과 가깝게 지낸 그의 사상은 더욱 자유롭게 변했다. 그 결과, 그는 중앙선전부 부장 왕런즈王忍之와 방송텔레비전부 장관 아이즈성과 함께 일을 할 수 없게 되었다. 그는 결국 1990년 3월 7일에 한직인 중국 대외우호협회 부회장이란 관직으로 자리를 옮기게 되었다. 최근 몇 년 사이에 그는 정계에서 이미 이름을 감추었다. 당시 나이가 겨우 49세인 장수의 아들이 이와 같은 길을 걸었다는 것은 정말 예사롭지 않은 일이다.

천하오쑤가 왕자오궈, 후진타오와 함께 어울릴 수 없는 것은 그의 성격과 선비적인 스타일 때문이라고 할 때, 허광웨이는 좀 다르다. 그는 권력에 대한 집념 때문에 그들과 손을 잡지 않은 것이다.

허광웨이는 또 다른 타입의 '태자당'이다. 그의 부친 허창궁은 천이처럼 먹물을 많이 먹지 못한 군인 출신이다. 또한 권모술수에 아주 능한 사람이다. 허광웨이는 자기 부친의 후광을 믿고 언제나 우쭐대며 다녔다. 그는 공개 장소에서 얕잡아보는 기색을 보이며 "그가 뭔데! 내가 그 자리에 있을 때 그자는 아직 배냇저고리나 입고 있었을 텐데"라고 헐뜯기까지 했다. 그러니 그의 눈에 왕자오궈나 후진타오 같은 사람은 더욱 보잘 것없는 존재였다. 그는 단중앙에 온 왕자오궈와 후진타오 때문에 밀려난 사람들을 자기 주변으로 끌어들여 하나의 동아리를 형성했다. 그들은 단중앙에서 수시로 파문을 일으켰다.

이들은 적을 물리치려면 먼저 두목부터 생포해야 한다는 술책을 썼다. 그들은 왕자오궈에 대해 손을 쓰기로 했다.

그들이 이와 같은 술책을 쓴 것은 후진타오가 '태자당'과 짝을 맞출 수 있는 사람이라고 인식한 데서 비롯된 것이다. 후진타오 장인의 지위로 보아 그가 '태자'는 못 되더라도 '부마'쯤은 될 것 같았기 때문이다. 그리고 제3인자인 류옌둥은 '혁명가의 후손'이다. 부친의 자격으로 말한다면 천이나 허창궁과 비해 손색이 없다. 그의 부친은 1926년에 입당했으며 장정에 참가한 사람이다. 관직은 화동군구 제2참모장 겸 후근부사령, 국가농업부 상무차관, 겸 당조부서기를 역임한 사람이다. 1983년에는 제6기 전국인민대표대회 상무위원이 되었다. 그런데 왕자오궈는 이런 튼튼한 배경이 없는 사람이다. 단지 덩샤오핑과 약간 관련이 있어 단중앙으로 올라온 사람이다. 그는 너무 빨리 승진했고, 앞으로 또 어떻게 승진할지 모르는 인물이다. 때문에 그부터 먼저 공격해야 한다는 것이 그들의 공통된 인식이었다. 후진타오는 단중앙의 제2인자이지만 그는 만사에 조심했고, 또한 단중앙 직속기관 당위서기이기 때문에 총무를 관장하는 허광웨이와의 접촉이 상대적으로 많았다. 두 사람 사이에는 그래도 별로 마찰이 없었다.

그런데 뒤에 상황이 역전되었다. 왕자오궈가 당중앙판공청 주임으로 자리를 옮기게 되었다. 이제 후진타오가 단중앙의 일인자가 된 것이다. 왕자오궈가 중앙판공청 주임으로 발탁된 이후에는 그의 날개가 더욱 튼튼해져 몇몇으로는 그를 당할 수가 없게 되었다. 그래서 어떤 사람은 왕자오쯔가 아니라 후진타오부터 먼저 공격하자고 주장했다.

사업태도가 엄격하고 인정과 사리에 밝다

개인생활에 대해 후진타오는 소문이 나지 않도록 무척 신경을 썼다. 그의 아내 류융칭은 그와 함께 베이징으로 전임해왔다. 처음에는 단중앙 귀속인 중국청년여행사에서 일했는데, 후진타오가 아내를 베이징시 건설위원회로 전근시켰다. 그 이유로는 첫째 '대학 전공'에 맞게 그녀의 재능을 더욱 잘 발휘할 수 있다는 것이요, 둘째는 "참외밭에서는 참외를 얻어먹게 된다"는 속담도 있듯이 가령 이후에 그녀를 승진시키거나 추천한다면 "한 사람이 득도하니 그 집 닭과 개도 승천한다"는 뒷공론을 피하기 위한 것이다.

그가 단중앙으로 전근해온 뒤 기관에서는 그에게 집을 마련해주었다. 그가 들어간 집은 기관총무처에서 관할하는 집이다. 그 아파트는 단중앙에 속하는 아파트 단지의 서쪽에 있었다. 급에 맞추어 후진타오에게 세 칸짜리 집이 배당되었다. 서향집이라 오후가 되면 집안이 너무 더웠다. 이런 집은 서기처 서기들의 집 중에서 가장 열악했다. 그러나 후진타오는 "기관의 집이 많지 않은데 이만하면 괜찮습니다"라고 말하면서 그 집에서 몇 년 동안 생활했다.

상급 관리들이 지방으로 내려가면 '먹고 마시는 풍조'가 상당히 심각했다. 이것은 중공 중앙에서 수차례 경고를 하며 방지하려 했으나 효과가 없었다. 사실대로 말한다면 상급 관리들이 게걸이 든 것은 아니다. 그러나 어떤 때는 그 형식에 발이 걸려 피할 수 없을 때도 있다. 단조직은 돈이 많거나 권력이 센 기관이 아니다. 그러나 단중앙서기가 사업차 지방에 내려가면 성시 자치구나 단성위에서 여전히 산해진미로 그들을 대접했다. 동시에 중공 성위 제1서기와 공청단 사업을 관장하는 성위서기, 그리고 성위 선전부장을 초청해 함께 배석하게 되어 있었다.

단중앙 관리들은 이런 때면 골치가 아프다. 그들은 모두 정계에서 일정한 기대치가 있는 사람들이다. 결코 먹고 마시는 데 취미가 있는 사람들이 아니다. 그런데 이 사실이 중앙규율검사위원회에 신고가 들어가면 그의 앞날은 엉망이 되고 만다. 그렇다고 이를 제지한다면 상하급 관계가 어려워진다. 예를 하나 들어보자. 후에 서기처 서기로 온 리위안차오는 선비형 관리였다. 그는 지방으로 내려갈 때면 꼭 중앙에서 규정한 대로 '반찬 네 개에 국 한 사발'을 지켰다. 그렇지 않고 더 많은 반찬을 올리면 아예 자리에 들지 않거나 아니면 자신이 밥값을 계산했다. 그럴 때면 아래 성단위서기들은 그렇게 하지 말라고 불편한 심기를 드러내, 결국 서로 기분이 상하게 되고 만다. 지방 단위서기들의 체면이 떨어지게 되는 것은 당연하다.

후진타오는 이런 접대에 대해 자신만의 묘책을 가지고 있었다. 그는 아랫사람들에게 인정에도 맞고 사리에도 어긋나지 않게 행동한다. 지방에서 접대하는 그들에게도 고충이 있을 것이다. 그들은 단중앙에서 시찰 내려온 기회를 이용해 단중앙 지도자들과 교류하여 앞으로 사업상 도움을 받으려는 것이다. 너무 딱딱하게 원칙만 지킨다면 그들의 체면을 깎는 것이 되고 그들에게 압력을 가하는 것이 될 수도 있다. 그러니 지방에서 연회에 참가할 때면 유연하게 처리하는 것이 바람직하다. 그는 지방에 내려가면 먼저 단성위에 귀띔을 해준다. "너무 지나치게 연회상을 차리지 말라"고 알려주는 것이다. 그리고 단성위에서 정식으로 연회를 준비했다면 성과 시의 책임자들과 부담없이 술을 마시며, 여러 지방의 관리들과 한자리를 갖는다. 그는 이렇게 자기 아랫사람들의 체면을 살려주고 자신의 도리도 지켰다.

그는 시찰을 내려가서 돈 때문에 그곳 사람들을 난처하게 하지 않았다.

그러나 귀경한 다음에는 비서를 시켜 꼭 그곳에 밥값을 보내도록 했다. 그중에서 많은 사람들이 알고 있듯이, 그가 광시廣西로 시찰갔을 때의 일이다. 꼭 연회에 참가해야 되기 때문에 부득불 참석하긴 했지만 귀경한 뒤에 비서를 시켜 밥값 30원을 송금해주었다. 이 돈은 당시 그의 월급의 10분의 1 정도 되는 액수였다.

후진타오가 실제로 경험한 일에 대해서는 단중앙기관 간부들에게 더 많은 이야기를 들을 수 있을 것이다. 당시 단중앙에는 '후야오방 시기의 훌륭한 전통'을 이어받아야 한다는 구호가 있었다. 그들은 청소부가 아닌 자기 스스로 청소를 했다. 복도와 계단, 위생실은 층별로 있는 부서에서 당번으로 돌아가며 청소했다. 단중앙서기와 부장들도 이 당번을 지켰다.

왕자오궈는 자기가 당번이 되는 날이면 누구보다도 일찍 나와 청소를 했다. 그러나 후진타오는 왕자오궈와 달리 거의 청소를 한 적이 없다. 그와 함께 당번을 서는 단중앙 연구실의 젊은 간부가 일찍 나와 청소했기 때문이다. 후진타오는 그에게 감사했다. 이 사실은 그가 실사구시적이고 형식에 얽매이지 않는다는 것을 보여준다. 후진타오는 매일 사무실에서 새벽 한두 시까지 일을 보고 귀가했다. 이 시간이면 엘리베이터도 작동하지 않고 문도 잠겨 있을 때다. 그는 걸어서 수위실까지 내려가 수위에게 문을 열게 했다. 서기는 서기이지, 청소부가 아니다. 그는 이미 불철주야 공청단 사업을 위해 모든 심혈을 쏟아부은 사람이다. 때문에 일주일에 한 번씩 돌아오는 청소당번을 형식적으로 지키지 않아도 된다고 생각한 것이다.

후진타오는 겸손하다. 이에 대해서는 단중앙이나 그와 접촉한 다른 부서 사람들도 모두 잘 알고 있다. 작가 우자샹吳稼祥의 『16차 당대표대회 각축장』에 장쩌민과 후진타오를 비교한 대목이 있다. 장쩌민은 총서기가 되기 전에 가장 좋은 텔레비전을 덩샤오핑에게 바친 다음 바닥에 꿇어앉아 텔레비전의 채널을 맞춘 적이 있었다. 그러나 총서기가 된 다음에는 덩샤오핑의 부인 쥐린卓琳의 전화도 받지 않았다. 쥐린은 너무도 화가 나 자결할 생각까지 했다고 한다. 그러나 후진타오는 사람됨이 아주 겸손하며 온화하다. 그는 권력이 크든 작든 누구에게나 다 겸손하게 대했다. 우자샹은 이런 실례를 들었다.

L은 나의 친구이다. 그의 동창생은 당시 단중앙 제1서기 후진타오의 비서를 담당하고 있었다. L이 전화를 걸어 후진타오의 비서를 찾았다. 그런데 마침 후진타오가 그 전화를 받았다. 후진타오는 매우 조용한 목소리로 그분은 지금 계시지 않는다고 대답했다.
"당신은 누구요?"
L이 큰 목소리로 물었다.
"저는 진타오라고 합니다."
"누구라고요?"
L이 또 한 번 반복해서 물었다.
"저는 진타오입니다."
저쪽에서 아까와 같은 목소리로 대답했다. 조금도 음성의 변화가 없었다.
"잘 들리지 않는데요. 조금 크게 말하면 안 되겠습니까?"
"저는 진타오입니다."
목청이 조금 커졌다. 그러나 어투에는 전혀 변화가 없었다. L은 그제야 누가 전화를 받은 것인지 알고 미안하다는 말을 남긴 뒤 전화를 끊었다.

도중에 엎어진 왕자오궈, 앞선 후진타오

일반 사람들은 후진타오를 언급하게 되면 서설보 왕자오궈가 연상된다고 말한다. 지금 그들의 지위는 많이 변했지만 그래도 서로 연상되는 부분은 많다. 그들이 단중앙에서 같이 일한 시간은 별로 길지 않은데, 1년

반 정도 되었을 것이다. 1982년 12월 그들은 각각 단중앙서기처 서기로 당선되었다. 1984년 5월 왕자오궈는 한 급 더 승진해 중공중앙판공청 주임으로 발탁되었다. 왕자오궈는 비록 승진했지만 그가 책임진 단중앙 제1서기 직무는 그대로 가지고 있었다. 그해 11월 말 당중앙에서 후진타오를 제1서기로 임명하고 단중앙위원회에서 정식으로 투표해 제1서기 직무를 인수인계했다. 왕자오궈가 당중앙판공청 주임으로 승진한 다음부터는 기실 후진타오가 단중앙 사업을 총괄했다.

사람들이 그 두 사람을 서로 비교해서 생각하는 것에 전혀 이유가 없는 것은 아니다. 후진타오와 왕자오궈는 여러 면에서 비슷한 점이 있다.

우선 그들은 연령이 비슷하다. 왕자오궈는 1941년생이다. 후진타오보다 겨우 한 살 위다. 그들은 둘 다 1960년대에 대학을 졸업했고, 공과를 전공했다. 그들은 문혁 시기 베이징에서 먼 곳으로 내려가 기층에서 일한 경험이 있다. 또한 그들은 모두 1980년 중공 권력기구 신구교체 시기에 덩샤오핑 등 중공원로들의 추천으로 심사를 받은 다음 정계에 활동하기 시작한 사람들이다.

사람들이 그들을 함께 연상하는 주된 이유는 두 사람 모두 중공 정계의 '공청단파'에 귀속시켜 논하기 때문이다. 두 사람 다 후야오방과 일정한 관계가 있다.

후진타오와 왕자오궈의 정계의 출발은 가히 인생의 행운이라고 하겠지만, 그들의 정계 궤적을 따져보면 역시 선명히 가려낼 수 있다. 두 사람의 상승곡선의 정상 수치에 5, 6년의 차이가 있다.

왕자오궈는 먼저 잘 나가다가 어느 순간에 뒤처지고 말았다. 그는 불혹의 나이에 하늘로 뛰어올랐으나, 중국 정계에 "이름을 널리 알린 뒤 웃음 끝에 울음"이라는 말이 있듯이 그만 강등되고 말았다. 최근 몇 년간 그는 다시 천천히 상승곡선을 긋고 있다.

하지만 그는 한때 중앙관리에서 지방관리와 부문관리로 강등된 경력을 가지고 있다.

후진타오는 그의 뒤를 따랐다. 상경한 그는 관급에서 계속 왕자오궈보다 한 급 낮은 자리에 있었다. 그도 단중앙 제1서기로 있다가 지방 변경지역의 관리로 몇 년 있었다. 그런데 지천명의 나이에 운이 풀리기 시작해 하루아침에 '6인지하, 억인지상'인 '당과 국가의 지도자'의 한 사람이 된 것이다. 제15차 당대표대회에서는 또 한 차례 승진을 하여 당내 서열 제5위가 되었다.

두 사람의 궤적을 분석해보면 왕자오궈는 1987년에 갑자기 강등되어 별 문제없이 승진의 길을 걷는 후진타오의 뒤에 서게 되었다.

그렇다면 1987년에 무슨 일이 일어났는가?

1987년 중국 정계의 가장 큰 변화는, 연초에 당내 보수파들이 비정상적인 재선 경로를 이용해 후야오방을 당내 일인자에서 물러나게 한 것이다. 후야오방은 핍박을 이기지 못해 당총서기 자리를 내놓았다. 보수파들은 당내 개혁파와 사회민주세력에 대한 전면적인 공격을 감행했다. 그러나 몇 달 뒤에 중공 중앙의 새 총서기 자오쯔양趙紫陽이 이 공격을 진압했다. 뒤이어 제13차 당대표대회에서 '사회주의 초급단계'라는 새로운 구호를 제시했다. 동시에 정치체제에 대한 초보적인 개혁을 시도했다. 이것이 왕자오궈가 뒤처지게 된 외부 상황이다.

그런데 무엇 때문에 후진타오는 영향을 받지 않았는가? 어떤 사람들은 이에 대해 이렇게 분석하고 있다. 중공 정계에 커다란 변동이 일어날 때 왕자오궈는 중요한 부서에 있었고 정계 소용돌이 중심에 서 있었다. 그런데 후진타오는 당중앙과 멀리 떨어진 곳에 있었기 때문에 그 소용돌이를 피할 수 있었다는 것이다. 이 분석에 일리가 없는 것은 아니지만 충분하지는 못하다. 반드시 두 사람의 사상 이념과 경험 소질 및 사람됨 등의 내적 요소를 놓고 구체적으로 분석해야 한다.

이제 그 두 사람을 단중앙의 표를 통해 비교해보자.

기간	후진타오	왕자오궈
1980년	간쑤성건설위원회 부주임(부청장급)	제2자동차공장 보디분공장당위서기(정처장급)
1982년 초	직무 위와 같음	제2자동차공장 부공장장(부청장급)
1982년 말	공청단 중앙서기처 상무서기(부성장, 차관급), 중공중앙후보위원	공청단 중앙 제1서기(정성장, 장관급), 중공중앙위원
1984년 말	당중앙 제1서기	중공중앙판공청 주임
1985년 말	구이저우성위 제1서기(정성장, 장관급), 중공중앙위원	중공중앙서기처 서기
1987년	직무 위와 같음	푸젠성 부성장, 대리성장(정성장, 장관급)

타고난 1인자, 타고난 2인자

공청단 11차 대표대회가 있은 다음 단중앙 기관에서는 즉시 왕자오궈와 후진타오에 대해 평가를 내렸다. 이 두 사람은 가장 좋은 파트너이다. 왕자오궈는 '타고난 1인자'이고 후진타오는 '타고난 2인자'라는 평가였다. 하지만 이 평가에는 아첨하는 요소가 있는데, 주로 왕자오궈에 대한 아첨이라고 해야 할 것이다. 물론 후진타오에 대한 부정은 없다. 그러나 이 말을 들은 후진타오의 마음이 편할 리 없었을 것이다.

하지만 그로부터 10여 년 사이의 변화를 보면 이 평가가 완전히 틀렸음을 알 수 있다. 왕자오궈는 후에 푸젠성 부성장, 대리성장을 역임했는데 2인자로도 합격이었다. 그리고 후진타오는 지방에서 1인자로 있었는데 그 역시 훌륭하게 그 역할을 해냈다. 그러니 "장군이나 재상은 타고난 것이 아니다"라는 옛말이 틀림없다.

사실상 단간부들, 기관의 간부들이나 각 성의 단간부들은 후진타오를 '총관總管'이라고 보았다. 왕자오궈는 1983년 봄 복막염에 걸려 입원했다. 몸이 많이 회복되자 단중앙서기처 회의 때마다 회의에 참석하긴 했다. 그리고 중난하이 보고 때에도 빠진 적이 없다. 또한 서기처 서기들과 중층 간부들이 병문안을 자주 가서 사업상황을 보고했다. 그러나 단중앙 사업은 후진타오가 주관했다. 이 시기 후진타오는 각 성시로 자주 사업시찰을 다녔다.

이 두 사람의 성격을 볼 때 많은 차이가 있음을 알 수 있다. 왕자오궈는 패기가 있고 결정 지을 일이 있으면 대담하게 처리한다. 그러나 후진타오는 이와 반대로 조심성이 있고 매우 세심하다. 왕자오궈의 사업 태도를 보면 과격한 면도 있지만 후진타오는 유연하게 처리한다. 이것은 하급에 대해 처리할 때의 차이점일 뿐 상급에 대해서는 별로 큰 차이가 없다. 왕자오궈도 원로들 앞에서는 무조건적인 복종형이다.

후진타오와 왕자오궈가 단중앙 서기로 당선된 다음 그들에게 부여된 직무가 갑자기 많아졌다.

왕자오궈의 직무는 단순히 공청단에 국한된 게 아니라 넓은 활동 범위에서 이루어졌다. 중공 정당공작지도위원회 위원과 중일친선 21세기위원회 중국측 수석위원 뿐만 아니라 '후베이 대표' 자격으로 제6차 전국인민대표대회에 참석해 상무위원으로 당선되었다. 그러나 후진타오는 상대적으로 공청단 계통내의 직무가 많았다. 그는 전국청년연합회 주석과 소선대공작위원회 주임을 역임했다. 그후 1983년 제6기 전국정치협상회의 상무위원으로 당선되었지만 역시 공청단 계통의 대표 자격으로 당선된 것이다.

왕자오궈는 후베이에서 처음 상경했기 때문에 당중앙에 성과를 보여주기에 급급했다. 그는 단중앙에 오자마자 각 부와 각 부처에 '업무진행도'를 크게 써서 벽에 붙이게 했다. '이것은 과학적 관리 순서를 세우는 것'이라고 강조했다. 그는 단중앙에서 오랫동안 일한 간부들에 비한다면 자기는 기층에서 기업을 관리한 경험이 더 풍부하다는 것을 잘 알고 있었다. 때문에 그는 이 방면에서 자기의 장점을 발휘히려 한 것이다.

왕자오궈와 마찬가지로 후진타오도 기층에서 일한 경험이 있다. 그러나 왕자오궈보다 기층 기관에서 일한 기간이 길다. 1969년 그는 수리전력

제4국 분국에서 비서로 있었다. 1971년에는 분국 당총지서기가 되었고, 1974년에는 성정부 기관에서 비서로 있다가 부처장의 자리에 앉았다. 후진타오는 중국 정계에 대해 피부로 체험한 경험이 있다.

후진타오가 1980년 성건설위원회 부주임으로 발탁되었다. 당시 처급에 있던 왕자오궈보다 반급이 높았다. 그러나 얼마 지나지 않아 왕자오궈는 덩샤오핑이 발견한 인재라며 당중앙에서 정중하게 배치해 일약 성급으로 부상했다. 그러니 그의 기세가 높아지지 않을 수 없었다. 그런데다 후진타오가 왕자오궈의 조수로 선정되었다. 그는 왕자오궈를 존중해야 한다는 것을 누구보다 잘 알고 있었다. 언론에 보이는 것이나 서열을 따지는 것, 그리고 좌석을 배치하는 일 등 여러 면에서 후진타오는 왕자오궈를 언제나 앞장세웠다. 그리고 중대한 정책을 결정할 때면 그는 언제나 왕자오궈에게 최후 결정권을 주었다. 그리고 그는 왕자오궈가 결정한 것을 최선을 다해 집행했다.

기관 간부들은 왕자오궈가 아랫사람들에게 자주 훈계하는 것을 보아 왔다. 왕자오궈는 일반 간부뿐만 아니라 일정한 급수가 있는 간부에게도 툭하면 훈계를 했다. 심지어는 부하가 있는 장소에서도 훈계를 하곤 했다. 사실 왕자오궈 입장에서는 이렇게 하는 것이 자기가 원칙이 있고 누구에게나 공평하게 대한다는 것을 보여주기 위함일 수도 있다. 그러나 당사자들은 권세를 믿고 아랫사람들을 마구 다스린다는 느낌을 받게 된다. 때로는 분수를 지키지 못해 과분할 때도 있었다.

1983년 단중앙에서는, 장애인 여성 장하이디張海迪가 불굴의 정신으로 독학을 해 훌륭한 성과를 거두었다고, 청년의 좋은 모범이라며 대대적으로 선전했다. 이때 그 일을 가장 먼저 취재했던 기자에게 한 가지 의문점이 생겼다. 정말로 장하이디의 전국 대학입시 성적이 자신이 말대로 424점일까? 그 기자는 내부 참고를 작성하여 〈신화사〉의 관련 규정에 따라 이를 상급에 보고했다.

왕자오궈도 그 내부 참고를 볼 수 있는 급수였다. 문서를 본 왕자오궈는 노발대발했다. 그는 신화사 기자를 불러 따지듯 물었다.

"장하이디는 당신네 신화사에서 발견한 여성이 아니오? 우리 단중앙에서는 당신네 기사에 따라 선전했을 뿐이오. 우리의 선전에 대해 전국적으로 반응이 아주 좋소. 그런데 이제 와서 자기가 한 일을 스스로 부정하고 있으니, 이게 뭐요? 그리고 단중앙 몰래 중앙에 보고한 것은 무슨 심보요? 당신들은 어째서 일을 이렇게 처리하는 것이오?"

그는 또 신화사 책임자에게 전화를 걸어 불만을 표시했다. 그러자 신화사 책임자도 왕자오궈에게 미안하다고 사과했다.

공청단 중앙 제1서기가 뭔데 신화사에 이래라저래라 할 수 있는가? 신화사 책임자는 조직관계를 모르는 사람이 아니다. 그가 왕자오궈에게 사과한 것은, '현물' 무역처럼 앞으로 왕자오궈가 더 높이 뻗어 올라갈 것을 예견했기 때문이다. 왕자오궈는 덩샤오핑이 발견했고 당중앙에서 엄격하게 심사해 중임을 맡긴 사람이다. 동시에 당중앙 총서기 후야오방은 공청단의 전임 서기처 제1서기다. 그러니 오늘은 왕자오궈가 단중앙 제1서기이지만 내일 어떤 중요한 직무를 담당할지 누가 알 것인가? 그래서 그에게 사과한 것이다.

상급의 말대로만 하는 왕자오궈, 비교적 민주적인 후진타오

내막을 잘 아는 사람들 말에 따르면, 단중앙 기관 사람들은 왕자오궈가 "위의 어르신네들이 어떻게 생각할지 모르겠다"고 말하는 걸 한두 번이 아니라 여러 번 들었다는 것이다. 한 번은 이런 일도 있었다. 회의를 끝내자 장내에서는 요란한 박수소리가 울렸다. 그런데도 왕자오궈는 마음이 놓이지 않았다. 그는 '어르신네'들이 저쪽에서 만족해한다는 소식을 듣고

서야 한시름을 놓았다고 한다.

1984년 후야오방이 중공 중앙을 대표해 일본 청년 3천 명을 초청해 중국을 방문하게 했다. 그리고 일본 청년들의 접대 임무를 단중앙에 위임했다. 왕자오궈의 정계 행보가 매우 활발할 때였다. 5월에 차오스의 뒤를 이어 당중앙 판공청 주임으로 부임했고, 이어서 후야오방이 추천해 중일친선21세기 중국측 수석위원을 맡게 되었다. 이것은 민간 단체이다. 일본측에서는 교수들이 이 단체의 책임자이지만 중국에서는 정부에서 이를 관장하기로 한 것이다. 왕자오궈를 제외하고도 위원으로 당선된 사람 중에 단중앙서기처 서기 류옌둥이 있었다. 왕자오궈는 당시 단중앙 제1서기 겸 중일친선21세기 중국측 수석위원이라는 두 개의 직함을 가지고 있었기 때문에 일본 청년들을 접대하는 것은 그의 직무에 속한 일이었다. 그리고 당중앙판공청 주임인 그의 지시에는 무게가 실려 있었다. 접대 차질을 방지하기 위해 그는 단중앙으로 돌아와 확대 간부회의를 소집했다. 그는 앞으로 몇 달간 단중앙의 '첫 번째 중대한 일'은 일본 청년대표단을 영접하는 일이라고 말했다. 각 부서와 직속 기관에서는 능력이 가장 뛰어난 간부를 파견해 접대 1선에서 뛰게 해야 한다는 지시를 내렸다.

회의석상에서 서기처 서기와 각 부장들은 "왕자오궈의 연설은 매우 중요하며 또한 즉흥적이다"라는 입장을 밝혔다. 가장 마지막으로 발언한 사람은 서기처에서 마지막 서열인 쑹더푸였다. 그는 먼저 "책임감 있게 왕자오궈 동지의 연설을 집행해야 한다"라고 말한 다음 완곡하게 말의 방향을 돌렸다. 그는 '능력이 가장 뛰어난 사람을 파견해'를 '가장 적합한 사람을 파견해'로 시정하는 것이 더 좋지 않는가라고 제기했다.(단중앙 기관과 직속 부처에서는 상급의 지시에 따라 3분의 2 정도 되는 간부가 일본 청년방문에 대한 홍보와 조직사업에 나서야 했다. 그러나 단중앙의 일상 사업을 포기할 수도 없는 일이었다. 그렇다고 단중앙 기관에 남게 되는 3분의 1이 '병약한 사람'들은 아니다. 쑹더푸는 기관에 남아 일상 사업을 총괄하게 되었다.)

쑹더푸의 말은 기관에 남아 일상 사무를 관리하는 간부들의 적극성에 손상을 입히지 않는 합리적인 건의였다. 그런데 그의 말이 끝나자 즉시 왕자오궈의 얼굴 표정이 달라졌다.

"뭐라고요? 가장 적합한 사람을 파견한다는 말은 무슨 뜻이오?"

왕자오궈는 더욱 강경하고 격렬한 어투로 지적하기 시작했다. 그의 지적에는 이런 뜻이 담겨 있었다. 즉, 어떤 부서에서도 본위주의를 앞장세워서는 안 된다. 다른 사업을 정지하더라도 일본 청년대표단을 원만히 접대해야 한다. 이것은 공청단의 중대사이다. 이를 절대 가볍게 여겨서는 안 된다. 만일 잘못되었다가는 추궁을 받을 것이다. 그 어느 단계에서 이 중대한 일에 영향을 준다면 그는 즉시 추궁받을 것이며 조직적 처분을 받을 것이다.

장내에 있던 몇십 명의 단중앙 부장급 이상 간부들은 모두 침묵을 지켰다. 쑹더푸는 무표정한 얼굴로 그의 말을 듣고 있었다. 그도 아무런 대꾸를 하지 않았다. 당시 그가 무슨 생각을 했는지는 그만이 알 뿐이다.

또 한 가지 사례가 있는데 이것도 〈신화사〉 내부 참고와 관련된 일이다. 1985년은 중국의 개혁개방이 한창 열기를 띠기 시작한 해다. 공청단 계통에서도 상하 일치하여 개혁개방에 일조하는 방법을 강구했다. 하나는 단원청년들의 요구에 따라 몇 가지 효과가 있는 활동을 진행하는 것이고, 다른 하나는 단조직 내의 개혁을 추진하는 것이었다. 즉 개혁개방 중에 공청단의 지위를 굳건히 하고 당지도자의 안목 속에서 공청단의 위치를 확보하자는 것이 그 목적이었다. 그리고 세 번째로는 단중앙의 비상금도 두둑하게 만들어보자는 계획을 세웠다. 단중앙 서기 리위안차오는 쓰촨성에 내려가 '새로운 형세하에서 단조직은 어떻게 자기의 이미지를 확보할 것인가'라는 주제를 놓고 좌담을 조직했다. 그는 이 회이석상에서 어느 성단위에서 기업을 꾸린 사실을 예로 들며 이에 대해 긍정적인 태도를 표시했다. 그의 이러한 태도는 취재차 참가한 신화사 기자의 관심을 불러

일으켰다. 그는 이 내용을 객관적인 시각에서 '내부 참고'로 써서 중앙에 보고했다.

당시 이미 당중앙서기처 서기로 부상한 왕자오궈가 이 '내부 참고'를 보았다. 그 당시 그는 중공 원로들이 단조직에서 기업을 창설하는 데 별 관심이 없다는 소문을 들었다. 그는 돌연 단중앙 처급 간부 이상 회의에 참석했다. 그는 리위안차오를 앞에 두고, 이름은 지명하지 않았지만 단조직에서 기업을 꾸리는 것은 '공청단 조직의 성격과 취지를 변질시키는 것'이라고 혹평했다. 왕자오궈는 몹시 격앙되어 말했다.

"지금 공청단을 없앤다 하더라도 또 다른 청년조직이 나설 것이라는 걸 믿습니다. 그 청년조직 역시 공산주의 사상으로 청년들을 이끌 것이며 청년들이 사명을 다하도록 할 것입니다."

그의 어투는 매우 강경했지만, 주제에서 벗어난 말이었다. 이 회의에 참석한 사람들은 그가 무슨 뜻으로 이런 말을 하는지 알 수 없어 혼란에 빠졌다. 리위안차오는 아주 난처하게 되었다. '공청단에서 기업을 꾸리는 것'을 '공청단의 성격을 변질시키는 것'이라고 정치적으로 연결시켜 놓았다. 이것은 상대방을 설득시킬 수 말이었다. 왕자오궈는 후에 리위안차오를 언급할 때 '그는 말조심하지 않는 사람'이라고 평가했다. 만일 왕자오궈가 강등되지 않았다면, 리위안차오가 과연 정계에서 승진할 수 있었는지, 알 수 없는 일이다.

왕자오궈가 승승장구 승진하자 사람들은 속으로 불만을 가졌지만 겉으로는 내색하지 않았다. 그러나 "위의 말대로만 하지 실사구시적이 되지 못한다"라고 뒤에서 수군거렸다. 그러나 후진타오는 이와 정반대였다. 단중앙 기관에서 당중앙과 국무원 지도자들이 단중앙 정당에 대한 지시를 토론할 때였다. 후진타오는 단중앙서기처에서, '수박 겉핥기' 방식으로 '수박 겉핥기를 하지 말라'는 당중앙의 지시를 밀고 나가는 것에 대해 의견을 주고받는 자리에 참석했다. 그때 후진타오는 그 말을 주의 깊게 들었고 또 온화한 태도로 서로 의견을 나눴다. 단간부, 단중앙기관의 간부들이나 성, 시 단위의 간부들은 왕자오궈를 존경하면서도 멀리 피하든가 아니면 앞에서 아첨했지만 후진타오에게는 진심을 털어놓았다.

두 전선으로 자기 세력범위를 세우다

후진타오가 이 위치에 서게 된 다음 그 자신은 어떻게 생각했는지 모르지만, 실은 그 권력이 하나의 자석이 되었다. 적지 않은 사람들이 그 주변에 모이게 된 것이다. 단중앙 제1서기이며 중공 중앙위원인 왕자오궈와 비교할 때 단중앙의 2인자이며 중공 중앙후보위원인 후진타오는 중난하이와의 관계가 미흡하게 마련이다.

여기 아주 분명한 예가 있다. 한때 후야오방이 지방으로 순찰을 나갈 때면 언제나 왕자오궈를 불러 수행하게 했다. 1984년에는 한 달 사이에 왕자오궈가 후야오방을 몇 번이나 수행해 광시, 광둥, 산둥 등지를 순찰하기도 했다. 이때 중국 청년들에 대한 요구를 직접 왕자오궈에게 말해 단중앙에서 이를 집행하고 관철하게 했다. 당시 전국 청년들이 풀씨와 나무종자를 간쑤성에 지원한 활동도 바로 여기서 비롯된 것이다.

1983년 7월 후야오방이 왕자오궈 등과 함께 간쑤성으로 시찰을 갔다. 후야오방은 가뭄으로 인한 간쑤성 정서 지역에 이 어려움을 해결하기 위한 조치를 지시했다. 그는 우선 이 지역 5만여 청년들을 동원해 풀을 심고 나무를 심을 것을 제시했다. 후야오방은 왕자오궈를 불러 전국적으로 청년을 동원할 수 없는지를 물었다. 그중에서도 북방 청소년들을 동원해 풀씨와 나무종사를 보아 간쑤성을 지원하는 것이 좋겠다고 말했다. 이렇게 하면 간쑤성의 가뭄 상태를 많이 회복할 수 있을 것이라고 했다. 왕자오궈는 그날 밤 즉시 후진타오에게 전화를 걸어 단중앙에서 전국 청년들을 동원해 풀씨와 나무종자를 채집하라고 지시했다. 후진타오는 왕자오궈의 지시대로 즉시 '전국청년발동 전화회의'를 소집했으며, 각 성과 자치구의 단조직에 임무를 배치했으며, 전국 청소년들에게 호소문을 보냈다.

후진타오도 후야오방의 수행원으로 지방 시찰을 나간 적이 있었다. 그러나 왕자오궈보다 그 횟수가 적었다. 그의 성격으로 봐서 왕자오궈의 의심을 사고 싶지 않아 어떤 때는 일부러 피했을 수도 있었다. 그러나 후진타오는 왕자오궈보다 더 넓은 범위에서 자신의 실력을 키워나갔다.

후진타오는 자신의 실력을 쌓는 데 두 가지 방법을 활용했다.

우선 한 가지는 단중앙 각 부문과 각 성시 단위 책임자들과의 사업연계를 통해 자기 실력을 키웠다고 볼 수 있다. 후진타오는 단중앙 기관 당위서기다. 왕자오궈가 병으로 입원했을 때에는 조직과 인사를 겸하기도 했다. 간부들의 승진이라든가 심사라든가 전근 등의 사항에서 그의 발언권은 그저 흘려넘길 만한 일이 아니었다. 심지어는 아파트를 분양한다든가, 가정이 곤란한 사람에 대한 보조를 정한다든가, 가족들이 베이징으로 호적을 옮기는 등의 여러 잡일에도 그는 많은 관심을 보여주었다. 그는 아랫사람의 어려움을 진심으로 보살폈고, 되도록 그 어려움을 해결해주려고 힘썼다. 그의 이런 태도는 많은 사람들에게 깊은 인상을 남겼으며 상당한 간부들의 호응을 받았다.

게다가 사람들은 사리에 밝은 그의 사업 태도에 감동을 받았다. 그는 언제나 세밀한 분석을 하고 의견이 분분할 때에는 왕자오궈처럼 상급의 의도를 성급하게 추진하려 하지 않았다. 왕자오궈는 자기 생각에 맞지 않은 사건에 대해서는 사람들을 불러놓고 언성을 높여 질책했다. 그러나 후진타오는 상의하는 자세로 원칙을 지켜가며 여유 있게 처리했다. "나무 기르는데 십 년 걸리고, 인재 키우는데 백년 걸린다"는 말이 있다. 후진타오가 이 방면에서 닦은 기초는 10년 후 최고 정책결정층으로 진입한 뒤에 더욱 뚜렷하게 빛을 발하게 되었다. 베이징시위 부서기 장푸썬張福森,

국무원 문화부 장관 쑨자정孫家正, 국가안전부 장관 자춘왕賈春旺, 체육총국 우사오쭈伍紹祖, 산아제한위원회 주임 장웨이칭張惟慶, 신장 자치구 당위서기 왕러취안王樂泉, 후난성위 부서기 인민대표대회 주임 두칭린杜靑林, 구이저우 성장 첸원루錢運錄, 하이난성海南省 부성장 왕허우홍王厚宏……. 그는 10여 년 전에 이미 위의 사람들과 사상교류나 정서면에서 좋은 관계를 유지하고 있었다.

이처럼 각급 공청단 간부들과의 관계는 앞으로 후진타오가 정계 스타로 부상한 다음 그들과 가까운 관계를 맺을 기초를 닦았다고 볼 수 있다.

후진타오가 실력을 쌓은 다른 한 가지 방법은 왕자오궈는 도저히 상상도 못했을 부분이었다. 그것은 바로 청년 엘리트들과의 만남과 대화, 예술계와 사상이론계, 그리고 기업계 등 각 분야의 미래 스타들과의 관계이다.

앞에서 이미 언급한 바 있지만, 표면적으로는 단중앙이 전국청년연합회에 귀속되어 있지만 실제로는 전국청년연합회가 단중앙에 귀속되어 있는 특별한 관계다. 이제 전국청년연합회에 대해 좀더 상세하게 설명할 필요가 있다. 전국청년연합회 2000년 정식 자료에 따르면, 청년연합회는 단체회원제와 개인회원제를 실시한다. 현재 가입되어 있는 회원단체는 47개이다. 그중 전국적인 단체만 해도 12개나 된다. 공청단 중앙, 전국학생연합회, 중화기독교청년전국협회, 중화기독교여청년전국협회, 중국청년기업가협회, 중국청년향진기업가협회, 중국청년지원자협회, 중국청소년연구회, 수도청년편집기자협회, 중국청년공작대학교협회 등이 망라되어 있다. 개인회원은 회원단체에서 추천하고 전국청년연합회에서 심사하여 선출한 대표와 특별초청을 받은 각계 청년대표들이 망라되어 있다. 본회의 최고 권력기관은 전국위원회이다. 임기는 5년이고 주석 1명, 부주석 약간 명을 둔다. 그리고 상무위원회 산하에 비서장 1명과(비서장이야말로 전국청년연합회의 실제적인 주관이다. 이 직무는 단중앙 통전부장이 겸임하는 것이 관례이다) 부비서장 몇 명을 둔다. 현재 전국청년연합회에는 비서처와 협동공작부, 민족종교공작부, 문체부, 과학기술부, 교육부, 사회단체공작부, 인력자원개발부, 홍콩타이완연락부, 국제연락부, 관광부 등의 부서가 설치되어 있다. 전국청년연합회의 기관지로는 <중화의 아들 딸>이란 잡지와 <전국청련통신>이 있다.

후진타오 이전에 이 청년연합회의 주석에는 세 사람이 있었다. 그들은 랴오청즈廖承志, 왕웨이, 후치리이다.

후진타오가 칭화대학에서 학습할 때 그는 문예에 소질을 보였다. 그의 취미는 이 방면에서 매우 광범위했다. 이것은 그가 공청단의 책임자를 수행하는 데 아주 유리한 조건이었다. 단중앙 기관 친목 야유회에서 그는 어얼더스 몽골 춤을 추었고, 그는 탁구에 취미가 있으며 독서를 즐기고 문학에 대해 감수성이 있었다. '중국고대 4대 명작'만 읽은 수준인 왕자오궈는 이런 면에서 후진타오에 비할 바가 못 된다. 이것은 후진타오가 문화 엘리트들과 벗으로 사귈 수 있는 가장 유리한 조건이다.

당시 전국청년연합회의 상무위원에는 문학평론가 류짜이푸劉再復, 작가 예신葉辛, 화가 한메이린韓美林, 경극예술가 류창위劉長瑜, 수학자 양러楊樂와 옌자치嚴家其, 판쩡範曾, 류신우劉心武, 타오쓰량陶斯亮, 장쿤姜昆 등이 포함되어 있었다. 이들은 각자 자기 영역에서 상당한 영향력이 있는 사람들이다. 후에 류짜이푸와 옌자치는 해외로 망명했으며 양러 같은 사람은 젊은 나이에 요절했다. 그리고 유명한 높이뛰기 선수 주젠화朱建華는 별로 승진하지 못했지만 다른 사람들은 모두 정계에서 일정한 승진이 있었다. 후진타오는 명성이 점점 높아지는 위의 사람들과 좋은 관계를 유지해 왔다. 이는 새로운 분야에서의 지식을 쌓을 수 있는 기회가 될 뿐만 아니라 문화적 안목을 높이는 데도 상당한 도움이 되었다. 뿐만 아니라 사회의 흐름과 여론의 초점을 파악하는 데도 아주 유리했다. 그는 이렇게 조용히 자신의 기초를 다져왔다.

왕자오궈의 관운은 흔들리기 시작함과 동시에 후진타오는 탄탄한 길을 닦고 있었다.

이런 상황을 이해한다면 왕자오궈가 왜 1987년 푸젠성 부성장, 대리성장으로 내려갔는가 하는 문제가 저절로 풀린다.

왕자오궈와 후진타오 두 사람은(동시에 이 두 사람을 대표로 하는 제4대 '후계자') 사실 따지고 보면 개혁 의식이 짙은 사람들은 아니다. 그들의 사상과 언행은 중공 정통 의식형태의 틀을 벗어나지 못했다. 이를 중공식 표현으로 한다면, 네 가지 기본원칙과 마르크스주의를 견지한다는 뜻이다. 그들은 정식으로 '개혁파'에 들지 못한 사람들이다. 지금까지도 이 두 사람에게 뚜렷한 독창성을 발견하지 못한다. 후진타오의 총괄성과 판단력은 아주 강하다. 이에 비해 왕자오궈는 좋지 않게 말해서 사상이 없는 사람이다.

개인적으로 봐서 왕자오궈는 자신이 권력을 쥐고 있다는 것을 애써 표현하려 하며, 자기에게는 믿을 만한 배경이 있다는 것을 숨기지 않는다. 그러나 그의 권력 배경은 너무 단조롭다. 그는 분명 후야오방의 제의로 단중앙에 임명되었다. 그는 단중앙에 들어선 다음 그 어떤 어르신이나 파벌에도 미움을 받지 않으려고 애썼으며 조심스럽게 그들을 대했다. 그러나 목수도 손을 다칠 때가 있다고, 아무리 조심한다 하더라도 미처 생각이 미치지 못한 곳이 있을 수 있다. 그는 직감과 습관에 따라 세부적인 것에도 주의를 기울이는 능력이라든가, 정계의 기복과 굴절에 대한 감지 능력이 없다. 즉 그는 『홍루몽』의 '호관부'(護官符, 자기 관직을 보호하는 술책이라는 뜻─옮긴이)가 없다.

언제나 의식적으로 주의를 기울여 모든 일들이 빈틈없게 된다면 상황은 좋지 못하게 될 것이다. 그러나 수련을 쌓아 무의식 속에서도 특별히 주의를 기울이지는 않지만 각 분야를 두루 살필 수 있게 되면 빈틈이 없게 된다. 왕자오궈가 후에 중앙판공청 주임으로 부임한 다음에는 부득불 민감한 문제에 말려들게 되어 있다. 원래 후야오방은 당시 왕자오궈에게 덩리쥔이 관장하는 중앙선전부 관할 범위 내의 사업을 맡겼다. 이런 인사를 취한 후야오방의 의도가 어떤 것인지는 너무도 분명하다. 중앙판공청 주임이라는 자리는 매우 중요한 직무이다. 조금이라도 마음놓을 수 없는 일이 발생하면 즉시 사람을 갈아치운다. 그런데 그가 이 직무를 맡은 뒤에 후야오방이 면직되었으니 그가 부성장으로 내려가게 된 것은 이상한 일이 아니다. 전하는 말에 따르면 덩샤오핑이 이런 말을 했다고 한다.

"나는 그를 가히 기용할 만한 인재라고 했지, 그가 이처럼 빨리 서기처 서기가 될 수 있다는 말은 하지 않았다."

하지만 후진타오는 그와 다르다. 그의 사회 직무는 단중앙서기의 '부가가치'인 셈이다. 후야오방 등이 그에게 제의한 것이 아니다. 그의 직무로 책임이 더욱 가중되었지만 그에게 더 큰 권력을 부여하지는 못했다. 때문에 왕자오궈처럼 큰 나무 바람 잦을 때 없는 그런 처지가 아니다. 그리고 그가 구이저우로 내려갔을 때는 그 직무에서 벗어나 있었다.

또한 후진타오는 의식적으로 주의를 돌리지 않아도 누구에게나 또는 그 어떤 사실에도 소홀히 대하거나 태만하지 않은 치밀한 성격의 소유자다. 그가 요직에 앉기 전 쑹핑이 추천했고 그가 요직에 있을 때도 후야오방이나 후치리 등과 밀접한 관계를 유지했으며 여러 방면의 인사들과 광범한 접촉이 있었다. 그리하여 다른 실력파들과도 상당히 가까운 거리를 확보해 자기 세력을 확장했다. 바로 이 점 때문에 훗날 풍랑이 몰아쳤을 때도 휘둘리지 않았다.

앞에서 언급한 왕자오궈의 쑹더푸에 대한 태도를 비교해본다면, 후진타오는 그와 절대 다르게 처리할 것이다. 쑹더푸도 소홀히 대할 사람이 아니다. 그는 원래 군대 총정치부에서 근무할 때 위추리와 양상쿤楊尙昆의 신임을 받은 사람이다. 후에 군위의 책임자가 단중앙에 문의한 일이 있었다. "당신들이 그를 중용하지 않으면 다시 군으로 돌려보내 달라. 우리가 그를 중용할 것이라고 했다." 이것만 보아도 쑹더푸를 함부로 대해선 안 된다는 것을 알 수 있다.

그런데 왕자오궈는 하급 관리들이 보는 앞에서 그의 체면을 깎을 대로 깎았다. 쑹더푸의 자존심을 건드린 것이다. "친구가 많으면 길이 많아지고 적이 많으면 벽이 많아진다"라는 속담이 있다. 이 결과 왕자오궈와 군위 사이에 보이지 않는 벽이 하나 생기게 되었다. 후진타오는 자신이 구이저우성으로 내려갈 때 쑹더푸가 자기를 대신해 단중앙 제1서기에 임명될 수 있도록 당중앙에 건의했다. 1985년 11월 공청단 11기 4중 전회에서 쑹더푸는 공청단 중앙서기처 제1서기로 당선되었다. 이로써 후진타오는 군대 정치공작 계통과 조금 더 가까워지게 되었다.

장하이디 - 최대의 선전공세

장하이디張海迪를 홍보한 것은 왕자오궈와 후진타오가 함께 있을 때 진행했던 가장 큰 작업이었다.

중공은 정권을 수립한 다음 전국에 헤아릴 수 없는 모범과 영웅 전형典型을 수립해 국민들의 본보기로 내세워 전인민이 그들을 따라 배우도록 했다. 그중 영향이 가장 큰 것은 1963년에 수립한 레이펑雷鋒이다. 마오쩌둥, 류사오치, 저우언라이, 덩샤오핑 등이 제사題詞를 써서 그를 따라 배우게 했다. 아래의 글은 레이펑의 일기에 쓴 저우언라이의 제사이다.

동지들에게는 봄처럼 따뜻하고 사업에서는 여름처럼 열정적이고 개인주의에 대해서는 가을처럼 낙엽을 쓸어버리고 적들에 대해서는 겨울처럼 혹독 무정하다.

그 결과 22세의 자동차반 반장(군에서 소대장 아래의 분대장-옮긴이)은 중국 어디를 가나 모르는 사람이 없게 되었다. 그는 중공이 관리하는, 중국에서 가장 중요한 정신적 우상이 되었다. 이 전형은 당시 단중앙에서 1인자로 있던 후야오방과 해방군 총정치부에서 함께 수립한 것이다. 당시 레이펑 전형은 전군全軍에서 비롯되어 전당全黨, 전민全民에서 추진하고 있던 '마오 주석 저작학습' 운동과 결합되어 절정을 이루었다. 이것은 후기 마오쩌둥이 개인 숭배를 추진하고 그 기세를 몰아 문화대혁명을 일으킨, 중요한 토대가 되었다.

세월은 어느새 20년이 흘렀다. 후야오방은 '문화대혁명'에 대해 아주 심각한 인식을 가지고 있었다. 그러나 전형을 수립하는 문제에서는 그의 사상에 별로 큰 변화가 없었다. 당시 당중앙에서 한잉을 파직한 중요한 원인의 하나가, 그가 단중앙의 책임자로 있을 때 전국청년들이 다 같이 따라 배워야 할 전형을 수립하지 못했다는 것이다. 사실 한잉도 그 사실을 잘 알고 있으며, 그 역시 전형을 수립하려고 했을 것이다. 그러니 그가 하지 않은 것이 아니라 하지 못한 것임을 알 수 있다. 전형이라는 것이 수립한다고 해서 쉽게 수립되는 것은 아니다.

왕자오궈와 후진타오가 부임한 뒤, 한쪽으로는 새로운 지도부 건설을 추진했고, 다른 한쪽으로는 전국에서 상하를 뒤져 전형을 찾았다.

어떤 사람을 전형으로 수립하는가 하는 것은 당시 그들의 기준과 사고방식을 짐작할 수 있다. 그들이 수립하려는 전형은 덩샤오핑이 1년 전에 제시한 '이상과 도덕, 문화와 규율이 있는' '4유四有 신인'의 표준에 걸맞아야 한다는 것이다. 이상이 있다는 것은 당연히 공산주의 이상을 말하고, 도덕이 있다는 것은 집단의 이익을 우선하면서 이웃을 돕는다는 뜻이다. 이 두 가지는 문화대혁명 전과 별로 달라진 게 없다. 네 번째 조건이 규율이 있다는 것인데, 이는 대세에 만전을 기하기 위해 중앙의 지휘를 잘 들어야 한다는 뜻이다. 이것은 당시 일부 청년들이 현실에 불만을 표시하면서 궤도이탈 현상을 보인 것에 근거해 제시된 것이다. 이중에서 가장 중요한 것은 '문화'가 있어야 한다는 조건이다. 이것이 바로 1960년대와 1980년대의 가장 큰 차이다.

중공 직권자는 마오쩌둥의 우민정책을 실시해서는 안 된다는 것을 인식했다. 현대화 건설에 없어서는 꼭 안 되는 것이 일정 정도의 지식이라는 것을 인식한 것이다. 하지만 이 조건은 다른 세 가지 조건의 제한을 받는다. 문제는 이런 전형을 찾기가 쉬운 일이 아니라는 것이다.

이런 우스갯소리가 있다. '당원', '총명', '정직'이라는 세 단어 중에 함께 배치할 수 있는 것은 두 단어밖에 안 된다는 것이다. 총명한 당원은 꼭 정직하지 않으며, 정직한 당원은 총명하지 못하다는 뜻이다. 그리고 정직하고 총명한 사람은 당원이 될 수 없다는 뜻이기도 하다. 이 우스갯소리는 단중앙에서 선발하려는 전형에도 접목시켜볼 만하다. 단중앙에서는 당시 각 부서에서 조사한 모범 인물에 대해 비교하고 저울질해 보았다. 이상이 있고 도덕이 있으며 문화가 있고 규율을 지키는 것은 상당히 어려운 일이었다. 공산주의를 따르고 타인을 먼저 생각하며 개인의 이익을 집단의 이익에 우선하도록 복종하는 사람들을 보면 문화수준이 높지 못하다. 또 문화수준이 높으면서 공산주의를 위해 분투하겠다고 하는 사람을 보면 사람됨이 별로 신통하지 못해 청년들이 따르지 않는다. 청년들 속에서 당당하고 집단 일에 아주 열성적이며 업무에서도 실적이 있는 사람은 자기의 주관이 강하며 상급의 말을 잘 듣지 않는다. 그리고 공산주의 교조적인 신앙에 대해 이것저것 캐묻는다.

그런데 마침 한 전형을 찾게 되었다.

산둥성 단성위에서 추천한 장애인 여성 장하이디가 단중앙에 의해 선정되었다. 그녀는 '4유'를 다 겸비한 전형이었다. 단 한 가지 결점이 있었으니 그것은 그녀가 장애인이라는 것이었다. 어렸을 때 병에 걸려 그만 휠체어를 떠나지 못하는 처지가 된 것이다. 후에 그녀는 혼자서 외국어와 침구를 독학으로 공부해 농촌에서 농민들의 병을 치료해줄 뿐만 아니라 번역도 하고 작품집도 몇 권 출판했다. 단중앙이 그녀를 선정하는 데 가장 중요한 점은 장하이디가 산둥대학에서 특강을 할 때 대학생들이 그녀의 강연에 대해 대단한 열성을 보여주었다는 것이다. 당시의 대학생들은 중난하이에도 두통거리였는데 그들이 장하이디에게 탄복했으니, 그녀가 대단한 존재인 것은 분명하다는 판단에서였다.

이 전형은 아주 성공적으로 첫 포를 울렸다.

1983년 3월 단중앙에서는 장하이디에게 '우수공청단원'이라는 영예를 수여했으며 표창식을 거행했다. 장하이디를 베이징으로 데려와 대회의 기조연설을 하도록 했다. 5월에는 덩샤오핑, 예젠잉, 천윈, 덩잉차오 등 여덟 명의 원로들이 단중앙의 청을 들어주어 장하이디에게 제사를 써주었다. 중공 중앙에서는 정식으로 공문서를 발송해 전당이 장하이디를 따라 배우도록 했다. 후야오방도 원로들처럼 장하이디에게 제사를 써주려고 했다. 그는 단중앙에 부탁해 자오쯔양에게 함께 제사를 쓸 의향이 없는가 물어보았다. 자오쯔양이 이 제사는 무산계급 원로들만 쓰는 것이 좋을 것 같다는 대답을 해왔다. 그리하여 후야오방은 자기 혼자 제사를 쓸 수 없어 그만두었다.

전국 청년들과 전국 인민을 감동시킨 전형을 발견하고 수립한 것으로 왕자오궈와 후진타오는 중앙 지도자들에게 점수를 따게 되었다. 한잉이 단중앙에서 주요 직무를 맡고 있을 때는 그가 조직한 전형들의 강연은 청중들의 눈물을 자아내지 못했다. 그런데 새로운 지도부는 부임한 지 두 달도 안 되어 레이펑 못지않은 전형을 발견하고 수립했으니 어느 모로 보나 커다란 성과가 아닐 수 없었다.

왕자오궈와 후진타오 및 단중앙은 군대와의 내왕이 별로 많지 못했다. 이것은 앞으로 그들이 정계에서 커나가는 데 매우 불리한 조건이다. 천하오쑤와 허광웨이가 군대에서 전근해온 간부라고 하지만 그들은 왕자오궈나 후진타오와 별로 가깝지 못했다. 더욱이 앞에서 이미 언급했지만 부대에서 전근해온 쑹더푸에 대한 왕자오궈의 태도는 엄청난 실수였다. 하지만 단중앙에서는 좋은 기회를 이용해 군대와 악수할 수 있는 자리를 마련했다. 그 기회란 다름 아니라 1983년 봄부터 전국에서 장하이디를 배우려는 학습 열기였다.

당시 군대에서도 한 전형을 선전했다. 군대에서 선정한 전형은 '몇십 년 동안 변함없이 레이펑을 따라 배워 좋은 일을 한' 기름창고 주임 주보루朱伯儒이다. 단중앙에서는 주보루를 초청해 각 성시의 모범들과 함께 레이펑 학습 20돌 기념 좌담회에 참석하게 했다. 이 기회를 통해 그를 군대뿐만 아니라 전국적으로 널리 선전했다. 그리고 장하이디 역시 군대 청년들에 대한 선전교육을 진행하는 데 도움을 주었다. 장하이디는 여러 번 군의 초청을 받고 청년군인들에게 특강을 했다.

쑹더푸는 당시 양쪽에 겸직하고 있었기 때문에 장하이디가 부대에서 강연하는 것을 구체적으로 책임지고 있었다. 이 시기 단중앙과 해방군 총정치부는 서로 협조해가며 전형을 선전했다. 단중앙에서는 신문지상을 이용해 주보루를 대거 선전했으며, 부대에서도 장하이디에 대한 선전 강도를 높였다. 후진타오는 단중앙에서 이 사업을 책임지고 있었기 때문에 군대와 관계를 맺게 되었다. 후에 장하이디의 목숨도 해방군이 구해주었다. 그녀가 해방군 산하 호텔에 투숙할 때의 일이다. 장하이디는 갑자기 병이 도지어 숨이 끊어지기 일보직전이었다. 해방군 군의軍醫들이 때마침 달려와 그녀를 구원했기에 목숨을 살릴 수 있었다.

장하이디 전형의 위기

이 전형을 발견하고 수립한 왕자오궈와 후진타오는 자신들의 운명이 이 전형에 걸려 있는 거나 다름없이 되었다.

장하이디는 정치에 별로 큰 흥미가 없었다. 그녀는 자신이 아주 심한 장애인이라는 것을 잘 알고 있으며, 또한 정치투쟁 속에서 고생한 부친의 과정도 옆에서 지켜보았다. 부친을 따라 농촌으로 내려가지 않으면 안 되었고, 후에 도회지로 돌아와서는 실업청년들과 자주 왕래했다. 이렇게 최하층에서 생계를 이어가기 위해 발버둥치는 처지에서 그녀는 평범한 국민들이 당시 정치구호에 대해 반감을 가지고 있다는 것을 잘 알고 있다. 후에 그녀는 기자들에게 자신이 입당한 계기에 대해선 기사로 다루지 말아달라고 부탁하기도 했다. 이것으로 우리는 직감적으로 그녀가 비록 전형이 되었지만 국민들에게 버림받지 않으려는 조심스러움이 있었음을 알 수 있다.

그러나 그녀는 자신의 운명이 달라지면서 마치 호랑이를 올라탄 것처럼 스스로를 제대로 통제하지 못하게 되었다. 지도자들은 그녀에게 훌륭한 전형을 지키려면 반드시 선전에 뛰어들어 청년들을 인도해야 한다는 말을 수없이 반복했다. 그녀는 지도자들의 말을 듣지 않을 수 없었다. 그녀는 자신의 지위가 높아짐에 따라 점점 '눈치 있게' 처신하게 되었다. 자의든 타의든, 그녀는 단중앙과 산둥성단위가 자신을 홍보하고 자신의 이미지를 만들어나가는 과정에 발을 맞춰주었다.

앞에서 신화사 기자가 장하이디의 전형에 대해 의심을 가졌다고 언급한 바 있다. 단중앙에서도 산둥성 청년들이 쓴 익명의 신고서를 여러 차례 받았다. 장하이디의 강연에는 사실과 맞지 않는 내용이 있다는 것이다. 단중앙에서는 신고서를 믿지 않았지만, 자칫 선전하는 데 걸림돌이 될 수도 있어 그냥 지나칠 수가 없게 되었다. 명확한 근거는 없지만, 신고서를 올릴 정도라면 분명 이유가 있을 법했다. 만일 신고서에서 지적한 대로 의문점이 있다면 어떻게 할 것인가? 그리고 만일 신고자들이 신고서를 다른 관련 부서, 이를테면 공산당 산둥성위나 중앙규율검사위원회 같은 곳으로 보내면 그야말로 큰일 아닌가? 이것을 당중앙에 신고해 문책이 내려올 때 그때는 어떻게 대답한단 말인가? 단중앙에서는 이 일을 당중앙 서기처의 후치리와 허젠슈에게 보고했다.

당시는 이미 장하이디에 대한 선전이 최고조에 이를 때였다. 이제 앞으로 어떻게 더 효과적으로 발전시킬 것인가에 대해 단중앙과 당중앙에서 아직 결정을 내리지 못하고 있었다. 후야오방이 단중앙에 지시를 내려 공청단 산둥성위와 연합으로 조사단을 조직해 다시 한 번 현장에 내려가 장하이디의 활동에 대해 조사하도록 했다. 그리고 장하이디에 대한 확실한 자료를 확보한 다음 다시 그녀에 대한 학습 열기를 확산시킬 대안을 작성해 당중앙에 보고하도록 했다.

후야오방은 이런 지시를 내렸다.

"장하이디의 선전은 현실의 검증과 역사의 검증을 뛰어넘을 수 있어야 합니다. 1960년대 초기 단중앙과 총정치부에서 레이펑의 사적을 선전할 때처럼 조금도 빈틈이 없어야 합니다."

단중앙에서는 후야오방의 지시에 따라 9인 조사단을 편성하여, '장하이디 선전학습 조사조調査組'라는 이름을 붙였다. 이 조사조에 '선전학습'이라는 규정어를 넣은 것은, 새로 그녀의 업적을 조사하는 과정에서 기층으로 하여금 의구심을 불러일으킬 수 있다는 것을 감안해 이를 방지하기 위함이었다. 장하이디에 대해 새로 조사한다면 기층에서는 장하이디의 업적에 어떤 변화가 생긴 것은 아닌가 하는 의심을 품게 될 것이기 때문이다. 이 조사조의 조장을 왕자오궈가 맡게 되었다. 그런데 그는 당시 복막염에 걸려 병원에 입원해 있던 차라 얼마 전에 단중앙에서 선전부 차장으로 승격시킨 장훙江洪과 〈중국청년보〉 기자부 부장인 딩강丁剛을 부조장으로 임명하여 이 두 사람이 조사조를 인솔하도록 했다. 산둥성위에서도 7명을 선정해 역시 '장하이디 학습선전 조사조'를 결성했다. 이 두 조사조는 산둥성 소재지인 지난濟南에서 합류했다. 이들은 장하이디가 원래 생활했던 랴오청聊城 지구와 신현 등지에서 합동 조사를 진행했다.

그들은 이번 조사에서 뜻밖의 새로운 사실을 발견하게 되었다. 대부분은 근거가 확보되었는데 몇 가지 사실은 근거를 찾을 수가 없었다. 그리고 그녀의 신원에 대해서도 근거를 찾지 못했다. 이를테면 대학입시 점수가 원래 말했던 것처럼 그렇게 높지 않았다. 그리고 장하이디가 1974년 여름에 자살하려 한 것에 대해 많은 사람들의 의견이 달랐다. 심지어는 장하이디의 소녀시절, '하루도 학교에 가지 못했다'는 사실에 대해서도 확실한 증언이나 물증을 찾을 수가 없었다.

하지만 이런 것은 별로 큰 문제가 아니었다. 조사조에게 청천벽력 같은 충격을 준 것은 신현 현위에서 사전에 조사한 자료에서 찾아낸 결과였다. 단중앙에서 '우수공청단원'이라고 추천한 장하이디가 공청단에 입단한 기록이 어디에도 없었던 것이다.

장하이디가 생활했던 농촌의 당시 단지부서기와 위원들 중 다른 곳으로 시집간 한두 사람을 제외하고 지금까지 그곳에 거주하고 있는 사람들은 모두 이에 대해 증언서를 썼다. 그런데 그들의 증언서에 따르면 자기들이 촌의 단지부 책임을 맡고 있던 기간에는 장하이디를 단원으로 선발한 일이 없다는 것이었다.

장하이디가 자신을 입단한 소개인이라고 제공한 자료를 조사한 결과 한 사람은 다른 지방으로 이사해 찾을 길이 없고, 다른 한 사람은 자신은 장하이디의 입단을 소개한 적이 없다고 증언했다.

장하이디에게는 모든 단원들이 입단할 때 쓰는 그 서류가 없었다. 본인이 쓰고 입단 소개인이 서명하고 단지부서기가 서명한 다음 상급 단조직에서 승인한 정식 입단지원서가 없는 것이다. 게다가 장하이디의 신원 서류에는 그녀의 부모가 18리포 공사에서 신현 현성으로 이사한 지 3년 후에 단조직을 이전했다고 기록되어 있었다. 그런데 의심이 가는 부분은 단조직 이전 증명서는 반드시 두 부가 있어야 한다는 데 있다. 한 부는 서명을 날인한 다음 본인에게 주어 새로운 직장의 단조직에 내는 것이고, 다른 한 부는 전에 있었던 조직에서 보관하고 있어야 한다. 그런데 이번 조사에서 그 증명서가 없음을 발견했다.

두 조사조는 이 문제 때문에 골치를 앓게 되었다. 그들은 밤을 새워가며 이 일에 대해 토의했다. 조사조 성원들은 이 결과로 어떤 파장이 일지 짐작하고도 남았다. 전국적으로 장하이디에 대해 학습하는 열기가 최고조에 올랐고, 단중앙에서는 장하이디에게 '우수공청단원'이라는 영예를 수여했다. 그런데 조사 결과 그녀는 원래 '단원'이 아니었으니 보통 큰 문제가 아닐 수 없다.

이 사실이 알려진다면 대형폭탄이 터지는 것과 다름없을 것이다. 왕자 오궈와 후진타오 등 단중앙 새 지도부는 얼굴을 들지 못할 것이고 그들의 위신은 바닥에 떨어질 것이다. 어쩌면 중공 원로들에게 '사업이 너무 거칠고, 허위 전형을 수립하여 사회적으로 당에 대한 엄청난 불신만 안겨주고 말았다'고 질책을 받을 수도 있다. 이렇게 된다면 그들의 관운은 여기서 종지부를 찍을 수도 있다.

모두가 힘을 합해 대사건을 해결하다

그렇다면 어떻게 해야 하는가? 조사조의 의견은 두 가지로 나누어졌다. 하나는 이 사실을 은폐하고 상급에 보고하지 말자는 의견이었다. 조사조 성원들이 비밀을 엄격히 지켜 절대 밖으로 누설하지 않으면 될 거라는 주장이다. 그리고 또 다른 의견은, 종이로는 불을 감쌀 수 없으니 두 조사조의 주관기관인 단중앙과 산둥성위에 보고해야 한다는 것이었다. 만일 상급에 보고하지 않았다가 자칫 당중앙에서 알게 되는 날이면 단중앙과 산둥성위가 더한 어려움에 처하게 될 것이라고 인식했다. 그때 가서 다시 문책한다면 그 책임은 조사조 성원들의 몫이 될 것이니 누구도 그 책임을 감당하지 못할 것이라는 의견이었다. 그리고 상급에 보고한다면 책임을 상급에게 넘겨준 것이 되기 때문에 상급에서 당중앙에 보고할 것인가, 아니면 보고하지 않을 것인가를 결정하게 될 것이라고 했다. 그런 다음 선전활동을 여기서 그만두느냐 아니면 이대로 진행하느냐 또는 더 박차를 가할 것인가를 결정할 것이고 했다.

산둥성위 조사조는 전자의 의견을 지지했다. 그들은 모두 관청에서 오랫동안 일해온 사람들이라 적당히 상급의 입장을 고려하는 사례를 많이 봐온 사람들이다. 산둥성위는 한 지역에 자리잡은 당정부로서 노동자, 농민, 상계, 학계, 군대 등 여러 부분을 총괄하는 기관이다. 청년 전형의 선전은 그들의 사업에서 그리 중요한 위치를 차지하지 않는다. 당시 산둥성위 제1서기 쑤이란蘇毅然과 성장 량부팅梁步庭은 오랜 경력을 가진 사람들이라 정작 일이 터진다 하더라도 별로 책임을 지지 않을 것이며 기껏해야 조사조의 조장이 검토하는 수준일 것이다.

그런데 단중앙 조사조에서는 압도적으로 후자의 의견을 지지했다. 장하이디에 대한 대대적인 선전은 단중앙의 모든 신용을 걸고 진행한 것이었다. 한 가지 작은 실수도 전면적인 실패를 가져올 수 있다. 왕자오궈와 후진타오, 그리고 조사조 부조장인 장훙 등은 모두 새로운 직무를 책임진 지 얼마 되지 않은 신인이다. 그들은 앞날이 창창하다. 때문에 그 어떤 실수도 있어서는 안 된다.

연합 조사조에서는 계속 토론을 벌였다. 마침내 산둥성위 조사조 사람들은 단중앙 조사조의 의견을 따르기로 했다. 산둥의 통신이나 교통은 매우 불편했다. 그들은 지프차를 타고 밤을 새워 상경해 단중앙에 이 사실을 보고했다. 두 조사조 책임자들은 상경하는 보고자에게 반드시 '전면적이고 신중하게' 보고할 것을 당부했다. 즉 이 폭발적인 사실에 대해 될 수 있으면 그 심각성을 희석시켜 유연한 자세로 보고하라는 뜻이다.

당시 왕자오궈는 여전히 병원에 입원해 있었다. 후진타오는 이와 같이 비상사태를 절대 자기 혼자 결단내릴 인물이 아니었다. 그는 단중앙서기처 회의를 소집해 조사조의 보고를 들었다. 동시에 그는 왕자오궈에게 직접 연락을 취했다. 왕자오궈와 후진타오는 모두 이 일의 중대함을 직감했다. 그들은 앞뒤를 따져본 뒤 고개를 숙인 채 당중앙에 보고할 것을 결정지었다. 그렇지 않다가는 그 책임을 누구도 감당하지 못할 것이라고 생각했다. 그리고 당중앙에 보고할 때 언어구사에 신경을 써 되도록 이 사태의 심각성을 떨어뜨리기로 했다. 후진타오와 한 고향 사람인 후스가 이런 말을 했다.

"역사란 말을 잘 듣는 소녀와 같다."

어떻게 치장하느냐에 따라 모습이 달라질 수 있다는 그의 말에도 일리가 있었다.

그들은 재삼 토의한 결과 후치리와 허젠슈에게 먼저 보고하기로 했다. 그들은 보고할 때 되도록 파급 영향에 대해 약화시켜 말했다. 그와 함께 자신들은 아직 정치적으로 성숙되지 못했으며 사업상 이런저런 소홀한 점이 있었다는 반성도 함께 곁들였다. 그리고 이번 사건의 성격은 당시 '문혁' 기간이라 단조직이 회복 단계에 있었기 때문에 관리하기가 혼란스러웠다는 것과 이제는 시간이 많이 지나 그 당시의 책임자들이 다른 곳으로 천거해 찾기 어려워 장하이디의 입단원서 자료를 찾지 못했다고 해명했다. 또한 신현 청관城關공사에 전입한 기록과 18리포 공사에서 전출한 서류를 본 결과, 장하이디를 공청단원으로 승인하는 것이 마땅하다는 의견을 첨부했다.

일정한 사고를 갖춘 사람이라면 누군가가 그들의 보고에 대해 추궁하기라도 하면 쉽게 무너지고 말라는 것을 얼마든지 알 수 있다. 가령 '문혁 기간이라 관리하기가 혼란스러웠다'고 했는데 그렇다면 어떻게 다른 단원들의 서류는 완벽한가? '증인을 찾기 어렵다'고 했는데 중국을 떠나지 않은 이상 정말 찾을 수 없을까? 그런데 어이없게도 후치리와 허젠슈 등 중앙 지도자들은 그들의 보고를 쉽게 접수했다. 중앙 지도자들도 이를 정식으로 조사한다면 당중앙의 신용에 먹칠하는 일이라는 것을 잘 알고 있었던 것이다. 이런 상황을 두고 항간에서는 "다 먹지 못하겠으면 싸서라도 가져가야 한다"고 수군거렸다.

이 사실은 이렇게 아래서부터 위에 이르기까지 큰일은 작게 만들고 작은 일은 없는 것으로 만들어 묻어버렸다. 단중앙의 서기처 서기 허광웨이와 선전부 부장 웨이주밍魏久明이 당중앙의 지시를 들고 산둥으로 내려갔다. 신현 현위서기가 두 조사조 책임자 앞에서 장하이디의 입단을 소개하지 않았다는 증언서와 장하이디가 단원이 아니었다는 증언서를 불태워버렸다. 현위에서는 당사자들을 다시 찾아가 새로 조사를 실시하기로 결정했다. 새로 조사한다는 것은 장하이디가 확실히 입단했다는 것을 증언하는 조사일 테니, 적어도 반대 증언은 아닐 것이다.

이 일에 대해 당시 후진타오가 어떻게 생각했지는 알 수 없다. 그러나 '모든 것은 정치적 욕구에 복종해야 한다'는 것에 대해 깊은 체험을 했을 것이다. 아무튼 장하이디의 선전 작업은 화려한 색채를 띤 공청단 사상정치사업의 악장이었다. 또한 전통 정치사상공작의 완결편이기도 했다. 그들은 전통을 계승하긴 했지만 이를 이어가지는 못했다. 그후로 다시는 전형의 규모가 이처럼 크고, 호응이 열화와 같은 이런 선전 활동을 전개하지 못했다. 후에 단중앙의 책임자가 된 쑹더푸와 리커창, 저우창 등은 이런 대규모의 활동은 감히 생각하지도 못했다.

정치풍파의 변두리에 말려들다

후진타오가 단중앙에 부임해 와서 일한 시간은 얼마 되지 않는다. 그는 이 시기에 큰 정치 풍파를 겪지 않았다. 그러나 작은 정치 풍파는 끊임없이 그를 긴장하게 만들었다. '태자당'과 조심스럽게 공존해야 하는 것을 제외하고, 그에게 큰 충격이 된 것은 '정치오염 제거'이다.

'정치오염 제거'를 일반 사람들은 '문화소혁명'이라고도 한다. 1983년 가을 중공 12기 2중 전회에서 후차오무와 덩리췬 등이 제의하고 덩샤오핑과 천윈 등이 연설해서 "정신오염을 해서는 안 된다"는 것을 강조했다. 후차오무와 덩리췬은 이 말로써 '정치오염 제거운동'을 대거 발동했다. 그들은 사상이론에서 저우양(周陽, 전 중공중앙선전부 부장—옮긴이)과 왕뤄수이王若水를 비판했다. 동시에 각 분야에서 전면적으로 '자산계급 자유화' 반대 운동을 전개했다. "항장이 검무를 추는 목적은 패공에 있다(項莊舞劍意在沛公)"는 고사성어가 있듯이, 이들이 겨냥한 목표는 후야오방 등 개혁을 주장하고 견지하려는 당내 개명파開明派이다. 이 운동은 한때 중공 12기 2중 전회에서 제기한 정당이란 주제를 초월해 전국적인 운동이 되었다.

중공 중앙위원회 위원과 후보위원으로 당선된 왕자오궈와 후진타오는 단중앙에 들어온 지 1년이 안 된다. 이 두 사람은 중앙의 정신에 따라 즉시 공청단의 선전기구를 통해 기세를 몰아 '정신오염 제거운동'을 적극 추진해나갔다. 그리고 단중앙 기관에서도 '사회주의 이질화'와 '마르크스주의 휴머니즘' 등을 비판한 문장을 학습했다. 단중앙은 당중앙의 호소에 선두주자로 나서서 집행하는 '예비군'이다. 한잉이 당중앙과 제대로 호흡을 맞추지 못해 파면당한 것을 거울로 삼은 두 사람은 그 누구보다 당중앙의 결정에 적극적으로 호응해 나갔다.

그런데 얼마 지나지 않아 기층 단조직에서 신고서가 올라왔다. 어떤 고장에서, 청년들의 숙소를 급습하여 나팔바지 가랑이를 찢고 꽃 적삼을 가위로 자르고 화초 기르는 사람들을 다 '정신오염'으로 몰아 비판했다는 내용이었다. 군대에서는 중대에서 군인의 침실을 뒤져 이불 아래 넣어 두었던 여자 사진을 몰수하는 사건이 벌어졌다. 그런데 그 사진 속의 여자는 군인의 여동생임이 밝혀졌다. 당시 베이징시위 상무위원이며 선전부 부장을 겸한 쉬웨이청徐惟誠은 '6·4사태' 이후 중앙선전부 부부장을 겸한 유명한 '좌파'였다. 그와 그의 수하에 있던 사람들의 주도로 베이징시 정부 청사와 문 입구에 커다랗게 고시告示를 붙였다. "어깨까지 머리를 기른 사람의 출입을 금지한다." 그렇다면 공무를 보러온 사람들은 어떻게 했을까? 수위가 머리를 위로 감아올린 다음 청사로 들어가게 했다.

이런 행위는 전대 미문이라고 할 수 있다. 때문에 수많은 인민들의 비난과 조롱을 받았다. 이런 상황은 기층에서 공청단 성위에 반영했고 공청단 성위에서는 단중앙으로 반영해 올라왔다. 베이징 시정부와 베이징 시위청사는 바로 단중앙 맞은편에 있다. 날마다 베이징 시위의 황당한 일들이 단중앙 기관으로 전해졌다. 그러나 왕자오궈와 후진타오는 이런 사실을 감히 당중앙에 보고하지 못했다.

여기에서 공청단 단중앙의 오래된 상처자국을 또다시 건드리게 된다. 즉 공청단 중앙은 '청년들의 권익을 대표'하는가, 아닌가?

공청단 규약에 따르면 이것은 문제될 것이 없다. '선진청년의 군중조직'인 이상 청년들의 이익을 대표하는 것은 당연하다. 또 실제 기능면에서 볼 때도 청년들의 이익을 대표하지 않는다면 청년들이 무엇 때문에 따르겠는가?

후진타오가 당중앙에 부임되어 온 다음 공청단 11차 대표대회의 주요 보고에 이 내용을 기입하려 했는데 후야오방이 나서서 막았다. 그 이유인즉 청년의 이익과 인민의 이익은 같다. 특별히 다른 이익이 없다. 때문에 공산당이 인민의 권익을 대표한 이상 공청단은 따로 청년의 권익을 대표할 필요가 없다는 것이다.

이런 이유가 억지라는 것은 누구나 알 수 있다. 단중앙 서류작성 소조에서는 이유가 충분하지 못하다고 고개를 저었다. 그러나 그들의 당중앙 총서기가 이렇게 말했으니 무조건 복종할 수밖에 없다.

여기에는 역사적 갈등이 깔려 있다. 1952년 후야오방 전에 단중앙 제1서기를 맡은 펑원빈이 물러난 이유에 대해 중공은 지금까지도 정식으로 공개하지 않았다. 후에 신문지상의 보도에 따르면 그가 제기한 공청단의 '선봉주의'와 관련이 있다고 한다.

공산당이 일체를 이끄는 세상에서 중난하이의 집권자들은 자기를 제외한 그 어떤 잠재적인 중심이 새로 서는 것을 절대 금기사항으로 삼았다. 힘있는 그 어떤 조직의 책임자도 엥겔스가 말한 것처럼 입구에 「자신의 것을 포기하라」는 팻말을 걸어 놓아야 한다는 것이다. 모든 것은 당의 말대로 해야 한다. 다시 말해 수령의 말을 들어야 한다는 것이다.

단중앙의 과거 책임자들은 이번 문제에 대해 언제나 조심했다. 당중앙에서 하라는 대로 하기만 하면 된다. 한 발짝도 더 나아가서는 안 된다. 가령 새 시기에는 이 문제에 대해 '새로운 환상'이 생겨날 수도 있다. 결국 어지러움을 다스리고 정의를 회복하는 방법으로 한잉을 파면해 그들에게 이런 환상을 포기하도록 했다.

왕자오궈의 패기는 당중앙이 지시한 것을 더욱 큰 목소리로 말하는 데서 드러난다. 이에 반해 후진타오의 조심성과 세밀함은 그 어떤 잡음도 생기지 않게 하는 데서 드러난다. 두 사람이 이렇게 하는 것은 아주 당연한 일이다. 그들의 권력은 어디에서 왔는가? 바로 당중앙이다. 당중앙에서 임명했기 때문에 이 자리에 앉게 되었다. 그런가 하면 당중앙은 한 장의 공문서로 이들의 파면통지를 낼 수도 있다. 이때면 자기의 관직은 자연히 사라지고 만다. "관리가 백성들의 권익을 보장해주지 않는다면 아예 집으로 돌아가 감자농사나 할지어다"라는 말이 있다. 그런데 이 말에는 근본적인 어폐가 있다. 관리는 백성들이 뽑은 것이 아니라 임금이 칙서를 내려 임명한 것이다. 때문에 임금이 책임을 져야 한다.

상하 모순이 첨예하지 않을 때는 공청단이 청년들의 권익을 대표하느냐가 중요한 문제가 된다. 반면 청년들의 목소리를 반영해야 하는가 마는가 하는 문제는 별로 중요하지 않다. 그러나 상하가 대립될 때면 왕자오궈나 후진타오가 중간에서 난처해진다. 비록 두 사람은 되도록 청년들을 통제하고 설득하지만, 어떤 상황은 각종 '내부 참고'나 '내부 통보'라는 통로를 거쳐 위로 반영하게 된다.

정신오염 제거의 급커브

왕자오궈와 후진타오는 당시 당 중앙청서기 후야오방이 돌연히 태도를 바꿀 줄은 전혀 생각지도 못했을 것이다. 1983년 11월 13일 공청단 11기 2중 전회가 폐막된 이튿날, 후야오방은 공청단 중앙 상무위원과 각 성의 공청단위 서기를 접견했다. 후야오방은 접견하는 자리에서 '정신오염 제거 확대화'를 막으라고 지시했다. 그는 "무엇 때문에 확대화가 나타나게 되었는가"라고 완리의 말을 빌어, 이는 중국의 봉건주의 뿌리가 너무 깊기 때문이라고 덧붙였다.

후야오방이 이런 때에 이렇게 말하는 것은 아주 심사숙고한 것이다.

첫째, 정치투쟁에서 후기에 반격한다. 가령 '정신오염 제거운동'이 파죽지세로 전개될 때 반대를 제기한다면 정면으로 덩샤오핑, 천원 등에게 대항하는 것이 된다. 때문에 그는 제거운동이 한 단락 지은 다음 그 기세가 약간 꺾였을 때 자기의 입장을 표시했다.

둘째, 정면 대결로 '정신오염 제거' 자체를 반대하는 게 아니라 단지 '제거'의 확대화를 반대했다. 기층 문제가 이미 많이 드러났는데도 '확대화'는 여전히 존재했다. 때문에 상대방도 항변할 이유가 없다.

셋째, 완리는 덩샤오핑이 가장 신임하는 사람이며, 개혁파로 이미 널리 알려진 사람이다. 또한 완리의 말은 핵심을 찔렀기 때문에 그의 말을 인용하면 많은 사람들이 그 무게를 다시 가늠하게 된다.

후야오방이 단중앙을 선택해 먼저 반격을 가한 데는 깊은 뜻이 있다. 단중앙의 신진 지도자들에게 먼저 귀띔해주는 것도 있겠지만 또한 그들을 경고하는 것도 있을 것이다.

후야오방은 '정신오염 제거' 확대화의 표현을 여덟 가지로 열거했다. 어떤 것은 '극좌'에 속하는 것이고, 어떤 것은 봉건주의 잔여세력에 속하는 것이며, 어떤 것은 문화사상이 진부한 것에 속하는 것이다. 그중에서 주의할 것은 제도문제도 취급되었다는 점이다. 후야오방은 금서禁書 문제를 언급할 때 현재 누구든 모두 금서권이 있다고 지적했다. 그 어떤 성과 시의 당권자들이 어떤 책을 금서로 지정하려고 한다면 곧 금서로 지정하는데, 이것은 아주 큰 혼란을 가져왔다고 지적했다. 이때 후치리가 막을 올리고 내리는 사람도 '종목을 금지할 권리가 있다'고 응수했다. 그 문예 종목은 '정신오염'이라면서 막을 올리지 않는다는 것이다. 이에 대해 후야오방은 금서를 해도 어느 한 부문을 지정해 통일적으로 연구한 다음 통일적으로 금지해야 한다고 피력했다. 후야오방의 다음의 말은 당권자의 권력 한계에 대해 지적한 말이다.

"가령 금지가 틀렸다면 당사자는 이를 신고할 권리가 있다."

후야오방의 연설은 두 귀가 번쩍 트이게 했다. 사람들은 그 어느 때보다 통쾌함을 느꼈다. 이 연설을 들은 왕자오궈와 후진타오는 놀라움을 금치 못했다. 두 사람은 지체하지 않고 즉시 〈중국청년보〉에 명령을 내려 11월 17일자 신문에 「본지 논설위원의 글」을 발표해 후야오방의 의견을 공포했다. 제목은 「오염은 제거하되 생활은 가꿔야 한다」라고 달았다. 작은 각도에서 출발해 '확대화'를 반격한 것이다. 아무리 작아도 원자탄은 원자탄이다. 이 분장이 발표되자 천하가 흔들리는 듯했다. 일찍부터 '정신오염 제거'에 대해 '눈으로 보고만 있고 속으로는 반대'한 각지 매체들이 이 글의 전문을 실었다. 사람들은 당중앙의 기류가 바뀌고 있다는 것을 직감했다.

〈인민일보〉도 16일에 평론을 한 편 발표했다. 그러나 〈중국청년보〉보다는 첨예하지 않았다. 그러나 이 글은 정신오염 제거의 공세를 적당히 막아주었다. 기세 당당하게 개혁파를 '청산'하려던 사람들의 기세가 그만 꺾여버리고 말았다. 당시 사람들은 이 공로를 단중앙과 〈중국청년보〉에게 돌렸다. 그러나 실은 후야오방이 확산 조류를 막은 것이며, 이 조류를 막았기 때문에 이루어진 것이었다.

단중앙에서 연설을 하고 사흘 후인 11월 16일, 후야오방은 중앙텔레비전 방송국을 시찰했다. 그는 단중앙에서 한 말과 같은 내용을 이 계통 책임자들에게 한 번 더 연설했다. 방송텔레비전 계통은 의식형태 부문이며, 당시 후차오무와 덩리쥔의 기반이었다. 후야오방의 이번 시찰은 의식적으로 상대방의 대본영으로 가서 시위를 하고 반격을 가한 데에 의미가 있다.

후진타오는 이때 당중앙의 노선투쟁이란 것이 이처럼 생각 밖으로 번질 수도 있구나 하는 것을 처음으로 감지했다. '노일대老一代 무산계급 혁명가'들도 철통처럼 하나로 뭉친 것이 아니라는 걸 알게 되었다. 시아버지의 말에는 시아버지의 도리가 있고 시어머니의 말에는 시어머니의 도리가 있다는 말도 있듯이, 난처한 것은 단중앙이었다. 시아버지의 말을 들었다가는 시어머니의 노여움을 살 것이요, 시어머니의 말을 듣는다면 시아버지의 노여움을 살 것이다. 다행스럽게도 당시 단중앙의 1인자는 후진타오가 아니었다. 1인자가 따로 있으니 후진타오는 그의 그늘에서 더위를 피할 수 있었다. 함께 어떤 행사를 추진했어도 공로는 다 왕자오궈의 몫이 된다. 때로 견해가 달라도 역시 왕자오궈에게 쏠리게 된다.

공청단이 추진한 활동 중에 어떤 것은 개혁개방의 흐름에 동조한 것이 있고, 어떤 것은 사상을 정리하고 통치를 공고히 하기 위한 것이 있다. 단원과 단간부들의 사상이 획일적으로 통일된 것은 아니다. 한 번은 단중앙 연구실의 한 여성이 후진타오에게 물었다.

"서기께서는 어떤 사실에 대해 그렇게 생각하지 않는다는 것을 알리는 데, 왜 그렇게 하십니까?"

후진타오의 대답은 의례적인 말이 아니었다. 그렇다고 정식으로 대답한 것도 아니었다. 그는 이렇게 대답했다.

"언젠가 당신이 내 위치에 있게 되면 왜 그렇게 했는지 알게 될 거요."

물 따라 바람 따라 내려갈 때는 '노보다 돛이 더 빠르다'

왕자오궈는 단중앙에 오래 있지 못했다. 1984년 5월 그는 중공 판공청 주임을 겸하게 되었다. 이듬해에는 중공 중앙서기처 서기로 발탁되었다. 그리하여 단중앙 제1서기의 짐은 후진타오가 짊어지게 되었다. 후에는 후진타오가 단중앙 제1서기로 정식 임명되었다.

후진타오에게는 일찍 도착한 것이 제때에 도착한 것보다 못하다는 속담이 맞았다. 중공 중앙 12기 3중 전회에서는 일년 전에 발동된 '정신오염 제거'라는 '문화소혁명' 운동에 제동을 걸고, '경제체제 개혁에 관한 결정'을 통과시켰다. 그 취지는 전면적으로 경제체제를 개방해 경제를 활발히 발전시킨다는 것이다.

후진타오는 이처럼 상급과 하급이 마음을 합쳐 경제건설을 추진할 때에 단중앙의 주요 사업을 책임지게 되었다. 그는 이제 물을 거슬러 올라가는 것이 아니라 물길 따라 내려가는 형세에 따라 일을 추진했다. 청년들을 동원해 개혁개방에 투신하는 것은 위로는 당중앙의 의도에 맞는 일이었고 아래로는 기층 민심에 순응하는 것이었다. 이 시기 단중앙에는 기쁜 소식이 줄을 이었다. 청년기업가협회를 설립했고 청년개혁 열성자 좌담회를 주최했다. 이를 계기로 청년들의 관심이 새롭게 바뀌었다. 각지의 창의적인 움직임이 끊임없이 일어났다.

단중앙 제1서기가 된 후진타오는 때마침 좋은 기회를 만났다. 유엔에서는 1985년을 '국제 청년의 해'로 지정하여, 각국 청년들은 사회생활에서 청년들의 역할을 충분히 발휘해 달라고 호소했다. 이런 활동을 통해 정부와 사회의 관심을 불러일으키길 바라는 것이다. 중국 관련 부서에서도 1984년에 '국제 청년의 해'를 대비해 중국조직위원회를 조직했다. 당시 청년연합회의 주석 후진타오가 이 조직위원회 주임위원을 맡았다.

그해 5월 국제 청년들의 활동은 매우 활발히 전개되었다. 후진타오도 눈코 뜰 새 없이 바쁜 한 해였다. 그는 공청단 중앙을 중심으로 '아시아 태평양 청년 친선회견'이라는 친목활동을 조직했는데 그가 직접 나서야 했다. '평화와 발전 중 청년들의 역할'이라는 심포지엄에도 참석해야 했다. 그리고 후야오방 수행원 신분으로 각국에서 중국을 방문한 청년대표단의 접견에 참석해야 한다. 이런 활동을 통해 후진타오는 국제적으로 지명도를 높일 수 있었고 국제교류 경험도 쌓아갈 수 있었다. 또한 사람들에게는 후진타오가 지도하는 단중앙의 활동이 매우 활기를 띠고 있다는 인상을 심어주게 되었다.

다른 시각에서 말해도 이 시기는 후진타오에게 역시 행운의 시기였다.

이 시기 중공 중앙에서는 또 한 차례 신구교체 바람이 불었다. 1983년 6월 1일 후야오방이 처음으로 새로운 표현을 구사했다. '제3제대第三梯隊'란 표현이다.

국가와 민족의 장기적인 안정을 위해, 당과 정부의 방침정책의 연속성을 지키기 위해, 우리는 마땅히 지금부터 제3제대를 건립해야 한다.

12기 3중 전회의 결의문에는 젊고 지식수준이 비교적 높으며 전문 경험이 있는 간부를 하루바삐 기용해야 한다는 내용이 있었다. 각 분야의 후계자에 필요성이 아주 절박했다. 단중앙과 단 계통의 간부들도 이동이 잦아졌다. 단중앙 기관과 각 성의 단조직 기관 책임자들이 더 중요하고 더 확실한 지위로 승진하는 예가 많아졌다. 나가는 사람이 있으면 들어오는 사람도 있어야 한다. 단중앙서기처도 이제는 거의 새 사람들로 구성되었다. 그리고 대학 졸업생들을 많이 받는 추세가 계속되었다. 이는 곧 단중앙 기관의 인사구조의 변화를 추구한 것이며, 각 성시의 단 간부들의 지식과 자질을 높이기 위한 조치다. 재빠른 이동의 결과, 공청단파의 세력이 급격하게 팽창되었다. 비공식 집계에 따르면, 1980년 덩샤오핑과 후야오방이 집권한 후 1985년 가을 중공이 전국대표대회를 거행할 때까지 공청단파 간부가 중공 중앙위원회의 성원이 된 사람은 34명이다. 그중 정식위원이 21명이고 후보위원이 13명이다.

후진타오가 단중앙의 사업을 주관한 지 얼마 되지 않아 그도 행장을 꾸려 단중앙을 떠나야 했다. 그가 단중앙 제1서기로 있었던 시간은 반년이 조금 넘는다. 이듬해 봄 당중앙에서는 그에게 구이저우로 내려가라는 발령을 내렸다.

5
야랑국으로 내려가다
(1985~1988)

고대로부터 내려오는 구이저우에 관한 성구가 두 개나 있다. 이 두 성구는 모두 풍자적인 성격을 띠고 있다. 후진타오는 이 두 성구를 역으로 이용했다. "야랑이 자만한다는 말이 있는데, 그렇다고 자기를 너무 낮추어서도 안 된다. 또한 빈곤에서 이탈하려면 '검의 당나귀' 재간이 너무 많으면 안 된다.

도금하라는 것인가, 냉궁으로 추락시키는 것인가

1985년 7월 5일 중공중앙 기관지의 하나인 〈광명일보〉에 후진타오라고 서명한 「청년 지식인들을 이끌어 하루바삐 시대의 중임을 짊어지도록 하자」라는 글이 발표되었다. 7월 15일 중공중앙에서 돌연 한 가지 결정을 하달했다. 후진타오를 구이저우성의 제1서기로 임명한다는 결정이었다. 이와 함께 구이저우성 군구 정치위원, 구이저우성 인민무장위원회 주임위원으로 임명했다.

후진타오에게 새로운 임명이 내려진 것은 그를 정식으로 공청단 중앙 제1서기로 임명한 지 8개월 만의 일이다. 이처럼 갑작스런 결정에 따라 정치 스타가 '야랑국夜郎國'이란 별칭이 있는 구이저우 지방으로 내려간다는 것은 전혀 뜻밖의 일이었다. 많은 사람들이 놀랐다. 여기에서 어떤 운명이 기다리고 있는지 아무도 짐작하지 못했다.

내막을 모르는 사람들은 즉시 중공이 간부를 발탁시키는 관례에 따라 43세가 채 되지 않은 후진타오를 지방으로 내려보내 '도금鍍金'을 한 다음 다시 중용할 대길의 징조라고 예측했다.

그러나 내막은 그렇게 간단하지 않았다.

이전에 당중앙과 단중앙에서는 후진타오가 앞으로 크게 승진할 것이라는 풍문이 돌았다. 관련 인사의 말에 따르면 1985년 봄, 후야오방 등은 이미 한 가지 사실을 결정했다. 천피셴陳丕顯을 대신해 차오스를 중앙정법위원회 서기를 맡게 하고 동시에 중앙정치국 위원과 서기처 서기로 승진시킨다는 것이다. 그리고 원로들의 의견을 참작해 중앙조직부 상무부부장 웨이젠싱魏建行이 차오스의 부장직을 맡게 한다는 것이다. 이렇게 되면 중앙조직부 상무부부장직이 비게 된다.

후야오방과 차오스가 건의해, 당내에서는 '제3제대'를 기용할 것을 결정했다. 더 젊은 사람을 기용한다는 이 결정을 놓고 후진타오가 웨이젠싱의 자리를 계승한다는 말이 돌았다. 등급을 따지자면, 단중앙 제1서기 위치에서 중공중앙조직부 부부장으로 전근하는 것은 동급 전근이다. 그러나 중공중앙조직부는 아주 중요한 부서이기 때문에 조직부의 상무부부장은 단중앙 제1서기의 위치보다 권력이 세다. 이 건의가 '태자당' 허광웨이에게 전해지자 그는 대단히 불쾌했다. 그는 바오이보(薄一波, 중국국무원 부총리, 중공 원로급 간부-옮긴이) 등 원로들에게 이 사실을 전했다.

이 시기 바오이보는 '집단 태상황'인 중앙고문위원회의 부주임을 맡고 있었으며, 중앙정당위원회의 상무부주임을 겸하고 있었다(후야오방이 주임을 겸했다). 말하자면 그는 상당한 영향력이 있는 원로이다. 그는 '태자당'의 '골목소식'을 들은 다음 자신의 입장을 표명했다. 후진타오가 단중앙으로 전근온 지 이제 겨우 2, 3년밖에 되지 않았기 때문에 중앙조직부의 요직에 앉히기에는 너무 '어리다'라는 견해였다.

바오이보는 후진타오가 아직 어리다고 말했지만 중앙의 그 누구도 그의 장단에 박수를 쳐주지 않았다. 그렇다고 누가 나서서 이를 반박하지도 않았다. 이 일은 이렇게 무산되고 말았다.

중공중앙 최고 정책결정층은 사람들이 생각하는 것처럼 그렇게 신중하지 않다. 다수가 다 동의하는데 한 사람이 동의하지 않으면 통과되지 못하는 사례가 비일비재했다. 또는 한 사람이 동의하고 다수가 입장 표시를 하지 않았는데 통과되는 예도 있었다. 후진타오도 이런 일을 몇 번 겪은 적이 있다.

1985년 2월 27일 중공중앙 '5강4미3열애위원회五講四美三熱愛委員會'에서는 중앙선전부에서 '전민 문명 예절의 달'을 위한 마지막 기획회의를 열었다. '5강4미3열애'는 중공 당내에서도 명분이 뚜렷하지 못한 '기형아'이다. '3열애'란 '조국과 사회주의와 당을 열애한다'는 내용이다. 중공 당내에 '당을 열애'하는 조직을 만드는 것은 곧 자신의 기구를 열애한다는 뜻인데, 이 어찌 괴상한 일이 아닌가!

해방군 정치부, 단중앙, 베이징시위에서는 각 계통의 기획을 보고했다. 중앙선전부 고문이며 이 위원회의 부주임인 랴오징단廖井丹이 마지막으로 총괄보고를 하고 몇 가지 요구 사항을 제안했다. 회의가 막 끝날 즈음 5강4미3열애위원회의 주임인 완리가 이 회의에 참석해 연설을 하였다. 그가 입을 열어 첫마디를 꺼내자 장내는 그만 말문이 막히고 말았다.

"'문명 예절의 달' 활동은 이미 몇 년 동안 계속해서 진행했다. 그런데 각지의 형편을 보면 형식주의가 너무 많았고 효과도 별로 좋지 못했다. 어제 내가 중앙서기처 회의에서 이미 말했거니와 금년에는 이 활동을 그만두기로 했다."

회의 참석자들은 서로 어안이 벙벙해 아무 반응도 하지 않았다. 랴오징단도 할말을 찾지 못했다. 해마다 3월을 '전민 문명 예절의 달'로 규정한 것은 전국인민대표대회에서 1978년 통과한 법적 효력이 있는 결의였다. 당장 3월이 다가오고 전국적으로 이 활동준비가 거의 마무리되고 있을 시점이었다. 국가 지도자의 텔레비전 연설과 〈인민일보〉의 사설 등이 이미 다 준비되어 있었다. 이제 말 한마디면 이 활동을 전국적으로 진행하게 된다. 그런데 중공중앙서기처의 결단은 단호했다. '그만두기로 했다'는 그 한마디에 따라 그만둬야 하는 것이다.

회의에 참석한 후진타오와 류옌둥은 자기 기관으로 돌아오자마자 이미 당중앙판공청 주임으로 승진한 왕자오궈에게 전화로 이 사실을 알렸다. 동시에 다른 내부 소식은 없었는가 물었다. 왕자오궈가 그들에게 내부 소식을 전해주었다. "어제 당중앙서기처에서 월례회의를 개최했다. 예정된 회의 내용을 다 상의하고 끝날 즈음 완리 동지가 발언했다. 그는 '문명 예절의 달'은 형식주의에 지나지 않기 때문에 금년에는 이 활동을 진행하지 않는 것이 좋겠다고 말했다. 그의 발언이 끝났지만 다른 서기들은 누구도 이에 대해 자기 견해를 발표하지 않았다." 이렇게 해서 결정된 사안이라고 왕자오궈는 알려주었다.

완리는 당시 중공 당내의 유명한 개명파이다. 현대 민주의식이 있는 당내 원로이다. 그런데 그가 이런 건의를 한다는 것은 정말 사람들을 맥빠지게 하는 일이다. 그들은 법제관념이 너무도 희박하다는 점에서 실망했다. 인민대표대회의 결의를 완전 무효화시켰던 것이다. 그러나 당중앙이 생각하는 대로 따르고 집행해야 한다. 다른 사람이야 더 말해 무엇하랴?

아무튼 이번에도 후진타오의 직무 배치에서 이와 비슷한 상황이 벌어지게 되었다. 바오이보의 말 한마디에 후진타오는 단중앙 제1서기에서 당중앙조직부 상무부부장으로 전근할 기회가 무산되고 만 것이다.

후야오방을 중심으로 한 당내 개혁파와 당내 보수세력 간의 암투가 중단된 것이 아니다. 개혁파는 덩리췬을 몰아내려 했는데 생각대로 되지 않았다. 그러나 이번에는 약간 점수를 얻어 덩리췬이 중앙선전부 부장의 자리를 내놓지 않으면 안 되었다. 그는 중공중앙연구실 주임으로 전근되었다. 중공중앙선전부 부장이라는 이 요직에 누구를 등용할 것인가? 후야오방은 또다시 후진타오를 이 명단에 넣었다. 그러나 역시 저번처럼 원로들의 동의를 받아내지 못했다. 인선을 토론할 때 비교적 많은 사람들은 이제 취임한 지 3개월밖에 되지 않은 구이저우 성위서기 주허우쩌朱厚澤에게 중앙선전부 부장을 임명하는 것에 동의했다. 이렇게 되어 후진타오가 주허우쩌를 대신해 구이저우성으로 내려가는 것이 좋겠다는 결정이 나오게 되었다.

전하는 말에 따르면, 차오스가 가장 먼저 이 주장을 건의했다고 한다. 그는 사실 후진타오를 보살펴주기 위해 이런 건의를 한 것이다. 그리고 또 하나는 성에서 행정력을 키우는 것이 그의 앞날에 많은 도움이 되리라는 판단에서였다. 동시에 일부 원로들의 비난을 잠시 피하는 것이 그에게도 역시 좋으리라는 판단이 섰다. 또 어떤 사람은 후야오방이 먼저 건의를 했다고도 한다. 하여튼 후진타오는 이제 서울을 떠나 '야랑국'의 변방 관리로 내려가게 되었다.

이제 가면 언제 다시 돌아올까

'새옹지마塞翁之馬'란 고사성어가 있다. 나중의 사실에서 증명되다시피, 주허우쩌는 확실히 지킬 것은 지키고 발전할 것은 발전시킨 개성이 뚜렷한 중앙선전부 부장이었다. 그는 내부 회의에서 수차례에 걸쳐 정치체제의 개혁을 주장했다. 문예계와 사상이론계의 풍파와 논쟁에 대해 아주 지혜롭고 온화한 태도를 보여주었다. 그중에서도 1986년 7월 그는 전국문화국장회의에서 사람들의 입에 오른 '세 가지 관용'이라는 정책을 제출했다. 즉 '다른 의견과 주장에 대해 관용적이며, 다른 의견을 가진 사람일지라도 너그럽게 대하며, 사회 분위기와 환경이 부드럽게 되도록 노력해야 한다'라는 정책이다. 이 정책은 문예계와 사상이론계에서 대환영을 받았다. 그러나 후차오무와 덩리췬의 비위를 건드려 주허우쩌는 그들의 눈엣가시가 되었다. 후야오방이 물러서자 그도 공격을 받게 되어 부득불 관직을 내놓아야 했다. 주허우쩌는 '퇴직 사유서'를 제출했으나(당시 그는 56세였다) 승인을 받지 못했다. 후에 자오쯔양이 그에게 국무원 농촌정책연구실 부주임이란 관직을 내려주었다.

1988년 가을, 풍파가 약간 잔잔해졌다. 주허우쩌는 다시 재기해 전국총공회 제1부주석 겸 서기처 제1서기를 겸했다.(주석은 '노동자 귀족'이라는 별명을 가진 니즈푸倪志福였다.) 그런데 얼마 지나지 않아 '6·4사태'가 터졌다. 당시 전국총공회(全國總工會, 전국노동조합 총연합회) 간부 중에는 학생들의 시위를 지지하는 사람이 많았다. 또한 학생들에게 10만 위안에 달하는 식품과 약품을 제공해주었다. 리펑은 회의에서 '총공회'에 대해 서슬 퍼렇게 질책했으며 '쓰퉁공사四通公司'와 함께 '반혁명 폭동의 두 총무부'라고 몰아세웠다. 1989년 12월 25일 주허우쩌는 또다시 물러나 집에서 한가한 '간부'로 지냈다.

이로써 그는 덩샤오핑처럼 '3기3낙三起三落'을 겪었다.(1964년 '4청' 때 주허우쩌는 당에서 제명처분을 받았다. 그래서 장장 14년이란 세월 동안 노동개조를 했다.) 전하는 말에 따르면, 남부 지역 순찰에서 귀경한 덩샤오핑이 양상쿤과 함께 그를 불러 밀담을 나누었고, 후에 그는 쓰촨과 구이저우 등지로 내려가 농촌실태를 조사했다고 한다.

후진타오는 차오스에게 감사해야 한다. 그가 자리를 바꾸도록 건의하지 않았다면 후진타오의 머리 위에 액운이 떨어졌을는지도 모를 일이다. 아니, 다른 일이 없더라도 중공선전부 부장으로 간다는 것은 얻는 것보다 잃을 게 더 많기 때문이다. 중공선전부문은 위험하고 또 일하기가 까다로운 기관이다. 지위도 높지 못하며 각 방면으로 다 잘 보여야 하는 말많은 부서이다. 민중들은 선전부문을 '기상예보대'처럼 '틀릴 때가 더 많은 기관'으로 부른다. 다시 말해 선전부문은 언제나 지도자들의 의도와 당중앙의 정책에 따라 변한다는 뜻이다.

당시, 앞으로 발생할 풍파를 미리 예견했다고 하더라도 후진타오 역시 마음이 개운하지는 않았을 것이다. 후진타오는 구이저우로 내려가는 것을 자신이 단련되는 좋은 계기가 되어, 앞으로 중책을 맡기 전에 거쳐야 할 시련이라고 인식했을 수도 있다. 그러나 그가 중공조직부 상임부부장으로 임명될 뻔한 일이나 중공선전부 부장으로 임명될 뻔했으나 모두 다 물거품이 된 일로써 중앙 고위층의 내막을 좀더 깊게 알 수 있었으며, 앞으로의 전경이 꽃밭만 펼쳐져 있지는 않으리란 것을 피부로 느낄 수 있었을 것이다.

일관되게 침착한 그의 성격에 비추어볼 때, 승진했다 해도 그는 자만할 사람이 아니며 득의양양해할 사람도 아니다. 그러나 구이저우로 떠나기 전의 심정은 무거웠다. 동료들에게 '임시타산'으로 가는 것이 아니라 장기적으로 뿌리 내릴 작정으로 간다고 말했다. 단중앙에서 비교적 친하게 지낸 수하 간부들에게는 "이제 가면 언제 돌아올지 모른다"고 말했다.

그가 '임시타산'으로 구이저우에 가는 것이 아니란 말에 아마도 사람들은 흥미를 보일 것이다. 그러나 그는 당시 홀몸으로 부임했다. 아내 류융칭을 데리고 간 것이 아니다. 류융칭은 후에도 구이저우로 가지 않고 줄곧 베이징에 남아 있었다.

중앙위원회로 들어서다

그런데 불과 두 달도 되지 않아 후진타오는 또다시 상경하게 되었다. 그는 상성해 중공에서 두 기 당대표대회 기간에 열리는 전국대표대회에 참석하게 되었다.

앞에서 이미 언급한 바 있거니와, 1985년은 중공 신구교체의 또 하나의 분수령이다. 이에 앞서 전해 10월에 중앙에서는 12기 3중 전회에서 '도시 경제체제 개혁'을 빨리 추진하는 것에 관한 결정을 통과시켰다. 개혁에는 조직적인 담보가 따라야 한다. 중공중앙에서는 전면적인 개조의 중대한 결정을 내렸다. 원로들에게 권고해 모두 퇴직하고 대폭적으로 제3제대를 기용할 생각이었다. 이번 대회는 이것을 목적으로 하여 12기 대표대회와 13기 대표대회 중간에 개최했다.

1985년 5월 중공정치국 상무위원회에서는 후야오방에게 위임해 실무자를 꾸리도록 하고, 중앙 신구교체의 공문서를 작성하게 했다. 준비 작업에서 가장 복잡하고 가장 까다로우며 가장 골치 아픈 것이 바로 고위층 원로들을 하나하나 설득시키는 작업이었다. 그들에게 '목숨이 있을 때까지 공헌한다'는 생각을 포기하게 해 퇴직하는 것에 동의해 달라고 설득하는 일은 만만치 않았다. 여기에는 흥정이 따라야 했고, 그들의 요구를 적당히 만족시켜주어야 했다.

모든 준비가 다 되었다. 그해 9월 중공중앙에서는 12기 4중 전회를 소집했으며 뒤이어 전국대표대회를 소집했고 12기 5중 전회를 소집했다. 이 회의들을 통해 신구교체에 관한 결의를 통과시켜 간부대오의 연소화를 대대적으로 추진하기로 결정했다.

그 외에도 주요 조치에 다음과 같은 내용들이 포괄되었다. 12기 4중 전회는 '퇴출' 회의였다. 예젠잉 등 8, 90세 되는 백여 명의 노인들이 당직(중앙위원회, 중앙고문위원회, 중앙규율검사위원회)을 사직했다. 그 뒤를 이은 전국대표회의는 '진출'이었다. 41세부터 60세 사이의 91명의 신인을 중앙위원과 후보위원으로 보강했다. 5중 전회에서는 더 많이 '진출'했다. 정치국에 신인 6명을 보강했는데 그중에 60세 이하가 4명이나 되었다. 그들은 후치리, 차오스, 리펑, 텐지윈田紀雲이다. 서기처는 도합 10명인데 그중 60세 이하가 6명이다. 후치리, 차오스, 텐지윈, 리펑, 허젠슈, 왕자오궈이다. 그중에서도 왕자오궈의 나이는 겨우 44세밖에 되지 않았다.

후야오방과 후치리, 그리고 차오스가 전국대표대회에 제출한 중공중앙위원과 후보위원의 명단 중에는 후진타오의 이름도 들어 있었다. 그는 아주 순조롭게 대회에서 통과되어 중앙위원으로 당선되었다. 지역 관리의 신분이나 단중앙 제1서기 관직에서 아직 해임되지 않은 것으로 봐서 후진타오가 중앙위원으로 당선되는 것은 순리에 맞는 일이었다.

이번에 그와 함께 중공중앙위원으로 당선된 56명의 신인 중 이미 중용되었거나 앞으로 중용될 사람 중에 몇 년 후에 14차 당대표대회에서 중앙정치국과 중앙군사위원회로 승진한 사람들로는 딩관건丁關根, 리톄잉李鐵英, 쩌우자화鄒家華, 웨이젠싱, 푸취안유傅全有, 츠하오톈遲浩田, 첸치천錢其琛 등 7명이 있다. 이밖에 1990년대 초 국무위원인 쑹젠, 리구이셴李貴先 등도 명단에 올라 있다.

중앙위원 중에 후진타오는 역시 나이가 가장 어렸다. 그가 귀경했다는 소식을 듣고 그를 찾아간 공청단 중앙기관의 아랫사람들은, "후 서기는 당중앙위원 중에서 나이가 가장 적기 때문에 얼마든지 기다릴 수 있으니 절대 조급해하지 말라"고 말했다.

백지에는 아름다운 그림을 마음대로 그릴 수 있다

하늘은 맑은 날이 사흘을 넘지 않고, 땅은 평탄한 곳이 석 짐에 지나지 않으며, 사람이 가진 돈은 세 냥도 넘지 않는다.

구이저우를 말할 때면 사람들은 이 민요가 생각날 것이다. 물론 내용이 과장되기는 했으나 구이저우는 정밀 중국에서는 '가난하고 백지 상태'인 고장으로 유명하다.

가난하다는 것은 경제를 뜻하고, 백지白紙라는 것은 문화를 뜻하는 말이다. 구이저우는 변경이라 산세가 높고 하류의 물길이 급해 기후의 변화가 무쌍하다. "8할이 산이고 1할은 강이고 1할이 밭이다"라고 표현하는 구이저우는 중국에서 유일하게 평야가 없는 성이다. 전체 성의 면적은 17.6만 평방킬로미터로, 카르스트용암 지대가 전체 면적의 73퍼센트나 된다. 1인 평균 토지면적은 24평에 지나지 않는다. 그나마 다 분산되어 있고 척박해 경작조건이 아주 열악하다. 때문에 농업생산, 그중에서도 식량생산이 심각해, 해마다 다른 성에서 식량을 수입하여 식량난 문제를 해결했다.

중국은 토지를 기본으로 하고 농업을 천하대업으로 하는 국가이다. 땅이 없어 경작지가 없다면 그 곤경은 더 말할 나위도 없다. 이곳은 후진타오의 고향인 안후이 지시의 상황과는 형편이 다르다. 그곳 역시 산이 높고 물이 급하며 토지가 척박하지만 중국의 경제 중심지역으로 자리잡고 있다. 또한 상업도시와 가까운 곳에 있을 뿐만 아니라 유구한 문화전통이 있다. 백성들은 듣고 본 것이 많으며, 국내 심지어는 국외시장의 뒷받침으로 기타 다른 부업이나 수공업이 발전할 가능성이 큰 곳이다. 그러나 구이저우는 상품경제가 극히 발달하지 못한 지역이며 교통이 너무 불편하고 외지와 단절되어 있어 민중들이 듣고 보는 것이 적기 때문에 생산을 발전시킨다는 것은 참으로 어려운 일이다. 이곳의 생활수준은 언제나 전국에서 꼴찌 자리에 머물러 있다. 1978년에는 이른바 '빈곤층'에 속하는 인구가 무려 95.8퍼센트나 되었으며, 1986년 구이저우성의 국민생산총액은 평균 461위안밖에 되지 않았다. 이는 그해 티베트 평균치인 781위안의 59퍼센트에 해당하는 수치이며, 전국 각성에서 꼴찌였다. 1994년 구이저우성의 인구 평균 수입은 1,507위안으로, 그해 가장 높은 상하이의 평균 수입 14,542위안에 비해 9분의 1이 채 못 되었다.

후진타오가 구이저우에 부임해 갔을 때는 상황이 더 악화되어 있었다. 다른 성과의 차이가 점점 더 커졌다. '제6차 5년계획' 기간(1981년부터 1985년까지) 동안 농업 순수익은 전국 22위에서 해마다 떨어졌다. 엎친 데 덮친 격으로 1985년에는 가뭄과 홍수가 연이어 구이저우성을 강타했다. 1월부터 5월까지 전국 36개 현에 가뭄이 들었고 절반 이상 논에 물을 대지 못했다. 그러다가 장마철에는 가는 곳마다 폭우가 쏟아져 37개 현이 물에 잠겼다. 장마가 지나간 다음에는 두 달간이나 폭염이 계속되어 8월 중순 가뭄 피해를 본 토지가 2천4십만 평에 달했다. 이해 구이저우 농민들의 순수익은 겨우 302.14위안에 불과했다. 전국 평균치보다 24퍼센트 떨어져 28위로 추락했다. 전국적으로 끝에서 두 번째로 추락한 것이다.

변방 관리의 입장에서는 이보다 더 골치 아픈 일이 있었는데, 그것은 바로 먀오족苗族·부이족布依族·수이족水族·둥족侗族·이족彛族·야오족瑤族 등 다민족이 뒤섞여 있어 성급에서 지방에 이르기까지 층층 '민족간부'('소수민족간부'를 줄여 민족간부라 한다)가 있다는 것이다. 이들과 우호적으로 지내려면 어느 정도의 능력과 재치가 있어야 했다.

구이저우가 비록 빈곤하고 백지라고는 하지만 중공 원로들 중 많은 사람들은 이 땅에 대해 깊은 감정을 가지고 있다. 그들은 시도 때도 없이 구이저우성에 대해 한마디씩 하곤 한다. 구이저우의 쭌이遵義는 중국공산당의 장정(長征 : 1934~35년)으로 유명해졌다. 당시 공산군은 근거지인 장시성江西省을 출발해 북서쪽으로 이동하면서 쭌이를 통과하는 노선을 택했다. 1935년 중국공산당 중앙정치국 회의가 쭌이에서 열렸다. 이 회의에서 물러난 마오쩌둥이 마침내 그때까지 우세하던 친소련파를 제압하고 공산당 내에 그의 지배권을 확립했다.

구이저우성의 많은 지명은 마오쩌둥이 군권을 장악한 다음 동에 번쩍 서에 번쩍 하면서 장제스의 추적을 성공적으로 피한 역사와 더불어 유명해졌다. 네 번이나 츠수이赤水를 지났으며 목숨을 걸고 우장烏江을 건넜다는 등의 얘기가 널리 전해지고 있다. 또 러우산관婁山關은 마오쩌둥의 유명한 『친어를 기억하며憶秦娥』란 글 때문에 천하에 이름을 날렸다. 그 글에 이런 구절이 있다.

머나먼 길은 철판과 같건만 오늘은 씩씩하게 이를 넘어가노라.

후진타오는 구이저우에서 가는 곳마다 듣게 되는 화제가 이런 역사적 사실에 대한 자랑이라는 걸 알게 되었다. 그가 구이저우로 부임해간 그해는 마침 홍군紅軍의 만리장정 50주년(1986년 10월) 기념을 맞이한 해였다. 성위서기인 그는 기념식을 주최하고 참석했다. 그는 이 기념식을 통해 구이저우 인민들의 사기를 북돋우고 구이저우 민중의 지역에 대한 자부심을 불러일으키려 했다.

조사가 없으면 발언권이 없다

어떤 사람은 후진타오의 운명이 '고생'할 운명이라고 한다. 그는 강남에서 태어났지만 절반 이상의 생애를 변경에서 보냈다. 젊었을 때는 서북 지구 고비사막에서 보냈다. 겨우 베이징으로 돌아왔지만 또 3년이 못 되어 다시 서남 심산으로 내려가게 되었다. 중국에서 가장 빈곤한 곳에서 생활하지 않으면 안 되었다. 그러나 포부가 있는 사나이에게는 이것은 복이 될 수도 있다. 그는 구이저우에서의 생활로 중국 최하층의 대중을 접촉할 수 있는 기회를 갖게 되었으며 국가와 백성들의 상황을 좀더 절실하게 체험할 수 있었다.

후진타오는 구이저우로 가기 전에 한 가지 계획을 세웠다. 그 계획이란 우선 기층으로 내려가 그곳 상황을 이해하겠다는 것이다. 그는 구이양貴陽에 도착하자마자 짐을 풀고 거주지를 마련한 다음 자신을 따라온 단중앙 비서 예커둥葉克冬에게 집을 맡겨 잡무를 처리하게 했다. 그는 즉시 성위 지도부의 몇몇 지도자들에게서 구이저우 상황 보고를 들었다. 그는 보고를 청취한 다음 다른 말은 하지 않고 성위 판공청에서 파견한 수행인들을 이끌고 기층으로 내려갔다. 성위 기관간부들은 후진타오는 확실히 말 띠가 틀림없다며 그를 쉬지 않고 뛰는 말이라고 표현했다.

구이저우 서북지역의 비제畢節는 성정부 소재지에서 2백여 킬로미터 떨어진 산 높고 길이 험한 곳이다. 그곳의 관리들은 새로운 성위서기가 직접 자기네 지역으로 시찰온다는 말에 기쁘기도 했고 놀라기도 했다. 후진타오는 이곳에 도착하자마자 7월의 찜통 더위를 무릅쓰고 구이저우와 윈난, 쓰촨, 광시廣西의 접경지인 변경지구를 11일간이나 시찰했다.

후진타오는 부임한 지 몇 달도 되지 않는 사이에 많은 현을 시찰했다. 구이저우성에는 86개 현과 시가 있다. 2년도 채 되지 않는 기간 동안 그는 이 많은 현과 시를 거의 다 돌아보았다. 그에게 이견이 있는 사람조차도 그의 사업 태도에 대해서는 아무런 험담도 하지 않았다. 중앙조직부에서는 후진타오에게 "당중앙 노서기인 후야오방의 조사연구 태도를 이어받았다"라는 평가를 내렸다.

남다른 관찰력과 기억력을 소유한 그는 재빨리 전성全省의 상황을 파악했다. 그는 구이저우성의 역사연혁, 풍경과 민속, 특산물 및 사회 동향에 대해서까지 속속들이 장악했다. 동시에 관련 수치와 세부사항에 대해서도 훤하게 꿰뚫고 있었다.

이듬해 설날 전후로 해서 후야오방 일행이 구이저우성을 시찰했다. 성위서기로 부임한 지 반 년밖에 안 되는 후진타오와 먀오족 성장 왕차오원王朝文이 후야오방을 수행해 구이저우 동남 민족사범학교, 부이족 마을인 우라촌, 천생교 수력발전소 등지를 시찰했다. 후진타오는 총서기를 수행해 시찰하는 과정에서도 구이저우성의 상황을 아주 능숙하게 보고했다. 후야오방도 그의 기억력에 감탄했다고 한다.

1986년 11월에는 국무원 총리 자오쯔양과 부총리 리펑이 구이저우성을 시찰했다. 후진타오와 왕차오원이 그들을 수행해 기층으로 내려가 며칠 동안 둘러보면서 천생교 2급발전소 댐 낙성식에 참가했다. 후진타오는 수력발전학과를 전공했고 수력발전소 댐 건설에도 참가했기 때문에 천생교 댐 건설에 대해 아주 상세하게 소개할 수 있었다. 그의 소개는 총리와 부총리에게 강한 인상을 남겨주었다.

1987년 중앙서기처 서기 허젠슈가 구이저우에 왕림했다. 후진타오가 그를 수행해 구이양, 쭌이, 비제, 안순安順 등지를 둘러보았다. 인민대표대회 상무위원회 부위원장인 왕런중과 국무위원 천무화陳慕華가 구이저우를 돌아볼 때도 후진타오는 훌륭하게 구이저우성의 상황을 소개, 보고했다. 완리 부총리가 동남아 각국을 방문하러 갈 때 구이저우성에 잠시 들렀는데, 이때도 후진타오는 기회를 얻어 완리를 접대했다.

구이저우성의 상황을 능숙하게 파악하고, 구이저우성을 발전시키려는 후진타오의 각오는 중앙 지도자들에게 좋은 인상을 심어주기에 충분했다. 그들은 자신이 관할하는 범위 내에서 구이저우성에 대해 푸른등을 켜주기로 했다.

국무원 부총리 톈지윈은 해방전쟁 시기에 남하해 1949년 11월에 구이양 군사관리위원회 재정관리부 기밀비서로 일하게 되었다. 후에 구이저우성 재정과장, 처장, 부청장으로 한 단계씩 승진했다. 그리고 1969년 구이저우를 떠나 쓰촨으로 전근했으니, '구이저우 사람'이라고 해도 과언이 아니다. 그가 구이저우를 시찰할 때 후진타오는 그에게 구이저우를 발전시키려는 자신의 계획에 대해 조언을 구했다. 톈지윈은 후진타오가 짧은 시일 안에 구이저우성을 손금 보듯 훤히 꿰고 있다는 사실에 매우 만족스러워했다.

사람의 마음을 진동시킨 당 12기 6중 전회

후진타오 등은 1985년 새로운 권력이 개혁개방 노선의 실행을 보다 확실하게 해주기를 기대했다. 즉, 중공 정책결정층의 연소화를 힘있게 밀어주기를 바란 것이다. 그런데 그는 단순히 형식상의 퇴출과 진입으로는 역부족이라는 사실을 인식하지 못했다. 제도적인 장치가 없이는 개혁개방 노선도 변화될 수 있으며, 이미 현실로 이루어진 연소화도 어느 순간 퇴보할 수 있다는 것을 미처 인식하지 못한 것이다.

후진타오는 다시 상경해 중앙위원회 전회에 참가했다. 1986년 9월 28일에 개최한 12기 6중 전회가 사람들의 심리를 그처럼 격동시킬 줄은 몰랐다. 이번 회의의 의제로 봐서는 별로 충돌이 없을 듯했다. 사회주의 문명건설에 대한 결의를 토론하는 것이 이번 회의의 주요 내용이었다.

그런데 충돌은 '자산계급 자유화를 반대'한다는 문제에서 터지고 말았다. 후야오방이 초안을 작성한 결의 초고에는 '자산계급 자유화를 반대'한다는 내용이 빠져 있었다. 그는 경제건설을 중심으로 하고 흔들림 없이 경제체제 개혁을 진행하며, 정치체제의 개혁을 지켜나가 정신문명건설을 이뤄나간다는 내용으로 되어 있었다. 이것이 바로 중공에서 말하는 '한 가지 중심에 세 가지 흔들림 없이'라는 정책이다. 이와 동시에 정신문명건설의 개방성을 강조했으며 정치민주화를 표면화시켰다. 개혁개방이란 '민주가 없으면 현대화도 없다'는 것과 '민주는 꼭 제도화되어야 하고 법제화되어야 한다'는 주장과, 헌법의 원칙을 준수해야 하며 학술자유, 창작자유, 토론자유와, 비판과 반비판의 자유를 실행해야 한다는 것을 강조했다.

그런데 후차오무와 덩리췬이 이를 반대하고 나섰다. 그들은 자기네가 초안을 고쳐 덩샤오핑과 천원에게 보이겠다는 의견을 고집했다. 그들은 1983년에 제출한 '정신오염 제거'와 '자산계급 자유화 반대'를 써넣어야 한다고 주장했다. 당시 천원은 초안 수정에 동의한다는 입장을 표시했다. 그런데 덩샤오핑은 후야오방이 쓴 초안에 동의하면서 수정을 부정했다. 리루이의 말에 따르면, 후에 베이다이허北戴河 정치국 회의 때 격렬한 논쟁이 벌어졌다는 것이다. 후야오방이 한 발 물러나 타협하기로 했다. 즉 초안에 '자산계급 자유화를 추진하는 것은 사회주의제도를 부정하고 자본주의제도를 주장하는 것이며, 근본적으로 인민의 이익과 역사의 흐름에 위배되는 것이고 광범한 인민들이 단호하게 반대하는 것이다'라는 구절을 써넣기로 했다. 이런 말로 '자산계급 자유화'에 대한 해석을 제한한 것이다.

그런데 이 구절에 대해 루딩이陸定一가 단호하게 반대하며 나섰다. '문혁' 전에 그는 장기간 선전부 부장으로 있었다. 평소에 그의 표정은 엄숙한 편이었다. 많은 사람들은 그를 매우 '좌'적인 사람으로 보았다. '문혁'이 시작되자마자 그는 투옥되어 13년간이나 자유를 잃었다. '문혁' 시기의 좌절과 시련을 거치면서 많은 것을 깨달은 인물이다. 그는 이번 전회에서 세 번이나 발언했다. 그는 역사적인 시점에서 '자유화를 반대'한다는 표현의 황당함과 위험성을 피력했다. 이것은 그해 구소련이 '쌍백방침'('백화만발'과 '백가쟁명'이란 정책-옮긴이)을 반대할 때 제기한 표현이라고 지적했다. 때문에 '자유화를 반대'한다고 제기하는 것은 헌법에 제정한 인민의 각항 자유권리에 충돌하며, 학술문화와 정치생활의 민주화에 극히 불리하다고 역설했다.

이 논쟁의 최후 일막은 6중 전회의 폐막식에서 벌어졌다. 후진타오는 중앙위원 신분으로 이 장면을 현장에서 목격했다. '결의'를 표결할 때 루딩이가 또다시 일어나 발언했다. 그는 자기의 견해를 단호하게 주장하며 결의에서 이 단락을 뺄 것을 요구했다. 그의 발언은 열렬한 박수 갈채를 받았다. 이 장면에 대해 리루이는 이렇게 회상하고 있다.

우리는 중앙고문위원회 쪽에 있었는데 이쪽의 박수소리가 가장 힘찼다.

완리도 최후의 발언에서 루딩이의 의견에 동의한다고 자신의 입장을 밝혔다. 그러나 위추리와 양상쿤은 루딩이의 의견에 반대했다. 회의를 주최하던 후야오방이 중재에 나섰다. 그는 잠시 이 단락을 보류하는 것이 어떠냐고 제의했다. 이때 덩샤오핑이 격렬한 언사로 연설을 했다. 후에 정리하여 공개한 내용은 다음과 같다.

자산계급 자유화를 반대한다는 말은 내가 가장 많이 했다. 그리고 내가 가장 고집한 것이기도 하다. 무엇 때문인가? 첫째, 지금 대중 속에, 그중에서도 젊은 청년들 속에 하나의 사조가 있다. 이 사조가 바로 자유화이다. 둘째, 해외에서 부추기는 사람들이 있다. 이를테면 홍콩의 주장이라든가, 타이완의 주장이 대표적이다. 그들은 모두 우리의 네 가지 원칙을 반대하는 입장이다. 우리가 자본주의 제도를 다 들여와야 한다고 주장한다. 그래야 진정으로 현대화가 된다는 것이다. 자유화란 어떤 것인가? 사실 지금 우리 중국에서 실행하고 있는 정책은 자본주의 길로 인도하는 것이다. 이 사조의 대표인물은 우리를 자본주의 방향으로 인도하려 한다. 때문에 나는 여러 번 해석했거니와 우리가 네 가지 현대화를 실행하는 것을 '사회주의 현대화'라고 이름지었다. 우리가 개방정책을 실시해 자본주의 사회에서 유익한 부분을 흡수하는 것은 사회주의 생산력을 발전시키기 위한 보충이라고 할 수 있다.
여러분들은 지난날 '4인방'을 분쇄한 다음 1980년 전국인민대표대회에서 통과한 의안에서, 헌법 중에 밝힌 '대명大鳴 대방大放 대변론大辯論 대자보大字報'란 구절을 삭제한 것이 생각날 것이다. 무엇 때문에 이것을 삭제했는가? 자유화 사상이 존재했기 때문이다. 자유화를 실행하면 우리의 안정되고 단결된 정치국면을 파괴하게 된다. 안정되고 단결된 정치국면이 없으면 우리는 건설을 제대로 할 수 없다.
자유화의 모체는 바로 자본주의이다. 무산계급에는 자유화가 없다. 그리고 사회주의에도 자유화가 없다. 자유화의 모체는 지금 우리가 실행하는 정책과 현행 제도에 대한 대항이나. 또는 반대이다. 또는 수정이다. 자유화를 실행한다는 것은 바로 우리를 자본주의 길로 인도한다는 말이다. 그래서 우리는 자산계급 자유화를 반대한다는 슬로건을 내건 것이다. 이 말을 누가 언제 썼는가는 중요하지 않다. 현실 정치는 이것을 결의에 써넣을 것을 요구한다. 나 역시 이것을 써넣기를 주장한다.

자유화를 반대하는 것은 이번에만 강조할 사항이 아니라 앞으로 10년, 20년 강조해야 할 일이다. 이 사조를 막지 않는다면 다른 조잡한 것들이 함께 들어와 서로 결탁하게 되는데 이 역시 가볍게 여길 일이 아니다. 이것은 우리 네 가지 현대화에 대한 충격이다. 여러분들이 홍콩의 여론과 외국 자산계급 학자들의 논의를 주의깊게 보면, 거의 다 우리가 자유화를 실시할 것을 주장하고 있음을 알 수 있다. 이는 우리에게 인권이 없다는 것까지 포함하고 있다. 그들은 우리가 견지하려는 것을 반대하고, 그들은 우리가 변화되기를 희망한다. 우리는 우리 자신의 실제에서 출발해 문제를 제기하고 해결해야 한다.

이 발언으로 최후 결정이 내려졌다. 일언반구의 말도 없었다. 장내는 물을 뿌린 듯 조용했다. 이 결의는 이렇게 통과되었다.

후야오방은 회의가 끝난 다음 이 논쟁에 대해서는 아래로 전달하지 말라고 지시했다. 그리고 정신력을 집중해 '결의'에 대해 토론할 것을 요구했다. 그런데 왕전은 중앙당학교에서 후야오방의 지시를 어기고 덩샤오핑의 강연 내용을 인쇄해 전교에 뿌렸다. 그는 전교대회에서 다음과 같이 역설했다.

"지금 어떤 사람은 고의적으로 이를 전달하지 말라고 하면서 사실을 음폐하려 한다. 덩리췬과 후차오무 동지가 덩샤오핑 동지에게 이 사실을 보고했다. 덩샤오핑 동지는 전회에서 자유화를 반대하는 것은 앞으로 20년이 지나도 변함없다고 말했다. 여기에 50년을 더하면 다음 세기까지 자유화를 반대할 것이다."

12기 6중 전회의 사건과 그해 말기의 학생운동은 후야오방을 비난 공격하는 것으로 모아졌고, 결국 하야의 도화선이 되었다.

백지화된 '제3제대'

이와 비슷한 사건이 또 한 가지 있었다. 그것은 왕자오궈와 후진타오가 덕을 본 '제3제대' 정책이다. 이 정책은 후야오방이 점차 추락하면서 백지화되고 말았다.

이미 앞에서 '제3제대' 정책에 대해 소개한 바 있다. 베이징대학 정치학부 박사인 선밍민申明民의 말에 따르면, '제3제대' 정책은 계획정치에서 권력계승 문제에 대해 처음으로 제출한 제도화된 형식이다. '제대梯隊'는 군사용어이다. 간부대오 건설에서 개인적인 시점이 아니라 단체적인 시점에서 권력을 계승한다는 뜻이 내포되어 있다. 이것은 제도화 권력 이전의 의도이기도 하다. 천윈은 "간부대오가 제대 구조로 된다면 당의 사업을 계승할 사람이 있게 되어 대대로 이어갈 수 있다"고 말했다.

'문혁'이 끝났을 때 간부들은 많이 노령화되었다. 이러한 특수 조건하에서 '제3제대'를 선발하는 것은 '기초건설'이라고 인식했다. 이는 간부대오의 활력을 증강하고 개혁정책의 연속성을 보유하는 데 일정한 역할을 했다. 동시에 사상해방을 추진하고 경제건설을 이끌어내는 등의 적극적인 역할을 이행했다. 그러나 '제3제대' 선발제도의 한계와 폐단도 아주 뚜렷하게 드러났다. 왕자오궈 본인의 예가 대표적이다. 그는 정치표준을 지나치게 강조했으며, 지도자의 사사로운 인상과 직감을 너무 중시했다. 구체적인 선거 과정은 '일인자'가 추천하고, 아래에서는 '일인자가 된다고 했으니 물론 될 것이고 안 되어도 할 수 없다고 해야 한다'는 식으로 선정하게 되어 있다. 이는 간부들에 대한 '네 가지' 표준에 따른 것이 아니라, 아주 심각한 편파성을 띠게 되었다.

덩샤오핑, 후야오방 등 개혁파 시노자들이 '제3제대'를 선발하는 과정에서 이견이 벌어지자 보수파들은 이를 빌미로 여러 번 의문을 제기했다. 후야오방 등도 나중에는 확실히 문제가 있다는 것을 발견하게 되었다. 그와 함께 보수파들의 반발에도 신경을 쓰지 않으면 안 되었다. 그리하여 중공중앙의 명의로 1986년 11월에 중공조직부에서 제정한 '지도부의 연소화에 대한 몇 가지 문제에 대한 통지'와 '현직 지도간부 직무를 감당하지 못한 간부의 몇 가지 문제에 대한 통지'를 발부했다. 이미 드러난 문제에 대해 시정할 것을 요구했다. 그중에 "지도부의 네 가지 표준을 실행하는 것은 유기적으로 조절하는 것이기 때문에 혁명화와 지식화, 그리고 전문화를 떠나서 독립적으로 연소화를 강조해서는 안 된다"라고 지적했다. 이후에 '제3제대'에 대한 토론이 중지되었다. 그리고 '제3제대'라는 말도 당의 문건이나 당의 언론에서 사라졌다.

이로써 당간부의 중청년 구조에 대한 원칙과 비밀스런 방법으로 각급 예비간부를 심사하고 선택하는 방식은 유보되었다. 이것이 바로 '중국 특색이 있는' 간부대오 건설의 기본제도가 되었다.

거센 정치풍랑 속에서 인생의 노를 튼튼히 잡다

1986년 말은 후세 사람들에게 숨길 수 없는 세월이다. 중앙조직부 부부장이며 중앙고문위원회 위원인 리루이는 다음의 사실을 폭로했다. 그는 그해 연말 중앙고문위원회 당지부회에 참가했다. 이 회의에 참가한 원로들 사이에서는 후야오방에 대해 이러쿵저러쿵 말들이 오갔다. 심지어는 그를 공격하는 말도 있었다. 주로 '청홍방을 묶었다'는 말이었다(이 말은 공청단과 홍위병 출신들을 선발한다는 뜻이다). 당시는 학생운동이 전국 어디에서나 활발하게 진행될 때였다. 당내의 보수파들은 이에 발빠르게 움직여 예전부터 눈엣가시처럼 여기던 후야오방을 비판했다. 그에 대한 죄명은 주로 '자산계급 자유화 반대'가 뚜렷하지 못하다는 것이었다.

1987년 1월 15일부터 16일까지 중앙고문위원회 부주임 바오이보가 주최해 중공중앙정치국 확대회의를 열었다. 중심 의제는 후야오방에 대한 비판이었다. 덩샤오핑은 이번 대결에서 장군을 잃게 되었다. 후야오방은 당내 원로들이 비공식 경로로 획책한 권력교체, 엄밀하게 말하면 쿠데타에서 자신의 잘못을 시인하고 사직을 선포했다. 중국의 개혁은 이로써 심각한 좌절을 겪게 되었다.

왕자오궈에게도 액운이 닥쳤다. 그는 많은 사람들의 목표물이 되었다. 그는 2년간 중공중앙판공청 주임으로 있다가 1985년 당의 전국대표대회에서 한층 더 부상해 중앙서기처 서기가 되었다. 그런데 속담 중에는 틀린 말이 없다. "높이 올라갔다가는 크게 떨어진다"라는 속담이 있다. 잘못은 스스로에게도 있었다. 원로들이 후야오방을 비판할 때 왕자오궈가 자리에서 일어나 후야오방의 '많은 문제'를 적발, 비판했다. 그는 후야오방에 대해 아주 가혹하게 지적했다. 후야오방도 어찌 이럴 수가 있겠는가 싶어 말문이 막혔다. 자신이 직접 추천하고 아껴준 사람인데 어쩌면 저럴 수 있는지 당황스럽기까지 했다. 후야오방의 아들 후더핑의 한 친구가 훗날 폭로한 데 따르면, 후야오방은 두 사람을 절대 용서할 수 없다고 했다. 그 두 사람 중 한 명은 이번 회의를 주최한 중앙고문위원회 부주임 바오이보였다. 바오이보는 '문혁' 때 '61인 변절집단'의 하나였는데 후야오방이 직접 나서서 이를 시정해주었다. 후야오방의 노력이 없었다면 그는 집에서 손자들이나 데리고 말년을 보낼 인물이었다. 그리고 다른 한 사람은 바로 왕자오궈였다. 이에 대한 주장에는 여러 가지가 있다. 즉, 후야오방이 가장 노여워했던 사람은 바오이보와 왕허서우王鶴壽라는 일설도 있다. 리루이는 후야오방이 운명할 때 자기에게 속내를 털어놓았다고 밝혔다. 연안 시기 후야오방은 타오주陶鑄, 왕허서우와 가장 가까운 관계였다고 한다. 이들을 두고 '도원 3걸의'라고 했다. 후야오방은 왕허서우에게 속말을 했는데 '생활회'에서 왕허서우가 이를 고발했다고 한다. 후야오방은 이때 말할 수 없이 상심했다고 한다.

후야오방이 가장 용서할 수 없는 명단에 들었는지 어쨌는지, 아무튼 왕자오궈가 후야오방을 비판한 것은, 단적으로 그에게 정치적 도덕과 정치적 지혜가 부족했음을 보여준다. 후야오방을 비판한 원로들조차 그를 경멸했다. 2002년 초, 해외 여러 언론에서는 정치국 확대회의에서 왕자오궈가 후야오방을 비판한 기록을 본 천윈이 '고개를 저었다'고 썼다. 당시 천윈은 이 기록에 다음과 같은 글을 써서 건의했다.

덩샤오핑 동지 및 중앙상무위원, 이 사람은 중앙고층 정치생활에 적합하지 않으니 기층으로 내려보내 단련시킬 것을 건의합니다.

덩샤오핑이 즉시 이에 대해 입장을 표시했다.

천윈 동지의 건의에 동의합니다. 괜찮은 곳으로 내려보내는 것이 좋겠습니다.

1987년 9월 왕자오궈는 중앙서기처 서기 직무를 박탈당해 푸젠성 부성장, 대리성장으로 내려갔다.

사람들이 '공청단파'로 부르는 후진타오가 간쑤에서 상경해 또다시 구이저우로 내려간 4년 사이, 그는 정계의 회오리를 수없이 맞았다. 그리고 험악한 정계의 풍랑을 체험하기도 했다. 그때 후진타오는 당중앙을 따르지 않으면 안 된다는 것을 깨닫게 되었으며, 또 너무 바싹 따라도 안 된다는 것을 인식하게 되었다. 후야오방이 하야한 다음 각 성시에서는 앞다투어 입장을 표시하기에 급급했다. 그러나 후진타오는 누구보다도 침착했다.

그는 우선 풍랑에 따랐다. 후야오방이 하야한 다음 1월 15일 구이저우성 각 지구, 자치주와 시위 선전부장 회의에서 "사상전선의 첫째 임무는 네 가지 기본원칙을 지키는 것이며, 선명한 기치로 자산계급 자유화를 반대하는 것입니다"라고 연설했다.

그러나 그는 적당히 수위를 조절했다. 3월 18일부터 19일까지 후진타오는 구이저우 각 지구와 자치주 및 시위 서기 회의 때 회의의 주제를 '자산계급 자유화의 비판을 심화로 이끄는 동시에 증산절약과 순익증대운동을 착실하게 실제로 적용시키자'는 데 두었다. 그가 강조한 것 중의 하나는 '심화로 이끄는'다는 것이고 다른 하나는 '착실하게 실제로 적용시키자'이다. 이 두 글귀의 경중은 누구나 잘 알고 있다. '심화로 이끄는'자산계급 자유화 반대' 임무는 이번 회의에서 7개 항의 요구로 방어선을 쌓았다.

1. 중앙문건을 학습해 이번 투쟁의 중요성, 장기성, 막중함과 복잡성에 대한 인식을 높인다.
2. 이론을 학습해 장악한다. 목적 있고 설득력 있게 대중들이 제기하는 문제에 답한다.
3. 실제와 연계해 전문 문제를 선택하고 토론하는 형식으로 인식을 높이며 위와 아래를 연결시키지 않는다.
4. 생동있고 활발한 사업방법과 교양형식을 채용한다.
5. 정책한계를 엄격하게 파악하고 전면 교육을 실시한다.
6. 올바른 지도를 실시하며 끊임없이 경험을 쌓는다.
7. 사상정치공작 강화와 개혁개방을 추진하며 두 가지 문명건설을 추진한다.
(이상은 본문을 발췌한 것임)

분석력이 있는 사람이라면 성위에서 제기한 7개 항 임무에 담겨 있는 언외의 뜻을 알 수 있을 것이다.

35세인 구이저우성 단위서기 예샤오원葉小文이 그해에 부임했다. 사회학 학자인 그는 1년 전에 『사회학 부정의 부정 과정 및 내재적 모순』이라는 논문을 발표했다. 그의 논문은 중국 사회과학 중청년 우수논문으로 선정되었다. 그와 동시에 그는 구이저우성 사회과학연구소 부소장으로 위임되었다. 그가 성단위서기로 부임하자 뒤이어 복잡한 풍랑이 일어났는데, 그 풍랑에 대해 뚜렷한 진단을 내릴 수가 없었다. 자신의 입장을 표시하지 않을 수 없는 처지에서 그는 잡지 <구이저우 청년>에 남의 뒤를 따라 비판적인 문장을 발표하려 했다. 그는 이 문장을 들고 성위제1서기인 후진타오를 찾아 의향을 물었다. 그때 후진타오는 "그만하게. 풍랑이라는 것은 무턱대고 따를 것이 아니라네"라고 귓속말을 했다. 예샤오원은 그의 충고를 듣고 이 문장을 발표하지 않았다.

예샤오원은 어딘가 천부적인 데가 있었다. 그는 그후 순풍에 돛단 듯이 잘 풀렸다. 1990년에는 단중앙통전부 부부장, 전국청년연합회 부비서장으로 전임되었다. 1년 후 그는 중공중앙통전부의 민족종교국 국장으로 발탁되었다. 1990년대 초기 단중앙서기처의 적지 않은 서기들이 당중앙통전부로 전근했다. 후진타오의 뒤를 이어 단중앙서기처 상무서기와 전국청년연합회 주석을 겸하고 있는 류옌둥은 1991년 중공중앙통전부 부부장으로 발탁되었다. 그녀가 예샤오원을 포함한 단중앙의 간부를 추천한 것이다. 통전부에 단중앙 간부가 많아 어떤 사람은 통전부를 '절반 단중앙'이라고까지 했다. 1995년 예샤오원은 국무원 계통으로 전근해 종교사무를 책임지게 되었다. 주룽지 내각에서 국가종교사무국 국장으로 발탁한 것이다. 그는 국무원 특파원의 자격으로 티베트의 11대 판첸의 즉위식에 참석했다. 지난날을 회고한다면, 그는 당연히 후진타오의 지도와 보살핌에 감사해야 할 것이다.

하늘은 높고 황제는 멀다

다행히 구이양이 멀고먼 변경 지역에 있었기 때문에 후진타오는 후야오방의 하야와 함께 휘몰아친 풍랑에 걸려들지 않았다. "하늘은 높고 황제는 멀다"는 말이 있듯이, 중난하이 권력 중심에서 멀리 떨어진 구이저우는 사람들이 주목하는 곳이 아니다. 그래서 그곳은 상대적으로 평온했다. 후진타오는 과거 청년연합회 주석을 맡을 때 사귄 '자유파'의 지식인들과 계속 관계를 맺고 있어, 지방장관이라는 위치에서 그들에게 일정한 편리를 제공해주었다. 후진타오는 그들이 외딴 이 산골지방에 새로운 바람을 불어넣어줄 것을 기대했다.

1987년 중국사회과학원 문학연구소 소장이며 전국청년연합회 상무위원인 문예이론가 류짜이푸劉再復의 문예이론 관점인 『인간의 주체성』이라든가 『성격조합론』이 '마르크스주의와 마오쩌둥 사상의 기치를 높이 든' 좌파들의 비난과 질책을 받았다. 대하역사소설 『이자성李自成』으로 한때 이름을 날린 야오쉐인姚雪垠이 〈홍기紅旗〉 잡지에 두 편의 문장을 발표해 류짜이푸가 '마르크스주의 철학과 문예사상을 저주'했다고 비판했으며 '문장을 발표하는 진지陣地를 독점했다'며 욕설을 퍼부었다. 당시 〈홍기〉 잡지의 총편집인 슝푸熊復는 원래 틀에 박힌 이론가이다. 1978년 후야오방이 '실천만이 진리를 검증하는 유일한 진리'라는 운동을 추진할 때 슝푸는 화궈펑과 왕둥싱의 '두 가지 무릇'을 지지한 사람이다. 후에 후차오무의 보호를 받아 사상이론계의 고위층을 차지했다. 이번에는 또 다른 사람과 손을 잡고 이른바 줘저우涿州 회의를 소집했다. 그는 이 회의에서 '자유화 범람'이라고 주장하며 류짜이푸를 지명하여 비판했다. 그는 심지어 류짜이푸와 작가 류신우劉心武가 "홍콩의 자산계급 언론과 반공언론과 연맹을 결탁했다"고 모함했다.

문예계 백가쟁명·백화만발의 정책에 따르면 각종 의견, 심지어는 첨예한 의견이 존재하는 것은 대단한 일이 아니다. 그러나 중국이라는 특정 시공간에서 수많은 정치운동을 겪은 사람들은 언제나 속이 두근거린다. 언제 어느 때 '비판의 무기' 뒤에 '무기의 비판'이 따를지 아무도 알 수 없기 때문이다. 하여튼 류짜이푸의 마음이 편안할 리가 없었다.

후진타오가 그 소식을 들었다. 후진타오는 류짜이푸를 아주 소중하게 여겼기 때문에, 1984년에 류짜이푸를 단장으로 임명해 일본창가학회 심포지엄에 보낸 적이 있었다. 이번에는 후진타오는 류짜이푸를 구이저우성으로 초청해 잠시 화를 피할 것을 권했다. 그는 류짜이푸가 구이저우로 와서 안심하고 학술을 연구하는 한편, 구이저우 학술계의 사상과 견식을 높여줄 것을 기대한 것이다. 후에 류짜이푸는 변고가 있어 구이저우로 가지 못하게 되었지만 후진타오는 이 일로 지식인 계층에서 많은 점수를 땄다.

구이저우에서 유명한 아주 독특한 인물이며 후에 미국으로 건너간 시인 황샹黃翔은 후진타오에 대해 나름대로 인상을 가지고 있었다.

17세에 시를 발표해 중국작가협회 구이저우 분회에 입회한 황샹은 18세에 정치문제 때문에 협회에서 제명처분을 받았다. 14년간 중국대륙에서 작품을 발표하지 못한 황샹은 자기 취미와 소질이 문학이라고 했지만 당국은 그를 문학 자유기고인이 아니라 정치 이단자로 보았다. 1978년 10월 11일 황샹은 리자화李家華, 팡자화方家華, 모젠강莫建剛 등과 함께 상경했다. 당시 번화가에 있는 인민일보사 정문 앞에 독재를 반대하고 민주를 열망하는 장시를 써붙였다. 그와 함께 수차례에 걸쳐 시낭송회와 강연회를 거행했다. 그들의 활동은 사회에서 커다란 반향을 불러일으켰다. 한 달 후 그들은 구이저우에서 다시 상경해 11월 14일 중국에서 최초로 민변단체民辨團體인 '계몽사啓蒙社'를 설립했다. 그러나 얼마 지나지 않아 이 조직의 전체 성원들이 모두 체포되었다. 후에도 계속 압력을 받았다. 당시에는 계몽사를 제외하고도 베이징과 구이양 두 곳에 최초 민간 사회단체인 '해동사', '사명사', '백화사' 등이 활약하고 있었다. 동시에 민간간행물과 학생간행물이 계속해서 출판되었다. 그러나 이 지역에서 아주 엄격하게 감시한 탓에 민주와 인권을 주장하는 자들의 항쟁은 장기간 탄압을 받았지만 외지에서는 이에 대해 전혀 모르고 있었다.

후진타오가 구이저우 성위서기를 맡고 있을 때 황샹은 또 한 번 타격을 받았다. 1986년 가을, 대학교에서 자유·민주 기류가 다시 한 번 고조를 이루었다. 독립적인 사상을 소유한 시인과 문인인 베이다오北島와 류샤오보劉曉波 등이 몸담고 있는 베이징의 대학에서 그를 초청해 특강을 하도록 했다. 그 결과 황샹은 당국으로부터 학생운동의 '선동자'로 지명되었다. 차오스와 왕자오궈는 그의 문제에 대해 아주 엄격하게 처리하라는 지시를 내렸다. 당시 베이징 시장인 천시퉁은, 황샹이 베이징에서 아주 위험한 활동을 벌였다고 말했다. 후진타오가 이끄는 구이저우성위는 사법계통에 지시를 내려 그에 대해 조사하여 처리하도록 했다. 구이저우 법원에서는 그에게 3년 징역을 판결했다. 황샹은 1990년에 출옥했다. 이후 시가 천체성단詩歌天體星團 등 중국의 민간사단 성원들 역시 체포되었다.

 필자가 이 사실을 확인하고자 했을 때 황샹은 당시의 상황을 다음과 같이 설명했다.

 당시 중앙요원들은 한결같이 비난을 퍼부었다. 중앙에서 정치와 법률을 주관하는 차오스와, 후진타오의 상관 겸 동료인 왕자오궈는 대단히 흥분하여 강경한 태도를 보였다. 후진타오는 보이지 않는 압력을 느꼈을 것이다. 그로서는 별다른 방법이 없었으며, 그 지시를 집행해야만 했다. 그런데 당시 구이저우에서 근무하던 후진타오에겐 정치 이단자에 대한 정책에 미묘한 변화가 있었다. 예를 들어 '계몽사' 창시자의 한 사람인 리자화(필명은 루망路茫)는 오랫동안 탄압을 받았다. 그러나 그가 잘못을 시인하고 권력체제에 수긍할 것을 표시하자 후진타오는 친히 지시를 내려 그의 작품을 출판하도록 했다. 그때 출판한 시집은 『죽은 사랑에 부쳐』라는 제목을 달았다.

 이 기간은, 중앙의 '제3제대'와 후계자의 입장에서 본다면 끊임없이 액운이 벌어지는 세월이었다. 후야오방이 경질되면서 중앙1급 부와 위원회에서는 '거꾸로 계승'하는 사태가 비일비재했다. 즉 나이가 많은 사람이 적은 사람을 대신해 승진한다는 뜻이다. 왕런즈가 중앙선전부 부장 주허우쩌를 대신해 선전부 부장이 되었다. 가장 대표적인 것은 중앙조직부 부장 직무이다. 일흔이 넘은 노인의 자리를 56세밖에 안 되는 중년이 대신 차지했다. 중앙조직부 부장이었던 웨이젠싱은 권력이 약한 국무원 감찰부 장관으로 임명되었다. 그러나 쑹핑은 국무위원과 국가계획위원회 주임 신분에서 중앙조직부 부장으로 전임되었다.

그러나 후진타오에게는 나쁜 일이 아니다. 자기는 비록 중앙조직부 부부장으로 승진하지 못했지만 그 대신 자신의 은사가 요직인 조직부 부장으로 임명된 것이다. 이로써 후일 자기를 추천하고 떠밀어줄 기회를 갖게 된 셈이다.

야랑이 작다고 말하지 말라

구이저우를 과거에는 줄여서 '쳰黔'이라고 했다. 그런데 이곳에 없는 것이 바로 '쳰錢'이다. 후진타오가 구이저우에 부임하여 주로 주력한 것은 어떻게 이곳을 빈곤에서 벗어나게 하는가였다.

본래 후진타오는 경제, 더욱이 상품경제에 관해선 전문가가 아니다. 그가 전공한 것은 수리전력발전이다. 그가 간쑤성 건설위원회 부주임으로 있을 때도 주로 공사 건설을 주관했다. 그가 공청단 중앙서기로 있을 때는 청년들의 사상정치교육을 담당했다. 하긴 당시 중국에서는 전국 각지에서 상품경제를 실시했기 때문에, 비록 그가 전문가는 아니더라도 다른 사람보다 뒤떨어지지는 않았다. 당시 중국 관리들은 모두 같은 출발선상에서 상품경제에 대해 탐색하기 시작했다.

후진타오는 구이저우의 산과 들을 거의 다 둘러보았다. 구이저우 각 시, 자치주, 현에 대한 분석을 끝낸 후진타오는 구이저우성에 대한 종합적인 인상이 그려졌다.

그는 그 과정을 통해 구이저우가 경제적으로 얼마나 낙후된 지역인지를 새삼 확인했다. 과거 그가 파악한 것은 다만 숫자의 집계자료에 지나지 않았다. 1978년 구이저우성은 인구당 평균수입이 2백 위안 이하인 빈곤세대가 전체 인구의 95.8퍼센트를 차지했다. 1985년에는 전체 성 인구 2,967만 명에 30퍼센트나 해당되는 농촌인구, 그러니까 약 8백만 인구가 식량 부족으로 다른 성에서 식량을 수입해야 했다. 당시 농민들은 식량 문제를 해결하기 위해 산기슭부터 산중턱까지 전부 밭으로 개간했다. 결과 삼림이 1950년대 초기에 비해 30퍼센트나 떨어져 1984년에는 12.6퍼센트밖에 되지 않았다. 그는 직접 현지조사를 통해 산악지구의 농민들이 얼마나 빈곤한가를 눈으로 확인했다. 그들은 아직도 낡은 경작 방법을 사용했고, 절반 이상이 기아 상태에서 초가집을 짓고 살고 있었다.

중앙에서 파견한 지방장관으로서 그는 그동안 '숫자'에 얽매였던 스스로에 대해 큰소리로 책망하면서 눈앞에 펼쳐진 모습을 현실로 받아들였다. 그러나 구이저우는 '빈곤하면서도 부유했다.' 부유한 것은 경제 실력이 아니라 자원이다. 구이저우의 수은 매장량은 전국에서 첫째 자리를 차지한다. 알루미늄의 매장량은 8억 톤이나 된다. 이는 전국에서 세 번째로 꼽힌다. 석탄 저장량은 전국에서 네 번째이며 장강 이남에서는 첫자리를 차지한다. 생물자원도 아주 풍부하다. 그는 기자에게 이런 말을 했다.

"구이저우에 와보니 여름에는 시원하고 겨울에는 따뜻한 기후도 대단한 자원이라는 것을 알았습니다. 많은 곳에서 아열대 과일과 기타 다른 경제작물을 발전시킬 수 있다는 것을 알게 되었습니다."

이밖에도 구이저우는 하늘이 준 너무도 풍부한 관광자원을 가지고 있었다. 고대부터 구이저우에 대한 고사성어 두 가지 있다. 하나는 '야랑이 스스로 크다 한다夜郎自大'(한나라 때 서남 오랑캐인 야랑이 감히 한나라 사신에게 자기 나라와 한나라의 우열을 물었나는 데서 비롯된 성어로, 좁은 식견에 자기가 잘났다고 뽐내는 것을 말한다—옮긴이)이고, 다른 하나는 '검(구이저우) 지역의 당나귀도 재간이 무궁무진하다黔驢技窮'이다. 이는 중국의 전통적인 삶의 지혜에 대한 표현이라 둘 다 사람을 경계하는 의미가 있지만, 그런데도 사람들에게 구이저우에 대해 나쁜 인상을 안겨주게 된다. 후진타오는 연설에서 여러 번 이 성구를 역설적으로 활용했다. 그는 "'야랑자대'한다는 말이 있는데, 그렇다고 자기를 너무 낮추어서도 안 된다"고 말했으며, 빈곤에서 벗어나려면 "검(구이저우) 지역의 당나귀가 재간이 너무 많으면 안 된다"고 강조했다.

지원을 받아내고 잠재력을 발굴하다

말은 이렇게 했지만 후진타오는 잠재적인 힘은 진정한 힘이 아니라는 것을 잘 알고 있다. 보다 중요한 것은 어떻게 이 잠재적인 힘을 발휘하는가이다. 중앙정부와 이곳 민중들은 구이저우가 장기간 빈곤의 틀에서 벗어나지 못한 것에 많은 신경을 썼지만 해결책을 찾지는 못했다. 장기간 국가에서 대출하는 것으로 경제를 지탱해왔으나 그마저도 누적되어 국가에서도 부담이 되었다. 개혁, 개방을 통해 자본을 유치해 상황을 변화시키려고 적지 않은 기획을 세우기도 했다. 그러나 아무리 좋은 기획도 자금이 없는 탓에 모두 물거품이 되고 말았다. 자금이 있어야지, 자금이 없으면 그 어떤 것도 그림의 떡이다. 그렇다면 어디 가서 자금을 달라고 하는가? 공업 기초가 척박하기 때문에 이 지역의 투자환경이 열악하다. 교통과 통신 등 기초시설은 장기간 빚을 지고 있다. 그렇다고 확실히 생산에 투입할 만한 항목도 없다. 때문에 외부자금을 유치한다는 것이 쉬운 일은 아니다. 가난한 집에서 대문을 열어놓고 "이곳은 좋은 곳이니 투자하십시오"라고 한다면 과연 몇 사람이나 그곳으로 눈길을 돌리겠는가?

하지만 후진타오는 있는 재능을 다 동원해 뉴질랜드와 오스트레일리아 등 농업이 발달한 국가와 광범위한 교류를 진행했다. 동시에 유엔과 기타 관련 국제기구의 지원을 얻어내려고 힘썼다. 자오쯔양 총리의 초청으로 중국을 방문한 뉴질랜드 총리 일행이 1986년 3월 구이저우성을 방문했다. 구이저우에서는 유사 이래 처음으로 외국 수상을 영접하게 되었다. 후진타오는 이 방문 기회를 이용해 뉴질랜드 총리에게 농업발전의 계획에 대해 지원을 요청, 구이저우의 지리적 잠재력을 설명하면서 앞으로 서로 합작할 것을 건의했다. 대외 경제교류는 주로 성장과 성정부의 요원이 담당하며, 성위서기는 직접 대담을 하지 않는다. 후진타오는 왕차오원 성장이 대표단을 인솔해 오스트레일리아, 뉴질랜드, 유고슬로바키아, 오스트리아, 미국 등지를 방문하는 것을 적극 지원해주었다. 그러나 자신이 직접 두 눈으로 보지 않고서는 마음이 놓이지 않았다. 이전에도 출국 방문이 없는 것은 아니었지만 경제실무 접촉은 적었다. 1986년 3월 상순 후진타오는 직접 대표단을 인솔해 오스트레일리아를 방문했다.

  그가 부임한 지 1년도 되지 않은 기간에 구이저우성의 대외 개방정도는 확실히 커다란 성과를 거두었다. 미국, 프랑스, 오스트레일리아, 뉴질랜드 등의 국가에서 기술과 시설을 유치했으며, 구이저우성의 민간예술단이 프랑스와 스페인 등의 각종 예술제에서 인기를 끌었다. 구이저우성은 오스트리아와 자매결연을 체결했고, 구이저우대학은 미국 오클랜드대학과 자매결연을 맺었다. 이것은 구이저우성 대학에서 처음으로 외국 대학과 친선관계를 체결한 것이다.

  1980년대 중기, 중국 경제개혁의 발걸음이 아주 빨라졌다. 주변의 각 성시에서도 갖가지 개혁 조치를 내세웠다. 구이저우성도 가만히 있을 수만은 없었다. 그러나 당시 중국은 동부 연해지역에 중점을 두고 있었다. 구이저우와 같은 빈곤한 산악지구의 개혁을 어떻게 진행해야 할 것인가에 대해 그 누구도 구체적인 대책을 세우지 못했다. 후진타오와 성위지도부 성원들은 주변 성시와의 합작을 추진하는 한편, 광둥과 상하이 등 연해지역 경제가 발달한 지구와의 협력을 강화하자는 결론을 내렸다. 그들은 상하이 시위부서기 우방궈를 구이저우로 초청했으며(우방궈는 후진타오와 같은 칭화대학 출신이다), 광둥성 성장 량링광梁靈光을 구이저우로 초빙해 경제발전에 관한 대책을 함께 연구했다. 동시에 그들은 성장 왕차오원과 몇몇 부성장들을 연해지역으로 보내 현장에서 개혁개방의 성과를 학습하게 했으며 지린, 신장, 간쑤 등지에서도 합작사항을 연구했다.

후진타오는 구이저우 서북지역의 비제에 대한 수차례의 시찰과 검토 후에 신중하게 가능성을 연구한 다음 한 가지 개혁안을 결정했다. 1988년 3월 그는 성위 상무위원회를 소집했다. 이 회의에서는 '비제지구 빈곤해결과 자연생태시험구 건설에 대한 의견'을 토론했다. 5월에 이 계획을 국무원에 올려 6월에 정식 비준을 받아 시험구 개발에 착수하게 되었다.

비제의 인구는 5,587만 명이다(1987년 말 현재 집계). 그중에 315만 명이 식량문제를 해결하지 못했다. 한 사람 평균 생산이 2백 근도 되지 않았다. 식량이 많이 부족하기 때문에 당시 사람들은 산을 마구 훼손해 땅을 일구었다. 결과 52.6퍼센트의 땅이 수토水土에 심하게 유실되었다. 이 지역에서는 식량작물만 재배해선 식량난을 해결할 수 없다.

후진타오는 이 지역을 여러 번 시찰했다. 그는 기타 다른 자원을 개발할 수 없겠는가 하는 문제를 해결하기 위해 이곳을 여러 번 찾은 것이다. 그의 초보적인 구상은 '경제를 개발해 생태건설을 이루고, 생태건설로 경제발전을 추진한다'라는 것이었다. 이로써 근본적으로 이 고장의 빈곤을 해결하고 생태악화와 인구팽창을 해결한다는 방안이었다. 이렇게 악순환에서 빠져나온다면 구이저우성 서부 카르스트 지구의 경제발전에 생로를 개척할 수 있을 것이었다. 후진타오는 이 개혁조치를 비제지구에서 실시하라고 지시했다. 주요 산업소유제의 유연함을 추진하는 조치다. 즉 국영경제의 공간을 할애하며 집체경제와 사영경제의 적극성을 발동시킨다는 것이다.

후진타오는 식량생산을 위주로 해야 한다는 구이저우 과거의 태도를 바꿔야 한다고 생각했다. 그는 각 지역의 특성에 맞게 생산 주요항목을 선택해야 한다고 인식했다. 곡식을 심어도 잘 되지 않는 곳은 적당히 조절해야 하고, 35도 이상 경사가 진 경작지는 모두 삼림 원상회복을 해야 한다고 강조했다. 그는 어떤 지역에서는 유채와 담배를 많이 심는데 이는 곧 구이저우성과 담배 재배지역의 재정 원천이었으며, 그 지역 농민의 주요 수입원이기도 하다. 이런 사고방식으로 자기 지역에 알맞은 생산항목을 선택해야 한다고 호소했다. 그는 원래 담배를 피우지 않지만 구이저우의 경제발전을 위해서는 담배를 많이 재배할 것을 호소했다.

그는 또 중앙에서 제시한 '물이 있으면 그 물을 빨리 흐르게 하라'는 방침에 따라 광산자원이 있는 곳에서는 하다못해 재래식 채탄과 재래식 코크스 제련소, 재래식 아연 제련소, 재래식 납 제련소라도 발전시켜야 한다고 호소했다. 그는 지방에서 국가의 재정지원만 바라고 손을 쓰지 않는 것을 지적하면서, 투자가 적고 기술적 요구가 높지 않으며 대중운동으로도 개척할 수 있는 항목을 개발하자고 각지에 제안했다. 그는 '눈사람 굴리기 방식'을 통해 경제를 점차적으로 발전시키려고 했다.

몇 년간의 노력이 드디어 결실을 보기 시작했다. 후진타오가 지도한 구이저우의 경제체제 개혁에 일정한 향상이 나타난 것이다. 경제지표와 문화지표에도 커다란 발전이 있게 되었다. 그러나 인민들의 실제 생활은 별로 개선되지 못했다.『구이저우 연감』에 기재된 각 부문에서 공포한 조사에 의하면, 후진타오가 구이저우에 있을 때 인민들의 수입과 증가 상황은 아래와 같다.

1986년 도시인구 평균수입은 742위안이었는데 이는 전해에 비해 13.6퍼센트가 증가된 수치이다. 또한 농민들의 평균수입은 303.5위안인데 전해에 비해 3.6퍼센트 늘이닌 것이다. 그해 인구당 평균수입이 200위안 이하인 사람은 전체 대비 18.4퍼센트였다.(우리는 앞에서 1978년 빈곤 세대의 비율이 95.8퍼센트라고 지적했다.)

1987년에는 물가 상승률이 매우 높았다. 도시 주민들의 생활수준은 비록 811.92위안으로 올랐지만, 물가 상승요인을 감안하면 실제수입은 오히려 0.2퍼센트가 떨어진 셈이다. 그러나 농민들은 이와 정반대로 실질적인 우대와 혜택을 받았다. 인구당 평균수입이 341.84위안인데 물가 상승요인을 제외해도 전해에 비해 8.8퍼센트가 상승했다. 수입이 200위안 이하인 사람의 비율은 12.4퍼센트로 떨어졌다.(통계자들은 물가 상승요인을 고려하지 않은 것 같다. 물가 상승요인을 고려하면 빈곤 수준은 200위안이 아니라 이보다 좀 더 높아야 한다.)

1988년 중국에서는 통화 팽창이 발생했다. 전년도 물가 상승률은 20.2퍼센트를 웃돌았다. 그해 구이저우성 도시 시민들의 인구당 평균 생활비 수입은 938.17위안인데(『구이저우 연감』 뒤에는 980.4위안이라고 기입했다) 이것은 전해에 비해 15.5퍼센트 증가한 수치이다. 그러나 실제수입은 전해에 비해 4.9퍼센트가 감소되었다. 농민들의 인구당 평균 순수입은 397.74위안으로 전해에 비해 16.4퍼센트 증가되었다. 이것은 물가 상승요인을 고려하지 않은 숫자이다. 그리고 200위안 이하의 빈곤세대는 전체 대비 7.72퍼센트로 내려갔다.

후진타오는 구이저우 임기 중에 식량자급 문제를 해결하지 못했다. 장기간 타지에서 식량을 수입해야 했던 구이저우성에서는 그가 구이저우를 떠난 1990년대에 들어 6년 동안 계속 대풍이 들었으며, 1998년에는 역사상 최고의 대풍을 기록했다. 1998년을 기점으로 전前 3년 동안 생산된 곡물을 합쳐야 천만 톤이 넘었으나 그해는 1천1백만 톤의 곡물을 생산했다. 이로써 농촌인구 1인당 평균 350킬로그램의 표준에 도달해 20세기가 끝나는 막바지에 가서야 구이저우성에서는 마침내 농촌인구 식량자급이 처음으로 실현되었다.

빈곤 해결의 근본은 교육이다

구이저우성의 빈곤을 해결하는 근본은 어디에 있는가? 여러 가지 방법이 있겠지만 후진타오는 그 관건은 교육에 있다고 인식했다.

당시 구이저우 지식인 엘리트들이 후진타오에게 수많은 진언을 올렸다. 그들은 구이저우가 빈곤하고 백지장인 이 현상을 본다면 표면적인 '빈곤'의 내재적인 근원은 '백지'라는 데 있다고 지적했다. '빈곤'보다 더 무서운 것은 바로 '백지'라는 것이다. 후진타오도 이런 발상에 대해 동감을 표시했다. 구이저우가 낙후된 요인들 중에 사람들의 교육수준이 낮은 게 가장 중요한 문제라고 보았던 것이다. 중공이 정권을 수립한 지 어느새 40년이 다 되었다. 그런데 구이저우에는 문맹, 반半문맹이 3분의 1이나 되었다. 구이저우의 주민들은 현대과학에 대한 기술지식이 거의 없다시피 했고 다년간 폐쇄되어 있었기 때문에 관념 또한 아주 진부했다. 후진타오는 놀라움을 금할 수 없었다. 어떤 농가에서는 소와 돼지, 양을 많이 사육하면서도 구제금을 받는다는 것이다. 이는 그들이 이 가축들을 돈으로 바꿀 수 있다는 것을 모르고 있기 때문이다. 상품경제 관념이 전혀 없었다. 후진타오는 이것이 소프트웨어 방면에서 가장 큰 걸림돌이며, 구이저우의 경제발전을 저해하는 가장 큰 이유라고 인식했다.

교육이란 과제는 일단 화제로 올리면 천근 무게가 있지만, 중시하지 않으면 넉 냥도 되지 않는다. 모든 당권자들이 교육의 중요성에 대해 목청을 높이지만 정작 실제에 부딪치면 모두가 이구동성으로 이보다 더 중요하다고 생각되는 실무에 목청을 다시 높인다. 그 결과, 교육에 대한 중시는 사실 말잔치에 끝나고 만다. '중요'하고 '긴급'하다는 이 두 저울에서 중공 관리들은 언제나 후자에 선택했다. 관리들은 누구든 빨리빨리 나타나는 성과를 거두어 상급과 하급의 눈에 들게 하려 한다. 결과 '단기 행위'가 성행하게 되었다. "교육대계教育大計는 백년대계百年大計"라는 말이 있듯이 교육은 장기투자이며 기나긴 앞날에 그 성과가 나타나기 때문에 즉시 노력한 것만큼 대우를 받지 못한다. 때문에 이를 관할할 힘과 여력이 있으면 중시하고 그렇지 못하면 한켠으로 밀어둔다.

그러나 후진타오는 깊은 생각 끝에 그래도 교육을 확실하게 실행해야 한다는 결론에 도달했다. 자신의 임기가 몇 년이든 개의치 않고 이 '백년대계'에 주력하리라고 다짐했다.

당시 상황에서 정치가의 안목이라든가, 또는 식견이란 점에서뿐만 아니라 현실 전략의 시각에서 보더라도 이 결정은 아주 현명한 결정이었다. 왜 이렇게 말하는가? 그것은 '일석이조'이기 때문이다.

근본적으로 상태를 변화시키려면 우선 기초로부터 시작해야 한다. 후진타오가 교육에 중점을 두는 것은 상급이나 백성들이 보더라도 식견이 있으며 속도를 재촉하지 않는 행동이다. 또한 이것은 실리를 추구하는 것이지 허명을 추구하는 것이 아님을 알 수 있다. 때문에 이미지 확립에서 그는 충분히 점수를 딸 수 있었다.

다른 면으로 볼 때 교육에 중점을 두면 쓸데없는 논쟁에 말려들지 않게 된다. 중요한 힘을 이런 기초공정에 투입한다면 사람들에게 권력쟁탈에서 물러난 인상을 주기 때문에 시끄러운 관리사회의 이목을 피할 수 있다. 현지 관리들은 새로 온 '용'이 토박이 '뱀'을 억누르려고 하지 않는다는 안도감을 갖게 된다. 이렇게 되면 성위 지도부나 성정부 지도부의 사람들에게 의심을 받지 않게 되며, 암암리에 그들로부터 뒷발질을 당하지 않을 것이다.

후진타오는 교육에 중점을 두면 정력 투입이 상당하지만, 그 효과는 단기간에 뚜렷하게 드러나지 않는다는 것을 잘 알고 있다. 그러나 중앙에서 후진타오를 구이저우로 보낼 때 그에게 하루아침에 구이저우성의 상태를 변화시켜야 한다는 지령을 내린 바 없으며, 그의 처지로 봐서도 사업에서 차질만 없으면 공을 세운 것이나 다름없다. 때문에 교육사업에 매진하는 것은 어느 시각으로 봐도 흠을 잡지 못할 일이다.

후진타오는 교육을 발전시키기 위해 여러 가지 조치를 강구했다.

그는 성위와 성정부로 하여금 교육을 발전시킬 구체적인 지표를 책정하라고 지시했다. 그는 이 지표를 전성全省으로 하달해 모두 이 지표에 도달할 것을 요구했다. 이 지표에는 현에서 초급인재양성센터를 건립해야 한다는 내용이 있다. 그는 전문 경비를 송달해 빈곤한 산촌 교수 조건을 개선했다. 1985년은 그가 구이저우로 부임한 해이다. 그해에 구이저우 성위와 성정부에서는 '교육체제를 개혁하는 데 대한 결정'을 제정했다. 이 결정은 '교육을 발전시키고 지력을 개발하는 것은 경제를 부흥시키고 구이저우성을 부유하게 하며 인민 생활수준을 향상시키는 근본 대계이다'라고 밝혔다. 성의 재정상태는 매우 안 좋았다. 그러나 후진타오는 4천만 위안의 교육경비를 약속했다. 후에 그는 3년간 2억 4천만 위안을 투자해 전성 220만 평방미터에 중·소학 학교를 신축할 것이라고 역설했다. 1987년 구이저우성 교육사업비는 실제로 4억 5,3337만 위안을 지출했다. 이는 전해에 비해 391만 위안 증가한 것이며 증가폭은 9.46퍼센트나 된다.

구이저우 각급 간부들이 상품경제를 관리하는 능력이 높지 못한 실정에 비추어 그는 간부연수를 아주 중시했다. 전문가들을 초청해 특강을 한다든가 구이저우 간부들을 타성 선진지역으로 파견해 그곳의 경험을 학습하게 하는 등 여러 가지 방법을 모색했다. 1986년 구이저우성에서는 간부연수양성센터가 242개로 늘어났다.

전민이 교육을 중시해야 한다는 이 슬로건을 추진하는 데 후진타오는 단중앙에서 모범을 통해 대중을 교육시키던 방법을 도입했다. 그는 전형 인물에 대한 전면全面 선전을 매우 중시했으며 반면反面 교훈도 적당히 공개해 많은 사람들을 각성시켰다.

후진타오가 구이저우로 부임하기 전, 쳰시현黔西縣에서 소학선생을 모욕하고 상처를 입힌 사건이 발생했다. 1985년 6월 18일 이 현의 린췌안구

林泉區 서시소학교 문 앞에서 현정협 부주석 텅쥐웨이騰居位의 아들 텅융騰勇과 두 친구가 타고 가던 승용차에서 노끈을 던져 여선생 위안구이펀袁桂芬을 모욕하고 상처를 입혔다. 이 사건이 발생한 뒤 텅쥐웨이와 공안국 부국장이 결탁해 아들을 두둔하고 나섰다. 그 결과 세 망나니들에게 행정구류를 내리는 선에서 일이 마무리되었다. 그러나 피해자는 이에 불복하여 수차례에 걸쳐 관련 부서에 신고했다. 이 일은 결국 베이징으로 올라갔다. 그해 9월 구이저우성의 전국인대 대표들이 전국인대 회의에서 이 일을 놓고 격분했다. 방금 구이저우성에 부임해온 후진타오는 이 천재일우의 기회를 그냥 보낼 사람이 아니었다. 그는 즉시 사람을 파견해 다시 조사하게 했다. 그리하여 텅융은 비제지구 중급법원에서 무기징역에 처했고 다른 두 친구에게도 유기징역을 언도했다. 그는 또한 규율검사위원회와 사법부문에 지령을 내려 자식을 두둔한 사람과 공안국 부국장에 대해 조사하여 처리하도록 했다. 결과 텅쥐웨이는 당적을 취소당했고 직무에서 파면되었으며 공안국 부국장은 1년형을 언도받았다. 이로써 후진타오는 인민의 심중에 새로 온 성위서기는 법을 중시하고 선생을 존중한다는 이미지를 심어주었다.

후진타오는 지식을 존중하는 새 기풍을 추진하는 과정에서 성급 간부들로는 보기 힘든 행보를 취했다. 그는 구이저우대학 수학학부 전자계산기학과에 등록하고 1985년에 본과학습 '청강생'이 되었다. 그는 자기 자식들 나이 정도 되는 남녀 학생들과 함께 공부했다. 1988년 '교사절'에 그는 '반 대표'로 과목을 강의한 선생에게 축하카드를 전달했다. 카드에는 "가르침은 마치 봄햇살과 같이 언제나 저희들의 마음을 따뜻하게 비쳐줍니다. 선생님에게 감사를 드립니다"라고 쓰여 있었다.

당시 '원대한 정치포부'가 있는 정계의 새싹들 사이에서 고학력을 갖추기 위해 학습하는 분위기가 형성되기 시작했다. 그들은 남보다 앞서 명문대학, 명교수 문하에 이름을 걸고 박사, 석사를 전공했다. 그들이 선택한 학과를 보면 법률, 경제, 관리, 금융 등이었다. 그런데 후진타오는 그들과 달리 계산기본과를 전공했으며, 학력증명을 얻기 위함이 아니라 실용지식을 배우는 데 그 목적이 있었다.

교사절이 지난 지 얼마 되지 않은 1988년 10월 2일 구이저우대학에서는 연수생이 칼을 들고 본과 학생 11명을 상해한 사건이 발생했다. 대학 캠퍼스는 이 일로 벌집을 쑤셔놓은 것처럼 어수선했다. 천여 명의 본과생들은 그 연수생이 묵고 있는 기숙사를 포위하며 30시간 넘게 전기와 물 공급을 중단했다. 분노로 불타는 학생들은 이성을 잃었다. 그들은 사태를 수습하러 온 경찰들을 마구 구타했다. 뿐만 아니라 경찰차를 부수고 거리로 나가 시위를 벌였다.

후진타오는 이 일을 그냥 단순하게 처리해서는 안 되겠다는 것을 직감했다. 불꽃 하나가 들판을 태우는 큰불로 번질 수 있으며, 이렇게 되면 사회의 안정이 파괴된다는 것을 인식했다. 그는 즉시 회의를 소집했다. 선전부, 공청단성위, 성교육청, 구이저우대학 당위에 학생들을 잘 설득해보라고 지시했다. 이렇게 해서 학생 노조는 별다른 후유증 없이 처리되었다.

이 사건이 터졌을 때 성위 제1서기가 직접 나서서 쉽게 처리할 수 있었던 것은 그가 단중앙에서 일한 경험을 충분히 활용했기 때문이다. 또한 그가 구이저우성에 부임한 이래 2년간 구이저우 인민들의 마음속에 심어진 좋은 이미지 때문이기도 하다. 그리고 그가 구이저우대학의 '동창'이라는 신분도 일정한 역할을 발휘했으리라. 그는 필경 학생들에게 일정한 거리를 두고 접근했으며, 그들이 무엇을 요구하는지 잘 알고 있었다. 또한 그의 매력과 언변은 젊은 사람들에게 쉽게 통할 수 있을 정도로 세련되어 있었다. 돌발 사건을 처리하는 후진타오의 대응능력을 아주 완벽히 게 보여주었다. 이 소식이 중앙에도 전해졌으리란 것은 필연적이다.

정치체제의 개혁을 시도하다

1987년 가을, 중공 제13차 당대표대회 이후 덩샤오핑과 자오쯔양은 정치체제 개혁을 얼마간 추진하려 했다. 후진타오도 구이저우에서 이에 맞춰 일정하게 추진하려 했다.

1988년 구이저우성위에서는 정치체제에 대한 개혁의 총체적인 조치를 당과 정부의 직능분리에서부터 시작하기로 했다. 먼저 성급과 기업에서 이를 실시하기로 했다. 그에 따라 '구이저우성 성급 당과 정부 직능분리 실시방안'과 '중공 구이저우성위 기관의 기구개혁 현재 실시방안'을 채택했다. 성위와 성정부의 직능분리를 해결하고 성급 당조직의 형식과 성위 작업기구를 상응해 조정하기로 한 것에 중점을 두었다.

이번 성급 당과 정부의 직능분리는 13차 당대표대회에서 제출한 지방 당위의 5개 직책을 구체화한 것이다. 후진타오는 성위 상무위원회를 소집해 사업규칙을 제정했고 사업태도 확립의 문제를 제정했다.

개혁은 아주 복잡한 이익에 관계되는 문제이다. 또한 다년 동안 형성된 인맥과도 관련이 있다. '개혁'이 단순한 구호에 머물러 있으면 몰라도 일단 현실 생활에 진입하게 되면 그에 상응하는 방안을 제정하고 분쟁이 적은 문제에서부터 메스를 들이대는 게 일반적이다. 오랫동안 관습으로 내려오면서 누적된 실질적인 문제에 메스를 들이대지 않는다면 그 결과는 말로 표현하기 어려울 정도가 된다. 후진타오는 먼저 불철주야 사람을 불러 설득했다. 마침내 우선적으로 처리해야 할 사안의 윤곽이 잡혔다.

당의 조직형식을 조정의 일환으로 단계를 나누어 성정부 부문의 당조를 취소하기로 했다. 그해에 성인사국, 노동국, 통계국, 심계국, 공상국, 물가국, 대외경제협작판공실, 산아제한위원회, 인민방공전쟁준비판공실, 성교육위원회, 국방과학기술공업판공실(전자공업청), 등 11개 부문의 당조 黨組를 취소했다. 정부부문에서는 행정수장의 책임제가 점차 수립되었다.

성위의 총체적인 구상에 적응하고 각 방면에 서로 협조하며 전성의 각 영역, 각 업종의 정치지도 수요에 적응하기 위해 성위에서는 관련 서기와 상무위원들이 책임지고 각급 관련 부문 지도자들의 사업토의소조를 조직했다. 이미 조직한 것으로는 정치제도개혁, 대외사업, 타이완사업, 선전사상사업 등의 분야이다.

성위의 공작기구를 조절하는 목적은 작은 정부, 큰 사회라는 운영 시스템 형성이다. 지도방침은 정책결정 참모 시스템을 강화하고 당무공작시스템을 건전히 하고 당정합일의 정부부문을 이끄는 공동기구를 다시는 설립하지 않는 것이다. 후진타오의 영도와 추진하에 성위 농촌공작부를 폐지하고 성위 농촌정책연구실을 신설했으며, 성위 연구실을 폐지하고 성위 정치체제개혁연구실을 신설했다. 이에 따라 그 기능도 조정했다. 이와 함께 성위와 성정부에서 공동 지도한 부문을 성정부에 귀속시켰다.

기업지도체제를 개혁하고 기업의 당정관계를 조절했다. 전성에서는 17개 기업에서 시험적으로 실행했다. 그해 연말 8개 공업국과 구이양시 143개 기업의 통계에 따라 체제개혁에 착수한 기업은 이미 72퍼센트나 되었다.

이밖에도 후진타오는 구이저우성위를 선두로 이른바 '정치특구'를 설치했다. 이 창구에서 '비제지구 빈곤해결 개발과 생태건설시험구'를 승인해 '대담하고 신중한' 정치체제 개혁조치를 실시했다. 비제지구 당위원회에서는 그해에 시험구 정치체제 개혁의 기본방침과 총체적인 방안 및 실시계획을 작성했다. 그런데 얼마 뒤 전국 정국에 중대한 변화가 발생해 이 시험구의 정치체제 개혁은 오랫동안 실시단계에 진입하지 못했다. 그때는 후진타오가 이미 구이저우를 떠난 다음이었다.

사실상 후진타오가 당시 구이저우성위를 지도해 진행한 정책과 조치는 일정한 시일내에는 별로 신통한 효과를 보여주지 못했다. 그러나 후진타오를 책망할 일은 아니다. 이것은 중공이 정권을 수립한 다음 추진해온 과거 봉건시대의 '단기임기제'('빈번전근제'라고도 한다)와 '회피제', 또는

'역지위관제'(본지 출신의 사람은 본지에서 관리로 임명되지 못한다는 제도) 등의 관원관리제도와 직접적인 관련이 있다. '단기임기제'와 '회피제'가 결점이 없는 것은 아니지만, 이와 같이 하지 않으면 안 되는 고충이 있다. 그러나 이 제도에서 파생되는 폐단이 더 많다. 시간과 공간적으로 볼 때 당권자가 진지하게 정황을 장악하기가 어렵게 되어 있다. 중앙집권을 강화하는 데는 이로운 점이 있지만 지방사회 경제발전에는 부정적인 영향이 더 크다.

그런데 중공 고위층에서는 변방지방 책임자를 관리하고 파악하고 임용, 승진하는 데 있어서 '단기임기제'조차 존중하지 않으려는 경향이 있다. 후진타오의 정계 궤적에서 이 상황이 충분히 표현되었다. 왜 그렇게 하는가에 대해서는 많은 사람들이 그 내막을 모르고 있다. 중공에서 후진타오를 구이저우로 보내고 또다시 구이저우를 떠나게 한 인사결정도 바로 이런 형편에서 비롯된 것이다. 1984년 11월 후진타오는 중공중앙에서 임명하고 단중앙전회에서 단중앙 제1서기로 당선되었다. 그런데 1985년 7월 중공중앙에서는 그를 구이저우성위서기로 임명하는 위임장을 하달했다. 그리고 몇 년도 안 되어 1988년 가을에 후진타오는 구이저우 제6차 당대표대회와 6기 1차 전원회의에서 성위서기로 당선되었다. 그리고 12월 중공중앙에서는 그를 다시 티베트자치구 제1서기로 위임했다.

떠나기로 이미 정했다면 왜 그를 입후보자로 선출했는가?(입후보자도 중공중앙에서 추천하고 승인한다는 것은 세인들도 다 아는 사실이다.) 그리고 이미 선출했다면 왜 또다시 그를 타지방으로 전근시키는가? '혁명공작의 수요'라는 말이 있긴 하지만 이것으로는 사람들을 설득하기 힘들다. 이렇게 임명하고 전근하는 것은 당대표대회와 공청단 대표대회에 참가한 대표들에 대한 무시가 분명하다. 이것은 당중앙이 '그렇게 하고 싶으면 그렇게 한다'는 무소불위의 권위를 강조하기 위한 것일 수도 있고, 당사자와 선거인들에게 '당신의 진정한 주인은 누구인지' 잘 알리는 것일 수도 있다.

언론을 멀리 하다

후진타오가 구이저우에 와서 몇 년 동안 지방장관으로 있으면서 구이저우의 개방개혁과 빈곤 탈피를 위해 온갖 노력을 기울였으나 별로 눈에 띄는 특별한 성과는 없었다고 할 수 있다. 그러나 그가 스스로를 엄격히 통제하고 특권을 누리지 않으며, 당성을 엄격하게 지키고 쓸데없이 허세를 부리지 않고 백성들 속으로 들어가는 그런 태도는 구이저우성에서도 높은 평가를 받았다.

앞의 제2장에서, 그가 칭화대학 선배의 부모님을 방문한 일화를 기록한 적이 있다. 이처럼 격식을 차리지 않고 백성들과 친밀하게 지낸 이야기는 그외도 많다. 한 번은 후진타오가 쿤밍昆明군구 사령원 장즈슈張至秀와 함께 구이양 방공호를 시찰했다. 당시 기자들이 수행해 현장을 촬영하기로 했다. 그런데 한 기자의 카메라 배터리에 고장이 났다. 그 기자는 너무나 긴장해 땀을 뻘뻘 흘렸다. 후진타오가 이 광경을 보고 그를 위로했다. "조급해하지 마오, 조급해하지 마오"라고 말하며 그 기자가 고장난 배터리를 다 고칠 때까지 몇 분 동안 기다려 주었다. 기자의 배터리에서 번쩍이는 것을 본 후진타오는 "제대로 되었소?"라고 물었다. 기자가 "예, 잘 찍었습니다"라고 대답하자 그는 마음이 놓인 듯 환하게 웃어주었다.

후진타오가 구이저우에 있을 때 과거의 동료들이나 아랫사람들이 찾을 때면 시간을 내어 반드시 만나주었다. 1986년 10월 〈중국청년보〉사가 구이양에서 기자대회를 개최했다. 이 소식을 들은 후진타오는 흔쾌히 시간을 내어 이 회의에 참석했다. 그는 당시 사장 리즈룬李至倫을 비롯해 신문사 기자들을 만나고 그들과 함께 기념사진을 찍었다. 그러나 후진타오는 만나거나 이야기를 나눌 때에도 원칙에 어긋나는 일은 절대 하지 않았다. 모든 것은 규정에 따라 처신했다.

이것은 후진타오의 일관적인 태도이다. 권력과 명예를 좇는 것에 반대하고 개인적인 대우를 따지는 것도 반대했다. 구이저우로 온 지 얼마 안 되었을 때 울지도, 웃지도 못할 괴이한 일이 발생했다. 그러나 그는 이것을 아주 짧은 시일에 해결했다.

1986년 정월이었다. 구이저우성 규율검사위원회에서는 한 가지 불법조직 활동에 대해 입건·조사했다. 구이저우 인민출판사 문예편집실 주임 슝둥화熊冬華, 구이양시 인민대표대회상무위원회 종합처 부처장 왕청즈王成至, 성정부 경제과학기술자문소조판공실 부주임 천쾅陳匡 등이 불법조직활동을 한다는 것이다. 후진타오가 구이저우로 오기 전에 벌어진 사건이었다. 위 세 사람은 비록 다 책을 읽은 선비라 하지만 사회경험이 전혀 없었다. 1984년 5월 그들은 구이양철도분국의 여공 장스칭張世菁을 알게 되었다. 그 여공은 자신의 문학작품을 발표하는 자리에서 자기는 '군위총참모부정보국 구이양총부의 지휘장'이며 '중앙 모 수장'의 사생아라고 자처했다. 뿐만 아니라 자기 올케는 '중앙영도와 직접 통하는 사람'이라고 자랑했다. 그들은 그녀의 말을 정말로 믿었다. 그녀를 이용한다면 혹시 승진하는 데 도움을 받을 수 있을지도 모른다고 생각한 그들은 1984년 8월에 슝씨가 근무하는 구이저우인민출판사 '지도부'의 명단을 그녀에게 주면서 '중앙'에 이 명단을 전달해 성으로 하여금 이 지도부를 승인받도록 해달라고 부탁했다. 그들은 그후에도 세 번이나 '성위지도부 입후보자'와 '보충 입후보자' 명단을 장씨에게 주면서 '중앙'에 보고해달라고 부탁했다. 슝씨는 '성위부서기'를, 왕씨는 '부서기 겸 조직부장'을, 천씨는 '조직부장'을 맡을 수 있도록 해달라고 했다. 이는 '소도 웃다 꾸러미 터질 일'이지만 법에는 위배되는 것이 없다. 다만 당의 규율과 당의 기풍을 문란하게 했을 뿐이다. 후진타오는 즉시 규율검사위원회에 이 일을 처리하라고 지시했다. 이로써 승진에 눈이 어두운 사람들에게 한 차례씩 경종을 울렸다.

후진타오가 지방장관으로 임명되었을 때 그의 나이가 전국에서 가장 어렸다. 그에게 자연히 '금빛 뉴스거리'가 되었다. 1985년 전국 곳곳마다 간부 연소화의 돌풍이 불었다. 이 돌풍의 원류를 추적하던 기자들은 그에게 단독 인터뷰를 요청했다. 그러나 후진타오는 구이저우로 온 뒤부터는 이 방면에서 몹시 조심했다. 그는 언론 기자들의 요구에 조심스럽게 응했다. 절반 정도는 완곡하게 거절했고, 언론에 얼굴을 보이는 일도 되도록 많이 줄였다. 따라서 이 기간 동안 중국에서 영향력이 있다 싶은 신문에서는 후진타오의 보도가 매우 적었다. 1986년 1월 5일자 〈경제참고〉에 왕웨이창王偉强 등이 취재한 「'야랑국'에서 헤어나오다」란 기사가 게재되었고, 〈요망주간〉 해외판 1986년 11월호에 장인광張殷光이 취재한 기사『후진타오, 구이저우 북부에서 치부致富의 길을 모색』이란 보도가 실리는 정도였다.

도저히 거절할 수 없어 기자의 취재에 응할 때에도 꼭 자신의 신념을 함축적으로 전해달라고 하면서 기자들에게 자신의 고충을 헤아려 절대 지나치게 과장하지 말라고 부탁했다.

그는 중국신문사 기자와의 취재 도중 '나는 장기간 구이저우에 있을 것'이라는 뜻을 전했다. 그러면서 구이저우처럼 빈곤한 지역을 개발하려면 자신을 헌신할 줄 아는 사람들이 필요하다고 밝혔다. 그는 자기가 지향하는 성위서기란 굳센 신념과 강렬한 열의가 있어야 하고, 실사구시적으로 구체적인 일을 추진하는 사람이어야 하며, 허명에 들뜨지 않고, 간부라는 폼을 잡지 않으며, 군중들과 쉽게 마음을 나눌 수 있는 사람이어야 한다고 말했다. 또한 민주를 지향하고, 중요한 시기에는 결단을 내릴 줄 아는 사람이어야 하며, 생활을 열애熱愛하는 사람이어야 한다고 지적했다.

후진타오는 자기와 친숙한 기자에게 속내에 있던 말을 털어놓았다.

"내가 구이저우에 짐을 내리는 그 순간 나는 나의 운명이 구이저우의 3천만 백성들과 연결되어 있다는 것을 직감했다. 나는 당신들이 나를 선전하는 것을 바라지 않는다. 그리고 잘못된 보도는 나처럼 젊은 성위서기들을 중도 하차하게 만들 것이다."

후진타오는 단중앙에서 온 사람이지만 전통적인 관리들과는 다른, 새로운 목표 수립에 관심을 돌렸다. "생활을 열애한다는 것은 무엇을 뜻하는가"라는 물음에 그는 "사업에 대한 책임감과 우정에 대한 충성, 운동을 즐기고 문예에 취미가 있으며 생활 속의 모든 아름다움을 사랑하는 것이다"라고 대답했다.

그는 또 이런 말도 했다.

"중국 청년간부들은 반드시 좋은 태도를 보여야 한다. 실속있는 말을 하고 실속있는 일을 하며 실속적인 효과를 추구해야 한다. 기층에 헌신하고 현재의 사정을 이해하는 것을 하나의 기본 기능으로 삼아야 한다. 가령 자신의 정력을 '장면' 조작과 인맥 맺기에 낭비한다면 그는 틈이 벌어지게 될 것이고, 쉽사리 '자만'하게 되며 결국 파멸에 이르게 된다."

세 마리 '말'을 구이저우에 매다

중국대륙의 유명한 어느 작가가 후진타오에 대한 구이저우 관리들의 인상을 필자에게 들려주었다. "임금이 바뀌면 신하들도 바뀐다"는 것은 중국의 전통적인 관례이다. 즉 새로 부임해온 신임 관리들은 아래 관리들을 물갈이한다는 뜻이다. 구이저우로 부임해온 성위서기들은 얼마 지나지 않아 성위의 지도부, 성 직속 각 청과 위원회의 지도부, 각 지방과 현의 지도부에 대해 이런저런 명목으로 물갈이를 단행했다. 비록 이를 관례라 하지만 이에 대해 동정심이 생기고 이해가 되었다. 새로 부임한 사람이 자신의 정치주장이나 견해를 실행에 옮기려면 수하에 자기 말을 잘 듣는 사람들을 두어야 한다. 그런데 후진타오는 그들과 전혀 달랐다. 이 점이 현지 관리들에게 아주 깊은 인상을 주었다. 그는 구이저우로 부임되어 오자마자 한 가지 규정을 선포했다. 무릇 당적 규율을 위반하거나 범법한 사람을 제외하고는 현재의 지도부를 일률적으로 움직이지 않는다는 결정을 선포한 것이다. 그는 현 지도부의 모든 임직원들에게 마음놓고 일을 잘해 달라고 부탁했다. 후진타오는 비단 말로써 끝난 게 아니라 이 말을 실행했다. 그는 구이저우에서 3년 동안 지방장관으로 있으면서 절대로 지도부 성원들에 대한 인사조정을 진행하지 않았다.

후진타오의 조심성과 철저한 자기 관리는 구이저우에서 일하는 기간 동안 복잡한 모순 속에서 경계심을 누그러뜨렸으며 인사관계를 잘 처리해 균형을 잡을 수 있었다.

후진타오와 함께 구이저우의 행정관리로 온 사람은 구이저우성의 성장 겸 성위부서기인 왕차오원이었다. 1930년에 출생한 왕차오원은 후진타오와 같은 12기 중앙위원이며, 장기간 구이저우에서 일한 먀오족이다. 그에게는 소수민족이라는 우월성이 하나 더 있었다. 그의 신상을 보면 그도 공청단과 일정한 관련이 있다. 1949년 그는 공청단 전위안鎭圓지구 부서기를 역임한 뒤, 1960년 공청단 구이저우성위 부서기를 맡았다. 후야오방이 단중앙 제1서기로 있을 때 단중앙위원으로 선출되기도 했다. 문화대혁명 시기 일정한 충격을 받긴 했지만 13년 뒤 그는 다시 공청단 구이저우성위 부서기로 복직했다. 그는 1980년 중공 구이저우 성위서기를 맡았고, 1983년에는 성장과 부서기를 겸했다.

나이로 보면 그는 후진타오보다 열두 살이 위다. 그도 말띠다. 정계 진출의 연차로 봐도 그는 후진타오보다 1세대를 앞선 사람이다. 그는 1950년대 중공의 정권 수립을 전후로 해 혁명에 참가했다. 후진타오는 1960년대 중반 문화대혁명 전야에 사업에 참가한 사람이다. 공청단내의 서열을 보아도 그가 공청단 지구부서기를 맡고 있을 때 후진타오는 아직 입단도 하지 않은 새내기였다. 그가 성급 간부가 되었을 때 후진타오는 부처장에서 부청급으로 승진했다. 여기에다 그는 지역 토박이 출신으로 장기간 구이저우에서 주요 책임을 맡고 있었기에 이 지역 상황에 대해 너무나도 잘 알고 있었다. 그중에서도 정식으로 문자화할 수 없는 구이저우에 대한 생생한 자료에 대해서는, 기억력이 비상하다는 후진타오도 따를 수가 없다. 구이저우에서 수십 년을 일해온 그에게 있어서 그 인맥은 매우 끈끈해 무슨 일을 하든지 막힘이 없었다. 이와 같은 경력을 가진 그가, 후진타오의 수하에서 협조하게 된 것에 대해 어떻게 생각하는지는 아무도 모른다. 그가 아무리 당중앙에서 연소화를 위해 후진타오를 구이저우로 보냈다고 이해한다 하더라도 그의 마음은 결코 편치만은 않았을 것이다.

왕차오원은 새로 부임해온 성위서기와 공개적인 충돌은 없었다. 그러나 두 사람 사이의 보이지 않는 마찰은 아무래도 그 흔적이 드러나게 마련이다.『구이저우 연감』을 보더라도 왕차오원에 대한 자료는 많았지만 후진타오에 대한 사항은 별로 없다. 1986년 판『구이저우 연감』은 1985년이 성의 자료를 기재한 것이다. 책의 앞 페이지에 벌써 왕차오원의 사진이 몇 장이나 실렸다. 그런데 그해 7월에 부임한 후진타오의 사진은 그림자도 보이지 않는다. 이 연감에서 후진타오에 대해 이렇듯 적게 할애한 것은 중앙에서 공중투하된 간부에 대해 정확히 파악할 수 없었기 때문이라고도 해명할 수 있다. 그가 정말로 단련하기 위해서 온 것인지, 아니면 강등당해 온 것인지 파악하기 어려웠을 수도 있다.

이듬해의『구이저우 연감』은 1986년의 자료를 기재한 것으로, 이 역시 왕차오원에 대한 자료가 후진타오에 대한 것보다 많았다. 이보다 더 선명하게 드러나는 것은 1989년 판『구이저우 연감』이다. 이 연감은 1988년의 정치, 경제, 문화 등 각 방면의 자료를 기재한 것이다. 이해의 가장 큰 정치대사는 중공 구이저우성 제6차 당대표대회이다. 다음은 '연감'에 기재된 사항의 일부분이다.

대회에서는 후진타오의 연설을 청취했다. 그의 연설은 '사상을 진일보 해방하고 개혁의 발걸음을 가속화하여 구이저우 90년대의 새로운 발전을 맞이하자'라는 제목이다.

그리고 괄호를 치고 「전문은 본서 특집 부분을 보라」고 밝혔다. 그런데 '특집'을 들쳐보아도 후진타오의 연설글은 보이지 않았고, 다른 곳에서도 이 연설문을 기재하지 않았다. 원래 기획단계에서 이 연설문을 연감에 수록하기로 했다가 12월에 중앙에서 후진타오에 대한 새로운 임명이 내려오자 『구이저우 연감』 기획자와 편집자들이 이 연설문을 뺀 것이 분명하다.

왕차오원은 관리사회의 경험으로 보아, 이제 자신이 더 승진해 국무원 부총리로 발탁된다는 것은 전혀 불가능하다는 것을 누구보다 잘 알고 있다. 어느 부의 장관쯤 되는 것이 그에게는 더 이상 매력이 없을 수도 있다. 때문에 왕차오원은 후진타오와 편안히 지낼 뿐, 그와 곤란한 문제로 부딪치고 싶지는 않았을 것이다. 후진타오는 원래 인사문제를 아주 신중하게 처리하는 사람인지라 '뒤로 한 발짝 물러서면 하늘이 넓어진다'는 이치대로 왕차오원을 대했을 것이다. 그리하여 성위서기와 성장 사이에 충돌과 갈등이 발생하지 않았던 것이다.

물론 인사 각도에서 보는 것이 아니라, 사업 관점에서 볼 때 후진타오는 구이저우 간부들의 기본 자질이 낮다는 것을 느꼈기 때문에 자신의 견해나 주장을 실현하기는 어려웠을 것이다. 그는 당중앙에 여러 번 진정서를 올려 성위지도부를 강화해줄 것을 요청했다. 1987년 6월 중앙에서는 중원지구의 허난河南성위부서기 류정웨이劉正威를 구이저우성으로 보내 왕차오원 다음 서열인 성위부서기로 임명했다.

류정웨이도 1930년 출생이다. 그도 말띠며 왕차오원과 동갑이다. 여기에 후진타오까지 합치면 말띠가 셋이나 된다. 이 세 말을 구이저우라는 한 말뚝에 매어놓은 것이다. 류정웨이는 허난의 간부인데 1953년 중앙지질부 당조서기 류제劉杰가 그를 베이징으로 전근시켰다. 그는 장기간 류제를 따라 지질부, 국무원 제3판공실, 제2기계공업부 등의 부서에서 근무했다. 1977년 류제가 허난으로 부임하게 되자 그도 허난성위 부비서장으로 전근되었다. 1981년 류제가 허난성위 제1서기로 발탁되면서 류정웨이와 뤄간羅干을 성위부서기로 승진시켰다. 류정웨이는 한때 뤄간보다 앞날이 더 창창해 보였던 적이 있었다. 1982년 중공 12기 대표대회 때부터 그는 중앙위원이었다. 그러나 뤄간은 당시 후진타오와 같이 후보중앙위원일 뿐이었다. 그런데 뤄간이 1983년 중앙총공회로 조정되면서 성장, 장관급으로 승진했다. 그러나 류정웨이는 허난성에서 부성장급으로 8년이나 머물렀다. 이제는 더 이상 승진할 기회가 없는 류정웨이를 구이저우로 보내 후진타오를 보좌하게 했다.

그뒤 후진타오의 추천으로 중앙에서는 구이저우 성위상무위원들 중에서 룽즈이龍志毅를 성위부서기로 임명했다.

일정 기간 같이 일을 하다 보니 후진타오와 류정웨이는 서로 이해가 잘 되었다. 후진타오가 구이저우를 떠날 때 그는 중앙에 류정웨이는 '능력이 있고 자격이 있어' 자기 대신 성위서기를 담당할 수 있을 것이라고 추천했다. 왕차오원은 여전히 자신의 성장 자리에서 새로 성위서기로 승진한 류정웨이를 보좌해 일을 할 수밖에 없었다. 왕차오원은 63세가 되는 1993년 성 8차 인민대표대회에서 성장 직무를 내놓고 2선으로 물러났다. 그러나 이듬해에 다시 인대 주임으로 재기했다. 그는 동시에 전국인민대표대회의 민족사무위원회 주임위원으로 당선되었다. 이 직무는 실권은 없지만 명분상 좋은 자리라 그의 만년 생활에 어느 정도 위안이 되었을 것이다. 과거 자신과 함께 3년간 구이저우의 대사를 이끌어온 후진타오가 그 당시 당중앙의 인사대권을 가지고 있었기에 그가 이와 같은 만년 생활을 보장받을 수 있었던 것이다.

그런데 이 시기 왕차오원의 수하 구이저우 지방파 세력들이 류정웨이의 부인 옌젠훙閆建宏의 죄상을 백일하에 폭로했다. 간접적으로는 이것이 청운靑雲으로 직상한 후진타오에 대한 타격이라 하겠다. 류정웨이는 구이저우성에서 1993년까지 성위서기로 있다가 7월에 중앙국가기관공장위원회 부서기로 임명되어 상경했다. 그가 구이저우를 떠나자 그의 아내는 체포되었다. 그녀는 구이저우성 계획위원회 부주임 겸 구이신공사 동사장으로 있었다. 경제범죄인 그녀는 횡령 금액이 너무 커 총살당했다. 당시 류정웨이를 구이저우에서 중앙으로 전근시킨 것은 그의 아내 옌젠훙을 처분하기 위한 조치라는 말이 돌았다. 류정웨이를 중앙으로 전근시켜 어느 정도 그의 체면을 지켜준 것이다. 결국 그는 1995년에 직무에서 파면 당했다.

후진타오는 각 방면의 관계를 잘 처리해 구이저우에서 탄탄하게 자리 잡을 수 있었다. 1987년 구이저우성 직속 당대표대회에서 무기명 투표로 중공 제13차 당대표대회 대표를 선거했는데 그가 입후보자 중 득표수가 가장 높았다.

그해 10월말 후진타오는 구이저우성 대표로 중공 13차 당대표대회에 참석했다. 이때는 자오쯔양이 후야오방을 대신해 그 자리에 오른 뒤였다. 이 대회에서 후진타오는 당중앙 정식위원으로 선출되었다. 이듬해인 1988년 후진타오가 구이저우성 제6차 당대표대회를 주최하고 대표들에게 사업보고를 했다. 그는 구이저우 6기 1차 전원회의에서 재차 성위상무위원, 성위서기로 당선되었다.

그러나 그는 자신이 새로 성위서기로 당선된 지 얼마 되지 않아 또다시 '짐을 꾸려 출발'할 줄은 몰랐다. 이번에는 더 먼 곳으로 가게 되었다. 그는 윈구이고원雲貴高原(윈난성雲南省 북부와 구이저우성貴州省 서부에 걸쳐 있는 고원 - 옮긴이)에서 '세계의 지붕'이며 '세계 제3극極'인 티베트 고원으로 가게 되었다.

햇빛이 없는 하늘

이 부분은 제5장을 다 집필하고, 또 이 책의 집필이 거의 끝나갈 무렵 새로 보충해서 쓴 부분이다. 이 부분은 반드시 그래야 했다. 필자가 수집한 자료에서 아주 중요한 내용을 발견하게 된 것이다. 후진타오가 구이저우에서 3년 동안 지방장관으로 있으며 어떤 일을 했는가에 대해 종래의 견해를 뒤엎는 견해가 나왔기 때문이다.

후진타오는 구이저우에서 각 지구, 현과 시의 책임자들을 독촉해 중앙의 '물이 있으면 그 물을 흐르게 하라'는 정책을 실시했다. 정부의 지원금으로 생산하는 구이저우의 국면을 변화시키려 한 것이다. 투자가 적고 기술요구가 낮으며 효과가 빨리 나타나는 항목을 개척해 재래식 탄광, 납 제련소, 아연 제련소, 코크스 제련소 등을 대량으로 개척했다. 그런데 그는 이와 같은 단기행위가 10여 년이 지난 오늘에 와서 커다란 역효과를 초래할 줄은 몰랐을 것이다.

《남방주말》 2002년 8월 15일자 신문에 가오쑹高嵩이 특집 「햇빛이 없는 하늘」이란 글을 게재했다.

6년 전(1996년, 필자는 조건의 한계로 당시의 자료를 찾지 못했음) 본보의 특집기사로 윈난·구이저우·쓰촨 접경지구의 농촌에서 불법적으로 광산을 개척한 것에 대해 보도했다. 이러한 불법적인 개척은 환경오염을 대가로 빈곤탈출을 실현하려 한다는 것을 분명하게 밝히고자 한다.

윈난성 푸위안현富源縣, 푸춘향富春鄉, 퇀산촌團山村…… 여기서 멀지 않은 곳은 구이저우성 판현盤縣 러민진樂民鎭 웨이징촌威菁村이다. 이 고장은 두 성의 접경지대라 토지가 매우 좋은 곳이었다. 여기서 생산하는 벼로 양질의 쌀을 정미했다. 그러나 지금은 방치된 코크스 제련소가 여기저기 눈에 띈다. 땅에 물을 뿌리면 그 물은 어느새 어디로 스며들었는지 보이지 않는다. 과거 비옥한 땅에 지금은 겨우 옥수수나 심을 정도이다.

〈남방주말〉의 글은 제아무리 호랑이 쓸개를 먹었더라도 당과 국가의 지도자의 한 사람인 후진타오의 이름을 올리지 못했다. 그러나 구이저우에서 이같은 심각한 문제가 발생한 것에 대해서는 성의 주요 지도자가 책임져야 한다. 자, 시간을 따져보면 그가 누구인지는 분명해진다.

지난 1980년대 중엽(우리는 후진타오가 구이저우에서 성위서기로 있던 것은 1985년 7월 15일부터 1988년 12월 중순까지라는 것을 기억하고 있다) 이 지방의 10만 농민들은 재래식 코크스 제련 행렬에 뛰어들었다. 즉 석탄가루를 태워 코크스를 제련하는 것이다. 바자오八角 논에 이런 제련소가 가장 많았다. 웨이징촌만 해도 재래식 코크스 제련소에서 생산한 생산량이 일년에 10만 톤에 달한다. 코크스로 큰돈을 벌 수 있다는 것을 안 논주인들은 즉시 자신의 논을 코크스 제련소 책임자에게 사용권을 양도한다. 양도금은 상황에 따라 정한다. 공업 용수로나 강과 가깝게 위치한 곳은 가격이 높다. 1묘(30평)의 일년 양도금은 3천위안에서 4천위안이다.

한때 강을 따라가는 곳마다 제련소를 건립했다. 촌의 주요 일꾼들은 거의 다 이 제련소에서 일을 해 돈을 벌었다. 한번 불을 피우면 20일 정도 지나야 코크스가 된다. 검은 연기와 함께 타오르는 불길은 코크스 가마에서 하늘로 치솟아 오른다. 비옥한 바자오 논은 밤낮없이 이런 연기에 잠겨 있다. 천여 개가 넘는 코크스 가마에서 타오른 불길은 주변 10여 리를 붉게 물들였다. 이것이 그곳의 한 '풍경'이었다.

1,360여 개의 코크스 제련소! 즐비하게 늘어선 그 코크스 제련소를 한번 떠올려보라.

그러나 코크스 제련소에서 방출하는 이산화유황과 질소산소물질, 일산화탄소, 유화산소 등 독이 들어 있는 기체는 주변 논의 벼 생산에 커다란 영향을 끼쳐 생산량이 형편없이 감소되었다. 심지어는 완전 폐농도 있었다. 산성 비,

오염된 물, 가루 등의 물질은 그 지역의 환경을 심각하게 악화시켰다. 남은 석탄 찌꺼기와 벽돌, 기왓장 등은 고온에서 녹아내려 단단한 땅속에 파묻혔다. 지난날의 문전옥답이 폐허가 된 것이다.

1998년 이후에야 사람들은 환경을 희생하는 대가로 발전을 도모한다는 것이 얼마나 무서운 일인가를 깨닫게 되었다.

불도저가 육중한 기계음 소리를 내며 어제의 코크스 가마를 다 뒤집어엎었다. 불철주야 10년 동안 쉬지 않고 타오르던 불길이 사라졌다.(10년 동안이란 말에 관심을 가질 것. 그 시기는 후진타오가 구이저우에 부임해온 그때부터이다.) 그러나 잔류 석탄과 벽돌, 기왓장 같은 것은 이미 땅속에 깊이 박혀 처리할 수 없게 되었다. 지난날의 비옥한 땅이 폐허로 변했다.

또한 가오쑹은 펜끝을 구이저우의 다른 한 곳으로 돌렸다. 그곳은 후진타오가 구이저우에 있을 때 심혈을 기울여 개혁한 비제지구이다. 이 시험구를 일명 '생태건설'이라고도 했다. 이것은 후진타오 등의 지도자들에게 '환경보호의식'이 없지 않다는 것을 보여준다. 그런데 이상한 것은 가오쑹의 펜끝으로 묘사한 비제지구의 광경은 사람들에게 왜 한숨을 불러일으키는 것일까.

"발밑의 금사발을 들고 밥을 구걸하지 말아야 한다!"
10년 전 외지 사람들이 돈을 들고 구이저우성 비제시 퇀제향團結鄕의 깊은 산을 찾아왔다. 그들은 가난한 촌민들을 동원해 그곳에다 유황 제련소를 세우자고 제안했다. 위의 말은 그때 외지 사람들이 그곳 사람들에게 권유할 때 자주 입에 올린 말이다. 이곳 백성들도 땅속의 돌이 유황으로 변한다는 사실을 잘 알고 있었다. 전에도 한두 곳에서 유황을 제련했다. 그러나 모두 성공하지 못했다. 후에 외지 사람들이 와서야 대량으로 유황 제련소를 설립하게 되었다.

이때부터 재난은 시작되었다. 재래식 유황 제련법이 촌사람들에게 해를 가져다줄 줄은 몰랐다. 제련 과정에서 방출한 유황성분의 기체는 비를 만나면 산성비가 된다. 주위의 동물, 식물, 심지어는 토양 중의 미생물까지 생존할 수 없게 되었다. 주위의 산들은 빠른 속도로 황폐하게 변해갔다. 삼림은 사라지고 풀도 제대로 자라지 않았다. 산에는 희뿌연 돌과 누렇게 탄 땅밖에 없었다.
'마치 원자탄이 폭발한 뒤에 남은 유적 같았다.'
집계자료를 보면 구이저우성에서 유황 생산량이 가장 많은 비제지구에서는 재래식 유황 제련으로 인해 1천 평방킬로미터의 토지가 심각하게 오염되었다. 그중 390평방킬로미터의 땅은 불모지로 바뀌고 말았다. 경작지 손실이 거의 1만 묘나 된다. 재래식 코크스 제련으로 파괴된 땅에서는 생명력 강한 옥수수만이 자라고 있다. 그러나 생산량은 전에 비해 3분의 1이 겨우 되었다.
구이저우 환경과학 설계원의 전문가 치궈셴漆國先은 2000년 비제지구 다팡현 大方縣으로 내려가 유황 제련으로 인한 오염된 땅을 개조하는 시험에 참가했다. 이곳도 유황 제련으로 피해를 본 곳이다.
"비록 25년간 환경보호연구를 진행해 왔지만 유황 제련으로 오염된 환경을 보고는 놀라지 않을 수 없었다. 그곳의 토양에서는 옥수수나 겨우 자랐을 뿐, 고치도 자라지 않았다. 10년 동안 지속된 오염에(또 '10년 동안' - 역시 후진타오가 성위서기를 맡을 때부터 오염된 것이다) 이 지역의 토양구조가 완전히 뒤바뀌게 되었다. 유기질은 거의 제로상태이다. 이런 토양에서는 아무런 작물도 자라지 않는다."

가오쑹의 문장은 또 다음과 같은 상황을 폭로했다. 가난에 시달린 농민들은 재래식 유황 제련소와 코크스 제련소를 철수하는 것을 막았다. 비록 오염은 되었지만 그것으로 돈을 벌 수 있다는 것이 그들의 이유이다.
"이런 것을 철수하면 우리는 어떻게 삽니까?"
"이것은 이미 악순환이 되었다"라고 치궈셴은 말했다. 오염으로 인해 농민들의 생존 밑천인 토지환경을 잃게 되었다. 그리고 이 때문에 그들은 재래식 광산 개발에 더욱 의존하게 되었다.

지금까지 구이저우성에서 책임을 지고 있는 어느 지도자는 이렇게 지적했다.

"재래식 아연 제련, 코크스 제련, 유황 제련으로 고용주는 큰돈을 벌고 피고용자는 작은 돈을 번다. 이와 동시에 손해를 보는 것은 국가의 장기이익이다. 일시적인 경제이익을 보기는 했지만 이 대가는 생태환경에 대한 돌이킬 수 없는 파괴다."

다른 시각에서 말한다면, 지금 구이저우성의 이 지도자와 그를 포함한 지도층에서는 후진타오 지도층에서 남겨놓은 난국을 뒷수습하고 있다고 해도 과언이 아니다. 그가 비평한 '재래식 아연 제련, 코크스 제련, 유황 제련'은 당시 후진타오가 구이저우성의 성위서기로 있을 때 적극 추진하고 적극 제창한 것이다. 세상사라는 것이 '상전벽해桑田碧海'라 한다면, 이것을 '인과응보因果應報'라 하겠다.

구이저우성에서 나타난 이 심각한 문제의 책임을 모두 후진타오에게 지운다는 것은 물론 불공평한 일이다. 이를 빌미로 후진타오가 '겉발린 일 하기를 좋아한다', '민중의 살길을 막았다'라고 몰아세운다면 이 또한 너무 억측이다. 그러나 오염으로 파괴된 그 과오는 회피할 수 없는 사실이다. 비록 후진타오가 당시 아무리 좋은 출발점에서 '선인들이 나무를 심으면 후인들이 그 그늘을 이용한다'는 뜻을 가지고 시작했을지라도 그 결과는 '선인이 잘못해 후인이 피해를 본' 셈이 되었다. 이 사실은 적어도 후진타오와 그가 이끄는 지도층의 사고방식과 영도전략에 심각한 과오가 있었다는 것을 설명해준다. 이로써 그는 미래의 이익을 돌보지 않고 코밑의 이익을 중시한 주석으로 남게 된다.

더불어 우리는 아직 후진타오가 이 사실에 대해 아무런 반성도 보이지 않았다는 것을 알게 된다.

6
세계의 지붕은 하늘 밖의 하늘이다
(1989~1991)

그는 원래 티베트에 대해 회유정책을 시행하라는 자오쯔양의 신임을 받고 갔는데, 정작 가서는 장쩌민의 강경정책을 실시했다. 〈티베트 일보〉에 실린 신임 자치구 당위서기의 사진은 철갑모자를 쓰고 계엄부대의 장병들과 함께 라싸 거리에 나타난 모습이다.

'다모클레스 검'

도시는 오른쪽 둔덕에 위치했다. 백색 돌 건물은 고원의 강렬한 빛을 반사해 밝은 빛을 흩뿌렸다. 그 빛은 저 멀리 북부산맥까지 비추었다. 포탈라 궁은 마치 환영幻影처럼 지고무상했다. 일렬로 늘어선 신비로운 창문은 마치 햇빛 아래 줄지은 흑색 건반 같았다. 강물은 소리 없이 조용히 흐르고, 라싸 강의 잔잔한 물결은 햇빛에 고기비늘 같은 빛을 번쩍인다. 이것은 마치 인상파 화가의 작품 같았다. 이곳은 음악 같은 도시이며 정물 같은 도시다.

시적인 언어로 라싸를 묘사한 사람은 티베트에서 20여 년간 생활한 작가 닝컨寧肯이다. 이 글은 2001년 〈당대〉 잡지에서 주최한 문학 릴레이의 월계관을 쓴 장편소설 『베일에 가린 도시』의 한 단락이다. 그는 '이곳은 동경憧憬의 도시이며, 마치 집짓기 놀이로 쌓아올린 도시이며 어린이의 도시다' '어린이도 상상하지 못하는 그런 도시다'라고 서술했다. 그는 심지어 라싸는 '영원한 도시'라고 강조하기도 했다.

닝컨이 폐부에서 우러나오고 피부로 체험한 이 감성을 의심할 아무런 이유가 없다. 그러나 우리는 이와 같은 서정적 감성을 통해 다 같은 경치이며 다 같은 사건이지만 사람에 따라 그 감성이 천지차이라는 것을 알 수 있다.

라싸와 티베트는 말만 들어도 겁이 나는 고장이다.

구이저우의 문제를 한마디로 표현한다면 그것은 바로 '가난'이라는 말일 것이다. 그렇다면 티베트의 문제를 한마디로 표현한다면 무슨 말을 써야 할 것인가? 필자는 '혼란'이라는 말을 쓰고 싶다. 구이저우 '가난'의 주요 원인이 편벽한 산골과 자연 경제라면, 티베트 '혼란'의 원인은 매우 복잡하다. 정치와 사회를 제외하고도 문화와 종교와 역사와 심리 차원에서 접근해야 그 원인을 찾을 수 있다. 그리고 이곳의 '혼란'에 국외의 여러 요소가 불에 부채질을 하고 있어 더욱 복잡하고 긴박해졌다. 이곳에 대해서는 한시도 마음을 놓을 수 없다. 이는 마치 '다모클레스의 검'(시칠리아 시라쿠스의 디오니시오스의 신하인 다모클레스가 디오니시오스의 행복을 터무니없이 과장하여 떠들어대자 디오니시오스는 잔치에 그를 초대해 천장에 실 한 올로 매달아 놓은 칼 밑에 앉히고 권력자의 운명이 그만큼 위험하다는 것을 보여주었다고 한다—옮긴이)처럼 분열된 상황이 바로 머리 위에 걸려 있다.

이 책의 주인공이 티베트에서 지방장관으로 있는 동안의 처지와 행동에 대해 좀더 깊이 이해하도록 하려면 티베트의 문제에 대해 살펴볼 필요가 있다.

티베트 문제가 골치 아프다는 것은, 그곳이 해발 5천 미터 이상 되는 설산 고원지대이며 기후는 춥고 공기가 희박하며 생존조건이 아주 척박한 곳인데다 역사상 이어져 온 한족과 장족과의 모순 때문이다.

티베트 문명과 한족 문명은 서로 다른 문명이다. 티베트 고원에서 생활하고 있는 이 민족은 규모가 아주 웅대한 서사시敍事詩『거싸얼왕전格薩爾

王傳』이 있고, 기이하고 신비로운 천장天葬 풍속이 있으며, 이보다 한족과는 완전히 다른 생존방식과 정신세계가 있다. 티베트는 당대 중국민족 중 모순이 가장 첨예한 곳이며, 국외에 강대한 반대세력이 존재해 이곳 통치의 합법성에 도전하고 있는 상황이다. 중공 통치의 합법성만이 아니라 중앙정부 통치의 합법성에 대해 도전한 것이다.

중국에는 이런 속담이 있다. "천하에 동란이 일어나지 않았는데 촉국 지역에서 먼저 동란이 일어났다. 천하가 평정하게 되어서야 촉국 지역이 평정되었다." 여기서 말하는 촉국이라는 곳은 쓰촨 지역이다. 지금 이 말에서 '촉국 지역'을 '티베트 지역'이라 고치면 현재 중공의 상황을 설명할 수 있다.

티베트가 중요한 것은 그 지역이 무려 120만 평방킬로미터나 되어 전국 판도의 8분의 1을 차지하며, 국경선만도 무려 4천 킬로미터나 되는 곳도 있기 때문이다. 하지만 이보다 티베트의 안정은 티베트와 접경한 쓰촨, 칭하이, 간쑤, 윈난 등 4성의 안정에 직접적인 영향을 주기 때문이다. 이는 중국 서부 전반의 안정에 영향을 주는 매우 중요한 요소이다. 달라이 라마는 티베트를 '대 티베트'라고 표현한다. 위의 지역은 티베트 구역에 포함된다면 지금의 티베트 자치구보다 두 배나 크다는 것이다. 그렇다면 티베트 문제는 더욱 중요시해야 할 중요한 사항임에 틀림없다.

후진타오는 중공중앙에서 티베트로 파견한 제8위 변경 장관이다. 이는 그의 앞날의 발전에 매우 중요한 계기가 되었다. 그가 공청단 중앙 서기로 있을 때의 사업경험으로 무산계급 혁명사업 중 '과세기跨世紀 후계자'의 행렬에 설 수 있게 되어 당중앙 원로급 '무산계급 혁명가'들의 관심을 받을 수 있었다. 그리고 그의 티베트 사업경력은 동시대 정치인들 속에서 특별히 관심을 받을 수 있는 결정적인 활동이 되었다. 그러나 당시만 해도 당중앙에서 그를 티베트로 부임시킬 줄은 아마 누구도 생각하지 못했을 것이다.

사람에 따라 말이 다르다

티베트 상황에 대한 평가는 사람에 따라 완전히 다르다. 서방의 어떤 사람들은 과거의 티베트를 세상 밖의 도화원 같은 '샹그릴라'라고 인식했다. 그러나 중공에서는 이곳을 가장 암흑적이고 가장 낙후한 '인간지옥'이라고 표현했다. 현대 티베트에 대한 인식과 견해는 더욱 대립되어 있다. 닝컨 등의 작가들은 고도로 개인적인 감성언어로 이곳에 대해 서술하고 있으므로 그만두고, 정치세력의 견해를 보면 완전히 상반되는 결론을 얻게 된다. 같은 지역의 역사와 현실에 대한 묘사라고는 믿을 수 없을 정도이다.

중공에서는 1951년 티베트 지방정부와 '평화해방'을 체결했다. 그러나 1959년 '티베트 상층 농노주가 중앙정부에 반대하는 무장폭동을 일으켜' 중공에서 이 폭동을 진압한 후 티베트에 대한 민주 개혁을 실시했다. 그리고 1965년 9월 1일 티베트 자치구를 설립했다.

중공 관청의 공식 논평에 따르면, 자치구가 설립되고부터 1995년까지 30년간 티베트의 공농업 생산총액은 4.5배나 성장했다. 자치구의 농목민들의 연 평균수입은 817위안에 달하며, 인구 평균수명은 과거의 36세에서 65세로 늘어났다. 자치구에는 각종 학교가 3천3백여 개나 있고 학생수만도 27만을 넘는다. 중국 내지의 26개 성시에서 티베트중학 티베트반을 설치했으며 소수민족 간부 4만 2천4백여 명을 양성했다. 이는 그 지역 간부 총수의 70.3퍼센트를 차지한다. 각급 인민대표대회, 정부·정치협상회의 주요 지도자는 모두 티베트족이 맡고 있다. 이곳에서 티베트족과 다른 소수민족 간부는 전체 간부의 71.7퍼센트를 차지하고, 지구와 청급 간부 중에서는 65.3퍼센트를 차지한다.

1980년 중공중앙에서는 제1차 티베트 사업좌담회를 소집했다. 자치구 당위에서는 당중앙의 지시에 따라, 한족 지역이나 기타 소수민족 지역과는 다른 생활·생산방식을 실행하고 경제를 발전시키는 정책을 실행하기로 했다. 이로써 티베트의 생산력은 한 차원 올라서게 되었다. 1994년 자치구의 국민생산총액은 42.3억 위안에 이르렀다. 이것은 1980년에 비해 134.9퍼센트나 향상된 것이다.(「티베트에서 실행한 중국 특색이 있는 사회주의 이론의 영광스런 실천-티베트 자치구 설립 30주년에 즈음하여」란 문장에서 발췌. 이 문장은 〈구시〉 1995년 제16기에 게재된 것이다.)

그러나 달라이 라마를 중심으로 한 티베트 망명정부의 표현은 다르다. 그들은 중국정부가 사망한 120만 티베트 인들을 책임져야 한다고 역설했다. 티베트 망명정부의 외교와 신문부에서는 1993년 『사실에 근거한 티베트의 진상을 밝힌다』라는 책을 발행했다. 이 책에 이런 대목이 있다.

> 중국에서 티베트에 대해 침략을 단행했기 때문에 약 120만 티베트인이 비명에 죽었다. 지금도 그 어느 농가나 그 어느 세대의 가까운 누군가가 체포되어 있거나 살해당하고 있다.

1990년에는 티베트 자치구의 인구당 평균수입이 80달러에 이르고 식자율이 총인구의 21.7퍼센트가 된다고 했으며 수명은 40세라고 썼다. 1991년 유엔 건설조직의 민족발전 예측수는 0.087퍼센트이다.(원문에 이렇게 되어 있다. 이 숫자는 이해하기 어려운 숫자이다-인용자 주) 지구 160여 개의 국가 중 티베트는 153위이다. 아프리카의 차드와 지부티공화국 사이이다.

이 책은 티베트 문제에 대한 원인과 결과에 대해 상세하게 서술하고 각종 논설을 비교하는 것이 임무는 아니다. 실제 상황은 위에서 설명한 것보다 더 복잡하다. 최근 명경출판사에서 출판한 왕리숑王力雄의 『천장 : 티베트의 운명』과 쉬밍쉬徐明旭의 『음모와 경건함 : 티베트 문제의 역사』에서 여러 방면으로 많은 자료를 제공했다. 위의 자료는 우리가 후진타오에 대해 보다 쉽게 이해할 수 있도록 도움을 줄 것이다. 우리는 여기서 중공이 티베트에 대한 정책을 조정한 1980년 이후의 상황을 소개한다.

관리정책을 여러 번 수정한 티베트

1980년 티베트 정책을 조정한 것은 중공이 문화대혁명이 끝난 다음 첫 번째로 개최한 제1차 티베트 사업회의와 후야오방이 그해 티베트를 시찰한 결과이다. 전하는 말에 따르면 1972년 후야오방의 맏아들인 후더핑胡德平이 홀몸으로 티베트를 시찰한 적이 있었다. 그가 티베트에서 보고들은 것이 티베트 문제에 대한 후야오방의 생각에 영향을 주었다. 후야오방이 1980년 티베트 라싸 교외 판디反帝공사의 사원들 집을 시찰할 때 티베트인들이 얼마나 열악한 환경에서 생활하는지를 보게 되었다. 그는 기가 막혀 티베트에 파견한 관리들에게 물었다.

"중앙에서 내려보낸 티베트 지원금은 다 라싸 강에 흘려보냈단 말이오?"

그는 이 지역에서 다년간 한족 군인들을 위주로 한 당국의 극좌노선의 악행에 대해서도 이런저런 풍문을 들었다. 그는 가슴이 쓰렸다.

"이건 완전히 식민지 통치와 같은 거요!"

후야오방은 특유의 급한 성미를 이기지 못해 천여 명의 티베트와 한족 간부들에게 비분강개한 연설을 했다. 티베트의 상황은 달라이 라마 시기와 비교해도 새로운 기색이 하나도 없다고 역설했다. 후야오방은 티베트 군구 정위 겸 자치구당위 제1서기인 런룽任榮의 직무를 파직하고 인파탕陰法唐을 파견해 그 직무를 맡게 했다. 그는 전면적으로 민족정책을 낙착하고, 종교·통일전선 정책을 실시하며 한족 간부를 소환하고 티베트 간부를 기용하라고 지시했다. 그와 함께 거액의 지원금을 송금해 사찰을 보수하도록 했으며 라마와 비구니를 수용하게 했다.

그런데 후야오방의 지시는 중앙 상층과 티베트에서 강렬한 반발에 부딪치게 되었다. 한족 간부들은 아주 열악한 티베트에서 오랜 시간 고생했는데 "공은 없더라도 고생한 것만은 사실이 아닌가"라면서 이제 콩을 다 갈고 나서 나귀를 잡아먹는 격이 되었다고 투덜거렸다. 또한 그들은 후야오방의 연설도 자신들의 요구와는 거리가 멀다면서 한족 간부들의 소환 속도가 늦고 중앙에서 내려보내는 지원금이 적다고 아우성쳤다.

후진타오 이전에 중앙에서 티베트로 보낸 지방장관은 일곱 명이었다. 그들은 장궈화張國華, 판밍範明, 장징우張經武, 장궈화(재임), 런룽, 인파탕, 우징화伍精華 등으로 모두 군인 출신 장군들이며, 결국 그들은 군인 신분으로 티베트에 들어온 것이다. 제7임으로 간 후진타오의 전임 우징화는 후야오방이 선정한 인물이다. 1984년 후야오방이 제2차 티베트 사업회의를 소집했다. 그는 인파탕이 '좌'적 경향에 대한 조절이 미약하다고 비판하면서 심지어는 계속 '좌'적인 착오를 범하고 있다고 엄중하게 지적했다. 이듬해에 사람을 바꾸어 54세인 중앙민족사무위원회 부주임인 우징화를 티베트로 파견했다. 인파탕은 상경해 제2포병 부정위로 강등되었다.

우징화는 쓰촨인이다. 그는 젊었을 때 중공 빨치산에 참가했으며, 1956년 중공 제8차 대표대회 대표였다. 그리고 량산涼山 자치주의 부주장, 주장, 주위서기를 밟아 민족사무위원회에서 승진했고, 쓰촨성인대 상무위원회 부주임을 역임했다. 그가 티베트 자치구 구위서기로 부임할 때는 국가민족사무위원회 제1부주임이었다. 따라서 그는 민족사무 경험이 있는 간부이다.

우징화는 티베트에서 후야오방의 정책을 그대로 실시하려고 힘썼다. 티베트 경제를 살렸으며 정치상 권력을 양도했고 문혁 기간 극좌노선을 다시 청산했다. 그는 티베트 각종 불교법전에 참석하여 '종교정책을 정착'하는 본보기가 되었다. 티베트에 입주한 한족 간부들은 그를 '라마 서기'라고 조소했다. 그의 티베트 정책을 한마디로 표현한다면 '돈'을 아끼지 않는다는 것이다. 그는 중앙의 지지하에 전국의 역량을 동원하여 '티베트 건설을 지원'했다. 더불어 한족 간부들에게 빨리 물러나라고 다그쳤다. 그러나 이렇게 몇 년 고생했지만 후야오방이 요구한 수준에 도달하지 못했을 뿐만 아니라, 오히려 티베트의 독립세력이 고개를 쳐들기 시작했다. 그들은 한 차례 또 한 차례 사건을 조작했다. 후야오방이 하야한 다음 중공 고위층에서는 즉시 후야오방이 책정한 티베트 정책은 이 지역 실정에 맞지 않는 것이라고 질책했고, 우징화에 대한 의견도 점점 많아졌다.

후야오방은 티베트에 대해 회유정책을 실시했다. 그런데 현실은 그가 예견했던 것과는 상반되는 방향으로 발전했다. 티베트에는 자기 이익을 위주로 중공 이탈이 목적인 티베트 간부들의 기성 이익집단이 형성되었다. 티베트 인민들의 마오쩌둥에 대한 숭배가 무너지자 진공상태인 정신 신앙의 공감대를 메우기 위해 그들은 다시 달라이 라마에게 귀의했다. 그런데 여기서 가볍게 보아넘길 수 없는 것은 티베트 문제가 신속하게 국제적인 문제로 확대된 것이다. 1979년 달라이 라마의 형이 외국에서 티베트로 돌아와 거대한 풍파를 불러일으켰고, 티베트와 국외의 관계가 날로 급증했다. 국외 매체들은 티베트의 상황을 과장해 소개했다. 당시 구소련에서는 고르바초프가 정권을 잡고 있을 때인데 그는 이른바 '신사고'를 고취했다. 이것이 서방에 대한 사회주의 진영의 위협을 감소시켰다. 서방 전략가들의 눈에 중국이 구소련에 대응하는 일익이라는 중요성이 약화되었다. 이에 따라 서방에서는 중공을 견제하고 중국의 영향을 약화하려는 분위기가 고조되었다. 이런 국제환경에서 티베트 문제가 국제정치의 뜨거운 쟁점의 하나로 부각되어 서방의 누구나 모두 알게 된 것은 이상한 일이 아니다. 서방 여론의 지지와 도움에 힘을 얻은 달라이 라마는 그 위세가 저절로 올라가게 되어 중공의 티베트 정책에 부담감을 가중시켰다. 중공에서 조금이라도 움직이면 곧 그들의 질책을 받았다. 티베트 문제 전문가 쉬밍쉬의 말을 빌린다면 티베트 문제는 마치 미국의 유명한 소설에서 나오는 '22가지 군대 규율'처럼 중공을 진퇴양난에 빠지게 했다.

소요의 배경

1987년 9월 21일 달라이 라마는 세계의 주목을 한몸에 받으며 10일간 미국을 방문했다. 그는 미국 방문 동안 미국 국회의 요청을 받고 국회에서 연설을 했다. 그는 연설에서 자신이 중국과 대화를 진행할 것이라고 제기했다. 그것이 유명한 '다섯 가지 평화계획'이다. 일부 미국 국회의원들은 달라이 라마를 지지할 것을 선언했다. 그들은 당시 중국의 총리 자오쯔양에게 편지를 써서 압력을 가했다. 며칠이 지난 다음 라싸의 정부 사무실과 민가에 유인물이 붙었다. 그 유인물의 내용은 그해 6월 16일 미국 중의원인권위원회에서 통과한 결의였다. 중국이 티베트에서 인권을 침해했다는 것을 고소했으며, 중국이 1950년 이래 티베트 '백만' 원혼의 원흉이며 주모자임을 고발한 내용이다.

달라이 라마가 워싱턴에서 연설을 한 지 엿새째 되는 날, 20여 명의 라마들이 손에 티베트 국기 '설산雪山 사자기獅子旗'와 티베트 불교의 법륜法輪을 들고 라싸 거리에서 "티베트는 독립해야 한다!" "중국 사람은 티베트에서 물러가라!"는 구호를 외쳤다. 문화대혁명 이후 이런 일은 처음이라는 것을 그곳 사람들은 기억하고 있다.

며칠 지나지 않은 1987년 10월 1일, 이날은 중화인민공화국 창건기념일이다. 라싸에서는 또 40여 명의 라마들이 손에 설산 사자기를 들고 거리에서 시위를 벌였다. 그들은 "티베트는 독립국가이다!"라고 구호를 외쳤다. 이때 경찰들이 나서서 시위자들을 근처 파출소로 연행하자 급기야 현장에는 많은 티베트인들이 모이게 되었다. 충돌이 격화되었다. 판첸 얼더니 췌지젠은 이듬해 4월 4일 전국인대 기간에 기자에게 이렇게 폭로했다.

"10월 1일 소란 상황은 비교적 심각합니다. 난동자들은 공안파출소와 승용차를 불태웠습니다. 동시에 많은 사람을 구타하고 상처를 입혔습니다. 당시 일부 난동자들을 수감해 조사를 진행했습니다. 그중 어떤 사람은 얼마 되지 않아 석방되었습니다. 내가 중앙의 위임을 받고 이 일을 처리하러 갔을 때는 아직 74명이 조사를 받고 있었습니다. 우리가 설득해 다시 59명을 석방했습니다. 직접 소란에 참가한 라마와 군중들은 모두 관대하게 처리했습니다. 나머지 15명은 대부분 파괴죄와 상해죄를 저지른 형사범 용의자들입니다. 이밖에 한두 사람은 시위에는 참가하지 않았지만 막후에서 시위를 책동한 라마입니다."

판첸이 제공한 숫자와 달라이 라마가 발표한 숫자(10여 명이 즉사했고 그 후 천여 명이 연행되었다. 그중 40여 명은 사형에 처했다)와는 너무도 큰 차이가 난다.

달라이 라마의 미국 방문은 폭넓은 지지를 받았다. 이에 중국 정부는 골치가 아팠다. 중국 정부는 미국 국회가 중국 내정을 간섭한다고 강렬하게 비난했다. 두 차례나 '티베트 독립!' 구호를 외치고 '설산 사자기'를 든 티베트의 시위행진은 베이징 당국의 신경을 건드렸다. 베이징 정부는 이에 진노했다. 중공 국경절에 시위행진을 단행했으니 그 목적은 뻔하지 않은가?

이번 시위부터 그해 10월 하순 중공 13차 당대표대회를 소집할 때까지 불과 20여 일밖에 안 된다. 중공 중앙은 미처 티베트의 인사문제를 처리할 사이가 없었다. 우징화는 여전히 티베트 대표의 자격으로 이 대회에 참석했고 여전히 당중앙위원으로 선출되었다. 그러나 당중앙 정책결정층과 조직부문에서는 이미 그를 대체할 사람을 물색하고 있는 중이었다. 1950년대 기층에서 민족사업으로 승진한 사람은 1980년대 중반의 이 복잡한 국면을 다스릴 능력이 없다는 것을 판단했던 것이다.

반년이 지나지 않은 1988년 3월 5일은 유명한 라싸 촨자오 대법회의 마지막 날이다. 티베트에서는 또 한 차례 소동이 일어났다. 폭력적인 충돌은 이전의 두 차례보다 더 격렬했다. 폭동을 일으킨 티베트인들은 그 자리에서 사람을 구타해 죽게 했다. 둥니더董尼德의 『티베트의 생과 사』란 책에는 이 장면에 대해 상세하게 서술하고 있다.

기도를 올리는 젊은 라마들의 행렬에서 주먹을 쥔 수십 쌍의 손들이 하늘을 향해 높이 쳐들었다. 그들은 대회 사회자의 마이크를 빼앗았다. 수백 명의 사람들이 심장이 터질 것 같은 소리로 동시에 구호를 외쳤다.
"티베트는 독립할 것이다! 중국의 압박을 타도하자! 달라이 라마 만세!"
돌맹이가 다자오사大召寺 근처의 경찰들을 향해 우박처럼 떨어졌다. 뒤이어 수천 티베트인들이 이 행렬에 참가했다. 그들은 민족주의 노래를 높이 불렀다. 다자오사 지붕에 올라간 라마들은 무장경찰들과 다자오사 대법회 현장을 방송하기 위해 나온 중계차를 향해 돌을 던졌다. 곳곳에서 자동무기의 총소리가 울렸다.

쉬밍쉬의 『음모와 경건』에서는 한 가지 중요한 상황을 폭로했다. 법회 과정 중 중공중앙 후보위원이며 티베트 자치구 당위부서기인 단쩡丹增은 베이징에서 온 두 국무원 차관과 함께 다자오사 안의 누각에서 대법회를 참례했다. 소란이 일어나자 사찰내의 라마들이 그들을 향해 달려갔다. 그들을 죽이겠다는 것이다. 그러나 라마들은 그들 세 사람의 경호원들이 완강히 막아서자 뜻을 이루지 못했다. 그들은 뒤쪽 창문을 통해 다른 곳으로 몸을 피했다.
이 사태로 중공은 티베트 자치구 당위서기의 후임자 선발을 더욱 서둘렀다. 그러나 티베트는 이미 뜨거운 감자라 어지간한 능력을 가진 사람일지라도 엄두를 못 냈다. 진정으로 티베트 사태를 처리할 수 있는 적당한 인선이 나서지 않았다.

위난 시기에 임명된 후진타오

우징화가 티베트에서 소환된 이유는 '고원병高原病' 때문이라고 밝혔다. 기사는 이렇게 보도했다.

1988년 6월 우징화가 라싸에서 당위상무위원회를 주최할 때 돌연히 심장이 급하게 뛰어 병원으로 호송했다. 1분에 맥박이 160여 회나 뛰었다. 그는 베이징으로 돌아와 치료를 받게 되었다. 그후 그는 다시 티베트로 돌아가지 않았다.

홍콩 〈광각경〉 잡지는 또 다른 시각에서 뒤이어 벌어진 그의 하야에 대해 설명했다.

우징화는 베이다이허에서 한 달간 휴양한 뒤 1988년 가을에 있은 중공중앙사업회의와 13기 3중 전회에 참석했으며, 11월 베이징에서 열린 어느 심포지엄에 참석했다가 병이 발작하여 베이징 병원에 입원했다.

그러나 위의 이야기들은 별로 설득력이 없었다. 사람들은 '그의 몸이 고원에 적응되지 못했다면 어떻게 4년이란 시간을 견뎌왔는가'라고 물을 것이다. 그는 쓰촨 량산 사람이다. 량산의 해발고도는 물론 티베트 고원보다는 높지 않다. 그러나 티베트 환경과 커다란 차이가 없기 때문에 티베트에 적응하지 못할 이유가 없다. 그가 내세우는 '고원병'은 그저 핑계일 뿐이고, 아마 본질적인 이유는 '정치병'일 것이다.

후진타오가 티베트에 들어설 때 가장 먼저 알아야 할 것은 우징화가 왜 티베트를 떠나게 되었는가 하는 점이다.

대륙 간부들은 사사로운 자리에서 티베트 자치구 당위서기를 옛날의 '티베트 대신大臣'이라 한다. 후진타오는 중앙 정부에서 처음으로 파견한 문관 출신 '티베트 대신'이다. 우징화는 후에 민족사업을 했지만 젊었을 때 다만 며칠일지라도 총을 메본 사람이다. 그러니 군인 경력이 있는 사람이라고 해야 할 것이다. 그러나 후진타오는 철저한 문관 출신이다. 그가 구이저우에서 군구 정위로 있긴 했지만 이것은 '당이 총을 지휘한다'라는 것을 보여주기 위한 장치일 뿐이었다. 후진타오가 '티베트 대신'으로 부임할 당시 그는 우징화가 부임할 때보다 아홉 살이나 어렸다.

중공중앙 최고층에서는 어째서 후진타오에게 이 무거운 짐을 맡겼을까? 이에 대해 가오쑹高新, 허잉何穎이 쓴 『누가 중국을 이끌 것인가』란 책에 중공 고위층에서 흘러나온 세 가지 이야기가 소개되어 있다. 첫 번째 이야기는 후진타오를 발견한 원로 '백락'(伯樂, 중국 고사에 나오는, 천리마를 알아볼 줄 아는 사람 – 옮긴이)인 중공중앙조직부 장관 쑹핑이 후진타오를 베이징으로 불러 그의 의견을 들어보았다는 것이다. 또 다른 한 가지 이야기는 차오스가 후진타오에게 중앙에서는 우징화를 소환할 뜻이 있다는 것을 폭로했다고 한다. 이것은 자발적으로 움직이라는 뜻이었다. 세 번째로는 중공이 후진타오를 포함한 10여 명 중에서 물색했는데 후진타오만이 자신있게 나섰다는 것이다. 위기의 시기에 임명을 받고 갔든, 아니면 자진해서 갔든 티베트 문제가 복잡해 중앙에서 처리하기 어려운 이때, 선뜻 나서서 티베트로 가겠노라 했다는 것은 당중앙의 어려움을 스스로 분담하겠다는 뜻으로 받아들일 수 있다. 때문에 당중앙에서는 그에 대해 좋은 인상을 가졌을 것이다. 그리고 이 선택으로 원로들의 환심을 살 수 있었다. 이는 곧 그가 훗날 일약 중앙정치국 상무위원으로 승진할 수 있는 기초가 되었다. 중공 원로들은 조직의 시련을 이겨내고 당의 배치에 복종하는 것은 후계자의 주요 자질의 하나라고 인식하고 있기 때문이다.

이런 분석은 일면 일리가 있으나 너무 단순하다. 위의 세 가지 이야기 중에서 우리가 이미 파악한 여러 가지 사항을 미루어보아 세 번째 이야기를 먼저 제외해야 한다. 우리는 다음의 사실에 유의해야 한다. 후진타오를 티베트로 파견한 것은 자오쯔양을 중심으로 한 당중앙의 결정이다. 그를 파견한 의도는 당중앙의 티베트 정책을 실행하기 위한 것이다. 그러나 티베트에 부임한 지 몇 달이 되지 않아 당중앙 최고층에 변동이 일어났다. 후진타오는 자오쯔양이 아니라 장쩌민의 지휘를 받게 되었다. 그러니 그는 장쩌민을 중심으로 한 당중앙의 티베트 정책에 따라 움직여야 당중앙의 신임을 얻을 수 있다.

1988년 10월 당중앙에서는 후진타오를 티베트 파견 일인자로 내정했다. 10월 30일 당시 서기처 서기이며 통일전선부 부장인 옌밍푸閻明復가 후진타오를 베이징으로 소환했다. 상경한 후진타오는 다시 옌밍푸를 따라 티베트로 가서 15일 정도 현장 시찰을 진행했다. 후진타오에게 티베트를 익숙하게 하는 과정이기도 하면서 이를 통해 그의 사상과 능력과 체질을 파악하기 위한 과정이었다.

12월 10일은 세계 인권일이다. 후진타오는 구이저우성위 청사에서 자기를 보좌한 류정웨이에게 성위 사업을 인수 인계했다. 이때 비서가 중앙으로부터 온 긴급 전보를 전해주었다. 라싸에서 지난번보다 더 결렬한 폭동이 일어났다는 내용이었다.

사후 중공 관청에서도 이번 사태 때는 경찰이 총을 쏘아 시위자들에게 경종을 울렸으며 라마 한 명이 죽었다고 발표했다. 그런데 외국 언론의 보도에 따르면 사망자 수는 이보다 훨씬 더 많았다. 티베트는 근 20년 동안의 긴 '휴면기'를 지낸 다음 즉시 폭발할 '활화산'이 되어버렸다.

중공중앙에서는 후진타오가 즉시 티베트에 부임할 것을 기대했다. 12월 8일 후진타오는 구이저우성위 상무위원 확대회의에 참석해 정식으로 중공중앙의 결정을 선포했다. 그 결정이란 후진타오를 티베트 자치구 당위서기로 임명한다는 것이었다.

산비가 내리려나, 바람이 일고 지붕이 새는데 밤새도록 비가 내리네

위기의 시기에 지명을 받고 티베트로 간 후진타오를 맞이하는 것은 박수와 웃음이 아니었고 연회와 술상도 아니었다. 그를 영접한 것은 바자오가八角街에서 울리는 총소리와 그가 알아듣지 못하는 티베트 언어의 외침소리였다.

후진타오는 티베트에 들어선 그 길로 각 방면의 보고를 청취했다. 그는 고원의 산소 부족에 따른 불편도 따질 여유 없이 긴급 사무를 처리했다. 1989년 3월 10일은 1959년 티베트 무장봉기 30주년이 되는 날이다. 이런저런 현상을 통해 30년 전의 '의거'를 빌미로 또다시 폭동을 일으킬 기미가 역력함을 알 수 있었다. 당장 폭풍이 휘몰아칠 판이다. 후진타오는 시간을 벌어야 한다. 1월 18일 후진타오는 티베트 자치구 당위에서 소집한 '애국 민주인사 좌담회'에 참석했다. 그는 이 회의에서 통일전선을 끊임없이 강화하며 종교와 민족정책을 완벽히 할 것을 강조했다. 그는 계속해서 각 방면으로 사회적 영향력이 있는 사람들을 방문해 공산당에 협조하여 사회질서를 안정시키는 데 힘써줄 것을 부탁했다. 사흘 후 그는 르카쩌日喀則에 자리잡은 티베트 군구 제2통신 총참을 위문 방문했다. 관례에 따라 후진타오는 티베트 성군구 정치위원 직무를 책임지고 있었다. 때문에 그의 방문은 지방정부를 대표해 군대를 위문하는 뜻도 있고, 군구의 수장으로서 하급 장병을 위문하는 뜻도 있었다. 한편으로, 이번 위문은 동원의 뜻도 있다. 후진타오는 또다시 30년 전처럼 전쟁이 일어난다고 하면 그땐 총으로 말하는 것이 무엇보다 효과적이라는 것을 잘 알고 있었다. 후진타오가 티베트에 들어온 한 달 사이에도 폭동을 막을 대책은 찾지 못했다. 그는 여기저기 임시 진화에 나섰다. 그런데 갑자기 재난이 떨어질 줄은 몰랐다. 티베트 불교의 두 영수 중 한 명이며 오직 그만이 달라이 라마와 직접 대항할 수 있는 10대 판첸—얼더니 췌진젠이 티베트 르카쩌에서 갑자기 입적入寂한 것이다. 향년 51세였다.

판첸 얼디니 췌진젠은 1938년에 출생했다. 그의 속명은 궁부츠단이다. 1941년 그가 세 살 되던 해 그는 티베트의 독특한 전세영동轉世靈童(출생 시에 일반적으로 하늘에서 무수한 채색 무지개가 나타나고 사람들이 법호法號·법라法螺 소리를 들을 수 있는 등 특수현상이 출현한다. 전세영동은 생전의 성불生佛과 성품이 아주 비슷하며, 어떤 때에는 출생 전에 데리고 있던 시중侍者의 이름을 불러내기도 한다-옮긴이) 제도에 휩쓸려 들어가게 되었다. 이때부터 그는 아주 힘겨운 인생행로를 걷게 되었다. 그는 판첸 간부회의에서 제9대 전세영동으로 선정되어 칭하이 타얼사塔爾寺에서 공양식을 거행했다. 1949년 국민당 중앙군이 장강 천험에서 중공군에 의해 격파되고, 국민당 수도 난징南京이 함락되었다. 풍전등화의 처지에 놓인 국민당 정부는 그래도 자기들이 정통이라면서 11세밖에 되지 않은 판첸을 10대 판첸으로 승인했다.

1951년 13세가 된 판첸이 칸부청堪布廳 관리를 인솔하여 베이징을 방문해 중공이 티베트를 '평화 해결'하기를 바란다고 표시했다. 중공은 그를 제2기 전국정치협상위원회 부주석으로 임명했으며 제2기 전국인민대표대회 상무위원회 부위원장으로 임명했다. 1959년 티베트에서 폭동이 일어났다. 달라이 라마가 이 반란의 중심이었다. 중공은 군대를 파견해 이 반란을 평정했다. 티베트 고원의 표면적인 안정은 형성되었지만 판첸은 티베트인들의 불만을 감지했고, 이 때문에 거대한 압력을 받게 되었다. 그는 또 중공이 그곳에서 마음대로 법을 위반한다는 사실도 접수했다. 24세가 된 10대 판첸은 마오쩌둥과 저우언라이에게 중공 민족정책을 첨예하게 비판하는 '7만 자 진정서'를 올렸다. 중공에서는 원래 그에게 일정한 경계심을 가지고 있었다. 그런데 이번에 중공 정책을 비판하는 진정서까지 올렸으니 그에게 불똥이 떨어질 것은 뻔한 일이었다. '문혁' 때 그는 투쟁을 당했으며 감옥에 투옥되기까지 했다. 그는 감옥에서 9년 8개월 동안 수감되어 있다가 1979년 풀려나와 제5기 전국정치협상회의 부주석으로 다시 올랐다. 이듬해에는 제5기 전국인민대표대회 부주석으로 한 계단 더 올라섰다.

　공산당 치하에서 고생을 한 판첸이 지천명의 나이가 되었을 때의 마음은 과연 어떠했을까? 사람들의 추측에 따르면, 그는 자신이 티베트 정교正敎 합일의 최고 지도자가 되려 했다는 것이다. 내막을 아는 사람들이 전하는 말에 따르면, 판첸은 자기가 티베트 자치구 정부주석을 하겠다고 중공중앙에 제기했다고 한다. 자오쯔양은 구두로 이를 접수했으나 덩샤오핑이 '정교분리'라는 이유로 이를 허락하지 않았다고 전한다. 아직 원기가 좋은 판첸은 가끔 자신의 불만을 드러내기도 했으나, 그는 결국 중공이 그에게 맡긴 역을 접수했다. 자신의 이익을 고려해서도 달라이 라마가 돌아오지 않으면 자신은 중공에서 티베트의 제1의 정신적 지도자라는 지위를 확보할 수 있으며, 제1인자로 대우받을 수 있다. 만일 달라이 라마가 돌아오면 그는 제2인자로 강등되게 될 것이며, 티베트 불교 양대 생불生佛의 역사적 무순과 현실의 이익을 보더라도 자신은 달라이 쪽보다 불리한 것이 분명했다.

　판첸은 이번에 중공의 칙령에 따라 티베트로 가서 티베트인들의 정서를 안정시키기로 했다. 결론적으로 말해서 그는 중공의 지령을 충실하게 집행한 셈이다. 당시 중공은 자오쯔양이 총서기로 있을 때라 회유정책을 실시할 시기였다. 판첸은 "왜 티베트에서 폭동이 일어났는가?"라는 자오쯔양의 질문에 다음과 같이 대답했다.

　"외부 원인과 내부 원인으로 나눌 수 있습니다. 국내외 극소수 분열주의자들이 결탁해 폭동을 일으키고 책동한 것이 외부 원인입니다. 내부 원인은 더 복잡합니다. 주요 원인으로는 상기간 우리 사업에 '좌'적인 경향이 너무 심했다는 것입니다. 그리하여 사상적으로나 정신적으로나 물질적으로 많은 피해를 주었습니다. 이것이 불안정 요소입니다. 또한 이것은 국내외 소수 분열주의자들이 폭동을 선동할 수 있는 기초가 된 것입니다. 티베트의 국면을 타개하려면 세 방면에서 노력해야 합니다. 첫째, 민족구역 자치를 철저히 실시해야 합니다. 명실공히 진정한 민족자치여야 합니다 둘째, 과거 '좌'적 뿌리를 확실하게 제거하고 그 잔재를 충분히 치유해야 합니다. 즉 각 방면의 정책을 제대로 집행해야 합니다. 셋째, 티베트의 경제문화를 대거 발전시켜야 합니다. 이와 동시에 인민들의 생활개선을 위해 최선을 다해야 합니다. 티베트가 발전하고 진보하는 것만이 티베트의 안정을 보장할 수 있습니다. 이 세 가지 사업을 잘 이행한다면 티베트의 장기적인 안정 문제를 해결할 수 있습니다."

자오쯔양이 이번에 10대 판첸을 티베트로 보낸 것은 호의에서 출발한 것이다. 10대 판첸은 필경 티베트인이며, 그의 말은 티베트인들에게 영향력이 있다. 티베트로 돌아가 사태가 벌어지기 전에 사람들의 인심을 안정시킬 수 있고 서로간의 갈등을 해결할 수 있다. 1월 17일 판첸은 르카쩌의 자선룬부사扎什倫布寺 주지의 영접을 받으며 5대부터 9대까지의 판첸 유체입령탑遺體入靈塔 의식을 주최한 뒤, 22일에는 개광대전開光大典을 주최했다. 5대부터 9대의 유령탑은 '문혁' 초기에 홍위병에 의해 철저하게 훼손되었고, 탑 안에 있는 미라를 강물에 던져버렸는데 신도들이 다시 주워 몰래 보관해왔다. 이번에 중공중앙에서 자금과 재목을 대어 새로 수리하기로 하여 과거 5인의 판첸의 유체를 이곳에 모두 모시기로 했다. 판첸은 개광대전에서 격앙된 심정으로 연설을 했다.

"웅장한 영탑靈塔(부도)과 사전祀殿(국가적인 규모의 제사에 관한 절차와 의식)은 중국공산당 민족정책의 정확성과 진실성의 상징이다. 티베트와 한족, 두 대민족의 단결의 상징이다. 티베트 종교와 수많은 승려, 대중들의 애국주의의 상징이다."

그러나 사람의 운명이란 알 수 없는 일이다. 1월 28일 판첸은 고원의 산소 부족에 적응하지 못하고 며칠 동안 지친 상태에서 피로가 누적돼 심장병이 발작했다. 판첸은 중공이 그에게 지어준 궁전인 더친거쌍포장德欽格桑頗에서 입적했다. 이 중요한 시기에 판첸이 병으로 별세한 것에 대해 사람들은 갖가지 추측과 의심을 하게 마련이다. 뒤이어 갖가지 유언비어들이 난무했다. "중공이 암살했다." 그러나 이 말은 절대로 근거 없는 말이다. 중공은 판첸으로 하여금 티베트의 안정을 살려볼까 했기 때문이다. 그가 죽는다면 중공은 어디 가서 그의 지위에 걸맞은 티베트인을 찾아 중공을 위해 일하게 할 수 있겠는가?

시도 때도 없이 혼란이 일어나고 민심이 흔들리는 지금의 티베트에서 갑작스런 판첸의 죽음은 후진타오의 입장에서 본다면 티베트인들을 설득할 수 있는 정신적 지도자를 잃게 될 것이나 다름없다. 이는 티베트인들의 심리균형을 상실하게 할 수 있어 오히려 달라이 라마 쪽으로 기울어질 수도 있었다. 하지만 이보다 더 어려운 상황은 티베트인들이 이를 계기로 분노를 폭발시킬 수도 있다는 것이다. 티베트 자치구의 전구역은 길흉을 예측하기 힘든 변수에 놓여 있었다.

폭동은 앞당겨 터졌다

후진타오에게는 별 다른 선택이 없었다. 그는 이 긴급한 사태를 제때에 처리해야 한다. 그나마 다행인 것은 10대 판첸과 함께 르카쩌로 갔기 때문에 이 일을 즉시 수습할 수 있었다. 1월 29일 그는 판첸 유체에 고별하고 즉시 라싸로 돌아왔다. 이튿날 그는 상층 민족종교 인사들과 면담하는 자리에서, 그들에게 민심을 안정시켜줄 것을 부탁했다. 2월 3일 그는 라싸에서 열린 10대 판첸의 추도식을 거행했다. 그는 이 추도식에서 추도사를 낭독하면서, 10대 판첸의 생애에 대해 높이 평가하고 이제 티베트인들은 안정을 도모해 냉정해질 것을 강조했다.

중공은 자선문부사에 판첸의 영탑과 더불어 국가적인 규모의 추도의식을 성대하게 치러주었다. 그러나 후진타오의 설득은 모두 물거품이 되었다. 민심은 더욱 혼란에 빠졌다.

티베트 무장봉기 30주년을 앞둔 3월 5일, 끝내 폭동이 먼저 터지고 말았다.

1989년 3월 5일부터 7일까지 라싸에서 벌어진 소요의 진상은 지금도 의문점이 가득해 그 진위를 밝히기가 어렵다. 국외 인권운동 잡지에「날창이 라싸를 겨누다-1989년 티베트 라싸사건 증언」란 글이 실렸다. 이 글에서 묘사한 당시의 장면은 사람을 섬뜩하게 한다. 이 문장은 후에 다른 언론에서 많이 인용했으나, 많은 사람들은 그 기록이 진실하지 못하다고 지적했다.

달라이 라마의 자서전에는 이와 전혀 상반되는 이야기가 실려 있다. 한 가지만 예를 든다면, 국외 인권운동 잡지에 실린「날창이 라싸를 겨누다」란 글에는 "첫날(3월 5일) 군대와 무장경찰들이 대거 총질을 했는데, 심지어 무고한 백성들에게도 총을 쏘았다"라고 써 있지만, 달라이 라마의 자서전에서는 "중국의 안전부대는 계획을 바꿔 첫날에는 수수방관만 했지 총 한방 쏘지 않고, 그저 사진과 촬영을 했다. 그날 밤 이 장면이 텔레비전으로 방송되었다"라고 밝히고 있다.

3월 6일과 3월 7일에 대한 묘사는「날창이 라싸를 겨누다」와 달라이 라마의 자서전에서 말한 것이 대동소이하다. 인권운동 잡지에는 그날의 상황을 이렇게 쓰고 있다.

3월 6일 오전 무장경찰들이 자동 화염방사기로 '바자오가의 티베트인들을 향해 대거 발사'했다. 집중적으로 울려퍼진 총소리는 티베트인을 과녁으로 삼고 요란하게 울렸다. 무장경찰들은 또한 부상당한 티베트인을 향해 보충사격을 했다. 그들은 심지어 어느 집으로 뛰어들어가 그 집 식구 아홉 명을 몽땅 죽여버렸다. 3월 7일 무장경찰들은 거리를 휩쓸며 시위자들을 수색했다. 체포당한 사람 중 적지 않은 사람들이 구타로 목숨을 잃거나 중상을 입었다.

쉬밍쉬의 『음모와 경건』이란 책에서는 친구들의 회고를 실었다. 그 내용은 대체로 다음과 같다.(『음모와 경건』의 원문을 발췌한 것이다.)

3월 5일 오전 관례에 따라 라마와 비구니가 바자오가에 집합해 바자오가 파출소를 향해 돌멩이를 던졌다. 이로써 소란의 서막이 열렸다. 무장경찰은 명령에 따라 사람들을 향해 총을 쏘지 못했다. 2년 전과 비교한다면 이번에 참가한 폭동자가 훨씬 많아 대략 수천 명 정도 되었다. 그리고 조직도 탄탄했다. 여기에 옆에서 응원하고 구경하는 사람까지 합하면 아마 만여 명은 넘을 것이다. 당시 어떤 사람은 호루라기를 불며 시위를 지휘했고 어떤 사람은 오토바이를 타고 다니며 연락을 취했다. 시위대들은 머리에 양털실로 만든 모자를 쓰거나, 또는 마스크를 착용하고 선글라스를 꼈다. 이것은 자신의 얼굴이 사진이나 방송용 테이프에 녹화되는 것을 방지하기 위함이다. 그들은 집중적으로 바자오가와 제이징로의 기관, 학교, 상점을 공격했다. 그중에서도 주요 공격대상은 한족과, 이슬람교를 믿는 후이족回族의 개인 상점들이었다. 24개 정부기관과 학교가 반란자들에게 점령되었다. 그들은 공상관리국을 다 부수고 난 뒤 불을 질러 소각했다. 8개 국영 및 개인 상점이 철저하게 파괴되었고, 제품과 시설을 몽땅 부수었다. 20여 대의 자동차와 50여 대의 인력거와 자전거를 부수고 불에 태웠다. 수많은 한족과 후이족, 그리고 일반 티베트인들이 시위대들에게 매를 맞았다. 그들은 심지어 후이족의 칭전사淸眞寺를 소각하려고도 하자, 이때 아훙이란 자나 서서 난동자들에게 외쳤다. "우리에겐 인도에 수천만 명의 무슬림(이슬람교도) 형제들이 있다. 너희들이 감히 이 청진사를 불지르면 우리는 인도의 무슬림 형제들에게 전해 달라이 라마가 거처하는 저택을 소각하게 할 것이다." 이 말을 들은 폭동자들은 감히 청진사를 소각하지 못했다.

쉬밍쉬는 계엄을 실시하기 전에 중공이 사람들에게 절대 총을 쏘지 못하게 했다. 그렇기 때문에 폭동이 사흘 동안이나 벌어지게 되었다고 인식하고 있다.

이번 사건의 사망자와 부상자 역시 '6·4사태' 때처럼 그 수치가 천차만별이었다. 중공에서 발표한 숫자는 사망자가 16명이며, 그중 무장경찰 한 명이 폭동자들의 총에 맞아 죽었다. 인권운동 잡지에선 「날창이 라싸를 겨누다」라는 글에서 사망자와 부상자의 수를 이렇게 말한다.

3월 10일까지 라싸 시민들은 모두 387명이 소란중에 목숨을 잃었다. 대체로 총에 맞아 죽은 사람들이다. 721명이 부상을 당했으며 354명이 실종되었다. 종교계에서는 82명이 사망했고 37명이 부상당했으며 백여 명이 실종되었다. 외지 티베트인의 사망자 수에 대해서는 조사중에 있다.

일반 시민들의 사망자 수와 종교계의 사망자 수를 합치면 469명이나 된다. 외지의 티베트인들은 이 통계에 들어 있지도 않다.
그런데 달라이 라마의 자서전에는 이렇게 쓰여 있다.

중공은 무장하지 않은 250여 명의 티베트인을 살해했다.

그는 그해에 노벨 평화상을 수상했다. 그는 수상소감에서 당시 살해당한 티베트인을 2백여 명이라고 축소해서 말했다. 국제 특별위원회는 「중화인민공화국 : 티베트에 대한 진압. 1987~1992」이란 보고에서 중국 경찰이 1989년 3월 폭동 때 티베트인들을 60명 또는 80명을 살해했다고 밝혔다. 1989년 5월 16일에 통과한 미국 하원의원 결의문에는 당시 사망자 수를 30명 또는 60명이라고 밝히고 있다.
위의 숫자는 서로 다르지만 중공에서 발표한 숫자보다는 훨씬 많았다.

개혁개방 이래 첫 계엄령을 내린 도시

3월 5일에 일어난 폭동은 사태가 매우 심각했다. 폭동의 규모는 점점 확대되었다. 후진타오와 그의 동료들이 국면을 진정시키려 했으나 허사였다. 사태가 점점 험악해지자 후진타오는 연이어 중앙에 보고를 올렸다.

중앙에서는 긴급회의를 소집해 대책을 강구했다. 3월 7일 국무원에서 명령을 내려 3월 8일 자정부터 라싸 지구에 대해 계엄을 실시하기로 결정했다. 7일 밤 7시 5분에 중앙인민방송국과 중앙텔레비전방송국에서는 동시에 계엄령을 선포했다. 그날 오후 이 소식이 이미 폭동자들에게 전해졌다. 쉬밍쉬의 말에 따르면, 폭동자들은 3월 7일 오후 라싸시 정부를 공격하기로 결정했다. 중공 고급관리 중 티베트인 한 사람이 중국 정부에서 이튿날부터 계엄을 실시할 것이라는 소식을 시위자들에게 알려주었다. 오후 2시경 마스크를 낀 비구니와 라마가 바자오가와 제이징로 사이의 시장에서 연설을 했다.

"오늘 시위행진은 여기서 끝냅니다. 밤에 공산당에서 행동을 취한다는 정보를 받았으니 여러분들은 모두 흩어지십시오."

중공 법률에는 성과 직할시 및 자치구에서 계엄을 실행할 때면 인민대표대회 상무위원회에서 승인받도록 되어 있다. 그러나 성과 직할시 및 자치구의 '부분적 지구'에 계엄을 실행할 때면 국무원에서만 승인하면 된다. 라싸는 티베트 자치구의 부분 지구이다. 때문에 국무원에서 승인하면 된다. 그런데 두 달이 지난 5월 19일 리펑이 베이징 부분 지구에 계엄을 실시해 학생운동을 진압할 때도 바로 이 권한 규정에 따를 줄은 누구도 몰랐다. 라싸에 대해 계엄을 실시할 때 중공 정책결정층에서는 이미 이 권한 규정에 대해 충분한 연구가 있었다.

〈티베트 일보〉는 신임 자치구 1인자인 후진타오가 머리에 철갑모를 쓰고 계엄 장병들과 함께 라싸 거리에 나타난 사진을 실었다. 이는 후진타오에게 처음 있는 일이다. 사진 속의 후진타오는 '당과 인민' 앞에서는 늠름하고 생동감 있어 보이지만, 중공을 반대하는 사람들과 티베트 독립주의자들은 이 사진에서 살기등등함을 느꼈을 것이다. 하여튼 누가 어떻게 보든 간에 그의 신분과 그가 맡은 책임에서는 우선 강경한 수단을 써야만 폭동을 평정할 수 있는 것만은 사실이다. 3월 15일 젊은 '티베트 대신' 후진타오는 신화사 기자와의 인터뷰 도중, 이 기회를 빌어 국무원에서 승인한 계엄령의 정확성과 즉시성을 강조했다. 동시에 중공의 종교, 민족, 통일전선 정책의 한계성에 대해 설명했다.

라싸의 계엄령은 전세계를 진동시켰다. 달라이 라마는 즉시 중공 정부가 '평화적인 시위행진자'들을 진압했다고 공격했다. 유럽 의회와 미국 국회에서도 성명을 발표해 중국 정부를 비난했다.

이로써 수많은 후유증과 꺼지지 않은 불씨를 간직한 라싸의 혼란은 평정되었다.

라싸에 도착하자마자 계엄령을 선포해야 했던 후진타오, 후진타오가 중공 제4세대 후계자로 결정된 다음해 중공을 반대하는 국내외 각 정치세력들의 눈에는 이것이 가장 큰 오점이었다. 이 점은 자유파와 지식인들이 그에 대해 의심과 우려를 가지게 된 주요 원인이 되었다. 후진타오에게 이런 경력이 있었기에 2002년 봄 그가 미국을 방문할 때 티베트 독립을 지지하는 단체들에서 그를 반대하는 항의시위를 조직했던 것이다.

그를 변호하는 사람들은 후진타오가 티베트로 부임해 갔을 때는 이미 사회 모순이 격화될 대로 격화되어 아주 긴박한 상황이었다고 말했다. 그는 티베트로 간 지 얼마 안 된 사람이라 그곳의 상황에 아직 익숙하지 못한 처지였기 때문에 당시의 국면을 진정시키려면 할 수 없이 계엄을 실행해야 했다고 설명했다.

객관적으로 말해서 그가 라싸에 부임했을 때는 이미 동란이 '준위기準危機' 시기에 처한 때다. 사실상 그가 라싸에 도착했지만 티베트 문제를 해결할 독자적인 대책을 세울 겨를도 없었고 여유도 없었다. 그는 중앙과 자치구 당위와 군구에서 제출한 몇 가지 방안 중에서 선택할 수밖에 없었다. 정책과 대책의 선택 공간이 너무 좁았기 때문에 어떤 선택의 여지도 없었을 것이다.

우리는 그를 대신해 변호하려는 것이 아니다. 다만 이런 상황에서 지나치게 한 개인에게 책임을 추궁한다는 것은 타당치 않다는 것을 지적하기 위함이다.

후진타오가 철갑모를 쓴 사진은 그의 위세를 충분히 과시했다. 사람들은 그가 빈틈없는 것은 사실인데 패기가 부족하다고 보았다. 그런데 이번에는 후진타오가 형세를 판단할 때, 자신이 연약하게 비쳐져 현재 '티베트 독립'의 기세를 누르지 못한다면 걷잡을 수 없는 연쇄반응을 일으킬 것이며, 현재의 티베트 국면을 더욱 타개하지 못할 것이란 것을 충분히 인식했다. 이렇게 되면 자기를 지켜보는 원로들의 얼굴이 찌그러질 것이다. 그는 앞으로만 나아가야 한다. 퇴로는 없다. 그는 즉시 '티베트 독립'에 대해서 미약하게 대처해서는 안 된다는 지시를 전달, 관철했으며 원로들에게도 좋은 점수를 받게 되었다. 중공이 정권을 성립한 다음 이런 이미지로 티베트에 나서기는 후진타오가 처음이다. 아마 이 모습이 덩샤오핑에게 깊은 인상을 주었는지도 모른다. 이것이 후에 제4대 핵심인물로 정해진 결정적인 요인이 될 수도 있다. 전하는 말에 따르면, 덩샤오핑이 철갑모를 쓴 후진타오의 사진을 보고 "원칙 문제에서는 입장이 분명한 사람이오. 절대 연약한 사람이 아니오"라고 말했다고 한다.

우리는 한 가지 사실에 대해 주목해야 한다. 이 시기 당중앙은 아직 자오쯔양이 집권하고 있었다. 자오쯔양은 티베트 문제에 있어서 언제나 '좌'적인 것을 반대한 사람이다. 때문에 이번 계엄령을 내릴 때도 그는 "이치에 맞고 유리해야 하며 절제해야 한다"는 원칙 중에서 '이치에 맞고 절제해야 한다'에 역점을 두었다. 후에 발생한 '6·4사태'의 진압에 비하면 퍽 유연했다. 1989년 민주운동에 대해 자오쯔양은 동정을 표시했다. 그는 절대 진압하면 안 된다고 고집했으며, 언론은 이를 그대로 보도해도 된다고 허락했다. 덩샤오핑이 계엄을 실행하라고 지시했을 때도 그는 이에 대항했으며 끝까지 검토를 하지 않았다. 자오쯔양이 티베트 문제에 대해 온화한 입장을 취한 것은 그가 민주운동에 대해서도 온화한 입장을 취한 것과 일맥상통한다.

티베트 사회가 어느 정도 안정을 찾은 다음 후진타오는 연초, 시위를 주동했던 승려와 비구니에 대해 법적 처리를 단행할 것을 승인했다. 1월 저펑사哲蚌寺의 라마 아왕핑阿望平이 '반혁명 조직을 세울 것을 선동'했다. 그 구성원들은 모두 그 사찰의 라마들이며, 그들은 정보를 수집하고 유인물을 인쇄해 살포한 혐의로 체포되었다. 3월 11일 라싸 근교의 되이룽더 칭센 니마와 핑춰둬지 등 네 명의 라마는 '반동 유인물을 쓰려고 모의했으며' 이 유인물을 무룽사 문 앞에 붙였다. 10월 20일 이에 대한 공개재판을 진행했다.

1989년 민주운동 시기 티베트에서도 지지운동이 일어났다. 그해 5월 20일 〈티베트 청년보〉에서는 「티베트─한 언론, 문예일꾼이 베이징에 보내는 지지서」란 문장을 발표했다. 이에 베이징에 있는 대학과 신문기자들이, 민주를 요구하고 부패를 척결하고 신문의 자유를 요구하며 청원서를 올리고 단식을 실행한 것에 지지를 보냈다. 지지단은 자치구내 10여 개 신문과 문예단체에서 보낸 사람들이다. 그들은 한족, 후이족, 티베트족, 이족彝族 등 여러 민족이 망라되었다. 이 지지단의 사람들은 그래도 자제할 줄 알았다. 라싸가 계엄 시기란 것을 고려해 계엄령의 중대성을 지키기 위해 거리행진을 단행하지 않기로 결정했다. 대신 대표를 파견해 톈안먼 광장에 지지 플래카드를 내걸기로 했다.

그런데 티베트대학 대학생들은 그들처럼 이성적이지 못했다. 5월 18일 오전 티베트대학 6백여 명의 대학생이 플래카드를 들고 구호를 외치며 라싸 거리에서 행진하는 것으로 베이징의 학생들을 지지하려 했다. 후진타오 등 자치구 당정 지도자들은 극도로 긴장했다. 그들은 다시 폭동이 일어날까 봐 근심했다. 당국에서는 즉시 간부를 티베트대학으로 파견하여 학교 책임자와 함께 학생들에게 협조를 구했다. 지금 라싸의 주요 모순은 '분열과 반분열의 투쟁'이며 라싸는 비상계엄 시기이니 자제해달라고 학생들에게 간곡히 부탁했다. 학생들은 애국 열정을 발휘하고 적당한 방법을 강구해 소수 극렬자들에게 반발할 기회를 주지 말아야 한다고 설득한 것이다. 그런데 이미 뜨거운 애국 열정에 휩싸인 학생들은 이 권고를 받아들이지 않았다. 그들은 거리에서 시위행진을 단행했다. 자치구의 지도자들이 거리에 나가 학생들을 설득했다. 너무 멀리 가지는 말라고 권한 것이다. 학생들은 드디어 자치구 지도자들의 권고를 받아들였다. 그들은 라싸시 정부 청사 앞까지 가서 격앙된 어조로 지지연설을 했고, 자치구 당위에 세 가지 요구를 제출했다. 자치구 당위에서는 학생들의 요구를 모두 들어주겠다고 대답하자, 정오 12시에 학생들은 학교로 돌아갔다. 학생들이 제기한 세 가지 요구는 다음과 같다.

1. 즉시 베이징으로 전보를 보내어 학생들의 애국운동을 지지한다고 표시할 것이며, 당과 국가의 주요 지도자들은 단식하는 학생들과 대화하라.
2. 베이징 학생들의 단식이 끝나지 않으면 티베트대학 학생들은 동맹휴학과 시위행진을 계속할 것이다.
3. 라싸의 신문은 학생들의 애국운동을 정확하게 보도해야 한다.

당시 티베트 당국의 태도를 보면 청원을 올리는 학생들에게 많이 양보하고 참는 것 같았다. 그 당시는 계엄 시기이며 3차 폭동의 그림자가 아직 사라지지 않은 시기였지만 학생들의 요구를 받아들이기로 했다. 그러나 이는 사실 대세의 흐름에 따라 받아들인 것이나 다름없다. 당시 자오쯔양을 위수로 한 당중앙은 베이징의 민주운동을 대화로 해결하려고 했다. 그러나 마침내 무력으로 진압하자 후진타오 등 자치구 지도부에서는 즉시 베이징으로 전보를 보내어 '폭동평정 정책결정'을 지지한다는 입장을 표시했다.

중국 당국의 입장으로는 티베트의 3차 폭동진압과 계엄이 있은 다음 뒤이어 베이징의 '6·4사태' 진압이 있게 되자 난처해졌다. 서방 인사들은 위의 사례를 통해 거의 공통적인 결론을 얻게 되었다. 라싸 3차 소요와 '89민주운동은 평화적인 항의인데, 당국에서는 무력으로 평화적인 시위를 압살했다는 것이다. 즉 "중국에서는 티베트의 인권을 침범했다"는 것이 서방의 공통된 인식이다. 그들은 중국 당권자와 직접 라싸 소요를 처리한 후진타오를 피고석에 앉혀 놓았다.

모든 기회를 다 이용해 티베트 민중들에게 친절함을 보여주다

후진타오는 강경한 일면에 반드시 온화한 일면이 있어야 하는 이치를 잘 알고 있다. 강경 대책은 부득이한 경우에 쓰지만, 그 역효과는 너무도 뚜렷하게 나타난다. 강경한 대책은 일시적으로 효과를 보지만, 이보다 더 중요한 것은 장기적인 기본 문제를 해결하려는 의지가 있어야 한다. 그렇다면 어떻게 기본 문제를 해결한단 말인가? 후진타오는 또 어떤 새로운 대책을 구상했는가?

이 비상시기에 그가 티베트에서 추진한 사업을 보면 세 가지 부분이 두드러진다.

첫째는 각 계층—승려와 신도, 관리와 평민, 군대와 지방, 티베트족과 한족—과의 교류와 이해를 추진해 극단적으로 격화된 모순을 완화한다. 사실 티베트 문제가 지금까지 이렇게 발전하게 된 것은 각 계층의 '상호간 이해가 부족하고 교류가 부족했기 때문'이 아니다. 그러나 후진타오의 권력이 제한되어 있고 전통의 울타리를 벗어날 수 없기에 역시 이 방식을 취한 것이다.

후진타오는 4월 20일 티베트 당·정·군 각계의 민주개혁 실시 30주년 기념대회에 참석했다(반란 진압 30주년). 그는 이 대회에서 연설을 했다. 7월 17일에는 티베트 군구에서 개최한 '티베트를 사랑하고 티베트 인민을 따라 배우자'는 동원대회에 참석했다. 9월 19일에는 중국불교협회 티베트분회 제5기 2차 이사회에 참석해 '종교정책'은 절대 변함이 없다는 것을 강조했다. 이듬해 첫 시작을 그는 라싸에서 했다. 10대 판첸 입적 1주년 기념집회에 참석한 것이다. 2월 하순에는 티베트 역에서 '철마신년'鐵馬新年(티베트 역법으로 13년에 한 번씩 오는 철마년)을 맞이해 장춘뤄부, 러지 등 자치구 당·정·군 책임자와 함께 기층 주민위원회 간부와 상층 애국인사 및 농민들에게 설 인사를 다녔다. 5월에는 티베트 당·정·군 지도자들을 이끌고 포탈라 궁 보수공사 의무노동에 참가했다.

중공 당중앙에서는 거액의 자금을 투자해 포탈라 궁 보수공사에 착공했다. 후진타오가 부임하던 해인 1989년에 착공해 1994년에 제4기 공정을 모두 끝냈다. 총 투자액은 6천만 위안이다. 통계에 따르면 1982년부터 1992년까지 10년 동안 국무원과 티베트 정부에서 도합 2억 1천만 위안을 투자해 티베트 종교장소의 보수공사를 추진했다. 그때 보수공사한 종교장소는 1천4백여 곳이나 되며 그중에 사찰은 982개였다. 이것을 중국 대륙식으로 표현한다면 "돈으로 안정을 산다"는 것이다. 후진타오는 포탈라 궁 및 기타 다른 사찰 보수공사의 의무노동에 여러 번 참가했다.

이미 입적한 판첸은 후진타오에게 이용되어 최후까지 '여열餘熱을 발휘'하게 되었는데 이를 두고 "죽은 사람이 산 사람에게 본보기를 보여준다"고나 할까.

지난해, 판첸이 입적한 지 사흘째 되는 날, 후진타오는 티베트의 간부들과 함께 국무원에서 내린 세 가지 결정에 대해 상의했다. 그중 하나는 '자선룬부사 민주관리위원회에서는 티베트 전통불교 교의에 따라 종교행사를 진행하려고 하는데 국가에서 그 경비를 지원해주기를 바란다'는 내용이다.

티베트 불교의 전통적인 관례에 따르면, 역대 달라이와 판첸이 입적한 뒤 그 법체法體를 완전하게 보존해 이를 탑장한다. 탑장하기 전에 이 법체를 장기간 보존해야 하는데, 판첸 법체는 사프란과 단檀향료, 소금 등으로 깨끗이 목욕시킨 다음 주단으로 꽁꽁 감아 온몸의 수분을 다 뽑는다. 규정에 따라 넉 달마다 주단을 바꾸고 법체 내의 수분을 완전히 제거한다. 이 과정에서 결정에 따라 당국은 흔쾌히 돈을 썼다. 티베트 정부에서는 즉시 5킬로그램의 티베트 약재를 제공했고, 그후에도 5백 킬로그램을 더 제공했으며 108종이나 되는 귀중한 약품을 제공했다.

판첸의 법체는 그가 입적한 궁 더친거쌍포장에 보존했다. 얼굴 형상은 생존 때의 모습으로 다듬어 놓았고, 판첸의 법체를 처리한 약물은 라마들이 가루를 내어 불상을 만들거나, 가루를 종이봉투에 넣어 참배자들에게 나누어주었다. 법체의 수분을 제거하기 위해 감았던 주단도 조각조각 잘라서 길상吉祥을 상징하는 매듭을 맨 다음 참배자들에게 증송했다. '지존 지귀한 대법체 참배자'들에게 나누어준 이 두 가지 물품을, 아마 티베트 정권의 일인자인 후진타오도 받았을 것이다.

판첸의 법체는 5월 26일 길일에 더친거쌍포장에서 자선룬부 사찰로 옮겼다. 그 당시는 티베트의 국면이 대체로 안정된 시기였다. 그러나 후진타오 등 당·정 지도자들은 이 행사를 가볍게 넘길 수 없어 군경을 파견해 보호하도록 했다. 국무원, 국가통일전선부, 전국인민대표대회 및 칭하이, 간쑤성 정부에서 영청의식迎請儀式이 원만히 성공하기를 기원하는 전보를 보내왔다. 또한 국무원에서는 주단과 차와 버터 등 의식에 필요한 묵직한 예물을 보내왔으며 최고 품질의 카다(티베트 민족이 예의를 나타낼 때 사용하는 일종의 명주수건-옮긴이)를 보내왔다.

후진타오 등 당·정·군 지도자들이 영청의식에 참가했다. 그들은 티베트 향을 들고 8개 법교法轎 앞에서 걸었다. 티베트와 간쑤, 칭하이, 쓰촨 등지에서 온 3만 군중이 불피운 향과 카다를 들고 길 양쪽에서 영송했다. 법교가 지나갈 때면 인파가 술렁이며 수만 개의 카다가 공중에 날렸다. 법교 위에는 카다가 수북이 쌓였다. 불교음악 속에 법교를 쩌자 대청에 맞이해 마침내 공봉供奉했다.

후진타오는 전에 간쑤에서 사업할 때도 티베트인들과 꾸준한 접촉이 있었다. 그러나 그때는 '문혁' 시기라 종교활동을 금지할 때이고, 여러 민족이 살고 있는 지역이라 감회가 깊지 않았다. 그러나 이번은 전에 보지도 못했거니와 듣지도 못한 성대한 의식이었으며, 그야말로 인산인해를 이루었다. 그후 판첸 법체를 공봉한 쩌자 대청은 4년 동안 모두 1천만의 참배자를 맞이했다. 이를 중국 수도에서 마오쩌둥을 참배하는 사람 수와 비교해보면 얼마나 놀라운 숫자인지 알 수 있다. 이 숫자는 티베트 인구의 다섯 배나 된다. 장쩌민, 후진타오를 비롯해 세계 유력 인사들이 판첸 법체를 참배했다.

판첸 법체를 참배해도 된다는 발표가 나자마자 2월 4일에만 3만여 명이 운집해 법체를 참배했다. 판첸 법체를 자선룬부 사찰로 옮긴 이튿날 참배자들은 4만 명을 돌파했고, 그후에도 매일 수천 명의 참배자들이 이곳을 찾았다.

1993년 8월 30일(그때 후진타오는 이미 티베트를 떠났다) 자선룬부 사찰에서는 또 한 차례의 종교의식이 거행되었다. 법고가 울리는 가운데 국가에서 6천4백만 위안을 투자해 신축한 황금으로 두른 영탑에 판첸의 법체를 영청迎請했다. 영탑 안은 2천도 고온에서도 변형되지 않는 강철제 보험궤를 제작했으며, 정밀한 단향목으로 영구靈柩를 제작했다. 수천 명의 승려와 신도들이 손에 카다를 들고 판첸 법체의 입탑入塔 의식에 참석했다.

후진타오는 유물론이며 종교를 믿지 않는다. 그러나 그는 당시 그 지역에서 종교의식을 거행하는 것을 정치임무로 생각해 절대 소홀히 대하지 않았다. 한 차례 또 한 차례 융숭하고 열광적인 종교의식을 치르면서 그는 티베트 불교가 티베트인들의 마음에서 얼마나 지고무상한 호소력을 갖고 있는지 감지했을 것이다. 신앙의 힘이란 그에 순응할 때 번창할 것이고, 그에 불응하면 멸망하는 것이다.

안정은 기초, 발전은 주도적으로

후진타오가 추진한 두 번째 사업은 티베트 사회의 각종 관리조치를 강화하는 것이다. 티베트 자치구 정부의 '라싸의 외래인에 대한 등기제도' 확립과 군의 위력에 힘입어 각 방면의 도전 세력을 단속하는 것 등이 망라되어 있다.

티베트 종교 출가인들은 10여 년간의 종교계 정화를 거쳤어도 수없이 늘어나 당시 이미 4만여 명이 넘었다. 1950년 승려와 비구니가 인구의 11퍼센트가 넘을 때와는 비교가 되지 않지만 이만하면 상당한 숫자이다. 이 사람들에 대한 관리가 큰 문제로 대두되었다. 후진타오와 티베트 당국에서는 진퇴양난에 빠졌지만 그뒤로도 끊임없이 관리 조치를 발표했다. 전체적인 원칙은, 겉으로는 유연한 환경을 마련하고 안으로는 엄격하게 단속하는 조치를 취했다.

세 번째 그가 추진한 사업은 티베트의 경제를 발전시키는 것이었다. 개방정책을 실시하고 시장의 활성화를 추진해 티베트의 경제를 발전시키는 사업을 적극 추진했다. 즉, 티베트 인민들의 생활수준을 높이고 사회의 압력을 완화시키며 민중의 관심을 생산경영으로 이끌어주는 것이다. 이렇게 하는 것은 티베트와 내륙과의 '조국 대 가족'이라는 경제문화 연계를 강화하기 위한 것도 한 목적이다. 이로써 티베트 인민들의 중앙에 대한 구심력과 응집력을 공고히 하고 강화하려 했다.

후진타오는 이미 구이저우의 사업 경험과 사회 연계에 대한 기초가 되어 있는 터라, 티베트와 기타 형제 성과 자치구 사이의 경제합작과 인근 국가와의 교류에 대해 아주 큰 흥미를 가졌다. 당중앙의 특별한 정책과 전문 방안에 따라 연해 성시에 티베트에 대한 전문 지원창구가 있다. 이 창구에서는 티베트 건설 항목을 전문적으로 지원해주기 때문에 굳이 지도자가 직접 움직일 필요가 없다. 자치구 지도자들은 주로 구역간 합작에 신경을 쓰면 되었다.

6월 30일 후진타오는 '티베트의 대신' 신분으로 라싸에서 개최하는 '서남 6성, 자치구 경제협상회'에 참석했다. 그는 대외사업 공작회의에 참석해 네팔국 라싸 총영사 라나 바하두르타파를 접견했으며 변경세관을 개방해 대외무역을 발전시켰다. 그는 또 중국인민은행 라싸 분점 각 지점장 회의에 참석해 금융관리와 개혁을 추진했으며, 자치구 과학기술회의에 참석해 티베트 과학기술 발전대계를 상의했다.

후진타오는 구이저우에 있을 때와 마찬가지로 여기저기 시찰을 다니며 티베트에 대한 조사연구를 진행했다. 그는 티베트에 대한 전면적인 이해를 진행한 기초에서 티베트 건설에 대한 전략적인 기획을 제출했다. 그는 티베트의 80퍼센트는 농목민이며 농목업 생산총액이 총생산액의 80퍼센트를 차지하는 특수한 상황에 맞추어 티베트의 경제는 역시 농목업을 위주로 발전시켜야 한다는 계획을 발표했다. 1강 2하(얄룽창포강, 라싸하, 남초하) 유역을 중점적으로 개발해 티베트 중부지대를 티베트 식량기지로 건설한다는 것이다. 이와 동시에 이 지대를 부식품 생산기지, 경공업과 방직업 공업기지, 과학시험 추팡기지로 건설한다. 위의 기지를 건설하기 위해서는 에너지 건설에도 시선을 돌려야 하는데, 이에 따라 양호 발전소, 양팔정기 화력발전소 등 핵심 발전소를 건설한다. 이렇게 되면 티베트 중부지대의 전력 문제는 해결되는 셈이다. 그는 티베트의 전면적인 발전을 위해 도로 건설에도 시선을 돌렸다. 주요 간선도로를 확충하고 공항을 발전시키고 대내외 교통상황을 보강한다는 구상을 내놓았다.

후진타오는 또 구이저우에서 실행했던 교육강화정책을 티베트에서도 실행하려고 했다. 그는 "교육을 발전시키고 민족간부를 양성하며 전업기술 인재를 양성하는 것을 근본대계로 인식해야 하며, 기초교육부터 중시해 민족교육사업이 경제사회 발전과 발맞춰야 한다"라고 지적했다. 그런데 과연 이 기획이 티베트에서 실행될 수 있을 것인가? 가능성이 없는 것 같다. 그 역시 결과를 보지 못하고 이곳을 떠났다.

교육을 강조한 것은 어쩌면 그의 출생배경이 그에게 찍어준 낙인(후이저우의 두 가지 인문 특징인 후이상과 후이학)인지도 모를 일이다. 후진타오는 구이저우와 티베트에서 상품경제와 마찬가지로 교육에 대해서도 강조했다.

두 가지를 함께 추진하려면 앞뒤를 잘 생각해야

후진타오가 티베트에서 확정한 전략은 1989년 12월 18일 자치구 당위 제3기 8차 전체위원확대회의 때 그가 연설한 '티베트 현재 상황과 임무'라는 장편 보고에서 이미 천명했다. 그는 티베트의 사업을 "한 손으로는 반反분열투쟁을 장악하고 다른 한 손으로는 경제건설을 장악하는 것이다"라고 명백히 지적했다.

후진타오의 이 연설에 대해 중앙의 선전매체에서는 상당히 크게 보도했다. 후진타오는 "국면을 안정하게 하는 것은 티베트의 첫 번째 정치임무이다"라며 선명한 기치를 내걸었다. 그는 1987년 9월 27일부터 라싸에서 연속해서 소요가 발생한 것은 국제·국내 배경도 있지만 심각한 사회 역사적 근원도 있다고 천명한 뒤, 그 본질은 조국을 분열시키고 공산당을 반대하고 사회주의제도를 반대하는 심각한 투쟁이라고 말했다. 그 투쟁은 바로 티베트에서 장기간 존재한 분열과 반분열의 연속이다. 동시에 이는 국제 적대세력과 사회주의 국가간의 침투와 반反침투, 전복과 반反전복, '평화적 변화'과 반反 '평화적 변화' 투쟁의 구성부분이라고 밝혔다. 후진타오의 연설은 중공 당내의 전통적인 제기법提起法을 그대로 적용하여 표현한 것이며, 그것을 두 가지 노선 투쟁의 극단으로 올렸다.

이 두 손으로 장악한다는 말을 잘 헤아려보면 의미심장한 뜻이 내포되어 있음을 발견하게 된다. 당시 중공에서는 '6·4' 시기 민주운동을 무력으로 진압했으며 내부적으로는 개혁파와 민주파를 숙청했다. 개혁과 민주를 반대하는 세력들의 기세가 당당했다. 중공 고위층에서는 후야오방과 자오쯔양이 '자산계급 자유화' 앞에서 '한 손이 연약'한 것을 비판했으며 이에 반해 장쩌민은 '두 손 다 강경'해야 한다는 정책을 제기했다. 하지만 장쩌민은 두 손에서 경제건설이라는 한 손을 앞에 놓았다. 그런데 후진타오는 티베트의 '두 손'에서 '반분열투쟁'을 앞자리에 놓았다. 이는 '계급투쟁을 강綱으로 한다'라는 의미가 포함되어 있다. 후진타오의 이 제기법은 중공의 티베트 정책의 변화를 설명해준다.

1987년 국경절 소요 이후 중앙의 강경파와 티베트에서 다년간 사업한 한족 간부들은 후야오방이 티베트 독립세력 앞에서 강경하게 대처하지 못한 까닭에 바로 이런 사태가 발생했다고 인식했다. 그들은 티베트에 대한 정책을 바꿔야 한다고 주장해 왔다. 그해 12월 24일 중공중앙상무위원회에서는 확대회의를 소집해 티베트 문제를 연구하고 토론했다. 그런데 사람들의 생각 밖으로 새로 당선된 자오쯔양이 회의가 시작되자마자 첫 마디에 "이번 소요는 장기간 좌적인 것의 결과이다"라고 성격을 규명하고 나선 것이다. 그는 제 11대 판첸에게 티베트 종교 문제를 처리하라고 위임했다. 〈티베트 일보〉는 이에 발맞추어 티베트 간부들의 '극좌사상'을 비판하는 글을 실었다.

중공 사전에서의 '좌'란 '독재나 압제'라는 뜻이다. '좌를 반대한다'는 것은 곧 압제를 푼다는 뜻이다. 자오쯔양은 라싸에서 소요가 일어난 근원을 '좌'적이라고 지적했는데, 이에 따라 티베트 독립세력에 대한 압제를 적당히 풀어야 한다는 뜻이다.

그런데 자오쯔양의 생각과는 달리 '좌를 반대'한 결과 소요가 연이어 일어났다. 1988년 티베트 신년 다자오사 전조대법회 전에 판첸은 자오쯔양의 지령을 받고 라싸로 가서 라마들의 안부를 물었다. 그리고 작년 국경절 소란 때 체포당한 사람들을 석방했다. 당시 티베트 자치구 정부주석을 맡은 둬지차이랑이 3대 사찰에 정책을 실행하기로 결정을 내렸다. 거액의 배상금을 물기로 했고 즉시 산단사에 '대장경'을 반환해주었으며 배상금을 내놓았다. 그러나 티베트 독립세력은 이것으로 만족해하지 않았다. 저펑사 라마 이시췬페이는 판첸의 마이크를 빼앗아 "티베트는 역대로 독립국가였는데 1950년 한족들이 '지원'이라는 명분으로 티베트를 점령했다"라고 역설했다. 또한 그는 "우리가 독립을 요구하는 이상 정책을 실행한다는 것은 순 허세다"라고 목소리를 높였다.

티베트 독립세력에 대해 회유정책을 실시하려는 개혁파들의 노력은 그만 좌초당하고 말았다. 후에 전조대법회에서는 큰 소동이 일어났다. 이 사건은 중공 고위층에 대한 의심을 불러일으켰다. 덩샤오핑이 결정하고 후야오방과 자오쯔양이 추진한 회유정책에 대해 중공이 의심을 갖게 된 것이다.

1988년 6월 15일부터 29일까지 당시 중공중앙정치국 상무위원이고 중앙규율검사위원회 서기이며 치안정법공작을 관장하는 차오스가 티베트를 시찰했다. 그는 티베트 소요의 근원을 찾으려 했다. 그는 자오쯔양과 다른 견해를 가지고 있었다. 차오스는 정책을 실행하는 데는 끝이 없는 게 아니다. 즉, 정책을 실행한다고 해서 영원히 한다는 것이 아니라는 뜻이다. 그는 정책을 실행하는 목적과 주안점은 티베트 인민에게 유리해야 하며, 정책을 실행하는 중점은 정치적으로 문제를 해결하는 것이라고 강조했다. 사찰에 대해 정책을 실행해야 할 뿐만 아니라, 사찰의 관리를 강화하고 사찰 관리에서 불찰이 없어야 하며, 관리가 혼란스럽고 공권력을 상실해서는 안 된다고 강조했다. 그는 티베트 정치협상회의 좌담회에 참석했는데, 이 자리에서 통일전선의 대상들인 과거의 귀족, 관리와 상층 라마들이 중공의 종교·언어·경제정책에 대해 맹렬한 비판을 가했다. 그들은 더 많은 사찰을 신축할 것을 요구했고 더 많은 라마를 받아들여야 하며 학교에서는 티베트어로 수업해야 한다는 등의 요구를 제기했다. 그리고 중앙정부에서는 티베트에 더 많은 경제지원을 해주어야 한다고 제기했다. 이때 분노한 차오스가 그들에게 반문했다.

"중공은 이미 지난 착오에 대해 배상할 것은 다 배상했다. 그리고 관직을 내줄 것도 다 주었다. 그런데 또 중앙에 손을 내미는 것은 뭔가? 과거 그들의 머슴들을 다시 돌려주기라도 하라는 말인가? 그들에게 구시대처럼 그렇게 살아가라고 해야 한단 말인가?"

차오스의 말은 중공 내부 티베트에 대해 회유정책을 중단할 것을 주장하는 사람들의 목소리다. 그의 지시에 따라 티베트 정부에서는 사찰정돈 공작판공실을 신설해 1988년 8월 하순부터 아홉 개의 조사조를 파견해 각 사찰에 대해 조사를 진행했다. 소요에 참가한 라마들에 대해 일률적으로 '정치청산'을 진행했다. 그러나 당시 진행한 정치청산은 아주 온화한 방식이었다. 2개월간 청산조사를 진행한 뒤 사찰 승려대열에서 축출한 라마는 25명밖에 되지 않았다. 당시는 자오쯔양이 아직 당중앙 총서기로 있었기 때문에 그의 노선이 그래도 주도적이었다. 소요가 몇 번이나 일어났지만 자오쯔양은 자신의 견해를 바꾸지 않았다. 그는 여전히 판첸에게 티베트의 종교 문제를 처리하게 했다.

그러나 티베트는 1989년 3월 폭동으로 끝내 계엄을 실행하게 되었다. 이것은 덩샤오핑이 결정하고 후야오방과 자오쯔양이 추진한 회유정책이 철저하게 실패했음을 증명한다. 뒤이어 '6·4사태'까지 터져 자오쯔양이 하야하고 장쩌민이 권력을 잡게 되었다. 장쩌민은 자오쯔양이 추진한 티베트 정책을 청산하지 않을 수 없게 되었다. 비록 이 정책의 출발점은 덩샤오핑이 제출한 것이지만 청산해야 할 것은 청산할 수밖에 없었다. 여기에 설상가상으로 그해 가을 해외로 망명한 달라이 라마가 노벨 평화상을 수상해 일약 국제 정치스타로 부상하는 일이 생겼다.

홍당무를 거둬들이고 몽둥이로

많은 지식인들은 1980년 덩샤오핑이 티베트 정책을 회유정책으로 결정한 것은 1951년 마오쩌둥이 평화적인 방법으로 티베트를 해방한 것과 비교했다. 이와 마찬가지로 1987년부터 1989년까지의 3차 폭동을 1959년의 반란과 같은 성질의 것이라고 보았다.

1989년 10월 19일 신임 총서기 장쩌민이 정치국 상무회의를 소집했다. 이 회의에서 티베트 문제를 연구했다. 이 회의에서는 티베트 소요는 장기적인 '좌'적 결과라는 자오쯔양의 견해를 비난했다. 그리고 소란을 간단하게 '좌'적 후과라고 봐서는 안 된다는 견해를 강조했다. 회의에서는 티베트의 소란은 국내외 분열세력이 국제 반동세력의 지지하에 조국을 분열시키고 공산당을 반대하고 사회주의제도를 전복시키려는 심각한 정치투쟁이라고 지적했다.

정책을 실행하는 문제는 이미 초보적으로 완성했다. 종교정책을 낙착하는 것은 군중의 종교정서를 존중하고 관심갖는 것이지, 분열주의자들에 적응하는 것이 아니며 그들의 우두머리가 분열활동을 진행하는 수요를 맞추어 주는 것이 아니다. 때문에 사찰에 대한 관리를 강화해야 하며 모든 종교활동은 헌법과 법률 및 법규와 정책규정 범위내에서 진행해야 한다. 또한 사찰이 정치, 경제, 문화에 대해 간섭하는 것을 허락해서는 안 되며 봉건적 특권을 회복해서는 안 된다.

금후 광범한 대중을 이끌어 반분열투쟁을 시종일관 뜻을 굽히지 않고 끝까지 진행해야 한다. '티베트 독립'을 굳건히 반대하고, '반독립'과 '변상독립' 주장과 행위를 굳건히 반대해야 한다. 경제건설을 중심으로 티베트 경제의 지속적이고 안정된 발전을 추진해야 한다.

종교정책에 관한 단락은 일년 전 차오스가 티베트에 가서 한 말을 긍정한 것이다. 이번 회의에서는 중공이 과거 홍당무를 쓰던 정책을 몽둥이를 쓸 정책으로 전환시켰으며, 거액의 자금으로 티베트인들의 생활수준을 높이는 한편, 엄격하게 티베트 독립운동을 진압하기로 결정했다.

이런 배경에서 후진타오가 아주 강경한 자세를 보인 것은 각 방면으로 봐서도 논리에 적합한 것이다. 이는 물론 중앙의 새로운 지도자인 장쩌민과 원래부터 강경정책을 실시할 것을 주장한 차오스와 리펑의 입맛에도 맞는 결정이다.

미국의 티베트 전문가는 후에 신정책에 대해 이렇게 평가했다.

이런 조치를 실시한 결과, 새로운 시위는 첫 발단부터 진압되어 소요로 발전하지 못했다. 사실상 1990년 계엄령을 취소하고 7년이 지난 사이 가벼운 시위는 있었지만 소요는 한 번도 발생하지 않았다. 이런 공권력은 라싸 시민들의 일상생활을 제한하지 않았다. 그들이 정치 이단활동에 참가하지 않으면 그들은 어디나 갈 수 있으며 누구와도 만날 수 있다. 승려를 요청해 종교활동을 진행할 수도 있고 집회를 조직할 수도 있다. 이와 같은 성공 사례는 베이징의 지도자들로 하여금 자신들이 가지고 있는 안전에 대한 결속력으로 불평하는 자들이나 망명 티베트인들을 얼마든지 제압할 수 있다는 믿음을 갖게 되었다.

국제법학자위원회의 『티베트-인권과 법제』에서도 "1987년부터 1989년 소란이 있은 다음 평화시위자들에 대한 총사격이 있었다는 것을 증명할 수 있는 근거가 없다"고 밝혔다.

일년이 지난 다음 〈인민일보〉의 기자 류웨이劉偉가 후진타오를 취재할 때 후진타오는 아주 긍정적인 어투로 "티베트 국면은 지금 이미 안정되었다고 말할 수 있다. 라싸 소란을 평정한 다음 정리정돈사업도 성과를 거두었다"라고 말했다. 그는 '두 손에 장악하다'라는 말을 반복해서 강조해 말했다. 즉 한 손으로는 국세의 안정을 장악하고 다른 한 손으로는 경제건설을 장악한다는 것이다. 그는 티베트 경제건설의 성취를 하나하나 예를 들어가며 설명했다. 농공업 총생산액은 전해에 비해 3퍼센트 증가했으며, 벼 생산은 10년 동안 제자리에 머물던 것이 이제는 총산량이 53.25만 톤에 달해, 역사적으로 최고 생산량을 기록했다. 물가 상승지수는 전해에 비해 약간 내려갔고, 1천3백만 위안을 투자해 라싸시 시민들의 거주환경을 대거 개선했으며, 630세대가 새집에 입주했다. 금년에도 1천3백만 위안을 투자해 시민 거주환경을 개선할 것이다.

후진타오는 "중앙에서는 티베트의 경제건설에 대해 관심을 갖고 중시하기로 해 1952년부터 1989년까지 총 130억 위안에 달하는 금액을 재정 지원했다. 이밖에 중앙에서 주관하는 기본건설투자까지 합치면 모두 166억 위안에 달한다"고 중앙의 지원에 대해 언급했다.

그가 언급한 성과의 하나라면 "이제 티베트 지방 재정은 작년의 적자에서 벗어났다. 즉 지방 재정수입이 기업의 손해액을 초과해 작년 총 수입은 1380만 위안에 달한다"는 것이었다. 후진타오가 이렇게 말하는 것은 결코 자신의 업적을 자랑하기 위한 것이 아니다. 이런 성적을 낼 수 있었던 것은 그 시간을 따진다면, 그의 전임 우징화와 함께 티베트 대사를 관장해 온 동료들의 성과임을 알 수 있다.

티베트 실권파들과 교제를 넓히다

후진타오는 티베트에 부임하자마자 처리하지 않으면 안 될 인맥관계 문제에 봉착하게 되었다. 이것은 회피할 수 없는 일이었다. 자치구 당위의 실권파인 러디 등은 '공중투하'된 후진타오에 대해 경계심을 늦추지 않았다.

후진타오를 보좌해 정부에서 주요 책임을 진 사람으로는 전임에 뒈지차이랑이었고 후임에는 장춘뤄부였다. 뒈지차이랑은 1959년에 '반란을 진압'한 공로로, 후에 티베트에서 '민주개혁'을 실행할 무렵 급작스레 많은 간부들이 필요하게 되자 간쑤에 있는 그를 티베트로 전근시켜, 벼슬길이 순탄하게 풀렸다. 1980년 후야오방의 연설이 있은 다음 많은 한족 간부들이 티베트를 떠났다. 결과 티베트 간부들이 중용되었는데, 그는 1985년 자치구 정부 주석으로 당선되었으며 자치구 당위부서기를 겸했다. 또한 1987년 중공 13차 대표대회에서는 중공위원으로 당선되었다. 그러나 그는 후진타오와 함께 티베트 대권을 관장한 지 얼마 되지 않아 병에 걸려 티베트를 떠나게 되었다. 장춘뤄부의 연공서열은 뒈지차이랑보다 미약하다. 그는 뒈지차이랑의 뒤를 이어 자치구 주석을 맡았는데 1992년 중공 14차 당대표대회 때 중앙후보위원으로 당선되었다.

그들에 비해 후진타오보다 나이가 네 살 위인 러디는 그곳의 실권파이다. 티베트에서 다년간 일했으며 가까이에서 러디를 관찰했던 쉬밍쉬의 말에 따르면, 러디는 '망나니 부랑배'라는 것이다. 그는 직권을 남용해 한족 여성을 강간한 적도 있다는 것이다. 그런 그가 정계에 입문하자 물을 만난 물고기와 다름없게 되었다. 1977년 '4인방'이 축출된 다음 중공에서 11차 내표대회를 거행할 때 그는 중공후보위원으로 선출되어 4인방의 심복이 내놓은 빈자리를 차지하게 되었다. 그는 티베트 혁명위원회 부주임을 맡았으며, 후에 연속 2기나 티베트 정치협상위원회 주석을 맡았다. 또

한 11차 당대표대회 이후 연속해서 당중앙위원으로 당선되었으며 1985년부터는 티베트 자치구 당위부서기를 역임했다. 티베트에서는 티베트인과 불교가 사회생활에서 차지하는 지위가 특수하기 때문에 정치협상회의의 역할이 여느 성과 자치구에 비해 매우 크다. 러디는 익숙한 지역에서 장기간 이 직무에 책임을 맡고 있었기 때문에 아주 끈끈한 인맥관계를 유지해오고 있었다. 중앙에서 누구를 공중투하하든지 그와 관계를 잘 맺어야만 했다.

쉬밍쉬는 러디 이후의 티베트 간부들이 티베트 소요를 일으킨 근본적인 원인 제공자라고 보았다. 그들은 이른바 중공이 양성한 티베트 고급관리들, 즉 '변신한 농노 간부'들이다. 기득 이익권자들인 이들은 한족 간부들과 이런저런 마찰을 빚고 있어 한족 간부들을 내몰 생각이 가득했다. 또한 그들은 부패타락한 관리들이다. 그들은 자신의 이익을 고려해 달라이 라마가 돌아오는 것을 바라지 않았고, 티베트가 정식으로 독립하는 것도 희망하지 않았다. 티베트가 독립한다면 재정 원천이 없어지게 되기 때문이다. 그들은 이 고원지구에서 특권을 점유할 생각만 했다.

1980년 이후 후야오방과 자오쯔양의 회유정책을 통해 이익을 추구할 수 있다는 것을 발견한 것이다. 그들은 티베트인들이 소요를 일으키면 중공은 즉시 티베트의 한족 간부들을 비판할 것이고, 이는 곧 한족 간부들을 몰아낼 수 있는 가장 좋은 기회이며 이 기회를 이용해 티베트 간부들을 승진시킨다는 것을 알고 있었다. 그리고 거액의 재정 지원을 청구할 수 있기 때문에 그들은 티베트인들을 종용해 소요를 일으키지 않을 이유가 없다는 것이다.

쉬밍쉬의 이 말은 사실을 그대로 나열하고 있기 때문에 설득력이 있다. 그러나 복잡한 티베트 방정식에서 해답은 하나만 있는 것은 아니다.

후진타오가 총명하다는 것은, 그가 티베트에 부임해 온 뒤 여러 방면의 조사를 통해 어떤 자세를 취할 것인가에 대해 이미 자기 판단이 서 있는 것만 봐도 알 수 있다. 후진타오는 러디 역시 티베트인들의 소요를 부추기는 사람인가에 대해선 좀더 시간을 두고 지켜보았으며, 후진타오는 생소한 이 땅에서 모든 면에 조심해야 한다는 것을 잘 알고 있다. 그는 잠시 동안은 조심성 있게 러디 등 기득 이익권자들을 건드리지 않기로 했다. 그리고 기존의 권력구조도 바꾸지 않기로 했다. 이렇게 러디의 경계심을 천천히 풀어주면서 자치구 당위에서 자신의 자리를 굳혔다.

이미 제5장에서 언급했듯이 후진타오의 신중성과 모나지 않은 사업방법은 한족사회에서 인정을 받을 수 있었다. 그러나 솔직한 성격을 소유한 티베트인들과 교제할 때는 그의 이런 성격이 그들의 의심을 풀어주기가 어렵다. 여러 차례 티베트 취재 경험이 있고 티베트인 친구가 적지 않은 한 작가의 말을 들어보면, 티베트인들이 후진타오에게 별명을 하나 지어주었다고 한다. 그 별명이란 '안경 아래로 사람을 보는 사람'이다. 그 속뜻은 후진타오가 꿍꿍이가 아주 많고, 그의 본심을 알 수가 없다는 뜻이기도 하다. 이런 평가는 후진타오에겐 뜻밖일 수도 있다.

장쩌민을 수행해 티베트를 시찰하다

1990년 여름 중공 총서기로 당선된 지 1년밖에 안 되는 장쩌민이 서남 변경지역을 순찰하면서 티베트에도 들렀다. 티베트에 도착한 장쩌민은 7월 22일 그곳 지도부의 보고를 청취했다. 이때 후진타오에게도 보고할 내용이 있었다.

당시는 티베트에서 계엄을 취소한 지 10개월이 지난 시기였다. 중공 3대 지도자 중에서 장쩌민 혼자만 티베트를 순찰했다. 그는 후야오방이 1980년 티베드를 순찰한 다음 10년 만에 티베트를 시찰한 중공중앙 총서기이며, 티베트를 순찰한 첫 군위주석이다. 이것은 베이징이 티베트를 중시하고 티베트의 주권을 강조한 보기 드문 행동이기도 하다. 중공 지도자들은 티베트를 시찰하지 않았다. 대개는 그들의 나이가 너무 많아 해발 5천 미터 이상 되는 고원기후에 적응할 수 없기 때문이다.

의사는 장쩌민과 그의 수행원들에게 라싸로 직행하지 말고 승용차를 이용해 티베트로 가는 것이 좋을 것이라고 권했다. 24명으로 구성된 대표단은 먼저 공항 편으로 티베트 근처 거얼무로 향했다. 그들은 그곳에서 승용차로 칭하이와 티베트를 가르는 협곡을 건너 사흘 동안 1,155킬로미터를 가로질러 라싸에 도착했다. 전하는 말에 따르면 장쩌민이 수행원들에게 이렇게 당부했다고 한다.

"우리가 이번에 티베트로 가서 무엇인가 실질적인 것을 해결해주어야 할 것 아니겠소? 빈말하러 가는 것이 아니라는 것을 알아야 하오."

대표단 구성원에는 당중앙서기처 서기 딩관건丁關根, 국방부 장관 츠하오톈, 중앙판공청 부주임 쩡칭훙曾慶紅 등이 포함되어 있었다.

후진타오와 자치구 신임 주석 장춘뤄부, 러디 및 티베트 군구 사령원 장훙취안姜洪泉 등 그곳 지도부 성원들이 장쩌민 총서기를 안내해 티베트를 순찰했다. 장쩌민 일행은 포탈라 궁, 다자오사, 라싸 교외 되이룽더칭 현 난가 4촌과 양팔 화력발전소를 시찰했다. 위의 몇 곳으로 장쩌민을 안내한 것은 '티베트가 비록 초보 수준이긴 하지만 이제는 어느 정도 안정되었다'는 것을 보여주기 위한 것이었다.

중공당중앙 총서기가 티베트를 순찰하는데 빈손이어서는 안 된다. 장쩌민은 티베트 순찰 중 라싸에 공항 신축을 승낙해주었다. 그리고 많은 기술 간부를 티베트로 파견해 줄 것을 약속했다. 그와 함께 앞으로 더 많은 '특별정책과 활성화 조치'를 취해 티베트의 경제건설을 가속화할 것을 합의했다. 이번 티베트에 대한 장쩌민의 약속은 그의 입장에서는 확실히 거액이라고 할 수 있다. 그러나 지난번 후야오방이 왔을 때와 비교한다면 역시 차이가 있다. 이것은 장쩌민을 탓할 일이 아니다. 지금은 티베트에 대한 중앙의 정책과 배경이 모두 바뀌었다. 장쩌민은 후야오방의 방식을 따를 수 없다. 장쩌민은 티베트를 떠날 때 후진타오를 불러놓고 앞으로 티베트에 대해 효과적인 조치를 강구해 분열주의자들의 도발을 확실하게 뿌리뽑아야 한다고 강조했다. 무기를 더 좋은 것으로 구비해 소요에 대비해야 한다고 지시했다.

후진타오는 처음으로 장쩌민과 츠하오톈, 쩡칭훙과 비교적 긴 시간 동안 접촉했다. 이번에 후진타오가 장쩌민 총서기를 수행하는 과정에서 가장 걱정했던 것은 그의 안전과 건강 문제였다. 64세인 장쩌민은 머리에 꽃수를 놓은 티베트 모자를 쓰고 목에는 수건을 두르며 사찰과 군사시설을 시찰했다. 수행 의사는 그에게 활동을 줄이라고 권했다. 매일 저녁 그의 신체를 검사했다. 다른 사람들은 산소통을 들고 장쩌민의 뒤를 따랐다. 혹시 변고라도 생길까 봐 염려한 것이다. 그러나 장쩌민의 건강상태는 아주 좋았다. 어떤 때는 수행자들보다 더 생생했다. 그러다가 티베트 순찰이 거의 끝날 무렵 조그만 사고가 발생했다.

7월 26일 대표단이 자선룬부사의 쩌자 대청에서 10대 판첸 법체를 참배할 때의 일이다. 대청제단에 수천 개의 기름등잔에 불이 붙어 있는 상황에서 향불을 피웠다. 그러자 원래 희박한 공기가 더 희박해져 질식할 정도였다. 장쩌민을 수행하며 긴 시간 동안 의식을 진행하던 장춘뤄부가 숨을 가쁘게 몰아쉬고 얼굴이 온통 땀 범벅이 된 장쩌민을 발견했다. 장쩌민은 후에 "통풍이 좋지 못하고 기름등잔이 타오르며 검은 연기를 내뿜자 어지러움을 느꼈다"라고 말했다. 그러나 그는 의식이 끝날 때까지 참고 견뎠다. 의식이 끝나자마자 대청 밖으로 나온 그는 요란하게 기침을 했다. 그가 바위 위에 앉아 숨을 돌리자 수행원이 산소마스크를 가져왔다. 그는 그것을 받아 끼면서도 연신 괜찮다며 손을 저었다.

장쩌민은 직접 현지를 둘러보고 후진타오와 기타 티베트 지도자들의 보고를 들은 뒤, 티베트에 대해 어느 정도 파악이 되자 마음을 놓을 수 있었다. 그리고 이곳을 총괄하는 후진타오에 대해서도 좋은 인상을 갖게 되었다.

후진타오도 '고원병'에 걸리다

1990년은 후진타오의 생애에서 보면 평온한 셈이었는데, 주변의 다른 사람들과 비교하면 그저 지나칠 일이 아니었다. 이해에 단중앙에서 함께 일했던 왕자오궈는 운명의 골짜기 밑에서 벗어났다. 그는 몇 년간 푸젠성에서 부성장, 대리성장, 성장으로 있다가 다시 중앙권력 중추로 돌아왔다. 그가 맡은 직무는 푸젠으로 내려가기 전 중앙서기처 서기라는 정상위치에 비하면 보잘것없는 자리였다. 그는 중공중앙대만판공실 주임으로 임명되었다. 그래도 임금 곁으로 온 것은 틀림없으나, 그는 자신의 앞날에 어떤 변수가 있는지 보이지 않았다.

후진타오는 운명적인 배치에 감사를 드려야 한다. 티베트의 소요를 놓고 보아도 그렇다. 비록 그는 많은 신경을 썼지만 1989년 3월 8일 자정을 기해 라싸에 계엄을 실행했기 때문에 티베트 독립주의자들의 도전을 강력하게 억제할 수 있었다. 한 달 후에 베이징에서 학생애국운동이 발발했는데 당국에서 불찰로 수습하기에 어려운 정도에 이르렀다. 결과 그 모두를 놀라게 한 '6·4사태'가 터졌다. 그런데 이런 상황에서도 계엄상태인 라싸는 상대적으로 잠잠했다. 동시에 지구촌 여론의 관심이 베이징으로 옮겨지면서 티베트의 문제는 그 관심에서 벗어나 있었다.

모든 휴식을 전폐하고 불철주야 티베트의 안정을 도모한 후진타오는 결국 누적된 피로로 눕게 되었다. 전하는 말에 따르면 '고원병'이라고 했다. 그는 청두成都와 베이징으로 내려가 치료한 다음 적당히 휴식을 취하기로 했다. 티베트로 부임해 온 전임 간부를 보더라도 누구나 한 번씩은

다 병에 걸렸다. 그들도 베이징이 아니면 청두로 내려가 병을 치료했다. 고원 조건에서는 누구도 안전할 수 없었으며, 후진타오가 병 때문에 티베트를 떠나는 데 대해서는 누구도 이상하게 여기지 않았다.

후진타오 역시 1년이나 티베트를 떠나 있게 될 줄은 몰랐다. 1991년 1월 28일 후진타오는 티베트 자치구 직속기관 제1차 당정사업회에 참가했다. 같은 날 자치구 과학기술사업회의 개막식에 참석한 그는 티베트에서 자취를 감췄다.

2월 11일 그가 베이징에 나타났다. 베이징에 거주하고 있는 티베트인들과 함께 티베트 신년을 경축한 것이다. 그후부터 사람들은 공개장소에서 후진타오를 보지 못했다. 중공중앙기관지인 〈구시求是〉 잡지 10호에 티베트의 세 거두인 후진타오, 장춘뤄부, 러디의 공저 「티베트에서 당의 민족정책의 위대한 실천」이란 글을 발표했다. 이 문장은 티베트에 대한 중공의 관리경험을 소개하고 티베트 평화해방 40돌을 기념하는 글이다. 후진타오 등은 이 문장에서 최근 몇 년 티베트의 소요는 '제국주의가 티베트를 침략한 이후 장기적으로 존재한 분열과 반분열투쟁의 연속'이라고 피력했다. 글은 덩샤오핑의 말을 인용했다.

어떤 사람들은 티베트를 중국의 커다란 울타리에서 분열시키려 한다. 티베트를 가져가려고 하는데 내 보기에는 그들에게 그런 능력이 없다.

이것으로 덩샤오핑 등 중공중앙의 티베트에 대한 정책을 다시 천명했다. 이렇듯 글은 볼 수 있었지만 사람은 보이지 않았다. 후진타오는 계속 공개장소에 나타나지 않았다. 후에 12월 25일 중국불교협회 티베트분회 회장 바칸수 룬주토카이 치상위원회 명단 중에 후진타오가 주임위원으로 있는 것을 발견했다. 그러나 그날도 역시 후진타오의 이름만 보았을 뿐 정작 그 모습은 보이지 않았다.

세계의 지붕은 하늘 밖의 하늘이다

이처럼 긴 시일 동안 후진타오는 공개장소에 딱 한 번 나타났다. 1991년 5월 23일 그는 베이징에서 개최한 티베트평화해방 40주년 기념대회에 참석했다.

티베트해방 40주년은 모든 면에서 꽤 중요한 행사였다. 중공은 대대적인 행사를 펼쳐 중공의 역사적인 정책결정이 정확하고 합법적이라는 것을 증명하려 했다. 도전 세력도 이에 대응해 불합리성과 비합법성을 부정하려 했다. 라싸에서는 이 두 가지 활동이 모두 최고조에 이르렀으며 또다시 모순이 격화되었다.

중국 관청 언론에서 공개적으로 폭로한 데 따르면, 5월 23일 관가에서는 수천 명이 '티베트평화해방'을 체결한 '17조 협의'를 위해 경축대회에 참가했다고 썼다. 그날 밤에는 만 명이 넘는 사람들이 행사에 참가했다. 이와 동시에 보고회, 심포지엄, 도서전, 문물전, 영화회고전, 촬영전을 진행했으며 체육위원회에서는 '히말라야 산봉에 붉은 기 꽂기'의 상징운동인 만인등산운동을 조직했다.

하지만 중공 언론이 공개하지 않은 활동도 있었다. 3월 이래 티베트에서는 매일 크고 작은 반공 시위가 있었다. 충돌 중에 일부 사람들은 부상을 당하거나 수천 명이 수감되기도 했다. 언론에서는 이런 상황에 대해 일언반구 공개하지 않았다. 그러나 때로는 우연하게 사회의 동태를 보여주는 내용도 있었다. 〈법제보〉 4월 23일자 보도에 따르면, 라싸에서 5백 명의 경찰이 출동해 불법소지한 권총 24구와 탄알 천여 발을 몰수했다는 내용이 있었다.

당시 티베트는 과거의 폐쇄적인 티베트와는 달랐다. 티베트를 출입하는 사람들이 많아졌다. 그들이 보고 들은 상황을 전할 것이다. 여기에 달라이 라마 망명정부의 선전기구가 있어 와중의 내막을 전파했다. 라싸 관광을 마치고 돌아온 사람이 이런 장면을 소개했다. 트럭 한 대에 기관총까지 무장한 28명의 군인들을 실은 트럭 3대가 바자오 광장에서 천천히 순찰하는 것을 보았다는 것이다. 그리고 오토바이 7대에 나눠 탄 무장 경찰들이 카빈총을 들고 거리를 순찰하더라는 애기도 전했다. 이와 함께 중장비를 구비한 진압경찰들이 광장 곳곳에 배치되어 있었고 했다. 밤 10시가 되면 통행금지가 시작되고 이를 위반하는 사람들은 즉시 연행되어 조사를 받아야 한다고 했다.

'티베트평화해방 40주년'은 아주 민감한 시기였다. '티베트 대신'이 티베트에서 총지휘하는 것이 아니라 베이징에 체류하고 있기 때문에 사람들의 의심을 받게 될 것이다. 당의 입장으로 보거나 또는 개인 신분으로 보아도 후진타오는 베이징에서 개최하는 경축대회에 참석해야 했다. 불참한다는 것은 불가능한 일이다. 이번 회의에서 후진타오는 단연 사람들의 관심을 한몸에 받았고, 사람들은 그의 얼굴색이 좋지 못한 것을 발견했다. 확실히 그의 건강에 문제가 있었다.

후진타오가 병에 걸렸다는 것은 아마도 거짓이 아닐 것이다. 그는 앞에서 언급한 우징화처럼 '정치병'에 걸린 것은 아니다. 그러나 그의 병이 얼마나 심각하면 티베트 고원으로 돌아가 직무를 수행하지 못할 정도인가? 그렇다면 건강상의 문제 외에 그가 계속해서 베이징에 체류할 다른 이유는 없는가?

1991년 중국은 전체적으로 분위기가 어수선했다. 중앙에서도 후진타오의 직무를 새로 배치할 겨를이 없었다. 그는 휴식을 취하면서 독서와 사색으로 나날을 보냈다.

후진타오는 그 당시 여전히 단중앙에서 분배해준 사택에서 살고 있었다. 이웃은 모두 지난날의 단중앙 동료와 수하에 있던 사람들이었다. 물론 그중에는 이미 다른 기관으로 전근해 간 사람도 있다. 이웃들은 후진타오를 만나면 인사말을 건넸다. 한 번은 그가 단중앙의 친한 지인에게 "하여튼 나는 중앙의 말을 들을 뿐이다. 나를 어디에 배치하든 나는 그에 따를 것이다"라고 말했다.

세계의 지붕은 하늘 밖의 하늘이다

당시 그 누구도 후진타오가 자신의 앞날에 경쟁자가 될 것이라고는 생각하지 못했을 것이다. 동급 간부 중에 그 누가 고생스러운 '티베트 고원왕'의 자리를 탐낼 것인가? 그리고 또 누가 후진타오가 병으로 베이징에 돌아와 있는 이 1년이 오히려 행운이 될 줄 알았겠는가?

7
두 번째 발사된 로케트
(1992년)

> 단순한 권력게임으로 놓고 보면 이것은 너무도 뜻밖의 부상이지만, 세대교체의 시각에서 보면 이것은 논리에 합당한 비약이다.

다시 발동된 개혁호

가을이 지나고 겨울이 왔다. 눈 깜짝하는 사이 후진타오는 49세 생일을 맞이하게 되었다. 1992년이 다가온 것이다.

1월 7일 맑은 하늘에는 구름 한 점 없었다. 그러나 추위는 여전했다. 아무런 표시도 없는 열차가 베이징 역에서 출발해 곧바로 남쪽으로 내려갔다. 그 여덟 량의 그 열차는 우창武昌, 선전深圳, 주하이珠海를 지나 광저우에 도착했다. 87세 고령의 덩샤오핑이 관례에 따라 상하이로 가서 설을 쇠기 전에 경제가 발달한 남방을 순찰하려고 나선 것이다. 덩샤오핑이 전에 광저우로 간 것은 1984년의 일이다. 그때는 그가 경제체제 개혁에 주력해 일을 추진하던 때였다. 어느새 8년이란 세월이 흘렀다. 그는 당시 광저우의 변화를 보고 "나는 지금 이 지방을 알아보지 못하겠네!"라며 감탄을 금치 못했다고 한다.

지난해에 사회주의 거물인 구소련이 해체되고 말았다. 원래 서로 각기 제 갈 길을 가던 '사회주의 진영'에 대지진이 일어난 것이다. 그런데 세인들이 곤혹을 감추지 못하는 이유가 있다. 1956년 헝가리 사건이 터지자 중국에서는 중앙집권을 더욱 강화했고, 1968년 '프라하의 봄' 때는 반反수정주의를 강화했다. 그런데 이번에는 그 전과 달랐다. 구소련과 동유럽 공산당 국가가 도미노처럼 우르르 무너져도 중난하이에서는 꿈쩍도 하지 않았다. 중공은 아무 일도 없는 듯 잠잠했다.

이것은 국제구조의 대진동에 대해 신중하고 침착하게 대처해야 한다는 덩샤오핑의 의견이 효과를 본 것이다. 중공중앙 지도층이 주도가 되어 1991년 11월 하순에 13기 8중 전회를 주최했다.

구소련이 해체된 것은 이 회의가 있은 지 한달 뒤의 일이다. 그해 12월 하순 러시아 등 11개국의 수뇌들이 카자흐스탄의 수도 아크몰라에서 해체를 선포했다. 그러나 해체는 그해에 있었던 '8·19사건'이라 불린 미완의 쿠데타가 발단이 되었다. 8월 24일 고르바초프가 소공중앙 총서기를 사직했다. 이와 동시에 그는 소련공산당 중앙이 '자진 해산'할 것을 건의했다. 같은 날 민선 러시아 대통령 옐친이 "러시아 내의 공산당은 활동을 중지한다"는 것을 선포했다. 8월 29일 소련 최고 비상회의에서 결의안이 통과되었다. 그 결의는 '소련 경내에서 소련 공산당의 활동을 잠시 중지한다'는 결정이었다. 중공이 이 회의를 개최할 시기는 소련의 정국이 순식간에 변하던 시각이었다. 거대한 변화는 너무나 돌발적이었다. 이번 회의에 참석한 모든 사람들이 손에 땀을 쥐었다. 소련이 변하면 국제 대결 판도의 풍운에 어떤 변화가 생길 것인가? 마르크스에서 레닌에 이르기까지 무산계급국가, 정권, 정당학설이 일시에 무산된 것이다. 중국은 어떻게 변호해도 충분하지 못한 '네 가지 기본원칙'이 근본적인 도전에 부딪치게 되었다. 이와 동시에 중공은 구소련의 수하에 모인 여러 국가와 동유럽의 정권과의 관계를 어떻게 처리해야 하는가 하는 중대한 문제에 봉착했다. 이 변화는 중국의 정치, 경제, 문화에 어떤 영향을 줄 것인가? 이런 문제를 해명하지 않으면 안 되었다. 이와 동시에 당장 당원들에게 있어서 가장 절박하고 가장 현실적인 문제는 자신의 지위와 앞날에 어떤 복잡한 변수가 나타날 것인가였다.

당시 중앙위원들은 아직 세세하게 생각할 겨를도 없었다. 그들은 각 성시에서 상경해 회의에 참석했지만 중국 정치 정보의 중추에 모여 상황이 어떻게 변화되고 있는가에만 신경을 썼다. 북방의 거물급 대국이 풍전등화와 같은 붕괴의 변두리에 처해 있다. 그러나 중공은 아주 침착하게 대응했다. 이번 대회의 문건에 소련의 사태에 대해서는 일언반구도 내비치지 않았다. 대회에서는 덩샤오핑 등 원로들이 국제 형세를 어떻게 파악하느냐에 대한 원칙적인 입장을 전달했다. 동시에 소련과 동유럽의 급변한 '현실'에 대해 당중앙의 분석과 초보적인 예측을 중앙위원과 후보중앙위원들에게 밝혀주었다. 그들에게 안정제를 준 것이다. 그러나 회의에서 공포한 의제 결정은 '농업과 농촌사업을 진일보 강화할 것에 관한 결정'과 '중국공산당 제14차 대표대회를 소집하는 데 관한 결정'을 심의 통과하는 것이었다. 대회 공보에는 경제발전 확립을 가장 앞자리에 놓는다는 여운을 남겼다.

중공 당국과 밀접한 연계가 있는 홍콩의 〈경보〉는 후에 덩샤오핑이 또 한 차례 당의 기본 노선을 개혁하려는 당내 보수세력들의 노력을 백지화했다고 평론했다.

10년이 지난 지금 당시의 일을 돌이켜보면, 1956년과 1968년 마오쩌둥의 감상적인 정서가 중국과 중국 인민에게 커다란 상처를 가져다주었다면 이번 덩샤오핑이 설정한 현실주의 원칙과 대책은 중국과 중국 인민들에게 커다란 복을 가져다주었다.

덩샤오핑은 선전深圳, 서커우蛇口와 주하이 등지에서 10일 동안 교시를 발표했다. 목적은 또 한 차례 새로운 경제개혁과 발전을 고취하기 위한 것이다. 이것은 '6·4사태'로 인해 2년 동안 중단되었던 개혁과, 구소련의 붕괴에 따른 근본적인 대응방안이라고 할 것이다. 비록 덩샤오핑은 그때 그때 시찰하면서 지시를 내려 겉으로는 즉흥적이고 단편적인 것 같아 보인다. 즉 '돌다리를 두드리며 강을 건너는' 우연한 색채가 있는 듯하다. 그는 선전과 상하이에 주식시장을 세워야 하고, 경제특구에는 계속해서 특수한 정책을 실시해야 하며, 광둥은 2000년에 '아시아 4소룡(한국, 홍콩, 타이완, 싱가포르) 대열'에 가입해야 하고, 중국은 응당 '우'적인 경향에 경각성을 높여야 하지만 지금 우리는 우선 '좌'적인 것을 방지해야 한다고 지적했다. 그가 반복해 강조한 내용들을 보면 그는 벌써 기본구상이 성숙되어 있다는 것을 알 수 있다.

중국 개혁개방의 '총 설계자'가 또다시 중국 개혁개방의 육중한 차륜에 시동을 걸었다.

덩샤오핑의 전용차가 베이징을 떠나기 전에 장쩌민은 그가 베이징을 떠나 남하한다는 계획을 접수했다. 당시 상하이와 장쑤에서 사업시찰을 진행하던 장쩌민은 덩샤오핑의 수행자들과 밀접한 관계를 유지하고 있었기 때문에 수시로 상황을 파악할 수 있었다. 그는 덩샤오핑의 말에 따라 자기의 목소리를 조절할 수 있는 사람이었다. 1월 18일 덩샤오핑은 우창에서 회의와 축전을 줄여야 한다고 강조했다. 이틀 후 장쩌민은 장쑤에서 덩샤오핑의 말을 그대로 반복했다. 그는 그곳 관리들에게 꼭 필요하지 않은 회의는 개최하지 말 것을 요구했으며, 일상적인 공공집회를 줄이라고 지시했다. 또한 장쩌민은 서기처에 국가 지도자들이 회의에 적게 참가할 수 있도록 수시로 문건을 작성하라는 지시를 내렸다. 국가 지도자들은 정력을 집중해 경제정책을 책정하고 실시하는 데 써야 한다고 강조했다.

장쩌민은 해외 언론과 평론가들의 추측과 예측에 주의를 돌리지 않으면 안 되었다. 해외 언론은 이번 덩샤오핑의 남하 연설은 드라마틱으로 마오쩌둥의 행동을 따랐다고 평가했다. 1971년 마오쩌둥은 린뱌오를 제거하려 했다. 그때 그는 대강남북을 순시하면서 일련의 연설을 발표했다. 평론가들은 덩샤오핑의 남하 연설 역시 중공 지도자들이 정치적인 경쟁과 권력쟁투를 진행할 때 먼저 손쓰는 비결이라고 지적했다. 이밖에 해외 언론들은 5년 전에 덩샤오핑이 중공 13차 대표대회를 개최하기 직전인 1월에 돌연 자기가 직접 선정한 후야오방을 면직시킨 사실과 연계시켜, 1992년은 중공이 5년에 한 번씩 개최하는 해이므로 덩샤오핑이 과거의 방식대로 당대표대회 전에 총서기를 바꿀 생각이 아닌가 추측했다.

해외 언론의 이 두 가지 추측은 모두 장쩌민에게 좋은 징조가 아니었다. 그러나 캐나다의 학자 겸 기자 두린이 쓴 첫 영문 장쩌민 전기 『절벽 위의 호랑이 – 장쩌민전』(중문판은 명경출판사에서 출판함)을 보면 덩샤오핑의 남하 연설은 장쩌민을 겨냥한 것이 아니라고 썼다. 그는 오히려 장쩌민을 방조해 좌파 보수주의 세력을 반격하기 위한 것이라고 설파했다.

1992년 덩샤오핑이 보수주의자들에게 최후의 일격을 가한 것이다. 이로써 장쩌민이 전체 국면을 장악하는 과정을 가속화했다. 이는 각 방면 사람들의 생각을 뒤엎는 것이었다.

덩샤오핑이 겨냥한 과녁이 어떤 것이며, 남하 연설의 진정한 동기가 무엇인지는 현재로선 충분한 자료가 없어 알 수가 없다. 필자는 덩샤오핑이 장쩌민을 면직시킬 생각이 없었다는 견해에 동의한다. 자기가 직접 선정한 '하늘이 무너져도 얼마든지 짊어질 수 있는 대장부'를 두 번이나 물갈이했다. 세 번째는 없을 것이다. 그리고 나이도 후야오방을 면직시킬 때의 83세가 아니다. 자오쯔양을 면직시킬 때의 85세도 아니다. 그는 이미 88세가 되었다. 그에게 어떤 기력이 있어 또다시 새로운 핵심 인물을 파악하고 판단하고 양성하고 부탁할 수 있겠는가?

그러나 그가 수도강철공사를 시찰할 때 베이징시위서기 천시퉁陳希同

등을 시켜 당중앙 책임자에게 자신의 말을 전하게 한 사실을 보아, 중공 제3대 지도자들이 개방개혁의 길에서 너무 조심하고 전진 속도가 늦은 것에 대해서는 확실히 불만족해하는 것 같았다. 그는 당시 집권자에게 일정한 압력을 가하려고 한 것도 사실이다. 만일 장쩌민이 '절벽 위의 호랑이(그는 범띠다)'라면 덩샤오핑은 '산을 울려 호랑이를 정신차리게 하는' 위인일 것이다. 즉, 두린이 말한 것처럼 장쩌민을 방조하려 한 것은 아니다.

장쩌민은 1992년 3월 초에 정치국회의를 소집했다. 회의가 시작되자 그는 덩샤오핑의 남하 연설을 학습할 것을 제의하면서 자아비판을 진행했다. 이것은 그가 확실히 덩샤오핑이 지적하려고 한 사람 중의 하나였다는 것을 증명해준다. 〈경보〉는 이에 대해 이렇게 썼다.

> 그는 자신이 시기에 맞춰 개혁과 개방의 발걸음을 가속화하는 민감성이 부족했다는 것을 승인했으며, '좌'적인 것을 반대하는 방면에서도 투철하지 못했다는 것을 인정했다.

5월말 장쩌민이 정치국에 편지를 썼다. 덩샤오핑의 연설에 대해 진일보 터득하고 보다 확실히 관철할 것을 관계자들에게 요구했다. 1992년 그는 큰 대회나 작은 규모의 회의를 막론하고 연설을 할 때마다 덩샤오핑의 남하 연설을 강조했다. 장쩌민은 피동적인 역할에서 주동적인 역할로 전환하려고 노력했다.

덩샤오핑은 남하 연설에서 "중앙 지도자는 이미 재위한 지 몇 년이나 되었으니, 이제 10년 정도 더 집권한 다음에는 퇴직해야 한다"고 말했다. 두린은 이 말에 대해 이렇게 해석하고 있다.

> 이것은 장쩌민에게 권력통행증을 떼준 것이나 다름없다. 2002년 16차 당대표대회까지 집권해도 된다는 뜻이다.

이 말에 일리가 있기는 하다. 그러나 가볍게 여길 수 없는 것은 덩샤오핑의 이 말에 다른 의미가 내포되어 있다는 것이다. 즉 지금의 당중앙도 역시 '만세'가 아니다, 10년 후에 퇴직하게 되기 때문에 지금부터 착수해 후계자를 양성해야 한다는 뜻이 내포되어 있다.(당시 장쩌민은 집권한 지 2년 밖에 안 된다. 총서기 의자가 아직 데위지지도 않았다. 그 권력이 공고하다고 말할 수 없다. 덩샤오핑이 그에게 10년 후에 퇴직하라고 한 것은 이제 얼마 지나지 않아 이 세상을 떠날 덩샤오핑이 확실히 멀리 보았다는 것을 설명해준다. 14차 당대표대회 때 15차 당대표대회의 사정을 이미 다 살펴본 것이다.) 그때가 되면 장쩌민도 고희의 나이를 넘긴다. 정계에서는 '위로는 원로가 있고 아래로는 중청년이 있다'는 것이 관례인 만큼 무산계급사업에 후계자가 있어야 한다.

덩샤오핑이 선전深圳에 도착한 지 며칠 되지 않아 홍콩 신문에서 이 소식을 실었다. 장쩌민이 1월 말 베이징으로 상경했을 때는 덩샤오핑의 남하 순찰이 이미 끝났을 때였다. 당시 중국에서는 이것을 '봄날의 이야기'라 하며 비밀로 하지 않았다. 그러나 당내 좌파들이 장악하고 있는 〈신화사〉는 남하 순찰 40일이 지난 3월 11일에야 이 소식을 공개했다.

개혁의 봄바람을 타고 다시 나타나다

중공은 내부 문건 형식을 통해 덩샤오핑의 남하 연설을 층층 전달했다. 이것은 개혁의 복음서였다. 집에서 휴양하고 있는 후진타오도 이 문건을 전달받았다.

덩샤오핑의 한마디에 침울했던 중국대륙은 금세 활기를 띠기 시작했다. 위로부터 아래까지 '개혁'의 목소리가 높아졌다. 중국 경제는 3년간의 제자리에서 뛰어넘어 약진했다. 1991년의 경제증가율은 리펑이 아주 소극적으로 세웠던 6퍼센트 목표를 초과했다. 1992년 3월 말 제7차 전국인민대표대회에서 이 목표를 6.5퍼센트로 상향 조절했다. 그런데 반 년이 지나자 중국의 경제학자들은 이해의 경제증가율이 두 자리 수를 웃돌 것이라고 예측했다. 최후에 공개한 숫자를 보면 놀라지 않을 수 없다. 경제증가율이 13퍼센트에 이른 것이다. 외국투자는 66퍼센트나 증가해 190억 달러에 달했다.

오랫동안 얼굴을 보이지 않았던 후진타오가 이때 얼굴을 보였다.

해마다 3월이면 베이징에서 전국인민대표대회를 소집한다. 1992년 티베트 대표단의 토론회 때 '티베트 대신' 후진타오가 참석했을 뿐만 아니라 중요 연설까지 했다. 매체에서는 이에 대해 즉시 보도했다. 후진타오는 발언에서 '개혁을 가속화'할 것을 호소했으며 "티베트 독립세력에 대한 타격은 새로운 성과를 취득해 개혁을 진일보 가속화하는 데 조건을 창조했다"는 입장을 밝혔다. 시류를 따른다고 해도 좋고 진심에서 우러나온 것이라고 해도 좋다. 후진타오는 새로운 개혁의 조류에 맞춰 마침내 자기의 목소리를 낸 것이다.

비록 회의에 참석했고 건강상태도 많이 좋아졌지만 그는 고원의 산소 부족 환경에 적응할 수 없는 심장병이 있어 당중앙에서는 그가 다시 티베트로 가지 않는 것에 동의했다. 그렇다면 그를 어디에 배치할 것인가? 중공중앙에서는 당장 그의 직무를 배치하지는 않았다. 당시 당중앙에서는 가을에 개최할 14차 대표대회의 인사 처리에 신경을 쓸 때였다. 후진타오도 이를 근거로 배치하게 되어 있다. 당시 중앙에서는 14차 대표대회를 준비하는 과정에 인원이 모자랐다. 중앙에서는 후진타오를 이 준비사업에 참가하도록 배치했다. 그가 책임진 사업은 14차 인사 문제를 총괄하는 정치국 상무위원인 쑹핑과 중앙조직부 뤼펑呂楓 부장을 보좌해 중앙위원과 중앙후보위원을 심사, 선정하는 일을 하게 되었다.

원로들이 마지막으로 영향력을 발휘하다

1926년에 출생한 장쩌민은 1989년 '6·4사태'가 터진 후 갑작스럽게 부임했다. 당시 덩샤오핑은 중공 핵심 3대라는 것을 제안했다. 개국 시기의 지도자들을 '제1대 영도인'이라 칭하고 마오쩌둥이 핵심이 되었다. 이 세대는 27년간(1949년으로부터 1976년까지) 정권을 장악했다. 문화대혁명 이후 권력을 장악한 수뇌부들을 '제2대 영도인'이라 칭했다. 본인이 '핵심'이 되어 15년간(1977년부터 덩샤오핑이 완전히 자리에서 물러난 1992년까지) 정권을 장악했다. 장쩌민 등 고위층을 '제3대 영도인'이라 칭했는데 이 지도층의 '핵심'은 장쩌민이다. 14차 당대표대회 전야까지 3년간 정권을 장악했다.

이 시점에서 중공 원로들의 마음을 불안하게 하는 것은 제14차 당대표대회가 자신들이 마지막으로 영향력을 발휘할 수 있는 당대표대회라는 점이다. 자연의 법칙은 누구도 거스를 수 없는 법이다. 그들은 5년 후의 15차 당대표대회 때 아직 '마르크스를 보러 가지 않았다'고 할지라도 건강이 여의치 않을 것이라는 걸 예감했다. 15차 당대표대회는 20세기 마지막 대회이다. 또한 15차 당대표대회와 16차 당대표대회는 한 세기를 넘게 된다. 15차 당대표대회의 지도자들은 '세기를 뛰어넘는 영도인'이 된다. 때문에 14차 당대표대회 때 15차 당대표대회의 지도자를 세워야 한다는 것이 원로들의 생각이다.

사람들은 일반적으로 5나 10이라는 기념일을 중요하게 생각한다. 이런 심리가 때로는 엉뚱한 쪽으로 흐른다. 당시 닉슨이 수하의 사람을 시켜 한밤중에 민주당 당사 워터게이트 빌딩에 숨어 들어가 도청장치를 설치하게 한 것도 바로 이런 심리가 작용했기 때문이다. 그는 경쟁 상대를 누르고 대통령의 신분으로 '미국 건국 200주년' 대축전을 주최하려 한 것이다. 그런데 오히려 이 일이 탄로나 이 영예는 역사학자들이 '평범한 대통령'이라고 하는 포드에게 건네졌다.

중공은 상징과 의의를 아주 중시한다. 2000년이라는 '천년 대희망'의 콤플렉스를 피할 수 없을 수도 있다. 과세기跨世紀에 누가 지도자가 되는가 하는 것은 새 세기 중국의 발전방향을 결정하는 것으로 생각할 수도 있다. '제2대 영도자'들은 이미 2000년 과업을 주최할 수 없게 되었다. 그렇다면 한 발짝 뒤로 물러서서 자기들이 믿을 만한 사람을 선출해야 한다. 장쩌민은 그때 가면 이미 나이가 74세나 된다. 덩샤오핑, 천윈, 리셴녠, 펑전, 쑹핑, 바오이보 등 중공 원로들은 자연히 멀리 바라보며 간부 예비명단 중에서 장쩌민의 후계자를 선택하려 할 것이다.

제14차 당대표대회에 떠오른 찬란한 별

제14차 당대표대회는 계획대로 1992년 10월에 개최되었다. 지정 호텔에 투숙하여 두툼한 대회서류를 받은 대표들은 생각 밖의 인사 배치에 깜짝 놀랐다. 대회 지도부 중 이제 금방 지천명의 고개를 넘은 후진타오가 14차 당대표대회 주석단의 제1비서장에 오른 것이다.

〈신화사〉에서 개막식 소식을 보도할 때 지도자들의 사진은 별로 많이 실리지 않았다. 그런데 후진타오에 관련된 것은 두 장이나 있었다. 후진타오의 사진이 사람들의 눈길을 끌었다. 그중 한 장은 후치리와 함께 있는 사진이고, 다른 한 장의 사진은 리펑과 함께 있는 것이었다. 중공의 '연공서열'의 선전계통 중에 이 두 장의 사진은 어떤 의미를 갖고 있는가? 첫 번째 사진은 '6·4사태' 때 하야한 후치리가 다시 재기한다는 것을 내포하고 있다. 장쩌민의 넓은 도량에 따라 전 정치국 상무위원이 면직되었다가 다시 재기한다는 뜻이다. 두 번째 사진은 무엇을 뜻하겠는가? 대표들은 그 영문을 알 수 없었다.

이 두 장의 사진이 보여주는 초점은 역시 후진타오에게 집중된 것이라고 하겠다. 인민들에게 그의 모습을 먼저 익히게 하면서, 후진타오는 여러 방면의 인사들과 잘 어울린다는 것을 함축적으로 보여주는 것일 수도 있다.

대표들과 국내외 기자들은 이미 예감할 수 있었다. 전단중앙 제1서기이고 전前 구이저우 성위서기이며 현재 티베트 자치구 당위서기에게 복덩이가 굴러 떨어지는 것은 아닐까? 이번 권력 재조합 중에 중앙서기처 후보서기는 문제없을 것이 아닌가? 또는 더 나아가 중앙정치국 후보위원까지도 될 수 있는 것이 아닐까?

비록 예감이긴 했지만 제14차 중앙당대표대회 1차 중앙위원 전회가 끝나게 되었을 때 중앙영도기구의 선거 결과가 나온 다음 국내외 정치분석가들과 평론가들은 두 눈을 끔벅일 수밖에 없었다. 1992년 10월 19일 11시에 중공 14차 대표대회에서 당선된 정치국 상무위원들이 중앙텔레비전 방송을 통해 억만 대중과 접견을 가졌다. 후진타오는 중앙정치국 위원이 되었을 뿐만 아니라 정치국 상무위원까지 당선된 것이다. 비록 중공 핵심층 7인 중에 마지막 서열이지만 필경 중공 최고 지도자의 한 사람이 된 것이다.

인사배치 박스 속의 입후보 명단

중공 당대표대회 때는 최고 정책결정층 중 새로 들어오는 사람도 있고 이 정책결정층에서 나가는 사람도 있다. 나가고 들어오는 것은 연령이나 건강 등 '자연법칙'에 근거할 때도 있지만 대개는 권력대결의 법칙에 근거한다.

중공 14차 당대표대회 전에 사람들은 어떻게 추측했는가?

덩샤오핑은 남하 연설에서 중앙 지도층에 대해 이렇게 말했다.

"더 젊은 인재를 물색해 지도층에 보충해야 한다. 지금 중앙 지도층의 연령은 많은 편이다. 노인들은 고집이 있기 때문에 노인들 스스로 자각성을 발휘해야 한다. 늙을수록 최후에 착오를 저지르지 말아야 한다. 늙을수록 겸손해야 한다."

여기서 지적한 '지금 중앙 지도층'이라는 것은 우선 정치국 상무위원들을 지적하는 것이다. '6·4사태' 이후의 지도기구는 임시적인 색채를 띤 지도층이다. 이 지도층은 6인으로 구성되었고, 그들은 장쩌민, 리펑, 차오스, 야오이린, 쑹핑, 리루이환 등이다. '총설계사'는 '더 젊은 인재를 물색해 지도층에 보충해야 한다'고 했지 나이 많은 사람이 지도층에서 나와야 한다는 말은 하지 않았다. 그러나 '연령은 많은 편이다'라고 말했으니, 이는 당중앙정치국 상무위원 중 연령이 많은 사람이 스스로 물러나야 한다는 말로도 해석할 수 있다.

덩샤오핑은 후에도 여러 번 중앙정치국 상무위원들의 연령구조에 층계가 있어야 한다는 것을 강조했다.

그렇다면 어떻게 층계를 두어야 하는가?

사람들은 덩샤오핑이 '지금 누구를 겨냥하고 있는가'를 두고 여러 가지로 추측하고 있다. 정치국 상무위원 중 장쩌민은 총서기이다. 그러니 그를 움직일 수는 없다. 리펑은 권력구조의 균형을 위해 감히 움직이지 못한다. 차오스는 개혁 경향이 있기 때문에 움직이려고 하지 않는다. 리루이환은 '6·4사태' 후에 당선된 사람이며 덩샤오핑은 한때 그를 자오쯔양의 후계자로 짚기도 했다. 그는 개혁파 경향이 농후해 보수파들의 공격을 많이 받았다. 정치국 상무위원 중 가장 젊은 사람이다. 그러니 섣불리 움직일 수 없다. 그런데 '연령 층계를 두어야 한다'고 했으니 움직이면 야오이린과 쑹핑밖에 없다. 그들에게 자리를 내놓도록 권해 젊은 사람에게 양도하는 것이다. 젊음이라는 것은 정치적으로 이기심을 뿌리치는 데 가장 유력한 구실이다. 나이는 공개되어 있기 때문에 가장 공평해 보인다. 정치적으로 대응관계에 있는 사람도 이 앞에서는 다른 이유를 찾지 못한다.

마침 3월분 덩샤오핑 남하 연설을 학습하는 정치국 회의에서 리펑과 함께 국민경제 5개년 계획 초안작성에 참가한 74세의 보수파 야오이린이 덩샤오핑의 충격을 먼저 받았다. 그는 몸이 불편하다는 이유로 모든 직무를 사직하고 전원으로 돌아갔다.

그렇다면 누가 그를 대신하겠는가? 야오이린을 계승할 사람은 이미 지명되어 있었다. 그는 바로 덩샤오핑이 아주 만족해하는 사람이다. 덩샤오핑이 수도강철공사에서 연설할 때 그를 칭찬한 적이 있다. 그가 바로 '경제를 잘 아는' 주룽지다. 주룽지는 1991년 4월 상하이에서 베이징으로 상경해 국무원 부총리 자리에 앉았다. 그는 야오이린이 국무원에서 관장하던 모든 업무를 접수해 관리해 왔다. 이제 남은 것은 쑹핑이다. 가령 그가 사직한다면 그를 대체할 사람이 누구이겠는가?

후진타오에겐 어떤 경쟁자가 있는가? '경쟁자'란 말은 정확한 표현이 아니다. 이들은 형식적으로 '입후보자'의 명단에 들어갈 뿐이다. 이들은 현급의 간부들처럼 위에 가서 자기에게 '직무를 달라'고 하지 않는 사람들이다. 그들은 암암리에 힘을 쓰며 최고층의 관심을 받을 수 있게 되기를 바랄 뿐이다. 겉으로는 무관한 척해야 한다.

당시 해외신문의 추측보도를 수집해보면 후진타오의 경쟁자로는 딩관건, 왕자오궈, 천시퉁, 원자바오, 뤄간羅干, 리란칭, 우방궈, 쩡칭훙 등이 있었다.

천시퉁은 당시 13기 중앙위원이었고 부총리급 국무위원이었으며 베이징시 시장이었다. 당시 그가 리시밍을 대신해 베이징시위서기로 승진한다는 소문이 있었다. 그렇다면 정치국 성원이 되는 것이 중공 관례이다. '6·4' 시기 그는 유명한 강경파였다. 그의 역할은 매우 두드러졌다. 이 점은 보수파들에게 점수를 딸 수 있는 요인이 된다. 또한 그는 개혁 면에서도 패기 있고 성과가 컸다. 때문에 덩샤오핑에게도 점수를 딸 수 있다. 그런데 그는 베이징방 주역의 신분으로 장쩌민에 대해 불복하고 있었기 때문에 그가 최고 결정층으로 진입한다면 장쩌민은 그를 다루기가 힘들게 될 것이다. 잘못하다가는 오히려 그에게 먹힐 수도 있다. 그런데 한 가지 그의 진로를 막을 무기가 있으니 그것은 나이이다. 그는 이미 62세다. 그가 정치국 상무위원으로 진입한다면 덩샤오핑의 '연령 층계' 요구를 실현할 수 없다.

리란칭은 13기 당중앙 후보위원이다. 대외경제무역부 장관이며 국무원 경제무역판공실 부주임이다. 당중앙에서는 이듬해에 그를 국무원 부총리에 임명하기로 내정했다. 그는 현대 상품경제를 아는 관리이며 국제무역에 유능하다. 그러나 문제가 되는 것은 국무원 성원 중 최고층 성원으로 이미 리펑과 주룽지가 있다. 때문에 리란칭에게 당조직 인사관리를 맡긴다면 그의 장점을 충분히 발휘하지 못하게 될 것이다.

딩관건은 당시 63세였다. 그는 당중앙정치국 후보위원이었으며 서기처 서기였고 중공통일전선부 부장이었다. 전국인민대표대회 부비서장을 역임했으며 철도부 장관을 역임했다. 그는 덩샤오핑의 수행 파트너라 원로들은 그를 잘 알고 있다. 그가 정치국 상무위원이 되는 것은 순위를 보아도 아주 정상적이라고 할 수 있다. 그런데 그는 덩샤오핑과의 관계가 너무 밀접해 그것이 오히려 걸림돌이 될 수도 있다. 덩샤오핑은 정치국에 자신의 수하를 넣었다는 인상을 사람들에게 주어 제3대 핵심을 견제하려 한다는 인상을 주고 싶지 않을 것이다. 또한 쑹핑도 딩관건이 자기를 대치한다는 것에 수긍하지 않을 것이다. 이보다 더 중요한 것은 그도 천시퉁과 같이 나이가 이미 60이 넘었다는 것이다. 당시 64세인 리펑과 주룽지에 비해 얼마 젊은 것도 아니다. 나이가 58세인 리루이환에 비한다면 오히려 다섯 살이나 위다. 그가 최고층 성원이 된다는 것도 덩샤오핑의 '연령 층계' 요구에 어긋나는 일이다.

동년배 중에도 경쟁자가 수두룩

덩샤오핑이 '좀더 젊은 인재'라 찍어 놓았는데, 그렇다면 이제 '젊은 인재'들의 상황을 살펴보기로 하자. 중공 원로의 사전에서 '젊음'이라는 것은 회갑이 지나지 않은 것을 지칭한다.

뤄간은 당시 57세였다(1935년 출생). 그는 13기 당중앙위원이며 국무원 비서장이다. 그의 이력을 보면 상당히 화려하고, 아주 완벽하기도 하다. 성에서 주관을 역임했고(허난성 부성장, 성위서기 역임) '군중단체'를 이끌었으며(전국총공회 부주석, 서기처 서기를 역임) 국무원의 노동부 장관을 역임했다. 그는 튼튼한 전문 배경이 있다. 그는 동독에서 유학했으며 고급공정사 직함이 있다. 그는 과학기술소와 전업협회의 책임자로도 있었고, 회토금속 등 국가 연구과제를 주관하기도 했다. 그는 당무에도 능숙하여 1989년부터 중공 국가기관공작위원회 서기를 역임했다. 이밖에 그가 겸한 직무는 아직도 많다. 편제, 여성아동공작협조, 국외지력유치, 공사청산정리, 직함개혁, 이재민구제 등의 기구에서 모두 직무를 갖고 있는 사람이다. 이렇게 좋은 조건이 넘쳐나는 사람인데 단 한 가지 단점이 있으니 그것은 그가 리펑을 따른다는 것이다. 제3대 핵심의 권력 균형으로 봐서 이 때문에 핵심층에 들어갈 수 없게 되었다. 그는 정치국 위원은 될 수 있었으나 후에는 그것도 안 되었다.

우방궈, 우리는 제2장에서 이미 그에 대해 간단히 소개했다. 그는 후진타오와 함께 칭화대학 출신이다. 그들 둘은 또 안후이가 고향인 사람들이다. 당시 그는 13기 당중앙 후보위원이었으며 상하이 시위서기였다. 사람들은 14차 당대표대회에서 그는 상하이 시위서기의 신분으로 정치국 위원은 될 것이라고 추측했다. 그의 상황은 천시퉁의 상황과 같았다. 그런데 우방궈에게 가장 불리한 점이 있다면 그는 줄곧 상하이를 떠나지 않아 그의 경력이 단순하다는 것이다. 덩샤오핑이 남하 연설을 한 다음 장쩌민의 지위가 전에 없이 허약해진 상황에서 그는 감히 '상하이방 확충'이라는 욕먹을 일을 하지는 않을 것이다.

왕자오궈는 12기, 13기 중앙위원이다. 중공중앙과 국무원 두 기구의 대만판공청 주임이다. 앞에서 이미 언급했거니와 그의 권력은 비교적 옅은데 비해, 공청단파라는 색깔이 너무 짙다. 그리고 중공중앙판공청 주임 자리에 있을 때 사람들에게 미움받는 일을 많이 하여 적이 많다. 또한 전前 시기 너무 갑자기 직상直上해 사람들의 의심을 샀다. 하지만 그후에는 성급으로 강등당해 사람들이 그를 별로 중히 보지 않았다. 전하는 말에 따르면 푸젠에서 천광이陳光毅와도 알력이 생겼다고 한다. 이런 처지에 빠진 그는 중공 원로들과의 기반이 없어지게 되었다. 또 그를 다시 한 번 직상시킨다면 당내의 진동이 너무 클 것이다.

장쩌민은 내심 쩡칭훙을 핵심층에 받아들이고 싶었을 것이다. 그러나 그는 속으로만 끙끙 알았을 뿐 덩샤오핑 앞에서 그를 추천하지 못할 것이다. 그는 장쩌민이 당중앙판공청 부주임으로 임명한 사람이다. 쩡칭훙은 이전에 상하이 시위부서기였다. 급수도 낮은 편이 아니며 재능도 장쩌민보다 못하지 않다. 그런데 그는 중공 원로인 전前 내무부 장관 쩡산曾山의 아들이었다. 고급간부의 자제인 것이다. 정말 그가 최고층 핵심 성원이 된다면 또 한 가지 우려가 생길 것이다. 동시에 장쩌민의 색채가 너무 진하기 때문에 정작 장쩌민이 그를 추천한다 하더라도 리펑과 차오스 등이 반대하고 나설 것이다. 그리고 덩샤오핑과 천윈 등의 원로들이 보더라도 당내 권력 균형의 조치라고 생각할 것이며, 그리하여 그에 대한 당내 상하 반발이 있다면 장쩌민도 감당하지 못할 것이다. 사실상 그는 쩡칭훙을 중앙위원회에도 공개적으로 배치하지 못한다. 그를 중공중앙판공청 주임 자리에 둔다면 장쩌민 본인에게도 실리가 있게 된다.

몇몇과 비교해본 결과, 원자바오가 가장 합당한 인선이다. 그는 여러 파와 관계가 다 좋다. 그는 당조직의 관리와 직능개선에 대해서도 일가견이 있는 사람이며, 그도 쑹핑이 간쑤에서 이미 후계자로 추천한 예비 간부이다. 그러니 쑹핑도 얼마든지 접수할 만하다. 그런데 그는 후진타오보다 두 가지가 못하다. 첫째, 그는 지방 장관으로 있어 보지 못했다. 간쑤성 지질국에서 부국장을 역임했을 뿐이다. 둘째, 자오쯔양이 집권할 때 그가 자오쯔양을 가까이에서 따른 것 같다. 그는 중공 13차 당대표대회 때 정치제도 개혁에 대해 발언했다. 그가 한 "당은 당을 엄하게 관리해야 한다"는 주장에서 자오쯔양의 냄새가 난다. 사람들은 뚜렷한 증거는 잡지 못해도 마음속으로는 언제나 꺼림칙해할 것이다. 덩샤오핑은 원자바오에 대해 높이 평가한 일이 있다.

"원자바오 주임은 당성이 강한 사람이다. 그는 바람에 따라 흔들리는 사람이 아니다. 일에서는 패기가 있으며 지도 능력도 뛰어나다. 그가 작성한 문서는 별로 손대지 않아도 된다."

그러나 이런 말은 그를 끌어내리는 압력을 해소해줄 뿐 그를 밀어주지는 못할 것이다.

아무리 따지고 또 따져보아도 후진타오가 가장 합당한 인선이다.

후진타오 승진의 블랙박스 작업

중국 내에 이런 말이 돌고 있다. 당시 열 명이 넘지 않는 최고 정책결정층에서 아주 간단한 한 가지 방법으로 선정 범위를 축소했다. 위의 '제3제' 구성원들은 성이나 부급의 일인자 자격이 있는 사람들이기에 간부 '4화' 중 앞의 '3화(혁명화, 지식화, 전문화)'는 모두 합격점이다. 그러나 이 세 가지 표준으로는 선정하기 어렵다. 남은 것은 연소화이다. 그러니 이제 연령에 금을 긋고 선정할 수밖에 없어, 그들은 50세를 경계로 금을 그었다. 그러다 보니 남은 사람이 셋밖에 없었다. 원자바오, 왕자오궈, 후진타오 이렇게 세 명이다. 이 세 명을 비교한 결과 후진타오를 뽑은 것이다.

하지만 이 이야기는 믿을 만하지 못하다. 왕자오궈는 1941년생이므로 14차 당대표대회 때는 이미 지천명이 넘은 나이다.

또 다른 한 가지 이야기가 있다. 그것은 쫑하이런宗海仁이 쓴 『제4대』에 나온 이야기인데 여기에 소개하기로 한다.

약간 거리가 먼 '천부지국天府之國'에 대해 먼저 이야기해야겠다. 14차 당대표대회를 소집하기 전에 당중앙 최고 정책결정층에서는 쓰촨성의 지도부를 정리하려 했다. 당시 성위서기는 양루다이楊汝岱였다. 쓰촨성은 중국에서 가장 큰 성이라 그는 정치국 위원으로 당선되었다. 중앙에서는 그에게 다음해에 전국인민대표대회 부위원장으로 부임하고 현직을 사직하라고 했다.

당시 쓰촨성 성장은 이미 회갑이 넘은 장하오뤄張皓若이다. 칭화대학 화학공업학부를 졸업한 고위 공정사이다. 그는 이미 4년 동안 성장으로 있었다. 장하오뤄는 자신의 두 형인, 전국인민대표대회 법제공작위원회 부비서장인 장신뤄張昕若와 톈진시 부시장 장자오뤄張昭若와 함께 '태자당'의 명단에 들었다. 그들의 부친인 장중루張仲魯는 석탄관리총국 부국장, 허난성 교통청 청장으로 있었으나, 그는 외국 유학 신분 때문에 '우파'로 걸려 '문혁' 초기에 비판받고 사망했다. 장하오뤄는 일찍부터 국영기업의 자주권을 주장해 왔다. '삼자기업'(三資企業, 외국자본 기업, 외국자본과 중국자본 합자기업, 외국자본과 중국자본 합작기업 – 옮긴이)의 패턴으로 기업의 시장 진출을 주장했으며, 시장경제에 적응된 기업체제를 형성할 것을 주장했다. 덩샤오핑의 남하 연설이 있은 다음 그는 대담하게 쓰촨성을 8개 경제구역으로 나누어 각자 자기의 특색에 맞게 경제를 발전시킬 것을 호소했다. 이렇게 전성全省에 일괄적으로 요구하지 않는 경우는 당시 중국 다른 성에서는 볼 수 없는 일이었다. 국내외 전문가들은 그의 정치 앞날이 밝다고 판단했다. 중앙에서도 그를 중앙으로 소환해 중앙위원회의 성원으로 승진시키고 그에게 국무원에서 상당한 권력이 주어지는 생산판공실 부주임으로 임명하려 했다. 이 판공실은 길림성 성장으로 있다가 상경한 왕중위王忠禹가 이끌고 있었다.

양루다이와 장하오뤄가 내놓은 자리에 누구를 앉히겠는가? 중공의 대안은 중칭에서 8년간 시장으로 있다가 당시 성위부서기를 맡고 있던 샤오양蕭秧에게 성위서기를 임명하고, 성위부서기에 있던 셰스제謝世杰를 성장에 임명하기로 했다.

덩샤오핑과 자오쯔양은 샤오양을 중용할 생각이었다. 샤오양의 본명은 천정陳錚이다. 양중현 사람인데 그도 '칭화방'이며, 주룽지는 그의 동창이다. 1940년대 후기 칭화대학 전동기학부와 건축학부에서 학습한 뒤, 1947년 중국공산당에 가입했다. 중공중앙 화북국도시사업부 간사를 역임했으며 베이징 유리공장의 군대표로 있다가 공장장이 되었다. 동독 규산염연구원에서 연수한 뒤, 1956년 귀해 베이징 유리공장에서 장기간 당위서기, 공장장을 맡았다. 1976년 9월 '문혁'이 끝날 무렵에 국무원으로 전근해 제9판공실 영도소조 조장으로 있다가 후에 마오쩌둥 기념당 건설에 참가해 수정관조 부조장을 역임했다. 이것은 아마 그가 유리공장에 오래 있었기 때문에 배치한 직무일 것이다. 1977년 가을 그는 베이징시 경제위원회 부주임으로 발탁되어 대외경제무역위원회 상무부주임을 맡았다. 그는 덩샤오핑과 자오쯔양, 그중에서도 완리의 총애를 받았다. 1980년대 중엽, 중공 중칭 시위부서기 겸 시장으로 부임되어 가서 1992년 중공 쓰촨 성위부서기로 승진했다. 중앙에서는 그에게 양루다이의 직무를 넘겨주고 14차 당대표대회에서는 정치국 성원으로 발탁시킬 방안이었다.

그런데 무슨 영문인지는 몰라도 장하오뤄가 국무원 생산판공실 부주임으로 배치하겠다는 중앙의 제의를 받아들이지 않았다. 이렇게 되면 중앙의 인사배치가 모두 엉망이 된다. 이에 대해 당중앙의 원로들은 매우 실망했다. 장하오뤄가 당조직의 배치에 복종하지 않아 당중앙의 인사배치가 아주 피동적으로 되었기 때문이다. 내막을 잘 아는 사람의 말에 의하면 바오이보는 크게 노해 강제로라도 장하오뤄을 쓰촨에서 내쫓아야 한다고 했다. 장하오뤄는 이제 더 이상 뻗을 수 없게 되었다. 그는 임시로 경공업부로 가서 조사연구하는 일을 먼저 맡기로 했다. 이듬해 3월, 그를 새로 신설한 국내무역부 장관에 임명했다. 그가 권하는 술을 마시지 않고 벌주를 마신 결과 중앙위원 명단에서 이름이 사라졌으나 14차 당대표대회에서는 중앙후보위원 자리를 보존해주었다.

장하오뤄가 쓰촨을 떠나기는 했지만 원래 계획했던 인사배치는 실현되지 못했다. 샤오양이 비행기를 타고 곧장 올라가려고 한 제안이 14차 당대표대회에서 대표들의 반대에 부딪쳤다. 중앙위원들의 차액선거에서 중앙위원으로도 선출되지 못했다. 그도 장하오뤄처럼 중앙후보위원밖에 되지 못했다. 때문에 그를 쓰촨 성위서기로 임명할 수도 없었고, 정치국 성원이라는 것은 더욱 말도 안 되었다. 이듬해 중앙에서는 그를 쓰촨성 성장으로 임명했다. 중국문제 전문가인 허핀何頻이 후에 쓴 『'14대' 인사배치 내막』에 이런 글이 있다.

개혁사상을 가지고 있으며 또한 개혁에 뚜렷한 성과를 보인 중칭 시위서기 샤오양과 칭다오시 시장 위정성兪正聲이 덩샤오핑과 완리가 바라던 것처럼 정치국 또는 서기처의 성원이 되지 못하고 중앙후보위원으로 당선되었다.

샤오양은 완리가 매우 중시한 사람 중의 하나이다. 그는 중공에서 도시의 첫 종합개혁을 주최했다. 그는 중칭시에서 몇 년간 사업했으며 쓰촨을 대표한 양루다이를 대신해 정치국 성원으로 내정된 사람이지만, 중앙후보위원에서도 꼴찌를 차지했다. 그 원인은 다른 게 아니라, 그가 오랫동안 쓰촨성 성위, 성정부와 갈등이 있었기 때문이다. 결과 쓰촨성 대표들은 인구가 1억이 넘는 대성에서, 정치국 성원이 없을지언정 그를 뽑지 않았다.

허핀은 장하오워를 이해하기 어렵다고 언급하면서 이렇게 밝혔다.

그는 싼샤三峽 공정에 대해 보류 태도를 취해 14차 당대표대회에서 예상외로 중앙위원에도 당선되지 못했다.

쓰촨성의 인사배치 풍파는 중앙에서 권력이 상당한 원로들에게 강한 충격을 주었다. 이때 누가 이런 말을 했다.

"간부 승진에서 우선 당성이 강하고 지휘에 잘 복종하는 사람을 선택해야 한다. 후진타오처럼 당에서 배치하면 배치하는 대로 어디든 달려가는 사람을 승진시켜야 한다. 당에 손을 내미는 사람들은 단단히 붙잡아야 한다."

후진타오는 당중앙에서 구이저우로 가라면 구이저우로 갔고, 티베트로 가라면 티베트로 갔다. 중공 고급간부 중에 이 같은 사람도 많지 않았다. 때문에 그는 원로들의 환심을 얻을 수 있었다.

은사는 그래도 상급이었던 쑹핑

무엇 때문에 많은 경쟁자들 중에서 후진타오가 다른 사람들을 다 물리치고 우뚝 솟을 수 있었는가? 중공에서는 이에 충분한 대답을 주지 못했다. 14차 당대표대회와 14기 1중 전회에서 중앙은 후진타오가 어떤 점이 어떻게 우수하다는 것은 구구히 설명했지만, 무엇 때문에 다른 사람보다 더 우수하고 더 적합하다는 것은 설명하지 않았다. 심지어는 모든 후계자 입후보자들 중에서 가장 우수하고 가장 적합하다는 것을 설명하지 않았다. 때문에 사람들은, 원로들이 후진타오에 대해 특별한 환심을 베풀었으며 블랙박스 작업을 조작했다고 귀결지으려 했다.

항간에는 여러 가지 이야기가 전한다. 후진타오가 승진 과정에서 연결될 만한 지지자들을 다 모았다는 분석도 있다. 이를테면 어떤 사람들은, 쑹핑이 후진타오가 자기를 대신하는 것을 조건으로 걸고 사직했다고 전한다. 베이징에서 내막을 잘 아는 사람들이 말하기를, 후진타오를 중용하는 방안은 확실히 쑹핑과 차오스가 정치국 상무위원회의에서 제의했다고 한다. 그후에 쑹핑이 바오이보를 찾아 유세한 적이 있다. 바오이보는 후진타오가 단중앙에 있을 때 허광웨이 등이 전한 말을 들은 다음부터 후진타오에 대한 선입견이 형성되었다. 후진타오가 지방으로 내려가 성위서기로 임명되는 것은 그가 나설 일이 아니다. 그러나 그를 더 높은 직위에 승진시킨다면 그는 나설 것이다. 중앙 최고 정책결정층의 성원으로 승진시킨다면 그는 꼭 나서서 당에 대한 책임을 질 것이다.

쑹핑은 원로들에게 아주 좋은 인상을 주었다. 원로들은 그를 칭찬하며 "당성이 강한 사람이다"라고 평가했다. 이 평가에는 두 가지 뜻이 내포되어 있다. 우선 첫 번째로 그가 청렴하고, 매우 정직하며 '무산계급 혁명본색'을 겸한 사람이라는 뜻이 내포되어 있다. 허핀과 가오쑹의 공저『고급간부 서류』란 책에서는 그를 이렇게 소개했다.

많은 성, 시와 자치구의 책임자들은 중앙 고위층에 선물을 갖다바친 간부들 중 출입하기 가장 어려운 집이 쑹핑의 집이라고 이구동성으로 말했다. 선물을 들고 간 사람들은 모두 쑹핑 부부가 집 밖으로 쫓아냈다. 조금도 만날 틈을 주지 않았다. 쑹핑 부부는 후대들에 대해서도 아주 엄격했다. 그가 간쑤성 성위서기로 있을 때 텔레비전방송국에서 일하는 그의 아들은 매일같이 누구보다도 일찍 직장에 출근했다. 그가 실내청소를 다 끝낼 무렵에야 동료들이 출근했다.

매우 존경받을 만한 품격이다. 그러나 '당성이 강하다'라는 평가의 두 번째 뜻은 승핑을 칭찬하는 원로들은 이를 장점으로 인식하고 있지만, 일반인들의 눈에는 장점이 아닐 수 있다는 것이다. 그는 정치적으로 비교적 경화되어 마르크스-레닌주의 마오쩌둥 사상을 고수했으며 자산계급 자유화를 반대한 사람이다. 그는 '평화 전환'에 대해 경각심이 아주 높으며 당내 개명파들과는 가깝게 지내지 못했다.

때문에 쑹핑이 누구를 칭찬하고 누구를 천거해도 첫째, 그가 자기 세력을 강화하기 위한 것이라고 의심하지 않는다. 즉 그가 당의 이익에서 출발하고 혁명상의 필요에서 출발한 것이라고 인식한다는 말이다. 둘째, 칭찬을 받는 사람은 꼭 '네 가지 기본원칙'을 잘 준수하는 사람이며 정치적으로 신뢰할 만한 사람이다.

쑹핑은 바오이보에게 후진타오에 대해 다음과 같이 설명했다.

후진타오가 단중앙에 있을 때 허광웨이 등과 충돌한 적이 있었다. 지금 돌이켜보면, 그것은 다 젊은 동지들끼리 사업상 인식이 달라 벌어진 충돌이며, 거기에 약간 개인적인 정서가 섞이지 않는 것은 아니다. 그러나 원칙적인 불평불만은 없었다. 후진타오는 신뢰할 만한 젊은 사람이다. 쑹핑의 의견에는 설득력이 있었다. 바오이보는 후에 후진타오의 승진 문제에서 아무런 장애도 설치하지 않았다.

덩샤오핑의 말 한마디로 최후 결정

바오이보도 후진타오가 온건하고 신중하며 실사구시적인 장점이 있다는 것을 부인하지 않았다. 그는 중공 고급간부의 자식도 아니고 어느 열사의 후손도 아니다. 이는 각 방면의 인사들이 그를 더 쉽게 받아들일 수 있는 조건이 되었다. 그는 '공청단파'와 인맥이 있다. 이것은 장쩌민 핵심 세력이 자오쯔양과 후야오방 핵심 세력을 견제할 수 있는 기초가 된다.

그는 원로들을 존경했으므로 누구도 그를 나쁘게 보지 않았다. 그리고 그는 정적을 만들지도 않았다. 때문에 그가 승진을 하더라도 종래의 권력구조를 파괴하지 않는다. 그는 칭화대학 공정기술 학력과 배경이 있다. 정계 입문 후 단중앙 제1서기와 두 지방의 성위서기를 역임했다. 이만하면 자력과 경험도 비교적 충분하다.

이 모든 것을 보면 그가 정계에서 한 계단씩 승진한 것을 두고 뜻밖이라고 생각하는 사람이 한 명도 없을 것이며, 오히려 당연하다고 생각할 것이다. 그런데 이번에 그가 특별조약으로 승진한 것에 대해서는 충분히 설명할 수 없게 되었다. 이번에 그는 승진 단계에 따라 서기처의 서기가 된 것도 아니고 정치국 위원이 된 것도 아니다. 그는 동년배 중에서 찬란하게 빛을 뿌리는 스타가 된 것이다. 그는 '6인지하 억인지상'의 인물이 되었다.

이런 후진타오에게 불리한 요소가 있다면 그것은 그가 너무 젊은데다 장관의 경력이 짧았다는 것이다. 6년간 그가 관장한 지역은 모두 변경의 빈곤한 지역이다. 즉 상품경제가 발달하지 못한 지역인 것이다. 그렇다고 구이저우와 티베트에서 큰 성과를 올린 것도 아니다. 그는 국면을 안정시키는 데는 공헌했지만 지역경제를 활성화시킨 성과는 없다. 그러니 지금 중국에서 가장 성망이 높고 가장 큰소리를 치는 연해지역의 장관들이 그의 말을 듣겠는가?

그러나 이런 단점은 다른 시점에서 분석하면 장점이 될 수도 있다. 장쩌민과 주룽지는 중국에서도 가장 부유한 상하이에서 온 사람이다. 정치국 상무위원들 중에 서부지역에서 온 사람이 있어야 대표성을 띠게 되고 서로 견제하며 균형을 잡게 되는 것이 아닌가.

후진타오가 선정된 것은 주로 덩샤오핑 등 '제2대 영도인'들이 그를 중요시한 이유도 있겠지만, 그가 '제3대 영도인'을 계승하게 되기 때문에 '제3대 영도인'들이 모두 받아들여야만 한다. 장쩌민을 핵심으로 하는 중공중앙 상무위원 중에 이번 대회 이후 역사무대에서 물러날 쑹핑은 후진타오를 자기 자리에 추천했다. 이밖에 입김이 강한 사람은 주로 장쩌민, 리펑, 차오스이다. 장쩌민과 리펑 역시 각각 자기 맘에 드는 사람이 있다(장쩌민은 쩡칭훙을 염두에 두었고, 리펑은 뤄간이 마음에 들었다). 그러나 이미 앞에서 언급했듯이 기존의 권력판도를 파괴하려 들지 않았다. 때문에 그들도 후진타오를 배척하지 않을 것이다. 후진타오가 젊고 기초가 미약하고 약세에 처해 있기 때문에 그들도 쉽게 받아들일 수 있었다. 차오스는 원래부터 후진타오에 대해 좋은 인상을 가지고 있었다. 그가 1980년대 초, 중앙조직부 부장으로 있을 때 후진타오는 단중앙서기로 있었다. 이 시기 그들의 내왕은 빈번했다. 후에 후진타오가 1985년 후보중앙위원에서 중앙위원으로 승진할 때 차오스가 후진타오를 밀어주었다. 그러므로 차오스는 후진타오가 상무위원 지도부 성원이 되는 것에 고개를 젓지 않을 것이다.

베이징에는 새로운 이야기가 항간에 돌았다. 덩샤오핑이 장쩌민을 찾아가 제14기 당중앙 지도부에 관해 문의했다. 후진타오를 어떤 자리에 앉혔는가 물었다. 장쩌민은 그의 건강상 이유로 고원환경에는 갈 수 없기 때문에 다시 티베트로 보낼 수 없으니 수리부 장관에 배치하려 한다고 대답했다.

이 말을 들은 덩샤오핑이 껄껄 웃었다. 그리고 이렇게 말했다.

"너무 낮지 않소? 이 젊은이는 인품이 좋소. 그는 후야오방에 대해 신의를 지킬 줄 아는 사람이오. 둘째, 그는 원칙을 지키는 사람이오. 티베트의 분열활동에 대해 강경하게 잘 대응했소. 셋째, 그는 여러 방면의 경험이 있소. 기층에서도 있었고 단의 일도 했으며 구이저우와 티베트의 일인자로도 손색이 없었소. 넷째, 그는 장기간 서부에서 사업해 왔기 때문에 서부 상황에 대해 누구보다도 잘 알고 있소. 다섯째, 그는 젊은 사람이오. 아직 쉰도 되지 않았소."(〈성도일보〉 2002년 5월 6일자 참조)

이 이야기는 약간 꾸밈의 색채가 있다. 그러나 이 이야기가 비록 '소설적 언어'라고는 하지만 창작자는, 정계에서 '3기3낙'의 역사를 경험하고 정계의 쓰고 단 맛을 볼 대로 다 본 덩샤오핑의 성격과 사상을 잘 파악하고 있는 것만은 사실이다. 덩샤오핑이 과거 '덩샤오핑 비판' 시기에 이를 막아선 왕자오궈를 마음에 들어한 것은 그가 자신을 지켜주었기 때문이 아니라, '벽이 무너질 때 여러 사람들이 달라붙어 벽을 떠밀어도 함께 벽을 떠밀지 않은 그 의협심' 때문이다. 그는 왕자오궈를 바람에 따라 흔들리지 않는 사람으로 여긴 것이다. 그런데 덩샤오핑이 사람을 잘못 본 것이었다. 왕자오궈가 후야오방 문제에서 보여준 태도에서 덩샤오핑은 실망이 대단했다. 그런데 후진타오는 바람 따라 후야오방을 비판하지 않았다. 이 때문에 덩샤오핑의 마음을 얻을 수 있었던 것이다.

결정적인 말은 역시 덩샤오핑의 마지막 한마디다.

"내 보기에는 후진타오가 괜찮은 사람이오."

이렇게 해서 최후 결정이 내려진 것이다. 쑹핑이 물러나고 후진타오가 그를 대신했다.

후진타오는 남자, 아니면 여자?

후진타오가 일약 발탁된 데에는 확실히 우연성이 있다. 그는 고원환경에 적응하지 못해 귀경하여 휴식을 취하고 있었다. 이런 기회가 있었기에 그는 14차 당대표대회의 준비 과정에 참가하게 된 것이다. 이때가 많은 고위층 간부들과 접촉하는 가장 좋은 기회이다. 그리고 그는 이 기회를 통해 고위층 간부들에게 좋은 인상을 남겨주었다. 그의 이름이 들어간 명단을 접한 원로들은 이견을 내놓지 않았다.

14차 당대표대회에서 '양씨 장군의 하야'와 더불어 두 가지 '특대 뉴스'

로 불린 후진타오의 승진은 이렇게 기적처럼 실현되었다. 병 때문에 귀경한 '변경대신邊境大臣'이 세 단계를 뛰어넘어 중난하이의 붉은 대문 안으로 들어갔다. 그는 7인 중공중앙 상무위원 중 마지막 서열에 서게 되었다.

후진타오가 '검은 말'이 된 것은 많은 전문가들의 예상을 여지없이 무너뜨린 것이다. 다음의 한 실례를 보기로 하자.

14차 당대표대회 전 해외 언론에서는 이번 대회의 정책경향과 인사변동에 대해 나름대로 분석을 했다. 홍콩의 〈명보〉는 "베이징의 소식을 정리해 분석한 결과 후진타오가 상무위원회 성원으로 이미 내정되었음을 알 수 있었다. 그는 쑹핑을 대신해 중앙조직부 부장으로 부임하게 될 것이다"라고 밝혔다. 이 기사는 후에 타이완의 〈중국시보〉에서 인용했다. 그러나 다른 평론가들이나 정치분석가들은 후진타오에 대해 눈을 돌리지 못했다. 전문적으로 중공정치를 수집하고 분석하는 타이완 월간지 〈중공연구〉는 1992년 10월 15일에 제26권 제10호를 출간했다. 이번 호에 룽페이龍飛라고 서명한 「중공의 과세기 후계자 선발양성에 대한 연구와 분석」을 발표했다. 이 문장에서는 중공에서 활약하는 정계 스타들을 적지 않게 열거했는데 후진타오에 대해서는 일언반구도 없었다.

후에 장안의 화제가 된 작은 에피소드가 있으니, 이 이야기는 후진타오가 중공중앙 상무위원이 되기 전에 중국대륙에서 그 지명도가 얼마나 낮았는지를 알 수 있게 한다.

1992년 10월 19일, 14차 중공 당대표대회가 끝난 뒤에 가진 첫 기자회견 때 장쩌민은 새로 선출한 중공중앙 상무위원들과 함께 기자들 앞에 나섰다. 장쩌민은 상무위원들을 하나하나 기자들에게 소개했다. 마지막으로 후진타오를 가리키며 장쩌민은 "이 젊은 분은 마흔아홉 살입니다"라고 소개했다. 통역이 이 말을 영어로 번역했다. 장내 6백여 명의 국내외 기자들이 와르르 웃었다. 외교부의 통역사 마쉐쑹馬雪松이 '젊은 분'을 'Young women(젊은 여성)'이라 통역한 것이다. 장쩌민은 이 기회를 빌어 자신의 영어 실력을 자랑이라도 하려는 듯 영어로 통역사의 잘못을 시정했다. 그런데 통역사가 장쩌민의 말을 중복해 통역한다는 것이 이번에도 '젊은이'를 'Young women'으로 번역했다. 마쉐쑹은 후에 "당시 나는 후진타오를 보지 못했다. 나는 그를 단중앙에 함께 있던 류옌둥으로 착각했다"라고 변명했다.

당무를 관장하면 무엇을 얻을까

후진타오는 나이도 자기보다 많고 자격도 있으며 직급도 자기보다 높은 많은 사람들을 훌쩍 뛰어넘어, 일약 '6인지하 억인지상'의 신분이 되었다. 그는 국가부주석인 룽이런榮毅仁 위에 서게 되었으며, 한때 자기 상급이었던 왕자오궈 위에도 서게 되었다.

중공중앙에서 정치국 상무위원의 업무 분담을 발표했다. '제3대 핵심'인 총서기 장쩌민은 전면적인 사업을 주관하고, 리펑과 주룽지는 국무원을 주관하되 주룽지는 주로 경제를 주관하기로 했다. 차오스는 인민대표대회를 관리하고, 리루이환은 정치협상을 관리하며, 류화칭劉華淸은 군대를 관리하기로 했다. 이제 마지막으로 남은 '일곱째' 후진타오는 당무를 관장하기로 했다. 이 사업은 원래 쑹핑이 했던 것이다.

당무를 관장하는 것이 언뜻 보기에는 실권이 있는 것 같다. 중국대륙에서는 공산당이 모든 것을 이끌도록 되어 있다. 당, 정, 군, 민, 학, 동서남북으로 당이 모든 것을 지도한다. 마오쩌둥은 "중국 전통사회에서는 신권, 군권, 족권, 부권, 이 네 가지의 올가미가 있었다. 그러나 지금의 중국에서 이 네 가지를 대신해 모든 것을 관장하고 관리하는 당권이 있다"고 말했다. 후진타오가 바로 그런 당권을 관장하게 되었다. 중공의 조직발전, 관리, 당원, 당원간부의 승진과 면직, 자질제고, 당규약집행, 당풍정돈 등을 모두 관장하는 이 자리는 당내 많은 사람들이 눈독을 들이는 자리이다. 쑹핑이 이 위치를 후진타오에게 물려주어야 안심하고 물러날 수 있은 것은, 그의 시점에서 볼 때 이 위치가 중공조직의 생사존망과 관련된 자리라고 인식했기 때문이다.

그러나 이것은 일면일 뿐 또 다른 면이 있다. 중공 당내에서 당을 관리하는 것은 이미 과거와는 달리 많이 변했다. 여기에는 두 가지 원인이 있다. 중공 11차 당대표대회 3중 전회에서는 중국대륙의 전략중심을 경제건설로 옮긴다고 결정했다. 개혁개방과 더불어 중국대륙의 경제와 사회운전 메커니즘에 심각한 변화가 생겼다. 한 번씩 변화할 때마다 그것은 '당이 모든 것을 관리한다'라는 권력구조에 대한 충격이었으며 재편성이었다. 우선 기업계에서는 당정이 분리되어 지배인(경리) 책임제를 실시했다. 경제 실체에서 보면 과거 당이 실권을 장악하던 때로부터 행정책임자가 실권을 잡게 되었다. 그리고 중앙에서 권리를 하향 조절한 것은 중앙 당권을 미약하게 한 것이다. 현재 당내외로 정치체제 개혁에 대한 목소리가 갈수록 높아지고 있는데, 이는 당이 모든 것을 관장한다는 당권에 대한 위협이 아닐 수 없다. 그 결과 당권은 점차 빈 허울이 되어가고 있는 형편이다. 당이 천하의 신하들을 호령하고 천군만마를 지휘하던 수단도 시간이 지나면서 점점 약화되었다. 경제냐? 행정이냐? 법률이냐? 이런 것들이 점점 당조직의 손에서 빠져나가게 되었다. 당이 영위할 수 있는 수단은 조직수단밖에 없다. 이는 당원이 아닌 사람들에게는, 또는 당원이긴 하지만 이를 별로 개의치 않아 하는 사람들에게는 신통한 제어력이 없다.

둘째로 사회전형과 더불어 상품경제가 발달하고 가치관념에 커다란 변화가 발생했다. 이와 함께 규제가 많이 풀리고, 집권당의 당풍도 문란해졌다. 천원은 침통한 심정을 감추지 못해 '당풍 문제는 당의 생사존망과 관련된 문제'라고 말했는데, 이 말이 명언이 되어 많은 사람들의 입에 오르내렸다. 이 말은 확실히 일리가 있다. 그러나 당내 비리를 근절하지는 못했다. 당풍이 문란한 것은 중공의 일당제가 그 근원이다. 일당독재를 개혁하지 않고서는 자아갱신의 메커니즘과 사회감독 메커니즘을 발휘할 수 없다. 이것은 마치 한 사람이 메스를 들고 자신의 팔을 수술하려 하는 것과 마찬가지다.

1970년대 후기부터 중공은 해마다 갖가지 '준칙'과 '규정'을 제정하고, 당의 규율과 당기풍을 정돈하는 기구와 임시기구를 세웠으며, 이를 강화했다. 1983년 중공은 당풍정돈을 전개했다. 이후에도 규모가 비교적 작은 당풍정돈을 진행하기도 했다. 그러나 큰 효과는 없었다. 당내의 이익집단은 서로 얽히고 설켜 있어 위아래가 한통속이 되어 법을 위반했다. 이러한 상황에서 누군가가 당무를 관장한다면 당풍정돈의 책임을 지게 된다. 하지만 누가 이런 패기와 용기와 슬기가 있어 체제 때문에 빚어진 심각한 국면을 돌려놓을 수 있단 말인가?

후진타오가 당무를 관할하게 되어 '당풍이 좋게 바뀌게' 된다면 이것은 개혁개방의 성과가 되든가, 아니면 법으로 국가를 다스린 결과가 될 것이다. 그가 당무를 관할한다고 해도 그의 공로라고 하지는 않을 것이다. 그러나 '당풍이 개선되지 않았다'면 이에 대해 문책받게 될 것이다. 벽이 무너질 때면 여럿이 그 벽을 밀어버린다는 옛말도 있듯이, 그의 상급이나 그의 동료들은 그의 당무관리가 실패했다고 그를 속죄양으로 삼을 것이다. 14기 중앙위원들의 임기 5년은 이미 지났고 15기 임기 5년도 이제 얼마 남지 않았다. 10년이란 시간 동안 후진타오와 그의 동료와 수하들이 젖 먹던 힘까지 다 썼지만 중공의 당풍은 호전되지 않았다. 아니, 오히려 더욱 심각해졌다는 것을 증명하고 있다.

후진타오를 이 위치에 배치한 것은, 장쩌민의 '핵심'이 어느 모로 보나 국면을 다스리기에 편리해 승산이 있기 때문이다. 그렇다면 후진타오는 얻는 건 하나도 없고 고생만 해야 하는 것인가?

그렇지만은 않다. 지금까지 당무에 대해 두 가지 면은 다루었지만 세 번째에 대해선 잘 모를 수 있다.

당무를 관할할 때는 눈앞의 사실만 볼 것이 아니라 장기적으로 미래를 따져보아야 한다. 당무는 경제처럼 효과가 빠르지 않다. 그러나 공산당의 일당독재가 변하지 않는다면 당무를 관할하는 자리는 실권이 있는 자리이다. '개혁파'나 '민주파', 또는 '보수파', '상하이파', '베이징파', '산둥파'를 막론하고, 당의 체제와 메커니즘을 전면적으로 개혁해 당의 위치를 새로 설정해야 한다고 주장하는 세력들이나 당의 전통을 완전히 회복하는 것을 주장하는 파벌 모두 자신의 목표를 실현하기 위해 동아리를 만들고 권력기구에서 될수록 많은 공간을 차지하려고 한다. 즉 자기가 믿을 만한 사람이 올라와야 한다는 뜻이다. 이렇게 하려면 반드시 후진타오라는 이 관문을 넘어야 한다. 바꿔 말한다면 이후 중공의 10년에서 20년 동안의 모습을 결정하는 사람이 바로 후진타오라는 말이다. 개인적인 각도에서 보더라도 이는 자신의 응집력을 증강하고 자신의 영도 기초를 튼튼히 다지는 좋은 기회가 된다.

후진타오는 당선된 이튿날부터 새로운 신분으로 대중 앞에 나서게 되었으며 업무를 처리하게 되었다. 공개된 기사에 따르면, 그가 관장하는 공무는 그 범위가 매우 넓다. 프랑스 공산당 대표와 회견하고, 과학기술 대표와 중국의 항공공업에 공헌이 큰 과학자들을 접견하며, 당중앙을 대표해 전국 총공회 11기 5중 전회의 집행위원회에 참석하고, 공청단 12기 5중 전회의 대표를 접견해 연설을 하고 경찰 직급 수여대회에 참석하고……. 그러나 이 모든 것은 형식상의 의례활동에 지나지 않는다. 그가 이런 활동에 참석하는 것은 중공 최고당권자가 그에게 여러 장소에 나타나는 기회를 제공해주어 각 방면의 사람들이 그를 이해할 수 있도록 하고, 그의 수중에 들어간 실권을 알리기 위함일 수도 있다.

8
높은 곳은 찬바람이 세다
(1992~1997)

그는 당의 개조를 추진하고 있지만 당도 그를 개조하고 있다.
사람들은 그를 두고 성숙하다고 하는데 이것은 찬사인가, 아니면 비난인가?

점수 메기기 어려운 정치업적

후진타오가 당중앙정치국 상무위원, 서기처 서기가 되었을 때 사람들은 중난하이의 새 식구는 어디서 온 신선이며, 어떤 경로를 밟은 사람인지 잘 알지 못했다. 그가 급변하는 정계에서 5년이나 몸을 담아 15차 당대표대회를 치렀다. 그러나 그 사이 후진타오는 외부에 어떤 인상을 남겼고, 그의 정치업적에 어떤 점수를 주어야 할까 하는 문제에선 여전히 아리송하기만 했다.

1996년 초 홍콩 정론政論을 다루는 어느 잡지에서는 후진타오의 처지를 "높은 곳은 찬바람이 세다"라는 성어에 비유했다. 후진타오는 세 번이나 사임할 생각을 했다는 소문도 돌았다. 일반적으로 이 정도의 고위층에 이르면 "강을 건넌 병사처럼 오로지 직진만이 있다"고 하는데, 후진타오가 사임하려는 생각이 있었다는 말은 허황된 소문만은 아니다. 이 5년간 그의 처지가 정말로 난처했음을 알 수 있는 말이다.

후진타오의 난처함은 세 가지로 볼 수 있다. 첫째, 그는 '태상황'이 임명한 당대의 '황태자'이다. 태상황이 아직 살아 있고 또 정계에 일정한 영향력을 발휘하고 있는데 제3대 영도집단과 이견이 있게 된다면 전前 양대兩大 지도자들 사이에서 누구에게도 미움을 받지 않는 일이란 정말로 어렵고 골치 아픈 일이다.

둘째, 제3대 영도집단은 인원이 많다. 그들에게는 '핵심'이 한 명만 있는 것이 아니다. 이 두 핵심과 기타 성원간에 각종 분란과 모순이 존재한다. 그런데 후진타오는 고위층에 뿌리가 없다. 누구와 친하고 누구와 멀리할 것인가? 이것을 오류 없이 판단한다는 것도 정말로 쉬운 일이 아니다.

그와 장쩌민과 차오스와의 관계를 보기로 하자. 장쩌민은 과거 그와 아무런 관련이 없는 사람이다. 그러나 차오스는 그를 여러 번 밀어주었다. 그런데 자신은 당무를 관리하게 되었다. 이것이 난처한 일이다. 당무를 관리하라는데 당내 부패현상은 점점 늘어만 가고 있으며 큰 안건이 꼬리에 꼬리를 물고 발생한다. 인민대표대회 위원장인 차오스는 법적 관리를 강화하고 감독을 강화하는 수단을 통해 부패를 척결하려 했다. 후진타오는 총명한 사람이다. 그는 차오스의 제안이 정확하고 실행할 만한 것임을 얼마든지 체험할 수 있다. 그리고 차오스의 이 주장에서 '일석이조一石二鳥'의 다른 한 '조'가 무엇을 지칭하고 있는지도 잘 알 것이다. 당무를 관장하는 후진타오는 다만 '당은 당을 관리해야 한다', '당은 간부를 관리한다'는 것을 강조할 수밖에 없다. 이렇게 되면 자연히 장쩌민의 '정치를 중시해야 한다'는 틀에서 빠지게 되고, '법제'를 강조하는 차오스와는 거리가 멀어지게 된다.

셋째, 동년배 중에 경쟁자가 너무 많다. 그의 경쟁자들도 모두 출중한 사람들이다. 그들은 모두 자기를 밀어주는 배경이 있다. 그런데 자기는 덩샤오핑의 말 한마디로 지금 이 자리에 서게 된 것이다. 때문에 그들이 자신에게 불복할 것은 뻔한 일이다. 그들이 이런저런 빌미를 들고 나오는 것도 불가능한 일이 아니다. 때문에 그들 앞에 권위를 세워야 하면서도 그들과 의가 상하지 않도록 조심해야 한다. 그들에게 단것을 주면서도 일정한 거리를 두어야 한다. 그들 중에서 자신이 믿을 만한 사람을 선별해 그를 키우고 장래의 대권 준비를 해야 하며, 제3대 영도자들에게 트집거리를 주지 말아야 한다.

정말로 어려운 일이 아닐 수 없다.

공개장소에 자주 나타나지만 실적이 별로 없다

최고 정책결정층의 한 구성원인 후진타오의 처지는 이전과 많이 달라졌다. 5년 동안 후진타오가 공개장소에 나타난 빈도수는 상무위원 중에서 가장 낮지만 관영 텔레비전과 신문에서는 그에 대한 보도가 이전보다 현저하게 많아졌다. 한 달 동안 중앙신문과 텔레비전에 모습을 보이는 횟수는 그가 정치국 상무위원이 되기 전 해의 일년 동안 보도된 것보다 더 많았다.

그렇다고 우리가 후진타오를 연구하는 데 더 쉬워진 것은 아니다. 그에 관한 보도는 대체로 틀에 박힌 일상적인 형식이 많아 후진타오는 여전히 베일에 가려진 인물이었다.

몇 년 사이 그는 여러 공개장소에 나타나는 일이 많았다.

후진타오는 당중앙을 대표해 천시퉁의 '사직'에 동의하고, 웨이젠싱이 그를 대신하게 되었음을 베이징시 당정간부회의에서 공포했다.

정치국에서는 후진타오를 임명해 15차 당대표대회 준비위원회를 총괄하게 했다. 각 성과 자치구, 직할시의 지도부 조정은 다 후진타오가 책임지게 되었다.

1995년 천윈이 사망하고 1997년 덩샤오핑이 사망했을 때, 그리고 같은 해 펑전이 사망했을 때 그는 당중앙을 대표해 이 원로들의 장례 책임자를 맡았다. 후진타오는 덩샤오핑의 친척들과 함께 덩샤오핑의 뼈를 비행기로 이송해 바다에 뿌리기도 했다.

위 사항에서 천시퉁을 중심으로 한 '베이징방'에 대한 타격은 실질적인 업적이라고 하겠지만, 기타 사항들은 모두 '표면'적인 행위에 불과하다. 그가 14차 당대표대회 당중앙정치국 상무위원으로 당선된 5년 사이 중공은 당내외나 국내외로 다사다난한 시기를 겪었다. 그를 제외한 다른 성원들은 모두 자기의 주장과 업적이 있다. 장쩌민은 '정치를 중시해야 한다'는 업적이 있고, 주룽지에게는 경제에 대한 '거시적인 억제'라는 주장이 있다. 차오스는 근래 몇 년간 반복적으로 '법치'를 강조했다. 그런데 후진타오에게는 어떤 신선한 주장이 있었는가? 또 그는 어떤 뚜렷한 업적을 남겼는가?

간부를 살펴볼 때는 주로 그의 업적을 본다. 전국정치협상회의 주석을 맡았던 리루이환은 여러 번 이 점을 강조했다. 그가 이것을 강조할 때는 그냥 하는 말이 아닐 것이다. '실질적인 업적'을 내놓으라면 후진타오는 정말로 사람들이 만족할 만한 답을 내놓지 못할 것이다.

천시퉁을 중심으로 한 '베이징방'에 대한 타격은 후진타오가 임기내에 처리한 가장 실질적인 업적임에 틀림없다. 그는 이 업적으로 장쩌민의 신임을 얻게 되었다.

'베이징방'을 타격하고 장쩌민에 접근하다

천시퉁의 파멸은 중국 법치의 승리인가, 아니면 장쩌민이 정치권력 쟁탈전에서 거둔 성과인가? 이 문제는 수년간 중공 연구가들의 시선을 끌었다. 그들이 의문을 풀지 못하는 것도 이해할 만하다. 천시퉁은 권력이 대단한 사람이었다. 그는 장쩌민을 올려다보지 않았다. 그는 '6·4사태' 때 대공을 세운 사람이며, 1992년 남하 시찰과 베이징 시찰 때 그는 덩샤오핑에게 높은 평가를 받았다. 덩샤오핑은 그를 시켜 자기의 말을 중앙에 전달하게 했다. 천시퉁은 장쩌민의 가장 강력한 정적이 된 것이다. 천시퉁 사건은 국가비밀에 관련된 일도 아닌데 왜 최후 판결 때까지 시종 이를 공개하지 않고 블랙박스에 숨겨둔 것일까? 이보다 더 중요한 것은 수뢰금액이 겨우 몇십 만원인데 어째서 그에게 16년이라는 장기징역을 판결했는가?

1995년 4월 27일 〈신화사〉에서는 165자밖에 안 되는 기사를 발표했다. 하지만 이 소식은 국내외를 진동시켰다. 베이징시 부시장 왕바오썬王寶森이 부패 척결의 위력에 겁을 먹고 총으로 자살했다는 소식과 중공정치국 위원이며 베이징시위서기 천시퉁이 사직한다는 소식이었다.

천시퉁 사건은 이때부터 정식으로 서막을 열었다.

'칭찬과 한탄이 절반'이라는 것이 천시퉁에 대한 베이징시 시민들의 감정이라고 한다면 아마 8, 9할은 틀림없을 것이다. 그가 사직할 때의 나이는 65세였다. 그도 말띠다. 그는 한 번도 베이징을 떠나지 않은 '늙은 말'이다. 23세 때 베이징시위 제2서기인 류런劉仁의 비서로 있다가 33세에 창핑현昌平縣 현위부서기로 첫발을 내디뎠다. '문혁' 시기에 그는 류런에 관련되어 약간의 충격을 받았지만 큰 고생은 하지 않았다. 1971년 그는 재기에 성공해 다시 정계에 몸을 실었다. 창핑현 현위서기, 혁명위원회 주임으로 재기한 그는 1979년에 베이징시 부시장으로 승진했다. 이때부터 그의 승진은 더 빨라졌다. 1982년 가을 12차 당대표대회 때 중앙위원으로 당선된 그는, 1983년 4월 중국의 수도 시장으로 당선되어 국내외 무대에서 이름을 날리기 시작했다.

1988년 1월 그는 베이징시 시장을 연임하게 되었으며 4월에는 국무원 국무위원으로 승진했다. 1989년 학생운동 시기 전국의 국민들은 그가 학생대표들과 대화하는 장면을 모두 보았을 것이다. 1989년 풍파 시기에 그가 어떤 수단을 써서 상하에 점수를 땄는가 하는 것도 이제는 비밀이 아니다. 그는 리시밍이 베이징시위서기에서 하야하자 그를 뒤이어 베이징 시위서기로 부임하였으며 정치국 성원이 되었다.

천시퉁은 베이징 시장, 시위서기를 다년간 역임하면서 안하무인으로 변했다. 그는 덩샤오핑을 제외하고는 그 누구도 눈에 차지 않았다. 여기서 한 가지 예를 들어보자. 그가 사직서를 내기 얼마 전 그는 여전히 당중앙에 대항하며 "그 어느 직장에서든 홍콩 회사를 구입해서는 안 된다"는 규정을 어기고 2.8억 위안을 주고 홍콩의 한 방직유한공사를 구입했다. 그는 이것으로 베이징발전(홍콩) 유한공사를 설립했다. 그런데 베이징 시민들은 천시퉁의 정확한 지도가 있었기 때문에 베이징의 건설이 활기를 띠게 되었으며, 시민들의 생활이 높아졌다고 그를 평가했다. 많은 사람들은 고위층의 정권쟁탈 같은 것엔 관심이 없다. 그리고 체제개혁이나 시장경제 방침의 변론에도 관심이 없다. 그들은 다만 천시퉁이 고생을 무릅쓰며 현장을 시찰하고 문제를 해결한 사실들을 가지고 그에 대해 높은 평가를 한 것이다. 이를테면 그가 직접 4원교 고가도로를 지도해 건설한 것이나, 그가 직접 공주분 입체교 설계를 심사할 때 이곳에 자란 수령이 3백 년이나 되는 고송古松을 보호한 이야기 등은 꾸준히 미담으로 전해지고 있다. 또한 용담호에는 용의 형상을 세워야 하고, 자죽원에는 대나무를 심어야 하며, 도연정 공원에는 누각을 세워야 한다는 지시를 직접 내렸다는 미담도 있다.

1995년 4월 5일 베이징시 상무부시장 왕바오썬이 화이러우현懷柔縣 교외에서 자살했다. 이튿날 천시퉁은 시장 리치옌李其炎과 함께 연명으로 중앙서기처에 '사직보고서'를 올렸다. 장쩌민이 "이 일에 대해서는 잠시 토론하지 않는다"는 지시를 내렸다. 장쩌민은 베이징시 부처장급 이상 간부를 소집해 왕바오썬의 자살을 통보하며 흔들림없이 맡은 일에 충실하도록 지시했다.

후진타오는 원래 많은 일을 맡아서 하고 있었지만 이번 사건이 터진 다음에는 다른 일을 다 미루고 베이징시 부시장 자살사건에 전력하게 되었다. 4월 중순 정치국 상무위원회에서 베이징시의 긴급사태에 대해 연구한 뒤 후진타오는 장쩌민과 함께 천시퉁을 찾아가 대화를 나누었다. 후진타오는 당중앙을 대표해 그에게 전근할 것을 건의했다. 그러나 천시퉁은 이런저런 생각 끝에 물러나는 것으로 자신을 지키려고 했다. 그는 계속해서 사퇴를 고집했다. 그는 자기가 사퇴해야 하는 세 가지 이유를 들었다. 첫째, 나이가 많기 때문에 1선에서 일하는 것은 이제 불편하다. 둘째, 왕바오썬 문제는 개인적인 문제라고 하지만 시위서기인 자신에게도 책임이 있다. 셋째, 자기의 비서도 이 사건에 연루되었는데 이 역시도 자신에게 책임이 있다.

장쩌민과 후진타오는 그의 의견을 접수하지 않았다. 그때 그들은 차후 베이징시의 사업은 후진타오에게 보고할 것을 지시했다.

후진타오는 넉 달 동안 천시퉁과 왕바오썬 사건에 전력투구했다. 그는 천시퉁과 여러 번 대화를 나누었다. 후에 장쩌민이 이런 내막을 폭로했다. 자신과 리펑, 후진타오는 '병을 고쳐주어 사람을 살리는 원칙'으로 천시퉁과 여러 차례 이야기를 나누었으나 천시퉁은 자신의 과오에 대해 절대 시인하지 않았다. 천시퉁은 자기는 공로가 과오보다 큰 사람이라는 것을 믿고 트집잡힐 일은 하지 않았다고 자부했다. 그리고 10여 년간 베이징시를 운영하면서 넓은 인맥을 밑천으로 삼았다. 그는 덩샤오핑과 완리 등의 원로들과 이미 통화가 되어 있는 상태였다. 그러니 장쩌민도 자신을 함부로 건드리지 못할 거라고 판단한 것이다. 물론 후진타오는 전혀 상대가 되지 않았다. 그는 계속해서 사직하겠다는 주장을 고집했다. 그는 4월 25일 또다시 사직서를 제출했다. 그는 다년간 장쩌민과의 알력이 이미 응

어리가 되었다는 것을 몰랐다. 장쩌민은 마오쩌둥이 펑전을 버릴 때처럼 천시퉁의 '독립왕국'을 뒤엎기로 결단을 내렸다. 장쩌민은 직접 이 사건을 지휘하기로 하고, 후진타오와 중앙규율검사위원회 제1서기 웨이젠싱을 인솔해 제1선에서 천시퉁의 죄를 문책하기로 했다.

4월 26일 중앙정치국에서 확대회의를 소집했다. 이 회의에서 천시퉁의 사직을 승인하기로 결정했으며 차오스, 리루이환, 류화칭의 건의를 접수해 웨이젠싱이 천시퉁을 대신해 베이징시위서기를 맡기로 결정했다.

4월 27일 중공 베이징시위에서는 구와 현의 국장급 간부회의를 소집했다. 후진타오는 중앙의 위탁을 받고 회의에서 아래의 결정을 선포했다. 중공중앙에서는 웨이젠싱을 중공 베이징시 위원, 상무위원, 서기로 임명하는 동시에 천시퉁의 사직서를 비준해 그의 베이징시위서기, 상무위원, 위원 직무에서 해직한다는 결정을 선포했다. 그날 중앙텔레비전 방송국에서는 이 결정을 방송했으며, 이튿날에는 중국내의 크고 작은 모든 신문에서 놀라운 이 소식을 전했다.

7월 중공중앙에서는 중앙규율검사위원회에서 제출한 천시퉁 문제를 입수, 수사할 것을 결정했다.

9월 중공 14차 당대표대회 5중 전회에서는 천시퉁에 대한 중앙규율검사위원회의 심사보고를 토론하여 통과시켰다. 보고는 대강 이런 내용이었다.

천시퉁이 베이징 시장과 시위서기를 맡은 기간 동안 심각한 실책을 범했다. 전前 베이징시 상무위원, 부시장인 왕바오썬의 범법 활동에 중대한 책임이 있으며, 생활이 부패타락하고 문란하며 직권과 공무를 남용해 귀중한 물품을 수뢰했다. 전회에서는 천시퉁의 중앙정치국 위원, 중앙위원회 위원 직무를 취소하고 당적을 보류해 후에 다시 심사할 것을 결정했다. 이와 함께 법적 절차에 따라 그의 전국인민대표대회 대표 직무를 취소하고 그에 대한 수사를 계속 진행하기로 결정했다.

1997년 8월 29일 중공 15차 당대표대회를 개최하기 직전 중공에서는 2년 동안 결론을 내리지 못한 천시통 사건에 대해 일정한 진전을 보였다. 이날 천시통을 출당시키는 것에 관한 중앙규율검사위원회의 결정이 당중앙의 비준을 받게 된 것을 공포했다.

1998년 2월 27일 최고인민검찰원에서는 횡령과 독직죄로 천시통을 정식 체포하기로 결정했다.

그해 7월 31일 베이징시 고급인민법원에서는 천시통에 대해 횡령죄로 유기징역 13년을 판결했으며 독직죄로 유기징역 4년을 판결했다. 1심에서는 두 죄를 합쳐 유기징역 16년을 언도하고, 장물은 몰수해 국고에 바치기로 판결했다. 20일 후 최고인민법원에서는 종래의 판결을 유지한다는 최종판결을 내렸다.

중공 관측에서는 "천시통의 독직죄는 개인 프라이버시와 관련되기 때문에 법원에서는 이미 7월 20일에 이 사건을 비공개 심리했다"라고 보도했다. 그런데 중앙텔레비전 방송의 저녁 뉴스에서는 심판 장면을 공개했다. 공개된 장면은 천시통의 친척을 포함한 150여 명의 사람들이 방청하고 있는 모습이었다. 남색 옷을 입은 천시통은 건강해 보였으며 고개를 똑바로 들고 가슴을 앞으로 내민 자세로 판결서를 듣고 있었다. 세심한 사람들은 그때, 그가 손톱을 자꾸 만지면서 두 다리를 떠는 장면을 보았다고 한다. 내심으로는 그 역시 불안했던 것이다.

천시통이 무너질 때 항간에는 여러 소문들이 난무했다. 중국대륙에서는 뒤이어 천팡陳放의 장편소설 『천노天怒』가 출간되었다. 천팡은 중공통일전선부의 간행물인 〈화인세계〉의 주간이며 〈인민일보〉와 〈성도일보〉에서 연합경영하는 잡지 〈성광월간〉의 부주간이다. 그는 작품 첫머리에 이렇게 쓰고 있다.

시市의 반反탐오국 국장 저우썬린周森林이 아우디 차에서 내려 반탐오국 정문으로 들어서는데 십여 명의 기자가 그를 포위했다. 기자들은 서로 다투어 그에게 이것저것 질문했다.

"저우 국장님, 허치장 부시장은 타살입니까? 아니면 자살입니까?"

"해외 언론에서는 이미 허 부시장의 죽음을 공개 보도했는데 우린 왜 이것을 몰랐습니까? 그 배경을 소개할 수 없습니까?"

"저우 국장님, 전국 반부패고조와 허 부시장의 돌연한 죽음은 상관없는 사건입니까? 아니면 복잡한 배경이 있습니까?"

사실적인 색채가 아주 짙은 이 작품은 자연히 천시통과 왕바오썬 사건을 연상하게 한다. 이 책은 즉시 발행금지 조치를 당했다. 천팡은 이에 대해 이렇게 말했다.

"현재는 보수세력이 매우 강하기 때문에 책이 금서가 되는 것은 전혀 이상한 일이 아닙니다. 만일 이 책을 금서로 정하지 않았다면 이 책은 50만 부 이상 발행했을 것입니다. 그러나 지금까지 5백만 부가 넘게 발행했습니다. 열 배나 늘어난 것입니다."

해외 간행물에서는 천시통과 왕바오썬 사건의 내막과 비밀을 너무나 많이 폭로해 그 진위를 분간하기 어려울 정도였다.

당시 전하던 말에 따르면, 천시통과 베이징시의 고위관리들이 횡령한 금액은 22억 달러에 달한다고 한다. 이것이 사실이라면 백성들은 분노하기 마련이다. 천시통은 마땅히 준엄한 법적 판결을 받아야 백성들의 분노를 다소나마 해소시킬 수 있을 것이다. 그런데 최후 심판서의 내용은 전혀 뜻밖이었다. 공포된 그의 범죄사실은 다음과 같다.

피고인 천시통은 베이징시 시장과 시위서기를 맡은 기간인 1991년 7월부터 1994년 11월까지 대외교류 중 귀중물품 22건을 접수했다. 그중 금은 제품 8건,

손목시계 6개, 펜 4개, 카메라 3대, 녹화기 1대가 있는데 그 가치는 인민폐로 따져 555,965,20위안이다. 이것은 국가 규정에 따라 정부에 바쳤어야 하는데 그가 불법적으로 소유했다. 피고인 천시퉁은 베이징시 시장을 맡은 기간인 1990년과 1992년 왕바오썬을 종용해 재정자금을 투입해 팔대처 공원과 화이러우현 안루호 기슭에 별장 두 채를 지었다. 이때 규정을 위반해 별장을 짓고 시설을 구입하는 데 인민폐 3,521만 위안을 남용했다. 천시퉁은 베이징시위서기로 부임한 다음, 1993년 1월부터 1995년 2월까지 애인 모모와 왕바오썬 등을 불러들여 두 별장에서 번갈아가며 향락을 누렸다. 별장은 천시퉁과 왕바오썬의 향락 장소가 되었다. 그 기간 접대비로 쓴 돈이 인민폐 140만 위안에 달하고 먹고 마시는 데 인민폐 105만 위안을 낭비했다.

몇십억 달러이나 된다던 천시퉁의 횡령이, 알고 보니 55만 위안에 달하는 외국인 뇌물을 받은 것으로 끝나고 말았다. 적지 않은 국내인들은 당국에 놀림을 당한 느낌이었다고 한다. 고위층 간부인 천시퉁이 55만 위안에 달하는 사소한 뇌물에 눈이 멀 사람이란 말인가? 천시퉁도 가소로웠던지 "정부에 바치지 않은 것은 베이징인민예술극원에 기부하기 위함이다"라고 변명했다고 한다. 이와 같이 사소한 일을 가지고 3년 동안이나 수사하고 나서 판결을 내린 것에는 두 가지 가능성이 있을 것이다. 한 가지 가능성은, 이 사건이 정치권력을 배경으로 하고 있을 것이라는 사실이다. 장쩌민은 다만 '닭을 잡아 원숭이에게 보이는 격'으로 천시퉁의 사례로 자신의 권위를 확립하려 했을 것이다. 다른 한 가지 가능성은 중공 고위층 사람과 연루되어 있기 때문에 공개하지 않을 수도 있다는 것이다. 여하튼 그 어떤 이유에서든지 백성들은 내막을 전혀 모르고 있는 것만은 사실이다. 당국에서는 이 사례를 들어 반부패의 거대한 성과로 선전·홍보할 것을 희망했다. 그런데 효과는 정반대로 나타났다. 백성들은 마치 놀림을 당한 것 같은 기분을 느껴야 했다.

나무가 넘어지면 그 나무에 올라타고 있던 원숭이들은 모두 달아난다. 베이징시 권력 시스템에 지진이 일어났다. 1995년 시규율검사위원회에서 입건한 건수만 해도 31건이나 된다. 정청장급 간부 6명, 부청장급 간부 10명이 입건되었다. 베이징시 시정부비서장이고 시인민대표대회 부주임이며 '철 같은 여인'이라 불리던 리톄잉李鐵英과 베이징시 시정치협상위원회 부주석인 황지청黃紀誠 등이 선후 체포되었다. 베이징시에서는 이런 말도 돌았다. "경찰차가 베이징시 청사를 마음대로 출입한다." 베이징시의 유명한 부시장 장바이파張百發도 한때 위기에 처했는데 나중에는 퇴직하는 것으로 끝났다.

백성들에게 천시퉁이 '정치 때문에 실패했다'는 의심을 풀어주지 못하는 것에는 또 한 가지 원인이 있다. 그것은 그가 하야하면서 내놓은 빈자리를 누가 대신하겠는가 하는 문제이다. 장쩌민은 푸젠성에서 아직 일년도 안 되는 성위서기 자칭린賈慶林을 상경시켜 그에게 베이징시 시위서기를 임명하려고 했다. 그러나 자칭린은 바로 '임금의 사람'이다.

자신의 권력을 공고히 한 장쩌민은 승리자이다. 후진타오는 천시퉁을 밀어내는 사건을 통해 자기의 세력을 키우지는 못했지만, 장쩌민이 신임하는 사람이 되기에는 충분한 시간이었다. 그러니 후진타오도 이 사건으로 인해 득을 본 셈이다.

몇 년 사이 전국을 모두 시찰하다

5년간 후진타오의 활동을 기사화한 중공 언론의 보도를 보면 한 가지 사실에 깊은 인상을 받게 된다. 그것은 돌연히 최고층으로 부상한 젊은이가 기층에 대한 관심을 중시하여 정기적으로 각 지역을 고찰한 사실이다.

이것은 후진타오가 단중앙서기와 변경지역의 책임자로 부임했을 때부터 생긴 습관이기도 하다. 그가 성에서 일할 때 성내 각지를 거의 다 시찰하며 다녔다. 그가 중앙에서 일할 때도 전국을 두루 다니며 조사연구를 진행했다. 후야오방이 총서기로 있을 때 "전국의 모든 현을 다 돌아보겠다"는 소원을 가지고 있었다. 그러나 그는 이 소원을 이루지 못했다. 그런 그의 소원이 후진타오의 몸에서 비로소 실현되고 있었다. 후진타오는 마오쩌둥이 강조한 "조사가 없으면 발언권도 없다"는 말을 믿었다. 그래서 될수록 전국 범위내 기층의 실제상황을 이해하려고 애썼다. 조사를 진행하다 보면 곧 그 지역을 어느 정도 장악할 수 있게 되었고, 처리방안도 세울 수 있었다. 또한 이렇듯 그가 부지런히 기층으로 내려가 조사를 실시한다면 중공 원로들에게 몸소 실천하여 배운다는 인상을 심어줄 수도 있다. 그리고 그가 젊었기 때문에 그를 신임한 원로들에게 젊은 기백을 보여주어야 하는 것도 한 측면이다.

후진타오는 중공중앙정치국의 관련 규정을 지켜 중공중앙에서 중요한 회의를 소집하거나 출국방문이 있을 때를 제외하고는 두 달 간격으로 각 성시로 내려가 순시하고 조사했다. 그 기간은 대략 일주일 정도이다.

1993년 베이징, 저장, 장시, 후난, 윈난, 랴오닝遼寧 등지를 둘러보았다.

1994년 허난, 톈진, 내몽골內蒙古, 상하이, 광둥 등지를 시찰했다.

1995년 산시, 푸젠, 닝하이寧海, 칭하이, 내몽골 및 허난, 허베이, 산시 등이 맞닿아 있는 타이항산太行山 일대에 대한 조사를 진행했다.

1996년 광시, 지린吉林, 허베이와 베이징 접경지역을 시찰했으며 쓰촨, 하이난海南, 안후이, 장쑤 등지를 시찰했다.

1997년은 중공에 대사大事가 많은 해임에도 그는 틈을 내어 톈진, 후베이, 싼샤 등지를 시찰했다.

이밖에도 그는 지방에서 이루어지는 현장회의나 경험교류회의, 기념회의에 참석하는 기회를 틈타 그곳에 대한 순찰했다.

후진타오가 순찰한 지역을 분석한 필자는 한 가지 공통점을 발견하게 되었다. 그는 의도적으로 자신이 생활했거나 또는 일했거나 아니면 이런저런 인연이 있는 곳은 피했다는 사실이다. 그가 안후이를 시찰할 때는 주로 화이하이淮海 유역을 시찰했지, 고향인 지시에는 가보지 않았다. 그가 장쑤를 고찰했을 때도 많은 곳을 다녔지만 타이저우의 옛집에는 가보지 않았다. 그는 칭하이와 윈난을 순찰할 때도 자기가 한때 지방장관으로 있던 구이저우에는 가지 않았다. 이는 후진타오가 신중하게 일을 처리한다는 것을 알 수 있게 한다. 그래서 그런지 어떤 사람들은 그를 두고 "나뭇잎이 떨어져도 머리를 다칠까 무서워한다"라고 표현하기도 했다. 중공의 정계가 워낙 험악했기 때문에 조심하고 신중히 처신하여 다른 사람에게 트집잡힐 만한 빌미를 주지 않는 것은 가히 이해할 만한 일이다.

중공은 지도자들이 성과 도시 등 기층으로 내려가 시찰할 때 지켜야 할 규정을 내세우고 있다. 즉 자기가 관장하는 영역을 중심으로 시찰을 진행해야 하고, 당시 중공의 중심사업에 근거해 중점과 난점 등에 관한 보고를 청취하며 현지 조사를 진행해야 한다는 것이다. 후진타오는 기층으로 내려가 시찰할 때마다 언제나 이 두 가지를 염두에 두었다. 그리하여 그는 자신이 관장하는 업무와 당의 중심사업을 잘 배합했다.

말과 행동에 조심하고 규칙을 잘 준수하다

지위가 변함에 따라 후진타오가 어디를 가든지 그를 공손하게 대주었다. 하급관리들은 그에게 "진타오 동지의 지시를 바랍니다"라고 청한다. 그러면 그는 하는 수 없이 하급관리들에게 이런저런 지시를 내렸다.

후진타오의 지시와 연설은 중앙의 공식적인 규정에서 벗어나지 않는다. 필자는 후진타오의 각지 연설을 꼼꼼히 읽었는데, 그는 공산당의 틀에 박힌 고정된 개념을 제외하고는 진정 자신의 목소리가 담긴 말은 하지 않았다. 그럼에도 아이러니컬한 것은 이러한 그가 여러 장소에서 사람들에게 창의적인 것을 호소했다는 점이다.

후진타오의 그 어느 연설을 보아도 자기만의 개성적인 언어와 독특하고 창의성 있는 견해는 없다. 1996년 10월 후진타오가 장쑤로 내려가 시찰할 때 그곳에서 내린 지시를 들어봐도 마찬가지다. 〈신화사〉에서 보도한 데 따르면, 그는 기업을 관리하는 당에 대해 강조하면서 여러 대형·중형 국영기업을 돌아본 뒤 연설을 발표했다.

"기업의 생산경영을 둘러싸고 당의 사업을 강화해야 한다. 당조직의 정치 핵심역할을 발휘해야 하며, 중국 특색이 있는 현대 기업제도를 건립해야 한다."

후진타오가 말한 주요 요점은 정신문명건설과 물질문명건설을 "당의 건설과 결합해야 한다"는 주장이다. 그는 더 나아가 "기업의 당조직은 기업의 중대한 문제의 정책결정에 참여해야 하고 당이 간부를 관리한다는 원칙을 지켜야 하며 기업의 정신문명건설과 사상정치공작에 대한 지도를 강화해야 한다"고 주장했다.

그의 연설은 중공 정식 공문서와 손톱 만한 차별도 없이 똑같다. 어쩌면 이는 그가 아무 말도 하지 않은 것이나 다름없다. 해외의 어떤 신문은 후진타오의 이 연설 내용을 분석하면서, 중공에서 추진했던 경리(공장 지배인) 책임제와 정권과 기업을 분리시키는 등의 개혁이 모두 물거품이 되고 말았다고 평가했다. 이런 분석에 아무런 근거가 없다는 것은 한눈에 알 수 있다. 그러나 신화사에서 보도한 위의 내용을 뜯어보면 후진타오는 확실히 '신사상新思想'이 없다는 것을 알 수 있다. 그의 연설은 실행할 수 없는 낡은 관념이라, 좌파보다 더 좌파적이다. 덩리쥔의 입에서 흘러나온 말과 조금도 다름이 없다. 우리는 마치 시간의 터널에 들어가 20년을 역류한 것과 같은 감각을 느끼게 된다.

1995년 7월 21일 후진타오는 중공중앙 직속기관 장관급 이상 영도간부

회의에서 '영도간부들은 솔선해 당성을 강화해야 한다'라는 연설을 했다. 그 내용은 마치 아무 맛도 없는 밀랍을 씹는 느낌이었다. 그의 연설을 듣는 사람들은 모두 장관급 이상 간부라 거의 다 대학 졸업생이며 당과 국가에서 중임과 대권을 쥔 관리들인데 그가 마르크스-레닌주의 갑을병정을 논했으니 얼마나 썰렁했는가를 알 수 있다.

이제 후진타오가 서명한 문장과 공개장소에서 발표한 연설의 제목을 보면 그것이 중공의 틀에 박힌 말임을 대번에 알 수 있다.

「인민대중의 공복 젊은 간부의 본보기」(〈인민일보〉 1994년 10월 3일)
「영도간부들은 솔선해 당성을 강화해야 한다」(1995년 7월 21일 중공중앙기관 장관급 이상 간부회의 연설, 〈자광각〉 1995년 제9호)
「노동계급은 과세기의 웅위로운 강령을 실현하기 위해 분투해야 한다」(1995년 4월 29일 수도에서 개최한 국제노동절대회에서 당중앙과 국무원을 대표해 발표한 연설)
「당의 과세기 웅위로운 목표를 실현하기 위해 고군분투하고 인재를 양성하자」(1995년 12월 8일 수도 청년 '12·9운동' 60돌 기념대회와 '12·1운동' 50돌 기념대회 연설)
「전당은 쿵판썬孔繁森을 따라 배우자」(〈인민일보〉 1996년 5월 12일)
「신세기로 진입해 새 업적을 창조하자」(1996년 6월 19일 공청단 14차 대표대회 연설)
「과세기 발전수요에 적응해 농촌 기층 당조직의 건설을 더욱 강화하자」(1998년 6월 27일 전국농촌기층조직 건설경험교류 및 표창대회 연설)

사회 기층에서 오랫동안 고생하고 단련되어 시정市井의 언어에 능통한 주룽지나 리루이환 등에 비하면 너무도 큰 차이가 난다. 또 군인 출신인 류화칭이나 구수한 말만 골라 하는, 그래서 백성들이 그를 두고 '빈소리, 힌소리, 상하이 소리, 외국 소리'의 '네 가지 소리 간부'라 부르는 장쩌민에 비한다 해도 차이가 너무 크다. 심지어는 아무 매력도 없는 리펑의 말과 비교해도 빛을 잃는다.

공평을 기하기 위해 후진타오의 연설을 직접 들은 사람이 필자에게 전한 말을 인용할까 한다. 후진타오의 실제 연설은 〈신화사〉에서 다듬고 짠 연설보다 생동감 있고 구체적이라고 한다(더욱이 작은 범위에서 보고를 듣고 문제를 토론할 때면 그의 연설이 더 활기차다는 것이다). 다시 말해 실질적으로 문제의 요점을 찔러 자신의 생각을 보여준다는 것이다. 그의 연설이 논리적인 면에서는 중공 최고층에서도 첫자리에 꼽힐 수 있다고 그는 전했다. 그런데 후진타오는 이런 견해를 절대 밖으로 소문나지 않게 해외에선 이를 모르고 있을 뿐이라고 했다. 일단 이런 것을 다 공개한다면 그는 나중에 자신의 목소리를 죽여야 하고 자신의 개성을 잃게 된다는 것이다.

당은 개혁을 하되 개혁으로 당을 망치면 안 된다

왜 이렇게 말하는가? 이것은 큰 나무일수록 바람이 잦은 것을 피하려는 그의 성격에서 비롯된 것이다. 이밖에 또 다른 중요한 원인이 있는데 그것은 조직과 당무를 관장하는 이 사업은 밀실에서 기획하고 막후에서 교섭하는 성격이 짙으며 정책성이 강하기 때문에 그에게 자신의 창의성을 발휘할 여지가 많지 못하기 때문이다.

후진타오는 제14기 중앙정치국에서 조심스럽게 일하는 몇 년간 현대화 사회에 적응하기 위해 아주 정통적인 혁명정당인 중공의 조정과 혁신을 주관해 왔다. 이 사업이 조심스럽다는 것은 이 사업을 추진하는 것이 마치 '외줄 걷기'와 같기 때문이다. 마르크스-레닌주의 교조와 마오쩌둥 사상을 고수해야 하고, 덩샤오핑의 '중국특색 사회주의 이론'을 지켜야 하는 전제하에서 아직은 영향력이 큰 원로들의 비위를 건드리지 말아야 하고, 역사의 흐름과 당심, 민심에 순응해야 하며 사회 변화에 순응해야 한다. 그렇지 않을 때는 통치기초를 유지할 수 없게 된다. 다시 말해 당의 개혁은 진행해야 하지만 개혁으로 인해 당이 망치면 절대 안 된다는 것이다. 말을 달리한다면, 원로들의 눈에 당이 망친 것으로 비춰져서는 안 된다는 것이다.

자오쯔양이 총서기로 있을 때 중공은 정치체제 개혁에 대해 실질적인 개혁 조치를 실시하려고 했다. 그런데 이 계획은 '6·4사태'와 더불어 자오쯔양과 후치리가 하야하면서 수포로 돌아가고 말았다. 이 계획이 유산된 다음 '정치체제 개혁'이란 말은 수년 동안 누구도 감히 입에 올리지 못했다. 모든 개혁('좌'적인 개혁도 좋고 '우'적인 개혁도 좋고)은 한쪽으로 밀리게 되었다. 후진타오의 '조정하고 혁신'한다는 것은 작은 목소리일 뿐이다.

후진타오는 감히 당 개혁에 손을 대지 못하지만, 소련과 동유럽의 공산당 국가는 하루아침에 멸망했다. 중공은 각국 공산당과의 교류를 통해 그들의 이론과 현실의 어려움을 이해할 수 있었다. 그는 매일 전국 각지에서 보내온 서류를 통해 각 기층의 위기에 대한 정보를 장악할 수 있었다. 이런 상황에서 그는 더욱 심사숙고해야 했다. 그는 수많은 시찰을 다녔으며 연구조사를 실시했다. 그는 크게 소문을 내지 않고 생색을 내지 않는 전제 아래, 각 계통의 엘리트와 관리들을 배치해 중국의 정치체제와 미래의 정치전략 등에 대해 의견을 수집하고 충분히 논증해 각자 자기의 견해를 피력하게 했다.

그중에 '중국청년보 사상이론부'의 이름으로 서명한 「소련이 급변한 뒤 중국의 현실대응과 전략의 선택」이란 글은 눈여겨볼 만한 문장이다. 이 연구보고는 중공당이 혁명당으로부터 '집권당'으로 변해야 한다는 주장을 피력한 것이다. 그중 국유자산의 '당유화黨有化'를 주장했다. 이 주장은 해외에서 맹렬한 비난을 불러일으켰다. 해외의 비난 중 천쿠이더陳奎德가 쓴 「왕조말일의 새 정치」란 글이 비교적 대표적이다.

천쿠이더의 글을 보면 '태자당'은 자기들이 정권을 장악한 중국에 대해 대체로 아래 몇 가지를 설계했다. 첫째, 국가주의로 공산주의를 대신한다. 둘째, 우익 독재주의로 좌익 독재주의를 대체한다. 셋째, 지정학적 정치 원칙으로 의식형태 원칙을 대체한다. 넷째, 현실주의 권력농단을 선호하는 집권당으로 낭만주의 평민색채가 짙은 혁명당을 대체한다. 다섯째, 당 소유제로 국가 공유제를 대체한다. 여섯째, 중앙집권의 강화로 지방주의 추세를 대치한다.

비록 이러한 주장을 설계했지만, 이 정강의 중국 정치에 대한 전달은 부정적인 정보만은 아니다. 이것은 중국사회 의식형태가 점차 약화되는 것을 뜻하며, 상층 정치 다원화가 싹트고 있음을 뜻한다. 더욱이 이는 막후 노인정치시대가 열리고 있음을 알리는 것이다.

당시 사람들은 이 '태자당 시정강령'은 천윈의 아들 천위안陳元이 기획한 것이라고 전했다. 하지만 후에 내막을 아는 사람의 말에 의하면 이 '정강'은 천위안의 '걸작'이 아니라 〈중국청년보〉 부주간 판웨潘岳의 손을 거쳐 나온 것으로 판명되었다고 한다.

1959년생인 판웨도 '태자당'의 성원이라고 할 수 있다. 부친은 해방군 고급장군이다. 문혁 전 그의 부친은 해방군 철도병 총공정사 겸 부참모장이었다. 판웨의 본처는 군부두목 류화칭의 딸이었다. 판웨는 1989년 중국청년보로 전임했다. 당시 그는 사람들의 이목을 끌지 못했다. 그러다가 '6·4사태' 후 몇몇 기자를 추궁할 때 그가 그 기자들을 대신해 좋은 말을 해주었다. 그리하여 사람들의 위신을 얻게 되었고 뒤이어 단중앙에 귀속된 중국청소년연구중심 주임으로 임명되었다. 뒤이어 국가자산관리국 부국장, 국가기술감독국 부국장으로 발탁되었다. 과거에는 사람들이 그가 빨리 승진하는 이유가 장인의 후광 때문이라고 생각했다. 그러나 그는 류화칭의 딸과 이혼한 다음 40세 되던 해에 국가기술감독국 부국장에서 국가체제개혁위원회 부주임으로 승진해 가장 젊은 차관급 간부가 되었다. 판웨의 모친과 장쩌민은 1940년대부터 개인적인 왕래가 있었으며, 심지어는 그의 모친이 장쩌민의 입당 소개자라는 말까지 전한다. 그래서 장쩌민이 판웨를 밀어주었다는 것이다.

장쩌민의 '화장사化裝師'라 불리는 왕후닝王滬寧과 전직 정치협상회의 위원(중국에서 전직 정협위원은 이 한 사람밖에 없다) 허신何新, 그리고 중공 지린성위 부서기 린옌즈林炎志 등 중국 당대 사상신예들 그룹에 판웨도 포함한다. 위에서 언급한 그의 문장 외에 그가 독일 사람의 이름을 빌려 쓴 『세 번째 눈으로 보는 중국』도 아주 유명하다. 이것을 판웨가 기획하고 왕산王山이 집필했다는 말이 돈다.

판웨는 후에 여러 가지 건의를 당중앙에 올렸는데, 당시 정계를 진동시켰다. 그는 중공 당내 정치체제 개혁의 대표인물이다.

「소련이 급변한 후 중국의 현실응대와 전략선택」과 같은 상주문과 기타 중공중앙의 연구부문, 중공중앙당학교, 중국사회과학원, 대학과 당의 신문, 잡지의 이론부분에서는 독립적이거나 또는 합작의 형식으로 많은 방안을 제출했다. 그들이 작성한 방안은 여러 경로를 통해 후진타오의 수중에 들어가게 되었다. 이런 방안들이 그의 수중에 들어가면 '종착역'에 도착한 것과 같아 아무런 응대도 없다. 그는 이런 방안들에 대해 경솔하게 자신의 견해를 표명하지 않았다.

중앙조직부의 정리를 기획

후진타오는 부임한 이후 중공 간부대오의 선발, 고찰, 연수 등의 정규화, 제도화, 계통화의 추진을 진행했다. 그 과정에서 그가 처음 봉착한 문제는 역시 당무방면의 인사를 조정하는 문제였다. 아래 임원들이 한마음으로 일하는 환경을 조성하는 것이다.

제14차 당대표대회 이전 중공중앙의 조직공작은 쑹핑이 관장해 왔다.

14차 당대표대회 이후의 조직부 부장 인선도 쑹핑이 먼저 추천한 다음 당 중앙에서 이를 토론해 결정했다. 당시 쑹핑이 추천한 인선은 바로 후진타오이다. 14차 당대표대회를 소집하기 직전 덩샤오핑은 후진타오를 정치국 상무위원회 성원이 되게 하라고 지시했다. 이것은 쑹핑도 전혀 생각하지 못했던 사항이었다. 그리하여 또다시 다른 사람을 조직부 부장 입후보로 추천해야 했다. 그러나 이미 시간이 이를 허락하지 않았다. 그리하여 하는 수 없이 당시 이미 65세인 종래의 부장인 뤼펑呂楓을 재임시키기로 했다.

당중앙 각 부와 위원회 중에서 조직부는 가장 중요한 위치인 만큼 권세 또한 가장 막강했다. 누구도 이 조직부의 부장 자리를 중요하게 여기지 않는 사람은 없었다. 중공 당사 조직부 부장의 면면을 보면 후에 권력 중심의 한 성원이 돼 있는 것을 쉽게 볼 수 있다. 1930년대 천윈이 중공중앙조직부 부장으로 있었으며 중공이 정권을 건립한 다음에는 펑전, 덩샤오핑, 후야오방, 쑹런충宋任窮, 차오스, 웨이젠싱, 쑹핑 등이 조직부에서 기반을 굳혀 힘을 키운 다음 호풍환우呼風喚雨의 권력을 장악하게 되었다.

중앙조직부 장관이라는 직무는 후진타오와 단 한 발짝 떨어져 있었다. 1985년 후야오방과 차오스가 그에게 조직부 상무부부장을 임명하려 했다. 후에 이 방안은 무산되고 말았는데 이에 대해서는 이미 제5장에서 밝혔다. 그러나 물과 바람은 자주 변하는 법이다. 7년 후에 후진타오는 조직부를 관장하는 정치국 상무위원이 되었다. 그가 조직부의 인선 문제를 총괄하게 된 것이다.

허핀이 조사한 바에 따르면, 14차 당대표대회가 열린 다음 후진타오는 차오스의 도움으로 중앙 조직계통의 지도기구를 새로 조율했다. 이 시기 그는 적지 않은 신경을 쓰며 조직계통에 대해 대수술을 감행했다.

차오스는 우선 자신을 따랐던 중앙조직부 부부장 멍롄쿤孟連昆을 전국인민대표대회 상무위원회의 내무사법위원회 주임으로 전근시켰다. 멍롄쿤은 나이가 많았기 때문에 조직부를 떠나지 않으면 안 되었다. 멍롄쿤이 전임하자 그보다 세 살 아래인 또 다른 부부장 자오쭝나이趙宗鼐도 조직부를 떠나게 되었다. 그는 쑹핑의 수하 사람이다. 쑹핑이 간쑤에서 성위 서기로 있을 때 자오쭝나이는 옥문석유관리국 국장이었다. 1988년 자오쭝나이는 쑹핑의 비서가 되었다. 그는 중앙조직부 부부장 겸 국무원 인사부 차관으로 임명되어 쑹핑의 사업을 보좌했다. 자오쭝나이만 조직부에서 전근시킨다면 후진타오는 자신의 은사인 쑹핑의 비위를 건드리게 된다. 그렇다고 자오쭝나이를 조직부에 그대로 둔다면 역시 자신을 신임하는 차오스에게 미안한 일이다. 이제 멍롄쿤도 함께 조직부를 떠나게 했으니 쑹핑이 트집을 잡지는 못하게 되었다. 그들은 모두 나이가 많으니 할 수 없지 않은가? 이렇게 해야 차오스도 만족할 수 있다.

사람을 내보내는 것은 다른 사람을 받기 위해서이다. 후진타오는 단중앙 제1서기였고 당시 국무원 인사부 장관인 쑹더푸를 조직부 부부장으로 임명했다.

군인 출신인 쑹더푸는 1984년에 단중앙에 파견되어 단중앙 마지막 서열의 서기를 맡았다. 당시 그는 단중앙의 조직사업을 주관했고, 동시에 군軍 내에서도 정치부 조직부 부부장으로 승진했다.

1985년 7월 후진타오가 구이저우로 부임되어 갈 때 그의 단중앙 제1서기 직무를 파면하지 않았다. 당시 류옌둥이 대리로 단중앙을 책임지고 있었다. 그러나 도대체 누가 후진타오를 대신해 단중앙 제1서기가 될지는 미지수였다. 사람들은 류옌둥이 수준이나 인품으로 보아 그 자리에 조금 모자란다고 생각했다. 그러나 한편으로는 그래도 모습이 단정하고 출신이 깨끗한, 당시 단중앙 상무서기이며 2인자인 류옌둥이 후진타오의 빈자리를 차지하게 될 것이라고 믿었다. 재작년 왕자오궈가 승진하면서 그 빈자리를 단중앙의 2인자이며 상무부서기였던 후진타오에게 물려주었다. 이번엔 후진타오가 단중앙을 떠나게 되었으니 역시 2인자이며 상부무서기인 류옌둥이 그 자리를 차지하게 되는 것은 너무도 자연스러운 일이라고 보았다. 그해 여름 류옌둥이 동북을 시찰할 때 랴오닝성의 성위서기들이 접대 수준을 단중앙 제1서기급으로 정한 것도 이해할 만한 일이다.

후진타오의 수하에서 복을 얻은 쑹더푸

류옌둥은 1954년에 출생했다. 그의 부친 류루이룽劉瑞龍에 대해서는 제4장에서 간단하게 언급했다. 그는 일찍이 고향인 장쑤 난퉁南通에서 중공 지하활동에 참가했다. 1940년대 말에는 중공 제3야전군 후방 사령원 겸 정치위원 직무를 맡았다. 그는 중공군사위원회 부주석인 장전張震의 전우이다. 〈인민일보〉 1992년 9월 27일자 제5면에 「인생의 진정한 의미는 인민을 위해 봉사하는 데 있다. 당과 인민의 사업에 한몸을 바친 류루이룽을 그리며」라는 장진의 글이 발표되기도 했다.

류옌둥은 1970년 칭화대학 공정화학학부를 졸업했다. 그녀는 학업성적이 높은 학생이었다. 그런데 이 학부의 학생들은 자신이 전공한 학과보다 정치에 취미가 더 많았다. 그녀의 동창인 류즈중劉志忠은 충칭시 시장을 역임했고, 시진핑習近平은 푸젠 성위서기를 역임했다. 류옌둥도 처음에는 탕산·베이징 화학공장에서 사업하다가 1980년대부터 정계에 입문해 베이징시 초오양 구위부서기로 발탁되었다. 그녀는 단번에 제11차 대표대회에서 단중앙 서기처 서기로 당선되어 단중앙 서기처의 제3인자가 되었다. 류옌둥은 전국청년연합회 부주석 직무를 겸하고 있었지만 대개는 단중앙의 대외 사무를 관장했다. 그녀는 출국하여 국외에 나가 있는 시간이 국내에 있는 시간보다 더 많을 것이다.

당중앙에서는 갑작스럽게 결정을 하달했다. 단중앙 서기 중에 제일 뒤쪽 서열인 쑹더푸가 제일 앞자리로 뛰어올라 단중앙 제1서기로 임명된 것이다. 당시 당중앙서기처 서기이며 당중앙판공청 주임인 왕자오궈가 단중앙에 내려와 당중앙의 결정을 선포했다.

"류옌둥 동지는 아주 우수한 간부이다. 하지만 당중앙에서는 쑹더푸 동지가 잠재력이 더 있다고 본다."

쑹더푸 앞자리에 있다가 갑자기 그의 뒤로 물러서게 된 서기들은 두 눈이 휘둥그레졌다.

후에 전해진 소식에 따르면 쑹더푸가 승진할 수 있었던 것에는 두 가지 원인이 있었다. 첫째, 후진타오가 단중앙을 떠날 때 그를 적극 추천했다는 것이다. 그리고 둘째로 당시 군측 책임자인 위추리와 양상쿤이 당중앙에 진언한 것이다. 그들은 "쑹더푸는 우리 군내에서 기용할 예비간부이다. 단중앙에서 중용하지 않으면 우리는 그를 군으로 소환해 그에게 중임을 맡기려 한다"라고 진언했다고 한다. 군측에서 이렇게 나오자 당중앙에서는 서둘러 쑹더푸를 단중앙 제1서기로 임명한 것이다. 쑹더푸는 후진타오에게 감사해야 한다. 그리고 후진타오는 이 기회를 빌어 군측과 손을 잡게 되었다.

쑹더푸는 승진해 자리를 지키는 비결을 잘 알고 있었다. 큰 착오만 범하지 않으면 되는 것이다. 그런데 공교롭게도 그가 공청단 12차 대표대회에서 단중앙 제1서기로 연임된 지 얼마 되지 않은 1989년 여름, 학생운동이 일어났다.

쑹더푸, '89학생운동 전에 입원하다

1982년 한잉이 하야하게 된 주요 원인은 당중앙이 그가 이끌었던 단중앙서기처의 사업이 만족스럽지 못했기 때문이라는 것은 이미 앞에서 설명한 바 있다. 즉 1970년대 말에서 1980년대 초에 이르기까지 시단西單 민주벽 등의 사태를 평정할 때 마땅히 발휘해야 할 공청단 중앙의 역할을 제대로 수행하지 못했다는 것이다. 이번에 승진한 쑹더푸 역시 혹시 한잉의 뒤를 따르게 되지는 않을까 해서 여간 긴장한 것이 아니었다.

여기에 한잉보다 더 어려운 상황이 있었다. 한잉은 당시 민주운동에 참가한 청년들을 설득하고 그들의 활동을 제어하는 작업을 충분히 하지 못했다. 그리고 민주운동의 핵심 중에는 단중앙의 후보위원 왕쥔타오 등 몇 명이 들어 있었다. 지금까지는 단중앙 기관의 간부들은 이 민주운동에 참여하지 않았다. 그런데 이번 상황은 완전히 달랐다. 톈안먼과 가깝게 자리한 단중앙 기관은 광장 분위기의 영향을 직접 받게 되었다. 일부 단중앙 간부들은 리펑이 베이징시 부분지구에 계엄을 선포한 다음에도 시위행진을 조직했으며, 단식한 학생들을 지지해 당중앙에 청원서를 올렸다. 덩샤오핑 등이 이 일을 안다면 큰일이었다.

쑹더푸는 당시 당중앙 최고층 내부의 복잡한 투쟁에 대해 잘 알고 있지 못했다. 그러나 한 가지만은 분명히 알고 있었다. 중차대한 이 시각에 명철보신明哲保身하는 것이 제일이었다. 절대 순간의 잘못으로 장래를 망쳐서는 안 된다는 것을 알고 있었다는 뜻이다. 그날 단중앙의 시위행진대가 집결하여 '단중앙 기관'이라는 플래카드를 들고 정문을 나설 때 쑹더푸는 단중앙 서기와 각 부처의 책임자들을 이끌고 그들을 막았다. 하지만 그들은 시위대를 막을 수 없었다. 이때 쑹더푸가 입에 거품을 물며 사람들 앞에서 넘어졌다. "쑹더푸가 졸도했다." 누군가 외마디 소리를 질렀다. 이렇게 해서 쑹더푸는 병원으로 호송되었다.

단중앙 제2서기인 류옌둥은 그의 '뜻을 이어받아' 계속 시위행진에 참가하지 말 것을 설득했다. 그러나 시위행진에 참가하려고 나선 기관 간부들은 그녀의 설득을 무시한 채 광장으로 행진해 평화의 대열에 합류했다.

쑹더푸는 그때부터 병원에 입원해 있으면서 '6·4사태'가 평정될 때까지 퇴원하지 않았다. 내막을 잘 아는 사람의 말에 따르면, 류옌둥은 평화

높은 곳은 찬바람이 세다

적인 방법과 대화로 학생운동을 해결하고자 하는 경향을 띠고 있었다. 그러나 그녀는 공무직책과 권력한계로 이 국면을 타파할 수 없었다. 그녀는 다만 기관에서 큰 변고가 일어나지 않도록 지탱하는 수밖에 없었다. 후에 '6·4사태'를 청산할 때에도 쏭더푸는 이를 피했기 때문에 아무런 질책을 받지 않았다. 그 대신 류옌둥은 단중앙 기관의 많은 사람들이 학생운동을 지지한 일에 대해 책임을 지게 되었다. 후에 전국총공회의 책임자에 대한 처리에 비한다면 그녀는 행운이라고 할 수 있다. 그녀는 총공회 책임자와 성격이 달랐기 때문에 큰 질책을 받지 않았다. 그러나 장래 정계 승진에는 어느 정도 영향이 있을 것이다.

1991년 그녀는 중공통일전선부 부부장으로 임명되었다. 왕자오궈도 이 시기에 점차 원기를 회복하기 시작했다. 그는 대만판공실 주임 직위에서 통일전선부 장관으로 자리를 옮겼다. 왕자오궈와 개인적으로도 관계가 좋은 류옌둥은 그제야 한숨을 돌리게 되었다. 그녀는 통일전선부에서 홍콩, 타이완 등지의 통일전선 사업을 관장했다. 또한 홍콩 특별행정구준비위원회 위원을 겸했으며 1996년에는 완사오펀萬紹芬을 대신해 통일전선부 상무차관을 책임지게 되었다. 물론 이것은 후의 일이다.

당중앙 기관에서는 쏭더푸가 당시 정말로 졸도했는지 아니면 일부러 그랬는지 지금도 그 진위를 알지 못한다. 어떤 사람은 "류옌둥은 역시 어리다. 그녀가 쏭더푸보다 먼저 졸도했더라면 쏭더푸는 졸도 연극을 꾸미지 못했을 것이다"라고 말하기도 했다.

쏭더푸와 후진타오의 관계는

후진타오는 당시 쏭더푸의 이 상황을 알고 있었는가? 후진타오는 단중앙 기관 간부들과 밀접한 내왕이 있다(그의 자택은 여전히 단중앙 청사 근처에 있었다. 그렇기 때문에 그가 소문을 듣지 못했을 리 없다. 그러나 그는 쑹더푸의 승진을 지지해주었다. 그 이유에 대해서는 아직 그 어떤 자료에서도 찾아볼 수 없다.

〈중국지춘中國之春〉 1997년 12월호에 이름을 '화성華聲'이라 밝힌 사람이 「후진타오가 쑹더푸를 밀어 중앙조직부를 관장하게 하다」라는 글을 발표했다. 이 글은 완전히 추측에서 나왔음을 알 수 있다. 그러나 이 글의 근거가 되는 사실 기초가 틀리기에 추측 역시 정확하지 못하다. 쑹더푸는 1980년대 군측에서 추천하여 단중앙으로 파견해 공청단 중앙위원회 상무위원에 입후보되었다. 그런데 화성의 글에 이런 대목이 있다.

당시 단중앙의 제1서기 왕자오궈는 쑹더푸에게 중임을 맡기지 않았다. 군측 총정치부에서 그를 군으로 소환해 총정치부 조직부 청년처 부처장으로 임명했다.

하지만 이것은 당시 단중앙의 상무위원은 당중앙정치국의 상무위원처럼 각 부서의 대표로 조성되었다는 것을 모르고 하는 말이다. 상무위원은 겸직이지 전직이 아니다. 쑹더푸는 군대 청년사업의 주관이기 때문에 단중앙 상무위원으로 당선된 것이다. 결코 '총정치부에서 그를 군으로 소환해'서 임명한 것은 아니다.

또 이 글에는 '단중앙 환송대회 이후 쑹더푸는 좌우를 내보내고 후진타오와 단독 대담을 진행했다'라고 쓴 대목이 있다. 이것 역시 상상의 산물이다. 단중앙에서는 '환송대회'를 소집하지 않았으며, 쑹더푸도 후진타오가 단중앙을 떠날 때 단중앙 제1서기로 부임된 것이 아니다. 후진타오가 단중앙을 떠나 구이저우로 간 것은 1985년 7월의 일이다. 그리고 쑹더푸를 단중앙 제1서기로 임명한 것은 그해 11월의 일이다.

그러나 이 글은 다음과 같이 밝히고 있다. 후진타오가 쑹핑에 의해 정치국 상무위원으로 추천되었을 때, 중공의 후계자를 선발하는 '민주순서'에 의해 반드시 '군중평의'를 거쳐야 했다. 중앙조직부에서는 몇 사람으로 구성된 의견청취 소조를 파견해 후진타오가 사업했던 공청단 중앙과 구이저우성위, 티베트 자치구당위를 찾아 담화를 나누었다. 소조가 공청단 중앙을 찾았을 때 쑹더푸는 후진타오에 대해 칭찬을 아끼지 않았다. 뿐만 아니라 공청단 중앙의 많은 중층·기층 간부들을 조직해 좌담회도 마련했다. 좌담회 내용은 당연히 후진타오의 공청단 중앙 서기 재직시의 공적에 대한 치하로 일관했다.

필자가 중공의 간부 등용 순서를 알아본 바에 따르면, 위의 이야기는 믿을 만하다. 그렇다면 이는 후진타오가 후에 쑹더푸를 크게 등용하는 데 한 가닥 복선을 제공해준 셈이다. 물론 필자로서는 이 한 가지 사실만으로 후진타오와 쑹더푸의 관계가 이익관계로 맺어진 것이라고 결론 내리고 싶지는 않지만 말이다.

쑹더푸는 정규교육을 받지 못했다. 대신 군대 기층으로부터 한 계단씩 그 재능을 인정받으며 올라왔다. 이러한 쑹더푸가 후진타오의 눈에 들어 제4대 과세기跨世紀 후계자의 일원으로 선발되어 조직부 인사처리의 중임을 맡게 되었던 것이다. 쑹더푸가 국무원의 인사부를 책임지게 된 건 14차 대표대회 이전에 이미 내정된 사실이지만, 그것도 후진타오가 미리 큰 역할을 했기 때문이다. 후진타오가 중앙에 쑹더푸의 지도능력을 크게 인정해 추천했던 것이다. 후진타오가 정치국 상무위원이 되고 나서 5개월 후 쑹더푸는 47세의 젊은 나이로 국무원 인사부 장관에 임명되어 가장 나이 어린 장관으로 주목받게 되었다. 그로부터 얼마 지나지 않아 또 중앙기구편제위원회 위원 겸 판공실 주임으로 추대되고(후진타오가 중앙기구편제위원회 사업을 주관하고 있었다) 동시에 중앙조직부 부부장 직무도 맡아 그야말로 양손에 실권을 쥔 인물로 부상했다.

쑹더푸를 한 자리 더 높은 중앙조직부 부장의 위치에 올려놓기 위해 후진타오는 더욱 심혈을 기울였다. 당시 중앙조직부의 부부장 가운데 오직 쑹더푸 한 사람만 중앙위원이었고, 우롄위안武連元과 왕쉬둥王旭東은 중앙후보위원이었던 것이다. 베이징 정치계에는 당연히 쑹더푸가 '중앙조직부 부장 후임자'이라는 소문이 퍼져나갈 수밖에 없었다.

인사부 장관에 오른 쑹더푸는 후진타오의 기대를 저버리지 않았다. 인사부 장관으로서의 쑹더푸는 국가 공무원제도 개혁의 구체적 사업을 장악하고 솜씨를 발휘했다. 이는 중국대륙의 간부제도 개혁에 있어서 간과할 수 없는 큰 기초작업을 한 셈으로, 개척형의 사업이었던 것이다. 더 나아가 쑹더푸는 근년에 '인재 자원의 정체적 개발'이라는 개념을 내놓아 더더욱 정계의 주목을 끌었다. 쑹더푸는 자신의 이 개념에 대해 이렇게 해석했다.

"인재 자원의 정체적 개발은 바로 사람을 중심으로 여러 가지 효과적인 조치를 취해 인간의 잠재능력을 개발하고 자질을 높임으로써 인간 본연의 역할을 발휘하게 하는 것이다."

일반 관리들과 보통 민중들은 쑹더푸의 이 해석에서 별다른 말뜻을 유추해 내기 힘들다. 그러나 쑹더푸는 확실히 중국이 당면한 심각한 문제점을 짚어낸 셈이다. 쑹더푸는 인재 자원의 정체적 개발에 관한 회의에서 중국 인재 자원의 낙후성을 크게 지적했다. 그 회의에서 쑹더푸는, 중국의 1만 명 노동력 중에 초급 이상의 직함을 가지고 있는 사람은 640명으로 인재 자원의 밀도가 겨우 20퍼센트밖에 되지 않는다고 지적하면서, 5년에서 15년의 시간을 들여 자질이 우수한 대규모 인재를 배출할 결심이라고 밝혔다. 쑹더푸의 이 목표가 중국 국정 현실에서 과연 그가 제시한 시간 안에 실현될 수 있는지에 대해 많은 사람들이 의구심을 보이기도 했지만, 쑹더푸는 확실히 중국의 입국지본立國之本을 틀어쥔 셈이 되었다.

단계별로 중앙 각 부문의 인사를 조정

이상에서 우리는 이미 중앙조직부와 중앙통전부에 대해 언급했다. 그 밖에도 중앙판공청이 있지만 이 부서는 장쩌민의 심복인 쩡칭훙이 잡고 있어서 후진타오로서는 중앙판공청에까지 세력을 뻗치기가 어려웠다. 그래서 후진타오는 중앙판공청에 대해서는 아예 건드리지 않기로 했다.

중앙선전부의 딩관건은 근래 몇 년 사이 장쩌민과 가까운 관계의 핵심 인물로 이름을 높였다. 덩샤오핑 직계 인물로서의 색채가 너무 짙었던 자신의 이미지를 변신하여 장쩌민의 시대에도 자신의 위치를 굳건히 지키기 위한 방책으로 장쩌민과 가까운 인물로 새로운 자리찾기에 나섰던 것이다.

그러다 보니 '좌장左將'으로 유명한 쉬웨이청徐惟誠을 짚고 넘어가지 않을 수 없었다. 쉬웨이청은 장기간 베이징시위 상무위원과 선전부장 자리를 지키고 있으면서 후야오방의 미움을 크게 산 인물이기도 하다. 그러나 후야오방도 감히 건드리지 못했기 때문에 오랫동안 더 올라가지도 못하고 그렇다고 자리를 잃지도 않으며 앉은자리만 지켜오고 있었다. 그러던 차에 1989년 '6·4사태' 이후 후야오방의 정치 실각의 기회를 틈타 중앙선전부 상무부부장으로 부상했다. 그러나 14차 대표대회 이후 후진타오가 장쩌민을 협조해, 새로 중앙위원으로 당선된 후야오방의 전비서 정비젠鄭必堅을 중앙선전부 제1부부장의 자리에 앉힘으로써 쉬웨이청의 지위는 한 자리 내려가게 되었다.

또 다른 상무부부장 류윈산劉雲山은 후진타오가 공청단 중앙 상무서기 직위에 있을 때 내몽골內蒙古 자치구 공청단위원회 부서기를 담임하고 있어서 후진타오와 상하급 관계에 있었다. 장쩌민과 후진타오는 또한 상하이와 관계가 밀접한 궁씬한龔心瀚과 쉬꽝춘徐光春 등을 중앙선전부로 올라오게 했다. 이렇게 되자 중앙선전부의 구조에 큰 변화를 가져오게 되었다. 중공 16차 대회가 열리기 전에 류윈산은 딩관건을 대신해 중앙선전부 부장으로 발탁되었다.

중앙대외연락부는 줄곧 중공 당내의 고위층 권력 의결기구와 관계가 조금 멀었던 부서이다. 따라서 14차 대표대회 이후 후진타오가 인사 변동을 실시하는 데 큰 어려움이 없었던 곳이기도 하다. 주량朱良에 이어서 부장에 오른 리수정李淑錚은 후야오방이 중공서기로 있을 때 공청단 중앙서기처 후보서기와 공청단소년부 부장을 겸임하고 있어 '공청단파' 성원이라 할 수 있는 인물이다. 후진타오와 더욱 가까운 관계를 가지고 있는 사람으로는 주산칭朱善卿을 꼽을 수 있다. 그는 후진타오가 금방 공청단 중앙에 왔을 때 공청단 중앙 국제연락부 차장과 전국청년연합회 부주석을 겸임하고 있었다. 후진타오는 정치인으로서 자신의 성장에 힘을 실어준 주산칭을 중앙연락부 부비서장으로 직접 추천하기도 했다. 후에 중앙연락부 부부장의 직무에까지 오를 수 있었던 것도 후진타오의 도움이 있었기 때문으로, 후진타오와 주산칭의 상하관계로서의 협조가 순조롭게 이루어지는 건 당연한 이치다.

곧이어 후진타오에게는 당의 실무를 관리할 수 있는 여러 가지 직함이 따라붙었다. 예를 들면 1993년 7월에 임명된 중공중앙기구편제위원회 부주임(주임 리펑) 직함 등이 그것이다. 그의 여러 직함 중에서도 사람들의 관심을 가장 많이 불러일으켰던 직함은 중공중앙당학교 교장이다. 중공중앙당학교는 정치인들이 성공의 길로 가는 데 반드시 거쳐야 할, 중공의 핵심 양성학교이다.

중앙당학교 교장 겸임, 젊은 지지자들을 양성

1993년 10월 4일, 후진타오는 처음으로 중공중앙당학교 교장의 신분으로 성급·장관급 지도 간부들로 구성된 당학교 학생들 앞에 나섰다. 덩샤오핑의「중국 특색 있는 사회주의 건설」이론연구 토론반에 참석해 연설을 했던 것이다. 후진타오가 중앙당학교의 학생 신분으로 처음으로 이 학교에 발을 들여놓음으로써 정계의 승진길에 오르기 시작한 지 불과 12년 만의 일이었다.

중앙당학교 교장의 직무는 계속해서 중공 정책결정층의 깊은 관심을 받아온 위치였다. 중공이 옌안延安에 있을 때에는 마오쩌둥이 친히 당학교 교장을 긴 기간 동안 역임하기도 했다. 그때 마오쩌둥은 당학교 학생들 앞에서 여러 차례 멋진 연설을 발표해, 천두슈陳獨秀와 왕밍王明 등에 의해 '시골 마르크스-레닌주의'라고 비난받았던 자신의 이론을 공산당 속에 퍼지게 했다. 지금까지 이 직무는 중공의 최고층이 승인하고 신뢰하는 사람에게 맡겨지는 게 관례였다. 이 직무를 맡으려면 정치적인 리더십 외에도 웬만큼 정치이론을 갖추고 있어야 했다. 일찍이 중공의 제2인자로 추대되었던 류사오치劉少奇 역시 중공이 집권한 후 처음으로 당학교 교장 직무를 맡았다. 이 직무는 후에 문화대혁명이 일어나기 전까지 당내의 수재로 인정받았던 카이펑凱豊, 양센전楊獻珍, 린펑林楓에게 차례로 맡겨졌다. 그들은 모두 다 '마르크스주의 이론가'아니면 '어용 수재'들이었다. 그러나 그들의 마르크스주의 '이론의 권위'나 지위도 당의 최고 인물이었던 마오쩌둥의 의심을 받으면 끝을 내야 했다. 마오쩌둥은 자신을 중국에서 마르크스주의를 가장 잘 알고 가장 잘 활용하는 사람으로 스스로 인정하고 있었던 것이다. 그런 마오쩌둥의 눈에 나면 그 '이론 권위'로서의 위치가 무너질 수밖에 없는 건 당연한 일이다.

중공중앙당학교는 문화대혁명 기간에 폐교했다가 문화대혁명이 끝나서야 복교되었다. 다시 문을 연 중앙당학교의 교장 직무는 자연히 마오쩌둥의 후계자로 주석 자리에 오른 화궈펑華國鋒에게로 이어졌다. 그리고 화궈펑이 주석의 자리에서 내려옴과 동시에 당학교 교장직도 다른 사람에게로 넘어가게 되었다.

중앙당학교 교장직을 누가 맡느냐에 따라 당학교가 담당하는 기능과 역할의 비중도 변할 수밖에 없다. 앞에 제3장에서 우리는 이미 중앙당학교가 1970년대 말과 1980년대 초에 겪었던 격렬한 정치변화에 대해 상세히 소개한 바 있다. 후야오방이 당학교의 실제 책임자 역할을 할 때는 당학교가 명실상부 사상해방과 이론연구의 중심이 되었고, 진리를 검증하는 표준이 무엇인가 하는 토론의 장으로서의 역할을 충분히 감당했던 것이다.

풍운의 변화란 누구도 예측할 수 없는 것이어서 '책을 읽지 않고 신문을 보지 않는(마오쩌둥의 말을 빌린 것임)' 왕전王震조차도 1982년 4월에서 1987년 3월까지 덩샤오핑의 신임을 얻어 5년 동안이나 당학교 교장을 역임했다. 묻지 않아도 알 수 있는바, 왕전이 당학교의 분위기를 어떻게 만들었을지는 너무나도 쉽게 떠올릴 수 있는 일이다. 중공중앙당학교 역사에 가장 수치스러운 한 페이지로 기록될 만한 5년이었다. 이 시기 중앙당학교의 기능은 의식형태와 이론영역과의 연계를 상대적으로 약화시키고, 대신 조직부문의 고찰심사와 간부양성 쪽으로 치우쳐 중공 집권의 후비後備 역량을 양성하는 쪽으로 그 기능을 강화했다. 왕전이 물러난 뒤 중앙당학교는 사상이 상대적으로 개명한 가오양高揚과 차오스喬石가 운영함으로써 학교 분위기가 많이 바뀌기도 했으나 왕전에 의한 피해는 완전히 가시지 않았다.

간부들이 중앙당학교에 들어가는 경우는 일반적으로 두 가지이다.

대부분의 경우는 '싹수가 보이는 사람'들이다. 상급에서 싹수가 보이는 사람들을 더 양성하려는 목적으로 깊은 연구와 토론, 선별을 거쳐 당학교에 입학시킨다. 당학교는 그들이 한 단계 더 높은 정치 계단으로 오르게 하는 충전 기지인 셈이다. 당학교를 거친 우수한 인물들은 중앙의 실권층에 한 발짝 더 가까이 다가서게 되는 것이다.

또 다른 경우는 현직위에 문제가 생겨서 다른 직위로 자리를 옮겨야 하거나 강직당해야 할 입장에 처한 사람들이다. 잠시 보낼 만한 마땅한 자리가 없을 경우 당학교에 보내어 마르크스주의 사상을 다시 학습하고 자신의 과오를 반성하면서 발령이 다시 날 때까지 기다리게 되는 것이다. 그들에게 당학교는 '반성실反省室'인 셈이다. 학습이 끝나면 원래 직위보다 낮은 직위로 발령받아 당학교를 떠나게 된다.

이상의 두 가지 경우 외에도 또 하나 매우 특별한 경우가 있다. 일부 간부들이 정계의 바람받이에 서 있을 경우 민감한 정치 이익관계 처리와 모순격화로 난감하고 위태로운 처지에 처했을 때 잠시 그 바람을 피해 당학교로 가게 되는 경우다. 이때 당학교는 그들에게 '피난처'가 되는 셈이다. 중공의 적지 않은 개혁파들은 보수파들의 세력이 막강할 때면 당학교에 보내져 학습하는 운명을 면치 못했다. 또한 개혁파들의 기세가 상승세를 탈 때 적지 않은 보수파들이 당학교에 보내졌음은 당연한 일이다.

후진타오가 당학교 교장으로 취임하기 전에 이 자리에 있던 사람은 차오스였다. 차오스는 1989년 중국에 민주바람이 불기 전에 가오양의 손에서 이 직위를 인계받았다. 꼬박 4년 동안 차오스는 '6·4사태' 이후 쑹핑宋平이 장악하고 직접 추진한 조직인사 부문의 보수적인 노선과 서로 맞서는 팽팽한 관계를 유지했다. 당학교가 어떤 성질과 내용의 연구토론반을 개설하고, 위에서 언급했듯이 중용을 앞에 두고 싹수가 보이는 학생들 중 어떤 사람을 선택해 더 깊이 양성해내는가, 그들에게 어떤 과목과 실습고찰 항목을 설치해주는가, 학습 기간 중 학생들의 사상 동태를 분석해 그들에게 어떤 '처방'을 내리는가, 졸업 때 어떤 평가를 내리는가 등의 면에서 의식적으로 개혁개방의 상황 요구에 맞춰 세부적으로 처리했다. 천편일률적인 '자산계급 자유화 반대' 또는 '4가지 기본원칙 견지' 등의 용어 사용을 가급적 피했다.

차오스 다음으로 당학교 교장을 맡게 된 후진타오는 조직인사권과 당의 고급간부 교육의 두 가지 최고층 관리를 장악하면서 사업을 벌여 나갔다. 사실상 후진타오에게는 간부조직 문제에 있어서 이 두 가지를 한데 장악할 수 있는 기회가 온 셈이다. 간부 선별, 교육, 양성, 활용, 고찰 등을 한꺼번에 장악할 수 있게 된 것이다.

당학교에 예비간부 역량이 모이다

베이징의 유명한 관광명소인 의화원과 어깨를 나란히 하고 있는 중앙당학교는 줄곧 많은 사람들에게 신비한 곳으로 비춰졌다. 사실상 후진타오가 교장의 신분으로 다시 당학교 정문에 발을 들여놓았을 때는 이미 12년 전 그가 학생의 신분으로 다닐 때와는 천양지차의 변화가 있었다. 그런 당학교에 후진타오는 더 큰 변화를 꾀했다. 당학교의 신비한 베일은 후진타오에 의해 조금씩 벗겨지기 시작했다.

중국의 일반적인 고등학부와 달리 중앙당학교는 학생모집, 교육내용의 설치, 학생관리 등 여러 면에서 특수한 점이 많다. 예를 들면 학생을 모집할 때 중앙조직부, 중앙선전부, 당학교 이 세 곳이 함께 착수한다는 것이 다른 학교와는 다르다. 〈차이나 뉴스〉 기자의 보도를 잠시 인용해보자.

학생으로 일단 입학하면 성장급이건, 장관급이건 모두 다 겸허한 자세로 의자에 앉아 강의를 열심히 듣고 이론학습을 성실하게 해야 한다.

당학교 교장을 맡은 후진타오는 덩샤오핑의 '마르크스주의는 그 골자를 배우고 잘 활용할 수 있도록 배워야 한다'는 정신과, '세기를 뛰어넘어 후계자를 양성해야 한다'는 사상을 당학교 운영의 지도방침으로 삼았다. 마르크스주의와 마오쩌둥 사상의 기본이론을 주요 과목으로 하고 덩샤오핑의 이론을 주요 학습 내용으로 삼았다. 그와 함께 중국이 당면한 중대한 현실 문제들에 대해 연구, 토론하는 새로운 교과 체계를 세웠으며 이것으로 간부들을 양성했다.

규정에 따르면, 현재 재임중인 성급・장관급 주요 지도간부들은 모두 당학교의 훈련을 거쳐야 한다. 석 달간의 학습과정은 매우 빠듯하고 알차게 배치되어 있다. 『덩샤오핑 선집』 제3권을 체계적으로 학습해야 하고, 그 외에도 여러 가지 신설 과목들을 학습해야 한다. 그중에서도 서방경제학에 관한 과목과 강좌들은 특히 학생들의 시야를 넓혀주는 데 커다란 도움을 주었다. 일부 학생들은 이것들이 가장 환영받은 학과목이었다고 후에 밝혔다.

5년 동안 중앙당학교는 약 820여 명의 성급, 장관급 간부를 훈련해 내었으며, 당학교 건립 이래 도합 8천 3백여 명의 학생을 배출했다. 1997년 5월에 끝난, 백여 명의 성급・부장급 간부들로 구성된 학급에는 중국 정계에 여성호걸로 소문난 대외경제무역부 장관 우이吳儀와 상하이 시장 쉬쾅디徐匡迪 등이 학생으로 있었다. 중앙당학교는 이미 명실공히 덩샤오핑 이론을 학습, 연구, 선전하고 중앙 각 계층에 고급・중급 간부를 양성하고 공급하는 중요한 기지 역할을 담당하고 있다.

당학교 교장을 맡은 후진타오는 당학교의 지도부 구성부터 장악했다. 일곱 명의 부副교장 중에 다섯 명은 후진타오가 데려온 사람들이다. 나머지 두 명은 저명한 경제학자 수싱蘇星과 철학자 싱비쓰邢賁思이다. 두 사람 다 일찍이 중공중앙의 이론잡지 <구시>의 총편집장을 지낸 바 있다.

후진타오가 데려온 다섯 사람은 다음과 같다. 일찍이 후야오방의 부하部下였고 베이징시 위부서기를 담임한 바 있는 왕자류汪家鏐, 1980년대에 티베트 자치구 구위부서기를 역임한 적 있고 후에 중앙직속기관 단위부서기, 서기를 한 류성위劉勝玉, '덩샤오핑 이론연구의 권위자'로 소문 높은 궁위즈龔育之, 철학 연구의 배경이 있는 루신汝信과 양춘구이楊春貴다.

중공 지도자들에게 당학교는 자신들의 사상이론과 정책관점을 펼치는 논단인 셈이다. 1997년 5월 29일, 장쩌민 총서기가 당학교를 찾아 연설을 한 적이 있는데, 이 연설은 후에 열리게 될 제15차 당대표대회의 성격을 미리 공포한 셈이 되었다. 그 전에 열린 제14차 당대표대회의 주요 정신은 시장경제에 관한 것이었다. 이를 위해 후진타오 역시 대회가 열리기 전에 주룽지, 첸치천, 리란칭, 우방궈, 장춘윈姜春雲 등을 당학교에 청해 경제상황과 외교정책에 관한 보고를 발표하게 했다.

후진타오는 당학교를 지방상황과 상층의 움직임을 이해하는 수단으로 삼았다. 당시 당학교의 내부 간행물 〈이론동태〉 외에도 당학교에서 발간하는 여러 내부 참고자료들에는 당학교 학생들과 교수진들이 집필한 여러 가지 정책건의와 이론관점들이 실렸다. 이 글들이 후진타오가 국내 형세를 이해하고 당중앙과 국무원에서의 '결정적인 발언에 중요한 참고 역할'을 하고 있음은 자명한 일이다.

후진타오는 각 지방에서 올라온 학생들과의 관계에 각별히 신경을 썼다. 그들은 각 지방의 대표 인물들로서 머지않아 당중앙에서 활약할 역량들이었던 것이다. 당학교 교장으로서 그들과의 관계를 매끄럽게 처리하는 건 자신이 앞으로 나아가야 할 정치길에 좋은 기초를 닦아 놓는 셈이 될 뿐만 아니라, 그들 중에서 언젠가 자신의 좌우를 보좌할 인물들을 미리 골라 키워낼 수 있기 때문이었다. 뿐만 아니라 후진타오는 당학교의 연구진과 교수진들도 면밀히 관찰해 그 속에서 훗날 자신의 집권에 도움을 줄 수 있는 '두뇌집단'을 골라냈다.

이와 동시에 후진타오는 세기 교체기의 국제정세 흐름을 면밀히 주시하면서 당학교의 전통성 개조에도 은근한 변화를 주기 시작했다. 물론 뒤에서 자기를 지켜보는 보수파들의 눈에 너무 띄지 않는 방법을 선택해 자기의 연설이나 주장이 아닌, 교재 내용에 변화를 줌으로써 당학교의 전통성 개조를 시도했다. 예전에 없던 서방경제학, 관리학, 재정학, 심리학 등의 과목들을 추가로 설치해 오로지 정계에서만 한자리 크게 하려고 야심을 키우는 정치 지망생들이 당학교에서의 학습을 통해 가치관과 사상, 치세방법 등에서 서방에 대한 시야를 키울 수 있도록 했다. 물론 이러한 시도만으로 중국의 정치가 세계의 변화와 호흡을 같이한다는 건 턱도 없는 일이지만, 후진타오의 이러한 노력이 당학교의 분위기를 바꾸는 데 일조한 건 사실이다.

그밖에도 후진타오는 당학교의 연구진을 통해 국제관계와 정책전략에 대한 연구를 수립했다.

장쩌민과의 관계에 각별한 신경을 쓰다

본 장이 시작될 때 이미 후진타오의 집권에 나타날 여러 가지 애로 사항에 대해 언급한 바 있다. 그중에서도 가장 중요하고 가장 처리하기 힘든 게 장쩌민과의 관계였다.

사실 이 '어려움'은 후진타오 혼자만의 것이 아니었다. 장쩌민 역시 후진타오와의 관계 처리에 신경을 쓸 수밖에 없는 입장이었다. '태상황'이 직접 지정한 '황태자' 후진타오와의 관계 처리에 있어서, 장쩌민 역시 아직도 무시할 수 없는 영향력을 행사하고 있는 제2세대 영도집단의 눈치를 보지 않을 수가 없었다. 장쩌민에게 후진타오와의 관계 처리는 역시 커다란 골칫거리였다. 이미 후계자로 지정된 후진타오를 너무 내리누르면 아직도 뒤에서 자기를 주시하고 있는 원로들에게 잘못 보이게 될 것이고, 그렇다고 너무 방임하면 처음부터 방자해져서 후에 안하무인격으로 자신을 무시할 수도 있기 때문에 후환거리를 만드는 셈이 될 수도 있다. 제2세대 영도집단의 영향력을 무시하고 후진타오에 대해 초기부터 강경한 태도를 취한다면 그건 자신의 날개가 커졌다고 윗세대를 무시하는 격이 되어 자신의 정치 구상화에 먹칠을 하는 셈이 된다.

장쩌민의 이 난처함을 누구보다도 잘 알고 있는 사람은 어쩌면 후진타오일 것이다. 그래서 총명한 후진타오는 장쩌민에 대한 존중을 각별히 내세워 그와의 관계 처리에서 주도적인 입장을 취한다. 즉, 두 사람의 관계 발전에 훌륭한 밑거름을 만드는 것이다. 5년 동안 후진타오는 장쩌민을 도와 조직인사人事 계통의 사업을 분담하면서 말 그대로 장쩌민의 고급 조수로서의 역할을 충분히 감당해냈다.

중공중앙 기관편제기구의 모든 인원들의 기능분담 상황에 대해 전면적으로 이해하고 중공중앙 성급·장관급 이상 관리들의 개인경력과 가정적인 배경 등에 대해서도 손금 보듯 꿰뚫었다. 뿐만 아니라 성급과 중앙 장관급에 새로 발탁하기로 내정한 중공 예비간부들의 정황에 대해서도 일일이 체크하고 분석했다. 후진타오의 이러한 정성어린 작업은 후진타오가 중공 집권대열의 기구편제, 직능, 인원 등에 대해 전면적인 인식을 갖고 매사에 더욱 신중한 움직임을 보이는 데 커다란 도움을 주었다.

〈중국지춘〉 1999년 제2호에 화밍華銘은 「뉴마오성鈕茂生의 퇴진, 당내 추문 폭로, 류정웨이劉正威는 원래 중앙조직부 후보자」라는 글을 실으면서 실제 사례로 장쩌민과 후진타오 사이의 관계를 들어 생생하게 표현했다. 화밍의 글로 이를 요약하기로 한다.

1998년 중국에는 백년에 한 번 온다는 대홍수가 터졌다. 중국의 제1대 강 양쯔강이 범람해 재산 손실의 막대한 피해는 물론, 적지 않은 인명사고가 났다. 중공은 당연히 수리시설 관리의 부실 등에 관한 홍수피해의 책임을 추궁하기 시작했고, 이때 사람들은 리펑이 왜 전에 뉴마오성을 국가기관사업위원회의 지도자 위치에서 수리부水利部로 데려왔는가를 돌이켜보게 되었다. 그러자 자연히 사람들의 시각은 뉴마오성의 국가기관사업위원회 상무부서기 후임자인 류정웨이와 후진타오 사이의 관계에 모아지게 되었다. 원래 류정웨이는 일찍이 후진타오가 중앙조직부 부장 후보자로 추천했던 사람이었다. 그러나 류정웨이가 후진타오의 추천에 힘입어 승진하기 전에 류의 부인 옌젠훙에 관한 경제범죄 사건이 터지고 말았다.

원래 리펑이 뉴마오성을 국가기관사업위원회 상무부서기에서 수리부 장관으로 옮겨올 때 리펑은 국무원 비서장 겸 국가기관사업위원회 서기였던 뤄간과 당시 정치국에서 조직사업을 주관하고 있던 후진타오와 한 차례의 정치 교역을 진행했다. 즉 뤄간이 후진타오의 힘을 빌려, 그들과 전에 함께 일한 적 있고 당시 구이저우성 성위서기로 가 있는 류정웨이를 데려다 비서로 쓰기로 한 것이다.

제6장에서 이미 류정웨이에 대해 일부 소개한 적이 있다. 1988년 말 후진타오의 추천으로 구이저우성 성위서기로 부임한 류정웨이는 1993년 1월 다시 한 번 성위서기 겸 성인민대표대회 주임을 맡게 되었다. 그때 그의 나이 이미 63세였다. 자신의 노후를 걱정하지 않을 수 없는 나이였다. 류정웨이는 허난성에서 사업할 때 함께 일했던 뤄간을 찾아 도움을 청했다. 뤄간에게 국무원기관에서 퇴직 연령에 그다지 엄격한 제한이 따르지 않는 장관급 직무를 하나 찾아달라고 부탁한 것이다. 뤄간은 류정웨이를 잘 아는 후진타오를 찾아갔다. 이때 후진타오는 리펑이 뉴마오성을 수리부 장관으로 옮기는 데 동의하고, 국가기관사업위원회 상무부주석 자리를 류정웨이한테 넘겨주었다.

당시 뤄간은 국무원 비서장 직무 하나만 가지고 있던 게 아니었다. 중앙정법위원회 부서기와 중앙사회치안관리위원회 부부장 직무도 겸하고 있어서 국무원 계통의 일상 사무에는 신경을 돌릴 틈도 없이 바쁜 처지였다. 류정웨이가 오자 뤄간은 국무원의 일상 사무를 아예 그에게 맡겨버렸다. 류정웨이에게 사업에서 두각을 나타낼 기회가 온 셈이다.

그리고 얼마 지나지 않아 장쩌민이 후진타오에게 중앙조직부 부장 후보자 인선을 물색해 달라는 부탁을 해왔다. 후진타오는 류정웨이를 후보자의 한 사람으로 추천했다. 뤄간과 후진타오와 가까운 사이라는 이유 말고도 류정웨이한테는 사업 경력만으로도 후보자 자격이 갖춰져 있었다. 오랫동안 성위省委와 중앙부위部委에서 정치비서와 비서장을 한 경력이면 조직부 부장 후보자로는 충분한 자격이었다. 그리고 중앙직속기관사업위원회와 국가기관사업위원회 상무부서기 직무는 본래부터 중앙조직부 책임자 위치와 서로 바꾸어 근무했던 선례가 있었던 것이다.

그러나 후진타오가 정치국 상무위원회의에서 류정웨이의 중용을 추천했을 때 장쩌민은 동의도, 반대도 하지 않는 의견을 발표했다.

"이 동지는 기관사업위원회 위치에서 좀더 살펴볼 필요가 있다. 그리고 현재 중앙조직부 부장을 맡고 있는 뤼펑呂楓 동지는 앞으로도 한동안 더 일할 수 있는 사람이다."

그로부터 얼마 지나지 않아 류정웨이의 부인 엔젠홍의 횡령·수뢰 사건이 탄로나는 이변이 생겼다. 후진타오로서는 예상조차 못했던 일이었다. 사건은 더 발전해 1994년 10월 중공의 14차 4중 전회가 열리기 전에 엔젠홍의 경제범죄 사건에 관한 수사 자료들이 벌써 정치국 수뇌부들의 손에 들어가 있었다.

화밍은 이렇게 적고 있다.

당시 후진타오는 아마도 식은땀을 이마에 쫙 흘렸을 것이다.

잇달아 중앙조직부 부장이 바뀌는 인사이동이 있었다. 당연히 새로운 부장 관직에는 후진타오가 추천한 류정웨이가 올라가지 못한다. 그렇다고 류정웨이보다 더 합당한 인선을 찾을 수도 없는 상황이었다. 부득이 퇴직을 당장 코앞에 두고 있어 이미 전국정치협상회의 상무위원의 자리를 차지하고 있는 부부장급의 장취안징張全景을 임시로 부장에 임명했다.

장쩌민이 집권한 이래 중공이 경제범죄 문제로 사형시킨 사급司級 이상의 간부는 여러 명이었지만 그중에서 여성은 딱 한 사람이었다. 그녀가 바로 류정웨이의 부인인 옌젠훙임은 더 말할 필요도 없다. 그녀 역시 류정웨이가 인사발령을 받고 구이저우성으로 갈 때 후진타오의 추천으로 구이저우성 계획위원회 부주임직으로 임명되었고, 후에는 구이저우성 국제신탁투자회사 이사장으로 발탁되었다.

이 사건 처리에 개입했던 한 인사는 1994년 연말 중공규율검사위원회와 중앙정법위원회에서 옌젠훙의 횡령·수뢰 사건의 수사 결과를 정치국 상무위원회에 보고했을 때의 정황을 이렇게 밝혔다.

장쩌민은 붓을 들어 '사형'이라는 두 글자에 의문부호를 표시하고 '사형 유예 집행'이라는 글자 뒤에 커다란 감탄부호를 찍었다.

이 의견이 구이저우성에 하달되었을 때는 장쩌민의 친필 의견이 세 구절 더 적혀 있었다.

죽이지 않으면 백성들의 분노를 삭일 수 없고, 죽이지 않으면 나라의 법을 바로잡을 수 없고, 죽이지 않으면 우리 당의 위신을 세울 수 없다.

장쩌민의 친필이 담긴 처리방안이 내려오기 전까지만 해도 구이저우성 공안청公安廳과 구이저우성 고급법원의 책임자들은 중앙에서 '사형을 언도하고 즉시 집행'하라는 명령을 내릴 줄은 아무도 예상하지 못했다. 그들의 추측엔 나름대로 이유가 있었던 것이다.

첫째, 류정웨이는 제14차 당대표대회의 중앙위원이고, 구이저우성위 제1인자로서의 공로가 있으며, 현재는 장관급의 고급 관리이기 때문이다. 둘째, 옌젠훙의 횡령·수뢰 금액은 그다지 많은 것이 아니었다. 현금으로 횡령한 것과 금품으로 사취한 것까지 합쳐서 총 금액이 중국 인민폐로 백만 위안(한화로 1억 5천만 원)도 되지 않았던 것이다. 셋째, 중공 사법기관의 안건 처리 관례에 따르면 같은 죄에 해당하는 남자 범죄자에게 사형을 언도할 때 여자 범죄자에 대해서는 일반적으로 '사형 유예집행'을 내렸기 때문이다.

이상의 세 가지 이유로 중앙에서 엄중히 처리해봤자 '사형 유예집행' 이려니 했던 사건이 '즉시 사형 집행'이라는 판결로 명령이 내려지자, 구이저우성 지방 관리들은 중앙의 명령에 모두 뜻밖이라는 표정을 지으면서도 속으로는 잘됐다고 생각했다. 구이저우성 지방 관리들은 자기 성에서 벌어진 사건이 중앙에서 가볍게 다뤄지지 않고 신중하게 처리되었다는 것에 속으로 쾌재를 부른 건 우연한 일이 아니었다.

여기에서 우리는 10여 년 동안 구이저우성의 간부등용 문제가 안고 있는 심각한 모순을 되새김질해볼 필요가 있다. 그 모순이 쌓이고 쌓여 오늘의 사건이 터지게 된 필연으로 이어졌는지도 모른다.

중공이 각 성의 당정 제1인자를 새로 임명·배치할 때는 일반적으로 1인자가 떠나면 미리 후보자로 키우고 있던 2인자, 즉 당위 제1부서기를 새로운 당위서기로 등용하는 것이 관례이고 순서였다. 그러나 이 '게임의 법칙'이 최근 들어 구이저우성의 인사 변동에서는 지켜지지 않았던 것이다. 1985년 성위서기 츠비칭池必卿의 뒤를 이을 사람은 당연히 이미 2년 동안 성위부서기 겸 성장省長으로 있던 왕차오원王朝文이어야 했다. 그러나 왕차오원 대신 주허우쩌朱厚澤가 성위서기 직무에 임명되어 4개월간 구이저우성 제1인자 자리를 지켰고, 주허우쩌가 4개월 후 인사 발령을 받고 떠난 뒤에도 제1인자의 자리는 왕차오원에게 돌아오지 않았다. 중앙에서는 후진타오를 파견했고, 후진타오가 떠난 후에도 왕차오원에게는 제1인자라는 떡을 나눠주지 않았다. 구이저우 성위부서기들 중 왕차오원의 뒷자리를 지켜야만 했던 류정웨이가 뜻밖에도 그를 앞지르고 후진타오의 후임자로 성위서기의 자리에 올랐다. 류정웨이가 구이저우성을 떠나 중앙으로 올라간 후에도 왕차오원의 '앉은자리'는 변함없었다. 이번에도 구이저우성 제1인자의 자리는 왕차오원의 차지가 아니었고, 중앙에서 파견해 온 류팡런劉方仁이 거머쥐게 되었다.

여기서 우리는, 중공이 다민족 국가인 중국의 실정에 비추어 소수민족 지구의 간부 임명에 취하는 원칙을 한 번 짚고 넘어갈 필요가 있다. 일부 부득이한 상황을 제외하고는, 보통 중앙에서 한족漢族 간부를 파견해 당위서기라는 제1인자의 위치에 배치하고, 지방에서 선출되어 올라온 소수민족 간부를 성장, 또는 자치구 구장에 해당하는 행정 수뇌자의 자리에 앉힌다. 중국은 군대도 중공의 영도권 아래에 있는, 당이 일체를 영도하는 체제이므로 소수민족 지구에 파견된 한족 간부가 당위서기 자리를 차지하고 있음으로 해서 중공의 소수민족 지구 관리와 통제에 철저를 기하게 하려는 것이다. 왕차오원이 구이저우성에서 태어나고 자란 먀오족苗族 후예임을 생각할 때 왕차오원이 성장의 자리에서 위로 더 이상 올라가지 못함은 어쩌면 당연한 일인지도 모른다.

10년 꼬박 성장의 자리를 지키며 바로 눈앞에 보이는 성위서기의 제1인자 위치를 늘 남에게 넘겨줘야 하는 왕차오원의 심사가 편할 리 없었다. 그러나 벙어리 냉가슴만 앓을 수밖에 없었다. 중앙에서 내려온 후진타오가 성위서기로 있을 때까지만 해도 왕차오원은 어쩔 수 없이 맡은 바 사업에만 열중하고 있었다. 그러나 후진타오의 뒤를 이어 자기 뒷자리에 있던 류정웨이가 자기를 앞질러 상사의 자리에 오르자 왕차오원의 불편한 심기는 더 이상 참을 수 없게 되었다. 왕차오원과 그의 주위에 있던 '지방파'들은 '하늘에서 떨어진 낙하산' 류정웨이를 눈엣가시로 여길 수밖에 없었다.

그러던 류정웨이가 구이저우성을 떠나 국가기관사업위원회로 자리를 옮긴 건 분명 정년퇴직을 앞두고 다시 한 번 크게 중용받는 일이었다. 왕차오원 등 '지방파'들은 상상도 할 수 없는 일로 인해 또다시 심기를 다쳐야 했다.

그러던 차에 옌젠훙 사건이 터지자 심기가 불편하던 구이저우성의 지방파들은 속으로 쾌재를 외칠 수밖에 없었던 것이다.

"중앙에서 반反부패는 파리도 잡아야 하지만 범도 잡아야 한다고 하더니, 이번에 과연 우리 구이저우에서 류정웨이의 여편네라는 암범을 한 마리 잡아냈지 뭐야? 류정웨이가 참 꼴좋게 되었고, 후진타오 역시 망신 한 번 당한 셈이지."

화밍의 글은, 장쩌민이 류정웨이의 부인인 옌젠훙을 부패의 전형으로 삼아 칼날을 휘두른 건 분명 다음의 두 가지를 보여주기 위해서였을 거라고 추측하고 있다.

첫째, 구이저우 지방세력이 중앙에서 파견한 간부들과 잘 화합하지 않고 감히 맞서는 것에 장쩌민은 너무 화가 났다. 둘째, 장쩌민은 옌젠훙이라는 이 '범'을 때려잡음으로써 기타 다른 지방의 지방세력들에게 본때를 보여주고 싶었으며, 특히 상하이에서 온 자기와 늘 맞서기를 좋아하는 베이징 지방세력들에게 은근히 경고의 메시지를 전하고 싶었던 것이다.

장쩌민의 이 조치는 지방세력들에게, 만일 정치적으로 당중앙과 호흡을 같이 하지 않으면 너희들의 더러운 엉덩이를 다 까발릴 것이니, 조심하라고 던지는 무언의 경고였다.

류정웨이를 뒷조사하는 쩡칭훙

화밍의 글은 여기에서 끝나는 게 아니었다. 글은 이 사건을 통해 후진타오와 장쩌민 사이의 미묘한 관계를 구이저우 지방관리들의 시각을 빌어 분석했다.

1994년 초, 중앙에서 파견한 사람들이 구이저우성위를 비밀리에 방문했다. 그들은 개별적으로 몇몇 사람을 불러 대화를 나누거나 극히 제한된 몇 사람만 참가하는 소형 당원군중좌담회를 조직해 '류정웨이가 구이저우에서 일할 때 군중에게 심어준 인상'에 대해 조사했다. 그때 조사에 불려갔던 구이저우 지방관리들은 중앙에서 온 조사소조 성원들이 후진타오가 주관하는 중앙조직부 사람들이 아니고 쩡칭훙이 주관하고 있는 중앙판공청 사람들인 데 주목했다. 그때는 한창 류정웨이가 중앙조직부 부장으로 발탁될 것이라는 소문이 베이징과 구이저우에서 나돌 때였다. 이때 조직부 사람들이 아닌 판공청 사람들이 류정웨이의 뒷조사를 나왔다는 건 사태 파악에 민감한 지방 정치인들에게 미리 사태가 어떻게 돌아가게 되는지 냄새맡을 수 있는 계기를 마련해주었다. 후진타오와 장쩌민 사이의 미묘한 정치관계 내막이 조금씩 드러나는 순간이었다.

사실 후진타오가 '제4세대 영도 핵심'의 제1인자로 지목된 건 장쩌민의 뜻은 아니었다. 그것은 장쩌민을 제1인자의 위치에 올려놓은 '태상황' 덩샤오핑의 뜻이었던 것이다. 덩샤오핑의 뜻을 받아들일 수밖에 없었던 장쩌민은 반드시 자신의 교묘한 정치수단을 동원해 후진타오를 자기 말을 잘 듣는, 명실상부한 자신의 후계자로 길러야만 했다.

상하이에서 낙하산처럼 하루아침에 중앙의 복잡한 정치권 속으로 뚝 떨어진 장쩌민도 이제는 많은 장애를 물리치고 자신의 위치를 공고히 하고 있었다. 한 발짝 한 발짝 자신의 위치를 다져 나가는 장쩌민의 수완에 대해 후진타오는 이미 속으로 탄복하고 있었다. 그런 후진타오를 자신의 손아귀에 넣으려는 장쩌민은 자기의 측근인 쩡칭훙이 장악하고 있는 중앙판공청을 이용해 후진타오가 장악하고 있는 중앙조직부를 뒤에서 은근히 압력을 가하는 방법을 쓰기로 한 것이다. 후진타오의 조직부와 쩡칭훙의 판공청 사이의 첫 겨루기는 후진타오가 류정웨이를 조직부 부장으로 추천한 일을 둘러싸고 벌어졌다.

장쩌민이 쩡칭훙에게 류정웨이를 뒷조사하도록 지시할 때만 해도 꼭 류정웨이를 배척하려는 목적을 가지고 있었던 건 아니었다. 그러나 뜻밖에도 류정웨이가 아니라 그의 부인이 '권력을 이용해 개인의 이익을 도모'한 문제가 적발된 것이다. 장쩌민은 이 기회를 이용해 후진타오를 향해 멋진 홈런을 치게 되었다. 장쩌민은 옌젠훙의 사형을 명령했고, 이 기회를 틈타 후진타오가 추천한 류정웨이 대신 장취안징을 조직부 부장의 자리에 올려놓았다.

전하는 말에 의하면, 사후 후진타오는 류정웨이를 조직부 부장 후보자로 추천한 것에 대해 심각한 자아비판을 했다.

"본인 한 사람의 인상에 근거해 류정웨이의 후기 행동에 대하여 좀더 깊이 있는 조사와 이해를 거치지 않고 추천함으로써 당에 중대한 손실을 끼칠 뻔했다."

그 사건 이후 후진타오는 섣불리 중앙조직부의 부장 입후보자를 추천할 수 없었다. 쑹더푸 역시 중앙조직부 부부장 겸 국무원 인사부 장관의 위치에서 머물 수밖에 없었다.

장쩌민과 함께 손잡고 연소화 개혁을 추진

후진타오가 장쩌민의 후계자로 지목된 후 5년 동안 그들이 공통된 인식을 갖고 오간 화제는 간부연소화 개혁이다.

후진타오 입장에서 보면 간부연소화 개혁의 추진은 일거삼득一擧三得의 양책良策임에 틀림없다. 우선 간부연소화 개혁으로 신구교체를 빨리 이룰 수 있어 당에 신선한 활력을 불어넣을 수 있다. 이것은 당에 유리한 일이다. 또한 간부연소화 개혁은 국가 이익에도 유리하다. 사상이 진부한 구세대 간부들의 그늘에서 하루바삐 벗어나 사회의 변혁을 촉구할 수 있다. 그리고 마지막으로 간부연소화 개혁은 후진타오 자신에게 유리한 일이다. 권력의 세대교체를 빨리 함으로써 더 많은 젊은 간부들을 자신의 지지자로 키울 수 있고, 공청단 중앙에 있을 때 키워 놓았던 '공청단파'의 정치자원을 충분히 이용해 그들이 중앙과 지방의 영도 지위를 빨리 차지하게 함으로써 자신의 권력기초를 단단하게 다질 수 있다.

또한 장쩌민의 입장에서 본다면 간부연소화 개혁은 덩샤오핑의 그늘에서 하루속히 벗어날 수 있는 방법이고, 차오스나 리루이환 등의 정치 영향력을 약화시킬 수 있는 방법이다. 인민대표대회나 정치협상회의는 늙은이들이 집중해 있는 곳이므로 그들의 세력에 맞서기 위해서는 하루속히 젊은 간부들을 많이 등용해 젊은 간부들의 힘을 빌리는 수밖에 없었다.

당중앙과 중앙조직부는 해마다 간부연소화에 대한 여러 가지 문건과 지시와 규정들을 내려보냈고, 중앙조직부는 공청단 중앙에 젊은 간부들을 공급해줄 것을 제안해 왔다.

1994년 11월, 중앙군사위원회 총참모장總參謀長 장완녠張萬年 상장上將이 산시 타이웬에서 총참모부 대학생 훈련기지를 시찰하는 기회를 타, 군사 훈련에 참가한 지 3개월 되는 640명의 대학 졸업생들을 접견했다. 이 대학생들은 모두 베이징대학, 중국인민대학, 난카이南開대학 등 전국 2백여 개 고등학부 2천여 명의 자원자 중 엄선한 인재들이었다. 그중 박사, 석사 연구생이 11퍼센트를 차지했다. 더 말할 필요없이 이들은 중국인민해방군의 신생 역량으로 군대 간부대오의 연소화, 과학화를 위해 징병된 것이었다. 접견에서 장완녠은 이렇게 연설했다.

"이번에 지방의 대학생들을 군대에 영입한 것은 당중앙과 중앙군사위원회에서 우리 군대의 원대한 건설을 위해 내린 중대한 정책결정의 결과이다."

또한 1995년에 진행된 한 차례의 간부연소화 개혁은 '중국 정계의 외과수술', '정계의 피 바꾸기' 등으로 평가되었다. 그해 중앙조직부는 완전히 새로운 간부 임용·승진·퇴직제도를 발표했다. 이 제도는 만 40세가 된 간부는 처급處級 간부로 승진할 자격을 주지 않고, 만 45세가 된 간부는 부국장副局長으로 승진할 자격을 주지 않으며, 만 50세가 된 간부는 국장局長급 간부로 승진할 자격을 주지 않는다고 명확히 규정했다. 또한 만 65세가 된 장관급 관리와 만 60세가 된 차관급 관리들에 대해서도 일률적으로 그 특수 상황 여하를 불문하고 반드시 퇴직시킨다고 규정은 밝히고 있다.

그해 베이다이허北戴河에서 개최한 회의에서 장쩌민과 후진타오는 다시 한 번 '간부연소화'의 정책을 피력했다. 이 회의에서는 정책을 구체적으로 실시하기 위한 '간부직위 인사변동의 제도화' 방안 등 기구 간소화의 여러 가지 방책이 구체적으로 논의·결정되었다.

부패척결 속도가 부패 속도를 따라가지 못해

후진타오가 간부연소화 개혁에서 큰 성과를 거두었다고 한다면, 부패척결에 있어서는 별다른 성과를 이루지 못했다.

부패척결을 해결해야 하는 건 후진타오 혼자만의 임무가 아니었다. 사실상 장쩌민을 포함해 정치국 상무위원 중 차오스(인대), 주룽지(국무원), 류화칭(군위) 등이 직접 크고 중요한 사건을 장악하고 처리하는 등 모든 정력을 쏟아 부패척결에 나섰다. 중앙서기처 서기들 중에서도 많은 사람이 부패척결에 적극 앞장섰고, 특히 이에 관한 임무를 직접 맡고 있는 당·정·정법부문 기구만 해도 십여 개나 되었다. 중앙규율위원회, 중앙판공청, 중앙조직부, 최고검찰원, 국무원감찰부, 사법부, 공안부, 재정부……. 어느 부서에서도 부패척결에 나서지 않을 수가 없었다.

근래 몇 년간 부패척결은 일정한 성과를 거두기도 했다. 1997년 연말에 공포한 자료에 따르면 중공은 '부패한 당원 간부와 관리'들을 50만 명이나 처리했다. 그중에는 현처급縣處級 간부 15,690명, 청장廳長·국장局長급

간부 1,330명, 성장・장관급 간부가 30명이나 되었다. 또한 베이징 시위서기 천시퉁과 부시장 왕바오썬, 광둥성 인민대표대회 부주임 어우양더歐陽德, 후베이성 부성장 멍칭핑孟慶平 등도 끼어 있었다. 이들에 대한 부패척결로 그해 모두 인민폐 1백 42억 위안의 경제손실을 줄일 수 있었다.

중앙의 여러 가지 부패방지와 척결에 대한 조치는 기승을 부리던 부패현상에 대해 얼마간 견제 역할을 하기도 했다. 그러나 중국의 부패는 이미 그 뿌리가 닿지 않은 곳이 없어 후진타오의 힘만으로는 당풍을 쇄신하고 깨끗이 정리한다는 게 사실상 불가능한 일이었다. 부패는 이미 군대, 무장경찰부대, 정법기관 및 각급 사법기구에까지 만연했을 뿐 아니라 공상행정, 교통, 세관, 세무 등의 부문에서는 더욱 극성스럽게 진행되고 있었다. 또한 경제무역, 금융, 기초건설 등의 부패가 국가에 가져다주는 경제손실은 상상도 못할 지경에 이르렀다.

중공의 정치체제 개혁이 실질적인 진전을 이루지 못하고 전체 중국의 권력 시스템이 근본적인 변화하지 않는 상황에서 시장경제만을 발전시켜서는 부패를 더욱 촉구할 뿐, 후진타오에게 아무리 능력이 있다 한들 권력층 깊숙이까지 파고든 부패를 척결할 수는 없는 일이었다. 반대로 후진타오가 부패척결에 나서면 나설수록 그 앞에는 풀 수 없는 실타래 같은 난제와 모순들이 수도 없이 튀어나왔다. 이는 후진타오를 더욱 깊은 모순의 소용돌이로 밀어넣었다. 예를 들면 후진타오가 1996년 광시 자치구를 시찰할 때 발견한 이상한 사건은 후에 엉뚱하게도 장쩌민 총서기에게까지 불똥이 튀어 후진타오를 난감한 지경으로 몰고갔다.

사건은 류저우柳州 지구에서 벌어진 한 차례 관직쟁탈 풍파에서 시작된다. 이 지구의 당부서기 자리가 하나 비어 있었는데 류저우 지구 산하 허산시合山市의 부시장인 류허핑劉和平이 이 자리를 욕심 내어 관직을 쟁취하기 위한 로비를 벌였다. 그런데 바로 그때 류허핑의 반대자로부터 중공 광시 자치구 당위원회에 고발 편지가 들어왔다. 그 내용을 보면 류허핑은 여태까지 자기의 이력서를 꾸미는 수단으로 정계에 들어와 출세했는데, 그가 이력서에 군대에서 13년간 복역했고 병사에서 부단장급副團長級 군관으로 성장했다고 기록한 이력서는 모두 거짓말이고, 사실은 13년간 류허핑은 감옥에 죄수로 갇혀 있었다는 놀라운 내용이었다. 당연히 관련 부문에선 류허핑의 뒷조사를 시작했다. 조사 결과는 고발 내용이 사실인 것으로 드러났다. 그런데 류허핑의 거짓이 공개되고 그에 대한 처리가 내려질 무렵, 갑자기 베이징에서 총참모부 군관 신분의 두 사람이 찾아와 '장쩌민 총서기의 위탁을 받고 온 것임'을 밝히며 류허핑이 감옥에서 보낸 13년은 사실 '특수한 사명을 집행하기 위함'이라는 내막을 암시했다.

마침 그때 후진타오는 광시 시찰 중이었고, 이 사건은 후진타오에게 보고되었다. 장쩌민까지 연루되었으리라고는 믿을 수 없는 사건이었다. 그렇다고 후진타오 자신이 섣불리 결론을 내릴 수도 없는 일이었다. 후진타오는 신중을 기해 베이징에 전화를 걸어 장쩌민에게 이 사건을 보고하고 사실 유무를 물을 수밖에 없었다. 장쩌민은 당연히 그런 일은 절대 있을 수 없다고 부인했다. 장쩌민은 후진타오에게 이 사건이 누구와 연루가 되었든 절대로 사정을 봐주지 말고 철저히 조사할 것을 군대와 지방에 지시하고, 후진타오가 직접 이 사건 조사를 책임지도록 했다.

몇 달간의 조사를 거쳐 사건은 점점 실마리가 드러나기 시작했다. 이 사건의 뒤에는 총참모부 관리국장 류스룬劉世倫 소장少將이 깊이 개입되어 있었다. 뿐만 아니라 군대와 지방이 결탁한 많은 횡령 부패사건과 이어져 있었다. 군대의 힘이 지방정권에까지 뻗쳐 권력과 경제의 교역, 로비와 횡령, 여자 병사를 이용해 고급 관리들에게 성 상납까지 하게 된 사건 등, 검은 거래에 오간 돈은 몇 억 위안에 달했고, 톈진, 쓰촨 등 여러 지방의 당정 관리들까지 사건에 연루되어 있었다. 류허핑 뒤에 이런 막대한 범죄가 연루되어 있으리라고는 후진타오도 미처 예상치 못했던 일이었다. 특히 류스룬 장군은 군대의 핵심부문과 고위급 장령將領들의 군수

물품 공급 및 총무를 총괄하고 있었기 때문에 섣불리 건드릴 수 있는 인물이 아니었다. 류스룬 뒤에는 중앙군사위원회의 숱한 고위층 인물들이 도사리고 있었던 것이다.

아직 군대를 쥐고 있지 못한 후진타오로서는 이 사건을 철저히 조사할 수 있는 힘이 부족했다. 장쩌민이 군대를 쥐고 있는 한 후진타오는 맥을 놓을 수밖에 없었다.

'제7'에서 '제5'의 위치로

후진타오에게 있어서 5년이란 세월은 너무 긴 시간이었는지도 모른다. 그러나 대변혁을 겪고 있는 중국의 5년 시간은 그야말로 눈 깜짝할 사이에 지나갔다. 어느새 또 한 차례 당대표대회가 열릴 시기가 가까워졌다. 이번 회의는 제3대 지도자 그룹으로서는 정권을 쥔 후 처음으로 자기들의 힘으로 개최하는 당대표대회였고, 덩샤오핑 이후의 당대표대회 역사에 처음으로 제3대 지도자 그룹의 힘을 새기는 회의이기도 했다.

장쩌민은 15차 대회가 거행되기 전인 1997년 5월 29일, 후진타오가 주관하고 있는 당중앙학교를 찾아가 중요 연설을 했다. 그의 이 연설은 15차 대표대회가 '진정한 장쩌민 시대의 개막'을 알리는 회의가 될 것임을 세상을 향해 미리 선포한 것으로 평가된다.

15차 대표대회를 앞두고 일부 외신은, 덩샤오핑의 설계대로 14차 대회에서 제3대 지도자 그룹이 집권했다면 이번 15차 대표대회에서는 후진타오를 중심으로 한 제4대 지도자 그룹이 화려한 등장을 할 것이라고 유치한 예측을 펼쳤다. 그러나 그 추측이 얼마나 중공의 역사적 사실에 기초하지 않은 억측인지 15차 대표대회가 보여주었다.

평화 시기 때마다 중공은 한 세대 지도자 그룹의 양성에 매우 신중한 태도를 취해 왔는데, 그것은 결코 단시간내에 결정지어지는 일이 아니었다. 중공은 제1세대가 27년간 경영했고, 제2세대도 14년간이나 경영했다. 장쩌민이라고 어렵게 손에 넣은 실권을 쉽게 다음 세대에 넘겨줄 리 없었다. 덩샤오핑의 뒤를 이은 장쩌민이 몇 년간의 노력을 거쳐 이제야 진정한 실권을 손에 넣은 셈이 되었다. 그것은 외교나 내정에 있어서 이제야 진정 독립적으로 자신의 실체를 수립한 것이었다. 인사에 있어서도 자신의 측근들을 각 부문에 실세 자리에 앉혀서 이제야말로 자신의 강산을 다스릴 시점인데 쉽사리 후진타오에게 자리를 내줄 리 없었다.

1997년 9월 19일, 중공 15차 대표대회에서 선출한 중앙위원회는 관례대로 곧 제1차 전체회의를 가졌다. 회의에서는 중앙정치국 위원, 상무위원, 중앙총서기, 서기처 서기, 중앙군사위원회 주석, 부주석, 위원 등을 선거하도록 되어 있었다. 회의장 문밖은 벌써부터 회의 결과를 기다리는 각 언론 기자들로 발 디딜 틈이 없었다. 기자들이 가장 관심을 갖고 기다리는 결과는 최고 정책결정층에 누구누구가 들어갔을까였다. 일부 기자들은 세상을 깜짝 놀라게 하는 결과가 나왔으면 하고 바라기도 했다.

이 며칠간 열렸던 회의를 살펴본 대부분의 기자들은 이미 머릿속에 답안을 가지고 있었다. 그 답안이 백퍼센트 정확하다고는 장담할 수 없어도, 대세는 이미 결정된 것 같았다. 장쩌민은 당연히 총서기 자리를 그냥 지키고 있을 것이고, 차오스는 마침내 자리를 내놓아야만 할 것이며, 리펑은 이듬해면 끝나는 총리 임기를 마치고 인대 상무위원장(한국의 국회의장에 해당―옮긴이)의 자리를 차지하게 될 것이다. 두 번에 걸쳐 연임한 총리직은 별수없이 내놓아야 하겠지만, 이번 회의 기간 중 노상 얼굴에 웃음을 달고 있는 것으로 미루어봐서는 정치국 상무위원의 자리는 온전히 지킬 수 있을 것임에 틀림없었다. 주룽지와 리루이환도 당연히 최고 정책결정층에 일석을 차지하게 될 것이고, 후진타오 역시 이번 회의의 주석단에 비서장을 맡고 앉아 있는 걸 봐서는 최고 정책결정층에 그냥 남아 있을 것으로 추측되었다. 세상이 주목하는 건 류화칭과 차오스의 자리를 이어 최고 정책결정층에 새로 비집고 들어올 사람이 과연 누구일까 하는 것이었다.

회의장 밖의 기자들도, TV 앞에 앉은 수억의 중국 민중의 눈길도, 중국의 새로운 대세를 관망하는 세계의 눈길 역시 어서 빨리 답안이 공개되기를 기대하고 있었다.

드디어 장쩌민이 새로 결성된 정치국 상무위원들을 거느리고 온 세상을 향해 손을 흔들며 나타났다. 장쩌민의 뒤에는 리펑, 리루이환, 주룽지, 후진타오, 그리고 웨이젠싱尉建行과 리란칭이 나타났다.

플래시가 여기저기서 터지고 비디오 카메라들이 새로운 중공 정책결정층의 첫 모습을 담기에 바빴다. 그야말로 뉴스 전쟁이었다. 그런 와중에서도 후진타오가 나타나는 순서에 눈길을 돌린 사람들이 있었다. 그들은 어제까지만 해도 정치국 상무위원들 중 제일 마지막에 섰던 후진타오가 다섯 번째로 나타났음을 경이로운 눈으로 지켜보았다. 하루 사이에 일곱 번째에서 다섯 번째로 등장 순서가 바뀌었다. 중공이 권력 등급에 따라 엄격히 등장 순서를 지키는 관례를 아는 사람들은 이 위치 변화가 큰 뜻을 시사해주고 있음을 금방 눈치챌 수 있었다.

후진타오가 정치국 상무위원들 중 일곱 번째에서 다섯 번째로 나선 건 후진타오 개인으로 놓고 보면 두 발짝 앞으로 내디딘 것에 불과할지 모르지만, 중공의 권력이양 순서로 보면 그 한 발짝이 엄청나게 큰 것임을 알 수 있다. 상징적 의미가 큰 두 발짝 전진의 변화였다. 덩샤오핑, 쑹핑, 바오이보 등 원로들에 의해 장쩌민의 후계자로 지정된 후진타오는 원로들이 하나 둘 역사 무대의 뒤쪽으로 퇴출한 후에도 장쩌민의 미움을 사지 않고 자신의 실력으로 그의 신임을 얻어 중국 정치무대에서 앞으로 두 발짝 크게 더 나섰다. 그는 장쩌민 후계자로서의 자신의 위치를 더욱 든든히 닦는 데 성공한 것이다.

9
무대 뒤에서 무대 앞으로
(1998~2002)

> 겸손하고 온화하고 듬직하고 부드럽고 착한 사람, 대통령과는 악수하고 화교들에게는 허리 굽혀 인사하고 기자들에게는 따뜻하게 안부를 묻는 사람······. 그는 일년 내내 각 성과 도시와 각 나라의 수도를 오가느라 너무나 바쁘다. 그는 도대체 뭐가 그리 바쁜가?

중국의 젊은 '예비용 타이어'

1998년 3월, 중국은 다시 한 번 온 세상의 시선을 한몸에 받았다.

베이징에서 제9차 전국인민대표대회와 제9차 중국인민정치협상회의가 열리고 있었던 것이다. 정치의 거인 덩샤오핑이 개입하지 않은 새로운 권력구조가 제15차 당대회에서 처음으로 세상에 모습을 나타냈으며, 그 회의에서 새로운 정책결정층이 제정한 노선방침이 그 윤곽을 드러냈다면, 이번 9차 전국인민대표대회는 그 윤곽이 구체적인 형태를 나타나게 되는 것이다. 이번 회의의 모든 동태는 중공 역대 그 어느 회의보다도 국민들의 주목을 받았고, 국내외 언론들은 계속해서 소개하고 분석했다. 내각이 새로 구성된 후 원로급 중신들은 어디로 흘러갈 것이고, 여러 기관들의 전례없는 변동방안, 무쇠주먹 재상 주룽지의 국영기업과 금융체제 개혁에 관한 새로운 방안대책······, 그 어느 것 하나 국민들의 실제 이익과 중국의 금후 발전방향과 연관되지 않는 것이 없었다. 세상의 시선이 베이징에 집중되어 중국과 함께 흥분하고 긴장하는 건 당연한 일이었다.

그런데 이번 대회에서는 이전 같으면 별로 세상의 주목을 끌지 못했던 국가 부주석 자리가 누구에게 돌아갈 것인가가 뜻밖의 핫이슈로 떠올라 세상의 주목을 받았다. 지금까지 국가 부주석 자리를 지켜온 룽이런은 이미 80세를 넘어선 고령의 인물로, 이번엔 무조건 자리를 내놓게 될 것이다. 그리고 그 자리를 누가 차지하게 되는가 하는 것이 이번 대회에서 결정될 것이다.

일반적인 상식으로 알고 있듯이, 미국의 정치구조에서 대통령은 절대적인 권리를 갖고 있는 반면, 부통령은 '예비용 타이어'로서 평상시에는 한쪽에 내팽개쳐져 있다가 대통령의 신상에 특별한 변고가 생겨 집권할 수 없을 경우에만 잠시 정치무대에 서는 임시 대통령의 역할을 할 뿐이다.

마찬가지로 중공의 권력체제 역시 '당이 일체를 영도'하는 구조이기 때문에 국가 주석의 실권은 당서기의 실권에 비하면 비교조차 할 수 없을 정도로 미약한 것이다. 1966년 이후부터 국가 주석의 직무는 한동안 폐지되기도 했고 또는 다시 회복되었어도 오랜 시간 동안 남에게 보이기 위한 장식용으로, '벙어리의 귀'처럼 외교적인 의미만 가지고 있었지 실제 권력은 정책결정층의 변두리에도 닿지 못하는 '보기 좋은 허울'이었다. 국가 주석이 이러할진대 국가 부주석이야 더 말할 나위도 없다. 사실상 있으나마나 한 허울로 중공의 국가 부주석 자리는 이제껏 '혁명에 공로가 크고 덕망이 높아 반드시 정중히 모셔야 할 사람'들을 위해 마련한 '영예의 자리'였다. 문화대혁명 전에 국가 부주석을 했던 쑹칭링宋慶齡, 둥비우董必武도 그렇고, 한동안 폐지되었다가 1983년에 다시 회복된 이후 이 자리에 올랐던 우란푸烏蘭夫, 왕전, 룽이런 등이 모두 정치 실세들이 무시해서는 안 될 '덕망이 높은 사람'들이었다. 그러나 이들이 국가 부주석의 자리에서 실제로 행사한 권력은 거의 없다고 봐도 무방하다.

그런 국가 부주석 자리가 이번 대회에서는 왜 이렇듯 국내외 언론의 관심을 받게 되었는가?

그 원인은 다름이 아니라, 이번 회의 전에 흘러나온 소식에 따르면, 새로운 국가 부주석의 후보자 명단에 전혀 예상하지 못했던 후진타오라는 이름이 들어 있다는 것이었다. 이것은 사람들의 예상을 뒤집는 것이었다. 실권이 없어 한쪽으로 밀려났으나 덕망이 높아 그냥 모셔야 할 사람에게 주어지는 국가 부주석 자리에 15차 당대표대회에서 다섯 번째 실권자로 등장한 후진타오가 후보로 올랐다는 건 역대 중공의 권력 메커니즘 상식으로는 이해할 수 없는 일이었다.

3월 5일 오전, 9차 인민대표대회에서 대회 주석대主席臺 맨 앞줄은 세상이 주목하는 좌석이 되었다. 제일 앞줄 한가운데는 인민대표대회 상무위원장을 맡게 될 리펑이 정좌했고, 그의 양옆에는 이번 대회의 비서장인 톈지윈과 정치국 상무위원 후진타오가 앉아 있었다. 이런 좌석 배치는 주석대 아래 앉은, 대회에 참석한 대표들의 궁금증을 자아내기에 충분했다. 이 모습이 TV를 통해 세상에 보여지자 중국 정세를 면밀히 관찰하고 있던 해외의 중국 전문가들이 여러 가지 추측과 분석을 잇달아 내놓아 지면들을 가득 채웠다.

〈아시아 위크〉는 회의 전에 이미 어느 '인사'로부터 이번 대회의 실제 '막후 비서장'은 후진타오이고, 이번 인사 배정은 거의 다 후진타오의 뜻에 따라 이미 내정되어 있다는 정보를 얻었다고 보도했다.

후진타오가 인민대표대회 주석단 앞줄에 앉아 있었고, 뒤이어 들려온 후진타오가 국가 부주석 후보자로 이미 내정되어 있다는 소식이 뜻밖일 수밖에 없는 건 중공의 권력구조가 이번 대회에서 상식을 뛰어넘고 있다는 뜻으로도 해석할 수 있었다.

중공이 이번에 세상을 향해 던진 주사위는 게임의 룰에 따른 것이 아니었다. 너무나 반상反常적인 것이었다. 중국 문제 연구학자들이나 시사

평론 전문가들에게 이러쿵저러쿵 저마다 선견지명을 발표할 수 있는 또 한 번의 커다란 계기를 마련해준 셈이었다. 도대체 이번에 후진타오가 국가 부주석의 자리에 오른다는 건 '눈에 보이는 승진, 또는 실제 권력의 실각'을 설명하는 것일 수도 있었다. 이유가 분명한 분석이었다. 지난 해 당의 15차 대회가 열릴 때까지만 해도 이미 세상을 뜬 덩샤오핑의 보이지 않는 권력의 힘이 작용하고 있어서 그가 지명한 후진타오를 장쩌민으로서는 공개적으로 박대할 수 없었다. 그래서 명분상 당의 다섯 번째 자리에 앉혀 놓고 이번 대회에서 후진타오를 '차가운 의자'인 국가 부주석의 자리에 앉힘으로써 차츰 후진타오의 실권을 빼앗고 배척하기 시작하는 것일까. 그렇다면 장쩌민의 진짜 속셈은 무엇일까.

또 이렇게 분석해 볼 수도 있다. 중공은 이번 대회를 계기로 여태까지 '차갑게 식어 있던 의자'를 '따뜻하게 데워' 후진타오에게 새로운 '개인무대'를 펼쳐주자는 것일 수도 있다.

3월 16일 오전, 2,947명의 대표들은 모두 얼굴에 장엄한 표정을 띠고 인민대회당 주석대 앞의 선거 투표함에 '역사적인 투표'를 함으로써 인민대표의 권리를 행사했다.

인대 상무위원회 위원에 대한 선거는 차액선거(差額選擧, 선거할 인원보다 입후보자가 더 많은 선거─옮긴이. 이때의 차액은 5퍼센트)로 이루어졌고, 그 외 기타 직무에 대한 선거는 모두 등액等額선거로 이루어졌다. 인대 상무위원회 위원장, 부위원장, 비서장, 국가 주석, 부주석, 국가군사위원회 주석 등의 직무는 당연히 '중국특색의 선거' 방법인 등액선거로 선출되었다. 대표들은 이미 선거표에 인쇄되어 있는 후보자의 이름에 동그라미만 그리면 되었다.

선거 결과가 발표되었다. 후진타오는 2,841표의 찬성표로 새로운 국가 부주석에 당선되었다. 이제 세상은 국가 부주석에 오른 후진타오가 중국 정치권력 구조에서 담당하는 역할에 주목할 것이다.

그러나 후진타오가 국가 부주석의 모습으로 대외에 비치기 시작하는 새로운 형상은 국내외 정치 분석자들에게 중국 국가 부주석의 직무는 더 이상 '영예증서' 같은 것이 아니라 이제부터는 중공 정책결정층이 새로운 정치지도자를 양성하는 데 아주 중요한 권력무대임을 보여주었다.

3월 국가 부주석 당선에 이어 그해 4월 후진타오는 처음으로 국가 부주석의 신분으로 일본과 한국을 방문했다. 중국 신문사의 수행기자는 한국에서 「후진타오 국가 부주석 한국에서의 하루 일정 분초를 쪼개어」라는 글을 보내와 국가 부주석 후진타오의 해외 방문이 결코 형식적인 외교에 그치는 것이 아니라 실무 외교임을 보여주고 있다.

그해 12월 후진타오는 베트남을 방문해 동맹東盟(동남부 아시아 연맹기구 —옮긴이)과 중·한·일中韓日 수뇌들의 비공식 모임에 참가했다. 그 전해 연말에 장쩌민은 중국의 권력 실세로 동맹 여러 나라 수뇌들과 처음으로 만남을 가졌다. 그로부터 일년 후 후진타오가 장쩌민의 뒤를 이어 중국의 실세가 되어 중국을 대표해 동아시아 각국 수뇌들과 자리를 함께한 것이다. 그리고 숨돌릴 사이도 없이 이듬해 연초, 후진타오는 빡빡한 일정으로 아프리카 여러 나라 공식 방문에 나섰다.

이렇게 후진타오는 국가 부주석의 신분으로 외국 방문길에 자주 올랐을 뿐 아니라, 중국을 찾는 외국 방문객 접견에도 자주 나섰다. 가장 세인의 눈길을 끈 외국 방문객 접견은 1998년 6월 26일 저녁에 베이징 수도 공항에서였다. 먼저 서안西安을 거쳐 베이징으로 향한 미국 대통령 클린턴의 전용 비행기가 이날 저녁 8시 20분 베이징 수도 공항에 도착했다. 후진타오는 국가 부주석의 신분으로 부인 류융칭劉永淸과 함께 공항으로 마중나가 클린턴과 역사적인 악수를 나눴다.

일찍이 1980년대 초반 후진타오는 전국청년연합회 주석의 신분으로 일본 수상 나카소네 야스히로를 만난 적이 있고, 1980년대 중반 구이저우성 성위서기로 있을 때 오스트레일리아와 뉴질랜드의 정부 수뇌들과 만난 적이 있다. 그러나 중앙에 온 후로 후진타오는 줄곧 당내의 직무를 맡고 당의 실무를 위해 일했지, 나라를 대표해 서방의 주요국가 원수나 정부 수뇌들과 직접 접촉할 기회가 없었다. 더구나 세계 제1의 강국인 미국의 수뇌와는 접촉이 있었을 리 없다. 이번 클린턴의 중국 방문에서도 장쩌민과의 공식회담 일정은 있었지만 후진타오와 클린턴 사이의 회담은 일정에 잡혀 있지 않았다. 이번 방문에서 후진타오는 아무런 실질적인 정치 임무를 띠고 있지 않았지만, 다만 국가 부주석의 신분으로 공항에서 마중나온 것으로서 세계 제1강대국의 국가원수와 만난 셈이 되었다. 비서와의 스캔들로 매스컴을 뜨겁게 달군 백악관의 주인을 바라보는 후진타오의 표정은 매우 여유 있었다.

신사 멋이 풍기는 군사위원회 부주석

1990년대 마지막 몇 년 동안 세계는 세기말 증상이라고 할 수 있을 정도로 여러 가지 사건들이 터졌고, 중국 역시 큰일들을 치러야 했다.

1997년 초 중공의 원로 덩샤오핑이 별세했다. 중국의 권력층에는 잠시 긴장의 분위기가 돌았다. 그러나 장쩌민과 그 주위에 모인 제3세대 지도자 그룹은 잠시의 망연함을 뒤로 하고 이제는 더 이상 덩샤오핑의 눈치를 보지 않고 독립적으로 권력을 휘두를 수 있는 시기가 도래했음을 기뻐했다. 장쩌민은 덩샤오핑이 이미 만들어놓은 떡 '홍콩 반환'의 화려한 역사의 한 페이지에 자신의 이름을 사인하고 15차 당대표대회에 자신만만한 모습을 드러냈다. 덩샤오핑의 별세 이후 당당한 중국 제1인자의 자격으로 미국 방문 길에 오른 장쩌민은 이미 국내에 정치기반을 튼튼히 닦아놓은 뒤 마음놓고 외국 방문길에 올랐다. '단결 승리'의 분위기가 중국의 밝은 내일을 약속해 주는 듯했다.

그러나 1997년의 휘황함과 너무나 선명한 대조를 이루며 1998년 중공은 난제에 난제를 거듭 만났다. 아시아의 금융 위기는 더욱 세찬 기세로 중국의 경제개혁에 타격을 가했고, 중국의 체제개혁은 전례없는 난관에 부딪쳤다. 사회경제는 여러 가지 위험한 조짐을 보이기 시작했고, 거기에 천재까지 겹쳐 홍수가 양쯔강 남북을 휩쓸었다. 하늘에 낀 두터운 구름만큼이나 중공의 정계에도 불안한 먹구름이 뒤덮였다. 중공을 향한 국제 여론은 비판적이었고, 국내에서도 중공 제3세대 영도자 그룹에 대한 원성이 높아졌다. 정책결정층에 속해 있는 실권파들은 모두 고도의 긴장감 속에 침식을 잊어가며 여기저기서 터지는 사태를 수습하느라 정신이 없었다. 가장 힘들었던 사람은 아마도 나라의 살림을 맡고 있던 주룽지였을 것이다. 다사다난했던 1998년을 간신히 넘기고 1999년의 문턱에 들어섰다. 3월에 열린 9기 인대 제2차 회의를 마치고 가진 기자들과의 공식 모임에서 주룽지는 지난 한해를 돌이키며, '참으로 난관이 첩첩했던 어렵게 걸어온' 한 해였다고 심정을 밝혔다.

이렇게 1998년이 중공 제3세대 지도자 그룹의 모든 성원들이 경황없이 보내야만 했던 역경의 한 해였다면, 지도자 그룹의 7명 상무위원 중 가장 나이 어린 후진타오 한 사람에게만은 결코 고난의 한 해가 아니었을 것이다. 후진타오 역시 어깨에 중임을 짊어진 만큼 불철주야 뛰어다녔지만 그래도 다른 상무위원들에 비하면 가장 운이 좋은 사람이었는지도 모른다. 1997년 권력 파도타기에서 멋지게 비상한 데 이어 1998년에 다시 한 번 성공적인 권력의 파도타기로 더 높은 권력의 고봉을 향해 멋진 점프를 했던 것이다. 당내 제7인자의 위치에서 제5인자로의 멋진 점프, 그리고 이제 더는 '차가운 의자'가 아닌 국가 부주석의 자리에 오른 것은 모두 후진타오의 정치 그래픽에 굵직한 포물선을 그려주었다. 그뿐이 아니었다. 7월에 열린 군대, 무장경찰부대, 정법기관에서 상업에 종사하지 못한다는 회의 장면을 찍은 TV 화면에 그의 모습이 나타났다. 이것은 후진타오가 이미 군대의 실무에 참여할 권력을 가졌고 군대내에서도 발언권을 가지기 시작했음을 시사하는 것이다.

게다가 8월에는 후진타오가 곧 개최될 중공 15기 3중 전회에서 중앙군사위원회 부주석에 출마해 이제는 그 권력의 손길이 총자루에까지 미칠 것이라는 소문이 퍼졌다. 그러나 이 소식은 곧 헛소문이었음이 밝혀졌다.

새로운 중앙군사위원회가 결성된 지 겨우 일년밖에 되지 않는 시점에서 부주석이라는 큰 위치에 대해 인사 변동을 한다는 건 상식에 어긋나는 일이었다. 군대 내부에 심각한 지각운동이 일어나지 않고서는 불가능한 일이었다. 그리고 또 한 가지 불가능한 이유는 만약 후진타오가 군위 부주석의 위치에 끼어들 경우 그건 '당이 군대를 지휘'하는 중국의 권력 구조를 보여주기 위한 것임이 분명하므로 후진타오를 장완녠, 츠하오톈 등의 직업군인 출신 장군들보다 낮은 위치에 배치할 수도 없는 노릇이다. 그렇다고 50만 병력 감소와 군대를 상업에 종사하지 못하게 하는 결정을 내린 뒤 그에 따른 어려움을 겪고 있는 판인데 이때 군대내에서 권위 있는 장완녠이나 츠하오톈 같은 장령들의 지위가 내려간다는 건 직업군인들의 지위 하락을 의미하는 것으로 군심의 동요를 일으킬 것은 뻔한 일이었다. 장쩌민으로서는 이런 시점에 군인들의 미움을 사면서까지 후진타오를 앞으로 내보내야 할 이유가 전혀 없었다.

그러나 아니 땐 굴뚝에 연기 날 리 없듯이 그 소문이 헛소문일망정 전혀 현실적 근거가 없는 것도 아니었다. 사람들은 그 소문이 언젠가는 현실로 바뀌어 후진타오가 곧 군대의 영도 직무에 임할 것이라는 걸 믿고 있었다. 소문이 현실로 변하는 데는 시간의 검증만 필요할 뿐이다.

과연 일년이 지난 1999년 9월, 중공 15차 4중 대회에서 후진타오는 이미 대본에 쓰여 있던 대로 군위 부주석이라는 중임을 맡았다. 이제 후진타오는 당과 국가와 군대, 이 3개 영역에서 명실공히 장쩌민에 버금가는 실력파로 부상한 것이다.

후진타오가 군위 부주석 자리에 오른 것이 약간 아이러니컬한 일임에는 틀림없다. 군대와는 아무런 인연도 없고 이렇게 젊은 사람이 군위 부주석에 오른다는 건 군대내의 상식으로는 도무지 불가능한 일이었다. 후진타오는 전투마당에 나서 보지도 못했고 단 한 번의 전투공훈조차 세운 경력이 없는 사람이었다. 심지어 군사 상식조차 갖추지 못한 문관이다. 이런 그가 총자루를 잡아 어깨와 손바닥에 군살이 박힌 원로 무관들을 제치고 군위 부주석 직위에 오른 것이다. 중공과 중국 군대의 역사에 지금까지는 없었던 일이다. 군대내 노장군들의 심기가 어떠하고 기계화부대를 지휘하는 소장파 군관들의 심사가 어떠했을까를 추측해보는 건 별로 어려운 일이 아니다. 홍콩〈남화조보南華早報〉는 이런 글을 실었다.

> 후진타오의 군위 부주석 직위 취득은 결코 아무런 장애 없이 실현된 것이 아니었다. 군위 주석 장쩌민은 후진타오를 군위 부주석 자리로 끌어올리기 위해 적어도 2년 전부터 노력을 기울여 왔다. 왜냐하면 군대내 장령들이 두 번째의 문관이 군대 최고층에 개입하는 걸 완강히 반대했기 때문이다.

이 글은 후진타오가 결코 순조롭게 군위 부주석 자리에 위임된 것이 아님을 잘 보여주지만, 군대내의 장령들이 '완강히 반대'했다고 한 것은 조금 억지 같은 감이 있다. 사실 중국의 정치구조에서 어느 정도의 반대 의견은 있을 수 있어도 '완강히 반대'하는 것은 불가능하다. 후진타오는 이미 차세대 후계자로 지정된 사람이다. 중공의 관례에 따르면 당의 최고 영수는 군대의 최고통수도 겸하게 되어 있다. 그렇다면 차세대 당의 최고 영수인 후진타오가 군대의 최고 통수도 겸하게 되는 건 이미 결정된 사실이다. 시간 문제일 따름이다. 당의 최고 영수에 오르기 전에 미리 군위 부주석직을 맡아 먼저 군대의 정황을 익히는 것이 어쩌면 순서에도 맞고 당연한 일인지도 모른다. 군대내에서 일부 불만의 소리는 있었겠지만, 감히 공공연하게 '완강히 반대'하고 나설 수는 없는 일이었다. '총에서 정권이 나온다'면 '우리의 원칙은 당이 총을 지휘한다'였던 것이다. 군대내에 반대 의견이 있었다 치더라도 군대는 명령을 목숨처럼 지켜야 하기 때문에 당중앙의 결정과 명령에 복종할 수밖에 없는 일이었다.

매스컴에 자주 등장

후진타오는 정계에 발을 들여놓기 시작할 때부터 '개인을 자제하면서 홍보'하는 원칙을 세우고 줄곧 이것을 지켜왔다. 워낙 나이가 어리고 자력이 남보다 한 수 낮은 후진타오로서는 조심스럽게 처세해야 살아 남을 수 있었다. 자신에게는 성급함이 금물임을 그는 너무나 잘 알고 있었던 것이다. 또한 후진타오는 매스컴의 역할에 대해 다른 영도자들보다 한층 더 깊은 이해를 가지고 있었다. '물은 배를 띄울 수도 있지만 배를 가라앉힐 수도 있다'는 이치를 너무나 잘 알고 있는 후진타오는 매스컴이 사람을 떠받들어 올릴 수도 있지만 받들어 올렸던 사람을 하루아침에 떨어뜨릴 수도 있다는 사실을 잘 알고 있었다.

그래서 당중앙정치국 상무위원 및 서기처 서기를 맡은 후에도 후진타오는 거의 매스컴에 개인에 관한 선전의 글을 싣지 못하게 했다. 더구나 사생활과 가정 배경에 관해서는 입도 뻥끗 못하게 했다. 언젠가 세간에 리펑의 건강 상태가 좋지 않다는 풍문이 돌았는데 그 소문을 막기 위해 리펑이 매스컴에 수영팬티만 입은 모습으로 나타나 소문을 누르고 건강 상태가 양호하다는 걸 보여주려고 한 적이 있었다. 이에 비하면 후진타오는 그야말로 매스컴과 사귀는 일에 있어서만큼은 조심하고 또 조심했다. 리펑이 매스컴과 손잡고 벌인 것 같은 쇼를 후진타오는 절대 할 수가 없었다.

정치체제가 민주적인 나라이거나 국제적인 관례대로라면 한 개인이 선거에 나서거나 어떤 공직에 출마할 경우에는 반드시 개인의 프라이버시를 어느 정도 포기하고 언론의 집중 조명을 받아 대중 앞에 자신을 드러내야 하는 게 상식이다. 그러나 중공은 그렇지 않다. 대통령인 클린턴이 비서와의 스캔들로 법정에까지 서야 하는 그런 모습은 중국에서는 절대 있을 수 없는 일이다.

여기에서 잠깐 중공이 내린 매스컴에 대한 정의와 중국에서의 매스컴의 기능에 대해 짚고 넘어갈 필요가 있다.

중국에서도 서방과 마찬가지로 매체에 대한 정의를 대중정보 전달의 수단과 정보유통의 매개물이라고 내리고 있고 언론의 자유를 주장하고 있다. 그러나 그건 정의일 뿐이지, 사실 중국에서 매체는 의식형태의 도구로서 당의 정책과 방침을 선전하고 당의 목소리를 그대로 싣는 당의 메가폰일 뿐이다. 언론의 자유란 상상도 못할 일이다. 1980년대 초기 〈인민일보사〉의 사장 후지웨이가 신문은 '당성黨性'도 지켜야 하지만 더욱 중요한 것은 '인민성'을 지켜야 한다는 논지을 발표했다. 이 논지 역시 중국 공산당이 여태까지 지켜온 공산주의 교조의 범위에서 벗어나지 않은 매우 조심스러운 발언임에 틀림없다. 그럼에도 이 논지로 후지웨이는 일부 원로들의 미움을 사 1983년 후차오무胡喬木와 덩리췬鄧力群에 의해 자산계급 자유화의 정신 쓰레기로 취급받아 나가떨어지는 비운을 면치 못했다.

중공에서 매스컴이 '무엇을 보도하는가' 하는 것은, 독자들에게 사실을 알리는 게 중요한 것이 아니라 중공의 뜻을 국민들이 그대로 받아들일 수 있도록 하는 데 있다. 중공의 뜻을 전달하는 것이 더 중요하다는 말이다. '누구를 보도하는가' 역시 매스컴에 보도됨으로써 대중과 사회의 감독을 받기 위한 것이 아니라 매스컴을 자신의 정치형상 수립에 도움이 되는 도구로 이용할 뿐이다. 물론 중공의 뜻대로 개인의 비위에 맞게 보도되어야만 했다. 중국 매스컴의 진실성은 일찍부터 의심받고 있었다. 이런 정황을 잘 아는 후진타오는 괜히 매스컴을 통해 대중들에게 '형상을 수립하기 위해 매스컴을 탄다'는 오해를 받고 싶지 않았기 때문에 되도록 매스컴을 피하는 원칙을 세웠던 것이다. 국민들에게는 '스스로 자기를 내세운다'는 인상을 심어주지 않아 좋고, 뒤에서 항상 지켜보고 있는 제3세대 지도자 그룹에는 가볍게 보이지 않고 듬직하게 움직인다는 인상을 심어줄 수 있는 일거양득의 방법이었다.

그러나 그는 중앙에서 가장 젊은 상무위원으로 당중앙을 대표해 몇 년 동안 줄곧 청년연합회, 부녀연합회, 문화예술연합회, 작가협회, 과학가협회 등 여러 '군중단체'의 대표대회에 참석해 연설을 하고, 3·8국제부녀절, 5·1국제노동절, 5·4중국청년절, 6·1국제아동절 등의 활동에 참가할 때마다 연설을 해야 했다. 그는 이제 더 이상 매스컴을 피하고 싶어도 피할 수가 없게 되었다. 공회(한국의 노조에 해당—옮긴이)나 부녀연합회 등 단체의 모임에서는 후진타오의 연설이 중앙을 대표하는 지도자의 연설답게 엄숙하고 형식적인 것들이 많았고, 공청단 또는 소년선봉대와 같은 활동에 참가할 때는 집에 돌아와 형제나 조카들을 대하는 듯한 친절함을 보였다.

국가 부주석과 군위 부주석에 오른 뒤부터 신문들에 '후진타오'라는 글자가 오르는 횟수는 기하급수로 늘어나기 시작했다. 그러나 후진타오에 대해 인물 보도의 형식을 빌려 정면으로 다룬 것은 중국 관영 〈중국신문사〉가 2000년 1월 중 신문을 통해 처음으로 그 발단을 열었다. 〈중국신문사〉는 중국의 다른 매체들이 후진타오에 대해 살그머니 다루던 선례를 깨뜨리고 이전과는 완전히 다른 스타일의 인물 스케치 「나 젊은 군위 부주석 후진타오」라는 글을 '중링鍾靈'이라는 작자의 이름으로 발표했다. 이와 함께 중국신문사에서 발간하는 잡지 〈시점〉 2000년 1월호에는 후진타오가 표지인물로 크게 실렸다. 후진타오가 개인적으로 아무리 매스컴을 통해 자신을 선전하길 꺼리고 조심한다 해도 이미 국가 부주석과 군위 부주석이라는 실무관직을 어깨에 짊어진 이상, 더는 매스컴의 집중 조명을 피할 수 없게 되었다. 밀실에서 밖으로 나와 민중과 국제사회 앞에 모습을 드러내야 했고, 이제 곧 최고통수가 되어 거느리게 될 장병들에게도 얼굴 익히기 수단으로 부지런히 얼굴을 보여야만 했다. 이제 후진타오와 매스컴의 악수는 더 이상 후진타오 한 개인의 성격과 취향 문제가 아니라 '혁명의 필요'였다.

작자의 이름을 '중링'이라고 서명한 이 글은 중국 정부의 관점을 대표하는 전형적인 어투로 쓰여졌다. 후진타오라는 인물의 형상을 포착한 각도나 글에서, 사용한 낱말들의 세련됨에서 이 글은 결코 어느 한 개인의 뜻에 의해 쓴 글이 아니라 여러 어용 수재들이 다듬은 글이고, 발표되기 전에도 여러 관련 부문의 엄격한 심사와 승인을 거쳐 발표된 것임을 읽어낼 수 있다. 글은 시작부터 후진타오에 대해 '온화하고 부드럽고 신사답고 매력이 넘치는' 모습에 '조용하고 무게 있는 목소리'로 '다른 사람에게 믿음을 주고' 일 처리에서 '온당하고 침착하고 실제적이며' 이미 성숙된 정치인으로서의 '남다른 풍채와 모범형상을 수립'했다고 밝혔다.

글은 이어서 상세한 필치로 한 가지 장면을 묘사하고 있다.

시사에 관심이 있는 사람들은 아직도 1999년 9월 29일 베이징에서 성황리에 진행된 중공중앙군사위원회의 상장上將 군함軍銜 수여식을 기억하고 있을 것이다. 그날 오후 3시 장엄한 국가 연주와 함께 군함 수여의식이 시작되었다. 중공중앙정치국 상무위원이고 국가 부주석이며 얼마 전에 중앙군사위원회 부주석에 취임한 후진타오 동지가 9월 22일 중앙군사위원회 주석 장쩌민 동지가 서명한 상장승진 군함명령을 선독했다. 이번에 상장 군함을 수여받는 군관은 중앙군사위원회 위원 궈보슝郭伯雄과 쉬차이허우徐才厚이다.

이번 상장 군함 수여의식에서 사람들은 후진타오가 신임 중앙군사위원회 부주석의 신분으로 녹색 군복을 입었음을 발견하게 된다. 몸에 맞춰 특별히 제작한 군복을 입은 후진타오는 군인다운 모습으로 엄숙했으며 이로써 또 한 번 완전히 새로운 모습을 대중들 앞에 선보였다.

실현 불가능한 임무 : 군대와 기업의 분리

후진타오는 너무나 잘 알고 있었다. 군위 부주석이라는 이 직위는 결코 보기 좋은 형상을 위한 게 아니며, 군대 내부 구석구석에 수많은 위험이 도사리고 있다는 사실을.

중국 국민들은 정부기관 대문 앞에 위무 당당히 서 있는 군경의 형상을 두려워하지 않으며, 오히려 홍수방지 제1선에서 싸우는 TV에 보도된 인민해방군 전사들의 모습에서 인민군대의 엄숙하고 훌륭한 모습을 본다. 그러나 군위 부주석으로서의 후진타오가 부딪쳐야 할 군대 내부사정은 결코 이런 것이 아니었다. 군대의 현대화 건설을 위해 맞닥뜨려야 할 현대과학 술어들의 장악도 만만치 않았지만 국방과 같이 중요한 전문영역에서 제기되는 난제들도 그에게는 버거운 것이었다. 해마다 천문학적 수치로 처리되는 군비軍費의 합리적인 배분 문제 하나만 하더라도 각 부대의 실제이익과 밀접하게 관련된 사항이라 경솔하게 결정내릴 수 있는 일이 아니었다. 수백 수천 명의 사령관, 정위, 군장, 사장 등 군대 고급간부의 승진이나 채용 문제는 더구나 권력 배분에 관계되는 일이어서 더 큰 골칫거리였다. 게다가 중앙홍군, 홍1, 홍2, 홍4 방면군으로부터 팔로군, 신사군, 1야, 2야, 3야, 4야에서 이어져 내려온 군대 내부의 여러 파벌은 상하좌우로 서로 이익과 권력관계로 복잡하게 얽혀 있어 그 내막을 들여다보기조차 겁나거니와 또 제대로 들여다볼 수조차 없었다. 현임 장군, 교관들 중 대부분의 인물들도 그 이력서를 뒤져보면 거의가 중공 열사, 개국 유공자들의 자녀이거나 사위이거나 조카 또는 손자들이어서 배경이

만만치 않았다.

　아직 군위 부주석에 오르기 전인 지난해에 후진타오는 이미 정치국 상무위원으로서 한 가지 중대하고 어려운 사명을 부여받았다. 즉 군대의 기업 참여를 저지하고 군대와 기업과의 분리를 실현하는 것이었다.

　이런 엄청난 임무를 후진타오에게 맡길 때, 장쩌민으로서는 충분한 이유를 가지고 있었다. 중앙정치국 상무위원 중에는 자기 한 사람만 군위 주석직을 맡고 있을 뿐 다른 군대 대표가 없으며, 다른 상무위원들은 모두 각자 구체적으로 맡고 있는 사업 분야가 있었다. 이런 상황에서 군대의 기업 참여를 저지하고 군대와 기업을 분리해야 할 중임을, 이제 오래지 않아 군위 부주석 직위에 오를 후진타오에게 맡기는 건 너무나 이유 있고 당연한 일이었다. 군위 부주석에 출마하기 전에 단련할 수 있는 기회를 마련해주는 셈이 되는 것이다. 또한 후진타오가 여태까지 군대와 별로 관계가 없었던 것이 그가 직접 군권에 개입하는 데 불리한 사항으로 작용할지 몰라도, 군대내의 복잡한 문제를 해결하는 데는 오히려 군대와 아무런 이해관계가 없는 것이 가장 객관적으로 문제를 파악하고 분석하고 판단하고 처리할 수 있는 유리한 요인으로 작용할 수도 있는 것이다.

　언뜻 보면 장쩌민이 후진타오에게 군대의 기업 참여 문제의 해결임무를 맡긴 건 '덩샤오핑의 유지를 받들어' 마치 이전에 덩샤오핑이 장쩌민을 군에 개입시킬 때의 경우처럼 후진타오에게 단련의 기회를 마련해 준 것 같지만 사실은 그렇지 않다. 이번에 장쩌민이 후진타오에게 마련해준 단련의 기회는 이전에 덩샤오핑이 장쩌민에게 마련해준 단련의 기회와 거의 상반되는 정황이다. 그때 덩샤오핑은 장쩌민에게 군위 주석을 물려주면서 장쩌민이 군대 사무에 적극 개입할 것을 항상 격려하고 지원해주었으며, 그의 군대 사무 개입을 '군대에 은혜를 베풀게' 하는 기회를 직접 마련해주는 것으로 지지했다. 덩샤오핑의 지지에 힘입어 장쩌민은 군비를 증강하고 군인 대우를 높여주었으며 특히 자기 손으로 숱한 장령들에게 상장 군함을 수여해 고급 장령들의 인심을 톡톡히 샀던 것이다. 〈신화사〉 2002년 6월의 보도에 따르면, 중국인민해방군이 1988년에 군함제도를 회복한 이래 중앙군위에서는 이미 81명의 상장 군함과 경함警啣을 수여했으며 그중 덩샤오핑이 수여한 건 17명밖에 안 되고 나머지 64명에 대한 수여는 장쩌민이 책봉한 것이다. 또한 장쩌민이 직접 책봉한 중장·소장 군함은 부지기수다. 장쩌민에게 책봉받은 상장, 중장, 소장들은 당연히 그의 은혜에 감지덕지할 수밖에 없을 것이었다.

그러나 장쩌민이 후진타오에게 단련의 기회로 마련해준 첫 번째 임무는 호랑이 입에서 먹이를 꺼내오는 것이며, 군대가 십여 년간 경영하고 발전시켜 온 상업의 이익을 빼앗는 것이었다. 이건 분명히 사나운 범의 콧구멍을 쑤시게 하는 것으로 장쩌민이 후진타오에게 단련의 기회를 주는 것인지, 아니면 일부러 자기도 해결할 수 없었던 큰 문제를 던져주어 후진타오를 진퇴양난의 지경에 빠뜨리기 위한 것인지 의심해볼 필요가 있다.

후진타오가 만약 군대의 기업 참여를 금지시키지 못하고 군대와 기업의 분리를 성사시키지 못한다면 그의 능력부족을 증명하는 셈이 되어 훗날 군대의 통수권을 장악할 수 있는 인재가 아니라는 결론이 내려질지도 모른다. 그렇다고 군대의 기업 참여를 철저히 금지시킨다면 그건 군대의 실제이익을 건드리는 일이 될 것이다. 그렇게 되면 군대의 미움을 크게 사서 훗날 그가 군의 통수권을 쥐었다 해도 그 권력을 행사하는 길 한가운데 미리 장애가 되는 바윗돌을 만들어놓는 셈이 된다.

사실 군대의 기업 참여와 군과 기업의 결탁은 이미 오랜 시간 동안 쌓여온 문제들로, 그 범위가 너무 넓었다. 후진타오 혼자의 힘으로는 건드리기가 힘들 정도로 문제가 커져 있었다.

그 뿌리는 1970년대 말 재차 집권력을 쥔 덩샤오핑이 개혁개방 정책을 펼치기 시작하면서부터 심어지기 시작했다. 그때 덩샤오핑은 군대의 예산감축을 실시하면서 예산감축의 역반응으로 생기는 군대의 불만을 해소하는 방법으로 인민해방군도 시장에 뛰어들어 경제개혁의 성과를 함께 향유할 수 있도록 하는 조건을 제시했다. 뒤이어 중앙에선 1985년, 1989년, 1992년, 1997년에 문건을 하달해 군대의 기업 참여에 관한 구체적인 규정을 설치했다. 덩샤오핑의 이 시책은 막혔던 봇물을 터뜨린 격이었다. 명령에 따라 위험과 곤란이 있는 곳으로만 달려가야 했던 인민해방군이 마침내 욕망의 분출구를 찾은 것이다.

군대의 기업 참여에는 유리한 조건들이 너무나 많았다. 땅, 자원, 설비, 기술, 인재……. 상업에 필요한 것은 다 있었다. 없는 건 감독뿐이었다. 공상관리, 세무, 세관……. 어느 행정관리 부서가 감히 총을 쥔 군대의 내무에 간섭한다고 나설 것인가! '국방을 위하고' '군대의 건설을 위한 일'인데 누가 감히 건드린단 말인가? 그야말로 '총에서 정권이 나온다'가 '총에서 황금이 나온다'로 바뀌어 돈맛을 본 군대의 욕심은 더욱더 커져 갔다. 해방군의 가장 큰 기업체인 바오리(保利)그룹은 덩샤오핑과 왕전의 가족들이 직접 운영하고 있었다. 태상황의 후광을 업고 있으니 무서울 게 없었다. 군수물품의 생산과 경영뿐 아니라 부동산 같은 폭리 산업에도 손을 댔고, 국외에까지 그 장사의 범위를 넓혔다. 바오리그룹이 아니라 폭리그룹이었다.

미국 〈뉴스 위클리〉지는 중국 군대에서 경영하는 기업의 수는 이미 1만 5천여 개가 넘었고, 이들의 일년 총 영업액은 1백 80만 억 달러에 달한다고 밝혔다. 그야말로 잠자던 사자가 입을 벌리니 그 탐욕이 하늘에까지 닿는 격이었다.

해방군의 경제시장 참여와 군대기업의 과다 팽창욕구는 중국의 정상적인 경제개혁의 질서에 혼란을 가져왔을 뿐 아니라 나라의 안정도 파괴되기 시작했다. 인민폐의 화폐가치가 직접적인 위협을 받았고, 특히 경제의 부패타락으로 군대의 첫째 가는 임무인 전투력이 크게 손상받기 시작했다. 군대가 총을 닦지 않고 앉아서 돈만 세고 있으니 당연한 결과일 수밖에 없었다.

이제 군대의 부패 문제는 군대 내부의 비밀이 아니었다. 군대의 부패를 알리는 신호와 경보가 연속해서 중앙으로 날아들었고, 후진타오 등 상무위원들 앞에는 또 하나의 커다란 문젯거리가 나타났다. 수습하지 않으면 어떤 방향으로 발전할지 누구도 감히 상상할 수 없을 정도로 문제는 커져 있었다.

일찍이 1994년 장쩌민은 군대의 기업 참여 문제의 심각성을 깨닫고 군軍급 이하 부대의 상업 종사를 엄금하라는 명령을 내렸다. 그러나 그 명령은 종이 한 장을 낭비한 것에 지나지 않았다. 1997년 중앙은 '작전 임무가 있는 전투부대'는 상업에 종사할 수 없다는 규정을 다시 발표했다. 그러나 그 역시 '쇠귀에 경 읽기'였다. 이미 돈맛을 본 부대의 탐욕은 끝을 모르고 하늘을 향해 치솟았다.

중국 군대의 정황을 깊이 연구하고 있는 중공문제 연구전문가 스사石沙가 밝힌 바에 따르면, 2년 전 주룽지가 이 문제로 군위 부주석 류화칭을 찾은 적이 있었다. 그때 류화칭은 일언지하에 주룽지의 제의를 거절했다고 한다. 류화칭은 첫마디에 "군대가 기업을 꾸리는 것은 덩샤오핑 동지가 지지한 일이다"라고 했다. 이어 그는 "군대의 기업을 모조리 없앨 경우 3백만 군대는 서북풍만 마시고 살아야 한다. 국무원에서 군대에 주는 예산으로는 근본적으로 군대를 먹여살릴 수 없다"라고 말해 주룽지는 코만 떼이고 돌아설 수밖에 없었다.

1998년 중앙은 다시 한 번 군대의 기업 문제를 의사 일정에 올려놓지 않을 수 없게 되었다. 군대기업이 획득하는 폭리의 액수는 이미 나라의 총체적 수지평형에 영향을 미치기 시작했고, 전체 사회경제의 형세에 악영향을 미치고 있었다. 이제 군은 결심으로 이 문제를 해결해야만 했다.

그해 주룽지는 총리에 당선되었다. 총리라는 이름과 함께 리펑이 떠넘겨주는 몇 개의 큰 골칫거리도 받아야 했다. 주룽지를 기다리고 있는 건 큰 '지뢰밭'이었다. 국영기업 개혁으로 생긴 1천만이 넘는 실업자들을 먹여살릴 방도를 찾아야 했고, 정부기구 개혁으로 실업자가 된 수백만의 간부들에게 다시 일자리를 만들어줘야 했다. 상반기에 불어닥친 금융위기의 영향으로 수출이 부진 상태에 빠져 총리 취임연설에서 내걸었던 연 평균성장률 8퍼센트의 목표달성도 힘든 형편이 되었다. 이때 주룽지를 보좌하는 두뇌그룹에서 방책을 내놓았다. 정상적인 수출입 무역의 질서를 회복하려면 반드시 밀수를 근절해야 한다. 지뢰밭에 들어선 주룽지에게는 더없는 금낭묘계錦囊妙計였다. 주룽지는 곧 밀수근절을 위한 대대적인 전쟁을 선포했다. 그러나 지뢰밭에 딛고 있던 발을 한 발짝 앞으로 내디딘 주룽지는 더 큰 지뢰밭에 발을 들여놓은 걸 발견하게 되었다. 그가 밟은 건 군대라는 지뢰밭이었다. 밀수대의 거물들은 모두 군대였다!

1998년 9월 전국밀수근절사업회의에서 주룽지는 해마다 전국의 밀수금액은 8천억 위안에 달하고, 그중 군대의 밀수금액이 5천억 위안을 차지하고 탈세액만도 3분의 1에 해당한다고 밝혔다. 그렇다고 탈세한 이 1천5백억 위안의 돈이 군비에 돌린 것도 아니다. 그럼 이 돈은 어디로 흘러간 것일까? 개인의 호주머니로 흘러 들어갔고, 군대의 고위층 부패에 쓰여진 것이다.

1990년대 초기 필자가 푸젠성福建省에 내려가 조사를 할 때였다. 그곳의 관리들은 이구동성으로 이렇게 말했다.

"밀수에 참여하지 않는 부대는 없다. 하늘을 나는 공군, 바다 위의 해군, 육지를 지키는 육군 할 것 없이 모두 밀수에 참여한다. 비행기, 군함, 군용열차, 군용트럭 등 동원될 수 있는 교통수단들은 모두 다 밀수에 동원된다. 가장 첨단적인 수단으로 가장 큰 밀수를 감행한다. 몇 대의 군함이 동시에 동원되고, 한꺼번에 몇 대의 비행기가 출동하고, 몇 대의 군용열차가 동원되는지 알 수가 없다. 군대번호와 경찰번호를 달고 특별통행증을 내놓는 차들을 누가 감히 막을 수 있겠는가? 또 하늘에 나는 군용비행기를 누가 감히 추적할 수 있단 말인가? 군대 밀수의 기세는 점점 높아지면서 조금도 수그러들 줄 모른다."

군대가 이 지경이니 나라의 경제질서를 위협하지 않을 수 없다.

중공 정책결정층은 드디어 마지막 승부에 나설 수밖에 없었다. 그리하여 아직 군위 부주석에 임명되지 않은 후진타오가 군대의 기업 참여를 비롯한 군대와 기업의 결탁 문제를 해결해야 할 중임을 맡게 된 것이다. 중앙에서 공식명령을 내리기 전에 후진타오는 군위의 책임자들과 몇몇 대부대 책임자들을 찾아가 여러 번 대책토론을 거쳐서 가장 합당한 실시방안을 찾기 위해 노력했다. 그 결과 '3년에 3단계' 방안을 찾아냈다.

첫해 첫 번째 단계로 군대의 기업 참여를 금지하고, 이듬해에 두 번째 단계로 정리·정돈하며, 그 다음해에 세 번째 단계로 부대기업을 지방에서 인수하는 것이었다.

중앙의 명령이 내려진 후 후진타오는 명령실시 동원대회에서 자신의 연설 능력을 다 동원해 군대의 기업 참여가 군대건설에 미치는 피해와 국가의 정상적인 경제건설에 미치는 악영향에 대해 입이 닳도록 설명했다. 그후 후진타오는 연속해서 대책 실시의 진전상황을 체크하는 회의를 열어 구체적인 사업과정에서 나타나는 각종 문제점들을 일일이 장악하고 직접 새로운 해결책을 마련하는 등 정력을 쏟아부었다.

나라의 이익에 관계되는 대사이니만큼 후진타오 한 사람만 이 일에 신경을 쓴 건 아니다. 장쩌민, 리펑, 주룽지 등도 적극적으로 후진타오의 사업을 지원해주었다. 스사는 『장쩌민의 모략』(명경明鏡출판사)이라는 책에서 이런 내막을 밝히고 있다.

중앙에서 군대의 기업 참여 금지명령을 내리기 전에 주룽지는 장완녠을 만나 대화를 나누었다. 군대가 기업에서 손을 뗄 경우 얼마나 손실을 입게 되느냐고 주룽지가 묻자 장완녠은 아마 수십 억쯤 될 거라고 대답했다. 그러자 주룽지는 그 자리에서 "국무원에서 전부 보충해줄 테니 군대는 기업에서 손을 떼라"고 말했다.

그러나 막대한 이익을 가져다주던 기업에서 군대가 손을 뗄 경우 손해를 보는 건 결코 군대 자체가 아닌 군에 몸담고 있는 개인들이거나 군대를 등에 업은 가족들이었다. 그들이 그렇게 쉽게 명령대로 움직여 줄 리 없었다. 당장 자기 머리 위에 벼락이 떨어지지 않는 한 여전히 밀수에 참여했고, 아직 벌 수 있을 때 더 벌어놓는 게 상책이었다. 아직 구체적인 정책이 수립되지 않은 틈을 타서 군대가 투자한 기업들이 개인의 손으로 헐값에 팔려나갔고, 군대의 재산이 개인의 손으로 마구 흘러들었다. 그건 밀수보다 더 큰 소용돌이였다. 당시 타이완의 〈중앙사〉는 이런 뉴스를 발표했다.

> 광저우 군구 상무부는 중앙의 금지명령이 내려진 5일 안에 군구에서 경영하던 3억 5천만 위안의 자금을 털어 광저우, 선전, 주하이 등에 170여 채의 고급 빌라와 주택을 사고 70여 대의 승용차와 레저 카를 사들였다.

이 소식을 접한 후진타오는 급히 군위의 책임자들을 불러 대책을 마련해 더 이상의 사태가 벌어지는 걸 방지했다.

총을 쥔 군대의 밀수는 당연히 화약냄새와 피비린내를 풍기게 마련이었다. 여기저기서 총싸움이 벌어지고 유혈사건이 일어났다. 군대, 무장경찰부대, 공안계통은 이제 기업에 참여하지 못한다는 중앙의 명령이 내려진 후 이미 조직진 경제 실체들의 이익배분을 두고 인민해방군부대와 무장경찰부대, 공안계통 사이에 무장충돌이 벌어졌다. 총싸움은 기본이었고, 대포와 장갑차까지 동원된 유혈사태도 종종 일어났다. 이런 상황에서 국무원과 중앙군위는 부득불 1999년 2월 2일 「경제 실체의 자금과 자산을 쟁탈하기 위한 유혈사건의 발생을 확실하게 제지하는 것에 관한 긴급

통지」라는 긴 제목의 통지를 발부했다.

군대가 운영하던 경제 실체를 지방으로 이양하는 과정에서 증거를 없애기 위한 살인사건과 거액을 사취해 외국으로 도망가는 사건이 연이어 터졌다. 1998년 가을, 중앙군위와 군대규율검사위원회에서 소집한 회의에서는 여름에 금지명령이 내려지면서부터 지금까지 불과 몇 달 사이에 이상의 두 가지 경우에 해당하는 범죄사건이 130여 건이나 발생했다고 밝혔다. 그중 후베이성 군구 참모장, 랴오닝성 군구 후근부 판공실 주임, 지난시 경비부대 후근부 대리부장 등이 구체적으로 거론되며 거액을 갈취해 외국으로 도망간 사람들의 명단이 밝혀졌다.

군대기업에 대한 정리·정돈 사업이 심화됨에 따라 군대 내부의 부패 현상도 놀라울 정도로 드러나기 시작했다. 대부분 고급 군관들과 연관되는 것들이어서 후진타오로서는 처리할 수 없는 것들이었다. 군대의 부패 현상이 심각할 것이라고 어느 정도 예측을 한 후진타오였지만, 정작 그 부패의 실상들이 드러남에 따라 그 자신도 믿을 수 없을 정도였다. 너무나 심각했지만 그는 건드릴 수가 없었다. 총자루는 아직 상대방의 손에 쥐어져 있었다. 이밍伊銘은 『중공 제4세대 권력 부서』라는 책에서 어느 군대학자가 폭로한 정황을 인용해 이렇게 밝히고 있다.

전임 공군사령관 왕하이王海는 허난성河南省 군구에 내려가 사업을 조사할 때 매일 저녁 비행기를 타고 쿤밍昆明에 돌아와 잠을 잤다. 이유는 허난에서 잠자는 것에 습관이 되어 있지 않았기 때문이다. 또 지난성 군구 공군부대 모 참모장은 아침저녁으로 몇몇 충신들을 데리고 선전을 오갔는데 사실은 선전 주식시장에 가서 주식을 거래하기 위한 비행이었다.

2000년 5월 25일 중공중앙, 국무원, 중앙군위는 베이징에서 '군대, 무장경찰부대, 정법기관의 경제활동 금지사업에 대한 총결산 텔레비전 전화회의'를 가졌다. 회의는 중공중앙정치국 상무위원이며 중앙규율검사위원회 서기인 웨이젠싱尉健行이 사회를 맡고 후진타오가 총화 보고를 했다.

후진타오는 연설에서 이렇게 지적했다.

"1997년 7월 당중앙은 장쩌민 총서기의 제의에 따라 군대와 무장경찰부대, 정법기관의 상업활동을 금지하는 것에 관한 중대한 정책결정을 내렸다. 이는 전당, 전군, 전민의 열렬한 지지를 받았다. 근 2년 동안 군대와 지방 관련부문의 공동 노력과 적극적인 협력으로 이 사업은 순조롭게 진행되었으며, 전반 사업과정은 건전한 과정을 거쳐 이미 현저한 성과를 이룩했다. 1998년 말에 이르러 군대, 무장경찰부대, 각급 정법기관은 이전에 경영하고 있던 경제 실체들과 철저한 분리를 실현했으며 금년 3월 이 사업은 마무리되었다. 사업은 원래 제정했던 목표를 달성했다."

연설 중 후진타오는 이 사업의 진행 과정을 돌이켜보며 사업이 이룩한 성과만을 강조하고 사업 과정에서 겪었던 어려움과 말못할 사연들은 가슴속에 묻은 채 내비치지 않았다. 철수해야 할 기업들은 법에 따라 이미 등록을 말소했으며, 지방에 넘겨주어야 할 기업은 이미 그 이양 수속을 마쳤고, 군대의 이름을 걸고 운영하던 지방기업은 군대와의 관계를 정리했으며 그냥 남기기로 한 기업은 경영 범위를 새로 정하고 그에 관한 수속을 마쳤다고 했다.

이번 사업을 통해 많은 효과적인 방법과 성공적인 경험들을 쌓았는데 이는 금후의 사업에 훌륭한 참고역할을 할 것이라고 했다. 후진타오는 특히 "장쩌민 동지가 이번 사업에 대해 여러 가지 중요한 지시를 내림으로써 구체적으로 사업을 실시하는 데 방향을 제시해주었다"고 밝히며 군대와 무장경찰부대, 정법기관은 더 이상 기업에 종사하지 않을 것이라고 덧붙였다. 그는 당과 정계와 군대를 더 한층 엄히 다스리는 중대한 원칙의 일환으로 금후 정치규율의 엄수를 더욱 강화할 것이라고 밝혔다. 만약 다시 군대, 무장경찰부대, 정법기관의 기업 행위가 발견될 경우 실제 경영인의 책임을 추궁할 뿐만 아니라 관련부문 지도자의 책임도 물어 당풍염정건설黨風廉政建設 책임제의 규정에 따라 엄히 처벌할 것이라고 밝혔다.

그러나 이 회의에는 사람들이 보기에도 한 가지 이상한 점이 있었다. 임무의 '원만한 완성을 총화' 짓는 이렇듯 중요한 회의에 정치국 위원이며 국무원 부총리인 원자바오와, 정치국 위원이며 정법위원회 서기인 뤄간 외에 중앙군사위원회에서는 오직 위용보於永波와 왕커王克 두 위원만 참가했을 뿐 부주석인 장완녠과 츠하오톈은 얼굴조차 내밀지 않았다.

여하튼 이번에 사업을 책임지고 일을 해나가는 과정에서 후진타오는 군대 관리들에게 미래의 군대 총수를 맡을 후보자의 세심하고 신중한 모습과, 앉을 자리와 설 자리를 지켜 도에 맞게 문제를 처리하는 자세를 보여주었다. 군대들이 양보할 수 있도록 한도를 지키면서 중앙의 뜻을 집행했던 것이다. 그러다 보니 철저히 척결하지 못한 많은 부분이 남아 있었다. 일부 아웃라인이 분명치 못한 기업에 대해서는 단호히 칼날을 들이대지 못해 아직도 군대에서 장악하고 있었고, 군대기업을 지방기업에 이양하는 과정에서 그 자산유실이 너무 심했다. 미국의 한 조사기관은 보고서를 통해 다음과 같이 발표했다.

중국 군대의 기업 참여 금지는 커다란 바위를 옮긴 격이었다. 바위를 옮김으로써 그제야 바위 밑에 서식하고 있던 숱한 벌레들이 드러난 셈이다. 금지령이 내린 후 적어도 24명의 소장 이상 군 직함을 가진 장령들이 거금을 가지고 해외로 도피했다.

네 번의 폭발음, 세 명의 목숨, 일장풍파

1999년 5월 8일 토요일, 베이징시는 다른 날과 별 다를 것 없이 푸근한 날씨였다. 그러나 이날 새벽 놀라운 소식이 베오그라드에서 베이징으로 날아와 중난하이中南海를 강타했고 이어 전중국과 전세계를 놀라게 했다.

7시도 되지 않았는데 후진타오를 포함한 정치국 상무위원, 위원, 군위 부주석들의 비밀전화가 요란하게 울렸다. 중공중앙판공청 당직실의 긴급 보고였다.

대략 한 시간 전, 미국을 중심으로 한 나토가 유도탄으로 유고슬라비아 주재 중국대사관을 습격했다. 이미 여러 명의 사망자가 발생했고, 대사관 건물이 심하게 파괴되었다.

이런 내용의 보고와 함께 당장 대책마련을 위한 정치국 긴급회의에 참석하라는 전화가 빗발쳤다.

베이징을 비롯한 중국 각 도시에서는 나토를 성토하는 항의운동이 벌어졌다. 대학생들은 베이징 미국대사관과 여러 나라 영사관을 찾아가 시위농성을 벌였고, 중국 정부를 향해 미국에 대한 강경 대책을 마련할 것을 강력히 요구하고 나섰다. 베이징 시위대는 미국대사관을 포위하고 돌멩이와 벽돌을 던져 대사관 유리창을 깨뜨렸으며, 청두에서 항의에 나선 시민들은 미국영사관 관저에 불을 지르기도 했다.

중난하이 최고층이 이 돌발사태에 대해 어떻게 대처하고 나섰는지 '쭝하이런(宗海人. 사람들은 작자가 중난하이 사정을 잘 아는 중난하이 내부 사람으로서 이 필명은 중난하이런中南海人의 음을 따서 지은 것으로 추측하고 있다)'의 『주룽지의 1999년』(명경출판사 간행)은 이렇게 밝히고 있다.

회의실의 공기는 마치 응고된 듯했다. 사람들의 표정은 굳어 있었고 그 얼굴에는 분노가 가득 차 있었다. 회의가 진행되는 중에도 계속해서 새로운 소식이 들어왔으며 회의의 사회를 보는 총서기는 시종 머리를 숙인 채 듣지 못했다. 그는 메마른 목소리로 입을 열었다.

"……이 소식을 접한 나는 가슴에 끓어오르는 분노 외에는 다른 생각을 할 수가 없었다. 말 한마디도 할 수 없었다. 순간 머릿속은 텅 빈 공백이 되었다."

회의장의 분위기는 점점 더 분노로 가득 찼고, 회의 참가자들의 정서는 의분으로 끓어올랐다. 어떤 사람은 총서기에게 당장 군복을 입고 전인민을 향해 텔레비전 연설을 발표하라고 요구했고, 어떤 사람은 유고 주재 중국대사를 즉시 불러들일 것을 요구했으며, 또 어떤 사람은 미국 고위층과의 회담을 즉각 중지해야 한다고 주장했다.

회의를 끝내기 전에 이런 결정이 내려졌다.

첫째, 중화인민공화국 정부의 명의로 즉시 엄정한 성명을 발표해 나토의 유고 주재 중국대사관에 대한 폭격 행위에 가장 강렬한 항의를 제기한다.

둘째, 외교부에서 미국 주중대사를 긴급히 불러들여 미국을 중심으로 하는 나토를 향해 가장 강력한 항의를 제출한다.

셋째, 유엔에서 긴급회의를 소집해 미국을 위수로 하는 나토의 야만적인 행위에 대해 질책할 것을 요구한다.

넷째, 즉시 전용기를 베오그라드로 파견하고 모든 대책을 동원해 부상자를 구하고 우리나라의 사업 일꾼들을 데려온다.

다섯째, 즉시 전국에 통보하여 광대한 인민군중들을 질서 있게 조직하고 인도해 좌담을 진행하고 집회, 항의편지 발표하기 등의 활동을 벌인다.

여섯째, 베이징, 상하이, 광저우, 청두, 천양 등의 도시에서는 질서 있게 주중 미국 외교기구 부근에서 시위활동을 벌이되, 공안부문에서는 주중 미국 외교기구 부근의 경비력을 강화해 시위자들의 과격한 행위가 발생하지 않도록 방지해야 한다.

일곱째, 사회안정을 확실히 보장함으로써 일부 불온자들이 이 기회를 틈타 사회질서를 교란하고 모순을 격화시키는 걸 미연에 방지해야 한다.

그러나 총서기가 공개연설을 해야 하는지, 누가 중국 정부를 대표해 공개발언을 해야 하는지에 대해서는 결론이 나지 않았다.

곧이어 나토와 미국의 '오폭설'과 변명이 제기되었고, 이것은 베이징 등 여러 대도시의 학생들과 시민들의 분노를 더욱 야기시켰다. 시위와 농성의 물결은 더욱 거세졌으며 나토와 미국을 향했던 군중들의 분노의 불길은 이제 중공 고위층에게까지 뻗어나갔다.

공습 후 첫날, 중앙 지도자들 중 누구도 대중을 향해 아무런 태도를 보이지 않자 베이징대학과 중국인민대학 캠퍼스에는 '목을 움츠린 거북', '또 하나의 청정부淸政府', '청정부보다도 못하다' 등의 표어들이 나붙었다. 이튿날에도 중앙 고위급 지도자의 태도 표시가 없자 베이징의 여러 대학, 지하철, 상점 등에는 '정부는 어디 갔는가!', '장쩌민-목을 움츠린 거북', '매판정부買辦政府', '중앙 영도자들은 모두 죽었는가?', '미국의 노예', '장쩌민, 외부에는 꼼짝 못하고 내부 안정을 지키는 데는 고수', '마오쩌둥 주석이 그립다!' 등의 표어와 유인물들이 어지럽게 널려 있었다.

이런 표어와 유인물들이 베이징시 거리와 골목에 나타날 때까지도 장쩌민은 끝내 얼굴을 보이지 않았다. 이제 분노와 항의는 전국으로 확산되어 극을 향해 달리고 있었다. 미국이 사과하지 않는 한 국민들은 가만있지 않을 것이었다.

최고 정책결정층은 난감한 처지에 빠졌다. 도대체 어떤 대책을 취해야 할지 격렬한 쟁론만 계속해서 진행되었다. 몇 차례나 이어진 회의에서 정치국, 군위, 외교 방면의 책임자들과 아직 발원권이 있는 원로들은 모두 자기의 견해를 발표했다.

리펑의 발언은 말 속에 말이 담겨 있었다. 리펑은 이번의 공습사건이 '사전 준비를 거친 계획적인 음모'라고 말했다.

"미국은 고의로 우리 대사관을 폭격함으로써 우리나라의 실제 대응능력을 알아보려 한 것이며, 전세계에 걸쳐 자신들의 패권을 획득하고 나토의 새로운 전략 실시로 중국의 내정을 간섭하기 위한 전방위적인 대책 마련을 위해 이번 사건을 저질렀다. 그리고 더 나아가 우리나라가 급히 WTO에 가입하려고 하는 것과도 관계가 있다. 중국의 WTO 가입을 13년 뒤로 미룬들 어떻단 말인가? 이번 사건은 우리에게 미국은 우리의 적일 뿐이지 결코 친구가 아님을 다시 한 번 알려주었다."

리루이환의 발언도 겨냥하는 바가 따로 있었다.

"우리의 외교정책이 잘못된 게 아니다. 교류해야 한다. 두 나라 군대가 교전한다 해도 교류는 계속되어야 한다. 이번 사건은 외교와 세계무역기구 가입과 무관하다. 그러나 미국은 우리의 동료가 아님이 증명되었다. 지금도 아니지만 21세기에도 아닐 것이다."

주룽지의 말은 이러했다.

"우리에게 우선 필요한 건 안정이다. 우리는 우리의 경제발전을 계속해서 이루어 나가야 한다. 미국의 이번 행동은 고의적인 것이다. 그들은 우리 중국의 반응을 탐지해보려는 것이다."

장쩌민의 발언은 다른 사람보다 한 차원 높은 것이었다. 그는 '세계 전략구조와 아태지역 및 주변지역의 형세에 대한 분석으로부터' 미국이 이번 사건을 감행한 동기는 "국제위기와 충돌, 돌발성 사태에 대한 중국의 반응능력을 탐지해 보기 위한 것이다"라고 말했다. 그는 또 이렇게 덧붙였다.

"이러한 탐지는 미국이 나토의 새로운 전략 추진과 미일안보조약의 실시, 아태지역 안전전략의 제정 및 중국 주변지역의 사태에 대한 개입, 더 나아가 중국의 내정에 참여하는 데 중요한 근거를 제공하게 될 것이다. 때문에 미국의 유고 주재 중국대사관 공습 뒤에는 더 큰 음모가 도사리고 있음을 알 수 있다. 이번 공습으로 중국이 위기와 충돌에 말려들도록 함으로써 중국이 실시하고 있는 '하나의 중심, 두 개의 기본'에 대한 주의력을 분산시키고, 중국으로 하여금 동란에 빠져들게 하고 무거운 전쟁의 보따리를 짊어지게 하려는 것이다."

첸치천은 어떻게 하면 이번 일을 계기 삼아 좋은 방향으로 나아갈 수 있을지에 대해 이야기했다.

"이번 사건을 전인민의 응집력 제고와 반미의식의 강화 및 국민의 위기의식 제고의 기회로 삼을 수 있다. 동시에 인민들로 하여금 정부가 꼭 이 사건을 훌륭히 처리할 수 있다고 믿도록 하기 위해 인민의 분노의 목소리를 정부가 나서서 대변해야 한다."

츠하오톈은 "기필코 강경한 군사적 대응을 해야 한다"고 나섰으며, 장완녠은 다음과 같은 말로써 자신의 생각을 피력했다.

"전인민과 전당은 전쟁을 반대하지만 전쟁을 두려워하지 않는다는 민족의지를 키워야 한다. 하루바삐 상대방이 알아낼 수 없고 따라올 수 없는 방위 무기와 보복성 무기를 연구개발, 제조해야 하며, 세계무역기구 가입을 포기할 준비를 해야 한다."

후진타오 역시 회의에서 이렇게 발언했다.

"현재 가장 중요한 것은 첫째, 이번 사건의 처리에 대한 정부의 입장을 분명히 밝히고 국가의 안정과 단결을 수호해야 한다.

둘째, 항의활동에서 자제할 줄 알고 항의방식에서 현명하게 대처함으로써 적들이 다른 구실을 찾지 못하도록 해야 한다. 각 지역의 시위 농성은 불지르고 때려부수고 파괴하는 과격한 행동을 취해서는 안 될 것이며, 신분이 불분명한 방문자를 향해 충동적인 언론을 발표하지 말아야 하고, 더욱이 분노를 당과 국가의 지도자에게로 돌려서는 절대로 안 될 것이다.

셋째, 정상적인 학습과 사업을 지켜나가고 화합을 이루려는 실제행동으로 중국을 반대하는 세력들의 음모에 맞서야 한다.

넷째, 인민군중의 애국열정을 충분히 인정해주고 동시에 잘 유도해야 한다. 이를 위해 네 가지 구체적인 방안을 제시한다. 1) 각급 조직을 발동해 군중에 대한 사상공작을 해야 한다. 이치를 설명해주고 정서를 잘 조절해줘야 하며 사태가 더 이상 확산되지 않도록 해야 한다. 2) 하루속히 구체적이고도 합리적인 사후처리 요구를 제기해야 한다. 사건을 저지른 자에 대한 엄징을 요구하고 유엔과 국제법정에 공소를 제출하고 배상을 요구함으로써 군중들의 맹목적인 항의활동을 감소시켜야 한다. 3) 중앙의 목소리를 기대하고 지도자의 목소리를 기대하는 군중의 욕구를 만족시켜줘야 한다. 4) 서방 매스컴의 나쁜 뜻이 담긴 보도에 반격을 가해야 한다.

후진타오의 발언이 그 누구의 발언보다 구체적이고 실제적임을 알 수 있다.

중공 원로들에 대한 존경을 나타내고 그러면서도 원로들의 조종을 받지 않기 위해 장쩌민은 중앙판공청에서 원로들의 집에 사람을 파견해 그들의 의견을 청취하게 했다. 원로들은 알게 모르게 모두 이번 사태에 대한 중앙 정책결정층의 태도에 불만을 나타내며 은근한 압력을 가해 왔다.

차오스는, 중국의 반응이 "리덩후이李登輝(타이완 정치가―옮긴이)가 미국을 방문했을 때보다는 강렬해야 하지 않느냐, 파룬궁이 조성한 영향보다 커야 하지 않느냐?", "국가 주석이 나서서 발언해야 한다. 중요한 시점에 나서지 않으면 언제 나선단 말인가?" 하고 심한 불만을 드러냈다.

완리 역시 불만을 토로했다.

"나토가 유고에 대한 공습을 시작한 이래 지금까지 우리나라는 줄곧 강경하지 못하고 애매한 태도로 일관해 왔다. 게다가 그 사이 주룽지의 미국 방문까지 있었다. 이번 방문은 실패였다.

이번에 고의적으로 우리 대사관을 폭격한 것은 우리의 입장을 탐지해 보기 위한 것이다. 노인(마오쩌둥을 가리킨다―옮긴이)이 집권할 때는 감히 이랬는가? 덩샤오핑 동지 시절에 감히 이랬는가? 약하게 보여서 그놈들이 우리를 업신여기는 거야. 국가 주석, 국무원 총리는 왜 나서서 태도 표명을 하지 않는가?"

미국 정부와 나토에서 '낡은 지도설'과 '오폭설誤爆說'로 변명만 해오자 중앙 최고층은 중국 최고의 군사전략 전문가와 무기 전문가들을 청했다. 후진타오와 다른 영도자들은 전문가들의 분석을 귀담아 들었다.

전문가들의 분석은 이러했다.

유고슬라비아 주재 중국대사관은 베오그라드 시 중심에서 3킬로미터 떨어진 곳에 위치해 있다. 대사관 건물 주위는 개활지대로 주위 수백 미터 이내에 아무런 건물도 없다. 수백 미터 밖의 건물도 모두 민간인의 건물로 부근에는 군사 목표물이 전혀 없었다. 5월 7일과 8일은 나토의 유고슬라비아 공습이 가장 맹렬했던 날이었다. 나토는 이미 파괴당한 유고슬라비아 공군사령부 건물과 내무부 건물에 대해 또다시 맹렬한 폭격을 가했다. 이 두 건물 사이에는 외국 외교기관 건물이 많이 운집해 있었다. 그러나 그 어느 나라의 외교기관 건물도 폭격에 의한 피해를 입지 않았다. 그런데 두 군사 목표물과 거리가 멀리 떨어져 있는 중국대사관 건물이 오히려 폭격을 당한 것이다.

나토는 유고슬라비아의 주요 군사 목표물에 대해 세심한 조사를 거쳤고, 그 위치를 정확히 파악하고 있었다. 매번 공습이 있은 후 나토는 목표물에 대해 다시 한 번씩 그 위치를 확인해 왔다. 그런데 어떻게 외교분쟁을 가져올 중국대사관 건물에 대해서만 위치 파악이 안 되어 군사 목표물로 오인했단 말인가? 더구나 미국과 나토는 유고슬라비아 상공에 완벽한 정찰 시스템을 배치해 놓고 있었다. 50개의 위성이 동원되어 있었는데 그 중 24개는 목표의 위치를 확인하고, 15개는 전자정찰과 촬영을 책임지고 있었다. 그리고 나머지 몇 개는 지형을 파악하고 지도를 그리는 데 사용되는 위성이다. 미국 정찰위성의 오차율은 15센티미터로 승용차의 차번호까지 가려낼 수 있다. 그밖에도 정찰기를 동원해 위성탐측의 결과를 보충하고 무인정찰기로 사진을 찍는다. 이렇게 선진적이고 다양한 정찰수단을 갖춘 나토가 어떻게 목표물의 위치를 잘못 짚어 '오폭'할 수 있단 말인가.

또한 전문가들은 주유고슬라비아 중국대사관을 공습한 유도탄이 미국 국방부 대변인이 밝힌 레이저유도탄이 아니라 미국에서 가장 선진적인 JDAM 유도탄이었다고 말한다. 사용 전투기는 미국 본토에서 날아온 22억 달러에 달하는 B12형 폭격기였고, 유도탄의 화력은 확실하게 건물의 중심을 맞춰 살상력과 폭파충격이 곧바로 건물 아래로 향하도록 했다. 다섯 개의 유도탄은 서로 다른 각도에서 모두 대사관 중심의 반지하 위치를 겨냥했는데 이는 대사관 건물내의 어느 구체적인 목표를 공격하기 위한 것임이 분명하다.

『주룽지의 1999년』은 군사 전문가들의 의견을 이렇게 밝히고 있다.

이번 사건은 클린턴을 포함해 국무장관, 국방장관, 참모총장 연석회의에서 고위 관계자들의 집단적 결의에 의해 결정된 일이다. 이 결정은 미국 CIA가 제공한 정보에 의해 내려졌다. 더욱이 B12폭격기는 미국 본토에서 날아와 폭격 임무를 수행했고, 임무를 완성한 후 곧바로 미국 본토 기지로 돌아감으로써 나토의 감시와 통제에서 벗어났다. 이는 더 한층 미국의 음모를 증명해 준다. 단정하건대, 폭격 명령은 미국이 나토를 속이고 내린 것이고 오랜 음모에 의한 것이다. 이번 사건은 미국이 나토를 완전히 기만하고 중국을 탐지하기 위해 꾸며낸, 극히 음흉하고 고약한 음모 사건이다.

중국의 최고 정책결정자들은 토론을 거쳐 미국의 음모에 대해 이렇게 추리하고 분석했다.

미국은 중국의 민주운동가들이 더는 중공에게 위협과 도전의 대상이 되지 못하고, 중공 내부의 와해가 아직 기미조차 보이지 않을 때 파룬궁 신도들이 중난하이를 둘러싸고 농성을 벌이는 사태가 일어난 것은 어쩌면 중국내에 잠재해 있던 불안정 요소가 다시 폭발할 시기가 온 것일지도 모른다고 판단했을 것이다. 때마침 '6·4사태' 10주년을 앞둔 시점이어서 중공 당국과 사회가 불안정 요소에 대해 가장 민감할 때인 만큼 미국은 폭격사건으로 중국의 민주주의 정서를 다시 불러일으키려 한 것이 아닐까? 그 민주주의 정서로 대규모 항의시위와 농성이 계속되고, 그 시위와 농성이 혼란을 가져오고, 그 혼란이 나중에 정부와 민간의 대립으로 발전해 더 큰 반정부 시위 또는 내란으로 이어지길 기대했을 것이다.

중공중앙판공청에서 새어나온 소식에 따르면, 쩡칭훙과 그의 비서들은 장쩌민을 위해 면밀한 대응책을 마련했다.

미국을 너무 건드리지 않고 외교 대응에서 여지를 남겨 두어 근래 몇 년 동안 중·미 두 나라 고위층이 서로 방문하며 이루어 놓은 교류의 분위기가 악화되는 것을 피한다. 민중에게 분노를 터뜨릴 기회를 주며 정부는 인도 작용만 한다. 아직 미국과 아무런 친분관계가 없는 국가 부주석 후진타오가 정부를 대표해 성명을 발표하고 탄력있는 대응정책을 취한다. 민중항의 중에 과격한 행동이 발생해 항의의 칼날이 중앙으로 향해지는 것을 피해야 한다.

이 방안은 나중에 중앙정치국에 의해 접수되어, 중공중앙정치국은 토론을 거쳐 이런 대응 정책을 확정했다.

- 미국과 나토의 '오폭설'에 대해서 확실하게 부정하고 이것은 미국의 오랜 음모에 의한 것으로 인정한다.
- 현재 대세는 그래도 덩샤오핑의 경제건설을 중심으로 하는 개혁개방의 노선을 계속해서 추진하는 것이다. 이를 위해서는 전국의 안정과 현행 외교정책을 지키는 것을 기조로 해야 한다.
- 미국과의 투쟁은 장기적인 것이고 그 투쟁은 금후의 외교전선에서 나타날 것이다. 중·미 관계에 있어서 중국은 '싸우지만 깨뜨리지 않는 것'을 원칙으로 하며 대외선전은 〈신화사〉에서 발표한 것을 기준으로 한다.

정치국에서는 장쩌민이 나서지 않고 후진타오 국가 부주석이 대신 텔레비전 연설에 나서기로 했다. 또한 외교부 장관이 주중 미국대사를 공식적으로 만난 자리에서 중국 정부를 대표해 네 가지 요구를 제시하기로 했다.

첫째, 중국 정부와 인민과 피해자 가족에게 공개적인 사과를 하라.
둘째, 이 사건에 대해 전면적이고 철저한 조사와 진상 규명을 하라.
셋째, 조사의 상세한 결과를 신속히 공포하라.
넷째, 사건을 저지른 자에 대해 엄징하라.

이와 더불어 정치국에서는 기타 사항을 토의·결정했다.

- 중미 군사고위층의 내왕을 잠시 뒤로 미루고 핵확산 방지와 군대조절과 국제안전 문제 등에 관한 미국과의 협상을 뒤로 미룬다.
- 인권 영역에 있어서 미국과의 대화를 중지한다.
- 정상적인 대외사무 활동은 계속한다. 리루이환의 출국 방문은 원래의 계획대로 진행한다.

5월 9일 저녁, 전국의 인민들은 텔레비전을 통해 이번 나토의 주유고슬라비아 중국대사관 공습 행위에 대해 중앙과 정부를 대표해 후진타오가 발표하는 모습을 접할 수 있었다.

중국신문사는 후에 「나 젊은 군위 부주석 후진타오」라는 글에서 이렇게 쓰고 있다.

이는 후진타오가 국가 부주석에 재직한 이래 처음으로 나라의 중대 사건에 당중앙과 중국 정부를 대표해 텔레비전 앞에서 연설을 한 것이다. 뿐만 아니라 이번 연설로 후진타오는 십 억이 넘는 전중국 인민에게 가장 잊을 수 없는 인상을 남겼다. 전중국 인민과 세계의 눈이 모두 지켜보는 가운데 중국 국가 부주석 후진타오는 중국 정부와 인민을 대표해 엄숙한 표정으로 중요한 성명을 발표했다.

"중국 인민은 미국을 중심으로 하는 나토가 주유고슬라비아 중국대사관을 공습한 데 대해 더 없는 분노와 강렬한 애국열정을 나타냈다. 이에 대해 중국 정부는 뜨거운 지지를 표하며, 법률 규정에 따른 일체의 항의활동을 법으로 보호해줄 것이다. 우리는 광대한 인민군중들이 반드시 국가의 근본 이익으로부터 출발해 대세의 안정을 보호하기 위해 항의활동을 법에 따라 질서 있게 진행할 것을 믿어 의심치 않는다. 과격한 행위의 출현을 미연에 방지해야 하며 경각성을 높여 일부 불온분자들이 이 기회를 타 정상적인 사회질서를 교란하는 것을 방지해야 하며 더욱 확실하게 사회안정을 확보해야 한다."

계속해서 이 글은 '며칠 동안 이어진 항의의 뜨거운 물결은 중국 인민의 강렬한 분노와 질책을 나타냈으며, 동시에 절제와 이성도 보여주었다'고 후진타오가 연설했다고 썼다.

당중앙을 대표해 이번에 보여준 후진타오의 텔레비전 연설은 후진타오 자신의 독창적인 발언일 수가 없었다. 최고층 회의에서 결정하고 작성한 그대로 글자 하나, 토씨 하나 틀리지 않게 읽어 내려갔을 뿐이다. 후진타오는 정치인으로서 이번 연설 배역에 맞게 소화해내면 되었다. 목소리와 어투와 표정을 연설 내용에 맞게 표현해내면 되었던 것이다. 그러니 당중앙과 정부를 대표한 첫 공식 텔레비전 연설에서 그 표정과 목소리의 강도를 잘 파악한 것만 해도 성공인 셈이다. 전인민, 더욱이 청년학생들의 만장같이 치솟은 분노의 정서에 맞춰 함께 분노의 표정을 지어야 했고, 그들의 정서를 건드리지 않으면서도 자칫하면 궤도에서 벗어나 사회 안정에 영향을 끼칠 수 있는 그들의 정서를 적당한 한도내에서 가라앉히도록 조절할 수 있는 표정과 어투여야 했다. 이것 역시 쉽지 않은 일이었다. 그러나 텔레비전 화면을 통해 본 후진타오의 연설은 성공적이었다. 물론 이미 분노가 머리끝까지 치민 일부 급진적인 학생들의 눈에는 그의 형상이 더운물을 삼킨 벙어리같이 애매하게 보였을 수도 있지만······.

그후 일부 해외 언론에서는 후진타오의 이번 연설을 두고 이렇게 평가했다.

중국 정부는 줄곧 모든 군중항의를 두려워했고, 모든 정서화된 군중집회를 두려워했다. 그런데 이번에는 오히려 군중들의 거리시위에 대해 지지를 표시했다. 물론 그 시위와 항의가 중국 정부를 향한 것이 아니고 나토와 미국을 향한 것이긴 하지만, 그러나 제지와 탄압에서 지지로 태도를 바꾸는 발언을 다른 사람이 아닌 후진타오가 나서서 한 것은 의미가 크다. 후진타오는 중공이 여태까지 고집해 오던 태도와 정책의 개혁에 대해 공개적으로 첫 발언을 한 사람이다. 이는 후진타오가 다른 정책결정자들과 달리 결코 군중운동을 겁내지 않는 사람임을 보여준 것이다.

심지어 이런 내용까지 보도되었다.

그는 마오쩌둥과 흡사한 점이 있다. 이런 군중적인 운동을 통제할 자신을 가지고 있으며 이런 민중운동을 공산당에 유리한 방향으로 유도하고 발전시킬 수 있는 능력을 갖고 있음을 표명한다.

그러나 이런 이야기는 중국에 대해 너무 모르고 한 소리이다.
이번 후진타오의 텔레비전 연설을 보면 주요 요지는 역시 '대세를 지키고 안정을 확보'하는 것이었다. 강렬한 항의를 표한다고 외쳤지만 그에 상응한 외교대책과 군사상의 배합이 뒤따르지 않아 미국과 나토에 '중국은 결국 조용히 일을 마무리하려 한다'는 결론을 던져준 셈이 되었다.
후진타오의 연설 내용대로 각급 당조직과 정부에서는 민중과 학생들에 대한 사상 설득공작을 시작했고, 각 지역의 기세 높던 반미정서는 차츰 가라앉기 시작했다. 중국 정부가 희망했던 대로 군중들의 분노는 중앙을 향하지 않은 채 가라앉았으나 공산당의 위신은 크게 곤두박질친 꼴이 되었다.
중국의 수동적인 자세는 그후 발생한 사태에서 또 한 번 나타났다. 중국은 공습에서 희생된 세 명의 유체를 중국에 모셔오기로 했다. 유체의 베이징 도착 날짜는 5월 12일로 잡았다. 중공중앙과 정치국에서는 정치국 상무위원 세 명이 희생자의 직장인 신화사와 광명일보사를 찾아 추모를 표시하기로 했다. 그런데 5월 11일 밤 당국은 미국과 나토의 일부 대사관에서 세 명의 유체가 베이징에 도착하는 12일에 맞춰 반기를 게양하는 것으로 애도를 표시할 것이라는 정보를 입수했다. 이것은 중공의 애도 표시

정도를 넘어서는 일이었다. 정보는 즉시 후진타오에게 보고되었고, 후진타오는 이 정보의 진실성과 중국에서 반기로 애도를 표시하는 경우에 대한 관련 규정을 알아볼 것을 수하들에게 지시했다. 그 결과 정보는 진실한 것이었고, 중공은 일반인의 죽음에 반기를 게양해도 된다는 규정을 세워놓지 않았다. 난감한 일이었다. 다른 나라에서도 반기로 애도를 표시하는데 내 나라에서 자기 국민을 위해 애도의 반기를 드리우지 않는다는 건 이치에 어긋나고, 자칫하면 백성들의 분노를 살 수도 있는 일이었다. 그러나 후진타오 개인이 결정 내릴 수 있는 사안이 아니었다. 후진타오는 장쩌민에게 보고했다. 장쩌민 역시 때가 때이고 상황이 상황이니만큼 원활하게 처리할 필요성을 느꼈다. 장쩌민은 특별상황을 특수하게 처리할 것을 명령했다. 국무원 판공청의 명의로 긴급전보가 내려졌다. 신화먼新華門과 톈안먼天安門, 그리고 각 성, 자치구, 직할시의 당정기관에서 12일 반기를 게양하라는 통지가 내려진 것이다. 전보가 발송될 때는 이미 12일 새벽이었다.

장쩌민의 뜻을 받들어 신임을 사다

상무위원에 당선되어 두 번째 5년을 맞은 후진타오는 장쩌민에 대한 태도를 은근히 바꿔나갔다. 장쩌민의 뜻을 받드는 공개발언을 자주 하는가 하면, 장쩌민의 주장에 적극적으로 호응했다.

뒤에서 밀어주던 덩샤오핑이 사라지자 부득불 장쩌민의 권위에 복종하는 것인가, 아니면 장쩌민이 당의 15차 대회에서 자기에게 베풀어준 은혜에 보답하기 위해서인가? 그것도 아니라면 확실히 장쩌민의 정치수완이 자기보다 한 수 위임을 인정하고 속에서부터 우러나오는 충성을 표시하는 것인가?

1998년 말, 후진타오는 친히 장쩌민이 제기한 "정치를 말하고 학습을 말하고 정기를 말하자"는 '3강講'에 대해 적극적인 지지를 표명하며, 전국의 현급 이상 당정기관의 지도 간부들 속에서 '3강' 정신학습과 '3강' 교육 붐을 불러일으킬 것을 적극 추진했다.

2001년, 후진타오는 또다시 장쩌민의 '3개 대표' 사상을 적극 찬양하고 받들었다. 친히 14명의 성급·장관급 관리들을 선발해 중공중앙선전단을 조직하여 각 성·시·자치구를 순회하며 장쩌민의 '3개 대표' 사상을 홍보하게 하고 그들에게 "다섯 가지를 충분히, 그리고 똑똑하게 말해야 한다"고 친히 요구했다.

군대 업무에 있어서는 더더욱 장쩌민의 뜻을 잘 받들었다. 장쩌민도 마오쩌둥처럼 숫자를 이용해 슬로건을 제기하기 좋아했다. 그해 거행된 중앙군위확대회의에서 장쩌민은 육해공 3군의 개혁이 '다섯 가지에 적응'해야 한다고 제기했다. 즉, "시대의 발전과 진보에 적응해야 하고, 형세의 변화와 돌발사건의 발생에 적응해야 하며, 새로운 임무와 새로운 도전에 적응해야 하고, 군사 고급기술장비와 국가발전력에 적응해야 하고, 우리나라가 지역평화와 국제사회의 공정과 공평을 수호하는 데 발휘해야 할 작용에 적응해야 한다"가 그것이다. 여기에 발맞춰 3군의 개혁은 그 템포를 빨리 할수록 좋다고 강조했다.

총자루를 잡아보지 못했고 아직 군대의 최고 병부兵符를 손에 들고 있지도 못하지만, 장쩌민의 뜻을 제대로 이해하고 잘 받드는 것으로 그의 신임을 얻은 군위 부주석 후진타오는 차츰 군대 내부의 사무에 깊이 개입하게 되었다.

2001년 7월, 타이완이 자꾸 중공의 비위를 건드리는 것에 대비해 군대의 전투력과 작전지휘 능력을 높이기 위해 중국 3군은 새 세기의 대개혁을 단행했다. 이를 위해 중앙군위는 3군 개혁영도소조를 성립하기로 했다. 장쩌민의 지시대로 진행하기 위해 영도소조 조장에 후진타오, 부조장에 푸취안유(傅全有), 궈보슝, 쉬차이허우가 당선되었고, 장완녠과 츠하오톈, 자오난치(趙南起, 중국 조선족 가운데 정계에서 가장 급이 높은 사람. 현재 정치협상회 부위원장 – 옮긴이)가 고문을 맡았다. 이 영도소조의 구성으로 제4세대 등장에 미리 기초를 닦아 놓기 위한 중앙의 고심을 엿볼 수 있다.

3군의 개혁은 3단계로 나누어 진행하기로 결정했다. 첫 단계는 2005년까지, 두 번째 단계는 2005년부터 2008년까지, 세 번째 단계는 2008년부터 2010년까지로 나누었다. 우선 현재의 24개 집단군을 18개의 집단군으로 줄이고, 5개 특종사(師)(그중 3개 사는 쾌속반응부대)는 총참모부에서 직접 지휘하며, 크게 묶어 놓았던 3개의 함대를 8개 또는 10개의 종합함대로 재편하기로 개혁방안을 설계했다. 특히 3개 함대의 개혁은 장쩌민의 '5가지 적응' 정신에 따라 해마다 5백 억에서 6백 억에 달하는 인민폐를 예산·투자하기로 했다. 이는 바다를 사이에 두고 있는 타이완을 염두에 두고 실시하는 개편과 개혁일 것이다.

유럽 무대에 가서 선을 보이다

정치국 상무위원으로 당선되어 첫 임기 기간 내에 이루어진 후진타오의 외국 방문은 대부분 외국 공산당과 노동당의 초청에 의한 것이었다. 국가 부주석의 자리에 오른 후 출국 방문의 임무는 급속히 늘어났다. 그리고 그 방문은 상대방 국가 정부의 공식적인 초청과 접견에 의한 것으로 그 전과는 차원이 달랐다.

중요한 첫 출국 방문은 2001년 10월 러시아, 영국, 프랑스, 독일, 스페인 등 유럽 국가의 순회 방문이었다. 이번 유럽 방문에서 방문국의 대통령, 총리, 경제계의 영수들과 악수를 나눈 것이 겉으로 보기에는 그저 일반적인 외교 사무인 것 같지만 국가 부주석이라는 신분으로 출국한 이번 방문

길에는 따로 의미가 있다.

다음은 〈뉴욕 타임지〉 베이징 주재기자 캉루이康銳의 말이다.

"이번 방문에서 후진타오의 한마디 한마디 말은 모두 세밀하게 관찰될 것이다. 워싱턴과 각 나라 수도에서 후진타오의 일거수 일투족을 유심히 살필 뿐만 아니라 중국 내에도 많은 관심을 가지고 지켜볼 것이다. 한 가지 이상한 것은, 역대 중공의 황태자 중에 러시아와 서구 유럽을 방문한 사람은 아직 없었다. 그런데 이번에 후진타오가 나선 것이다."

보스턴대학의 국제정치학 교수 퓨스미스는 '이번 방문으로 후진타오는 국제 정치무대 앞으로 한 발짝 성큼 내딛게 되었다'라고 말했다.

모스크바에서 런던, 파리, 베를린, 마드리드…. 후진타오는 가는 곳마다 미래 중국의 '제1호 인물'로 불리며 최고급 '국빈' 예우를 받았다. 런던에서는 부인과 함께 황궁에 초대받아 영국 여왕 엘리자베스 2세와 20여 분 동안 담화를 나누었고, 파리에서는 시라크 대통령의 영접을 받았다. 국제사회가 중국의 미래 '제1호 인물'임을 인정한 실용주의에 입각한 예우였다. 국제 정치무대는 항상 계산된 실용가치의 원리에 따라 모든 상황이 연출되기 때문이다.

방문기간 내내 서방의 분석가들은 후진타오의 이번 방문에 대한 분석을 제각기 각도를 달리해 쉴새없이 내놓았다. 그러나 분석들이 어떻든간에 후진타오가 중국 개혁의 희망을 대표하는 인물임은 모두가 공감하는 것이었다.

물론 후진타오는 개혁파 중에서도 '자유파'를 대표하는 인물은 아니었다. 그러나 그는 낡은 정치체제를 고집하는 보수파들의 이익을 건드리지 않으면서 당내 고위층 개혁파들의 소망을 실현해줄 수 있는 인물이었다.

후진타오의 유럽 방문이 끝난 후, 취재기자로 파견되어 후진타오의 유럽 방문을 함께했던 홍콩 봉황위성텔레비전의 기자 뤼추루閭丘露는 〈봉황주간〉에 「옆에서 지켜본 국가 부주석 후진타오」라는 글을 실어 일부 상세한 정황에 대해 소개했다.

10월 29일 후진타오는 이번 유럽 방문의 두 번째 목적지인 영국 런던에 도착했다. 대표단은 도체스트Dorchest 호텔에 투숙했다. 이때는 이미 '9·11사태'가 발생한 지 한 달도 더 지난 시간이었다. 그러나 후진타오는 '9·11사태' 이후 중국의 고위층 지도자 중 서방국가에 대한 방문길에 오른 첫 인물이므로 영국 당국은 바짝 긴장했다. 대표단을 태운 차가 호텔에 도착하기 전에 경찰은 이미 취재구역을 따로 만들어 놓고 기자들이 호텔 정문 10미터 이내로 가까이 다가서지 못하도록 조치해 놓았다.

런던에 도착한 후진타오의 첫 일정은 런던에 있는 중국 유학생과 화교대표, 그리고 영국에 투자한 중국기업의 대표들을 만나보는 것이었다. 이어 숨돌릴 새 없는 일정이 이어졌다. 이날 하루만 해도 호텔을 여덟 번이나 드나들 정도로 후진타오의 스케줄은 빡빡하게 짜여져 있었다.

뤼추루는 계속해서 이렇게 회고했다.

우리는 그를 태운 승용차가 나타나기를 계속해서 기다렸다. 취재구역 안에 서서 차가 나타날 때마다 소리쳐 그를 부르곤 했으나 그는 매번 우리를 지나쳐 갔다. 이미 현지 시간으로 저녁 9시였다. 온종일 서 있었기 때문에 너무 피곤했지만 우리는 계속해서 호텔 문 앞에서 기다렸다. 다른 기자들은 다 돌아가고 우리밖에 남지 않았다. 찬바람 속에 서 있던 나와 내 동료는 이제 온몸이 다 얼 지경이었다.

드디어 10시 반, 차들이 돌아오기 시작했다. 카메라맨은 즉시 라이트를 켰고 나는 기다란 마이크 장대를 받쳐들었다. 후진타오의 차가 호텔 문 앞에 멈춰 섰다. 같은 차에 타고 있던 외교부 차관 리자오싱李肇星이 먼저 내리고 뒤이어 후진타오가 내렸다. 차에서 내린 후진타오는 안경을 고쳐쓴 다음 곧바로 우리를 향해 걸어왔다. 이건 뜻밖이었다. 나는 너무나 기뻤다. 나는 봉황위성방송의 로고가 달린 마이크를 손에 바꿔 들었다. 우리 사이의 거리가 4미터 이내로만 가까워진다면 나는 그의 목소리를 마이크에 담을 수 있었다.

"여러분 너무 수고하십니다. 밤낮을 가리지 않고 이곳을 지키고 있군요. 당신들의 프로정신에 매우 감동받았습니다. 나는 당신들을 보러 왔습니다."

이렇게 말하며 후진타오는 어느새 내 앞에 다가와 있었다. 우리는 악수를 나누었다. 우리 사이의 거리는 1미터의 반도 되지 않았다. 기회를 놓칠 수 없었다. 나는 급히 그를 향해 물었다. 그날 점심에 있었던 영국 수상 블레어와의 회담에 대해 묻자 후진타오는, 반테러 문제와 아프가니스탄의 최신 국제정세에 대해 토론했으며, 토론에서 쌍방 모두가 테러리즘은 국제사회의 적이므로 국제사회는 마땅히 힘을 합쳐 테러리즘과 맞서 싸워야 한다고 의견합의를 봤다고 대답했다.

"물론 공격을 할 때는 목표를 명확히 해야 하고 무고한 사람들이 피해를 보게 해서는 안 될 것입니다."

후진타오의 이번 유럽 방문을 앞두고 서방의 일부 분석가들은 이번 방문이 유럽의 여러 국가원수들에게 후진타오에 대해 더 깊이 이해할 수 있는 기회가 될 것이고, 유럽의 수뇌들은 후진타오의 방문을 기대하고 있다고 썼다. 뤼추루가 서방 국가들의 이런 기대와 희망에 대해 어떻게 생각하느냐고 묻자 후진타오는 정치인답게 대답했다.

"이것은 나 한 사람에 대한 기대일 뿐만 아니라 우리나라에 대한 기대와 희망일 것이다. 중국은 근래 몇 년간 장족의 발전을 이루었다. 국력은 크게 향상되고 국제적인 영향력도 이전보다 많이 커졌다. 때문에 우리는 우리나라를 더욱 훌륭하게 건설해야 할 것이다."

그는 봉황위성방송이 홍콩의 텔레비전 방송임을 잊지 않고 한마디 더 보탰다.

"나는 이것이 홍콩 동포들을 포함한 전중국 인민들의 공동 책임이라고 생각한다."

요리사의 이름까지 정확히 기억해 불러주다

후진타오의 세심한 성격은 여러 가지 경우와 함께 표현되곤 한다. 후진타오를 수행해 출국 방문했던 외교부 장관 류구창劉古昌은 후에 한 가지 잊지 못할 사실을 이야기하며 감동을 전했다. 유럽 방문을 마치고 베이징에 돌아온 후진타오는 이번 방문길에 함께 올랐던 모든 수행원들을 친히 접견하고 그들에게 일일이 감사를 표시했다. 심지어 요리사의 이름까지 다 기억하고 불러주었다.

후진타오의 출국 방문은 정치원칙과 방침에 있어서 자신을 발휘할 수 있는 여지가 크게 없었다. 그래서 출국을 앞두고 크게 고민하거나 심혈을 기울일 일은 별로 없었다. 대신 그는 어떻게 하면 외국인들 앞에 자기의 모습을 제대로 나타낼 것인가에 더 심혈을 기울였다. 자기 앞에는 서방의 수뇌들과 매스컴이 항상 지켜보며 서 있고, 뒤에서는 제3대 영도자 그룹이 자신을 지켜보고 있다는 사실을 한시도 잊지 않았다. 때문에 서방의 매스컴은 그에 대한 인상을 이야기할 때 '사람을 편안하게 해주고', '묻기를 주저하지 않으며', '온화하고 세심하다' 등의 표면적인 인상밖에 적을 수가 없었다.

그의 이런 성격을 나타내는 구체적 사례들은 얼마든지 많다. 아래 몇 가지만 예를 들어보자.

영국 런던은행의 창고를 참관할 때 후진타오는 역사적 가치가 높은 화폐 소장품들을 보며 안내하는 은행직원에게 이것저것 궁금한 것을 쉴새 없이 물었다. 때로는 안경을 벗고 자세히 살펴보기도 했다.

중영상회에서 마련한 만찬에 참석한 후진타오는 미리 준비한 연설 원고를 한쪽에 밀어놓은 채 참가자들의 물음에 대답하겠노라고 했다. 영국의 유명회사에서 온 3백여 명의 대표들에게는 너무 뜻밖의 행운이고 기쁨이었다. 대표들의 물음에 후진타오는 중국은 항상 새롭고 적극적인 방식을 찾아내어 외국 투자자들로 하여금 중국에 합자 또는 독자기업을 꾸리도록 할 것이라고 밝혔다. 그러면서 후진타오는 자신은 결코 이 방면에서 전문가가 아님을 발언 중에도 여러 차례 밝혔다.

〈남화조보〉의 기자 베이커는 이렇게 말했다.

"후진타오의 유럽 방문 동안 후진타오에 대해 좀더 이해하려고 시도했던 사람들은 아마도 그의 뛰어난 기억력에 대해서만 새롭게 인식했을 것이다. 후진타오는 노트를 보지 않고서도 당의 각종 노선방침 등에 대해 전혀 틀리지 않고 이야기할 수 있었다."

류구창도 후진타오의 뛰어난 기억력에는 혀를 내둘렀다.

"후진타오는 상대 국가의 지도자와 회견할 때 한 글자도 틀리지 않고 외교부에서 전날 저녁 그를 위해 준비한 담화 비망록의 내용을 그대로 외워서 이야기할 수 있다."

와인으로 유명한 프랑스의 보르드 지역을 방문할 때 와인 생산공장을 참관하는 건 빼놓을 수 없는 코스이다. 술 창고를 참관하고 와인을 맛보는 과정에서 후진타오는 시종 관심있는 표정으로 즐거워했다. 그는 어떻게 술 색깔을 분별하고 양질의 술과 불량 술을 어떻게 감별하는지에 대한 설명을 아주 흥미진진하게 들었다.

프랑스에서 파리도서관을 참관한 후진타오는 '지식의 전당, 역량의 원천'이라는 글을 방명록에 남겼다.

스코틀랜드의 에든버러를 방문할 때 후진타오는 대사관 직원들과 유학생 대표를 접견하며 연설을 했다. 연설에서 그는 2001년 중국의 몇 가지 희소식에 대해 이야기했다.

"올림픽 유치에 성공했고 상해에서 APEC회의를 성공리에 주최했으며 월드컵 예선경기에서 중국 축구가 아시아 대표로 뽑혔으며 중국은 이제 곧 세계무역기구에 가입할 것이다."

일부 서방 국가에서 시위 장면에 봉착했을 때, 특히 티베트 독립운동자들의 시위와 맞닥뜨렸을 때의 소감을 묻자 일찍이 티베트 자치구 당위서기로 있었던 후진타오는 여느 때와 달리 개인의 정서를 담아 대답했다.

"나는 너무 안타까웠다. 그들은 현재의 발전한 티베트에 대해 너무나 모르고 있었던 것이다. 나는 그들에게 직접 다가가서 티베트의 현실을 이야기해주고 그곳의 상황을 알려주고 싶었다. 그러나 영국의 보안원들이 그렇게 하지 못하게 했다."

린시링이 '더 잘살기'를 축원해주다

세상에 실수 없는 사람은 없다. 그렇게 매사에 조심하고 틀림없는 후진타오지만 그도 사람이기에 역시 실수를 저지를 때가 있었다.

홍콩 〈대공보大公報〉 특파원 가오제高潔는 보도에서 이렇게 밝혔다.

파리 중국대사관에서 모여 후진타오를 환영하는 사람들 중에는 중국에서 이름 높았던 '민주운동 인사' 린시링林希翎도 있었다. 일찍이 1957년 베이징의 학생 리더였던 린시링은 반소매에 치마를 입고 붉은색 외투를 걸치고 나타났다. 후진타오와 함께 찍는 화교, 유학생들과의 기념사진에서 가장 눈에 띄는 영상을 남기려고 준비한 것이었다.

가오제에 따르면 린시링은 이름난 '대포'였다. 여러 차례에 걸쳐 중국과 타이완 해협의 평화와 통일에 관한 좌담회에서 린시링은 예리한 문제를 제출하곤 했다. 관련부문에서 이번에 린시링을 청해 올 때에도 사전에 미리 귀띔을 해주었음은 당연한 일이다.

"린 여사, 이번에는 아무것도 묻지 말아 주십시오. 우린 그저 함께 사진만 찍을 뿐입니다."

그러나 린시링은 짧은 편지 한 장을 써서 1985년에 출판한 자신의 저서 『린시링 자서전』 속에 끼워넣고 그 책을 슬그머니 몸에 지녔다. 물론 책의 안표지에 '몇 발자국 역사의 발자취'라고 쓰는 것도 잊지 않았다. 관례에 따르면 사진 촬영이 끝난 수뇌들은 미리 준비된 다른 방으로 안내되어 가도록 되어 있다. 린시링은 촬영 후 후진타오와 대화를 나눌 기회가 돌아오지 못할까 봐 걱정되었다. 린시링은 당시의 상황을 이렇게 적었다.

나는 후진타오가 나오자 즉시 앞으로 나가 말을 걸었다.
"후진타오 부주석님, 안녕하세요? 저는 린시링입니다. 책 한 권 드리겠습니다."

린시링이 이런 행동을 하리라고는 누구도 예상하지 못했다. 대사관 직원은 깜짝 놀랐다. 후에 린시링은 이렇게 적었다.

후진타오 부주석은 익히 알고 있던 내 이름을 듣자 매우 반갑게 나와 악수했다.

손을 잡은 채 린시링이 말했다.
"전 아직도 살아 있습니다."
"왜 그렇게 말씀하십니까? 당신은 더 잘살게 될 겁니다."
후진타오는 이렇게 대답하며 린시링이 건네주는 책을 받아들었다.
사후 〈대공보〉의 취재 도중 린시링은 이런 말을 했다.
"나는 그가 아무런 원고도 없이 아주 자연스럽고도 유창하게 연설하는 것을 발견했다. 그는 중국 경제건설의 현황에 대해 아주 정확한 수치를 들어가며 연설했다. 예를 들면, 중국의 외화보유고가 이미 2천 억 달러를 초과했다는 등, 숫자에 대한 기억력이 대단했다.
후진타오는 젊고 지혜로웠으며 문화적 소양을 갖추고 있었다. 총체적으로 소질이 훌륭한 사람이었다. 이는 중국 미래의 개혁과 인민의 행복을 위해서 좋은 일이다."

파리 주재 중국대사관이 선별한 애국화교와 유학생들의 모임에 참가하여 후진타오와 함께 사진 찍을 수 있는 사람으로 초청된 걸 보면 중국 정부는 이제 더 이상 린시링을 이전의 '민주운동 인사'로 취급하고 있지 않음이 분명하다. 그러나 그녀는 필경 한때 중국 정부의 신경을 자극했던 민감한 인사임에는 틀림없다. 그런 그녀를 향해 후진타오가 "당신은 더 잘살게 될 겁니다"라고 말한 건 약간의 실수였다. 물론 후진타오는 "전 아직 살아 있습니다"라는 린시링의 말에 자연스럽게 대답한 것이었지만 그 말은 듣는 이가 해석하기에 따라 다르게 들릴 수도 있는 말이었다.

'당과 국가의 지도자'로서 어떻게 이렇듯 신중하지 못한 말을 함부로 할 수 있단 말인가? 과연 중난하이 내부의 일부 인사로부터 심히 불쾌해하는 이야기가 나왔다고 한다.

프랑스 주재 중국대사관의 직원들은 자신들의 불찰로 부주석에게 심려를 끼친 데 대해 무척 후회했을 것이다.

'등극의 해'가 시작되자 '조국통일' 업무에 개입하다

2002년은 이미 짜여진 각본에 따라 후진타오가 장쩌민의 뒤를 이어 당 총서기에 오르기로 되어 있는 해이다. 지난해 가을 유럽 방문에 이어 새해가 시작되자 후진타오의 공개 활동은 또다시 활기를 띠기 시작했다. 그중 사람들의 추측을 가장 많이 자아내는 활동은 그가 타이완 사업에 개입하기 시작한 것이다.

1월 24일 베이징에서는 장쩌민의 '타이완에 대한 8가지 정책' 발표 7주년 좌담회가 열렸다. 이날 좌담회에 뜻밖에도 후진타오가 나타났다. 전에 후진타오는 타이완에 관한 회의에 거의 참석하지 않았고, 타이완 문제에 관한 정책을 언론에 공개적으로 발표한 적이 없었다. 혹시 외국 수뇌들과의 회담에서 이 문제가 제기될 경우 후진타오는 중국 당국이 이미 결정한 원칙을 그대로 다시 한 번 중복하면 되었다. 절대로 자기 개인의 관점을 표시하지 않았다. 그런 후진타오가 이번에는 좌담회에 직접 참석한 것이다. 자연히 사람들은 16차 당대회를 계기로 대타이완對臺灣 영도소조 성원들이 크게 바뀔 것이고, 후진타오가 장쩌민을 대신해 영도소조 조장을 맡게 될 것이라고 추측하게 되었다.

장쩌민은 1995년 1월 30일 '8가지' 강화를 발표했다. 장쩌민은 심사숙고 끝에 이날을 발표 날짜로 정했을 것이다. 왜냐하면 그해 설날이 곧 다가오고 있는 시점이었던 것이다. 중국에는 "해마다 설날이면 몇 갑절 집 생각이 나네"라는 말이 있다. 이런 시점을 택해 강화를 발표한 건 '타이완 동포들의 고향을 그리는 마음과 혈육을 그리는 심정'을 가장 불러일으키기 좋은 시점이기 때문이다. 강화 발표 후 해마다 1월이면 중공은 강화 발표기념 좌담회를 소집하곤 했다. 리펑, 리루이환, 쩡칭훙, 국무원 타이완판공실 주임 천윈린陳雲林 등이 이 좌담회를 사회한 적 있다. 이번 회의에서는 첸치천이 연설을 발표했다.

중공중앙 대對타이완 영도소조는 중공의 대타이완 정책의 최고 지도기구이다. 장쩌민이 직접 조장을 맡고 있고, 부조장에 첸치천, 위원에 쩡칭훙, 중앙통전부 장관 왕자오궈, 천윈린, 국가안기부 장관 쉬융웨許永躍, 부총참모장 슝광카이熊光楷, 왕다오한王道涵 등이 그에 속해 있다. 후진타오의 이름은 이 명단 속에 들어 있지 않았다. 그런 그가 갑자기 이 회의에 참가한 것은 어떤 상징적인 의미를 내포하고 있음이 분명했다.

이 좌담회에 대한 텔레비전 뉴스에서는 후진타오의 얼굴이 여러 번 클로즈업되어 나타났다. 심지어 연설을 발표하는 첸치천의 모습보다 후진타오의 모습이 더 여러 번, 더 오래 방송되었다. 미국 보스턴대학의 국제정치학 교수 퓨스미스는 후진타오가 이번 회의에 참석한 것은 그가 곧 장쩌민의 뒤를 이어받게 될 태세를 암시할 뿐만 아니라 그가 이미 타이완 정책에 관한 영도권도 장악하기 시작했음을 의미한다고 지적했다. 신비의 색채에 가리워 있는 중공의 고위층으로 놓고 말하면, 정권교체 시기를 눈앞에 둔 시점에서 모든 사소한 변화와 동태 역시 모두 큰 내막을 뒤에 감추고 있음이 분명하다.

"그날 카메라가 줄곧 후진타오가 비치고 있던 것은 그의 중요성을 강조하기 위한 것이었다."

그러나 퓨스미스의 마지막 이 한마디는 너무 과민한 발언이었다. 중공 텔레비전 선전에 있어서 불문으로 규정되어 있는 것 중의 하나가 바로 어떠한 경우든 뉴스에서는 직위가 가장 높은 사람에게 렌즈를 가장 많이 돌리게 되어 있었던 점이다.

이 회의 외에도 후진타오는 '국가안전 영도소조' 회의와 '대외사업 영도소조' 회의에도 참석했다. 각 영역에서 그의 발언권은 점차 확대되었다. 또한 그는 원래 리란칭이 주관하고 있던 의식형태 영역의 사업에 직접 참여했다.

각 계통, 각 지구에서 올려보낸 문건에도 점점 후진타오의 검열, 지시가 늘어났다. 만일 후진타오가 이전에는 다른 사람들에게 '당내 내부사업 관장'이라는 인상을 심어주었다면, 이제는 점점 '당의 외부사업'을 관장하고 있었다.

부시와의 첫 만남

1972년 미국 대통령 닉슨의 중국 방문은 '빙벽을 깨뜨린 방문'으로 의미가 깊다. 그 역사적 의의가 깊은 방문이 있은 지 30주년 되던 해에 미국 대통령 조지 부시가 한국과 일본의 뒤를 이어 잠깐 동안 중국을 방문했다. 2월 21일 베이징에 도착해서 이튿날 떠났다. 베이징에 체류한 시간은 30시간밖에 되지 않았다.

바쁜 방문이었던 만큼 일정도 매우 빠듯했다. 도착한 그날로 부시는 장쩌민을 만나 함께 중외기자들 앞에서 뉴스 프레스를 가졌고, 이튿날 오전에는 주룽지 등 중국 기타 지도자들을 만났다. 이어서 후진타오와 함께 중국 제1명문대 칭화淸華대학에 가서 연설을 했다. 그리고 나서 중난하이에서 장쩌민 부부와 부시 부부의 오찬 겸 작별인사가 있었고, 식사 후 이전에 한 번 오른 적 있는 바다링八達嶺 만리장성에 다시 올라 둘러본 뒤 급히 '대통령 전용기'에 올라 중국을 떠났다.

여기에 미국 정치인과 중국 정치인의 다른 점을 보여주는 재미난 에피소드가 있다. 외교부 대변인 쿵취안孔泉은 베이징 샹그릴라 호텔 뉴스센터에서 가진 부시의 중국 방문에 관한 뉴스 프레스에서 이렇게 밝혔다.

"부시 대통령은 이번 방문의 마지막 일정으로 장성을 올랐다. 이것은 그의 숙원이었다. 일찍이 1975년 중국에 왔을 때 이미 장성에 올라본 적이 있다. 장성을 오르는 그의 발걸음은 매우 빨랐고 얼굴은 흥미진진했다. 그의 몸 상태도 아주 좋아 보였다. 속도가 너무 빨라 도중에 몇 번이나 멈춰서서 그의 부인을 기다렸고, 그의 수행인들도 미처 그의 뒤를 따르지 못했다. 그는 장성의 웅장함에 감탄을 금치 못했다. 한편으로는 등반을 멈추지 않으면서 수행원에게 30년 전 닉슨 대통령은 어느 지점까지 올랐었느냐고 물었다. 북쪽 765미터 높이의 망루에까지 올랐을 때 수행원은 닉슨 대통령이 이곳까지 올랐었다고 알려주었다. 그러자 부시 대통령은 입가에 회심의 미소를 지으며 자신 있는 목소리로 그럼 나는 닉슨 대통령보다 더 높이 올라야겠다며 앞으로 발걸음을 내디뎠다."

자, 여기서 우리는 만약 후진타오의 경우였다면 어떠했겠는가 상상해보자. 만약 후진타오가 장성을 오른다면 그는 반드시 마오쩌둥, 덩샤오핑, 장쩌민이 올랐던 자리까지 와서는 단 한 발짝도 앞으로 내딛지 않고 걸음을 멈출 것이다. 그리고 그의 입에서는 절대로 "난 그들보다 더 높이 올라야 한다"는 말이 나오지 않을 것이다.

그날 오전 칭화대학을 방문했을 때의 정경을 쿵취안은 다음과 같이 밝혔다.

"칭화대학 졸업생으로서 후진타오 부주석은 부시 대통령과 함께 중국의 최고 명문인 칭화대학에 찾아와 연설한 것을 매우 기쁘게 생각했다. 강연장에 들어가기 전에 그들은 객실에 앉아 우호적인 담화를 나누었다. 내가 알고 있건대, 이것은 두 사람의 첫 만남이었다. 부시 대통령은 친히 체니 부대통령이 후진타오 부주석을 초청하고 싶다며 가까운 시일내에 미국을 방문해 달라는 요청을 전달했다. 후진타오는 초청에 감사를 표시하며 그의 요청을 받아들였다."

이날 연설 발표에는 4백여 명의 칭화대학 학생들이 참가했으며, 칭화대학 총장 왕다중王大中이 대회의 사회를 맡았다. 전국의 인민들은 텔레비전을 통해 강단 뒤쪽에 높이 걸려 있는 『역경易經』에서 따온 칭화대학의 교훈 '자강불식 후덕재물自强不息 厚德載物'이라는 글자를 볼 수 있었.

먼저 후진타오 부주석으로부터 부시 대통령의 이번 중국 방문과 칭화대학에서의 연설에 대한 환영사가 있었다. 역시 후진타오의 연설은 사상적인 견해나 언어 사용이나 스타일에 있어서 정부의 어투 그대로였다. 후진타오는 말했다.

오늘 저는 매우 기쁜 심정으로 모교에 돌아왔습니다. 아울러 여러분과 함께 바다 건너에서 오신 귀빈 부시 대통령을 맞이하게 된 것을 기쁘게 생각합니다. 부시 대통령의 방문은 마침 닉슨 대통령의 중국 방문과 중미상하이공보 발표 30주년과 같은 때에 이루어졌습니다. 인류 역사에서 30년은 짧은 한순간에 불과하지만, 중미 관계에 있어서 30년 세월이 가져온 커다란 변화는 영원히 역사에 기록될 것입니다.

중미 두 나라는 모두 위대한 나라이며 두 나라 인민은 모두 위대한 인민입니다. 국제 형세의 발전을 다시 한 번 표명합니다. 중미 두 나라는 아시아·태평양 지구와 세계의 평화 및 안정을 수호하고 지역경제와 세계경제의 성장과 번영을 촉진하는 데 있어서, 그리고 테러리즘과 기타 국제범죄를 뿌리뽑고 환경악화를 해결하는 등 여러 가지 국제적인 문제에서 모두 중요한 책임을 지고 있으며 광범위한 공동의 이익관계를 가지고 있습니다. 중미 우호합작은 두 나라 인민의 소망에 부합되며 역사발전의 조류에 부합됩니다. 쌍방이 상호존중하고 서로 평등하게 대하며 동질성을 발전시키고 이질성을 보완한다면 중미 관계는 기필코 더욱 건강하고 안정되게 앞으로 발전할 것입니다.

청년들은 나라의 희망이고 세계의 미래이며 동시에 중미 두 나라 우호관계를 이끌어내는 역량입니다. 두 나라의 청년들이 교류를 강화하고 우의를 증진시키고 서로 배우면서 함께 세계평화와 진보와 발전을 위해 힘쓸 것을 희망합니다.

이상 후진타오의 연설을 살펴보면 조금 유감스러운 데가 없지 않아 있다. 기왕 모교에 돌아왔으면 조금은 가식의 옷을 벗고 좀더 진실하게 자기의 생각과 개성을 발휘해도 좋았을 텐데 하는 아쉬움이 있다. 후진타오는 역시 일관해 온 지도자로서의 모습에 조금의 변화도 가져오지 않았다. 유일하게 사람들에게 깊은 인상을 남긴 것은 역시 그의 뛰어난 기억력이었다. 일찍이 유럽 수뇌들과 여러 매스컴 기자들에게 감탄을 자아냈던 그대로, 이번에도 그는 미리 준비해 들고 있던 연설 원고를 한 번도 머리 숙여 들여다보지 않고 처음부터 끝까지 유창하게 외워 읽었다.

부시의 연설 역시 장소와 분위기에 맞춘 사무적인 어투가 많았다. 연설이 시작되자 부시는 우선 후진타오에게 감사의 뜻을 전했다.

"친애하는 후진타오 부주석님, 당신의 환영사에 깊은 감사를 드립니다. 당신이 이곳에서 저와 제 아내 로라를 접대하시는 데 더없는 감사를 표시합니다.

칭화대학은 세계에서 가장 위대한 대학 중의 하나입니다. 저는 또 칭화대학이 부주석님께 매우 중요한 의의가 있는 곳인 줄도 알고 있습니다. 부주석께선 이곳에서 학위를 땄을 뿐 아니라 이곳에서 우아한 부인을 만나 사귀게 되었다는 사실을 말입니다."

이렇게 후진타오의 기분에 맞춘 이야기를 잠시 하고 나서 부시는 칭화대학에 대한 찬양의 발언도 아끼지 않았다.

"칭화대학의 교육수준과 명망은 세계에 이름이 높습니다. 저는 또 이 대학에 입학하기가 쉽지 않은 줄도 알고 있습니다. 훌륭한 성적으로 이 대학에 입학하신 것을 축하합니다. 여러분의 부모님들도 여러분의 성취에 대해 큰 영광을 느낄 것이라 믿습니다."

필경 부시의 연설은 후진타오의 연설과 조금 틀린 점이 있었다. 형식적인 발언 뒤에 부시는 중국 청년들에게 반드시 전달하고 싶은 연설을 발표하기 시작했다.

일찍이 미국인들은 중국의 유구한 역사와 문명에 대해서만 알고 있었다. 오늘도 우리는 중국이 여전히 가정을 중시하고 학업과 영예를 소중히 하고 있는 것을 보고 있다. 동시에 우리는 중국이 점점 세계에서 가장 활기 넘치고 창조력이 강한 위대한 나라로 발전하는 것을 보고 있다. 이 발전을 설명해주는 가장 훌륭한 증명이 바로 이 자리에 앉은 여러분이 소유하고 있는 지식과 잠재력일 것이다.

나 역시 여느 미국인들과 마찬가지로 중국에 대한 이해를 더 깊이 하고 있다. 그러면서 나는 중국인들이 우리 미국의 진실한 면모를 제대로 알고 있지 못한 것 같아 조금 걱정하고 있다. 원인은 여러 가지가 있다. 그중 일부는 우리 스스로가 조성한 것이기도 하다. 중국에 들어온 미국의 영화, 텔레비전 프로 등은 아직 우리 미국의 진실하고 전면적인 모습을 제대로 보여주지 못하고 있다.

뒤이은 부시의 발언은 후에 여러 문장에 인용되었다.

우리의 성공적인 기업들은 미국의 상업적 역량을 보여주었다. 그러나 우리의 정신, 우리의 지역사회 정신, 그리고 이에 대한 우리의 공헌은 우리 미국이 이룩한 부의 성공이 알려진 데 비해 제대로 알려지지 않고 있다.

부시의 도움으로 미국 방문 기회를 잡다

중국 언론에서 밝히지 않은 것이 있다. 그것은 부시가 칭화대학에서 하기로 한 연설을 원래 정해진 시간보다 15분 늦게 시작한 사실이다. 그 원인은 바로 후진타오와 관계가 있다.

원래 부시의 이번 베이징 방문에서 장쩌민과 만나 회담을 나누는 것은 매우 중요한 사항이었다. 그러나 서방의 매스컴들은 두 수뇌의 공식회담에 대해서는 별로 흥미를 보이지 않았다. 대신 미국 정부가 이번 방문을 앞두고 여러 번 부시와 후진타오와의 회담을 요구하고 나섰던 점이 서방 매스컴이 주목하는 뉴스 포인트였다.

미국 측에서는 원래 중국 측이 부시에게 중공중앙당학교를 찾아 연설할 기회를 마련해줄 것을 희망했다. 그 이유는 더 물을 필요도 없이 자명한 일이다. 당학교의 교장이 후진타오이기 때문이다. 그 후진타오의 '정치 대본영'에 부시가 찾아오면 당연히 후진타오가 교장의 신분으로 나와 영접하게 될 것이고, 부시는 이 기회를 빌려 후진타오와 진지하게 '마음을 나눌 수 있는' 기회를 갖게 되는 것이다. 그러나 중국 정부는 미국 측의 이러한 요구를 들어주지 않았다. 홍콩의 한 매체는 믿을 수 있는 '인사'의 말을 빌린다면, 중국에서는 부시에게 후진타오와 만날 기회를 두 번 마련해줘 오히려 미국 측에 뜻밖의 기쁨을 안겨주었다는 내막을 밝혔다.

중국 측은 장쩌민이 직접 부시에게 후진타오를 소개시켜줄 것이라고 통보했다. 당연히 미국 측은 2월 21일 오전, 부시가 베이징에 도착해서 즉시 장쩌민과 갖게 되는 회담에서 장쩌민이 부시에게 후진타오를 소개하고 함께 회담에 참가하게 되기를 희망했다. 그러나 중국 측에서는 그날 저녁 연회에서 두 사람의 만남을 주선할 것이라고 밝혀 왔다. 장쩌민 혼자서 부시와의 공식회담 기회를 독차지하고 후진타오에게는 그 기회를 주지 않으려는 속셈이 뻔했다. 저녁 연회는 공식회담 장소가 아닌 곳에서 하기로 계획되었다. 이런 비공식 장소에 후진타오를 내세워도 낭패볼 일은 없었던 것이다.

두 번째 만남은 2월 22일 오전, 부시가 칭화대학을 방문해 연설할 때 후진타오가 칭화 졸업생의 신분으로 안내하기로 되어 있었다. 그러나 이 만남의 장소는 부시와 후진타오 사이에 별로 개인적인 이야기를 나눌 시간적 여유가 없는 장소였고, 대중들 앞에서 두 사람만의 대화를 나눌 수 있는 것도 아니었다.

그런데 미국 측을 놀라게 하는 일이 발생했다. 중국 측에서 부시와 후진타오의 첫 만남을 취소해버린 것이다. 장쩌민이 부시와 후진타오의 만남을 별로 달갑지 않게 여겨 취소했는지도 모른다. 이제 기회는 한 번밖에 남지 않았다. 중국 측이 첫 대면 기회를 취소했을 때의 반응은 어떠했을까? 부시는 이 한 번밖에 없는 기회에 체면을 차리지 않았다. 후진타오와 만나 인사를 나눈 뒤 원래 일정대로 연설을 하기로 되어 있는 강당으로 향한 것이 아니라, 이야기를 한참이나 더 나누었다. 그래서 칭화대학 4백여 명의 학생들 앞에 15분이나 늦게 나타난 것이다. 하지만 원래의 일정을 무시한 이 15분간의 연장된 회담으로는 부시는 후진타오의 사상과 성격 등에 대해서 더 깊은 이해를 할 수 없었다.

묘한 것은 이번 부시의 중국 방문에 장쩌민이 부시에게 선물한 것은 한 쌍의 모조 골동품 '마답비연馬踏飛燕'이었다. 후에 기자들과의 뉴스 프레스에서 쿵취안은 이를 두고 이렇게 해석했다.

"올해는 중국의 말띠 해이다. 전통적으로 말띠 해는 길상의 해이다. 중국에는 말과 연관된 많은 성어가 있다. '일마당선一馬當先', '만마분등萬馬奔騰' 등을 예로 들 수 있다. 말띠 해 연초에 장쩌민 주석은 모종某種의 방식으로 부시 대통령에 대한 좋은 축원을 표시했을 것이다."

그러나 쿵취안과 기자들은 누구도 이번 부시의 중국 방문에 미국 측이 가장 관심을 갖고 만난 후진타오가 말띠임을 떠올려 제기하지 않았다.

후진타오의 미국 방문은 바로 이러한 배경에서 미국 측의 여러 차례 요청으로 이루어진 것이다. 미국으로서는 후진타오가 정식으로 권력을 넘겨받기 전에 먼저 그와의 관계를 맺어 놓으려는 속셈이었다. 후진타오의 미국 방문 중 가까이에서 그를 관찰하여 후진타오가 정식으로 집권한 뒤 그와의 관계를 미리 준비해 놓기 위함이었다. 동시에 미국이 아직 권력양도를 받지 않은 후진타오에게 정중히 요청하는 것은 장쩌민에게 후진타오를 인정하고 권력을 넘겨줄 걸 은근히 압박하는 셈이 되었다. 미국의 이러한 속셈과 방안은 확실히 적중했다. 장쩌민으로서는 미국의 후진타오 방미 요청을 거절할 수 없었다. 장쩌민 역시 그해 가을 부시의 텍사스 농장에 가서 부시가 직접 구워주는 스테이크를 맛보고 싶었던 것이다.

2002년 봄이 되자 중국 최고층의 장쩌민, 리펑, 주룽지, 원자바오 등은 연이어 주변 우호국에 대한 외교 공세에 나섰다. 후진타오는 말레이시아, 싱가포르, 미국을 방문하기로 했다. 이들 중 후진타오가 맨 나중에 출국했지만 세인의 눈길을 가장 많이 끌었다.

미국의 〈뉴스 위크〉 아시아판은 후진타오를 표지인물로 하고 6페이지의 지면을 할애해 그에 대해 상세히 소개했으며 〈뉴욕 타임〉지는 후진타오가 뉴욕에 도착하는 날 그의 경력에 대해 자세히 소개했다. 후진타오가 워싱턴으로 향하기 전 〈워싱턴 포스트〉는 그의 이번 미국 방문에 대한 기획기사를 실었다. 기사는 후진타오의 이번 미국 방문이 매우 어렵게 이루어졌음을 밝히고 있다. 만약 타이완 문제에 대한 미국 정부의 아무런 승낙을 받지 못한다면 후진타오의 이번 방문은 실패로 돌아간다. 일본의 매스컴 역시 활발하게 움직였다.

해외 매스컴들이 후진타오의 미국 방문에 대해 이렇게 관심을 갖는 것은 사실 중국의 미래에 대한 관심이라고 할 수 있다. 모든 보도는 후진타오와 부시, 체니와의 회담을 '장쩌민 이후 시대'의 중미 관계에 기초를 닦아 놓는 것이라고 분석했다. 일부 분석가들은 중공 권력구조의 변화 각도에서 이번 후진타오의 미국 방문을 관찰·분석했다. 미국 CNN의 중국 문제 평론가 린허리林和立는 베이징 후진타오 판공실 직원의 입에서 얻어낸 소식에 근거해, 이번 방문을 위해 59세의 후진타오는 특별히 미국전문가 소조를 만들어 준비를 했다고 밝혔다. 이는 지난해 후진타오의 유럽 5개국 방문 때의 자세와는 다른 점이 많았다. 지난해 후진타오의 유럽 방문을 위한 준비사업은 연설까지 포함해서 모두 외교부와 중공중앙대외사업영도소조에서 준비해주었다. 그러나 이번 미국 방문을 준비하며 후진타오는 자기 개인의 경제·외교정책 두뇌그룹을 만들었던 것이다. 장쩌민의 두뇌그룹에 비해 후진타오의 외교고문들은 더 광범한 배경을 가지고 있는 사람들로 구성되었다.

사실상 후진타오의 대외관계 영역에서의 정보 루트, 연계망 구축은 벌써부터 시작되었다. 2002년 1월 19일 오후, 후진타오는 인민대회당에서 '중미관계 국제포럼' 참석차 베이징에 온 주중 전 미국대사 로드와 루이스, 전 필리핀 대사 솔로몬, 하버드대학 동아연구센터 전임 소장 푸카이, 하버드대학 아시아센터 거비 등과 회견했다. 겉으로 보기에는 이번 회견 역시 다른 회견과 특별히 다른 데가 없고, 후진타오의 연설 역시 새롭거나 독창적이지 않았지만, 그 배경을 살펴보면 의미가 깊은 회견이었다. 이번 회견은 후진타오의 외교 두뇌그룹에서 기획, 조직한 것이다. 조직한 사람은 바로 후진타오의 중앙당학교 비서 정비젠이다. 이날 회견에 참석한 미국의 전문가들 중에 핵심인물은 하버드대학의 푸카이였다. 그는 요청을 받고 중공중앙당학교에 와서 보고를 한 첫 번째 미국 교수였다. 그는 줄곧 후진타오를 대표로 하는 중공 제4세대 지도자들과 인연을 맺으려고 애써 왔다. 외국의 통신들은 보도에서, 이번 활동은 후진타오의 두뇌그룹이 물위에 그 모습을 드러냈을 뿐 아니라 후진타오의 수하 두뇌들이 미국과 다년간 관계를 맺고 접촉해 왔음을 공개적으로 알리는 셈이라고 분석했다.

부주석과 부인, 함께 매스컴의 환심을 사다

4월 23일, 후진타오는 비행기에 몸을 실었다. 말레이시아 정부, 싱가포르 총리 우쭤둥吳作棟, 미국 부통령 체니의 요청에 의해 베이징을 떠나 말레이시아, 싱가포르, 미국 3개국 공식 방문의 길에 올랐다. 이번 방문 길에는 부인 류융칭, 외교부 차관 리자오싱, 국가발전계획위원회 부주임 류장劉江, 중앙판공청 부주임 링지화令計劃, 과학기술부 차관 리쉐융李學勇, 대외무역경제합작부 차관 마슈훙馬秀紅, 중앙정책연구실 부주임 정신리鄭新立 등이 동행했다.

말레이시아와 싱가포르에서 후진타오의 일정은 매우 다채로웠지만 후진타오를 포함해서 모든 사람들은 '이것은 미국 방문을 위해 미리 예비운동을 하는 것'에 불과하다고 생각했다. 적지 않은 언론들은 후진타오에 대한 보도보다도 그의 부인 류융칭에게 더 많은 관심을 기울여 지면을 장식했다. 그중 홍콩 〈아시아 위크〉의 보도가 가장 상세하다.

1980년대 초 후진타오를 따라 두 번째로 상경(제1차는 칭화대학에 입학할 때였다)한 류융칭은 공청단 산하 중국청년여행사에서 부총경리 직무를 맡았다. 후에 뒷공론을 피해 베이징 시정건설위원회로 자리를 옮겨 부주임이 되었다. 후에 후진타오가 세 번째로 상경해 중앙 최고층에 들어갔을 때 그녀는 여러 부주임 중에서 제일 앞자리를 차지했다. 그렇지만 그녀는 항상 저자세를 취했고 공식적인 자리에 후진타오의 부인으로 나서지 않았다. 그러나 이제 후진타오가 국가 부주석의 자리에 올랐기 때문에 외교 사무의 절차상 부득불 예의를 갖춘 사교장소에 국가 부주석 후진타오의 부인 자격으로 나서지 않을 수 없었다.

〈아시아 위크〉에 실린 탄톈메이譚天媚의 인물 스케치「가까이에서 본 준準 제1부인」은 이렇게 적고 있다.

4월 30일, 한줄기 소나기가 지나간 말레이시아 수도 쿠알라룸푸르의 하늘은 눈이 시릴 만큼 푸르게 개어 있었다. 중국 국가 부주석 후진타오를 실은 전용 비행기가 서서히 수도 공항에 착륙했다. 비행기 문에 모습을 나타낸 후진타오 옆에는 그의 부인 류융칭이 서 있었다. 붉은색 외투를 걸치고 목에 진주 목걸이를 한 류융칭은 남편과 함께 얼굴에 세련된 미소를 담고 환영대오를 향해 손을 흔들어 인사했다.

도착 이튿날, 말레이시아 측의 배려에 따라 류융칭은 후진타오와 떨어져 단독 일정을 갖게 되었다. 매스컴으로선 가까이에서 이 중국의 미래 제1부인을 관찰할 수 있는 가장 좋은 기회였다. 그날 오후 그녀는 한 공예품 공장을 방문했다. 주인이 얇은 양철 한 조각을 들고 이것을 틀 위에 놓고 작은 망치로 가볍게 두드리면 아름다운 접시가 만들어진다고 하자 그녀는 흥미를 가지고 망치를 들었다. 그러나 시키는 대로 몇 번 두드려도 공예품이 만들어지지 않자 "이것도 그렇게 쉬운 건 아니군요"라고 하며 더욱 정성 들여 망치질을 했다. 결코 남들한테 보이기 위해 몇 번 두드리고 망치를 내려놓은 게 아니었다. 꼬박 20분이나 망치질을 해 공예품의 모습이 웬만큼 갖춰지고 나서야 손을 놓았다. 무슨 일에서나 쉽게 포기하지 않는 여인임을 알 수 있었다.

류융칭은 또한 여인들의 공통 관심인 미에 대해 많은 관심을 보였다. 장신구 공장을 방문했을 때 류융칭은 아예 자리에 앉아 찬찬히 장신구들을 살펴보기 시작했다. 장신구에 붙어 있는 진주를 감상하기도 하고, 다이아몬드 반지를 유심히 살펴보기도 했다. 그러나 사람들은 그녀가 구경에만 그치고 구매하려는 뜻이 없음을 알 수 있었다.

〈아시아 위크〉의 기사는 또 류융칭의 성격이 조용하다고 밝혔다. 풍광이 아름다운 하와이에 왔을 때 그녀는 여느 때와 달리 후진타오와 함께 캐주얼 차림으로 하와이 해변을 산책했다. 신을 벗고 맨발로 백사장을 거닐기도 했다. 뒤따르던 수행원들도 부주석의 부인이 이렇듯 편하게 나오자 즐거운 기분으로 모두 신을 벗어들고 하와이 해변의 햇빛과 모래를 즐겼다.

이번 방문길에서 류융칭은 기자들과 별로 이야기를 나누지 않았다. 그러나 기자들을 대하는 그녀의 태도는 매우 우호적이었다. 언젠가 기자들이 후진타오와 기념사진을 찍을 때였다. 모두 부주석과 기념사진을 찍는데 정신이 팔려 부주석의 부인을 모시지 않고 있다가 한참이 지나서야 누군가 이 사실을 발견하고는 허둥지둥 찾기 시작했다.

"부인은요? 부주석님 부인은 어디 가셨어요? 부인을 모시고 함께 찍읍시다."

그러나 그녀는 조용히 한쪽에 서서 미소짓고 있었다.

혹시 그녀는 남편 뒤에 서서 묵묵히 남편에게 지지를 보내는 게 더 좋을지도 모른다. 그녀는 렌즈 앞에 나서기를 좋아하지 않았다.

기사는 이렇게 적었다.

〈아시아 위크〉지는 또 다음과 같이 밝혔다.

총리 주룽지 다음으로 후진타오는 매스컴의 환심을 산 중국 영도자였다.

장쩌민, 리펑 등과 비교해서 적은 말이다.

후진타오는 사람을 편하게 대하고, 우아하고 부드러우며, 기자들의 일을 이해해주는, 마음이 넓은 사람이다.

〈아시아 위크〉는 후진타오를 이렇게 평가했다.

근거리 취재를 위해 달려드는 기자들과 그 기자들을 피하는 몸싸움에서 후진타오와 그의 수하들은 기자들에게 좋은 인상을 남겼다. 그리고 이로써 매스컴과 훌륭한 관계를 맺게 되었다. 베이징 당국이 골칫거리로 여기는 홍콩 기자들을 탄복시키고, 그들을 정복했다는 건 결코 쉬운 일이 아니다.

그들이 말레이시아에서 투숙한 로얄골든홀스 호텔에는 항상 기자들이 대기하고 있었다. 붉은 카펫 주변에 몰려 서 있는 기자들 앞을 지날 때마다 후진타오는 항상 미소 띤 얼굴로 손을 흔들고 고개를 끄덕여 기자들에게 인사했다. 되도록 기자들의 취재에 응해주려 했고, 기자들에게 '수고하십니다'라는 인사말을 아끼지 않았다.

중공 지도자들의 출국 방문 때마다 취재를 위해 특파되곤 했던 홍콩의 한 기자는 "후진타오는 사람들에게 후덕하고 너그러운 인상을 준다. 그는 기자들의 직책을 이해해주고 기자들 앞에서 자신이 담당해야 할 배역을 알고 있다"라고 했다. 말레이시아의 한 댐을 참관할 때였다. 어느 기자가 후진타오 부부가 함께 한 정면사진을 찍고 나서 두 사람이 물을 마주하고 있는 장면을 뒤에서 클로즈업해 찍을 수 있도록 돌아서 달라고 하자 두 사람은 마주 보고 웃으며 "이번엔 어떻게 찍으려고 그러지?" 하고 속삭이

듯 중얼거리며 기자가 요구하는 대로 포즈를 취해주었다.

4월 24일은 말레이시아 도착 두 번째 날이자 후진타오가 말레이시아에서 가장 바빴던 하루였다. 낮에 기자들과 만날 시간을 짜낼 수 없어 저녁 8시에 모든 행사가 끝난 후 기자들의 취재에 응할 수 있을 거라고 후진타오 수행원이 기자들에게 미리 귀띔해주었다. 그러나 그의 일정은 너무 빡빡하게 짜여 있었다. 저녁 10시가 한참 지나도 후진타오는 나타나지 않았다. 애타게 기다리던 많은 기자들이 실망한 채 떠날 준비를 하기 시작했다. 수뇌들이 방문 일정을 완수하기 위해 기자들과의 약속을 지키지 못하는 건 다반사였던 것이다. 그런데 바로 그때 만찬을 마친 후진타오가 급히 호텔로 돌아와 기자들 앞에 나섰다. 밤 11시가 다 되어 가는 시간이었다. 기자들 앞에 나서지 않고 직접 휴식에 들어가도 좋은 시각이었다. 기자들 앞에 나타난 후진타오는 사과 인사부터 했다.

"너무 기다리게 해서 죄송합니다. 이제라도 여러분의 물음에 최선을 다해 대답해 드리겠습니다. 시간 관계상 때로는 여러분의 요구를 충분히 들어드리지 못할 때가 있군요. 불가피한 상황이니 여러분께서 꼭 이해해주시고 양해하시기 바랍니다."

이렇게까지 겸손하게 나오리라고는 누구도 생각하지 못했던 일이다. 오히려 기자들이 황송해서 어쩔 줄을 몰라 했다.

〈아시아 위크〉지는 분석에서 후진타오와 매스컴의 이런 조화로운 관계 뒤에는 세 명의 참모가 많은 역할을 담당했다고 밝혔다. 그들은 외교부 차관 리자오싱, 중공중앙판공청 차장이며 후진타오 판공실 부장 링지화, 그리고 외교부 대변인 장치웨章啓月이다. 기실 후진타오와 매체와의 사이는 줄곧 좋은 관계를 유지해 왔다. 그는 공청단 중앙에서 일할 때부터 기자들을 이해하고 지지하기로 소문 높았는데, 그때는 아직 외국 기자들과 사귈 기회가 많지 않았기 때문에 대외에 이런 사실이 잘 알려지지 않았을 뿐이다.

비교가 없으면 정확한 결론도 없는 법이다. 중공의 많은 지도자들이 기자를 대하는 태도에 익숙해 있던 홍콩과 외국의 기자들은 이번에 너무나 다른 후진타오의 태도에서 감동을 받지 않을 수 없었다. 홍콩 기자들은 언젠가 장쩌민이 기자들을 향해 "당신들은 너무나 유치하다"라고 했던 일을 잊지 않고 있었던 것이다.

〈아시아 위크〉가 매스컴을 대하는 중국 지도자들의 태도를 비교하며 '주룽지와 후진타오를 높이 사고 장쩌민과 리펑을 내리깐' 것은 후진타오가 줄곧 저자세로 장쩌민 앞에서 자신을 낮추었던 일관된 원칙에 어긋나는 것이었다. 그러나 자신의 의지에 의해서가 아니라 언론에서 일방적으로 후진타오와 장쩌민을 비교하며 장쩌민에게 불리한 결론을 내리는 것은 후진타오로서도 어쩔 수 없는 일이었다. 비록 홍콩이 중국에 속해 있어도 홍콩의 언론 시스템은 중국과는 완전히 다르기 때문에 아직 중국의 뜻을 따르지 않고 있었던 것이다. 미국의 수도 워싱턴에서 열린 한 좌담회에서 〈원동경제평론〉지의 중국부 부장 수전 로렌스 여사는 장쩌민과 후진타오의 서로 다른 점에 대해서 이렇게 이야기한 적이 있다.

"어떤 회의에서 장쩌민은 자기의 조상 중에 이름난 문인과 학자가 있었다는 말을 꺼내기도 하고, 자신의 음악에 대한 애정과 재능에 대해 이야기하다가 흥이 나면 회의 도중 노래를 몇 곡 부르기도 했다. 기자들의 질문에 그는 자기가 쓴 초고를 꺼내 들고 한 단락씩 크게 읽으며 대답했는데 그래도 늘 틀린 곳이 있었다."

로렌스 여사는 1993년 〈아메리카 뉴스 앤 월드 리포트〉의 기자로 있을 때 장쩌민과 가졌던 인터뷰에 대해 이렇게 회고했다. 인터뷰 전에 중국 외교부에서는 그녀에게 인터뷰에서 장쩌민 주석과 중미 관계에 대한 이야기를 나누게 될 것이라고 통고해 왔다. 그러나 사실상 회견에서 장쩌민은 처음부터 끝까지 중미 관계에 대해서는 일언반구의 언급조차 없었다.

우리는 그날 나의 특별인터뷰 기사를 싣기로 신화사와 사전에 이미 약속했다. 그러나 신화사는 거의 10개에 달하는 속보만 실었다. 속보에서는 당시 부시 대통령이 타이완에 F-16전투기를 판매하는 것을 반대하는 장쩌민의 말만 인용해 실으면서, 나와의 인터뷰에서 장쩌민은 미국이 타이완에 무기를 수출하는 것에 대해 크게 항의했다고 썼다. 그러나 사실상 인터뷰에서 장쩌민은 미국의 대만에 대한 F-16전투기 수출에 대해 언급하지 않았다.

그러나 후진타오는 장쩌민과 완전히 다르다. 로렌스 여사는 후진타오의 품격과 태도는 완전히 다르다고 말했다.

회의에서 문제를 토론할 때 후진타오는 아주 빨리 토론의 주제로 들어간다. 사람들은 모두 그가 비범한 기억력을 가지고 있고, 토론에 대해 미리 준비해 온다고 말한다. 매번 회의가 끝난 후 사람들은 후진타오가 회의에 참석한 사람들을 모두 알고 있었으며, 그 사람의 개인적인 사정에 대해서도 어느 정도 알고 있다는 데 놀라움을 금치 못했다. 유럽을 방문할 때 만났던 관리들에 대해서도 후진타오는 그들의 이름과 직무와 역할에 대해 모두 알고 있었다.

그러나 이상의 사실들은 모두 수박 겉핥기에 불과하고 줄기를 두고 가지를 말한 데 지나지 않는다. 후진타오는 여전히 알 수 없는 인물이다. 겉으로 드러나는 것뿐이 아니다. 그의 신변 가까이 있는 사람들도 후진타오에 대해서는 감히 잘 알고 있다고 말할 수 없을 것이다.

물론 후진타오의 유럽 방문기간 중에 그와 그의 부인에 대한 글들이 언론지에 많이 실려 독자들에게 후진타오에 대한 인상을 대강 심어주기는 했지만, 진실한 후진타오의 모습이 도대체 어떠한지는 아직 어느 언론에서도 제대로 밝히지 못했고 아직 누구도 다 알지 못한다.

더 멀리 이야기 해보자. 후진타오는 거의 매일 지시를 내리고 거의 매일 회의에 참석하며 거의 매일 새로운 결정을 하고 그 결정으로 수많은 사람들의 운명이 좌우되고 있다. 그러나 우리는 아직도 그가 중국의 미래를 두고 얼마나 웅대한 계획을 세우고 있고 설계도를 그리고 있는지 모른다. 간쑤성 건설위원회 부주임으로 있을 때와 공청단 중앙으로 자리를 옮겨 일할 때까지만 해도 도에 넘지 않는 범위내에서 가끔 진실한 속말을 했다면, 후에 구이저우성 당위서기, 티베트 자치구 당위서기, 중앙위원, 국가 부주석이 된 후에는 점점 진실된 자신을 감추고 대외에 나섰던 것이다.

자칫하면 남에게 트집 잡힐 수 있는 정계의 험악함 앞에서 후진타오의 내심은 점점 닫혀가고 있다. 때문에 응당 더 많은 비전과 개인적 성품을 표출해야 할 장소에서도 우리는 후진타오가 더욱더 책략을 구사하고 인간관계에서 테크닉을 구사하는 걸 볼 수밖에 없다.

독자들도 필자의 이런 관점에 동의할 것이다. 이것은 결코 후진타오 개인의 비극이 아니라는 것을.

5초간의 유엔 대표 신분

하와이는 후진타오의 미국 방문 첫 도착지였다. 정식 경기를 치르기 전에 하는 예비 경기처럼 이곳에서의 일정은 별로 바쁘지 않았다. 하와이에 도착하자마자 후진타오는 그곳 특유의 복장을 입고 해변으로 산책을 나갔다. 당시 후진타오는 장쩌민이 했던 대로 바다에서 수영을 하려고 했다. 그러나 미국 측에서 안전을 이유로 동의하지 않아 물에 들어갈 수가 없었다. 하와이 주지사가 마련한 연회에서 현지관광을 책임진 관리가 후진타오가 칭화대학 시절 '춤에 조예가 깊었다'는 이유로 훌라춤을 추는 여인들을 불러 공연을 해 후진타오를 즐겁게 해주었다.

미국 시간으로 4월 29일, 미국 본토에 도착하면서 후진타오는 진짜 중요한 '배역'에 들어갔다. 유엔 총본부를 찾은 후진타오는 중국 대표석에 앉아 기념사진을 찍으면서 "5초 동안만 대표가 되어 봅시다"라고 말했다. 그는 곧바로 유엔 사무총장 코피 아난과 세계은행 총재 울펜손을 만나 30분 가량 회담을 가졌다. 짧은 시간이라 긴 이야기를 심도 있게 나눌 수는 없었지만, 이 30분 동안 후진타오와 아난은 서로 얼굴을 익힐 수 있었다는 데 의미가 있을 것이다. 후진타오는 이 기회를 놓치지 않고 미국이 늘 유엔을 뒤로한 채 일방적으로 행동하는 것을 겨냥해 의미심장한 지적을 했다.

현재 복잡하고 변화 많은 국제정세하에서 유엔의 임무는 더욱 커져 가고 있다. 유엔의 역할은 더 강화되어야지 줄어들고 약화되어서는 안 되며, 그 권위는 반드시 지켜져야지 손해를 입어서는 안 된다.

이어서 후진타오는 뉴욕 주지사와 뉴저지 주지사를 만났다. 뉴저지 주지사를 만났을 때 후진타오는 상대방이 이렇듯 젊은 것에 놀라움을 표했다. 뉴저지 주지사 맥그리비는 뉴저지주에서 정치를 하는 것은 매우 수고스러운 일이라며 자기는 주지사에 부임한 지 얼마 되지 않았는데 벌써 많이 늙었다고 말했다. 후진타오는 즉시 그의 말을 받아 "그 점에 대해서는 나 역시 경험한 바가 있다. 나도 중국에서 지방 사업을 주관한 적이 있는데, 온갖 고초를 다 맛보았다"라고 동감과 이해를 표시했다.

후진타오는 지금껏 그의 가정을 바깥 세상에 공개하지 않았고, 자녀들의 이름 또한 공개하지 않고 있다. 그럴수록 세상 사람들은 더 흥미를 가지고 달려드는 법. 그러나 후진타오는 그야말로 철저하게 막고 있어서 가십 거리만 골라 파헤치는 데 소문난 홍콩의 일부 기자들도 아직 후진타오의 가정에 대해서는 알아낸 게 없다. 한때 후진타오의 아들은 대륙의 한 병원에서 관리직을 맡고 있고, 딸 후하이칭胡海靑은 1993년 칭화대학을 졸업하자마자 미국으로 건너가 지금 미국 콜롬비아대학에서 공부하고 있으며, 심지어 그녀가 타이완 한자 병음방식으로 영문 이름 'Hu Hsiao Hwa'

라는 이름을 갖고 있고, 친구들은 그녀를 '3H(Triple H)'라고 부른다는 소문이 나돌기도 했다. 뉴욕 주지사 파타키는 후진타오와 만난 자리에서 그와 관계를 가까이 하려는 속셈으로, 전날 출간된 <뉴욕 타임스>에 그의 딸이 콜롬비아대학에서 유학중이라는 기사가 실렸다며, 자기도 그 대학 졸업생이니 그의 딸과 동창생이 된다고 말했다. 그런데 생각 밖으로 후진타오는 웃으면서 "나에겐 딸이 하나밖에 없다. 그 딸은 칭화대학에서 공부하고 있다"고 대답했다. 상대방이 난처해하자 후진타오는 분위기를 부드럽게 하기 위해 우스갯소리로 "보아하니 어디를 가나 매체들은 다 같은 것 같다. 마음대로 쓰길 좋아한다"라고 말했다.

여섯 번에 걸쳐 뉴욕의 5백여 명 화교와 중국인 대표를 만난 후진타오는 또다시 사람들의 감탄을 자아내게 했다. 그는 화교들 앞에 나서자마자 호텔 문 앞에서 자기를 이렇게 오랫동안 기다려 맞아준 데 감사를 표시하며 깊이 허리 숙여 인사를 했다. 그의 이러한 행동은 화교와 중국인 대표들의 가슴을 뜨겁게 했고 열렬한 박수를 받았다.

4월 30일 후진타오는 이번 방문의 가장 큰 무대인 워싱턴에 도착했다. 당일로 미국 상하원 의원들과 국무장관 콜린 파웰을 만나고, 저녁에는 파웰이 마련한 연회에 참석했다. 파웰은 연회 내내 예우에 신경을 썼으며 연회가 끝난 후에도 친히 후진타오를 국무원 문 앞까지 배웅했다. 후진타오가 차에 오른 후에도 차가 떠날 때까지 허리를 굽혀 차창을 사이에 두고 후진타오와 손을 흔들며 인사했다.

이튿날은 후진타오의 이번 미국 방문에서 가장 중요한 하루였다. 모두 14개의 일정이 잡혀 있었는데 미국 대통령 부시, 부통령 체니, 미국 국가안전고문 라이스, 국방장관 럼스펠드 등을 만나야 했다. 후진타오의 이번 방문이 미국 부통령 체니의 요청에 의한 것이므로 당연히 체니와 공식회담을 가져야 했다. 공식회담 후 체니는 오찬을 마련해 후진타오를 접대했다. 오찬에는 미국 정부의 각 부서 장관들이 모두 참석했다. 그후 백악관에서 밝힌 소식에 따르면, 이날 오찬에 참석한 장관들은 모두다 후진타오와 단독으로 만날 기회를 마련해줄 것을 희망했다. 그러나 시간 관계상 결국 국방장관, 재정장관, 상무장관, 무역담판 대표 몇몇만 단독 면담의 기회를 가질 수 있었다. 대신 체니와 후진타오는 오찬 후 15분간 개인 담화 시간을 더 가졌다.

백악관 직원이 밝힌 데 의하면 미국 정부는 부시와 후진타오의 '제2차 악수'의 기회를 계획해 놓고 있었다. 라이스를 만나러 가는 길에 부시의 사무실을 지나게 되는데 이때 잠깐 들러서 악수를 하고 몇 마디 인사를 나누도록 계획되어 있었다. 그러나 미국 측은 나중에 이 계획을 바꿔 부시의 타원형 사무실에서 20분간 회담을 갖도록 조정했다. 어째서 계획을 바꾸었을까?

내정을 잘 아는 인사가 필자에게 밝힌 바에 따르면 이것은 후진타오의 수하 직원들이 미국 측과 함께 후진타오의 미국 방문 스케줄을 계획하기 시작할 때부터 얻어내려 했던 것이다. 그럼에도 미국 측이 '두 번째 악수의 기회'를 계획했다가 바꾼 것은 미국 측에서 후진타오의 미국 방문 중 일거일동을 다 살펴보고 나서 이 '반년 후의 중국 지도자'에게 더 큰 예우를 하기로 결정했기 때문이다.

하지만 후진타오와 부시의 회담은 20분을 훨씬 넘겨 45분 동안이나 진행되었다.

대만은 영원한 목에 가시

미국 정계의 주요 인사들을 만나는 중요한 자리마다 후진타오는 중미 관계에 있어서 타이완 문제의 민감성에 대해 강조했다. 회담에서 소기의 목적을 이루었는지 부시와의 회담을 마치고 백악관을 나서는 후진타오의 발걸음은 매우 가벼웠다. 이번 미국 방문길에 어깨에 짊어지고 온 임무, 미국 지도자들로부터 미국은 '하나의 중국' 원칙을 지키고 타이완의 독립을 지지하지 않을 것이라는 대답을 얻어내야 하는 숙제를 완수했음이 분명했다.

미 국방장관 럼스펠드와의 회담 역시 세인의 주목을 끌었다. 2001년 하이난도海南島 상공에서 중미간에 비행기 격돌 사건이 있은 뒤 두 나라의 군사교류는 지금까지 정지되어 있었다. 게다가 얼마 전 럼스펠드가 타이완 국방장관 탕야오밍湯曜明을 만난 적이 있어서 얼마간 풀렸던 중미 관계가 다시 긴장상태로 돌아갔던 것이다. 이번 회담은 미국 측에서 주동적으로 제안한 것이었다. 10년 이래 처음으로 미 국방부를 방문한 중국 국가 부주석(당연히 군사위원회 부주석이기도 한)에 대한 예의와 중요인물임을 보이기 위해 미 국방부는 작은 환영식까지 마련했다.

회담을 마치고 회의장 밖에서 대기하고 있던 기자들과 가진 뉴스 프레스에서 후진타오는 친히 중미 두 나라는 군사교류를 회복하기로 했다고 선포해 다시 한 번 세상을 놀라게 했다. 테러리즘 반대 등 여러 방면에 걸쳐서 중국은 미국과 인식을 같이했지만, 타이완 문제에 있어서만큼은 중국 정부가 줄곧 강경한 입장을 견지해 왔다. 방문 중 후진타오는 미중관계 전국위원회 등 8개 미국 단체를 향해 "상호간 이해와 믿음을 증진하고 중미의 건설적인 합작 관계를 발전시키자"라고 연설하면서 다시 한 번 타이완 문제의 민감성과 중요성에 대해 강조했다. 동시에 미국이 타이완에 정밀무기를 수출하고, 미국과 타이완의 관계를 제고하는 것은 미국이 중국과 한 약속을 어기는 것이 되며 타이완 해협의 평화와 안정에 불리할 것이고, 중미 관계의 공동이익에도 부합되지 않는다고 말했다. 중공은 어떤 방법으로 타이완 민중들의 믿음을 살 것인가, 하는 기자들의 물음에 후진타오는 아주 자신 있는 목소리로 "내가 알고 있건대 타이완의 설문조사는 통일을 지지하는 사람들이 점점 늘어나고 있는 추세라고 밝히고 있다"라고 대답했다. 이어 후진타오는 중국은 타이완 민중들의 의견을 귀담아 들을 것이고 타이완 민중들의 소원과 이익을 존중하고 보살필 것이라고 말했다.

그 의견이 합리적인 것이라면 '하나의 중국' 원칙하에서 다른 모든 문제는 토론을 거쳐 해결할 수 있다.

이 연설이 끝난 후 후진타오는 샌프란시스코로 향했다. 워싱턴에서 이번 방문의 중요한 정치 임무를 훌륭히 완수한 후진타오는 홀가분한 심정으로 미국의 하이테크 중심지인 실리콘 벨리를 참관하고, 세계 최대의 반도체 제조업체인 인텔사를 방문했다.

샌프란시스코시 시장 브라운이 마련한 환영연회에서 작은 에피소드가 있었다. 브라운이 후진타오에게 샌프란시스코 행운의 열쇠를 선물할 때였다. 브라운은 손가락이 말을 듣지 않는지 몇 번이나 시도해도 열쇠함에서 행운의 열쇠를 꺼내지 못했다. 열쇠를 받아들 준비를 하고 옆에서 한참 기다리고 있던 후진타오는 아예 자기 손으로 열쇠함에서 열쇠를 꺼내들었다. 그러나 어느 면에서 보면 이는 공식석상에서의 에티켓을 조금 벗어난 행동이었다. 일찍이 장쩌민이 스페인 국왕의 손에서 직접 훈장을 받아들고 스스로 자기 목에 걸어서 국제적인 웃음거리가 되었던 일을 사람들은 아직 기억하고 있었다. 다행히 후진타오가 이번에 손에 든 건 훈장이 아닌 행운의 열쇠이며 앞에 있는 사람이 형식에 구애받지 않고 개성을 추구하는 미국 사람이었으니 망정이지, 그렇지 않았으면 또 한 번 사람들의 웃음거리가 되기에 충분한 행동이었다. 자기의 처지를 깨달았는지 후진타오는 "내가 아주 쉽게 케이스에서 열쇠를 꺼낸 건 이 열쇠가 원래 나에게 속하는 것임을 설명해 주는 것이다"라고 우스갯소리를 해서 오히려 박수갈채를 받았다.

우멍산이 환호하고 진사강이 웃고

2002년 7월 22일 〈윈난일보〉는 한성슝韓聲雄이 집필한 「인민을 위한 집권, 백성을 사랑하는 마음―후진타오 동지의 윈난 시찰」이라는 제목의 특별 보도를 7,500자의 장문으로 게재했다. 후진타오는 7월 15일부터 20일까지 윈난을 시찰했다. 그가 떠난 지 사흘 만에 성위의 기관지에서 이렇게 긴 문장을 여러 장의 사진과 함께 게재한다는 건 매우 신속한 행동이었다.

모든 중국의 기관지들이 중국 지도자들에 대한 글에서 다루는 패턴 그대로 이 글 역시 "우멍산烏蒙山이 노래하고 진사강金沙江이 웃고, 빈곤 지구의 인민들 춤과 노래로 진타오를 반기네"라는 송가를 불렀다. 중공 기관지를 읽을 때마다 대해야 할 구절들이다. 그러나 그런 구절 속에서도 더러 읽어낼 수 있는 정보들이 있다.

진타오 동지 주변의 사업일꾼들은 우리에게, 진타오 동지는 상대적으로 빈곤한 서부 지구 인민들에 대해 특히 관심을 기울이고 있으며, 서부 대개발(중공이 21세기 경제건설에서 내건 슬로건의 하나, 중국 내수시장의 확대와 서부 지구의 풍부한 지하자원 개발을 목적으로 여태까지 상대적으로 낙후한 서부 12개 성, 시의 소수민족 지역개발을 촉진하고 있다―옮긴이)을 주목하고 있다고 알려주었다. 근래 몇 년 동안 그는 여러 차례에 걸쳐 신장, 티베트, 칭하이, 광시, 쓰촨 등의 지역을 시찰했고 이번에 우리 윈난을 방문한 것이다.
7월 15일 오전 11시 15분, 진타오 동지는 베이징에서 비행기를 타고 직접 우리 성 빈곤 개발의 중점 지구인 자오퉁시昭通市에 도착하여 점심식사를 마치고 급히 길에 올라 자오양구昭陽區 징안향靖安鄉 우싱먀오자이五星苗寨를 찾았다.

우싱먀오자이는 자오퉁시 교외의 산비탈에 위치해 있다. '8·5'(중공은 나라의 경제건설 계획을 5년에 한 번씩 세우곤 한다. '8·5'는 여덟 번째 5개년 계획이라는 뜻-옮긴이) 말기 이곳의 군중들은 아주 빈곤한 생활을 하고 있었다. 마시는 물을 해결하기도 힘들었으며 교통은 말할 것도 없이 불편했다. 어떤 사람들은 비바람조차 막을 수 없는 판잣집에서 살았으며 위생 조건은 더욱이 말이 아니었다. 수토의 유실이 심했고 생태환경은 심하게 악화되었다. '9·5' 기간, 특히 근 2년 사이 상급 당위와 정부에서는 우싱먀오자이에 '배불리 먹고 안전하게 살 수 있게 하는 것'을 중점목표로 한 여러 가지 공사를 진행했다. 과학적으로 농사짓고, 생태환경을 개선하고 농민들을 이끌어 시장경제에 나서게 했다. 그리하여 현재 이 마을의 인구 1인당 순수입은 826위안에 달하고 인구 1인당 양식은 4천 킬로그램에서 5천 킬로그램을 보유하게 되었다.

후진타오는 먼저 마을 중심에 있는 자이상寨上 소학교를 찾아 학교 정황을 살펴보았다. 마을의 책임자 왕궈화王國華가 이 학교에서 6명의 대학생과 27명의 중등전문학교 학생, 6명의 고중생을 배출했다고 소개하자 후진타오는 연신 고개를 끄덕여 칭찬하며 학생들을 만나보겠다고 제의했다. 교장 리광푸李光富의 숙소에서 후진타오는 학생들의 학습 정황을 상세히 보고받고 교사들 생활에 관심을 보이며 월급은 제때 받느냐고 물었다.

장정광張正光의 집을 찾은 진타오 동지는 집에 먹을 양식이 있는가, 모자라지 않는가 하고 관심을 갖고 물었다. 마을의 간부가 대신해서 장정광은 금방 독립했기 때문에 아직 경제기초가 약하고, 문화수준도 낮아서 농사일에서 과학기술을 적게 응용해 생산량이 낮으며, 양식업을 벌였지만 수익이 낮아 이미 배불리 먹는 문제는 해결했지만 아직 마을에서 빈곤한 축에 속한다고 대답했다. 장정광의 집을 나서자 마을의 먀오족(윈난성의 주요 소수민족-옮긴이) 군중들이 민족복장을 입고 길 양옆에 줄지어 서서 진타오 동지를 환영했다. 진타오 동지는 양쪽의 농민들에게 손을 흔들어 인사하며 여러 가지를 물었다. 왕궈광王國光이라는 농민 앞에 이르러 진타오 동지는 "생활이 어떻습니까?" 하고 물었다. 왕궈광이 웃으며 "그런대로 괜찮습니다"라고 대답하자 진타오 동지는 다시 "이전보다 좋아졌습니까, 아니면 이전보다 못합니까?"라고 물었다. 이때 옆에 서 있던 한 할머니가 "이전보다 몇 배 좋아졌습니다"라고 대답했다. 몇몇 농민들이 덧붙여 대답했다. :먹는 거, 입는 거, 사는 거 다 이전보다 몇 배 좋아졌습니다." 이어 옆에 서 있던 농민들이 왕궈광의 신상에 대해 이야기했다. 왕은 군대에 갔던 사람(중국은 한국과 달리 의무 병역제이긴 하지만 남자들의 입대 비율이 매우 낮다. 낙후한 빈곤 지구에서는 군대에 다녀온 사람의 수준이 그렇지 않은 사람들보다 수준이 높은 축에 속한다-옮긴이)으로 소와 산양을 기르고 운수업을 해서 부자가 되었다. 마을에서 가장 부유한 사람으로 층집을 짓고 살고 있으며 지붕 위에 걸어 놓은 라러우(臘肉, 중국 남방 일부 지방에서 특수한 방식으로 훈제해서 말린 고기-옮긴이)가 마을에서 가장 많다. 이에 진타오 동지가 만면에 웃음을 담고 "그럼 마을에서 가장 부유한 축에 속하겠군요?"라고 묻자 왕궈광은 "그렇지요" 하고 대답했다. "그럼 앞에서 잘 이끄는 역할을 해야 합니다. 자기가 부유해지는 것도 중요하지만 주위의 사람들을 이끌어 함께 부유해지는 것도 중요합니다"라고 진타오 동지는 의미심장하게 말했다. 왕궈광은 연신 머리를 끄덕이며 "예예" 하고 대답했다. 진타오 동지는 왕궈광이 업고 있는 아이를 가리키며 손자인가, 아니면 계획출산을 했는가 하고 물었다. 옆에 서 있던 농민이 이 마을은 계획출산을 아주 잘해서 대부분 아이를 둘씩(계획출산은 인구대국 중국이 인구증가 억제를 위해 실시하는 정책. 주체민족인 한족은 아이를 하나밖에 낳지 못하고, 다른 소수 민족은 둘씩 낳도록 규정했다-옮긴이)밖에 낳지 않는다고 말했다. 진타오 동지는 반드시 계획출산 사업을 잘 지켜야 하며, 사람이 많으면 부담이 높아지고 사람이 적으면 생활이 향상된다고 말했다.
부유한 장광젠張光劍 집 대문에 들어서자 장광젠의 부모와 부인, 아이들 모두가 반갑게 맞았다. 진타오 동지를 안내해 시찰에 나선 성위서기 바이언페이白恩培가 주인에게 "중앙 지도자께서 당신들을 보러 왔습니다"라고 하자 장광젠의 부친 장원웨張文躍는 내심의 희열을 감추지 못해 진타오 동지의 두 손을 꼭 잡고 놓지 않았다. 옆에 있던 사람들이 일부러 늙은 장원웨를 시험해보느라고 중앙 지도자 동지의 이름이 무엇인지 아느냐고 묻자 장원웨는 "후진타오"라며 그의 이름을 불렀다. 후진타오 동지와 방안에 있던 사람들은 모두 크게 웃었다. 장원웨는 옆에 있는 컬러 TV를 가리키며 뿌듯한 목소리로 진타오 동지에게 "텔레비전에서 우리는 늘 당신이 보고하는 모습을 봅니다"라고 말했다. "아직도 어떤 어려움이 있습니까?" 하고 진타오 동지가 묻자 장원웨는 "각급 지도자들이 교육을 더 중시해서 마을의 학교를 수리해 주었으면 좋겠습니다. 그리고 도로 형편이 좋지 않아 물건을 실어 나르는 데 불편합니다"라고 대답했다. 진타오 동지가 "당신들의 서기가 이미 말했습니다. 당신들에게 새로운 학교를 지어 주겠다고 말입니다"라고 대답하자 시위서기 양잉난楊應楠이 "연말에 공사를 시작할 겁니다"라고 말을 이었다. 노인의 얼굴에 환한 웃음꽃이 피어났다.

보도는 후진타오의 가슴에 격랑이 일고 감개가 무량했다고 썼다. 1980년대 구이저우성 성위서기로 있을 때 후진타오는 비제畢節와 자오퉁에 대해 시찰했던 적이 있다. 그때 보았던 빈곤상과 백성들의 가난한 모습은 후진타오에게 깊은 인상을 남겼다. 하지만 오늘 본 빈곤 지구 농민들의 생활에는 확실히 큰 변화가 있었다. 물론 아직도 빈곤의 때를 다 벗지는 못했지만, 지금의 어려움은 이전에 비하면 아무것도 아니었다. 후진타오는 바이언페이와 함께 먀오족 군중 속으로 들어가 신나게 춤을 추었다. 노랫소리와 웃음소리는 화기애애한 분위기를 연출했다.

자오퉁시에서 후진타오는 장쩌민의 지시로 건설된 윈난 제1호 수리공정 자오퉁 위둥漁洞 저수지를 시찰했다. 자오퉁시 융펑향永豐鄉 싼자촌三甲村에서는 농업종합개발단지를 시찰하고 식용 비둘기를 사양해 특종 양식업으로 성공한 쉬화許華를 찾았다. 농촌 빈곤퇴치 개발좌담회를 소집해 자오퉁시의 정황을 보고받고 빈곤퇴치 개발사업을 성공적으로 해내기 위한 중요한 지시를 내렸다. 그렇다면 후진타오는 어떤 중요한 지시를 내렸는가? 이에 관한 보도를 보면 후진타오가 반복해서 강조한 중요한 지시는, 자오퉁의 동지들이 덩샤오핑 이론의 기치를 높이 들고 장쩌민 총서기의 '3개 대표' 중요한 사상을 성실하게 실천할 것을 희망한다는 것이었다.

'3개 대표' 중요 사상을 전면적으로 관철해 반드시 현대화 건설의 추진과정 중에 빈곤부축 개발사업을 고도로 중시하고 확실하게 장악해야 하며 사업에서 인민을 위한 집권을 지켜내야 한다.

자오퉁에 대한 시찰을 마친 후진타오는 윈난성에서 공업이 비교적 집중된 취징曲靖시로 향했다.

승용차는 320번 국도를 달리고 있다. 많은 구간이 한창 시공 중에 있어서 차체가 몹시 흔들렸지만 오히려 진타오 동지의 가슴은 뜨거워지고 있었다. 80년대 그가 후야오방 총서기를 수행해 윈난을 고찰할 때 바로 이 길을 따라 취징을 거쳐 구이저우를 향했던 것이다. 오늘날 아직도 일부 구간은 포장이 제대로 되어 있지 않았지만 느낌은 예전과 완전히 달랐다. 이 길은 원래 2급 도로였는데 고속도로로 확장 건설되고 있었던 것이다. 그해 이 길로 해서 취징을 지날 때 새로운 길 하나가 건설되는 것을 보고 얼마나 기뻐했던가? 그때 윈난의 쿤밍시를 포함해 구이저우에는 새롭게 일어선 거리가 하나도 없는 상황이었으므로 취징에 새로운 거리가 하나 만들어지고 있다는 게 너무 기뻤던 것이다. 그러나 오늘의 취징은 그때의 거리 하나가 아니라 이미 고층 건물들이 즐비하게 늘어서 있고 넓은 도로에는 차량이 넘치고 있는 신형 도시로 발전해 있었다. 모르고 보면 전혀 알아볼 수 없을 정도였다.

취징시에서 진타오 동지는 취징 담배공장과 취징 중형기계제조유한회사, 취징 주강원방직유한회사, 취성曲勝 고속도로, 취징발전發電유한책임회사, 취징시 치린麒麟구 웨저우越州진 잎담배 생산기지를 시찰했다. 취징시는 부단한 노력 끝에 3년간 계획 잡았던 전시全市의 국영기업 개혁을 거의 완성해 시의 GDP에서 공업경제가 차지하는 비중이 점점 커지고 있다. 또한 국유기업에서 하강(下崗, 중국의 국영기업 개혁에서 새로 등장한 신조어. 기업 개혁에서 도태된 일꾼들을 기업에 적을 둔 채 집으로 돌려보낼 때 이를 정리실업이라고 한다. 기업의 생산효율이 올라가면 다시 부른다는 약속을 하고 잠시 휴직시킨다는 명목으로 내보내지만 실은 실업이나 마찬가지다. 실업수당금을 최저생활보장 표준에 따라 지급한다－옮긴이)한 노동자들의 기본 생활비를 확보해 지급하고 있으며, 실업보험금과 정년퇴직 일꾼들의 퇴직금을 제때 지급하고 있었다. 최저생활보장 지원금 지급을 보장하고 있으며 취업과 재취업의 문을 끊임없이 넓히고 있었다. 이런 상황을 이해한 진타오 동지는 마음을 놓을 수 있었다.

진타오 동지가 취징 주강원방직유한회사에 와서 빈곤노동자 황융웨黃永躍의 집을 찾았을 때 집에는 온전한 가구가 하나도 없었다. 진타오 동지는 황융웨 노부부와 사는 얘기를 주고받았다. 황융웨는 진타오 동지에게 식구가 넷이며 매달 최저생활보장 지원금과 기타 수입을 합쳐 545위안으로 살아간다고 말했다. 진타오 동지는 함께 따라온 시위서기 왕쉐즈王學智에게 일인당 생활비 136위안으로는 겨우 먹는 문제만 해결할 수 있지, 아파서 병원에 간다거나 아이들을 학교에 보내기에는 턱없이 모자란다고 말했다. 그렇다고 최저생활보장 지원금을 올린다는 건 재정에 어려움이 많고 부작용 또한 크므로 특별히 빈곤한 가정에 대해서는 병 치료나 아이들 공부에 관한 문제를 해결할 수 있는 방법을 연구해 그들이 빈곤을 이겨나갈 수 있도록 해야 한다고 지시했다. 황융웨가 진타오 동지에게 자기의 두 자식은 다 취징과 쿤밍에서 대학을 다니고 있다고 자랑하자 진타오 동지는 "당신 가정의 두 아이가 대학에 다니고 있는 건 바로 희망입니다. 장래에 아이들이 졸업하면 월급을 받게 될 것이고, 그러면 당신들의 가정 형편은 좋아질 것입니다. 지금 당신들이 처한 어려움에 대해 조직에서는 관심과 도움을 아끼지 않을 것입니다. 당신들 스스로도 자력갱생해야 합니다"라고 격려했다.

치린구 웨저우진에서 잎담배 기지를 시찰할 때 진타오 동지는 밭에서 일하고 있는 농민과 이야기를 나누었다. 농민은 이름이 녠젠유念建友이고 제대한 군인이며 제대한 지 이미 5년이 되었다고 소개했다. 그리고 해마다 잎담배에서만 1만여 위안의 수입을 올린다고 말하자 진타오 동지는 친절하게 "이리 오시오,

손이나 한 번 잡아봅시다"라고 했다. 깊은 이야기 끝에 녠젠유가 군 복무시절 티베트에서 복역했고, 바로 티베트 군구 울안에 있었다고 하자 일찍이 티베트 군구 정위를 맡았던 진타오 동지는 기쁨을 감추지 못하며 "그럼 우리는 전우관계입니다. 동무가 지방에 돌아와 생산에서 좋은 성적을 내어 경제발전에 공헌하길 바랍니다"라고 말했다.

시찰 중에 진타오 동지는 어떻게 하면 서부 대개발의 이 역사적 기회를 발판으로 하여 윈난의 경제를 발전시킬 것인가 하는 문제를 두고 깊이 생각했으며 각급 간부들과 항상 의견을 나누었다. 그는 윈난의 동지들에게 다음과 같이 말했다.

"1980년대 내가 구이저우에서 일할 때 나는 윈난을 아주 부러워했고 윈난의 경제사업에 찬탄을 금하지 못했다. 그때 윈난에서는 담배생산에 주력했고, 일정 기간 동안 윈난의 경제는 발전세를 보여왔다. 그런데 근래 몇 년간 윈난의 경제가 내리막길을 걷고 있는데 그 원인이 이번 전국 경제의 전략적 구조조정에서 형세를 따라가지 못하는 데 있는 게 아닐까 생각된다."

문장은 후진타오가 "윈난바이야오雲南白藥주식회사, 취징 담배공장, 취징시 치린구 웨저우진 잎담배 생산기지, 취징 발전유한책임회사, 쿤밍 하이테크산업개발단지, 청궁呈貢 더우난鬪南진 화훼시장을 찾아 시찰과 연구를 진행했다"고 소개하고, "윈난대학 생물기술유한회사, 완팡萬芳 생물기술유한회사, 룽거란隆格蘭 화훼원예유한회사를 시찰했다"고 전했다. 치린구 바이스강白石江 구역에서 그곳의 현역 간부, 퇴직한 노간부들, 장애인 청년들을 만나 구역의 건설 상황과 주민들의 생활보장 등에 대해 알아보았고, 윈난 주주九九채색인쇄유한회사에서는 제대한 군인들과 좌담회를 가졌으며, 세계박물원에 금계수金桂樹를 심었다고 썼다.

짧은 5일 동안 이렇게 많은 곳을 돌아보았다는 건 후진타오가 시간을 다퉜다는 것을 설명하기도 하지만, 그 이면에는 그의 이번 시찰이 말 타고 꽃구경하는 식으로 대충 훑어본 데 불과하다는 인상도 없지 않아 있다.

10
공청단파의 새로운 리더

본인이 허락하든 말든 연령규칙, 또는 자연법칙은 기필코 새로운 '공청단파'를 불러낼 수밖에 없다.

'공청단파'의 3개 팀과 그 핵심

중공 고위층에서 후진타오의 지지로 '공청단파'는 다시 중국 정계에서 주목하는 초점이 되었다.

'공청단파'를 살펴보기에 앞서 우리는 한 가지 특수한 어려움에 봉착하게 된다. 중공 16차 대회가 가까워짐에 따라 권력의 밀착과 정치국의 행보가 빨라지고 있으며, 공청단파 성원들의 직무 변동도 함께 빨라지고 있다. 매달, 매주일, 매일 공청단파 사람들 중 누군가가 자리를 옮기고 있다. 당연히 대부분 승진하면서 옮겨가는 것이다. 어느 정도냐 하면 금방 문장의 어느 부분에서 한 사람의 직무가 이렇다고 썼는데 몇 페이지 넘기지 않아 다른 부분에서는 그 직무가 바뀌어 있음을 보게 된다. 그래서 우리는 일단 우리의 자료 조사의 최종 날짜를 2002년 6월 30일로 정해 놓고 진행하게 되었다.

후야오방이 만들어낸 '제3제대'와 덩샤오핑이 창조해낸 '제X대 핵심'이라는 말을 섞어 놓으면 우리는 '3후胡'가 이 '공청단파'의 3개 제대의 핵심으로 맥을 이어온 것을 발견할 수 있다.

제1제대의 핵심 : 후야오방
제2제대의 핵심 : 후치리
제3제대의 핵심 : 후진타오

먼저 제1제대에 대해 짚어보자. 그 핵심인물은 후야오방이다. 우리가 제4장에서 대충 짚어봤듯이 1980년대 초 중국에서 '공청단파'는 한 차례 풍운을 주름잡고 정치무대를 흔들었다. 그때 공청단파가 그렇게 맹활약할 수 있었던 것은 당연히 후야오방이라는 파워맨을 등에 업고 있었기 때문이다. 후야오방은 중공조직부 부장, 선전부 부장, 중앙 비서장, 중공중앙 주석을 거쳐 후에 총서기에까지 이른다. 그때 공청단파 제2팀의 핵심 인물로 떠올랐던 후치리가 중앙판공실 주임을 거쳐 서기처 상무서기, 중앙정치국 상무위원을 맡고 있었고, 다른 많은 공청단 중앙의 출신들도 모두 중국 정계에서 이미 기류를 형성하고 있었다. 어디를 둘러봐도 공청단 중앙 출신들이 한 자리씩 차지하고 있었다. 예를 들면 그때 사람들의 눈길을 가장 많이 끌던 정치계의 샛별 리루이환은 젊은 나이에 톈진시 시장을 맡고 있었으며, 1982년에 외교부 차관에 오른 첸치천은 이미 외교계에서 두각을 드러내기 시작한 인물이었다. 서기처 서기와 중앙판공실 주임에 오른 왕자오궈, 1984년 베이징시 당위부서기에 올랐다가 이듬해 후야오방에 의해 국가안전부 장관의 중임을 맡은 자춘왕(당시 그는 47세였다. 일부 사람들이 자춘왕은 국가안전에 관한 업무 경험이 없는 사람이라고 반대하자 후야오방은 오히려 "나는 바로 안기부 업무를 모르는 사람을 써야겠다"고 고집했다) 등이 있으며 그 외에도 차오스, 우쉐첸吳學謙, 주량, 첸리런錢李仁, 주허우쩌, 샹난項南, 아이즈성 등등 이름을 셀 수 없이 많다.

이들의 승진과 득세에 후야오방이 많은 작용을 했음은 두말할 것도 없다. 반대로 후야오방이 자기의 지위를 공고히 할 수 있었던 것도 역시 공청단파의 지지와 밀접한 관련이 있다. 그러나 1987년 초 후야오방이 정치무대에서 내려가자 공청단파 제1제대의 사명도 함께 끝났다. 공청단파의 기세는 한풀 꺾이고 공청단파 제1제대는 크게 좌초했다. 그래도 다행인 것은 그 성원들이 대부분 위로 더는 올라가지 못해도 원래 자리는 거의 지키고 있으면서 떨어지지 않았다는 것이다.

제2제대 핵심인물은 텅 빈 이름뿐

사람들은 후치리 역시 후야오방과 함께 정계에서 실각하리라고 예측했다. 그러나 후치리는 여전히 중공 고위층에 자리를 차지하고 있었다. '공청단파'들은 재기의 희망을 '공청단파' 제2제대의 핵심인물에게 걸었다.

그러나 그것은 어쩌면 오산이었는지도 모른다. 후치리는 후야오방처럼 그렇게 뾰족하게 놀 수 없었다. 홍군 시기 '꼬맹이 홍군'으로 홍군 모자를 쓰고 총을 메었던 후야오방은 비록 나이는 많지 않아도 자격은 당당했던 것에 비해, 후치리는 근근히 해방 전야에 학생운동에나 참가했던 자격밖에 없었던 것이다. 1987년 가을 후치리가 당의 13차 대표대회에서 정치국 상무위원으로 당선되었을 때 '공청단파'들은 은근히 속으로 기쁨을 감추지 못했다. 그러나 1년이 조금 지나 '6·4사태'가 터지면서 후치리는 정책 결정층에서 쫓겨나 전자공업부 차관으로 내려갔다. 한번 크게 꺾인 것이다. 다행히 후에 다시 장관 자리를 거쳐 전국정협 부주석에 이르지만 후치리는 이미 한물 간 사람이었다. 그에게서 다시는 이전의 그 위엄과 성세를 찾을 수 없었다.

그 외에도 '공청단파' 중에 아직도 정계의 실권을 쥐고 있는 인물이 있었다. 첸치천이 바로 그런 인물이었다. 외교부 장관으로 그 기세가 점점 하늘을 찌르며 중국 외교계의 파워맨으로 손색없는 첸치천이었지만, 시세를 판단하여 자기의 위치를 이미 예측한 그로서는 감히 '공청단파'의 색채를 강조하고 나서지 못했다.

그후 '공청단파'는 뿔뿔이 흩어져 3,4년 동안 침묵을 지켰다.

이치대로면 리루이환 역시 '공청단파' 제2제대의 주요 핵심인물로 볼수 있을 것이다. 후치리가 실각한 후 리루이환이 중앙정치국 상무위원에 당선됨으로써 '공청단파'는 다시 그 밑에 모일 수 있었다. 그러나 그렇지 못했다. 공청단 중앙 서기로 오기 전에 리루이환은 이미 '청년 루반'(魯班, 중국 역사에 이름난 목수-옮긴이), '마오 주석 기념당 현장지휘부 당위서기' 등 각종 정치 경력을 갖고 있었다. 실제로 당시 그의 정치 경력으로는 공청단 중앙을 거치지 않고도 충분히 다른 경로를 통해 당당하게 중앙의 최고층으로 들어갈 수 있었다. 하물며 공청단 중앙서기를 맡은 지 일년도 되지 않아 톈진시의 시장이라는 중임을 맡고 공청단 중앙을 떠나게 되었으니. 비록 그의 경력에 공청단 중앙서기라는 딱지가 항상 따라붙어 있지만, 일년도 채 안 되는 시간은 공청단 상하좌우와 감정조차 나눌 수 없는 짧은 시간이었다. 톈진에서 몇 년을 지내고 다시 중앙에 왔을 때는, 설령 리루이환에게 당시 공청단 중앙서기 때의 정이 남아 있다고 해도 그 세대의 '공청단파'들은 이미 '잎이 다 떨어진 신세'로 몇 사람 남아 있지 않았다. 장관급 이상의 간부들은 고작 후치리, 가오잔샹高占祥, 주산칭朱善卿 등 다섯 손가락 안에 꼽을 수 있을 정도였다.

리루이환은 비록 '6·4사태' 이후에 중앙상무위원으로 발탁된 인물이지만, 정치의 길을 조금 '비뚤게' 걸어 보수세력에 등을 보임으로써 일이 순조롭지 못했다.

중앙에서 그는 먼저 의식형태를 책임지는 일을 했는데 보수세력들이 덩샤오핑의 지지하에 그의 말을 들어주지 않아 사업에서 늘 '코피가 터지곤' 했다. 후에 정치협상회, 통일전선 분야의 사업을 주관했지만 성과를 올리기가 어려웠다. 리루이환은 아직도 중앙에서 발언권을 가지고 있어 정치에서 강한 의욕을 보이고 있지만 '공청단파'라는 자원을 이용할 수 있는 처지는 아니다.

구소련과 동유럽 공산당 정권의 붕괴는 중공에도 커다란 충격을 안겨주었다. 게다가 중공 원로들의 노령화 문제는 막을 수 없는 일이었다. 어떻게 하면 중공이 구소련과 동유럽의 전철을 밟지 않도록 할 수 있을까? 실제로 권력층은 후계자 문제를 심각히 고려하지 않을 수 없었다. 그래도 믿을 수 있는 건 공청단의 간부들이었다. 그들은 비교적 중공이 인재를 선발하는 기준에 맞았다.

1992년 6월, 중공중앙조직부와 공청단 중앙은 연합으로 한 차례 전국적인 회의를 소집했다.(그때 후진타오는 아직 중앙정치국 상무위원에 들지 못하고 건강 상태가 좋지 않아 몸조리하면서 당의 15차 대회 준비사업을 도우며 조직의 새로운 배치를 기다리고 있었다.) 회의는 어떻게 공청단 조직에서 중공중앙에 후계자를 추천할 것인가, 하는 문제를 두고 경험을 모으고 사업 경험을 널리 보급하는 것을 주제로 열렸다. 당시 중앙조직부 상무부부장 겸 국무원 인사부 장관이었던 자오쫑딩趙宗鼐은 회의에서 이렇게 강조했다.

"공청단원은 당조직에서 청년당원을 배출하는 주요한 공급원이며, 공청단 조직에서 우수한 인재를 추천하는 것은 당조직에서 청년당원을 발전시키는 주요한 경로이다. 이는 당의 사업 후계자를 양성하는 백년대계와 관계되는 일이며, 당의 기본노선이 백년 동안 변하지 않게 하는 기둥이다."

자오쫑딩의 발언은 기층의 단원과 당원들을 두고 한 말이었지만, 그 연설의 사상은 중층·고위층 관리들에게까지 파급되었다. 이러한 형국은 곧 후진타오가 크게 올라서는 데 외부적인 환경을 마련해주었고 '공청단파'가 재차 일어서는 데 필요한 백그라운드를 조성해주었다. 당연히 후진타오가 심사한 중앙위원과 중앙후보위원 후보자들 중에는 전에 공청단 중앙과 이런저런 인연이 있었던 사람들이 많이 포함되어 있었다.

후진타오가 의식을 했든 못했든, 승인을 하고 싶든 하고싶지 않든, 그는 '공청단파' 제3제대의 새로운 핵심이 될 수밖에 없었고 필연적으로 '공청단파'의 21세기 리더로 떠오를 수밖에 없었다.

태자당, 비서방, 공청단파

'공청단파'는 한마디로 말하면 공청단 계통에서 발전해 권력층에 승진한 사람들을 말하지만 더 세분하면 넓은 의미에서의 '공청단파'와 좁은 의미에서의 '공청단파'로 나누어서 이야기할 수 있다.

광의의 '공청단파'는 공청단 계통내에서 일정한 지도 업무를 맡았던 사람들을 다 포함시킨다. 공청단 시위서기든, 공청단 현위 조직부장이든, 심지어 기업의 단위서기를 했던 사람도 이 광의의 '공청단파'에 속할 수 있다. 예를 들면 중공중앙선전부 부부장을 거쳐 장관에 오른 류윈산은 일찍이 공청단 내몽골 자치구 구위서기를 맡았으며, 후에 중공 내몽골 자치구 구위선전부 부부장, 부장, 구위 부서기 등을 거쳐 중앙에 올라왔다. 그는 광의의 '공청단파'에 속한다. 대신 엄격한 의미에서의 '공청단파'는 공청단 중앙에서 일정한 급별의 지도 직무(예를 들면 서기, 부장 등)를 맡았던 사람들만 가리킨다.

이런 맥락에서 보면 딩왕丁望이 '공청단파'를 '중앙단파'와 '지방단파'로 나누었던 것도 타당하다고 할 수 있겠다.

사람들은 중공 내부의 '실력 겨룸'을 두고 '태자당太子黨', '공청단파共靑團派', '비서방秘書幇'으로 나누고 있지만, '태자당'은 당이 아니며 '비서방'은 아직 무리를 이루지 못했다.

현재 중국에서 '태자당'은 그저 혁명 1세들의 혈통을 타고난 후대들에 대한 총칭일 뿐이다. 중공 상층의 장기적인 정치투쟁이 태자들 사이에 남긴 상처와 폐해는 '태자당'을 산산이 흩어놓았다. 군대와 정계, 상계의 중공 고급간부 자녀들은 부모 세대 때의 시시비비로 인해, 또는 서로간의 경쟁으로 인해 자신의 고지를 하나씩 차지하고 있으면서 겉보기에는 서로 교류가 빈번한 것 같지만 서로의 이해利害 관계로 그 사이가 가깝다고 말할 수 없고, 서로 단합해 외부와의 충돌에서 서로를 지켜줄 수 없다.

비서로부터 청운의 길에 오른 사람들 역시 대부분 정계에서의 위치가 원래 모시고 있던 상사와 직계관계를 유지하고 있어, 상사가 승진하면 함께 영광을 누리게 되고 상사가 실격하면 함께 슬퍼해야 하는 운명을 면할 수 없게 된다.

그렇기 때문에 '태자당'이나 '비서방'이 정계에서 기류를 형성해 호풍환우한다는 건 불가능한 일이다. 우리는 어느 고급간부 자제가 크게 출세한 후, 전에 가깝게 오가던 다른 고급간부 자제를 자기 수하에 불러들여 크게 쓰고 키우는 모습을 찾아보기 힘들다. 고급간부 자제들은 놀고먹고 누리는 데는 자기들만의 테두리를 만들어 놓고 있지만, '사업'에서는 오히려 서로 경계하고 멀리하며 각자 자기 부모의 '보호의 우산保護傘' 밑에 자신만의 울타리를 따로 만들고 있다.

또한 우리는 어느 비서 출신의 관리가 비서 출신의 상사를 모시고 있는 경우를 찾아보기 힘들다. 비서 출신의 상사가 비서 출신의 부하들 데려다 키우는 경우도 찾아보기 힘들거니와, 혹여 비서 출신의 고위급 상사를 모시고 있는 비서 출신의 관리이라 할지라도 같은 비서 출신이라는 이유로 그 상사에 대해 목숨을 걸고 충성하지는 않는다.

물론 조금은 예외인 경우도 있다. 왕바오썬 사건 등 중대한 부패 안건들을 들여다보면, 우리는 비서들끼리 단합이 되어 서로 감싸주고 손잡고 죄를 저지르며 이익을 고루 나누었음을 발견할 수 있다. 그러나 이런 현상은 결코 그들이 '비서'라는 공동의식을 가지고 서로 뭉쳐 그 어떤 비슷한 정치견해나 정치목표의 실현을 위해 '무리'를 형성한 것은 절대 아니었다. 그들은 고작해야 부패가 던져주는 이익이라는 고깃덩이를 밑지지 않고 골고루 나눠먹기 위해 서로 눈감아주고 서로 감싸안아주었던 것이다. 그 단합의 힘이 정치적 목적에서 나온 것이 아니라 경제적 이익에서 나왔던 것이다.

그렇다고 해서 그들의 세력을 무시할 수는 없다. 특히 '태자당'의 경우 비록 '당'은 아니지만 태자와 공주들은 상당한 힘을 가지고 이미 공산당 권력구조의 중요 부서에 비집고 들어가 있다. 군대 계통만 살펴봐도 '태자당'들은 이미 작전, 정보, 군공軍工, 국방과학연구 등 주요 부문을 거의 장악하고 있다.

이제 와서 일일이 조사할 필요없이 이미 세상에 다 알려진 이름들만 예를 들어도 우리는 숱한 '태자당'을 만날 수 있다.

덩샤오핑 가족, 예젠잉 가족, 왕전 가족, 바오이보 가족, 리루이환 가족, 우란푸 가족, 허룽 가족, 장쩌민 부자, 리펑 가족, 시중쉰習仲勛 가족, 쑤위粟裕 가족, 펑전 가족, 완리 가족, 녜룽전聶榮臻 가족……

이밖에도 쩡칭훙, 위정성, 허광웨이, 류옌둥, 왕치산王岐山, 천위안陳元, 랴오후이廖暉, 판웨潘岳, 린융싼林用三, 부허佈赫, 저우샤오촨周小川……. 이루 다 헤아릴 수 없다.

여기에서 특히 살펴봐야 할 것은 군대 내의 '태자당'이다. 녜룽전의 사위인 상장 딩헝가오丁衡高와 중장인 딸 녜리聶力, 뤄룽환羅榮桓의 아들인 소장 뤄둥진羅東進, 탄전린譚震林의 아들인 중장 탄둥성譚冬生, 리셴녠의 사위인 공군소장 류야저우劉亞洲, 저우언라이周恩來의 조카인 중장 저우위쥔周雨均, 전임 부총참모장 왕징王瀞의 아들인 중공중앙 경위국 부국장 왕쑤민王蘇民, 둥비우董必武의 아들인 중장 둥량쥐董良駒, 허룽의 아들인 해군중장 허펑페이(賀鵬飛, 이미 병으로 별세), 또 다른 아들인 소장 허핑賀平, 사위인 전임 무장경찰 총부 정위 리전쥔李振軍, 쑤위의 아들인 소장 쑤제성粟戒生······. 역시 일일이 셀 수 없는 어마어마한 이름들이다.

'태자당', '비서방'과 비교해보면 오히려 '공청단파'가 그래도 '파벌' 같은 꼴을 갖추고 있는 셈이다. 그러나 중공은 당내에 파벌이 생기고 파벌 사이에 권력다툼이 생기는 것을 가장 두려워하고 절대로 허용하지 않는다. 당연히 '공청단파' 역시 남의 눈에 띄는 조직체로 뭉칠 수 없고, 더군다나 '공청단파' 강령 같은 것을 따로 만들어 놓을 수도 없다. 그러나 '공청단파'의 존재는 부인할 수 없다. 제각기 자기의 산채를 만들고 있는 '태자당'이나 같은 비서 출신들끼리 아직 뭉치고 있지 못하는 '비서방'에 비하면 '공청단파'의 성원들은 감정적으로 끈끈한 유대紐帶를 이어가고 있으며 지난날의 상하급 관계와 그후에 중앙에서 새로 맺어진 사업 관계의 처리를 아주 잘하고 있다.

앞에서 살펴본 '태자당'이나 '비서방'과 달리 '공청단파'의 관리들은 권력구조 안에서 '공청단파'의 맥을 잇기 위해 노력한다. 원래 공청단에서 사업하던 사람이 중앙 권력층으로 승진하게 되면 비게 되는 자기 자리에 역시 공청단 내부 자기의 부하를 앉혀놓고 떠나거나, 자기의 새로운 자리 상하좌우에 공청단 사람들을 데려다가 배치한다. 차차 한 개 부문, 한 개 지구에 '공청단'의 분위기가 형성하게 되는 것이다.

1990년대 후기부터 중공 정계에는 '4대 금강'이라는 이야기가 떠돌기 시작했다. '비서방'은 조용히 사라졌고, 대신 '하이구이'(海歸, 중국어 발음이 바다거북의 중국어 발음 '하이구이海龜'와 같다. 해외에서 유학하고 돌아온 사람들에 대한 총칭-옮긴이)와 '지방실력파地方實力派'들이 등장해 '태자당'과 '공청단파'와 어깨를 겨루고 있다.

그러나 사실상 '하이구이'는 아직 정계에까지 들어가 기류를 형성하고 있지는 못하다. '하이구이' 중에는 정계에 진입한 사람보다 금융, 법률,

과학기술 등 전문성이 강한 부문의 지도자 지위를 차지하고 있는 사람이 많다. 예를 들면 재정부 차관 진리췬金利群, 대외경제무역부 차관 룽융투 龍永圖, 국가발전계획위원회 부비서장 장샤오창張小强, 인민은행 부행장 겸 국가외환관리국 국장 귀수칭郭樹淸, 증권감독회 부주석 가오시칭高西慶 등을 손꼽을 수 있다. 이들은 사업적인 연계만 가지고 있을 뿐 배운 사람들의 자존심이랄까, 서로 인정하고 단합하는 힘이 약하다. '지방실력파' 들은 말 그대로 제각각 다른 지방에서 제각기 실력을 발휘했지, 지방끼리 서로 뭉쳐 전국적인 세를 조성하지 못하고 있으며 중앙에 올라와서도 단합되지 못하고 있다. 당연히 이 두 세력도 '공청단파'에 비하면 상대가 되지 않는다.

공청단파의 공통된 특징

'공청단파'의 성원들은 매우 자각적인 파벌 귀속관념을 가지고 있다. 물론 그들은 자기들의 입으로 이 파벌성을 떠벌리지는 않는다. 대신 공청단을 '당'의 직계로, '당'의 지시대로 움직이는 '선봉'으로 표방하며 자기들의 역량을 과시해 왔다. 예를 들어 1981년에 공청단 중앙에 전근하여 서기처 서기를 맡은 왕젠궁王建功은 그 이듬해 산시 양취안陽泉시 시위서기로 발탁되었고, 후에는 헤이룽장黑龍江 성위부서기로 승급했다가 성인민대표대회 주임의 자리에서 별세한 사람이다. 살았을 때 그는 여러 차례 이런저런 장소에서 "우리 공청단은 중난하이와 직접 통하고 후야오방 동지가 직접 우리 공청단 출신들을 보살피고 이끌고 있다"는 말들을 흘렸다.

여기서 '공청단파'의 성원들을 살펴보면 그들에게서 다음과 같은 공통된 특징을 찾아볼 수 있다.

첫째, 1950년대부터 1980년대까지 공청단 계통에서 일했던 사람들은 공청단이라는 이 청년조직의 창설 초기부터 중공의 권력구조 장치 안에서 이미 설정된 성격에 따라 모두 정치에서 사명감과 야심이 많았다. 공청단 정관에는 공청단의 두 가지 속성을 명문으로 규정해 놓고 있다. 정관은 공청단을 '선진 청년의 군중조직'과 '중국 공산당의 조수와 예비군'으로 규정해 놓았다. 앞의 말은 빈소리에 지나지 않지만, 뒤의 말은 중공 지도자들의 공청단에 대한 기대와 공산당 권력구조로의 공청단의 참여와 가입을 위해 든든한 다리를 마련해 놓은 셈이다. 공청단은 '공산주의를 공부하는 학교'이고 더 높은 직위로 올라가는 데 필요한 발판이다. 이런 공청단의 성격은 이 대열에 가담하는 사람들에게 당의 신임을 얻음으로써 당의 권력구조 속으로 들어가려는 정치적 야망을 키워주고, 공청단 간부로서 과오를 범하지 않았을 경우에는 앞에 청운의 꿈이 현실로 기다리고 있는 것이다.

둘째, 사업 성격이 결정해주듯이 공청단 간부들은 사업에서 직접 '아침에 떠오르는 태양'인 청소년들을 대한다. 비교적 활달하고 열정적이며 생기발랄하다.

셋째, 공청단의 사업임무는 공청단 간부들에게 정치동원에 능하고 사상교육에 능하고 당의 뜻을 좇아 세력을 조성하고 선전활동에서 능란하기를 요구한다. 그들은 사업에서 당위와 선전부문의 책임자들과 많이 접촉하게 되는데 이런 접촉은 당연히 그들의 사고방식과 능력배양과 인맥 구축에 영향을 끼칠 수밖에 없다. 또한 기초는 그들이 후에 외교, 사회단체 등 정부 행정관리 부문과 정공政工·정법政法 영역으로 발전하는 데 미리 방향을 잡아 놓게 된다.

넷째, 사업 성격상의 제한으로 각급 단 조직은 다른 당정黨政 부문이 권세와 재물과 금전의 실권을 장악하고 있어 '비곗덩어리'인 데 비해, 상대적으로 '먹을거리 없는 청빈한 아문衙門'에 속한다. 때문에 공청단 간부들은 다른 당정 간부들에 비해 비교적 청빈하고, 그런 연유로 관료들의 부패현상에 대해 정의감을 가지고 비판할 수 있는 용기가 있다.

이상의 특징을 가지고 있는 '공청단파'의 응집력은 한마디로 인지상정일 수밖에 없다. 공청단에서 직무를 맡고 일했던 사람들은 인생의 가장 아름다운 청춘을 공청단 사업을 위해 바친 사람들이다. 인생에서 가장 아름다운 추억을 만들어주는 대부분 일들을 공청단 간부 시절에 겪은 사람들인 것이다. 혹자는 첫사랑을, 혹자는 결혼을······. 이런 일들을 모두 공청단 간부 시절에 겪었고, 대부분 공청단에서 조직한 행사와 긴밀하게 연결되어 있다. 당연히 그들이 공청단에서 직무를 맡고 사업할 때의 추억들이 그후의 인생에도 오래도록 영향을 끼칠 수밖에 없는 것이다.

후진타오를 기준으로 달라진 공청단파

우리는 몇 년 전 재미있는 현상을 하나 발견할 수 있었다. '10년 내란'이 끝난 후 공청단 중앙에서 일했던 '공청단파' 간부 중 몇몇 특수 경우를 제외('6·4사태' 이후 정리대상이 된 후치리, 중앙정치국 상무위원으로 전국정협 주석을 맡고 있는 리루이환, 그리고 앞에서 이미 언급한 한잉(韓英) 등)하고는 그 보편적인 상황이 후진타오를 기준으로 해서 그 전과 후가 너무 다르다.

먼저 그 '전前'을 살펴보자.

왕젠궁, 후에 헤이룽장 성위 부서기, 성인대 주임(이미 별세). 류웨이밍(劉維明), 건국 초기 국가주석 류사오치의 조카, 후에 광둥성 정협 상무부주석, 이 사람의 경력은 좀 독특하다. 17세에 광둥 난링(南嶺)탄광에 가서 석탄 캐는 일을 했으며 '당내 주자파(走資派) 우두머리'와 친척이지만 '10년 내란' 중에도 승승장구하며 진급해 광둥성 혁명위원회 부주임(중국 '10년 내란' 때의 칭호, 부성장 또는 성위부서기에 해당하는 직위-옮긴이)에까지 올랐으며 공청단 중앙이 회복된 후 공청단 중앙서기처 서기를 역임, 한때는 전국청년연합회 주석도 겸했다. 그러나 후에 내리막길을 걷기 시작해, 1985년 중앙당학교를 졸업한 후 광둥성에 돌아가 성위 상무위원을 맡았고, 1988년에 부성장을 맡았다가 퇴직했다. 제11기 중앙위원이며 12기 후보위원, 13차 대표대회 때는 보통 대표의 신분이었다.

커유무 바우둥克尤木 巴吾東, 제10기와 제11기 단중앙서기처를 거친 사람이다. 신장위구르 자치구 정부부주석을 거쳐 후에 신장위구르 자치구 부서기를 역임했다.

유일한 예외는 리하이펑李海峰이다. 그러나 그녀 역시 오랫동안 허베이성에 내려가 일했고, 한참 후에야 국무원 교무판공실(줄여서 교판僑瓣이라 한다)에 와서 부주임을 맡았다.

대부분 공청단 중앙을 떠나 지방에 가서 일했던 공통점이 있다. 그러나 이와 대조적으로 후진타오와 함께, 또는 후진타오 이후 공청단 중앙에 들어가 사업했던 사람들은 공청단을 떠난 후 대부분 중앙과 국가기관에 남아 일하고 있다. 이 현상을 두고 4년 전 필자 중의 한 사람이 재미있는 통계를 인용한 적이 있다.

이들로는 왕자오궈(중간에 몇 년간 푸젠에 정배갔던 적이 있다)와 류옌둥을 들 수 있고 그외에도 많다.

장바오순張寶順, 차관급의 〈신화사〉 부사장.

리위안차오李源潮, 국무원 신문판공실 부주임을 맡고 있다가 1996년 국무원 문화부 차관으로 전근.

쑹더푸, 중공중앙조직부 부부장, 국무원 인사부 장관.

류치바오劉奇葆, 1974년에 안후이대학 역사학부를 졸업한 후 안후이성위 선전부, 판공청에서 간사로 있었고, 그때 성위서기로 있었던 완리의 비서와 완리의 후임 장징푸張頸夫의 비서를 맡았다. 후에 공청단 안후이성위 선전부 부부장, 부장, 공청단 안후이성위 서기, 성 청년연합회 주석을 역임했으며 중공 쑤저우宿州시위 겸 시장을 거쳐 1980년대 중반에 공청단

중앙으로 전근하여 쑹더푸를 중심으로 하는 서기처 서기를 맡았고, 후에 〈인민일보〉의 부총편을 맡았다. 현재는 국무원 부비서장을 맡고 있다.

천하오스陳昊蘇, 라디오텔레비전영화부 차관을 거쳐 현재 중국인민대외우호협회 부회장을 맡고 있다.

자오콴趙寬, 라디오텔레비전영화부 차관을 했으며, 1988년 정부기구 개혁 때 이 부서가 없어지고 문화부에 합병되면서 라디오영화텔레비전국으로 바뀔 때 차관급 대우의 부국장에 부임했다.

이들은 모두 후진타오 이후의 '공청단파'들이다. 후진타오 이후 공청단 중앙에서 일했던 '공청단파' 중 한 사람 예외가 있다. 바로 펑쥔馮軍이다. 공청단 중앙을 떠난 그는 중공 티베트 자치구 당위 상무위원 겸 티베트 자치구 구위조직부 상무부부장에 있다가 1993년 병으로 별세했다. 그때 나이 겨우 44세였다. 그 젊은 나이에 별세하지 않았다면 후에 중앙으로 다시 발탁되어 올라왔을지도 모른다.

그러나 상술한 정황들도 이미 4년이라는 시간이 지난 지금, 많은 변화가 있다.

당중앙과 국가기관에서 일하던 이들도 후진타오가 15차 대회에서 제2차로 중앙정치국 상무위원으로 선출된 후, 다시 말해 후계자의 신분을 장쩌민에 의해 승인받은 후 이들 중 많은 사람들은 중앙을 떠나 각 성으로 파견되었다.

일찍이 공청단 중앙 제1서기를 지냈고 중공 15차 대회에서 중앙위원의 행렬에 들어간 리커창은 1998년 5월에 거행된 공청단 14차 대회에서 제1서기 직무를 내놓고 6월에 중공중앙의 임명을 받아 허난성 성위부서기로 파견되어 갔다. 7월에 대리 성장을 맡고 1999년 1월에 성장에 당선되었다.

쑹더푸, 자칭린의 뒤를 이어 푸젠성 성위서기로 임명되었다.

류치바오, 전국을 들썩거린 광시廣西의 부패사건 이후 광시 자치구의 많은 상층 사람들이 총살당하거나 파면당했다. 그때 중앙에서 파견되어 광시 자치구구위 부서기를 맡았다.

리위안차오, 먼저 장쑤성 성위부서기로 있다가 후에 난징시 시위서기를 맡는다.

공청단 중앙 조직부장, 판공청 주임을 맡았던 리쉐쥐李學擧는 중공 충칭시 시위부서기 겸 조직부장에 임명되고, 공청단 중앙 조직부장, 서기처 서기를 맡았던 장다밍姜大明은 중공 산둥성위 상무위원과 조직부장으로, 일찍이 공청단 상무위원이며 학생연합회 주석이었던 린옌즈林炎志는 2000년 겨울 임직하고 있던 중공 허난성성위 조직부장에서 지린성 성위부서기로 승진하여 움직였다.

이상 언급한 사람들이 지방으로 내려간 것은 앞에서 예를 들었던 사람들이 지방으로 내려간 정황과는 다르다고 봐야 한다. 앞에서 예를 들었던 사람들은 이미 그 대세가 다시 베이징으로 돌아오기 힘들게 굳어졌지만(리하이펑은 예외로 이미 올라왔다), 뒤에서 언급한 사람들은 지방에서 사업 경험을 쌓고 후에 다시 베이징에 돌아와 중용을 받기 위해 잠시 '체험'하러 내려간 분위기가 다분하다.

후진타오를 기준으로 해서 그 전과 후의 '공청단파' 운명이 왜 이렇게 다를까? 여기에서 우리는 한 가지 가볍게 여길 수 없는 정황을 만날 수 있다. 후진타오 전의 공청단 중앙 서기들이 공청단 중앙을 떠나 지방으로 내려갔을 때의 상황은 후진타오와 별 연관이 없었다. 당시 후진타오의 권력은 아직 그들의 앞날을 보살필 수 있을 만큼 크지 못했고, 후에 후진타오의 권력이 어느 정도 커졌을 때는 이미 그들의 나이가 정치적으로 더 발전할 단계를 지났거나 그 단계에 가까워졌던 것이다. 그러나 후진타오 시대 이후의 '공청단파' 간부들은 다르다. 어디에 배치하느냐는 후진타오에게 상당한 발언권이 이미 주어져 있었고 심지어 결정권까지 쥐고 있던 부서도 있었다.

그외에도 많은 중층 간부(공청단 중앙 기관의 부장들은 청국廳局급 또는 부청국副廳局급에 해당한다)들이 중공중앙과 국가기관에 들어갔다. 이들 중 장관급에 오른 사람은 적고, 대부분 중공과 국가기관에서 중층 간부로 활약한다. 예를 들면 중공중앙통전부에는 공청단 중앙기관에서 올라온 간부들이 상당히 높은 비율을 차지하고 있는데, 그건 아마도 공청단 중앙서기처 서기 출신 왕자오궈, 류옌둥이 통전부를 맡고 있는 것과 관계가 있을 것이다. 심지어 어떤 사람들은 통전부를 '절반의 공청단 중앙'이라고까지 말하고 있다. 그럴 만도 하다. 단중앙통전부 부장이며 전국청년연합회 비서장이던 탄즈강覃志剛이 중공중앙통전부에 오자마자 부비서장의 중임을 맡았을(후에 중국문련 당조 부서기와 부주석) 정도이니 말이다. 그외에도 공청단 중앙의 조직부장을 역임했던 왕쑹허王松鶴는 현재 중앙금융사업위원회에서 군중부장을 담당하고 있다.

'공청단파' 제3제대의 새로운 특징

앞에서 '태자당', '비서방', '하이구이', '지방실력파' 등과의 차이점을 살펴보며 '공청단파'만의 특징에 대해 짚어봤다. 그러나 그것만으로는 새롭게 떠오르는 제3제대의 특징을 다 설명할 수 없다. 공청단파의 미래를 미리 내다본다면 우리는 이 팀이 위에서 찾아봤던 공청단파의 특징을 가지고 있으면서도, 또 그들과는 다른 새로운 면모를 가지고 있음을 알 수 있다. 그것은 후진타오가 자신의 제2임기(제15기 중앙정치국 상무위원의 임기) 내에 대량 육성, 발전시키려 한 '세기를 뛰어넘는 인재'들의 특징이고 면모일 것이다.

대체적으로 1949년 중공의 승리와 집권을 기준으로 그 이전에 태어난 세대는 후진타오를 핵심으로 하는 공청단 제3제대로 볼 수 있고, 그 이후에 태어난 세대는 제4제대로 볼 수 있다.

먼저 '공청단파' 제3제대 성원들이 어떤 특징을 가지고 있는지 살펴보자. 특히 후치리, 리루이환 등 제2제대의 특징과 비교해서 살펴보면 더 뚜렷이 나타날 것이다.

첫째, 그들은 모두 교육수준이 비교적 높다. 그들은 대부분 대학교육을 받은 사람들이다. 대신 제2제대의 적지 않은 사람들은 간부 속성반(速成班, 한국의 학원에 해당하는 간부 양성소-옮긴이)에서 단기간 훈련을 받았거나, 아니면 어느 관리 수하에서 직원으로 있다가 그의 추천으로 간부의 길을 걷게 된 사람들로, 교육수준이 상대적으로 제3제대의 간부들보다 낮다. 그러나 제3제대 성원들이 받은 대학교육 역시 '10년 내란' 등 중국의 여러 가지 정치운동의 피해로 많은 영향을 받았다.

둘째, 그들은 전문 경험이 비교적 강하다. 대부분 각 전문영역의 자격증을 가지고 있다. 대신 제2팀은 대부분 중공이 집권하기 전후前後로 혁명에 참가한 세대들로서 거의가 정치공작형의 인물들이다. 제3제대의 전문 경험도 이과와 공과에 집중되었지, 기타 영역의 전문가는 드물다.

셋째, 그들 중 대부분은 학교 다닐 때부터 이미 당에 가까이 있었거나 입당해 졸업하자마자 사회의 승인과 총애를 받은 사람들이다.

넷째, 그들 대부분은 계획경제 체제하에서 기업을 관리해본 경력이 있는 사람들이다. 중공이 전략중심을 정치건설에서 경제건설로 옮기기 시작하던 사회변혁 초기에, 급히 필요한 '네 가지에 부합되는 인재(혁명화, 지식화, 전문화, 연소화)'를 영입할 때, 과학기술업무와 경영관리 일터에서 선택되어 올라온 사람들이다. 그러나 그때 네 가지 요구에 부합되는 인재가 모자라서 급한 나머지 일부 파격적으로 등용한 사람들이 있었다. 그들 중에는 경험이 부족해서 후에 다시 '경험을 단련하러' 내려갔다 올라온 사람도 있다.

다섯째, 이미 공청단 계통을 떠난 제3제대의 성원들은 현재 대부분 당무(조직, 선전, 통전 등을 포함하는)건설과 군중단체, 정법, 문교 방면의 관직에 앉아 있거나, 정부의 행정관리직 업무를 맡은 관리도 있다. 그들은 모두 새로운 사업에 적응하는 능력이 강하기 때문에 경영관리와 사무직에서 자신의 지식과 능력을 발휘해 주어진 역할을 훌륭히 감당했다. 그들은 새로운 위치에서 탁월한 사업능력으로 새 국면을 개척해 노老1대들의 승인을 받았다. 뿐만 아니라 그들은 중공의 전통적인 정치구조에 대해서도 매우 빨리 인식하여 그 구조 속으로 재빨리 참여해 들어갔다. 그들은 잔혹한 '10년 내란'의 세례를 겪은 세대들로서 무리를 지어 다른 사람을 공격하는 정계의 생리를 잘 알고 있는 세대이기도 하다.

공청단 제4제대의 독특한 성격

우리는 여기서 '공청단파' 제4제대는 1950년대에 태어나 '10년 내란'(1966년부터 1976년까지 전중국 인민을 정치투쟁의 도가니 속으로 몰아넣은 문화대혁명—옮긴이) 때 중학교(한국의 중학교와 고등학교를 통합한 학부—옮긴이)를 다니고, '10년 내란'이 끝난 뒤 대학입학 시험제도가 부활되었을 초기에 국가통일시험을 거쳐 대학교에 진학해 정규교육을 받고 졸업한 사람들로 잠시 규정하자. 이들은 후진타오를 핵심으로 하는 제3제대보다 한 단계 뒤에 있다.

그들 중 대부분은 지금 한창 공청단에서 직무를 맡고 있으면서 장래성이 밝은 위치로 옮겨갈 수 있는 기회를 기다리고 있거나 쟁취하고 있으며, 일부는 벌써 중앙권력의 중심을 향해 접근하고 있다. 2000년을 전후로 이들도 성급·장관급 위치로 승진하기 시작했다. 공청단 중앙 제1서기 자리를 내놓고 허난성 성위부서기와 성장을 맡았던 리커창을 그들 중의 대표인물로 꼽을 수 있다.

이들 역시 그들의 선배들과 다른 특징을 가지고 있다.

첫째, 그들은 학력이 더 높다. 그들 가운데 80퍼센트 이상이 대학교 본과 이상의 학력을 가지고 있으며, 그 학력은 윗세대의 학력에 비해 '순금도'가 더 높다. 석사·박사학위를 가진 사람들이 점점 늘어나고 있다.

둘째, 그들이 학교에서 배운 전공은 그들의 윗세대가 이공과에 치우쳤던 것에 비해 법률, 경제, 금융, 철학, 교육 및 기타 사회과학 관련 전공 쪽으로 많이 기울어지고 있다. 그들 중 고급·중급 직함을 소유하고 있는 사람이 다수를 차지한다.

셋째, 그들은 더욱 많은 상품경제에 관한 지식과 시야를 갖추고 있으며, 더 많은 현대적 가치관과 더 많은 현대적 실용기능을 소유하고 있다. 외국의 것을 받아들이고 세계의 발전추세를 따르는 데 더 적극적이다. 일부에서는 이들을 두고 새시대 '직업 문관'이라고 칭하며, 이들은 윗세대의 '기술 관료'들에 비하면 한 발짝 더 진보한 세대라고 평하고 있다.

넷째, 위로 몇 세대를 살펴보면 뒤로 오면서 점점 이상주의 색채가 줄어들었음을 발견할 수 있다. 제4세대에 와서는 이상주의 색채를 거의 찾아볼 수 없을 정도로 그들은 단순히 이상이라는 낱말을 윗세대 앞에 내세우는 장신구쯤으로 취급하고 있다. 따라서 이들은 윗세대에 비해 도덕적 수양이 일반적으로 낮고 가식적이다. 그들은 인민을 위해서라기보다 개인의 성취감과 권력에의 욕망을 추구하며 정계에서 발전하고 있다고 볼 수 있다. 그들에게 있어 공청단 중앙에서의 사업직위는 더 이상 청년들을 위하고 인민의 이익을 위해 분투해야 하고 몸 바쳐야 할 신성한 일터가 아니라, 자신의 재능을 펼치고 더 높은 권력의 상층으로 올라가는 데 필요한 하나의 계단일 뿐이다.

다섯째, 그들의 적응성은 윗세대들에 비해 훨씬 강하며 자기의 미래에 대한 설계가 분명히 세워져 있다. 비집고 들어갈 수 있을 때 권력구조 속으로 들어가 자신의 위치를 굳히려 하고 있을 뿐 아니라, 그들 중 일부는 훗날 정계를 떠날 경우 상계나 학계에서 자기의 위치를 찾을 수 있도록 미리 길을 닦아놓는 사람들도 있다. 몇몇은 벌써 '관학양루官學兩樓'를 지어놓기도 했다.

여섯째, 이상보다 현실과 실제를 더 따지는 그들은 중국 사회의 폐단에 대해서도 깊은 사고를 하고 있다. 그들 중 일부는 이미 여러 직무를 맡은 경험이 있는데 이를 통해 하층에 존재하는 문제를 매우 잘 파악하고 있다. 예를 들면 리커창이 공청단 제1서기로 있을 때 제2서기와 전국청년연합회 주석을 담임했던 류펑劉鵬은 이제 46세로, 벌써 충칭시위 단위서기와 쓰촨성위 단위서기를 거쳐 다시 충칭으로 돌아가 충칭시 중공구위 서기, 이빈지위宜賓地委 부서기 겸 행서전원行署專員 등을 역임하며 지방 사업경험을 충분히 쌓았다. 당연히 현재 중국 사회의 정치·경제구조와 메커니즘에 대해 심각한 체험으로 누구보다 잘 알고 있다. 후에 그는 중앙선전부 부부장에 발탁되었고, 2002년 4월에는 성위 부서기라는 중임을 안고 쓰촨성으로 파견되었다. 류펑과 같은 제4제대의 '공청단파'들은 윗세대보다 더욱 현대적인 정치관념과 현대화 사회운영 메커니즘을 이용해 정치인의 길을 걷게 될 것이 분명하다.

제4제대의 한 가지 특이한 현상은 이들 중 많은 사람들이 학력증명서를 쟁취하기 위해 수단을 가리지 않는다는 것이다. 전문대학이나 본과에 만족하지 않고 석사·박사학위를 향해 매달리는 사람들이 많은데, 그들의 정치적 위치로 인해 다른 사람들보다 더 쉽게 원하는 학위를 딸 수 있다.

현재 〈신화사〉 부사장 장바오순은 원래 친황도秦皇島 부두의 노동자 출신이다. '10년 내란' 기간에 간부로 발탁되어 기층에서부터 정치공작을 하면서 일어선 사람으로 별로 공부를 하지 못했다. 공청단 중앙 후보서기를 맡고 있던 1982년, 런민人民대학 본과에서 통신공부를 하고 1987년에 졸업했으며, 후에 다시 지린吉林대학에서 경제학 석사학위를 땄다. 만약 늦게나마 학위를 손에 넣지 못했다면 아마도 1991년에 공청단 중앙 상무서기와 전국청년연합회 주석 자리에 오르지 못했을 것이다. 그리고 더 후로 가서는 중공의 목소리를 대변하는 〈신화사〉에서 요직을 담당하지 못했을 것이다.

제4제대에는 장바오순처럼 관직과 학위 두 가지를 동시에 손에 쥔 사람들이 부지기수다. 앞에서 잠깐 언급한 탄즈강 역시 중앙당학교의 연구생 학위를 가지고 있으며, 그외에도 1993년 공청단 중앙 제1서기에 오른 리커창과 공청단 중앙서기처 서기인 리위안차오를 다시 거론하지 않을 수 없다. 이 두 사람은 공청단 중앙에 있을 때 조직의 승인을 통해 저명한 경제학자 리이닝厲以寧의 연구생이 되어 베이징대학 경제학 석사와 박사 학위를 재직 기간에 따냈다. 관직도 잃지 않고 권위적인 학위도 따고, 그야말로 꿩 먹고 알 먹기인 셈이다.

리커창은 아주 총명한 사람이다. 근 몇 년 동안 그는 중국 정계의 뜨거운 화두인 '덩샤오핑 이론'을 공청단 사업에 결부시켜 경제구조의 개혁변화와 경제체제 개혁에 대해 일정한 연구 성과를 거두었다. 그는 중국대륙에서 비교적 권위적인 학술지인 〈중국사회과학〉 1991년 5월호에 「우리나라 경제의 3원 구조를 논함」이라는 논문을 발표해 쑨예팡孫冶方 논문상을 받았으며 8천 위안의 상금도 탔다. 또한 1991년 8월 경제일보 출판사에서 출판한 『번영을 향해 가는 전략선택』이라는 책에는 작자의 이름이 리이닝, 멍샤오쑤, 리위안차오, 리커창 네 사람으로 되어 있었다. 스승 한 사람과 제자 셋이 공저한 책이다.

여기에 새롭게 등장하는 멍샤오쑤孟曉蘇는 국무원 판공청과 전국인대 상무위원회 판공청에서 부국장을 역임했고, 책을 출판할 당시에는 국가 수출입상품 검역국 부국장을 맡고 있었다. 1992년 5월 중국부동산개발집단공사의 총경리와 중방집단中房集團 총재를 겸임했으며, 2000년 10월부터 중국부동산개발집단공사의 이사장을 맡았고 중국부동산산업협회 부회장과 중국기업연합회 부회장을 겸임하고 있다.

여기서 리커창에 대해 한 가지 더 밝혀야 할 것이 있다. 그는 베이징대학 공청단 서기로 있을 때 테니스에 매우 열성을 보였다. 그는 완리, 후치리, 리루이환 등 중앙의 고관들이 모두 테니스를 즐긴다는 것을 알고 자기도 테니스를 배워 후에 그들과 테니스로 교류할 수 있는 기회를 노렸던 것이다.

중국사회과학원 국정연구센터의 연구원 캉샤오광康曉光은 16차 당대회를 앞두고 중국의 정치엘리트와 경제엘리트, 지식엘리트 이 세 부류가 손을 잡고 동맹을 맺어 중국을 통치하고 있다고 지적했다. 리이닝, 멍샤오쑤, 리위안차오, 리커창 네 사람의 합작이 이를 잘 증명해주고 있다. 더욱이 이 책이 1991년에 출판되었음을 떠올릴 때 우리는 학계의 학자, 정계의 관리, 경제계의 거두들이 10여 년 전부터 손을 잡고 움직이기 시작했음을 알 수 있다. 3계 엘리트들의 선견지명 있는 움직임과 합작이었고, 그것들은 아주 조심스럽게 시작되었음을 알 수 있다.

현재 '학술의 부패'와 '학위의 가짜'는 중국대륙에서 가장 골치 아픈 문제로 떠오르고 있다. 많은 대학들과 당정 간부들의 교역이 날로 활발해지고 있다. 학교로서는 이 기회를 틈타 여러 권력집단과 관계를 맺을 수 있어 좋고, 수입을 올림으로써 교육환경을 개선하는 데 도움이 되어 좋고, 정책적으로 교육을 중시하자고 날마다 외치지만 실제 지식인들에 대한 대우는 아직 낮아 상대적으로 청빈한 교원들의 경제상황을 개선하는 데 도움이 되어 좋다. 또한 정치인들로서는 현대화 시기 더 높은 관직으로 향하는 데 반드시 필요한 통행증, 학위를 얻을 수 있어 좋다. 그야말로 누이 좋고 매부 좋은 셈이다.

물론 이들은 많은 학비를 내야 한다. 그러나 그 학비와 바꿀 수 있는 높은 정치권력을 생각한다면 이것은 아무것도 아니다. 더구나 그 학비를 개인의 호주머니를 털어서 낼 사람은 아무도 없다. 대부분 몸담고 있는 직장에서 내주거나, 또는 정치적 직위를 이용해 해결한다. 예를 들면 자신의 직위를 이용해 어떤 기업에 정책적인 혜택을 준다면 당연히 그 혜택을 입은 기업은 은혜를 갚기 위해 학비를 내줄 것이다. 이런 현상은 현재 중국땅에서 너무나 흔하고 공개적인 것이라 이렇게 하지 않는 사람을 오히려 이상하게 볼 정도다.

학비를 내고 등록만 하면 졸업장은 손에 들어온 셈이 되고 학위는 때가 되면 자신에게 돌아온다. 그 학위를 따기 위해 본인이 투자하는 정력은 거의 제로에 가깝다. 필자는 동북 모 대학의 법률전공을 공부하고 있는 임업부의 한 관리에게서 얼마 전 이런 얘기를 들었다. 그의 말에 따르면, 학위공부라는 것은 매학기마다 3천자에서 5천자 정도 되는 리포트 한 편만 내면 된다는 것이다. 구태여 자신의 관점을 적을 필요도 없이 교과서의 어느 단락을 그대로 베껴서라도 자기 이름과 학번만 적어서 내면 학점이 나온다고 한다.

장관급 공청단파의 진영 확장

후진타오는 되도록 자신의 공청단 중앙에서의 사업 경력을 자랑으로 내세우지 않고, 자기가 공청단파 출신임을 표방하지 않는다. 괜히 그래봤자 반대파만 더 만들고 자신이 나아가는 길에 장애물만 더 조성할 뿐이다. 그러나 후진타오 본인이 원하든 말든 이미 명백해진 사실로 사람들은 후진타오의 득세를 '공청단파'의 재기와 결부해 이야기한다. 설사 '공청단파'가 중앙 권력층에 새로 대거 진입하는 데 후진타오가 정말 아무 동작도 취하지 않고 손을 쓰지 않았다 치더라도 그는 이미 자신이 '공청단파'의 새로운 정신 지도자로 떠오른 사실을 부인할 수는 없을 것이다. '공청단파' 가운데 그의 직위가 가장 높고 권력 역시 가장 세다. 당무관리와 조직관리를 모두 맡고 있는 후진타오로서는 세기를 뛰어넘는 이때, 과세기형 인재와 새 세기 후계자를 젊고 생기발랄한 '공청단파' 간부들말고는 다른 어디를 가든 찾을 수 없을 것이다.

'공청단파' 세력의 확장은 일찍이 후진타오의 정치국 상무위원 첫 임기 후반기에 벌써 그 움직임이 보였다. 〈중국지춘〉 1997년 12호에 실린 화성華聲의 글은 15차 당대회가 열리기 전에 후진타오가 장푸썬張福森을 베이징시위 서기로 추천한 적이 있다고 밝히고 있다. 그러나 후진타오의 추천은 실패로 돌아갔다. 이 사실은 베이징 정계인물들에 의해 후진타오가 당내에서 백락伯樂의 구실을 하려다 당한 첫 장애였다고 와전되고 있다. 장푸썬과 후진타오는 3층의 관계를 가지고 있다. 그 첫째로 후진타오보다 두 살 위인 장푸썬 역시 칭화대학 출신으로 둘은 거의 함께 학교를 다닌 선후배 관계이다. 둘째로 1960년대 후기, 장푸썬은 란저우 군구에서 공군기술자로 있었다. 셋째로 1981년부터 1984년까지 장푸썬은 베이징시 단위부서기로 있었는데(한때 베이징시 청년연합회 주석을 대리하기도 했다), 그때는 바로 후진타오가 공청단 중앙에서 서기 겸 전국청년연합회 주석을 맡고 있을 때였다. 앞의 두 가지 사실이 후진타오와 장푸썬이 그때부터 상당히 밀접했다는 것을 증명할 수 있는 이유가 되지 못한다면 세 번째 사실은 그들 사이의 관계를 잘 설명해줄 수 있는 대목이다. 그때 그들은 사업 관계로 자주 만났고, 매우 밀접한 사이가 되었다.

천시퉁의 부패사건이 저우버이팡周北方의 투옥과 왕바오썬의 죽음로 백일하에 드러났을 때, 장푸썬은 신장에서 베이징으로 불려 올라와 잠시 사법부 부주임을 맡고 있었다. 그때 중난하이 내부에서는 장쩌민이 미리 '덩샤오핑 이후'를 대비해 자기의 정치판권 유지와 확장에 대거 나서기 시작했고, 후진타오 역시 미래의 '제4세대 영도집단'을 위한 인재 모집에 나섰다는 소문이 나돌기 시작했다. 장쩌민은 후진타오가 추천한 장푸썬 대신 자기의 심복 자칭린을 데려다 베이징시위 서기에 앉혔다. 그러나 후진타오를 너무 무시할 수 없었기 때문에 후진타오가 추천한 장푸썬을 베이징시 제1시위 부서기에 임명했다. 그만하면 후진타오에게는 체면을 차리게 해준 셈이다.

후진타오의 정치국 상무위원 두 번째 임기가 시작되면서부터 21세기가 시작되는 시점까지 약 3년 동안 '공청단파' 세력들은 더욱더 권력 상층으로 오르기 위해 곳곳에 포진했다. 당시 성급·장관급을 살펴보면 이미 적지 않은 주요 책임자들이 공청단 계통의 출신임을 알 수 있다. 다음은 제대로 다 포함된 명단이라고 하기에는 거리가 있는 자료를 잠시 공개한다. 이 명단에는 기층과 기업에서 공청단 사업에 종사한 경력이 있는 사람들을 포함하지 않았으며, 군대에서 공청단 사업에 종사했던 사람들도 포함하지 않았다. 왜냐하면 그들 자신이 자기들의 권력기초는 군대라고 주장하며 공청단 조직을 별로 인정하지 않기 때문이다. 만약 위의 두 부류 사람들도 모두 포함시킨다면 여기에 공개해야 할 명단은 서너 배로 늘어나야 할 것이다. 아래 명단 뒤 괄호 안에 표시한 것은 그 사람이 공청단에서 맡았던 직무이다. 간편하게 하기 위해 한 사람이 공청단 내에서 여러 직무를 거쳤을 경우 그중 제일 높은 직무만 밝혔다.

공청단 계통 출신으로 관직이 성급·장관급 이상인 사람들은 다음과 같다.

1. 중공중앙위원회 및 각 부서의 위원
- 중앙조직부 : 부부장 쑹더푸(공청단 중앙 제1서기)
- 중앙선전부 : 부부장 류윈산(내몽골 자치구 단위부서기), 부부장 류펑(공청단 중앙서기처 서기)
- 중앙통일전선부 : 부장 왕자오궈(공청단 중앙 제1서기), 부부장 류옌둥(공청단 중앙 상무서기), 부부장 완사오펀(난창시 단위부서기), 부부장 리더주(李德洙, 지린성 단위부서기, 중국 조선족-옮긴이)
- 중앙대외연락부 : 부부장 주산칭(공청단 중앙국제연락부 부장)
- 중앙당학교 : 당무 부교장 왕자류(汪家鏐, 베이징시 단위부서기), 부교장 류성위

(티베트 자치구 단위부서기, 중공중앙 직속기관 단위서기)
- 중앙당사연구실 : 부주임 리푸화(李傳華, 공청단 중앙 선전부장)

2. **국무원 및 산하 각 부서 위원**(장관급만 밝힌다)
- 부총리 첸치천(공청단 중앙 연구원)
- 국무위원 쓰마이 아이마이티(司馬義 艾買提, 신장 처러현 단위부서기)
- 공안부 장관 자춘왕(공청단 중앙학교 부장, 전국청년연합회 부주석, 전국학생연합회 주석)
- 민정부 장관 둬지차이랑(多吉才讓, 티베트 자치구 단위서기)
- 사법부 장관 가오창리(高昌禮, 산둥성단위 선전부 책임자)
- 문화부장 쑨자정(孫家正, 장쑤성 단위서기)
- 민족사무위원회 장관 리더주(앞에서 밝혔음)
- 인사부 장관 쑹더푸(앞에서 밝혔음)
- 계획생육위원회 장관 장웨이칭(산시성 단위서기)

차관급까지 밝히면 부지기수다. 국무원 부비서장 류치바오, 국무원 신문판공실 부주임 리빙 등이 모두 공천단중앙에서 요직을 맡고 일했던 사람들이다. 먼저 각 성, 직할시, 자치구를 살펴보자.

- 신장 자치구 당위서기 왕러취안(王樂泉, 산둥성 단위서기)
- 윈난성 성위서기 링후안(令狐安, 다롄大連시 단위부서기)
- 간쑤성 성위부서기, 성장 쑨잉(孫英, 산시성 단위부서기)
- 하이난성 성위부서기, 인대 주임 두칭린(지린성 단위서기)
- 하이난성 성장 리커창(공청단 중앙 제1서기)
- 베이징시 시위부서기 장푸썬(베이징시 단위부서기, 베이징시 청년연합회 주석)
- 허베이성 성위서기 청웨이가우(程維高, 장쑤 창저우시 단위 선전부장)
- 구이저우성 성장 첸윈루(錢運錄, 허베이성 단위서기)
- 하이난성 상무부성장 왕허우훙(王厚宏, 안후이성 단위서기)

그 외 중공에서 직접 관리하는 '군중단체'에도 적지 않은 사람들이 있다. 전국부녀연합회 주석 황치짜오黃啓璪는 일찍이 충칭시 단위서기를 역임했고, 중국문련 주석 겸 서기처 서기인 가오잔샹은 일찍이 공청단 중앙서기를 역임했으며, 문련 부주석 겸 서기처 서기인 가오윈자高運甲는 공청단 중앙판공청 부주임을 역임했고, 중화전국체육총회 부주석 장다밍은 공청단 중앙 서기를 역임했다. 다 적으려면 몇 페이지가 더 늘어날지 몰라 이만 줄이기로 한다.

이상은 4년 전의 불완전한 통계 자료다. 2002년에 다시 들여다보니 또 명단이 늘어나 있다. 한 번 쭉 둘러보더라도 여기저기 '공청단의 빛발'이 반짝이는 걸 볼 수 있다. '공청단파' 관리들의 승진 속도와 그 빈번한 직무 이동은 보는 이로 하여금 눈앞이 아찔할 정도다. 후진타오가 제11기 공청단 중앙 상무서기와 제1서기를 맡고 있던 기간에 함께 공청단 중앙에서 일했던 22명 상무위원 중 현재 21명이 차관 또는 장관급 간부로 발탁되었다.

중공중앙 계통을 둘러보면 중앙통전부 장관 왕자오궈, 중앙판공실 부주임 링지화令計劃, 중앙대외연락부 부주임 차이우蔡武, 중앙선전부 부부장 지빙쉬안吉炳軒과 부부장 류펑, 중앙대외선전판공실 부주임 리빙李氷과 부주임 리강李剛, 중공중앙당학교 부교장 류성위劉勝玉, 중앙규율검사위원회 비서장 위안춘칭袁純淸과 부비서장 진다오밍金道明, 중공중앙재정영도소조판공실 부주임 한창푸韓長賦 등이 있다.

또한 국무원 계통을 살펴보면 사법부 장관 장푸썬, 국가민족사무위원회 장관 리더주, 국가계획생육위원회 장관 장웨이칭, 문화부 장관 쑨자정, 국무원 계획발전위원회 부주임 왕양汪洋, 국무원 종교사무국 국장 예샤오원葉小文, 국무원 감찰부 차관 리즈룬李至倫, 국무원 품질감독총국 국장 리창장李長江, 국무원 기상국 국장 친다허秦大河, 국무원 라디오텔레비전총국 부국장 지빙쉬안, 자오콴 등이 있다.

각 성·직할시·자치구에서 이 직급에 해당하는 사람들 중 공청단 계통에서 사업했던 사람들을 찾아낸다면 따로 한 장을 만들어 다뤄야 할 것이다. 이 직급에 해당하는 직무 이름만 열거한다 해도 독자들에게 혼란만 줄 것이다. 그렇게 중공의 정치구조 장치는 그 부서가 복잡하고 직무 이름이 요란하다. 내막을 모르는 사람들은 직무 이름만 듣고는 그 직무가 어느 급별에 속하는 것인지 알 수 없을 것이다.

타이완 정치대학 국제관계센터의 커우젠원寇健文은 후진타오의 깃발 아래 뭉친 '공청단파'에 대한 연구가 상당히 깊은 사람이다. 그는 최근에 발표된 대륙의 한 학술보고를 근거로 이렇게 분석했다.

후진타오의 약진으로 공청단 간부들이 중공 부성급 이상의 간부로 승진하는 경우가 부쩍 늘어나고 있다. 그러나 이들은 대부분 조직·선전·통전·정법 부문에서 일하고 있다. 경제·무역·관리·과학기술 부문을 주관하는 사람은 아주 적다. 중공이 경제발전을 첫째 임무로 하고 있는 지금, 중공은 인사 방면에서 물갈이가 필요하지만 현실 상황은 이미 그것이 쉽지 않게 되어 있다.

앞에서 '태자당' 성원들이 분포되어 있는 영역을 분석한 것과 비교해 보면 커우젠원의 관찰과 분석은 독특하다고 할 수 있다.

'공청단파'는 주요한 권력기초 생산기지

앞에서 우리는 이미 후진타오 본인이 원하든 원하지 않든, 그리고 그가 확실히 '공청단파'의 재기에 아무런 동작을 하지 않았다 해도 그는 필연코 '공청단파'의 정신적 리더로 보일 수밖에 없다고 말했다. 여기서 이제 우리는 그가 어떻게 자신의 권력기초를 다지고 있는가를 살펴보자.

간부를 선발하고 등용하는 데 있어 후진타오는 원칙적으로 공산당 조직부문에서 요구하고 있는 간부 선발의 기준에서 벗어나지 않고 있다. 사람을 쓰는 데 있어서 능력과 수준을 첫자리에 놓고 있으며 지방색 없이 전국 각지의 사람을 골고루 쓰고 있다. 간부를 양성하고 심사하고 선발·등용하는 데 있어서 이미 규정되어 있는 조직의 절차를 엄격히 지키고 있다. 때문에 후진타오는 여태껏 간부 등용에서 조직과 다른 사람들에게 그 어떤 허점도 보이지 않았다. 그렇다 하더라도 후진타오 역시 한 사람의 개인으로서 현실적인 사회환경과 인간관계 속에서 생존하며 활동하고 있다. 그 역시 자기의 정치목표와 가치관을 염두에 두고 자신의 정치대열에 가담시킬 사람을 고르게 된다. 그리고 그 과정에서 자신의 감정색채를 부여하는 것을 피할 수가 없다. "같은 값이면 다홍치마"라 하지 않는가? 같은 기준을 가진 사람들 중에서 당연히 자기와 더 가까운 사람을 고르게 될 것이고, 자신이 쓰고 싶은 사람을 선발하게 되는 것은 인지상정이다.

후진타오의 59년 인생 경력에서, 특히 20여 년의 정치 경력에서 그래도 그가 의지하고 기댈 수 있는 권력의 배경을 살펴보면 다음의 몇 가지 경우를 벗어나지 않는다. 후진타오 본인과 그 부인 류융칭의 친인척, 장쑤와 후이저우徽州의 고향 사람들, 칭화의 동창들, 간쑤, 구이저우, 티베트에서 함께 일했던 동료들과 부하, 그리고 공청단파 등을 꼽을 수 있다.

후진타오는 친구들 중에서 능력 있는 사람에게 '어깨에 짐을 얹어 주어 단련'시키고 발전의 기회를 만들어주지만 자신의 친척과 인척에 대해서는 매우 엄하다. 후진타오의 처가 쪽으로 류융칭의 외사촌 동생 창다린常大林을 예로 들어보자. 그는 현재 〈광명일보〉에서 운영하는 잡지 〈박람군서博覽群書〉의 주간을 맡고 있다. 그러나 그의 이 위치는 결코 후진타오에 의해 주어진 것이 아님을 사람들은 모두 알고 있다. 창다린은 중공을 위해 오랫동안 헌신해 온 신문기자 창즈칭常芝青의 아들로, 그 역시 아버지의 뒤를 이어 문필이 뛰어난 사람이다. 순전히 자신의 능력으로 지금의 위치까지 온 사람이다.

후진타오가 구이저우와 티베트에서 일할 때 같이 일하던 부하 중에서 두 사람을 제외하고는 크게 출세한 사람이 없다. 그 두 사람은 티베트에서 일할 때 조수로 있던 톈충밍田聰明과 자치구 당위부서기로 있던 장쉐중張學忠이다. 2000년 7월 톈충밍은 국무원 라디오텔레비전총국 국장에서 신화사 부사장으로 발탁되었고, 장쉐중은 2000년 12월 국무원 인사부 차관에서 장관으로 승진했다.

장쉐중은 후진타오가 간쑤에서 일할 때 교분이 두터웠던 사이기도 하다. 그때 장쉐중은 난주군구 사령부에서 비서로 있다가 승진에 승진을 거듭해 간쑤성 부성장에까지 올라 과학기술을 주관하기에 이른다. 그후 티베트 자치구 당위 서기로 파견되어 간 후진타오는 산소가 모자란 티베트 고원 환경에 적응하지 못하고 고소증 때문에 티베트를 떠나 쓰촨성 청두시에서 몸조리를 하며 티베트에 관한 사무를 볼 수밖에 없었다. 1991년 후진타오는 중앙에 보고해 장쉐중을 티베트 자치구 당위 부서기로 임명해 라싸에서 자기의 사업을 도와줄 수 있도록 해줄 것을 요청했다. 그로부터 3년 후 정치국 상무위원에 오른 후진타오는 다시 한 번 장쉐중을 불러다 인사부 상무차관에 앉히고 쑹더푸의 조수로 활약하게 했다.

장기적인 사업 과정에서 접촉했던 인재들에 대해 후진타오는 모두 마음속으로 기억하고 있다가 때가 되면 기회를 봐 등용함으로써 조심스럽게 자신의 그룹을 만들어 나갔다. 후지웨이胡繢偉의 비서 왕천王晨은 후에 광명일보사에서 일하며 오랫동안 큰 쓰임을 받지 못했다. 이 사실이 후진타오에게 알려지면서 왕천의 길이 열리기 시작했다. 그는 광명일보 총편집장 쉬광춘이 중앙선전부 부부장으로 자리를 옮긴 후 쉬광춘의 뒤를 이어 총편집장의 자리에 올랐다. 그후에는 선전부 부부장으로 승진했다. 2001년 인민일보사에 인사변동이 있을 때 후진타오는 다시 왕천을 중공의 제1 언론지 〈인민일보〉의 총편집장 자리에 위임했다.

커우젠윈이 분석했던 바와 같이 후진타오가 구이저우와 티베트에서 일할 때 양성할 수 있었던 인마人馬는 많지 않았고, 현재 중앙당학교 교장을 맡고 있지만 간부들이 중앙당학교에 와서 머무르며 공부하는 시간은 몇 달, 또는 반년 정도로 매우 짧아 그 사이에 충분히 정을 쌓고 뜻을 같이 하기는 힘들다. 게다가 대부분 이미 당학교에 오기 전부터 '위에 모시고 있는 어른'들이 따로 있는 사람들이다.

결국 아무리 둘러보아도 후진타오가 가장 쉽게 찾을 수 있고 믿을 수 있는 사람들은 공청단의 간부들인 것이다. 후진타오가 지방시찰 때나 출국방문 때 거느리고 다니는 수행원들을 살펴보면 그는 이미 각 방면으로 자기를 보좌할 수 있는 두뇌그룹을 형성해 놓고 있다는 사실을 발견할 수 있다.

이들 중 최근 외계의 관심을 가장 많이 끌고 있지만 전에 별로 알려지지 않았던 두 사람이 있다. 바로 링지화와 왕양이다. 후진타오의 수석 막료幕僚 구실을 하고 있는 링지화는 어떤 사람인가? 여기서 샤페이夏飛의 글을 잠시 들여다보자.

중난하이의 서류가 가득 쌓인 사무실에서 걸어나온 링지화는 졸지에 외계가 주목하는 정치계의 뉴스타로 떠올랐다. 왜냐하면 그는 오래지 않아 황포(黃袍 옛날 황제가 입던 황금색의 옷—옮긴이)를 두르게 될 후진타오의 수석 막료장幕僚長이 되었기 때문이다. 그러나 사람들은 그가 도대체 어디서 온 사람인지, 심지어 그의 나이가 어느 정도 되었는지조차 모르고 있었다.

해외의 일부 언론에서는 링지화를 '링후지화令狐計劃'로 적고 있었다. 중국의 성씨 중에는 두자 성씨 '링후令狐'는 있어도 '링令'씨는 없었던 것이다. 사실상 링지화는 줄곧 링씨 성을 쓰고 있었다. 본인이 '링후' 두 글자를 '링' 한 글자로 줄여서 사용해 오고 있었던 것이다. 재미있는 것은 그의 쌍둥이 형제의 이름이 링완청令完成이라는 것이다. 신화사에서 내부참고(중국어로 '內參'이라고 적는데, 대외에 공개하지 않고 극히 제한된 소수의 상층 관리들만 읽을 수 있게 쓰여진 글이다. 나라의 정책과 규정 같은 것을 제정할 때 주로 참고한다-옮긴이)를 쓰고 있는 기자이다. 형제 둘의 이름을 합치면 바로 '계획 완성計劃完成'이 된다. 참 묘한 이름이다.

46세의 링지화는 산시 사람이다. 공청단 중앙 기관에 금방 왔을 때는 바로 산시에서 출세의 길이 트이기 시작한 한잉이 공청단 중앙 제1서기를 하고 있을 때였다. 공청단에 온 링지화는 선전부의 일반 간사로 일하다가 선전을 책임지고 있는 공청단 중앙서기처 서기 가오잔샹에 의해 그의 비서로 일하게 된다. 공청단 10차 대회 이후 가오잔샹은 허베이성 당위부서기로 자리를 옮기게 되고, 그때 링지화는 가오잔샹을 도와 허베이성 성정 소재지 스자좡에 머물면서 일하다가 공청단 중앙으로 되돌아왔다. 만일 그때 링지화가 가오잔샹의 곁을 떠나지 않고 줄곧 따랐다면 오늘과 같은 찬란함은 없었을 것이다. 왜냐하면 그후 가오잔샹은 정계에서 더 이상의 발전이 없었던 것이다. 대신 링지화는 이제 권력의 최고 위치에 있는 후진타오의 막료장이 되었다.

귀여운 동안童顔의 링지화는 두뇌회전이 빠르고 찬찬한 일 처리 솜씨를 가지고 있다. 그러나 공청단 중앙에서의 처음 몇 년은 별로 일에서 진전이 없었다. 이후 재직중에 산시대학의 졸업장을 따고서야 선전부 선전처 부처장으로 출세의 길을 열기 시작했다. 쑹더푸와 리커창이 집권하던 공청단 중앙 시절, 그는 공청단 중앙 선전부장에서 공청단 중앙판공실 부장으로 승진하게 되었다. 후진타오가 덩샤오핑 등 원로세대에 의해 장쩌민의 후계자로 지정된 지 2년이 지나 링지화는 공청단 중앙에서 중공중앙판공청으로 자리를 옮겨 정치조 조장을 맡게 되었다. 후에 후진타오 판공실 주임으로 임명되면서 정식으로 후진타오를 보좌하는 막료팀의 팀장을 맡게 되었다.

2000년 6월 중공중앙판공청 부주임의 신분으로 중앙선전부 부장 딩관건의 출국방문을 배웅했고, 그로부터 한달 후 후진타오를 보좌해 아시아 5개국 순방길에 동행하면서 링지화의 이름이 여러 신문에 오르기 시작했다. 2001년 전국인민대표대회에서 인대 주석단의 부비서장이 되면서 링지화는 세계의 주목을 받게 되었다. 일부에서는 링지화가 현 장쩌민의 막료장인 쩡칭홍의 경우와 마찬가지로, 후진타오가 황포를 입고 제1인자의 자리에 오르면 중난하이의 살림살이를 도맡아 하는 '내무대신'의 위치에까지 닿게 될 것이라고 전망하고 있다. 그러나 쩡칭홍에 비하면 링지화는 지방에서의 사업경험과 경제부문의 사업경험이 없다. 이는 큰 결함이 아닐 수 없다.

　현재 국무원 계획발전위원회 부주임 왕양은 원래 오랫동안 지방에서 사업한 사람으로 별로 남의 관심을 끌지 못하던 사람이다. 그러나 최근 갑자기 후진타오가 경제 방면에서 각별히 중용한 사람으로 떠올랐다. 왕양은 후진타오의 본관인 안후이에서 일어서기 시작했다. 1980년대에 쑤현宿縣에서 단 지위부서기, 안후이성 단위부서기 겸 선전부장을 거쳐 29세에 안후이성 정부에 들어가 부청장급의 체육위원회 부주임으로 발탁되었다. 후에 퉁링銅陵시 시장을 역임했고 1992년 후진타오가 중앙 정책결정층에 들어감에 따라 그의 승진 속도도 빨라졌다. 1993년 안후이성 부성장에 오를 때 그의 나이는 겨우 38세밖에 되지 않아 당시 중국에서 가장 나이 어린 부성장이었다. 얼마 지나지 않아 상무부성장이 되었고, 1997년에는 성위부서기가 되어 줄곧 안후이성의 발전계획과 경제건설을 주관했다. 1998년 베이징에 올라와 국가발전계획위원회 부주임을 맡았는데 그때도 역시 같은 급의 차관 중에서 나이가 가장 어렸다. 그는 늘 주룽지를 수행해 각 지역의 파악과 시찰에 나서곤 했는데, 최근에는 후진타오의 출국방문을 수행하고 나섰던 것이다. 그 정치적 위치가 점점 확고해지는 사람임에 틀림없다.

군위 부주석, 군대내에 자기 사람을 끼워 넣다

'공청단파'의 기세가 하늘을 찌를 것처럼 강해지고 있지만 군대 안으로는 별로 끼어들지 못하고 있다. 후진타오도 군대내에 자신의 영향력을 키우고, 그를 통해 군대에 대한 통제력을 강화하려면 다른 방법을 찾아볼 수밖에 없다. 어쨌든 방법을 찾아 자기 사람을 군대내에 심어놓고 그를 빨리 키워야 한다. 총참모장 푸취안유와 총장비부 장관 차오강촨曹剛川의 지위가 중국 군대내에서 점점 상승하고 있는 것은 중국 군사 지휘권의 신노교체新老交替를 의미할 뿐 아니라, 중국이 안전방위에 대해 새로운 전략을 고려하고 있음을 반영한다.

푸취안유는 1980년대 말 티베트에서 발생한 승려 집단의 티베트 독립사건과 1990년대 초 신장 분리주의 세력의 소란을 평정하는 데 큰 공을 세운 사람이다. 1984년 중국과 베트남의 전쟁에서 전사들을 이끌고 전쟁에 중요한 변경지구 산마루 하나를 수복해 혁혁한 전공을 세웠으며, 후에 중국 서남 변강을 지킬 책임을 맡고 청두成都 군구 사령원으로 승진했다. 후진타오가 티베트에서 당위 서기로 있을 때 라싸시에 대한 계엄을 실시한 적이 있는데 그때 푸취안유와 함께 얼굴을 맞대고 계엄 결정을 내렸고 불면의 밤을 보냈다. 1990년부터 1992년 사이 러시아, 파키스탄, 아프가니스탄 등의 나라와 잇닿아 있는 신장 위구르 자치구의 변경 지구에서 여러 차례 정치사건이 발생했다. 푸취안유는 또다시 명령을 받고 란저우 군구 사령원을 맡아 군대를 이끌고 신장에 들어가 정세를 안정시켰다.

푸취안유가 군대내에서 승진함에 따라 함께 발전한 사람은 부참모장 궈보슝이다. 그는 푸취안유의 오랜 부하로 푸취안유가 란저우 군구 사령원일 때 궈보슝은 제47집단군 군장이었다. 1999년 궈보슝은 60세의 나이에 상무부총참모장에 임명되고 중앙군위 위원에 발탁되었다. 1980년대 말 티베트에 대한 계엄에 직접 참가했던 구이취안즈桂全智는 청두 군구 참모장과 중장으로 승진한 지 얼마 안 되어 2002년 봄에 청두 군구 부사령원으로 곧장 올라갔다. 일찍이 후진타오와 푸춰안유가 티베트에서 쌓았던 정이 작용한 결과라고 봐도 되겠다. 이후에도 군내에서의 발전전망이 계속해서 좋을 것으로 평가되고 있다.

수도를 지키고 있는 베이징 군구의 신임 사령원 주치朱啓 역시 후진타오와 역사적으로 맺어진 인연이 있어 사람들의 각별한 관심을 모으고 있다. 어떤 사람들은 주치가 이렇듯 중요한 직위에까지 오를 수 있었던 것은 그가 사람을 제대로 골라 줄을 섰기 때문이라고 말한다. 그러나 이런 이야기는 너무나 간단하게 내린 결론이라고 볼 수 있다. 후진타오는 1985년부터 1988년까지 구이저우에 있었고 1989년부터 1992년까지는 티베트에 있었다. 그때 주치는 청두 군구에서 소장의 자리에 올라 있었다. 티베트와 구이저우는 모두 청두 군구의 방위 관할범위에 속한다. 그러나 두 사람의 이력을 자세히 들여다보면 1988년 주치는 14집단군 부군장을 맡고 있으면서 윈난 쿤밍에 있었고, 1990년에는 구이저우성 군구 사령원을 맡았으며, 1992년 14집단군 군장을 맡았을 때 후진타오는 이미 라싸에 가 있었다. 그들이 직접 만나 정을 나누었을 기회는 없거나 적었다고 볼 수 있다. 물론 후진타오가 티베트에 있을 때 청두 군구 부대를 티베트에 불러들인 적이 있고, 구이저우성 당위서기로 있을 때는 군구 정위를 겸하고 있었기에 주치라는 맹장에 대해 몰랐을 리 없다.

1999년 9월 중앙군위 부주석 직위를 어깨에 짊어지기 시작하면서부터 후진타오는 군대내의 사무에 참여하기 시작했다. 바로 이때 주치는 청두 군구 참모장에서 베이징 군구 참모장으로 자리를 옮겼다. 금년 1월, 주치는 굴러온 돌이 박힌 돌을 빼듯 기회를 기다리고 있던 베이징 군구의 여러 부사령원을 제치고 중장의 직함으로 사령원 리신량李新良 상장의 뒤를 이어 베이징 군구 사령원의 직무를 맡게 되었다. 여태껏 상장급의 장령만 맡을 수 있었던 전례로 봐서 파격적인 인사라고 할 수 있다.

후진타오에게는 또 한 번 군내에 자신의 부하를 심을 수 있는 뜻밖의 기회가 생겼다. 공청단 중앙에 있을 때 후진타오는 산둥성 둥핑東平현 시위 부서기에서 공청단 중앙 노농청년부 부처장으로 자리를 옮긴 장칭리張慶黎를 처장의 자리에 앉혔다가, 후에 또다시 부주임의 자리에까지 올려놓은 적이 있다. 장칭리는 후에 산둥으로 돌아가 둥잉東營시 시장을 맡았고, 타이안泰安시에서 후젠쉐胡建學 등의 경제 사건이 터졌을 때는 '위험한 곳으로 중임을 받고' 가서 시위 서기를 맡게 되었다. 사건에 대한 탁월한 처리로 산둥성성위 부비서장으로 발탁되었다가 후에는 간쑤성위 상무위원과 선전부 부장, 란저우시 시위서기를 맡는다. 이런 그에게 2000년, 누구도 상상 못했고 그 자신도 전혀 예상하지 못했던 뜻밖의 변화가 생긴다. 후진타오의 추천으로 신장생산건설병단의 사령원으로 임명받은 것이다. 그 자신도 웃으면서 "나는 아마 전세계에서 유일하게 군인 출신이 아닌 사령원일 것이다"라고 말했다. 새로운 직위에 오른 후 크게 솜씨를 발휘해 병단의 원래 모습을 많이 바꾸었고, 정리부분에서도 눈부신 성과를 올리고 있다. 그는 박력있는 사령원으로 자리를 굳혔다.

일 처리에 있어서 항상 조심스럽고 차분한 후진타오가 이렇듯 파격적으로 비非군대 출신을 군대 사령원으로 임명하고, 대담하게도 원래 부대에 대해 개혁할 수 있도록 권력을 준 것은, 사람들에게 뜻밖이긴 하지만 깊은 인상을 남겨주었다. 후진타오의 과단성을 보여주는 대목이기도 하다. 후에 사람들은 후진타오가 파격적으로 기용한 이 사령원이 중앙군위 부주석 장완녠의 조카라는 사실을 알아냈다.

쩡칭훙이 공청단파의 상승기세를 억제할 수 있을까?

장쩌민의 '내무대신'이 쩡칭훙인 것은 세상에 공개된 비밀이다. 중앙판공청 주임으로 15차 대회 전에는 중앙위원은커녕 중앙후보위원도 아니던 그가 15차 대회에서 일약 중앙정치국 후보위원에 들고 중앙서기처 서기에 오른다. 그 후보위원이 뒤이어 바로 정식위원이 될 것이라고 내다보던 사람들의 추측을 깨고 몇 년 동안 줄곧 후보의 자리에 있었던 것을 사람들은 조금 의아하게 생각했다. 그러나 세기가 바뀌면서 중공중앙조직부 부장으로 기용된 것에 사람들은 다시 한 번 놀랐다. 후진타오의 직무권한 행사와, 상승기류를 타고 있는 '공청단파'의 세력확장에 새로운 변수가 될 수도 있기 때문이다.

조직부 부장이라는 이 직무는 후진타오와 줄곧 묘하고도 복잡한 관계를 가지고 있다. 간단히 돌이켜보자.

1985년 후야오방을 중심으로 한 중공중앙은 후진타오를 웨이젠싱이 부장으로 있는 조직부 부부장에 임명하려다가 그만 중도 하차했다. 또 14차 대표대회 전 쑹핑이 후진타오를 조직부 부장에 추천하려 했다. 그런데 갑자기 덩샤오핑이 후진타오를 정치국 상무위원으로 발탁했다. 이건 더 큰 승진이었다. 그런 후진타오에게 조직부 부장까지 겸임시킨다는 건 후진타오를 비행기 태우는 격이 되고 중공의 인사 관례에도 잘 맞지 않는 일이었다. 그렇다고 합당한 후보자를 찾을 수도 없고 해서 원래 자리를 내놓기로 했던 뤼펑呂楓을 유임시키기로 했다. 후에 조직부 부장을 더 이상 바꾸지 않으면 안 될 상황이 되자 이미 62세의 나이로 퇴직이 가까워진 조직부 상무부부장 장취안징으로 뤼펑의 자리를 대체했다. 그는 원래 정치협상회의 상무위원을 맡아 제2선으로 물러나 앉기로 했던 차였다. 분명히 임시 과도적인 인사조치였다. 이미 나이 때문에 장취안징의 이름은 15차 중앙위원의 명단에 들어 있지 않았던 것이다. 1992년 정치국 상무위원이 된 후진타오는 줄곧 조직부의 사업을 책임지고 있었다. 그러나 자기 마음에 드는 사람을 조직부 부장 자리에 올려놓을 기회는 오지 않았다. 언젠가 구이저우에서 일할 때 조수였던 류정웨이를 조직부 부장 자리에 올려놓으려 했었으나 뜻밖에도 터진 류정웨이 부인의 부패사건 때문에 류정웨이를 데려오지 못했을 뿐 아니라 후진타오 본인도 장쩌민 앞에서 반성해야 할 정도로 큰 좌절을 겪은 적이 있다. 후에 또 한 번 쑹더푸를 추천해 장취안징의 자리를 이어받게 하려 했으나, 이 역시 성공하지 못했다.

누가 장취안징의 뒤를 이어 조직부 부장의 자리를 차지하게 될 것인가에 대해 해외에서는 여러 가지 추측이 있었다. 그 명단에는 조직부 부부장에 있던 허융(何勇, 후에 국무원 감찰부 장관에 올랐다), 철도부 장관 한주빈(韓杼濱, 후에 총검찰장을 맡았다), 중앙조직부에서 전문적으로 청년간부들의 인사를 책임지고 있던 부부장 리톄린(李鐵林, 중공 원로 리웨이한李維漢의 아들, 지금도 그 자리를 지키고 있다) 등이 들어 있었다. 그러나 누구도 쩡칭훙이 그 자리에 오르리라고는 추측하지 못했다.

장쩌민의 '내무대신' 쩡칭훙이 중공의 인사관리를 책임지는 조직부 장관의 자리를 차지한 것은 중공의 제4세대 후계자 그룹 양성을 두고 이미 중공 최고층에 권력 다툼이 벌어졌음을 의미한다.(필자는 이 자리에서 다툼이라는 어휘 외에는 달리 적당한 어휘를 찾을 수가 없다.) 쩡칭훙이 후진타오의 집권에 가장 걸림돌이 되는 인물임을 세상에 공개한 것이다.

2001년 중공의 5중 전회 이후 쩡칭훙이 주관하고 있는 중공중앙조직부는 정치국 상무위원들에게 성급·장관급 고위층 간부들의 인사변동에 관한 방안을 보고한 적이 있다. 방안은, 1960년대에 태어나고 1980년대에 고등교육을 받은, 40세 이하의 사상이 건전하고 재능이 많은 젊은 간부들을 중점적으로 양성하고 등용할 것을 제의했다. 이 방안이 받아들여져 많은 '소장파少壯派'들이 성급·장관급 직무에 올랐다. 칭하이성 성장 자오러지趙樂際는 2002년에 겨우 45세였고, 전산학과 박사 출신의 쓰촨성 부성장 커쭌핑柯尊平은 2002년에 46세였다.

2001년 '베이다이허' 회의가 끝난 뒤, WTO 가입 이후 중국의 경제발전을 세계의 발전 속도에 맞추기 위해 중공중앙조직부는 성급·장관급 간부의 등용에 대한 새로운 조건을 제시했다. 이 조건은 나이가 35세 전후이고 기층의 단련을 거쳐 특별히 그 우수성이 검증된 간부에 대해서는 부성장급, 차관급에 등용할 수 있다고 제시하고 있다. 또한 각 성급 영도 간부와 각 부위部委 및 그에 상응한 기구들에서 장래성이 있는 젊은 간부들을 계획적으로 선발해 외국에서 훈련시키거나 양성할 수 있다고 제시했다. 중공이 20여 년 동안 외쳐오던 간부의 '4화' 건설이 이제야 구체적인 인사조치로 정식 가동되기 시작한 것이다.

16차 대표대회를 앞두고 후진타오와 쩡칭훙은 서로 화합하기도 하고 쟁투하기도 하면서 지방 당정 수뇌들의 권력교체를 함께 추진했다. 2001년 전국 31개 성, 자치구, 직할시의 62명 당정 제1인자 중 11명에 대해 조정했고, 2002년 17개 성, 시, 자치구의 당위에서 임기 교체선거를 진행했다. 2002년 2월까지의 통계자료에 의하면 62명의 지방 당정 제1인자 중 본과 이상의 학력을 소지한 자가 56명, 석사 연구생이 6명으로 그 학력은 예전보다 많이 높아졌고 평균 연령은 줄어들었다. 이들 중 명문대학 졸업생들도 적지 않은데 랴오닝성 성장 바오시라이薄熙來, 허난성 성장 리커창은 베이징대학을 나왔고, 그 외 산시성 성위서기 톈청핑田成平, 산둥성 성위서기 우관정吳官正, 푸젠성 성장 시진핑, 윈난성 성장 쉬룽카이徐榮凱는 칭화대학 졸업생이다.

'수염이 나지 않아서 일을 그르치기 십상?'

새 세기에 들어와서 '공청단파'의 기세가 점점 높아지고 있을 무렵, 몇 가지 전국을 들썩인 사건이 발생해 '공청단파'의 타오르는 기염에 찬물을 끼얹고, 한창 떠오르던 몇몇 인물들에게 검은 그림자를 던져 주었다.

그 첫 번째로 후진타오의 유력한 후계자로 지목받고 있던 인물 리커창이 1999년 1월부터 집권하고 있던 허난성에서 두 차례의 화재가 발생한 것을 꼽을 수 있다. 첫 번째 화재는 2002년 3월 29일 새벽 3시에 허난성의 유명한 석탄기지 자오쬐焦作에서 발생했다. 화재는 자오쬐시 산양山陽구의 톈탕天堂 영화관에서 발생했는데 74명의 사망자와 1명의 부상자가 생겼다. 사망자들은 모두 이날 영화관에서 비디오 심야영화를 관람하던 관중들이었다.

중국의 신화사는 관례대로 허난성의 당정 지도자들이 어떻게 이 사건을 어떤 관점에서 대책 마련에 나섰는가에 대해 이렇게 보도했다.

조사연구차 외지에 나가 있던 허난성 성위서기 마중천馬忠臣과 성장 리커창은 화재 사후처리에 대해 각기 구체적인 지시를 내렸다. 리커창은 직접 화재현장에 달려가서 사건의 정황을 파악했고, 성·시 관련부문이 참가한 긴급회의를 소집했다.

자오쬐시 정부는 지시대로 즉시 7백 42개의 비디오영화방, 나이트클럽, 전자게임방 등에 대해 영업을 정지하고 소방안전조치 상태를 검사했다.
그러나 9차 전국인민대표대회 대표이며 전국 노동모범인 자오쬐시 기중기 공장의 야오슈룽姚秀榮은 비분을 감추지 못한 채 기자들에게 이번 화재는 '부패가 일으킨 필연적 결과'라고 성토했다. 야오슈룽은 톈탕 영화관에서 사용한 관람석 의자는 전부 자오쬐시 인민회당에서 사용하던 것으로, 톈탕 영화관의 한韓 사장은 돈 한푼도 들이지 않고 문화부문을 통해 공짜로 이 국가재산을 소유했다고 말했다. 매번 문화시장에 대한 검사가 있을 때마다 일부 간부들이 미리 통보해줘 검사를 무사히 넘길 수 있도록 했고, 톈탕은 여태껏 정상적인 영업허가 없이 그냥 불법적으로 영업해 왔으며 톈탕의 이 불법영업은 문화부문을 등에 업고 진행되어 왔다는 것이다. 그렇다면 톈탕 영화관 사장 한씨는 무슨 마법의 소유자여서 문화 부문에서 이토록 그를 잘 모셔 왔던 것일까? 한씨는 자신의 친척인 산양시 정부의 한 간부를 등에 업고 있었고, 그의 사촌동생은 산양시 모 부서의 1호 인물이었다.

이번 화재로 허난성 성위서기 마중천은 그 책임을 추궁받아 성위서기 자리를 내놓을 수밖에 없었다. 티베트 자치구 성위서기 천쿠이위안陳奎元이 마중천을 대신해 이 자리에 부임해 왔다. 다행히 리커창은 부임해 온 지 1년밖에 되지 않은 관계로 이번 화재의 책임을 면할 수 있었다.

그러나 중국 속담에 "화禍는 쌍으로 온다"는 말이 있듯이 그해 연말 또 한 번의 화재가 허난성에서 발생했다. 12월 25일 저녁 9시 35분, 커다란 불길이 모란의 도시 뤄양洛陽에서 솟아올랐다. 둥두東都 상업청사 4층에서 성업중이던 나이트클럽에 화재가 발생한 것이다. 그 당시 나이트클럽 안에 있던 309명이 모두 질식해 사망한 대형사고였다. 그야말로 환락의 생명들을 죽음으로 장식한 '검은 크리스마스'였다. 조사에 따르면 이번 대형화재는 건물 지하에서 작업 중이던 용접공들에 의해 발생한 것이었다. 이날 건물 지하1층에서 인테리어 작업을 하던 4명의 용접공은 용접기술 자격증도 없는 노동자들이었다. 이들이 작업할 때 연소물질에 불똥이 튀었고, 그 불길이 가구에 번져 더 큰 화재로 발전했던 것이다.

불붙은 가구들은 생명을 위협하는 독가스를 내뿜었고, 그 독가스를 머금은 연기는 층계를 따라 곧바로 올라가 4층을 가득 메웠다. 면적이 1천8백 평방미터(6백 평이 채 안 됨)에 달하는 둥두 나이트클럽은 사면이 모두 사무실과 회의실 등으로 막혀 있었다. 화재가 발생하기 전 비상구는 모두 쇠로 된 난간으로 봉쇄되어 있었고 아래로 통할 수 있는 길은 오직 엘리베이터 한 대뿐이었다. 그러나 그 엘리베이터도 화재가 발생한 후 전기에 의해 화재가 더 커질까 봐 전기공이 스위치를 내리는 바람에 운행을 멈춘 상태였다. 한창 크리스마스 열기로 환락의 도가니였던 나이트클럽은 순식간에 죽음의 파티장이 되고 말았다.

뤄양시 소방부문에 따르면 둥두 상업청사는 예전부터 '불장난'을 하고 있었다. 소방 안전조치에 관한 관련규정에는, 유흥업소는 일률적으로 건축물의 3층 이상에 그 영업 장소를 설치할 수 없다고 명문화되어 있다. 그러나 둥두 나이트클럽은 4층에 있었다. 3년 전부터 둥두 나이트클럽은 이미 '소방통로가 관련규정에 부합'되지 않는 등 여러 가지 문제점들이 지적되었으나 여태까지 해결하지 않고 있었다. 뤄양시 소방부문에서 실시한 18차례의 검사에서 둥두 나이트클럽은 네 차례나 제한된 기일내에 안전조치를 강화할 것을 지적받았고, 한 번은 영업정지 처분까지 받았다. 전체 허난성 범위내 조사에서 적발된 40개 소방 안전조치 미달 영업소 명단에는 뤄양시의 둥두도 들어 있었다. 그해 11월 중순부터 12월 초 사이 허난성 소방부문에서는 검은 명단에 오른 이 40개의 영업장소에 대해 다시 한 번 검사를 실시해 아직도 요구대로 안전조치를 취하고 있지 않은 업소를 적발했다. 그때 검은 명단에 오른 업체가 12개였는데 둥두는 그 속에도 들어 있었다. 이렇게 여러 번 관련부문의 명령을 무시하면서 그냥 영업을 벌인 것 뒤에는 반드시 권력과 금전이 오고갔을 것이다.

이번 대형화재는 부임한 지 두 달밖에 되지 않는 천쿠이위안한테 그 책임이 돌아가지 않았다. 대신 천쿠이위안보다 먼저 허난성에 온 리커창이 책임을 면할 수 없게 되었다. 이번 화재는 그 결과가 너무 나빴기 때문에 외국의 지도자들도 관심을 표시해 왔고, 유엔 비서장도 조문을 표시해 왔다. 리커창은 불명예스러운 일로 대외에 크게 알려졌다. 어떤 해외 언론지는 리커창이 두 번의 불장난으로 '후진타오를 불사를 뻔했다'고 보도했다. 리커창으로서는 해외의 이런 시각이 가장 부담스럽고 두려웠을 것이다.

이밖에도 허난성에는 정부에서 그 책임을 회피할 수 없는 여러 가지 심각한 문제가 발생했다. 정부에서 인민들에게 피를 팔 것을 호소해 농촌에 에이즈가 만연되고, 인체에 해로운 독성이 들어 있는 밀가루가 허난성으로부터 전국으로 판매되어 나갔으며, 파룬궁 신도들이 전국에서도 특히 많았다. 언론은 그 책임을 성·시의 고급 관리들에게 물었고, 리커창은 불을 땐 가마솥 위의 개미처럼 안절부절못했다. 그야말로 골칫거리만 껴안은 셈이 되었다.

희망사업 기금에 손을 대다

이쪽에서 터진 사건을 채 마무리하기도 전에 다른 쪽에서 사건이 연속적으로 터져나왔다. '공청단파'의 정치업적을 가장 자랑스럽게 대변해주었던 '희망사업'의 검은 내막이 폭로되기 시작한 것이다.

희망사업은 1988년 쑹더푸가 공청단 중앙 제1서기로 있을 때 실시하기 시작한 사회구조救助 공정이다. 그해 공청단 중앙에서는 10만 위안의 예산을 마련해 기금회의 등록자금으로 하고, 1만 위안을 사업경비로 하여 중국청소년발전기금회를 설립했다. 청소년발전기금회는 빈곤 지구의 실학失學 소년들을 도와 학교에 다닐 수 있게 하는 것을 취지로 삼은 '희망사업'이었다.

첫째, 장학금 제도를 설립해 장기적으로 중국 빈곤 지구의 어린이들 중 가정형편이 어려워 학교에 갈 수 없는 학생들이 다시 학교에 다닐 수 있게 하고, 둘째, 빈곤 지구의 농촌을 도와 학교 건물을 새로 지어주거나 낡은 교사를 보수해주며, 셋째, 일부 빈곤 지구의 소학교들을 도와 학습도구와 서적, 학용품 같은 것을 지원해주는 것이었다.

1990년 5월 덩샤오핑은 정식으로 가동되기 시작한 지 일년도 되지 않은 이 희망사업을 위해 친히 제사를 써주었고, 그 제사는 1992년 4월 15일 〈인민일보〉에 발표되었다. 이로써 '희망사업 백만의 사랑 행동'이 전국

각지에서 활발히 벌어졌다. 각 성·시마다 공청단 직속기금회 사무실이 설치되었다. 그해 6월 10일과 10월 6일 덩샤오핑은 주위의 사람들을 시켜 익명으로 5천 위안씩 기부했다.

1994년 연초 유엔에서 '국제 가정의 해'를 제정한 것을 계기로 기금회는 그 한해에만 도합 12만 차례에 달하는 성금을 접수했고, 그 성금 총액은 지난 4년 성금 총액의 네 배에 해당하는 7091만 위안에 달했다. 5년 사이에 접수한 성금 총액은 누계 3.85억 위안이었다. 12월 31일까지 1994년 한해에 실학한 학생 46만 6천 명을 도와 다시 학교에 다닐 수 있게 했으며 희망 소학교를 모두 749개나 새로 세웠다.

1999년이 시작되면서 중국청소년발전기금회에서는 더 이상 실학 어린이들을 돕기 위한 성금을 접수하지 않기로 했다. 희망사업은 실학 어린이들을 돕는 것에서 학업이 우수한 학생들을 양성하는 것으로 그 방향을 바꾸었다. 희망 소학교 건설은 교원확충으로 방향을 바꾸었고, 현대화 교수설비 지원 등 소프트웨어 쪽으로 그 방향을 바꾸었다. 이렇게 함으로써 '관리원가의 증대로 오는 변계효용의 감소' 현상을 피하려 했다.

희망사업은 사회의 적극적인 지지를 받기도 했지만, 여러 가지 유언비어도 뒤따랐다.

1994년 1월 21일자로 출판된 홍콩 잡지 〈일주간—週刊〉 제202호는 톱기사로 「7천만 위안의 행방 추적 1천리, 희망사업기금 실종」을 실어 세인의 눈길을 끌었다. 국외의 많은 신문 잡지들이 이 글을 재인용했고 공익사업에 대해 관심이 많은 사람들은 공청단 중앙에서 주관하는 희망사업정에 대해 의심을 갖기 시작했다. 희망사업에 대한 국외의 기부금도 현저히 줄어들었는데, 특히 홍콩에서의 모금이 급속도로 감소했다.

이 보도에 대해 중국청소년발전기금회에서는 홍콩의 변호사를 통해 그해 6월 24일 홍콩 고등법원에 〈일주간〉을 고소했다. 그러나 일은 쉽게 끝나지 않았다. 고소해서 법정을 열고 심리하기까지 근 6년이란 시간이 걸렸다. 2000년 6월 20일, 홍콩 고등법원 대법관 중안더鐘安德는 서면으로 판결 결과를 공포했다. 판결은 〈일주간〉의 비방죄가 성립되므로 중국청소년발전기금회에 명예 훼손비로 350만 홍콩달러를 배상해야 한다고 했다. 신화사는 보도를 통해 '후대들에게 복을 마련해주는 희망사업은 이로써 그 청백함을 되찾았다'고 했다.

청백하다고? 신화사의 보도와는 달리 홍콩 민간에서는 다른 말이 나돌았다. 이번의 법정재판은 법의 승리로 끝난 게 아니라 권력의 승리로 끝났다는 것, 근 6년 동안의 대결에서 홍콩 대법원도 결국은 중공의 압력을 이겨내지 못했다는 것이다. 〈일주간〉이 재판에서 지고 벌금까지 냈지만 일은 여기서 끝나지 않았다. 〈일주간〉의 뒤를 이어 2002년 2월 28일 홍콩 〈명보〉에서 톱기사로 희망사업에 대해 다시 한 번 걸고 나왔다. 보도는, 중국청소년발전기금회가 국가의 규정을 위반하고 '희망사업' 기금 1억여 위안을 주식투자, 부동산투자 및 기타 벤처기업에 투자해 거대한 손실을 가져왔고, 그중 많은 투자 항목들은 이미 실패로 끝났다고 했다. 보도가 발표된 때는 마침 중공의 '두 가지 회의' 전야여서 홍콩의 인민대표대회 대표들과 정치협상회의 대표들은 의문을 가지고 베이징으로 향했다.

〈명보〉의 이 보도에 대응해 기금회는 즉각 기금회의 법인대표 쉬융광 徐永光이 서명한 '성명'을 발표했다. 성명은 〈명보〉의 보도내용을 부인하고, 중국청소년발전기금회는 성금 수지의 시간차이를 이용한 투자를 통해 성금액의 증대를 꾀했을 뿐이라면서 "기금의 투자를 통한 기금액의 증대는 합법적이고 안전하고 유효한 것"이라고 강조했다. 기금회는 "현재 자산상태는 양호하며 투자한 많은 항목들은 그 가치 증대의 공간이 아직도 크다"라고 했다.

기금회가 한창 자신의 결백을 강조하며 명예회복에 힘쓸 때 생각지도 못했던 사건이 또 터졌다. 여태껏 숨어 있던 제보자가 대외에 얼굴을 공개하고 나선 것이다. 제보자는 여성이었다. 중국청소년발전기금회 재무부 차장으로 있던 류양柳楊 여사는 검거 이후 자신은 줄곧 청소년발전기금회의 협박 속에 위태로운 시간을 보냈으며, 이번에 이렇게 공개적으로 나서는 것은 사회와 대중의 보호를 받기 위해서라고 말했다.

〈명보〉의 보도내용은 인터넷을 통해 급속히 중국대륙으로 흘러들었고 중국대륙에서도 희망사업에 대해 감독을 강화해야 한다는 목소리가 높아지기 시작했다. 더욱 놀라운 것은 중국대륙에서 발간되는 〈남방주말南方週末〉지가 중공이 빤히 내려다보는 가운데 감히 희망사업에 대해 발을 걸고 나선 것이다. 2002년 3월 21일자 〈남방주말〉은 제1면에서부터 연속해서 몇 면의 지면을 할애해 기금회 대표법인 쉬융광이 공금을 마음대로 쓴 내막을 상세히 보도했다. 이 신문은 「편집자의 말」을 빌려 중국청소년발전기금회의 자금흐름에 대해 이렇게 밝혔다.

반년 전부터 증거를 확보하고 세밀한 조사를 진행했다. 현재 본 신문이 장악하고 있는 자료만 보아도 이 기금회의 책임자가 자금의 운영과 조작에서 범한 착오는 홍콩 언론이 보도한 내용보다 더 심각하면 했지, 결코 가볍지는 않다.

또한 〈남방주말〉은 다음과 같이 보도했다.

우리는 반드시 순결하고 숭고한 희망사업을 쉬융광 개인과 엄격히 구분해야 한다. 간쑤성 중국청소년발전기금회 비서장 쑤센화蘇憲華는 이에 대해 "희망사업은 결코 쉬융광 한 사람의 것이 아니다"라는 멋진 말을 했다.

중국인민은행은 이미 1995년에 '기금회 관리를 한층 더 강화하는 것에 관한 통지'를 발표한 적이 있다. 이 통지는 '기금회 기금의 평가유지와 가치증대 행위는 반드시 금융기구에 위탁해서 검증받아야 하며, 기금회는 기업의 관리와 경영에 참여할 수 없다'고 규정했다. 이 통지 내용에 비추어볼 때 중국청소년발전기금회는 중국인민은행의 '통지' 규정을 위반한 셈이 된다. 중국청소년발전기금회의 자금운영에 있어서 가장 큰 문제는 적절한 감독 메커니즘이 없었고, 작용하지 않았다는 것이다. 기금회 자금의 부당한 운영행위는 적절한 감독 메커니즘이 존재하지 않은 회색지대에서 발생했던 것이다.

〈남방주말〉의 기자는 제보자가 제공한 이 기금회의 재무 문건에서 위법 단서를 발견하고 조사에 들어가 그 사실을 검증했던 것이다.

10년 전부터 중국청소년발전기금회는 희망사업의 일부 자금을 '대부금' 형식으로 쉬융광의 저장 고향친구 위샹건兪祥根에게 대주기 시작했다. 1986년 8월까지 5년 사이에 모두 428만 위안의 인민폐와 15만 달러의 미화를 대주고 42만 5천 위안밖에 받지 못했다. 희망사업의 거액자금이 투자에 흘러 들어가고 그 투자가 실패로 돌아가 본전도 거둬들이지 못한 사례는 너무나 많다. 다롄 중싱中興유한회사에 1천만 위안(일설에는 2천 6백만 위안이라고도 한다), 거둬들이지 못하고 있음. 랴오닝 다롄의 '미국 앵두' 항목에 투자하는 데 2천만 위안, 그러나 그 투자 항목의 토지귀속권 쟁의 때문에 아직도 투자 이익을 보지 못하고 있음. 선전 펑투豊圖회사에 2백만 위안, 실패. 광저우 인하이銀海그룹에 8백만 위안, 실패. 선전 어우바오歐寶빌딩 어우미歐密회사에 8백 20만 위안, 실패.

기자는 다음과 같은 사실도 입수했다.

1996년 3월 7일 중국청소년발전기금회 기금부 부장 류원화劉文華가 작성한 재무보고서 「기금부 출장비용에 대한 보고」는 중국청소년발전기금회에서 희망사업 기금을 투자에 사용한 액수가 '억 위안'에 달하고, 그중 대부분의 투자항목은 이미 부도가 났거나 적자운영을 하고 있다고 밝혔다. 1994년을 전후로 해서 중국청소년발전기금회는 각 성의 기금회 비서장들을 불러 회의를 열고 각 지방의 희망사업 기금 중 잠시 그 구조방향이 결정되어 있지 않은 금액을 쉬융광한테 집중시켜 새롭게 '공동기금'을 설립하자고 호소했다. 간쑤성 청소년발전기금회 전임 비서장 쑤셴화는 이렇게 말했다.

"쉬융광의 연설은 호소력이 매우 강했다. 회의에 참석한 각 성의 대표들은 몇백만, 심지어 몇천만 위안을 공동기금에 내놓기로 약속했다. 전국에서 오직 상하이의 루선陸申과 간쑤의 나만이 그 호소에 호응하지 않았다. 이제 형세가 변하자 그때 적극적으로 호응했던 여러 성의 비서장들은 나만 보면 말했다. '아이구, 당신은 그때 왜 그리 현명했습니까? 우리는 이제 비참해졌습니다. 그때 투자한 돈은 이자는커녕 본전도 받지 못하게 되었습니다.'"

쉬융광은 '공동기금'을 창건할 때 각 성의 청소년발전기금회로부터 수천만 위안의 자금을 모집했다. 이 많은 돈으로 쉬융광은 도대체 무엇을 하려 했을까? 〈남방주말〉이 이것에 관한 증거를 손에 넣었다. 쉬융광은 후난성 청소년발전기금회의 비서장 황친구이黃欽貴를 설득해 후난성에서 '공동기금' 1천만 위안을 내놓겠다는 동의를 받아내자 아직 협의를 맺기도 전에 벌써 중국청소년발전기금회 재무담당 부비서장 리닝李寧에게 슬그머니 쪽지를 보내왔다. 날려 쓴 이 쪽지의 내용을 보면 쉬융광이 '공동기금'을 건립한 진짜 목적이 기층 청소년발전기금회의 자금을 자기 쪽으로 끌어모아 이미 구멍이 뻥뻥 난 중국청소년발전기금회의 '엉터리 장부'를 메우려는 데 있었음을 알 수 있다. 1994년 연말까지 중국청소년발전기금회에서 전국 각지에 투자한 항목은 20여 개에 달했고 그 투자 총액은 이미 1억 5백만 위안에 달했다. 대신 같은 시기 희망사업에 투자해야 할 자금 1억 7백만 위안은 구멍이 뚫린 채 자금이 없어서 실행되지 못하고 있었다. 중국청소년발전기금회의 장부에는 기금이 2백여만 위안밖에 남아 있지 않았던 것이다.

중국청소년발전기금회의 전임 재무부 차장 류양은 이렇게 말한다.

"중국청소년발전기금회의 장부에 남아 있는 자금은 가련할 정도였다.

원인은 쉬융광이 희망사업의 기금을 옮겨다 투자한 항목들이 대부분 '예상된 수익'을 올리지 못한 데 있다. 그래서 희망사업에 필요한 자금은 그때부터 모자라 구멍이 나기 시작했고, 그걸 메우기 위한 쉬융광의 재투자는 또다시 실패로 돌아갔다. 이렇게 악순환은 계속되었고, 쉬융광은 이제 사회에 호소하는 수단을 택했다. 각 성·시 지방의 청소년발전기금회에 호소해 지방에서 모금한 성금을 자기 쪽으로 긁어모았고, 그 돈으로 투자에서 실패해 생긴 구멍을 메웠다."

〈남방주말〉은 더 나아가 이런 내막까지 폭로했다.

중국청소년발전기금회는 일찍이 6백 30여만 위안의 기금을 움직여 베이징 동3호의 판자원潘家園 부근에 몇 채의 주택을 사서 기금회 기관에서 사업하는 정식 직원들에게 공급했고 암암리에 야원촌亞運村에도 몇 채의 주택을 사놓았다. 우리는 감히 단정할 수 있다. 암암리에 구매한 야원촌의 주택은 결단코 '불법적'인 것이다.

류양은 더더욱 놀라운 내막을 폭로했다.

쉬융광은 기금회의 돈을 마음대로 움직여 주택을 구매했을 뿐 아니라 여러 차례에 걸쳐 부하들에게 가짜 장부를 만들도록 지시했다. 야원촌에 있는 세 채의 주택은 쉬융광 등 몇몇 관리들의 '영원한 전세방'이었다. 그는 재무 수속과 재무 보고서에 하층기관 사람들의 이름으로 '임대인', '임차인'을 대신했고 주택 부동산의 실제 소유권은 자기 손에 쥐고 있었다.

이날의 〈남방주말〉은 대형 폭탄이나 마찬가지였다. 벌집을 쑤셔놓은 듯했다. 이에 대한 중국청소년발전기금회의 반응이 가장 빨랐다. 〈남방주말〉에서 이런 '엉뚱한 짓거리'를 저지른 사실은 즉시 중앙의 관련부문에 보고되었고, 〈남방주말〉은 급기야 '말살'되고 말았다. 이 기사가 실린 신문이 시중에서 판매가 금지된 것이다. 이날 〈남방주말〉은 임시로 내용을 바꾸어 다시 인쇄해 발행할 수밖에 없었다.

그러나 지금이 어느 때인가? 정보의 봉쇄가 옛날처럼 그리 수월한가? 중공이 내린 이 금지조치는 결코 정보의 확산을 막지 못했다. 누군가(〈남방주말〉과 관계 있는 사람일 것이다) 몇만 자에 달하는 보도 내용을 그대로 인터넷을 통해 「베이징대학 3각지대」라는 사이트에 올렸다. 이 내용은 채 몇 분이 안 되어 국내외 수많은 사이트에 올려지게 되었다. 중공의 강력한 신문 통제의 힘도 세계가 정보를 공유하는 인터넷에까지는 닿을 수 없었던 것이다.

사실 후진타오는 '희망사업'과 별로 직접적인 관련은 없다. 그 역시 일부 장소에서 '희망사업'에 대해 찬사와 관심을 표하기도 했지만, 그건 모두 그런 장소에서 마땅히 그렇게 해야 할 지도자로서의 틀에 박힌 언사였지, 특별히 후진타오 개인의 의견을 담은 언사는 아니었다. 그러나 그날 그렇게도 신속히 중앙에서 발행 부수가 수십만 부나 되는 〈남방주말〉을 발행금지시켰다는 건 웬만한 정치적 권력의 개입 없이는 불가능한 일이다.

많은 사람들은 이렇게 분석했다. '희망사업'은 공청단이 크게 내세울 수 있는 정치공적의 팻말이고, 전국적으로 그 영향력이 민심에 관계되는 대단한 공정이다. 그런데 이렇게 큰 정치공정에 사고가 났으니 기필코 '공청단파'에게까지 그 악영향을 끼칠 것이고, 더 나아가 후진타오에게까지 누가 미치게 될 것은 불을 보듯 뻔한 일이다. 필시 쉬융광은 일개 평범한 필부가 아니었던 것이다. 그는 후진타오가 직접 양성하고 키운 쑹더푸가 크게 신임하고 중용한 사람이었다. 쑹더푸는 1986년 쉬융광을 공청단 중앙조직부 부장에 임명했고, 1988년에는 공청단 중앙 상무위원에 들게 했다. 후에 쉬융광은 전국정협 위원이 되었고, 2000년도에는 전국 '10대 빈곤퇴치 공로자'로 당선되었다. 이렇다 할 월계관은 수도 없이 쉬융광에게 돌아갔고, 쉬융광은 공청단 중앙에서 가장 맹활약하는 인물 중의 한 사람으로 각광받았다. 그런데 당의 16차 대표대회를 앞두고 '공청단파'에 불이 익을 가져다 줄 추문이 터진다는 건 안 될 일이었다. 공청단 중앙으로서는 발빠른 대책으로 이날의 〈남방주말〉 발행을 금지할 수밖에 없었다.

중독사건 '공청단파'에 결정적인 타격을 가하다

'공청단파'의 액운은 여기서 끝난 게 아니었다. 재난의 초점은 '공청단파'의 여러 정치 스타들에게 비쳐졌다. 이번에는 그 초점이 리위안차오에게 맞춰졌다.

2002년 9월 14일 새벽, 난징시 탕산湯山진에서 대규모의 식물 중독사건이 발생했다. 아침 일찍 일어난 민공(民工, 건설현장에서 중노동을 하는 체력노동자들로 대부분 시골에서 도시로 올라온 막일꾼들이다—옮긴이)과 학생들이 아침식사로 제공되는 기름떡, 빈대떡, 호떡 등을 먹고 쓰러지는 사고가 난 것이다.

〈남방주말〉(또 남방주말이다!)의 발표되지 못한 한 기사는(인쇄 들어가기 1분 전에 취소된 기사라고 했다) 세상을 경악케 하는 이날 사고의 내막을 이렇게 적고 있다.

아침 6시, 탕산중학교 교문 앞 소매점 주인 궁신핑貢新平은 상가 문을 열다가 학교 안에서 새나오는 다급한 비명소리를 들었다. 급히 학교 안으로 달려들어간 그녀의 눈에 땅바닥에 뒹구는 아이들의 모습이 보였다. 30여 명의 아이들이 바닥에 쓰러져 있었고 아이들의 코와 입에서 흘러나온 피는 벌써 콘크리트 바닥을 흥건히 적시고 있었다. 이른 아침이라 선생들도 없었다. 쓰러지지 않은 아이들은 울고불고하며 쓰러진 친구들을 들쳐업고 나가 택시를 불렀다. 둥후리도東湖麗島 건설현장의 소매점 주인은 새벽부터 다섯 명의 민공이 비틀

대며 걸어나오는 것을 발견했다. 그들은 몇 발짝도 걷지 못하고 하나씩 땅에 넘어졌다. 간신히 소매점 앞까지 온 한 사람은 소매점 쇠 난간을 움켜쥐고 두 눈을 부릅뜨더니 피를 토하며 땅에 쓰러졌다. 이어 다른 민공들도 쓰러졌다. 어떤 사람은 화장실에 앉았다가 일어나지도 못한 채 그대로 쓰러졌다. 수를 헤아릴 수도 없이 많은 민공들이 쓰러져 나갔다. 그들의 손에는 아직 채 식지 않은 소병(燒餠, 한국의 부침개와 비슷함—옮긴이)이 들려 있었다. 소병, 그 소병이 문제였다!

그제야 사람들은 큰 문제가 터졌음을 알아차렸다! 이건 결코 작은 문제가 아니었다. 이 소병은 탕산진에서 모르는 사람이 없을 정도로 유명한 소병이었다. 탕산진에서 이 소병을 먹는 사람은 헤아릴 수 없이 많았던 것이다. 매일 새벽 4시가 되면 이 소병을 생산하는 천쭝우陳宗武의 가게가 문을 연다. 매일같이 몇백 킬로그램의 밀가루가 소병을 만드는 재료로 쓰인다. 그 몇백 킬로그램의 밀가루로 만든 소병은 탕산진의 여러 학교와, 건설현장으로 공급되고 성위안더우장盛園豆漿 체인점으로 실려 나가기도 한다. 5시쯤 되면 10여 명의 장사꾼들이 리어카를 끌고 와 하나 가득 싣고 골목을 다니며 팔기 시작한다. 일부 가정을 제외하고 탕산진의 아침식사는 거의 이 소병으로 해결하고 있다고 해도 과언이 아니다. 과연 이 소병이 문제라면, 그건 너무나 큰 사고였다. 사람들은 가장 원시적인 방법으로 외치기 시작했다.

"독이 있다! 소병에 독이 있다!"

탕산진의 모든 교통수단이 동원되었다. 탕산병원은 벌써 중독 환자들로 꽉 찼다. 그러나 아직 출근시간 전이어서 당직 의사와 간호사들만으로는 끝없이 실려 들어오는 중독 환자들을 다 치료할 수가 없었다. 줘창作敞중학교 학생 여섯 명이 이미 죽었다. 사망자는 계속해서 늘어만 갔다. 거리는 지나가는 차량을 가로막는 사람들로 꽉 찼다. 자동차를 세우지 못한 학생들은 인력거에 매달렸다. 인력거 차부들에게 살려달라고 애걸복걸했다. 가장 일찍 돈벌이에 나선 100여 대의 택시가 환자들을 실어 나르는 주요 운송수단이 되었다. 어떤 차는 벌써 다섯 번이나 환자들을 실어 날랐다. 그래도 환자들은 계속해서 거리로 쏟아져 나왔다. 쥐룽句容에서 난징으로 향하는 버스들도 모두 중독자들을 실어 나르는 행렬 속으로 뛰어들었다. 차 주인들의 의사와는 상관없었다. 다짜고짜 차를 세우고 차에 올라 승객들을 끌어내리고 환자들을 싣는 데는 누구도 어쩔 수 없었다.

중독자 수는 기하급수적으로 늘어났다. 무너진 둑 사이로 밀려나오는 홍수의 기세였다. 탕산진 안에 있는 또 다른 병원인 83병원도 포화 상태였다. 환자들은 이제 탕산진과 가까운 치린麒麟진 병원과 샤오링웨이孝陵衛병원으로 호송되었다.

7시가 넘자 탕산진에는 경찰차의 사이렌 소리가 울렸다. 천쭝우의 소병 가게와 성위안더우장 체인점은 모두 봉쇄되었고, 탕산진의 수돗물도 모두 공급이 중단되었다.

8시나 되어 늦게 도착한 선전 차량이 그제야 메가폰으로 안내방송을 하기 시작했다.

"소병을 먹지 말라. 독이 들어 있다."

첫 중독 사망자가 발생하고 이미 2시간이나 지난 후였다.

제일 가까운 군대 중심 병원에 5백여 명의 중독자들이 실려왔다. 그러나 이 많은 사람을 한꺼번에 수용할 능력이 없었다. 즉시 다른 병원으로 옮겨가는 대책이 마련되었다. 주변의 모든 병원들이 중독환자로 발 딛을 틈이 없었다. 중산鍾山병원, 454병원, 81병원, 구러우鼓樓병원, 궁런工人병원, 성 인민병원……. 11개 병원이 홍수같이 밀려드는 중독환자들로 꽉 찼다.

〈남방주말〉은 계속해서 다음과 같이 적고 있다.

군대 중심 병원의 230여 평방미터 되는 진료실은 중독환자들로 꽉 찼다. 진료실에서 입원실로 통하는 1백여 미터의 복도도 중독자들이 꽉 메웠다. 병원 한가운데 있는 광장도 이제는 환자들을 안치하는 임시 장소가 되었다. 진료실과 시체실 사이를 오가는 리어카가 제일 분주했다. 흰 천을 씌운 사망자들이 속속 나왔다. 20여 명의 시체를 실어 나른 후 이 리어카는 다른 비밀통로로 시체를 실어 날랐다. 이때부터 이 병원에서 사망한 중독자의 숫자는 더 이상 정식으로 공개되지 않았다.

이번 음식물 중독사건은 전례 없던 일이었다. 우선 사망자 수가 너무 많았고, 정치적으로 한창 민감한 시기에 발생해 단순한 중독사건의 범주를 벗어나 '정치적으로 위험한 사건'으로 그 성격이 변질되었다. 중공중앙과 국무원이 들썩거렸고, 국무원 비서장 왕중위王忠禹가 직접 난징에 와서 사건의 처리를 지휘했다. 공안부와 위생부, 민정부 등의 부문에서 연합으로 특별소조를 조직해 사건조사에 나섰고, 중앙군위에서도 이 조사에 참여했다. 사망자 중에는 군사학원의 학생과 군인들의 가족들도 포함되어 있었던 것이다. 장쑤성과 난징시의 주요 관리들은 모두 제정신이 아니었다.

공안과 경찰들은 불철주야 사건 해결에 나서서 공안부에서 수배령을 내린 지 48시간도 채 안 된 15일 새벽에 용의자 천정핑陳正平을 허난성 경내에 들어선 1659호 열차 안에서 체포했고, 9월 30일 1심 판결에서 사형을 언도했다. 기소서에는 이렇게 기술되어 있다. 일찍이 절도죄로 감옥에 간 적 있는 천정핑은 탕산에서 쥐훙菊紅식품점을 경영하던 중 사소한 일로 탕산진 쩡우正武식품점의 주인 천중우와 싸움이 벌어졌다. 이에 앙심을 품은 천정핑은 9월 13일 저녁 쩡우식품점에 와서 미리 준비해 갔던 쥐약 '독서강毒鼠強'을 슬그머니 식품 재료에 섞었다. 그 결과 3백여 명이 독이 들어 있는 음식물을 먹고 중독되었고, 9월 19일 천정핑에 대한 기소서를 작성할 때까지 38명이 죽고, 후에 4명이 사망해 지금까지 모두 42명이 사망했다.

용의자를 연행해 보름만에 판결을 내릴 정도로 신속히 사건을 처리하는 일은 중국에서 보기 드문 예이다. 이 사건의 악영향이 정치적으로 확산되는 걸 방지하기 위해 당국이 신속한 조치를 취한 게 분명했다. 범죄자를 빨리 처단함으로써 분노로 끓어오르는 피해자 가족들을 위로하고, 계속해서 확산되는 이 사건에 하루속히 마침표를 찍으려는 속셈이 빤히 들여다보였다. 그러나 사건은 그리 쉽게 끝나지 않았다. 사람들은 이번 사건에서 드러난 여러 가지 문제에 대해 분분히 떠들었다. '독서강' 같은 독성약물에 대한 관리의 소홀, 아침 5시경에 중독으로 쓰러진 환자가 처음 발견되었는데 8시가 다 되어서야 공안 부문이 출동한 사실……. 그 외에도 여러 가지 문제들이 사망자 가족들 사이에서 일어났다. 학교에서 중독된 학생들을 병원에 보낼 때 부유한 가정의 자제들과 간부의 자제들부터 병원에 보내 치료를 받게 한 사실, 그리고 탕산 병원에서도 돈 있는 사람들을 먼저 치료해주고 가난한 사람들은 거들떠보지도 않았던 사실……. 후에 사건이 커져 누구든지 무조건 치료해야 한다는 '정치 임무'가 내려지고 나서야 가난한 사람들도 치료해 주기 시작했다는 것이다. 그리고 가장 많이 시민들의 분노와 의문을 살 수밖에 없었던 건 사실에 대한 은폐였다. 기자들의 접근을 일체 막았던 것이다.

〈남방주말〉의 기자는 이렇게 적었다. 한밤중인 새벽 2시에 군대 중심 병원에 들어가려고 시도했으나 대여섯 명의 경찰들이 정문을 지키고 서서 막았으며, 일곱 명의 공안원들이 병원 건물 주위를 순시하고 있었다. 기자가 온갖 방법 끝에 3층에 올라가 간호사들에게 상황을 물었으나 그들은 아무 대답도 하지 않았다. 환자의 가족들도 더 이상 병원 안으로 들어올 수 없게 조치가 내려졌다. 이런 봉쇄는 더더욱 무성한 추측을 만들어냈다. 기자는 또 죽은 사람의 가족으로 가장하고 난징 스즈깡石子崗 화장터로 향했다. 이곳에서 근무하는 모든 사람들에게 밖으로 어떤 사실도 내보내서는 안 된다는 지시가 내려졌다. 기자는 이곳에서 15일 하루 동안 모두 20구의 시체를 화장했고, 16일에는 화장을 중지, 17일에는 13구의 시체를 화장한 사실을 알아냈다. 쥐룽 화장터에서는 17일에 9구, 샹팡上坊

화장터에서는 18구의 시체를 화장했다. 모두 60구였다. 그 외에도 적지 않은 사망자들이 시체실에 보관되어 있다는 사실이 경찰로부터 입수되었다.

정부가 이 사건에 대해서 발표한 내용은 사실과 많이 다를 뿐 아니라 서로 모순되는 부분도 많았다. 처음에는 사망자 수가 1백 명에 달한다고 했으나, 나중에 다시 '구조했으나 끝내 38명이 숨졌다'고 발표했다. 또한 난징시 공안국 대변인은 홍콩 텔레비전 방송국과의 인터뷰에서 중독 사망자 수가 백 명을 넘어섰다는 설을 강력히 부인하면서도, 그럼 도대체 사망자가 몇 명이냐 하는 물음에는 우물거리며 대답하지 못했다. 참극이 발생한 지 3일이 지났지만 정부에서는 그냥 '많은 사람들'이라는 불확실한 용어로 사망자 수를 대변했다. 당국이 발표한 사망자 수와, 당사자나 목격자들의 증언에 의한 사망자 수 사이에는 너무나 큰 차이가 있었다. 사건을 축소시키고 신문과 방송의 입을 무모하게 막은 결과로 사회적으로 더 심한 유언비어가 떠돌게 되었다. 당과 정부의 관영 매체의 공신력은 빙점 이하로 떨어졌고, 인터넷에는 당국이 사건의 진상을 감추고 사건 처리 과정에서 수많은 허점을 드러냈다고 지적하는 글들이 수없이 올라왔다. 당국에서 사망자 수를 줄이려는 것에 네티즌들은 강력히 항의하고 나섰다.

이번 음식물 중독 사건은 난징시 정계 고위층에 가장 심각한 영향을 끼쳤다. 장쑤성은 장쩌민의 고향이고, 후진타오가 소년 시절을 보낸 곳이다. 그리고 가장 주목해야 할 사실은, 장쑤성의 수도 난징시가 '공청단파'의 '시험기지'라고 할 수 있을 정도로 공청단과 밀접한 관계를 가지고 있다는 것이다. 전국의 모든 성·시·자치구에서 오직 육조고도六朝故都인 난징시만 '공청단파' 직계들에 의해 집권되고 있었던 것이다.

먼저 장쑤성 성위부서기 겸 난징시 시위서기 리위안차오를 보자. 그의 부친은 일찍이 상하이시 부시장을 지낸 리간청李幹成이다. 리위안차오는 푸단復旦대학 수학학부를 졸업했으며 졸업 후 학교에 남아 단위서기를 했다. 후에 상하이시 단위서기로 발탁되면서 정계의 문이 열렸다. 1983년 공청단 중앙서기처에 들어가 후진타오의 직접 지도를 받으며 일했고, 후에 중공중앙대외선전판공실 부주임을 하다가 국무원신문판공실 부주임을 거쳐 문화부 차관으로 승진했다. 장쑤성에 내려와 성위부서기를 맡다가 후에 난징시 시위서기까지 겸한 건 중앙에서 승진을 하는 데 필요한 과정이었던 것이다.

리위안차오의 비서인 난징시 시장 뤄즈쥔羅志軍 역시 '공청단파' 성원이다. 뤄즈쥔은 베이징 태생으로 고급 간부의 자제다. 일찍이 판웨潘岳와 관계가 좋았던 뤄즈쥔은 판웨가 중국청년신문사 부총편집으로 있을 때 발행처 부차장으로 있었고, 신문사 비서장을 하다가 공청단 중앙으로 자리를 옮겼다. 공청단 중앙에서 뤄즈쥔은 실업발전부 부장, 중일청년교류센터 이사장을 거쳐 공청단 중앙 상무위원이 되었다. 난징으로 옮겨온 후 그는 먼저 부시장에 임명되었고, 2002년 1월에 열린 난징시 인민대표대회에서 만장일치로 시장에 당선되었다. 이렇게 난징시 당정에 걸친 두 1호 인물이 모두 '공청단파'일 뿐 아니라 장쑤성 성장 지윈스季允石 역시 '공청단파'이다. 지윈스는 원래 쑤저우에서 관리의 길에 올랐고, 후에 공청단 장쑤성위 서기를 거쳐 성장에 오른 사람이다. 이렇게 보면 난징시는 명실상부한 '공청단파'의 '시험기지'인 셈이다. 이곳을 거쳐 중앙에 올라간다는 건 더 높은 권력의 계단이 기다리고 있음을 뜻하는 것이기도 하다. 이런 난징시에서 음식물 중독으로 숱한 사람이 죽어나간 사고가 발생했으니 '공청단파'가 움찔할 수밖에 없었다. 미국 〈월드 데일리〉에서 단평을 실어 "공청단파의 권력 이어받기에 준 충격과 영향으로 볼 때 이번 사건은 한 차례의 '정치적인 사건'이라고 해도 과언이 아니다"고 한 것도 일리는 있다.

최근 몇 년 동안 고급관리들이 강등되고 여기저기서 발생하는 돌발사고가 중국의 여론을 심심찮게 장식하고 있다. '공청단파'는 아직 부패의 전형으로 찍혀 '원숭이에게 피를 보이기 위해 잡히는 닭'의 신세는 되지 않았지만, '희망사업' 기부금에 대한 부당한 운영으로 사회에 끼친 악영향과 여기저기 '공청단파'들이 있는 곳에서 계속해서 터지는 이런저런 사고로 정치 적수들에게 꼬투리를 잡힐 수밖에 없는 상황이다. "아직 콧수염도 제대로 나지 않았으니 일 처리에 서투를 수밖에 없다"는 속담이 있다. 아직 '중임을 이어받아 떠메기에는 어린 것'이다.

'공청단파'에게 불리한 보도들이 점점 많아지는 추세이다. 예를 들면 홍콩 잡지 〈개방〉은 쑤런옌蘇仁彦의 「베이징 부동산개발업자 권력과 결탁해 행패를 부리다」라는 글을 실어 2002년 3월 베이징 중산계급들이 집중적으로 모여 있는 왕징望京 타운에서 발생한 구타사건을 폭로했다. 부동산개발업자들이 정부 권력층과 결탁해 30층 고층건물을 규정에 위반되게 건설하는 것을 반대하고 나선 거주민들과 개발업자 사이에 충돌이 발생한 것이다. 달려온 공안원들이 개발업자들 편에 서서 주민들을 구타해 여러 사람이 다쳤는데 마침 그 부상자 중에 일찍이 베이징시 공청단 서기를 했고 지금은 베이징시 정법위원회 서기를 맡고 있는 창웨이强衛의 친척도 끼어 있었다. 그러나 개발업자들은 "우리는 창웨이가 겁나지 않는다. 오히려 창웨이가 우리를 겁낸다"라고 감히 큰소리를 쳤다. 전하는 말에 따르면 이 사건이 있고 얼마 지나지 않아 개발업자들과 창웨이를 포함한 베이징시 고급관리들이 어느 한 고급주점에서 마주앉게 되었다. 술상에서 부동산개발업자들은 그때 맞은 사람이 정말 창웨이의 친척이 맞느냐고 물었고, 창웨이가 그렇다고 대답하자 개발업자들은 창웨이의 면목을 봐서 약간의 위로금을 내는 것으로 마무리지었다.

이전에 '공청단파'는 사람들에게 정치발전 야망이 크고 그에 따라 생기가 있고 개척정신도 있으며 부패와는 거리가 먼 것으로 인식되어 있었는데, 근래 몇 년간은 사람들에게 다른 인상을 심어주고 있다. 혹시 이것은 '공청단파'가 자기들의 '정치 판권'을 더 넓히기 위해 반드시 치러야 할 대가인지도 모른다. 권력과 책임은 함께 동반되어야 한다. 예전에 권력을 쥐지 못했을 때에는 그에 따르는 책임이 없었지만, 이제 권력을 잡았으니 자기가 관할하는 범위에서 발생한 일에 대해서는 책임을 져야 하는 것이다.

11
공산당의 후계자인가, 공산당의 무덤을 파는 사람인가

> 혹시 그가 총서기를 보좌해 '세 가지 대표'를 확립했다 하더라도 그것은 산 위에까지 굴려 올릴 수 없는 시시포스의 바위를 움직인 것이 아니라, 다만 산 위에서 산 아래로 돌을 굴린 것에 지나지 않는다. 한번 힘을 주어 일단 구르기 시작한 돌은 멈춰세울 수가 없을 것이다.

99를 다 세었으니, 이제는 시작부터 다시

2002년은 중국공산당 건립 81주년이 되는 해이다. 중국 전통에 따르면 81개 춘추는 99를 다 센 셈이니 이제는 시작부터 다시 하나의 주기로 새롭게 출발해야 할 시기인 것이다.

1960~70년대 사회혼란과 1980년대 경제개혁을 거치고, 1990년대 초기 구소련과 동유럽의 와해와 자본주의화의 이변을 거치면서 공산주의는 하나의 사회운동으로든 또는 한 가지 의식형태로든 완전한 하나의 주기를 지나왔다. 20세기 초의 상승 기세는 20세기 말에 와서 쇠퇴와 패망의 길로 접어들었다. 81년이라는 시간은 중공에 서로 관련 있는 다섯 가지의 도전을 가져다주었다.

첫째, 의식형태에 있어서 공산주의를 입당입국立黨立國의 근본으로 삼았던 중공은 이제 지도사상의 진공眞空 상태라는 난처한 국면에 빠졌다.

아직도 중국공산당의 정관과 나라의 헌법에는 '공산주의 실현'이라는 글자와 구절이 바뀌지 않고 그대로 남아 있지만, 현실이나 사회의 가치관념과 너무 동떨어져 있는 빈소리에 불과하다.

둘째, 정치 지위에 있어서 중국은 공산당의 지도 아래 '사유재산을 없애고 공유화를 지향하는' 과정을 거친 지 20년 만에 다시 공산당의 지도 아래 '공유를 사유로 전환하는' 과정을 거쳤다. 앞의 변혁이 깊고 철저하게 이루어질수록 공산당의 존재 이유는 커졌지만, 뒤의 변혁이 깊어지고 철저해질수록 공산당은 점점 그 존재의 이유를 잃어가게 되었다. 이는 근본적으로 공산당의 지위를 부정하는 것이 된다. 더욱이 이 과정에서 공산당 관료들이 행한 부패행위의 심각한 결과에 대해서는 더 이상 말할 필요가 없다.

셋째, 경제 기초에 있어서 개혁개방과 경제건설은 중국의 인력, 자원, 자금과 정보 등이 전에 없는 규모와 속도로 움직이게 되었다. 산업과 경제의 변혁에 잇달아 여러 가지 사회의 불안정 요소들이 크게 늘어났으며, 가장 중요한 것은 경제의 자유화와 시장화 추세에 따라 전통적인 국가 권력구조도 변화하지 않으면 안 되게 되었다. 이에 비추어볼 때 집권당인 공산당의 권력 시스템 역시 취약할 수밖에 없으며 변혁에 대항할 힘이 없는 것이다.

넷째, 문명 패턴에 있어서 사유화의 발전은 민중의 이익을 분화시키고 사회 공간을 확대시켰다. 자유, 민주, 법치, 인권에 대한 요구가 나날이 강렬해지고 정치상에서 체제개혁을 요구하는 목소리가 점점 높아지고 있다. 이는 언젠가는 일당독재의 중국 현실과 커다란 충돌을 일으키게 될 것이다. 동시에 사유화 특유의 피할 수 없는 폐단들도 속출하고 있다. 그러나 이런 새로운 모순들을 해결할 수 있는 공산당의 수단과 역량은 점점 줄어들고 있으며 공산당은 난처한 입장에 처하게 되었다. 국제적인 발전 주류에 발을 맞추면서도 중국의 국정에 부합되는 새로운 문명 패턴을 탐색해내는 것이 더는 미룰 수 없는 일이면서도 그리 쉬운 일은 아니다.

다섯째, 과학기술의 개발에 있어서 중공의 권력 시스템은 점점 탄력이 모자라고 새로운 과학기술의 발전을 따라가지 못하는 심각한 결함을 드러내고 있다. 비록 중공이 "사회주의 체제는 자원을 집중해 큰일을 해낼 수 있다"고 외치고 있지만 이런 권력 시스템은 본질적으로 전자, 네트워크 등과 같은 하이테크와 어울리지 않는다. 물론 일당제의 권력 시스템으로도 찬란한 성과를 거둔 역사는 있었다. 구소련에서 가장 먼저 인공위성을 발사하고 우주비행선에 사람을 태웠으며, 중국에서 독립적으로 원자탄과 수소탄을 개발해낸 것 등등을 들 수 있다. 그러나 중공은 현대과학기술이 일당제 통치에 가져다주는 위협을 벌써 스스로 느끼고 있다. 기술력과 자금력으로 말하면 중국은 당연히 하이테크 네트워크를 쾌속으로 발전시킬 수 있고, 중공 역시 '지식경제'의 심원한 의의를 깨닫고 있다. 그러나 '할 수 없는 게 아니라 하지 않는 것'이다. 중공은 이런 하이테크의 발전이 가져다줄 통신과 커뮤니케이션의 혁명이 자신들의 통치기반을 위협하게 될까 봐 두려운 것이다. 이런 우려와 걱정이 전체 과학기술력의 발전속도가 세계의 과학기술 발전속도를 따라가지 못하도록 견제할 수밖에 없는 것이다.

세 가지 대표

후진타오가 집권한 후에야 이런 모든 준엄한 도전을 똑바로 바라볼 수 있게 될 것이라며 기다리고 있을 때, 변화의 계기는 뜻밖에도 엉뚱한 데서 앞당겨 나타났다.

새로운 슬로건 내세우기를 즐기는 장쩌민은 이제 권력을 내놓아야 할 시점을 코앞에 두고 '세 가지 대표' 학설을 내놓았다. 광둥을 시찰할 때 그는 중국공산당은 '중국 선진사회 생산력 발전의 요구를 대표하고 중국 선진문화의 전진 방향을 대표하고, 중국 광대한 인민의 근본 이익을 대표해야 한다'고 제기했다.

이 연설이 있은 후 사람들은 그저 장쩌민이 또 한 번 가슴이 끓어올라서 기분 내키는 대로 즉흥연설을 한 것에 불과하다고 생각했다. 그 전에도 장쩌민은 기분 내키는 대로 이와 비슷한 발언을 한 적이 여러 번 있었다. '세 가지를 말하기', 즉 '정치를 말하고 정기를 말하고 학습을 말하기'도 그렇고(이 세 가지 개념을 병렬시켜 이야기하려면 감히 논리를 무시하는 대담성이 필요하다.), '덕으로 나라를 다스리기'도 그렇고, 모두 다 일시 기분이 내키는 대로 내뱉은 말이라는 느낌이 든다. 진심으로 대할 필요없이 그저 옆에서 고개를 끄덕여주고 박수를 쳐주며 한동안 총서기의 지시를 따라주는 체하면 되는 것이다. 많은 사람들은 이번에도 한동안 떠들다가 그만두려니 했다. 그러나 사람들은 이번에 장쩌민이 결코 지나가는 말로 이 말을 내뱉은 것이 아님을 알게 되었다. 간단히 대할 일이 아니었다.

2001년 7월 1일 장쩌민은 아주 성대하게 거행된 중국공산당 창건 80주년 기념대회에서 2만 2천여 자의 장편연설을 발표해 다시 한 번 자신의 이 '세 가지 대표' 이론을 정중히 제기했다. 그날 저녁 베이징 텔레비전에서 방송한 대형 문예공연 프로그램 중에는 '세 이름'이라는 프로그램이 들어 있었는데 그 대사에 '위대한 영수 마오쩌둥', '총설계사 덩샤오핑', '길 안내자 장쩌민'을 잊어서는 안 된다고 호소했다.

'세 가지 대표'와 같은 슬로건을 내세우려면 모험정신이 있어야 한다. 국외의 한 평론가는 이런 슬로건을 제기한 장쩌민의 속내를 여러 가지로 추측했으나 그 답안을 찾을 수 없었다고 말했다. 장쩌민은 '개국 황제'와 같은 박력과 웅대한 뜻을 가지고 있지 못하다. 곳곳에 음모와 음해가 도사리고 있고 누구도 예측할 수 없는 변수가 숨어 있는 중국의 정치무대에서 집권기간 동안 심신에 아무런 상처도 입지 않고 끝까지 자리를 지키고 있는 것도 쉽지 않은 일이다. 원래 내정한 대로라면 장쩌민은 16차 당대표대회 때 당서기의 자리를 내놓게 되어 있었다. 조용히 자리를 내놓으면 무사히 임기를 마치게 되는 것이다. 그런데 그 16차 대표대회를 코앞에 두고 이렇게 당내에 사상의 대분열을 가져올 슬로건을 내세운다는 건 너무 모험적이라, 도대체 그 속셈이 뭔지 추측하기 힘든 것이다. 장쩌민은 정말로 얼마 남지 않은 자신의 임기내에 당내 분열이 생기는 걸 바라는 것일까?

이에 대한 해석은 제각각이다. 한 가지 해석은, 장쩌민은 결코 자리를 내놓고 싶지 않다는 것이다. 퇴임 전에 모험을 무릅쓰고 당내에 폭풍을 일으킴으로써 그 폭풍을 정리하느라 자리에 남아 있을 이유와 기회가 생기게 되는 것이다. 또 다른 해석은 그가 자리를 내놓기 전에 역사에 길이 남을 사상운동을 전개함으로써, 후세에게 영원히 자신의 이름과 함께 기억할 유산을 남겨주고 싶었다는 것이다.

역사를 거슬러 올라가 보면 중국 역시 다른 나라와 마찬가지로 정통政統과 도통道統에서 제각기 다른 역사적 인물들이 그 맥을 이어오고 있다. 각 역사 시기마다 서로 다른 인물들이 제각기 정치통치와 도덕통치에서 그 역할을 담당하고 있었다. 그러나 마오쩌둥 시대에 와서 그것이 한 사람에게 합쳐졌다. 마오쩌둥은 황제와 교황의 두 역할을 자기 혼자 욕심스럽게 걸머지었던 것이다. 마오쩌둥에 비해 덩샤오핑은 욕심이 적은 사람이다. 이론보다 실제효과를 더 중시하는 이 늙은이는 자신이 직접 내다볼 수 있고 만질 수 있는 곳까지만 이론으로 설명하고, 그 이론이 자신이 추진하고 있는 개혁을 해석할 수만 있으면 만족해했다. 덩샤오핑이 추구하는 건 실사구시였다. 자신이 실제 내밀고 있는 현실의 범주를 벗어나는 것들에 대해서 그는 모조리 묻지 않고 쟁론하지 않았다. 그러나 덩샤오핑에게는 세계가 승인한 개혁의 담력과 모험정신이 있었던 것이다. 그에 비하면 장쩌민이 보여온 정치형상은 훨씬 온당파에 속했다.

그런 장쩌민이 이론의 창조자, 제도의 혁신자, 정신의 개척자가 되려고 감히 퇴임 전에 '세 가지 대표'를 들고 모험의 장을 연 것이다. 장쩌민 역시 마오쩌둥처럼 황제와 교황의 역할을 동시에 맡고 싶었던 것일까? 분석가들은 이렇게 분석했다.

장쩌민은 이 슬로건으로 '장쩌민 막후 시대'에 공산당이 한쪽으로는 '평화적으로 변화'하고 한쪽으로는 집권당의 위치를 계속해서 지키는 데 꼭 필요한 강령으로 삼으려 했다. 그와 함께 이 슬로건으로 짧은 임기 동안만 최고권력을 거머쥐었던 정치적 리더의 형상으로부터 기나긴 역사의 한세월 동안 공산주의 사상노선을 주재하는 정신적 리더로 탈바꿈하려 했던 것이다.

공산주의를 신앙하는 사회주의 국가의 정치영수로서 매 세대마다 독특한 의식형태와 사상관점으로 마르크스주의에 대해 새로운 해석을 할 수 있다면 그것은 그 세대를 상징하는 주요 표징으로 역사에 남게 될 것이다. 한 '세대'가 성숙되었느냐 아니냐는 그 세대가 자기만의 독특한 의식형태 관점을 형성했느냐 못했느냐에 따라 결정된다. 따라서 한 '세대'의 핵심인물로서 최고수뇌자의 가장 중요한 사명은 앞의 세대와는 다른 독특하고 새로운 의식형태 관점을 창조해내야 하는 것이다. 공산주의 배경 하에서 이 새로운 의식형태 관점이야말로 최고수뇌자가 휘두를 수 있는 가장 유력한 도구이고, 이 도구로 자신의 권력구조를 자기 의사대로 다시 조합할 수 있는 것이다. 덩샤오핑이 화궈펑을 한 '세대'의 대표인물로 인정하지 않은 것은 화궈펑에게서 앞 세대와 다른 독특한 관점이 나오지 않았기 때문이다.

왕쥔타오는 이렇게 말한 적이 있다. 통치자들은 모두 다 정치개혁을 추진하려는 개인의 개혁의지와 개혁의사를 가지고 있다. 고르바초프, 리덩후이, 심지어 덩샤오핑을 예로 들어보면 한 가지 공통된 현상을 발견할 수 있다. 즉 최고통치자가 개혁을 진행하는 과정에서 자신에 대한 평가의 득실에 대한 고려가 그가 이끄는 집권당의 이익에 대한 목표와 때때로 일치하지 않을 때가 있다는 것이다. 개인적인 지위와 국제적 명망을 위해 자기가 속한 집권당의 이익을 위반하고 자신의 의사와 의지대로 개혁을 추진할 수도 있는 것이다.

장쩌민이 어떤 동기로 '세 가지 대표'설을 내놓았든지 간에 이 학설은 중국공산당의 현시점에서 너무 멀리 내달은 셈이 된다. 당내에서 반대하리라는 것을 그는 상상할 수 있었을 것이다. 과연 아직 발언권을 가지고 있는 중공 원로들은 당연히 반대하며 나섰고, 마르크스-레닌이 내세운 공산주의 학설에 대해 신앙심을 가지고 있는 사람들은 모두 분노할 수밖에 없는 이론이었다. 공산당의 종지宗旨는 바로 착취계급을 소멸하는 것이다. 그러나 장쩌민의 '세 가지 대표'는 착취계급을 향해 당의 대문을 열어놓은 셈인데, 이 사람들더러 '공산주의를 위해 분투'하라고 하는 건 말이 안 된다.

장쩌민은 '세 가지 대표' 이론을 내놓고 이를 추진하기 위해 꽤나 신경을 썼다. 잡지 〈남풍창南風窓〉 2002년 1월호에 실린 기자 자오이趙義의 「'집권당 창신創新'의 막 열리다」라는 글은 '세 가지 대표' 사상의 추진과 실시의 고명함에 대해 찬탄을 표했다.

정치가의 새로운 이론창조는 언제나 일종의 고명한 정치활동이다. 이는 새로운 이론의 교묘한 창조과정을 들여다보는 것으로도 얼마간 엿볼 수 있다. 이번 새로운 이론의 발포와 전파, 실시의 과정을 살펴보면 감탄하지 않을 수 없다.

최초에는 '네 가지를 새롭게 인식'하는 것이었고, 다음은 '세 가지 대표'였고, 나중에는 '마르크스주의는 시대와 함께 진보하는 이론 품질을 가지고 있다', '사회 기타 방면에서의 우수인력들을 당내에 흡수해야 한다'고 제기했다. 그와 함께 이렇듯 명확히 선포했다.

재산이 있는가 없는가, 얼마나 있는가 하는 것으로 정치에서 선진적인가 낙후한가를 판단하는 표준으로 삼아서는 안 된다. 중요한 것은, 그의 사상정치 상황과 현실 표현을 보아야 하고, 그들의 재산이 어떻게 이루어졌는가를 보아야 하며, 그 재산을 어떻게 지배하고 사용하는가 보아야 한다. 그리고 그들이 자신의 노동으로 중국 특색의 사회주의 건설사업에 기여한 공헌을 보아야 한다.

각지의 열렬한 학습운동을 거쳐 최후에 중앙위원회 전체회의에서 공보公報의 형식으로 이 새로운 이론의 지도 지위를 정식으로 확정했다.

그러나 이렇듯 고명한 실시 과정에서 일어나는 심한 반발은 장쩌민을 난처하게 만들기도 했다. 2001년 8월 28일 〈인민일보〉는 장쩌민과 후진타오의 심사비준을 거친 신화사 특약 논설위원의 글,「새로운 사회계층에서 당원을 발전시키는 데 대해 정확히 인식하자」를 실었다. 글을 보면, 강대한 장애물 앞에 장쩌민이 자본가의 입당 문제에 있어서 좌파들에게 한 발짝 양보하고 나선 것을 볼 수 있다. 문장은 '새로운 사회계층'의 '선진 인력'들을 입당시켜야지, 결코 공산당원의 표준을 낮춰서는 안 된다고 강조했다. 한꺼번에 입당시키는 것을 금지하고 '입당 동기가 불순'한 사람들이 당내에 섞여 들어오는 것을 엄격히 방지해야 하며, 당원을 발전시키는 중점은 아직도 노동자, 농민, 지식인, 군인과 간부들이라고 했다. 장쩌민은 또한 홍색자본가紅色資本家의 입당 문제에 대한 해석권은 중앙에 있으며 기타 어떤 사람도 마음대로 해석해서는 안 된다고 했다. 제각기 해석이 달라져서 더욱 혼란해질 수 있기 때문이다.

8월 31일, 장쩌민은 국방대학에 가서 그의 '7월 1일 강화정신'을 학습하는 고급장령들 앞에서 강화를 발표했다. 후진타오와 중앙군위 위원들이 모두 참가했는데 그 표정들이 매우 엄숙했다. 그런데 강의를 듣는 장령들은 누구 하나 필기하지 않고, 팔짱을 끼고 앉아 연설을 별로 귀담아 듣지 않는 표정들이었다.

2000년 연말 필자 중의 한 사람이 베이징의 중공중앙연구실에서 오랜 경력의 연구원에게 물었을 때 그는 매우 긍정적으로 토로했다. 장쩌민의 '세 가지 대표'는 당내에서 매우 강한 반발에 부딪쳤다. 특히 지린성 성위부서기 린옌즈의 반발이 가장 심했다. 린은 연구원에게 직접 이렇게 말했다.

"공산당이 무산계급의 선봉대라면 이로 말미암아 이미 사영 기업주가 공산당에 가입하는 것을 절대로 허용할 수 없음을 결정해 놓았다."

과연 얼마 지나지 않아 필자는 수만 자에 달하는 린옌즈의 글을 읽을 수 있었다. 글에서 린옌즈는 중국의 사영 기업주들이 공산당의 성격을 바꾸려고 노력하고 있고, 최종적으로는 정권을 빼앗으려 하는 데 크게 경계해야 한다고 소리를 높였다.

누가 '중국의 고르바초프'인가

많은 사람들은 벌써부터 '중국의 고르바초프'를 찾고 있었다. 어떤 사람들은 주룽지가 이 배역을 담당할 수 있다고 했고, 어떤 사람들은 희망을 후진타오의 몸에 기탁했다. 또 어떤 사람들은 후진타오는 '중국의 안드로포프'밖에 안 되고 '중국의 고르바초프'는 후진타오 다음 세대인 '제5세대' 후계자의 날개가 굳어진 다음에야 가능할 것이라고 추측했다. 그러나 누구도 알아보지 못했다. '중국의 고르바초프'는 다른 사람이 아니라 바로 장쩌민임을 알지 못한 것이다.

기실 장쩌민과 고르바초프는 가치관과 성격 등에 있어서 전혀 다른 특징을 가지고 있다. 여기서 우리는 그저 장쩌민이 제기한 '세 가지 대표'설이 고르바초프가 제기한 개방적인 '새로운 사유'설과 마찬가지로, 공산당 자체를 매장해버리는 기폭제 역할을 한다는 공통점만으로 장쩌민을 '중국의 고르바초프'라고 하는 것이다. 이런 매장의 진행 과정은 그리스 신화에 나오는 '시시포스의 바위'처럼 산밑에서 아무리 산 위로 굴려도 다시 굴러 내려와 결국 영원히 산 정상에 바위를 올려놓을 수 없는 그런 작업이 아니고, 산꼭대기에서 산 아래로 바위를 굴리는 것과 같은 작업이다. 제1 추동력이 움직이기만 하면 그 바위는 멈추지 않고 밑으로 굴러 내려올 것이다. 마치 시장경제가 일단 가동되면 다시 역전시킬 수 없듯이 말이다.

중국에서 '6·4 사태'가 발생한 이후, 특히 동유럽과 구소련의 공산당이 역사의 무대에서 물러난 후 어떤 사람들은 중국공산당의 날도 얼마 남지 않았을 것이라고 예측했다. 그러나 중공은 1989년 봄여름에 걸쳐 일어난 전민 시위활동의 충격과 '6·4사태'에서 무력을 사용한 데 대한 국제의 제재를 용케도 이겨냈다. 뿐만 아니라 공산당 정권이 앞다투어 넘어지는 '도미노 현상'도 묘하게 비켜나가 21세기까지 버텨온 것이다. 그렇다면 중공의 '장수' 비결은 무엇일까?

그 원인을 분석한 문장들은 너무나 많아, 중구난방으로 그 원인을 찾아 떠들어대고 있지만, 한 가지만은 모든 분석가와 관찰자들이 공감하고 있다. 즉 중공이 아직도 일당독재 및 통치의 권력과 그 과실을 독점하려는 본질에는 변함이 없지만, 그 지도사상과 통치방법에는 이미 미묘하고도 심원한 변화가 일어나고 있다는 것이다.

중공 내부는 두 파로 나누어져 있다. 물론 그 두 파를 구별할 수 있는 아웃라인은 명확하게 그려져 있지 않다. 한 파는 '불변으로 모든 변화에 대응'할 것을 요구하고, 다른 한 파는 '모든 변화는 불변을 지키기 위한 것'이어야 한다고 주장하고 있다. 전자는 극좌의 '마르크스—레닌주의 교조주의자' 세력들로서 그 기세가 우위를 점하고 있었다. 그러다가 덩샤오핑의 남방 순시강화 발표를 전환점으로 좌냐, 우냐, 자본주의냐, 사회주의냐 하는 논쟁을 떠나 '발전이야말로 진짜 도리다'라는 데 비춰 전국민의 주의력을 돈벌이에 끌어모으면서 현실파들이 주류를 차지하기 시작했다. 공산당의 이른바 '합법성'('합법성'의 논리가 든든한 기초를 가지고 있든 없든)은 정치공적 위에 세워지기 시작했다. 백성들은 눈에 보이는 돈을 믿었다.

덩샤오핑은 '일만 하고 말하지 않았지만' 장쩌민은 한편으로 일하면서 한편으로 말도 했다. 덩샤오핑이 경제개혁을 추진하느라 한쪽으로 팽개치고 거들떠보지도 않았던 당의 '교양' 문제를 주동적으로 끌어안고 입가에 매달았다. '세 가지 대표'는 중공이 공개적으로 마르크스－레닌주의와 굿바이한다는 것을 정식으로 표명한 것이나 다름없다. '세 가지 대표'는 '공산당은 무산계급의 선봉대'라는 '마르크스－레닌주의 원래의 교시'를 철저히 배반하는 것이 된다. 왜냐하면 오늘날 '중국의 선진적인 사회 생산력의 발전요구를 대표'하는 것은 절대로 직장을 잃고 자기 밥벌이도 힘든 '정리 실업' 노동자들이나 몇 푼 수입도 안 되는 농민들이 아닌 것이다.

일찍이 자오쯔양의 수하에서 일한 적 있는 학자 우자샹吳稼祥은 심지어 장쩌민의 '세 가지 대표' 학설이 일단 실천에 옮겨지기만 한다면 중공 내부에는 '공산주의 종교혁명'이 일어나게 될 것이라고 했다. 즉 중국공산당은 하나의 계급(무산계급)만을 위한 정당으로부터 전민을 위한 정당, 또는 사회 다수 파벌의 정당으로 변하게 될 것이고, 그렇게 된다면 중국공산당은 결국 사회민주당으로의 전환을 완성하게 될 것이라고 했다.

개혁개방 이래 열렸던 중국공산당의 여러 대표대회를 살펴보면 회의 때마다 하나씩 새로운 슬로건을 내세운 현상을 발견할 수 있다. 12차 당대표대회에서는 '경제 건설을 전당 사업의 중심'으로 했고, 13차 당대표대회에서는 중국이 아직 '사회주의 초급 계단'이고 당의 영도지위의 '백년불변'의 기본노선을 내세웠으며, 14차 당대표대회에서는 중국에서 '사회주의 시장경제'를 건설해야 함을 제기했고, 15차 당대표대회에서는 '자본주의냐 사회주의냐' 하는 문제를 해결했다. 그렇다면 16차 당대표대회에서는 어떤 슬로건을 내세우게 될 것인가? 당연히 '세 가지 대표'일 것임에 틀림없다.

황태자도 시류를 타고 움직이다

장쩌민이 이렇게 나왔을 때 과연 후진타오는 어떻게 나올까?

쑹핑과 장난샹蔣南翔이 후진타오를 발견해서 양성한 건 이미 다 아는 사실이다. 그러나 그들은 후진타오 세대에 와서 공산당이 이렇듯 난처한 국면에 처하게 될 줄은 생각지도 못했을 것이다. 후진타오는 덩샤오핑과 후야오방의 추천으로 중용되기 시작했다. 그들은 비록 개혁개방의 의식과 의지는 있었지만, 역시 공산주의 의식형태 테두리 안에서의 개혁과 개방이었다. 그런 그들이 이리 고르고 저리 골라 선정한 제4세대 후계자 후진타오가 장쩌민을 따라 시류를 타서 이제껏 신봉해 오던 마르크스-레닌주의의 가르침을 버리고 '무슨 니즘'이라고 이름조차 붙일 수 없는 '세 가지 대표'를 신봉하고 지지할 것인가?

그러나 사람들은 뜻밖에도 후진타오가 장쩌민의 '세 가지 대표'를 그 누구보다도 앞장서서 선전하고 해석하고 떠받드는 걸 보게 되었다.

장쩌민은 끊임없이 지난 세기에 그렇게도 강대하던 정당들이 오늘날 형편없이 쇠퇴해진 사실들을 예로 들며 제기했다. 가장 강대하던 구소련 공산당이 하루아침에 무너진 지 벌써 십 년이 되고, 멕시코 혁명당이 71년의 집권 끝에 참담하게 역사의 무대에서 내려온 것……. 자신의 '세 가지 대표' 학설 제기에 대한 당위성을 위해 준비한 것들이다. 이에 맞추어 후진타오 역시 16차 당대표대회를 준비하는 과정 중에 줄곧 전당은 장쩌민의 호소에 따라 '중공의 집권 규율에 대한 인식을 끊임없이 심화'해야 한다고 강조했다. 16차 당대표대회에 '세 가지 대표'의 낙인을 크게 찍기 위한 동작임을 알 수 있다.

후진타오는 일찍부터 자기의 두뇌그룹을 물색하고 공고히 해왔다. 당연히 공청단 계통(그가 주석을 맡았던 청년연합회도 포함해서)은 그의 인재 기지와 사상의 창고일 수밖에 없다. 공청단과 청년연합회의 성원들도 끊임없이 활동하여 광범한 지식 엘리트들을 자신들의 범위 안으로 끌어모으고 있다. 또한 후진타오는 이미 중앙당학교의 교장을 9년씩이나 맡고 있다. 이 9년 동안 후진타오는 중앙당학교의 수재들과 좋은 관계를 맺어 왔으며 당학교와 중국사회과학원의 저명한 사람들을 자기 옆으로 끌어당겨, 아직 정식으로 모이지는 않았지만 서로 밀접한 관계를 가지고 있는 두뇌그룹의 역량을 확장했다. 이들의 미래에 대한 관점과 태도는 후진타오의 미래에 대한 구상과 태도에 적잖이 관계되는바, 그들에 대한 관찰로부터 아직 안으로 깊이 감추기만 하고 밖으로 드러내 놓지 않는 후진타오의 사상과 구상에 대해 조금은 냄새를 맡을 수 있다.

중앙당학교는 역사상 두 번의 찬란했던 시절이 있었다. 한 번은 20세기 1940년대 마오쩌둥이 중앙당학교 개학식에서 '당의 작풍을 정돈하는 것에 관해'라는 저명한 연설을 발표함으로써 연안 정풍整風운동의 기폭제가 되었을 때였고, 또 한 번은 1970년대에 진리의 표준에 대한 대토론을 거행할 때였다. 그때 〈광명일보〉에서 발표한 특약 논설위원의 글 「실천은 진리를 검증하는 유일한 표준이다」는 바로 당학교 사람들이 집필에 참여하고 수정해 후야오방이 직접 심사, 승인해서 먼저 중앙당학교의 내부간행물 〈이론 동태〉에 발표했던 것이었다. 그렇다면 중앙당학교는 지금 세 번째 전성기를 맞고 있는 것일까?

안후이성 어느 한 시의 시위부서기는 일찍이 필자에게 자신은 중앙당학교의 각종 이론 간행물들을 연구해 읽는 것을 즐긴다고 말했다. 그 잡지들에 실린 글을 읽고 중앙당학교의 선생들과 학생들에게 연락을 취해 대화를 나누고 그것을 통해 중앙당학교 인사들의 언론과 행동을 이해하고, 후진타오의 사상과 정치 취향의 풍향계로 삼는다고 했다.

중앙당학교의 상무부교장 정비젠의 움직임이 근래에 와서 활발해지고 있다. 후야오방의 비서를 한 적 있는 정비젠은 후에 후야오방이 하야한 후 앞장서서 후야오방을 호되게 비판하는 데 열성을 보였던 사람이다. 후야오방이 재임 기간 중 발표한 '신문 자유'를 반대하는 보수적인 글은 바로 정비젠이 그 초고를 작성했다. 정비젠은 1988년에 중국사회과학원 부원장으로 임명되었고, 14차 당대표대회에서 중앙위원으로 당선되었다. 후에 중앙선전부의 제1부부장이 되었다. 그를 두고 어떤 사람들은 개혁파라고 하고 어떤 사람들은 '바람 따라 돛을 다는 사람'이라고 한다. 그런 그가 중앙당학교 상무부교장이 되어 후진타오의 가장 유력한 조수역을 담당하고 있다는 것은 후진타오가 그를 매우 크게 써주고 있음을 의미한다. 정비젠은 지금이 당의 지도 간부에 대한 정체적인 신노교체기新老交替期로서 중앙당학교는 지도 간부에 대한 양성에 있어서 그 방향을 많이 개선하고 있다고 했다. 학교의 규모도 적당히 확대하고 있으며 더욱 엄격한 관리로 교육을 실시하고 있다고 했다. 장쩌민의 '세 가지 대표' 요구대로 교수 개혁을 강화하고, 과학연구에서의 개혁을 심화하며, 교수 내용을 많이 개혁하고 있다고 말했다. 이와 동시에 중대한 현실 사안과 전략 문제에 대한 조사연구를 강화함으로써 마르크스주의 이론 진지로서의 면모를 충분히 발휘할 것이라고 했다.

그의 발언 중 '중대한 현실 사안과 전략 문제에 대한 조사연구를 강화'했다는 말을 잘 분석해보면 말 속에 다른 깊은 뜻이 숨어 있음을 느낄 수 있다.

2002년 연초 〈월 스트리트 데일리〉에서도 후진타오의 영도와 영향 아래 중앙당학교가 가져온 변화에 대해 소개했다.

과거 줄곧 마르크시즘을 그대로 가르치는 것을 책임으로 하고 있던 당학교는 오늘날 점점 관리 계층에게 석사과정을 개설해 가르칠 수 있는 미국의 연구원들을 닮아가고 있다. 교재도 미국의 대학교에서 통용하고 있는 새뮤얼슨의 『경제학』을 그대로 사용하고 있고, 심지어 하버드대학 사크스 교수의 구소련 계획경제체제를 와해시킨 『쇼크 요법』의 이론도 가르치고 있다. 교수 방법도 하버드대학 MBA 과정에서 사용하는 케이스 연구방법을 많이 사용하고 있다. 더우 중요한 것은 일부 외국인 교수들이 직접 당학교의 교수진에 들어가고 있다는 것이다. 당학교는 하버드대학과 카네기국제평화기금회Carnegie endowment for International Peace와 합작해 냉전시대 세계무역에 관한 연합과정을 설치했다. 영국의회 의원을 청해 공당이 어떻게 영국 정치의 주류가 되었는가에 대해 강의하게 했고, '프랑스 전력Electrinic de France'의 총재도 요청을 받고 당학교에 와서 프랑스의 국영 에너지 동력기업들이 어떻게 사영기업과 경쟁을 하는가에 대해 강의했다. 일찍이 당학교에 와서 강의한 적이 있는 하버드대학 푸카이는 이렇게 말했다.

"그곳에는 공개적인 토론과 변론이 아주 많다. 공산당의 이 고급 간부학교는 점점 고급 공무원을 양성하는 학원을 닮아가고 있다."

후진타오는 여러 차례 중앙당학교에 지시해 학교 사람을 유럽 여러 나라에 파견해 사회민주당의 상황을 고찰하도록 했다. 뿐만 아니라 중앙당학교와 기타 학부 인원들을 미국 하버드대학 등 여러 유명 대학에 보내 관리방면의 과정들을 배우고 돌아오게 함으로써 중국의 정치관리 양성의 메커니즘을 개선하는 데 도움이 되게 했다.

만약 최근에 후진타오가 언론에 발표한 것들을 자세히 살펴본다면 우리는 중국공산당의 개혁에 대해 조심스럽지만, 그러나 더욱더 낙관할 수 있는 이유를 찾을 수 있다.

1999년 베이징대학의 한 학생이 장쩌민에게 편지를 썼다. 그 편지는 한 '자유파 지식인들'이 강연 중에 '자산계급 자유화'를 선동했다는 내용을 담고 있었다. 장쩌민은 이 편지를 후진타오에게 처리하라고 지시했다. 하지만 이런 일은 후진타오의 관리 범주에 드는 것이 아니었다. 이전에 후진타오는 종래의 민감한 의식형태 영역에 있어서 '좌' 또는 '우'로의 경향성을 표현한 적이 있었다. 그렇다면 혹시 장쩌민은 후진타오의 충성심을 시험해보기 위해 이번 편지를 맡긴 것이 아닐까? 후진타오는 장쩌민이 맡긴 일을 신속히 처리했다. 이번 일 처리에서 후진타오의 태도는 분명했다. 그러면서도 넘치지 않는 절제를 보여주었다. 문장을 발표해 '자산계급 자유화' 경향을 비판하되 비판 문장은 5편으로 한정해 전국적으로 발행되는 한 가지 당보(黨報, 공산당 관영으로, 당의 목소리를 주로 싣는 신문-옮긴이)에만 발표했다. 또한 강연을 발표한 사람에 대해서만 처분할 것을 제의하고, 어떻게 처분할 것인가에 대해서는 밝히지 않았다. 그러나 그 학자는 결국 압력에 의해 중국사회과학원을 떠날 수밖에 없었다. 2000년 말, 후진타오는 어느 한 내부 강화에서 '새 세기의 난제와 기회에 어떻게 대처할 것인가' 하는 문제에 대해 이야기할 때 '네 가지를 직시'해야 한다고 제기했다. 즉 세계 사회주의 사업에 나타난 심각한 좌절을 직시해야 하고, 개혁개방 정책을 실시하면서 나타난 '네 가지 다양화'의 정황을 직시해야 하며, 경제 정책에서 일어난 각종 복잡한 모순과 곤란을 직시해야 하고, 간부와 군중의 '신앙 위기'를 직시해야 한다는 것이었다.

후진타오는 공회 책임자들과의 회의에서 노동자들의 이익을 지켜야 한다는 뜻으로 공회와 노동자들에게 안전을 무시하고, 초과근무에 대한 급여를 지불하지 않는 등의 수단으로 고용자들을 착취하는 기업가에 대해 '당당히 맞서서 싸울 것'을 호소했다.

후진타오는 학자와 간부들에게 온화하고 점진적인 정치 개혁에 대해 연구할 것을 요구했다. 그 속에는 덩샤오핑이 1980년대에 시작한 촌급(村級, 중국의 가장 작은 행정단위-옮긴이) 선거를 어떻게 시행하며 현급(縣級), 시급(市級)으로 확대할 것인가에 대한 연구도 들어 있었다. 후진타오는 또 장쩌민에게 근래의 중요한 연설에서 '군중들이 질서있게 정치에 참여하게 할 것'을 제기해야 한다고 의견을 내놓기도 했다.

2001년 중공의 '선전기구'들이 장쩌민의 '세 가지 대표' 학설을 대폭 선전할 때 마르크스주의 교조주의자들이 장악하고 있는 당 기관지〈진리의 추구〉와〈중류〉가 장쩌민의 '세 가지 대표'에 대해 도전장을 들고 나왔다.

이때도 장쩌민은 후진타오에게 이 일을 맡김으로써 다시 한 번 후진타오의 충성심을 시험해보려 했다. 후진타오는 주관부문에서 이 두 잡지에 대해 잠시 정간 명령을 내리고 정리하라는 지시를 내리도록 했다. 정리를 제대로 하면 정간 처분을 풀어준다는 것을 전제로 해, 완전히 문을 닫게 하는 강압적인 조치는 아니었다. 이 두 잡지가 등에 업고 있는 사람들도 그리 쉽게 건드릴 수 있는 사람들이 아님을 고려한 처사였다.(그러나 사실상 이렇게 한 번 정치몽둥이에 맞은 잡지는 다시 출간되기가 어려운 게 중국의 실정이다.) 이 사건을 처리하면서 후진타오는 다시 한 번 장쩌민의 '세 가지 대표' 이론에 저촉되는 어떠한 문장도 발표해서는 안 된다고 토를 달았다. 그렇게 함으로써 후진타오는 이 두 잡지가 정간하고 정리당하게 된 것이 일관적으로 견지해 온 좌파적인 입장 때문이 아니라, 두 잡지가 발표한 문장이 장쩌민의 이론에 위배되기 때문이라는 것을 교묘히 밝히면서 자신의 태도를 총명하게 외부에 알렸다.

오랜 경력의 중국문제 전문가 린허리林和立는 후진타오가 보여준 경향을 봐서는 그를 중공 당내의 '온건파'의 대변자로 볼 수 있다고 말했다. 자신을 앞에 내세우지 않기 위해 후진타오의 많은 언론 개혁들은 장쩌민 주석의 이론 형식으로 표현되고 있다. 그러면서도 후진타오는 꽤나 명확하게 제4세대와 제5세대의 간부들이 경제 개혁과 심지어 정치 개혁에서 더 많은 공헌을 해야 한다고 호소하고 있다.

사회민주당으로 변하는 것만이 중국공산당이 나아갈 길이다?

후진타오의 책상 위에는 각종 개혁 방안들이 산더미처럼 쌓여 있다. 그 중 리펑이 코멘트를 달아서 넘긴 것이 하나 있고, 또 하나 그보다 더 두꺼운 것은 장쩌민이 코멘트를 달아서 넘긴 것이다.

16차 당대표 대회가 가까워짐에 따라 당내의 경쟁은 날로 격렬해졌다. 이런 경쟁은 후진타오와 쩡칭훙으로 하여금 정치체제 개혁이라는 기치를 먼저 확보함으로써 더 풍부한 정치자원을 흡수할 수 있는 기회로 삼도록 했다. 중국의 경제체제 개혁은 중국이 WTO에 가입함으로써 거의 끝나가고 있어 경제체제 개혁에서 두드려 보고 건너야 할 돌다리는 거의 다 두드려 보고 건넌 셈이다. 아직도 남아 있는 건 정치체제 개혁이라는, 아직 얼마 개발되지 않은 처녀지다. 이제는 정치체제 개혁을 통한 권력다툼과 이익배분이 남아 있는 것이다. 전국인민대표대회의 권력을 확대하는 조치도 공산당의 최고권력을 보유하는 전제하에서의 개혁이지만, 필경 당내의 서로 다른 파벌과 사회집단이 권력분배에 참여할 수 있는 기회가 더 많아진다는 것을 의미한다. 정치체제 개혁은 먼저 점수를 딴 누군가가 더 이익을 보게 되는 먹음직스런 '케이크'인 것이다.

　백년과 천년을 정리하는 1999년, 세기를 뛰어넘고 뉴 밀레니엄을 맞이하는 2000년, 중공 탄생 80주년의 해 2001년, 그리고 16차 당대표대회가 2002년에 열리게 된다. 중공의 신생新生 정치인물들과 민간 엘리트들은 매사에 상징적인 의미가 있는 기회들을 놓치지 않고 움켜잡기 위해 별의별 수단을 다 썼다. 보이지 않는 인사人事 확보와 노선 쟁론에 너나없이 뛰어들었으며, 정치체제 개혁에 관한 방안들이 눈송이처럼 중난하이로 날아들었다. 이런 개혁 방안들을 국외의 매스컴들은 종종 '비밀보고' 또는 '만언서萬言書'라고 부른다. 이 속에는 심지어 쩡칭훙이 중앙에 써서 바치고 이미 발표까지 한 '당내 민주의 확대'를 개혁 방향으로 하자고 주장한 글도 들어 있다. 덩리쥔이 주도해서 쓴 '만언서', 팡줴方覺의 건의, 펑밍彭明의 방안……. 이루 다 헤아릴 수 없다.

　여기에서 우리는 중점적으로 앞에서 언급한 적 있는 린옌즈의 '중공 정권에 대한 신생 자산계급의 해로움'을 다룬 보고와, 국무원 체제개혁판 공실 부주임 판웨潘岳의 정치 개혁에 관한 10만 자 진정서를 보기로 하자.

판웨와 린옌즈는 모두 다 '태자당' 성원이면서 '공청단파' 성원이기도 하다. 그들은 중공 당내의 서로 다른 파벌을 대표하는 인물들로, 이들의 글을 보면 중국공산당은 내부의 그 어느 파벌이든지 다 강한 위기감을 갖고 있다는 것을 볼 수 있다. 두 사람 모두 자신의 보고가 후진타오의 관심을 불러일으키기를 기대했다.

린옌즈는 전임 전국인민대표대회 부위원장 린펑林楓의 아들이고 전임 전국정치협상회의 부주석 마원루이馬文瑞의 사위이며, 현재 지린성 당위 부서기에 앉아 있다. 그가 중앙에 제기한 비밀보고는 『공산당은 어떻게 자산계급을 '영도'할 것인가』라는 제목으로 몇만 자에 이른다.

비밀보고에서 린옌즈는 이렇게 썼다.

중국의 신생 자산계급은 집권을 몹시 희망하고 있으며 동시에 공산당의 성격을 변화시키는 것을 통해 자신들의 목적에 도달하려는 의도를 가지고 있다. 그러나 그들의 이 소망이 정말 실현된다면 중국은 장시간의 사회 혼란에 빠지게 될 것이고 경제는 쇠퇴의 길로 접어들 것이다.

린옌즈는 장쩌민이 1989년에 시행한 사영기업주를 반대하는 것에 관한 강화와 중공이 1989년에 발포한 사영기업주를 당내에 흡수하지 못하게 하는 것에 관한 9호 문건을 들고 나오면서 어제의 장쩌민으로 오늘의 장쩌민을 부정했다. 린옌즈의 비밀보고에는 이런 말도 있다.

상처가 나았다고 해서 이렇게 빨리 지난 아픔을 잊는다면, 당이 과연 새롭게 나타나는 복잡한 국면을 해결해 나갈 능력이 있는가를 의심하게 된다. 만약 사영기업주를 당내에 접수한다면 당내에 심각한 사상적 혼란을 가져오게 될 것이고 전당의 단결과 정치사상 일원화의 기초를 파괴하게 될 것이다. 이렇게 되면 당이 계급선진성 방면에서 용인할 수 있는 최후의 방어선을 무너뜨리게 된다. 만약 이 방어선이 파괴된다면 다시는 당내의 평화적인 투쟁방식으로 여타의 문제를 해결할 수 없을 것이다. 그때가 되면 공산당은 사회민주당으로 변화되고 말 것이다.

중국공산당이 사회민주당으로 변모할 가능성이 있을까? 응당 사회민주당이 되어야만 할까? 이것은 현재 중공 당내 쟁론의 초점이다. 린옌즈는 아주 명확하게, 조금의 주저함없이 이 민감한 문제를 들고 나왔다.
린옌즈는 비밀보고에서 이렇게 서술했다.

독일 사회민주당이 개량주의자 정당으로 바뀌게 된 것을 보면 역사상 노동계급의 정당이 그 성격을 변화시키려 할 때, 조직상의 돌파구로 아무나 당내에 들어올 수 있게 하려고 문을 열었다는 것을 알 수 있다. 때문에 우리는 사영기업주의 입당을 허용해서는 안 될 뿐 아니라 더 나아가서 이미 사영기업주가 된 공산당원들을 당에서 축출해야 한다.

린옌즈의 이 비밀보고는 누가 말한 것인지는 얘기하지 않고 '부쟁론不爭論'과 '다리 두드려 보며 강 건너기' 설을 비판하고 나섰다. 그러나 사람들은 두 이론 모두 덩샤오핑이 제기한 것임을 알고 있었다.
린옌즈의 이 비밀보고는 먼저 리펑의 손에 들어갔다. 그 다음에 리펑의 논평이 덧붙여져 중앙위원들에게 전달되었다. 이는 중공의 마르크스 교조주의자들이 장쩌민에게 압력을 가하는 것이고 후진타오를 난처하게 하는 것이다. 누구도 무시할 수 없는 비밀보고였고, 당내 보수주의자들의 움직임이었다.
중공의 내막을 잘 알고 있는 한 내부인사에 따르면, 딩관건의 중앙선전부 부장의 자리를 누가 이어받는가 하는 문제를 두고 리펑이 추천한 사람이 바로 린옌즈였다. 리펑이 린옌즈를 지지하고 추천한 이유는 이러하다.

린옌즈는 전국학생연합회 주석을 맡았으며 베이징대학 당위부서기, 국가언어문화위원회 당조서기黨組書記, 중공 허난성위 선전부장 등을 역임한 바 있어 교육, 문화, 선전 등의 계통에서 풍부한 경험을 가지고 있다. 이런 사람이라면 나라의 의식형태를 장악하는 중앙선전부 부장 자리에 전혀 손색이 없었다.

그러나 린옌즈가 중앙선전부 부장에 오른다면 중국의 지식인들은 반가워하지 않을 것이 뻔하다. 왜냐하면 린옌즈는 1980년대에 무력으로 학생운동을 진압할 것을 주장한 사람이기 때문이다. 심지어 어떤 사람들은 린옌즈가 '이단사상'에 대해 딩관건보다도 훨씬 더 강경하게 반대하고 나서는 사람이라고 말한다.

중앙선전부 부장의 후보자로 후진타오는 류윈산과 신화사 사장 톈충밍을 더 앞자리에 꼽았다.

판웨의 10만 자 비밀보고 환영받지 못하다

2001년 2월 판웨는 중앙에 장장 10만 자에 달하는 비밀보고 『혁명당으로부터 집권당으로의 전변轉變에 대한 사고』를 바쳤다.

판웨는 어느 위치에서든지 사상계의 인사들을 조직해 나라의 운명에 관한 전략적인 보고를 작성해 중난하이에 바치기를 즐겨하는 사람이다. 그래서 늘 다른 사람이 시키는 일은 잘 하지 않고 엉뚱한 짓 하기를 좋아하는 사람으로 평가받고 있다. 그가 지금까지 권력의 중추에까지 끼어들지 못하고 있는 건 그의 이런 '엉뚱한 짓거리' 때문이기도 하지만, 거꾸로 그는 이런 '전략보고'로 정책결정층에 영향을 주고 자신의 사상을 펼쳐나가는 것이다.

그의 이번 비밀보고는 그가 1991년에 쓴 문장의 사상을 더러 계승하면서 조금 더 발전시켰다. 그 기본사상은 이전에 제기했던 자신의 관점을 다시 한 번 더 강조하는 데 지나지 않았다. 그가 제기한 방안의 기본 줄거리를 요약하면 이렇다.

중공은 원래 혁명당으로서 혁명의 수단으로 정권을 탈취한 후 정치체제를 바꾸지 않고 그냥 혁명의 수단으로 중국을 다스려왔다. 이는 평화 시기의 건설요구에 걸맞지 않는 것이었다. 때문에 모순은 점점 깊어지고 부패는 날로 심각해져 혼란의 요소가 항상 잠재되어 있다. 어떠한 사회적 충돌과 경제 위기도 모두 혁명을 촉발시키는 기폭제로 작용할 수 있다. 현재 실시하고 있는 대책들은 '혁명'의 출현을 방지할 수가 없다. 때문에 반드시 중대한 대책을 세워 정치 개혁이 '폭력혁명'보다 먼저 실행되도록 촉구해야 한다. 그래야만 언제 터질지 모르는 혁명의 위기를 피할 수 있다.

판웨에 따르면, 장쩌민의 '세 가지 대표'의 제기는 중공이 혁명당에서 집권당으로 바뀌는 중요한 징표이다. 중공은 응당 사회민주당의 정치강령과 성공의 경험을 참고해 양호한 중등수입 계층과 입체적인 시민사회를 건설함으로써 전면적으로 법치화法治化를 실시하고 이 기초 위에서 중공 당의 집권목표와 종지를 수정해야 한다. 이렇게 주장하면서도 판웨는 또한 중공이 정치민주화의 길을 걸을 것은 주장하지 않고, 다당제와 3권분립을 반대하고 나섰다. 동시에 군대의 현대화와 서방의 민주선거 제도도 반대했다. 그는 신新권위주의의 일부 정책구상을 받아들여 시정施政 방식에서 정치와 경제의 분리를 실행하고 정치에서 '집권식의 정치체제'를 세움으로써 강력한 정부로 정치 현대화의 개혁을 추진해야 한다고 주장했다.

일부 사람들은 판웨가 제기한 중국 미래의 정치체제에 대한 설계도를 이렇게 해석했다. 공산주의의 이상, 민주사회주의의 종지, 신권위주의의 정책, 민족주의의 정책.

다섯 개 파트로 나누어져 있는 판웨의 이 비밀보고는 결론이 아주 엄밀하게 짜여져 있다. 2백여 년 전의 영미정치로부터 시작해 '정당과 현대정치'를 해석하면서 마르크스주의의 계급투쟁에 관한 교조를 한쪽으로 팽개치고 정당의 이익대표성과 전문성에 대해 강조했다. 이 십만 장서의 중점은 제4부분이다. 여기에서 그는 정당의 전형轉型에서 해결해야 할 여러 가지 이론적인 문제를 제기했다.

판웨는 역시 '집권당의 합법성' 문제를 들고 나오면서 이렇게 진술했다.

중공은 천하(중국)를 얻은 것을 집권당으로서의 합법성에 의거해서는 안 된다. 집권 이래의 성적도 인민들의 신심을 잃은 성적표다. 오직 법리의 기초 위에 세워진 집권만이 합리적이다. 그런데 이 기초는 아직 세워지지 않았다.

장쩌민의 '세 가지 대표'에 대해 판웨는 또 이런 의문을 제시했다. 중국 현대사회의 정당은 오직 일부 사람들의 이익만을 대표할 수 있는 정당이지, 전중국 인민의 이익을 대표할 수 있는 정당은 아니다. 중공은 사회의 각종 이익을 조절하고 균형시키는 역할을 담당해야 한다. 그러기 위해서는 통치자에서 법치자로 바뀌어야 하며 큰 힘을 들여 법을 지키는 '양성良性의 중등 수입계층'을 많이 양성해야 한다. 계급 관계에 중대한 변화가 발생하는 현재, 중공이 '선진 생산력을 대표'하려면 응당 과학기술 인원과 기업가들을 대표해야 하며 동시에 선봉적인 노동자 계급을 잃어서도 안 된다.

정치 개혁에 대해 논술하면서 판웨는 무산계급 독재에 대해 여지없이 공격했다. 그는 '무산계급 독재'는 무법천지의 폭력이며 민주법제와 서로 모순되므로 공존할 수 없다고 했다. 그는 권력 감독과 평형 기제를 건의하면서, 여기에서 중요한 것은 당내의 민주화이고 가장 시급한 것은 기층으로부터 전국 당대회에 이르기까지 선거에서 차액선거를 실시하는 것이라고 밝혔다.

판웨의 이 방대한 방안은 당내 좌파들과 국외 우파들의 첨예한 반박을 동시에 받았다. 당내의 보수파들은 판웨가 '중국의 옐친'이 되려는 야심을 가지고 있다고 예리하게 비판하면서, 판웨의 정치방안의 실질은 중국공산당을 사회민주당으로 개조하도록 이론적 근거를 제공하는 것이라고 했다. 정치민주화를 주장하는 우파 인사들은 판웨의 정치방안은 실질적으로 민주화의 발전 속도를 가로막는 역할만 하게 될 것이라고 했다. 그들은 판웨의 방안은 중공 기득권 세력의 이익을 대표하는 사상강령이며 '중공을 살려주는 방안'이라고 비난했다.

그러나 이와 동시에 적지 않은 중청년 관리들과 점진적인 변혁을 주장하는 지식인들은 오히려 판웨의 주장에 대해 깊은 관심을 보였다. 그들은 판웨의 사상이 민주사회주의와 국가민족주의의 혼합물로서 중국의 국정에 들어맞으며 중국과 국제사회의 융합을 촉진할 것이라고 내다보았다. 판웨와 사이가 가까운 한 학자는, "판웨는 실용주의자로서 강산을 수호할 수 있는 생각이라면 자신에게 권력이 주어지는 한 모두 가져다 쓸 수 있는 사람"이라고 말했다. 또 일부 엘리트들은 "이용은 상호적이다. 판웨가 우리 지식 엘리트들의 두뇌를 이용하려고 하면 그더러 이용하라고 하면 된다. 우리 역시 판웨를 이용해 우리의 정치목표에 접근할 수도 있지 않은가?"라고 했다. 판웨의 신분은 '태자당'과 '공청단' 두 개의 진영을 동시에 등에 업고 있으면서 아버지와 장인을 통해 군대와도 관계를 맺고 있고, 국무원 주룽지 밑에서도 오랫동안 일했으며, 동시에 많은 대형 국영기업과 민영기업과도 밀접한 관계를 유지하고 있다. 또한 그는 글쓰기도 즐기는데,『판웨 시문집』이라는 책을 출판해 문화계에도 알려져 있다. 이런 판웨에게 이용당하지 않으면 누구에게 이용당한단 말인가? 또 그런 판웨를 이용하지 않으면 누구를 이용한단 말인가?

더욱이 판웨의 이 '정치 개혁방안'은 많은 부분에서 후진타오의 일부 생각들을 받아들였으며, 이는 후진타오의 사상자원을 더욱 풍부하게 하는 데 도움이 될 것이라고 일부 사람들은 분석했다. 그렇다면 판웨가 크게 빛을 발할 기회는 16차 당대회가 지나면 오게 될 것이 분명하다.

홍콩 월간지 〈개방〉 총편집장 진중金鐘은 판웨의 『혁명당이 집권당으로 전변하는 데 대한 사고』를 깊이 연구하면서 읽어본 뒤, 자기 잡지에 글을 실으면서 판웨의 이 글은 이론적 깊이가 있는 돌출적인 강령이며 처음부터 끝까지 중공 역사에 대한 반성이 깔려 있다고 전했다. 이 보고의 주요한 가치는 그의 이론적 깊이에 있는데, 구소련 볼셰비키 20차 대회의 정통적인 마르크스―레닌주의에 대한 수정을 연상시킨다고 했다. 당시 그 수정 역시 당성의 껍질 속에 포장되어 있어서 서방의 민주관을 인정하는 사람들의 불만을 자아냈다. 흐루시초프는 '공산주의는 필연코 자본주의를 매장할 것'이라고 주장하는 사람이었지만, 그는 도리어 그때부터 '홍색제국의 큰 댐에서 물이 새어나가'도록 했던 것이다. 판웨의 이 보고의 기본논점은 여태까지 움직일 수 없었던 중공의 성격과 대표성, 집권의 합법성, 독재의 필요성 등에 대해 비판적인 부정을 하고 나온 것이라고 할 수 있다. 물론 그는 글에다 중공의 '장기적인 집권과 나라의 안정'을 강조하는 것을 잊지 않았다. 글의 결론 부분에 "다섯 가지를 하지 말아야 한다(다당제를 하지 말아야 하고, 3권 분립을 하지 말아야 하며, 언론 자유를 하지 말고, 군대 국가화를 하지 말며, 민주 보편선거를 하지 말아야 한다)"고 주장했지만, 역시 그의 글 속에 들어 있는 말대로 '이론상의 혼란을 벗어나는 길만이 유일한 출로'인 것이다.

판웨와 접촉한 적이 있는 중국사회과학원의 한 학자는 판웨는 스스로 자신을 1898년에 일어난 '변법자강운동'의 지도자 '캉유웨이康有爲'와 그의 제자인 학자이자 정치가인 '량치차오梁啓超'에 비기기를 즐겼다고 밝혔다. 그는 사람들을 만나면, 중국은 이미 내부에 잠재되어 있던 많은 혼란 요소들이 서서히 발효되고 있다, 정치체제 개혁이 너무나 늦어지고 있고 이론에서 오랫동안 새로운 창조와 돌파가 없다, 모든 사회 충돌과 경제 위기는 모두 각종 '혁명'으로 변할 수 있으며 그 '혁명'은 혁명당, 즉 중국공산당에게로 향해질 것이라고 역설하곤 했다.

판웨는 일찍이 중국경제체제개혁연구회 비서장 스샤오민石小民에게 위탁해 정치 개혁방안을 작성하도록 했고, 스샤오민은 나중에 전임 중국사회과학원 마르크스－레닌주의 연구소의 연구원이며 후야오방이 아주 크게 인정한 이론가 장셴양張顯揚을 찾았다.

소문에 따르면, 장쩌민은 판웨의 십만 자에 달하는 정치 개혁방안을 읽고 나서 매우 큰 흥미를 보이며 즉시 정치국 성원들이 돌아가며 한 번씩 읽어볼 것을 요구했다고 한다. 그러나 거의 같은 시기에 완성된 덩리쥔의 만자 진정서에 대해서는 매우 불쾌해하며 중앙조직부에서 반박성 조치를 취하도록 지시했다. 뿐만 아니라 장쩌민은 판웨에게 10만 위안의 예산액을 할애해 판웨가 직접 동남서북 경제연구소들의 연구 활동을 책임지고 진행할 수 있도록 지지를 표시했다. 그러나 한 달 후 중공 극좌세력의 반대가 점점 거세지자 장쩌민도 원래의 지지에서 "판웨는 비록 충성심은 있지만 일에서 너무 떠들고 급하다"는 비난으로 태도를 바꿀 수밖에 없었다. 장쩌민의 이 말이 떨어지자마자 판웨의 보고도 그 운명이 끝나고 말았다. 광둥성 부성장 왕치산王岐山은 체제개혁위원회 주임으로 임명받자마자 부주임 판웨에게 중앙의 비판을 전달하며 '즉시 이 사업을 멈출 것'을 요구했다.

장쩌민이 지지 입장에서 태도를 바꿔 반대 입장으로 돌아서게 된 데는 극좌세력들의 반발이 너무 거세졌기 때문이기도 하지만 그보다 판웨의 이 보고가 그때 한창 초고를 작성하고 추고 과정 중에 있던 장쩌민의 '7·1강화'의 내용과 더러 관점이 맞지 않은 부분이 있었기 때문이다. 판웨의 진정서 역시 장쩌민의 '세 가지 대표'를 핵심으로 삼아, 의식형태에 있어서 합법성을 급속히 잃어가고 있는 중공에 새로운 합법성의 논증을 제공하려 했다. 그러나 그 사로思路는 장쩌민의 '7·1강화' 어조에 저촉되는 부분이 너무 많았다. 때가 되면 오히려 장쩌민의 연설 내용을 반박하는 근거로 이용될 소지가 다분했다.

판웨의 이 보고가 '사장死藏'된 다른 이유는 이 보고가 장셴양, 왕구이슈王貴秀, 바오쭌신包遵信 등과 관계가 있기 때문이라고도 한다. 이 사람들은 모두 '6·4사태' 이후 정리된 이적 인사들이었다. 장쩌민은 아직도 '6·4사태'에 지나친 과민증세를 보이고 있었던 것이다.

후진타오는 '6·4사태'를 재평가할 것인가?

'6·4사태'는 많은 사람들이 영원히 꺼리는 화두이면서 또 다른 사람들에게는 거대한 유혹을 가지고 있는 화두이기도 하다.

후진타오는 중국의 최고통수권을 이어받은 후 세상을 향해 내던질 카드를 도대체 얼마나 손에 쥐고 있을까? 대답은 "많을까? 많지 않다!"이다. 무엇으로 인민의 마음을 사고 무엇으로 자기의 명망을 세울 수 있을까?

'6·4사태'를 재평가하라!

많은 사람들이 하늘 향해 높이 외치면서 후진타오에게 보내는 말이다. 그 외침을 후진타오는 듣고 있을까? '6·4사태'는 후진타오에 의해 재평가될 것인가?

미국 프린스턴대학 린페이젠林培堅 교수는 언젠가 반드시 '6·4사태'는 다시 정의 내려지고 바르게 평가될 것이라고 굳게 확신하고 있다. 이 문제는 중국 지도자들의 문제가 아니라 중국 인민들의 문제이며 역사의 문제이다. 중국의 인민들도 머저리는 아니다. 그들은 언젠가 이 문제를 다시 정시하게 될 것이고 고려하게 될 것이다.

그러나 역사에 기초한 일종의 신념을 추상적으로 표시하는 것과, 사회와 정치와 심리의 동력 및 에너지를 구체적으로 고찰하는 것은 서로 다르다. '이 문제를 언젠가는 꼭 제대로 평가해야 할 것'이지만, 반드시 후진타오가 자신의 집권 기간에 그래야 한다는 말은 결코 아니다. '6·4사태'가 발생한 지도 어느덧 13년이나 지났다. 그 당시 사망자 가족과 '6·4사태'의 핵심들은 그 사이에도 중공에 대해 '6·4사태'를 재평가해줄 것을 기다리고 호소하는 걸 한시도 멈추지 않았다. 그러나 그들이 중국 민중들 속에서 차지하는 비율은 너무나 작다. 중국 당국은 구소련을 비롯한 동구의 해체와 그 이후를 '반면교사反面敎師'로 삼고, 중국 경제 개혁의 위대한 발전을 '정면교사正面敎師'로 삼아 당시 '6·4사태'에 대한 중공의 처리를 합리화하려 하고 있다. 인민들의 생활은 그때보다 많이 좋아졌고 개인에게도 점점 많은 발전의 기회가 주어지고 있다. 그야말로 "산 자는 그냥 제멋에 살아 있고 죽은 자만 영영 갔구나(당나라 시성詩聖 두보杜甫의 시)"이다. 이런 정황에서 누가 '6·4사태'의 재평가를 요구하고 있고, 왜 재평가해야 하고, 누가 재평가해줄 것인가? 희망이 묘연한 환상이 아니란 말인가?

1992년 덩샤오핑은 전략을 바꿨다. 정치를 잊도록 하기 위해 경제이익으로 중국 인민들을 유도했다. 이 13년 이래 민중들은 확실히 경제적으로 이익을 얻었고 현실에 만족하고 있다. 이는 중국 인민들과 중난하이의 합작이라고 볼 수 있다. 장쩌민 시기에 정치상에서의 상대적인 안정을 경제상에서의 양보와 타협으로 바꾼 것이다. 콜롬비아대학 교수 리안유黎安友의 결론이 아주 멋있다.

> 장쩌민은 '매수'를 통해 당외에서의 통치기초를 확대하고, '술수'를 통해 당내에서의 권력기초를 공고히 하고 있다. 이는 장쩌민이 화궈펑과 같은 처지로 떨어지는 것을 면하게 해주는 '두 가지 보물'이다.

그러나 '6·4사태' 이후 감옥에서 몇 년 동안 생활했던 우자샹은 '6·4사태'의 재평가는 역사의 필연이라고 보고 있다. 재평가할 수 있느냐 없느냐 하는 것과, 언제 재평가하게 되는가의 문제는 다음의 세 가지에 의해 결정된다. 첫째, 당사자들과 관계되는 문제이다. 만약 혜택을 받은 사람이거나 또는 너무 깊이 말려든 사람이라면 이런 사람이 문제를 직접 해결할 가능성은 크지 않다. 둘째, 덩샤오핑의 '유산'에 대한 처리와 관계된다. 덩샤오핑을 어떻게 평가하고, '6·4사태'에 대한 덩샤오핑의 처리를 어떻게 볼 것인가 하는 문제가 제기된다. 셋째, '6·4사태'를 재평가해 명예를 회복시켜준다면 사회의 안정에 많은 도움을 주게 될 것이고, 사회의 적극성과 자원을 많이 불러일으키고 더 많이 활용하게 될 것이다.

우자샹은, 덩샤오핑이 '4·5 톈안먼 사건'을 재평가하고 우파들의 모자를 벗겨주고 잘못되고 억울한 안건을 재평가한 사실을 예로 들면서 한 정당이 자신의 죄와 착오에 대해 재평가하는 것은 손해와 이익이 함께 하는 것이라고 했다. 이로 말미암아 덩샤오핑은 자신의 형상과 합법성을 높이는 한편 거대한 정치자원을 획득했다. 이런 정치자원들이 그가 개혁개방을 추진하는 데 있어서 중요한 역할을 했음은 모두가 아는 사실이다.

왕췬타오도 이와 같은 생각이다. 그의 분석 역시 우자샹의 분석과 마찬가지로 간단하고 힘이 있다.

'6·4사태'는 하나의 거대한 위험이자 거대한 자원이다. 그걸 해결하지 않고 놔두면 하나의 위험이 된다. 네가 죽어도 그것은 너에게 오점을 남기는 것이 될 것이다. 만일 그것을 해결했다면 그것은 너의 정치 공적의 한 페이지에 반짝이는 기록으로 남을 것이다.

여기서 잊지 말아야 할 것은 후진타오는 비록 '6·4사태'와 직접적인 관련은 없으나 '6·4사태'와 비슷한 경력을 가지고 있다. 그는 리펑이 계엄을 선포하기 두 달 전에 라싸에서 계엄을 선포하고 티베트 독립세력의 저항을 진압한 적이 있다. 만약 후진타오가 '6·4사태'를 부정한다면 자신이 직접 명령한 라싸의 계엄과 진압도 부정해야 하는 게 아닐까?

물론 우리는 '6·4사태'를 철저히 재평가하는 것과 '6·4사태'에 대해 절대로 재평가하지 못하게 하는 두 가지의 극단 사이에도 아주 넓은 선택의 여지가 있음을 알고 있다. 집권자들은 이 두 극단의 평형점을 찾아 처리할 수도 있는 것이다. '우경 반대'를 지휘한 덩샤오핑도 나중에는 99.9퍼센트의 '우파'들의 명예를 회복시켜주고 오직 몇몇 사람에 대해서만 그 명예를 회복시켜주지 않음으로써 우경을 반대한 것은 잘못이 없고 '확대화'가 잘못되었다는 것을 증명하지 않았는가? 후진타오 역시 가장 훌륭한 절충안을 찾아낼 수 있을 것이다.

우리는 어떤 정치 정책결정이든지 모두 권모술수 방면의 이利와 폐弊, 이익과 손해 사이의 선택임을 알고 있다. 만약 '6·4사태'에 대해 재평가했을 때 안겨주는 이익이 가져다주는 손실보다 훨씬 크다면 총명한 사람은 으레 '작은 손해를 보고 큰 득을 차지'할 것이다. 후진타오는 반드시 최소의 대가로 최대의 수확을 얻으려 할 것이다. 우리는 후진타오에게 이런 기대를 걸어봐야 할 것이다.

후진타오, 당신은 하늘가에 메아리치는 '6·4사태' 원혼들의 목소리를 듣고 있겠지요?

후진타오는 중국 정치·사회의 전형을 얼마나 추진할 수 있을까?

중국이 독재사회에서 민주사회로의 이형을 반드시 실현해야 한다는 이 원칙은 중공의 많은 고급 관리들도 다 알고 있다. 이것은 조만간의 일로써 그 이행이 빠를수록 주동적이고 쉬울 것이며 후유증이 적을 것이다. 그러니 이행이 늦어질수록 장래에 맞닥뜨려야 할 문제들이 더 복잡하고 더 첨예하고 더 처리가 힘들어질 것임은 뻔한 일이다. 문제는 어떻게 이행하고 언제 이행하고 누가 그 이행을 추진하는가에서 서로 의견이 다르다는 것이다.

많은 학자들은 후진타오가 중공을 이끌면서 개혁을 추진하고 중국의 전형轉型을 추진하는 것에 대해 매우 비관을 표시하고 있다. 비관할 수밖에 없는 이유는 전형을 추진할 수 있는 모든 사회역량을 중공이 스스로 질식시켜 버렸기 때문이다. 중국과학원 국정연구센터의 연구원 캉샤오광은 사회자원이 당권자들에 의해 독점되었기 때문에 변혁을 추진할 수 있는 역량이 서로 끊어지고 동떨어진 상태가 되어 전형에 도전할 규모를 이루지 못하고 있다고 지적했다. 미국 워싱턴 카네기국제평화기금회 중국 항목주관 페이민신裵民欣 역시 자신의 생각을 이렇게 표시했다.

현재 중국은 반대 엘리트들이 없는 사회이다. 주요 반대 엘리트들은 면죄받아 고용되어 있거나 또는 감옥에 들어갔거나 해외로 망명했다. 작은 규모의 반대 운동은 전국적인 반대세력을 형성할 수 없고 전국적인 반대형세를 형성할 수 없다.

'세 가지 대표' 제안은 당연히 중국공산당이 사회민주당 성격의 정당으로 이행을 시작했음을 보여주는 것이다. 그렇지만 간과할 수 없는 사항도 있다. 즉 장쩌민과 후진타오에게 있어서 '세 가지 대표'는 그들이 가치관에 대한 이성적인 인식에서 돌파적인 깨달음을 가져온 것이 아니라, 도구에 대한 인식에서 실용적인 영감을 잡았다고 하는 편이 낫다. 그들은 결코 수정주의 깃발을 휘날리게 하려는 것이 아니라 그저 눈앞의 곤경과 위기를 무사히 넘기려는 속셈인 것이다.

일찍이『장쩌민의 유산』이라는 책을 쓴, 현재 싱가포르 국립대학 동아 연구소에서 고급 연구원을 맡고 있는 정융녠鄭永年은 이 문제를 이렇게 보고 있다. '세 가지 대표'는 어느 방향으로 이행할 것인가? 민주 방향으로 돌 수도 있고 아니면 계속해서 독재를 견지하는 방향으로 돌 수도 있다. 만약 중공이 여러 계급을 모두 당내에 흡수해 들인다면 어떻게 그들의 이익을 대표해야 할까? 우선 하나의 이익을 달성하려는 메커니즘이 있어야 할 것이다. 만약 내가 너의 이익을 대표한다는 것만 강조하고 상대방에게 달성할 기회를 주지 않는다면 이것 역시 일종의 독재이고 공산당의 전통적인 수법이다. 말로는 노동자와 농민의 이익을 대표한다고 하지만 실제 공산당은 노동자와 농민들의 이익을 대표하지 않았다. 노동자, 농민들에게는 이익을 대표할 수 있는 메커니즘이 없었던 것이다.

후진타오가 사람들을 유럽에 파견해 서방의 사회민주당을 연구하게 했지만 그것이 꼭 장쩌민과 후진타오가 사회민주당의 길을 걸으려고 계획하고 있다는 것을 표명하지는 않는다. 그들이 서방의 사회민주당에게서 참고하려고 했던 것은 서방 사회민주당의 사회복지 정책이었을 뿐이다. 그것으로 그들은 중국의 실업 문제와 빈부격차 문제의 해결책을 찾는데 도움을 얻고자 했던 것이다.

그렇다면 여기에서 누가 '중국의 고르바초프'인가 하는 문제가 다시 제기된다. 기실 고르바초프는 중국의 제4세대 영도자가 극히 꺼리고 그 배역을 피하고 싶어하는 '반면인물反面人物'이다. 고르바초프는 서방에서 보고 싶어하는 인물이지, 중국에서는 그다지 좋은 평가를 받지 못하는 인물이다. 중국에서는 그를 실패의 케이스로 인정하고 있다. 중앙당학교가 1990년대 중반부터 시작한 많은 연구들은 바로 중국이 어떻게 하면 구소련과 동구가 걸어간 길을 피할 수 있는가에 관한 것들이었다. 심지어 타이완, 멕시코 등 일당독재의 나라들이 걸은 정치의 길에 대해서도 연구하고 분석함으로써 그 길은 정당의 멸망을 초래하고 정치위기와 경제붕괴를 가져오는 몰락의 길이라고 결론 내렸다. 당연히 후진타오는 이런 길을 피해 가고 싶은 것이다.

방울을 풀려면 방울을 맨 사람에게 의지해야 한다. 중국의 민주 전형은 만일 다른 방법을 찾을 수 없다면 오직 그 희망을 중공 자신의 전형에 걸어볼 수밖에 없다. 중공 자신이 전형의 주도가 되고 추진의 역량이 되어야 할 것이다. 장쩌민의 '세 가지 대표' 이론은 중공의 전형을 위해 사상, 이론상 준비를 해놓은 셈이다. 만약 중공 16차 대회에서 권력이양과 승계가 순조롭게 진행된다면 제4세대는 중공의 자아 전형의 길을 따라 계속해서 걸어갈 것이다.

이렇듯 앞날을 내다보는 것이 너무 일방적인 환상은 아닐까? 지금까지 중공은 전통적인 사회주의 길을 거의 그 끝머리까지 걸어온 셈이다. "산 높고 물 깊어 길이 없는 줄 알았더니 버들 푸르고 꽃 아름다운 곳에 마을 하나 또 있네." '세 가지 대표'는 막다른 골목에서 생각해낸 방법이지만, 오히려 중국에 새로운 방향을 제시한 셈이 되었다.

후진타오에게 희망을 걸고 그의 능력을 믿어도 괜찮은 걸까? 하지만 대답은 '노'이다. 후진타오를 너무 믿는 건 실패를 향해 주사위를 던지는 큰 모험일 수밖에 없다. 미래의 중국을 상상해보자. 만약 당과 사회, 국제에서 변혁을 촉구하는 충분한 압력을 보내 오지 않고, 최고 정책결정자 역시 이런 정치 개혁을 추진할 동력과 담력이 없는 사람이라면 중국 사회의 전형은 언제일지 모르는 아득히 먼 훗날이 될 것이다.

여기에서 하나의 중요한 변수를 떠올릴 필요가 있다. 그것은 중공 일당독재의 장구성長久性에 충분히 의심을 갖게 해준다. 인구의 증가, 자원의 부족, 환경의 악화, 동부와 서부 지구의 분열……. 한마디로 생존공간이 좁아지고 있다. 이는 중공이 반드시 해결해야 할 어두운 과제이다. 게다가 농업의 파산, 심각한 실업, 부패, 사회신용의 상실, 티베트와 신장 소수민족의 독립정서, 눌러도 자꾸 고개를 쳐드는 파룬궁……. 쌓이고 쌓였던 위기들이 하나씩 하나씩 그 모습을 겉으로 드러내고 있다. 중공은 유일한 희망과 노력을 모두 경제의 고속 성장에 집중했다. 그러나 경제는 법칙을 가지고 있다. 누가 중국의 경제 속도가 영원히 더뎌지지 않을 것이라고 장담할 수 있단 말인가?

정치 개혁과 행정체제 개혁

사람마다 정치체제 개혁에 대해 담론하고 있고, 그 논쟁 역시 매우 격렬하다. 그러나 정치체제 개혁에 대해 내리는 정의는 각기 다르다.

자유기고가인 가오신高新은 BBC의 중문 사이트 기자 웨이청魏城과의 인터뷰에서 이렇게 지적했다. 해외의 평론이 중국을 가리킬 때 쓰는 '정치 개혁'과 중공 스스로가 말하는 '정치 개혁'은 같은 개념이 아니다. 전자가 가리키는 것은 자유선거와 다당경쟁을 허락하는 '정치 개혁'이고 후자가 가리키는 것은 공산당 내부 메커니즘의 개혁이다. 장쩌민은 '정치체제 개혁'이라는 단어를 더 이상 사용하지 않고 있다. 대신 여러 가지를 내포하고 있는 '정치 개혁'이라는 단어를 사용하고 있다. 이것으로 장쩌민이 공산당 내부의 정치 개혁에서 이미 많은 사업을 해왔음을 알 수 있다. 특히 '세 가지 대표'의 제기는 실제적으로 공산당이 더 한층 전형을 진행하는 데 이론적 준비를 한 셈이다.

2002년 1월 3일자 〈월 스트리트 데일리〉는 톱기사로 후진타오와 중국 제4세대 지도자들을 소개하는 장문을 실었다. 기사는 결론에서 이같이 언급했다.

> 다음 세대 지도자는 중국에 새로운 변화를 가져다줄 것이며, 그 변화는 직접적인 민주건설은 아닐지라도 적어도 더욱 투명하고 더욱 대중에게 책임을 지는, 그리고 더욱 전문화된 정부로 변화한 모습을 보여줄 것이다.

어쩌면 이것이 바로 후진타오가 정의하는 '정치체제 개혁'이고 후진타오가 몇 년 동안 고심한 끝에 얻어낸 답인지도 모른다. 장쩌민이 '세 가지 대표'의 기치를 높이 쳐들었으니 후진타오는 더욱 구체적으로 힘을 몰아부어 '더욱 투명하고, 더욱 대중에게 책임을 지고, 더욱 전문화된 정부'를 건설해야 한다는 답안 말이다. 이를 위해 후진타오는 간부인사제도 개혁을 이미 많이 추진한 상태이다. 동시에 당정기관과 당정간부 조직체제 개혁방안에 대해 머릿속으로 구상해 놓고 있으며 초안은 이미 작성하고 있다. 근래 몇 년간 당정지도간부에 대한 공개 선발과 경쟁 메커니즘, 당정 영도간부의 부임 전前 공시제도公示制度와 수습제도(試用制), 지도간부 임기제도, 지도간부 책임제도, 책임에 의한 사직제도, 처벌제도, 간부선발 임용사업 책임추궁제도, '삼중일대제도三重一大, 중대정책결정, 중요간부 임명과 파면, 중요항목에 대한 안배, 큰 금액의 자금 사용 전 반드시 집단토론을 거쳐 결정해야 하는 제도)' 등에서 중공은 모두 괄목할 만한 진전을 가져왔다. 물론 아직 남아 있는 문제들이 훨씬 더 많고 크지만 말이다.

2002년 연초까지 중공중앙서기처와 중공 제16차 대표대회 준비소조에서는 조직체제 개혁 초안을 작성해 일부 기관에 보내 자문을 구하고 심사를 거쳤다. 이 초안에서 규정한 내용들이 이전과 달리 매우 구체적인 것이 특징이다.

- 중공중앙과 국무원의 장관급 지도간부는 한 부문내의 당위(또는 당조) 서기를 겸임하지 않는다.
- 중공중앙과 국무원의 장관급 지도간부는 한 부서에서 한 기의 임기를 초과하지 않는다.(외교부, 국방부 등 일부 부서 제외)
- 중공중앙과 국무원의 차관급 간부들은 한 부서에서 최고 3기의 임기를 초과하지 않는다.

또한 조직체제 개혁 초안은 중공 집권 초기의 조직체제를 참조해 민주당파, 무당파 인사들이 중앙 각 부部, 위委의 장관과 차관직을 맡을 수 있다고 규정했다. 구체적으로, 국무원 여러 부서 중 외교부, 국방부, 공안부, 감찰부, 국방과학위원회, 인사부 등의 장관직은 반드시 공산당원이 맡아야 하지만, 그외 기타 부서의 장관급은 민주당파와 무당파 인사도 조건만 맞으면 맡을 수 있다. 유관 방면에서는 중공이 집권 초기에 12명의 민주당파와 무당파 인사를 장관급에 임명했던 사례를 특별히 열거해 제기했다. 예를 들면 그 당시 사법부 장관에 임명된 스량史良, 위생부 장관에 임명된 리더취안李德全, 수리부 장관에 임명된 푸쭤이傅作義 등은 모두 공산당원이 아니었다. 이번에 다시 민주당파와 무당파 인사들을 국무원 각 부서에 장관급으로 등용할 수 있다는 정책을 제정하기로 한 것은 이번 조직체제 개혁이 결코 남에게 보여주기 위한 형식이 아님을 알 수 있다.

조직체제 개혁 초안은 지방의 정부관리 선발에 대해서도 새롭게 규정했다. 즉 성, 자치구, 직할시 일급 당정기관의 지도간부(당위 상무위원, 당정 인민대표대회 정正·부副급 지도간부를 포함)들 중 현지인의 비례가 50퍼센트를 초과해서는 안 된다고 규정했다. 그러나 여기에도 예외는 있었다. 티베트, 신장, 내몽골, 닝샤 등 소수민족 자치구는 당지인의 비례가 50퍼센트를 초과할 수 있다고 했다. 이는 중공이 일관적으로 지켜왔던 소수민족 자치구에 대한 특별한 배려를 보여주기 위함이다.

개혁 초안은 또한 성, 자치구, 직할시의 당위서기는 일률적으로 정부의 정·부 성장, 자치구 주석, 인민대표대회의 주임 등을 겸임하지 못한다고 규정했다. 성급省級 당정黨政 정급正級 직무는 한 곳에서 두 차례의 임기까지 역임할 수 있다. 성급 당위성원은 본 부문과 지구당 대표대회 정식대표의 3분의 2 이상이 찬성표를 던져야만 선출될 수 있다. 또한 이 초안은 성급 당위성원은 차액선거를 통해 선거하며 후보자는 당선자보다 15퍼센트 이상 많아야 한다고 규정했다.

중국에서 널리 방송되고 있는 정치선전가요 '새로운 시대로 들어가네'

는 중공의 3개 세대 지도자들의 정치 공적功績을 이렇게 정의하고 있다.

> 우리는 동방홍(중공의 옌안延安시절, 해방구 백성들이 당시 마오쩌둥을 동쪽 하늘에 떠오르는 태양에 비유하여 부른 송가의 제목. 중국에서 첫 인공위성을 발사할 때 그 위성에 탑재해 우주공간에 전파시킨 노래 역시 이 노래이다 — 옮긴이)을 부르며 나라의 주인으로 일어섰네, 우리는 봄날의 이야기를 하며 개혁개방해 부유해졌네, 어제를 계승하고 미래를 개척하는 우리의 길잡이는 우리를 이끌어 새로운 시대로 들어가네…….

이 노래에는 아직까지 제4세대 지도자에 대한 찬가가 나오지 않고 있다. 그렇다면 나중에 중국 인민들은 제4세대 지도자에 대해 어떻게 정의 내릴 것인가? 아직은 누구도 알 수 없는 일이다. 그러나 중국공산당의 명칭과 종지는 중국의 WTO 가입 이후 반드시 걸어나가야 할 자본주의 발전 방향과 완전히 어긋나고 있다. 중공 창건 초기의 사회이상은 빠른 속도로 변하는 중국의 자본주의화의 과정에서 점점 우스운 이념이 되고 있다. 그 이념 자체는 조롱의 대상이 되지 말아야 하지만, 중국이 실제로 나아가는 자본주의 길과는 너무나 동떨어진 개념인 것이다. '중국 특색이 있는 사회주의'는 점차 '중국 특색이 있는 자본주의'로 변하고 있다. 어느 날인가 공산주의와 공산당이라는 명칭이 사회현실과 어울리지 않아 충돌을 일으켜 그 해결의 돌파구를 찾는 날이 오면 사람들은 반드시 공산주의와 공산당이라는 이름에 대한 '정명(正名, 이름 바꾸기)' 운동을 일으키고 말 것이다. "이름이 바르지 않으면 말을 바로 할 수 없고, 말이 바르지 않으면 일을 성사할 수 없다"는 속담이 있다.

■ 결론 아닌 글

평행봉 위의 말

중단된 정치 개혁을 계속해서 진행하지 않는다면 그는 자기 혼을 잃는 것이나 마찬가지다. '혼魂'이 있어야 할 뿐만 아니라 '백魄'까지 있어야 한다. 담력은 태어날 때부터 갖고 있는 것이 아니다. 담력은 단련을 통해 키워지며 또한 현실 환경의 억압에 의해 폭발되기도 한다.

경기競技의 세 가지 가능성

후진타오는 이미 10년 동안이나 평행봉 위에서 걸어왔다. 이 10년은 후진타오에게 있어서 얇은 얼음판 위를 걷듯 아슬아슬한 시간이었고, 벼랑에서 외줄타기를 할 때처럼 항상 신경이 예민해져 있어야만 했던 10년이었다.

독자들이 이 책을 손에 들게 되었을 때는 중공의 16차 당대회가 이미 승리로 끝나고 한참 후인, 후진타오가 중공의 새로운 지도자로 당선되어 서서히 얼굴을 내밀기 시작할 때일 것이다.

16차 대회를 앞두고 필자는 감히 중공의 정치기류를 미리 점쳐 후진타오의 운명을 예측해 보았다. 세 가지 가능성을 꼽을 수 있다.

첫째, 최고권력의 보좌로 가는 평행봉 위에서 안전하게 끝까지 걷는 데 성공해 전당과 전군과 전인민의 환호와 옹호를 받을 것이다. 이 가능성이

제일 크다.

둘째, 평행봉의 끝머리에 거의 도달할 즈음 풍운이 돌변해 높은 곳에서 떨어질 수도 있다. 혹시 밑바닥까지 떨어지지 않고 그저 한두 층만 떨어진다 할지라도(우리는 화궈펑이 주석자리에서 내려왔지만 몇 년 동안 중앙위원의 이름을 달고 있던 걸 기억하고 있다. 또한 후야오방, 양바이빙楊白氷이 실각한 후에도 그들은 몇 년 동안 정치국위원의 이름을 달고 있었다) 이는 경기에서의 참패를 의미한다. 이런 가능성은 아주 희박하다.

셋째, 마지막 한 발짝만 내디디면 평행봉의 끝에 가 닿을 수 있는데 갑자기 앞에 한 단계 더 높은 평행봉이 나타난 것이다. 그 평행봉 위를 걷기는 더 어렵고 시간도 더 걸려 경기자가 지칠 수도 있다. 이런 가능성을 배제할 수는 없다.

중공은 21세기의 첫 권력교체를 겪고 있다. 여기서 내가 말하려는 것은, 16차 당대표대회에서 보여준 형식적이고 의례적인 권력교체를 두고 말하는 것이 아니다. 알 만한 사람들은 다 알고 있는 바와 같이 중공의 대표대회는 그저 대외에 보여주는 상징적 의미의 회의이지, 진정한 권력쟁탈과 이익교환은 회의가 열리기 전에 벌써 밀실에서 다 진행되어 결정된다. 그 결정은 회의에서 대표들의 만장일치로 통과되고, 회의는 '단결의 분위기 속에서 성공리에 진행'되는 것이다. 그 회의의 분위기에서는 회의 전 권력을 차지하기 위한 암투의 표정을 절대로 읽어낼 수 없다.(필자는 일찍이 극작가 사예신沙葉新이 중공의 회의를 두고 한, 정확하기 이를 데 없는 말 한마디를 아직도 기억하고 있다. "우리의 모든 회의는 여럿이 모여 만나면 되지[會] 만나서 여럿이 의논[議]할 필요는 없다." 이미 답안이 있는 회의여서 회의 대표들은 더 이상 토론할 여지가 없다는 뜻이다.)

여기서 나는 두 세대 지도자들의 정체적이고 전면적인 권력교체를 말하고자 한다. 이 과정은 어쩌면 2년, 어쩌면 3년, 아니면 혹시 더 오랜 시간이 걸릴지도 모른다. 이번의 권력교체가 중공 역사에서 가장 중요한 권력교체라고 하는 것은 결코 과장해서 하는 말이 아니다. 중국은 세계에서 제일 큰 마지막 공산주의 대국이다. 이 대국의 인민들이 민주정치와 시장경제의 세계문명 주류에 뛰어드느냐, 없느냐의 결정적인 선택의 기회는 이 몇 년 안에 이루어질 교체에 달려 있다고 봐야 할 것이다.

후진타오 역시 10년 전에는 자신이 이 막중한 책임을 어깨에 짊어질 줄 몰랐을 것이다. 덩샤오핑과 쑹핑 등이 그를 선택했지만, 그보다도 역사의 여러 가지 복합적인 요소들이 그를 이 역사의 무대 위에 내세웠다고 하는 편이 나을 것이다.

그가 태어난 세월에 비하면 시대와 환경의 조류는 알아볼 수 없을 만큼 변해 있다. 오늘의 세계는 그가 젊었을 적에 받은 교육과 그때 가슴속에 세웠던 이상과 비교해보면 너무나 큰 차이가 있다. 중국에 대해, 중공에 대해, 중난하이의 지도층에 대해, 후진타오 본인에 대해 세계의 형세와 조류의 현실은 비장하기 짝이 없고 상황은 긴박하기 이를 데 없다.

후진타오는 중공중앙의 최고 지도자가 된 후에도 그냥 평행봉 위를 걸을 수밖에 없다. 아니, 그가 최고 지도자로서 걸어야 할 평행봉은 더 좁고 미끄러운 나무일지도 모른다. 중국공산당과 중국인민과 중국이라는 대국을 함께 이끌고 걸어야 할 평행봉 말이다.

중국의 미래에 영향 끼칠 열한 번째 사람?

2001년 3월 30일자 〈아시아 위크〉지는 21세기 중국에 영향을 끼칠 중국인 12명을 선정해 발표했다. 그중에는 후진타오도 들어 있었다. 그러나 그 순서는 썩 뒤로 밀려 열한 번째 인물로 선정되어 있었다.

이 문장에서 제기한 12인 명단의 순서를 보면 도대체 이 잡지의 선정 기준이 무엇인지 감을 잡을 수가 없다. 당시 매스컴에 부지런히 등장하고 화제의 인물로 회자되던 사람들을 뽑아낸 듯한 인상이다. 선정된 사람들의 인격과 개성, 잠재력 등에 대해 심도 있는 연구를 하지 않은 채 뽑은 것 같고, 중국 사회의 현실과 미래에 대한 깊은 통찰 없이 뽑은 것 같다.

12명 중 1위와 2위에 오른 두 사람만 살펴보아도, 후에 이 두 사람에게서 발생한 사건을 볼 때 우리는 이 잡지의 선정이 얼마나 맹랑한 것인지를 알 수 있다.

1위에 오른 이는 양란楊瀾이다. 이 잡지는 양란을 '아주 일찍부터 이름을 날린 슈퍼스타'이며 '중국의 바바라 월터스에 해당하는 사람'이라고 평했다. 그러나 그해가 다 끝나갈 무렵, 그녀의 남편 우정吳征이 학위를 가짜로 조작한 사건이 들통나면서 그녀가 프로필에 자신의 경력을 과장했던 사실도 탄로났다. 당시 그녀는 해외 언론의 끈질긴 추적을 받는 인물이 되었다. 해외 언론들은 그녀가 오늘의 이 자리에 있기까지의 경력에 대해 철저히 조사해 대중들에게 폭로했다. 그녀와 '공청단파' 성원 중의 일원인 문화부 장관 쑨자정 사이에 있었던 거래, 그녀가 '희망사업'에서 맡았던 애매모호한 배역 등등, 그녀의 과거에는 의문점들이 너무 많았다. 하지만 중국 정부측에서 그녀를 크게 비호하고 나서서 국내 언론에서는 감히 그녀를 공개적으로 비난하고 나설 수 없었다.

2위에 오른 이는 왕즈둥王志東이다. 잡지가 왕즈둥을 중국의 미래에 영향을 끼칠 두 번째 인물로 선정한 이유는 아무래도 그가 중국에서 제일 큰 검색사이트 '시나 닷컴'의 CEO 겸 총재였기 때문일 것이다. 그러나 이 명단을 발표하고 몇 달 지나지 않아 왕즈둥은 시나SINA회사에서 목이 잘렸다. 물론 그래서 왕즈둥은 매스컴에 더 자주 등장하게 되었고 풍류 인물이 되기도 했지만, 그러나 그는 이제 '잘린 인물'이다. 시나자본투자측의 대표 돤융지段永基는 이렇게 말했다.

"내가 지금 받는 봉급은 시정부에서 규정한 것이다. 연봉 20만 위안을 받고 있다. 그러나 왕즈둥은 연봉 30만 달러를 요구했다. 우리는 천여만 위안의 돈으로 왕즈둥의 이름만 날려주고 있다."

3위에는 당시 랴오닝성 대리성장을 맡고 있던 바오시라이가 올랐고, 4위에는 사료를 생산하는 상하이 시왕希望그룹 총재 류융싱劉永行이 올랐다. 5위에는 장쩌민의 아들로 중국왕퉁(中國網通, GOTONE) 이사장이며 중국과학원 부원장인 장몐헝江綿恒, 6위에는 중국의 유명한 감독 장이머우張藝謀, 7위에는 하이얼海爾그룹 집행총재 양몐몐楊綿綿, 8위에는 전前체조왕자이며 현재 리닝李寧체육용품사 총재인 청년기업가 리닝, 9위에는 중앙은행 행장 다이샹룽戴相龍, 10위에는 성性문제를 연구하는 사회학자 리인허李銀河, 11위에는 후진타오, 12위에는 롄샹聯想컴퓨터회사 총재 양위안칭楊元慶이 선정되었다.

후진타오에 대해 이 잡지는 이렇게 간단히 소개했다.

장쩌민의 후계자. 텔레비전에서 볼 수 있는 것 외에 후진타오에 대해서 더 아는 사람은 별로 없다. 한 정치분석가는 이렇게 말했다. "그는 끝내 아무 일에 대해서도 말하지 않았다. 아직 그가 입을 열 시가가 오지 않은 것이다. 만일 그가 너무 일찍 말을 한다면 그의 적들은 그를 어떻게 대처하고 쓰러뜨릴 수 있을지 그 방법을 찾아낼 것이다." 그러나 한 가지는 인정할 수 있다. 지금부터 2년 후 후진타오는 국가 주석 장쩌민의 손에서 대권을 이어받게 될 것이다. 그의 정치 경향은 어떠할까? 분석가는 "진보적인 개혁 진영에 속할 것이다. 그러나 이것은 그저 추측일 따름이다"라고 말했다. 이 분석가의 추측을 증명하려면 2002년 또는 2003년까지 기다려야 한다.

미국 주간지 〈타임스〉는 1996년 「가장 영향력 있는 25인」을 발표한 적이 있다. 이 인물들을 선정한 기준에 대해 〈타임스〉지는 선정된 사람들의 "구상, 비전, 품위와 사상이 우리의 생활을 변화시켰다"라고 해석했다. 그리고 특별히 '영향력'과 '권력'을 혼동해 이야기해서는 안 된다고 밝혔다.

이상한 것은 〈아시아 위크〉가 후진타오를 '아무 일에 대해서도 말하지 않는다'고 해놓고도 그를 '영향을 끼칠 인물'로 선정했다는 것이다. 아무 것도 말하지 않는 사람의 미래 영향력을 어떻게 알 수 있단 말인가? 아마도 그 영향력이라는 것은 그의 손에 쥐어질 중공 최고 지도자로서의 권력을 말하는 게 아닐까 싶다. 그런데 이율배반적인 것은 후진타오가 권력으로 중국의 미래에 끼칠 영향이 열한 번째밖에 되지 않겠는가 하는 점이다.

어찌 되었든 〈아시아 위크〉의 명단 발표는 한 가지 공로를 세웠다. 후진타오를 겨우 열한 번째에 놓음으로써 당대 중국의 정치권력이 이제 더는 마오쩌둥 시대처럼 모든 것 위에 군림해 일체를 주재主宰하지 않으며, 정치 통치자 역시 다른 영역의 엘리트들과 함께 중국의 미래를 개척한다는 것을 지적한 것이다. 이는 우리가 중공 권력체계의 세대교체가 전체 중국 사회의 변화에서 일으키는 작용에 대해 정확히 파악하는 데 도움을 준다.

'혼'과 '백'

이제까지 후진타오의 인생 궤적을 따라 60 춘추를 숨가쁘게 지나왔다. 독자들도 필자와 함께 후진타오라는 이 황태자의 인생 궤적을 추적하느라 중공의 역사에 대해서도 꽤나 많이 접할 수 있었으리라 생각한다. 이 책의 결말 부분에 와서 필자는 잠깐 숨을 돌릴 겸 여태까지 이 책의 서술 문체와는 많이 다른 산문체로 글의 스타일을 바꿔보려 한다.

우자샹은 정론산문政論散文의 거두이다. 그의 글은 늘 알맞고도 형상적인 절묘한 비유 또는 짧은 한마디에 깊은 철리哲理를 담은 언어로 문제의 실질을 찍어냄으로써 사람들에게 깊은 인상을 남겨준다. 시각이 예리할 뿐만 아니라 언어가 매우 자유분방하다. 그는 정치인들을 글로 나타냄에 있어 한두 구절로 그 정치인의 특징을 꼭 집어 결론짓곤 한다.

예를 들어 그는 덩샤오핑과 장쩌민 시대의 같은 점과 다른 점을 이렇게 생동감 있게 표현했다. 덩샤오핑 시대는 이 나라의 낡은 건축을 헐어내고 새 빌딩을 일으켜 세운 시대이고, 장쩌민 시대는 내부 인테리어 시대이다. 또한 그는 덩샤오핑은 전인민이 다 해낼 수 없다던 일을 해내었고, 장쩌민은 절대 다수 당원들이 반드시 해야 한다고 생각하는 일을 하지 못하고 있다고 말했다. 앞에서 덩샤오핑이 해냈다는 일은 개혁개방을 말하고, 장쩌민이 못했다는 일은 정치 개혁을 말한다. 그 외에도 우자샹의 묘한 말은 많고도 많다.

자리를 내놓는 문제에 있어서 장쩌민의 심리를 "여편네는 혹시 남의 여편네가 좋을 수 있어도 아들과 후계자는 자기 것이 좋다"고 했고, 원자바오는 "주공周公이지 문왕文王이 아니다"라고 했으며, 후야오방은 "중공의 양심"이고, 자오쯔양은 "중공의 두뇌"이고, 덩리쥔은 "중공의 수단"이다. 그런데 "이 세 가지가 한 사람의 몸에 집중되지 않아서 결국 세 사람 다 좋은 결말을 보지 못했다" 등등…….

필자는 후진타오가 훗날 성공할 수 있을지 여부에 대해서도 우자샹의 두 가지 이야기가 아주 독특하다고 본다. 한 가지 이야기는 다음과 같다.

현시점에서 후진타오의 양심과 두뇌를 걱정할 필요는 없다. 그러나 확실히 걱정해야 할 것은 그의 수단이다. 그는 너무 여릴 수 있기 때문이다. 대신 쩡칭훙은 수단과 두뇌는 다 가지고 있는데 양심도 가지고 있는지는 아직 알 수 없다.

또 다른 이야기는 이렇다.

계속해서 개혁하는 것은 그의 '혼'이고 그의 계승 합법성의 원천이다. 개혁하지 않으면, 특히 중단되었던 정치 개혁을 계속하지 않으면 그는 결국 혼을 잃어버린 거나 마찬가지가 된다. '혼'만 있다 해서 후야오방 2세가 될 수 있는 것도 아니다. 후야오방 2세가 되려면 거기에 '백'이 따라야 한다.

독특한 논법이 아닐 수 없다. 정확하게 문제의 핵심을 집어낸 것이다. 후진타오의 수단이 너무 여릴까 봐 걱정한 것도 좋고, '혼'과 '백'이 다 있어야 한다는 것도 좋다. 모두 다 후진타오에게 살벌한 정치마당에서 칼날을 휘두를 수 있는 박력과 담력이 있어야 함을 지적한 것이다. 우리는 "재간이 좋으면 담도 커진다"는 말을 알고 있다. 담력은 태어날 때부터 갖고 있는 것이 아니다. 담력은 단련을 통해서도 키워지며 현실 환경의 억압에 의해 폭발되기도 한다. 이런 의미에서 보면 후진타오가 각종 도전에 맞닥뜨린 건 오히려 좋은 일인지도 모른다. 수단도 좋고 두뇌도 있지만 양심이 있을지 없을지는 아직 모를 쩡칭홍의 도전을 받고 있는 것도 어쩌면 좋은 일일 수도 있다. 만약 이런 도전이 없다면 후진타오는 장쩌민보다 더 많은 일을 하지 못할 것이다. 정치체제 개혁을 다시 시작해야 한다든가, 사회 전형을 진일보하여 추진한다든가 등등……. 필경 후진타오라는 이 한 필의 말 앞에는 넘어진 차가 몇 대 가로놓여 있다. 중국과 외국의 공산당 전임 정치 개혁자들이 남겨놓은 건 거의 모두 실패의 기록들뿐이고 반면교사로 참고해야 할 것들밖에 없다. 이런 실패의 기록들을 대하면서 만약 그에게 압박이 가해지지 않는다면 그는 앞사람들이 걸었던 길을 다시 걸으려고 할 뿐, 절대로 정치 개혁이라는 이 보따리를 짊어지지 않을 것이다.

그렇다고 우리는 중국의 중대한 과제를 모두 후진타오 한 사람에게만 떠맡겨서도 안 된다. 후진타오 역시 정치무대 위에 올라설 수 있는 시간이 이제 10여 년밖에 남지 않았다. 그 10여 년은 개인으로 말하면 정치적 재능을 다 펼쳐 보이기에도 모자라는 시간이고, 중국이라는 하나의 나라로 놓고 말하면 역사적으로 안고 내려온 문제가 너무나 많고 커서 미처 처리할 시간이 모자랄 수밖에 없다. 많은 분석자들은 진정으로 세계의 흐름에 걸맞은 정치 개혁과 사회 전형은 중공의 제5세대(그때도 중공이라고 부를지 모르겠지만)가 권력을 쥐고 집권할 때 일어나게 될 것이라고 내다보고 있다. 이른바 제5세대는 개혁개방 시기에 성장해서 비교적 국제사회를 많이 접촉한 세대이고, 공산주의 의식형태와 계획경제가 그들에게 남긴 역사적 부담은 거의 제로에 가깝다고 할 수 있는 세대이다. 그들은 컴퓨터와 영어를 능숙하게 하고, 지식경제와 세계무역조직의 연대 속에서 마치 물을 만난 물고기들처럼 자유로울 수 있는 시대의 총아들이다. 그들은 지금 빠른 속도로 중국 사회의 중견 역량으로 성장하고 있다.

그러나 아직은 그들의 세상이 아니다. 그들에게는 아직도 후진타오와 같은 제4세대가 길을 닦아주고 문을 열어줄 시간이 필요하다.

중공 16차 당대표대회가 열리고 2년 또는 3년 후, 다시 말해 16차 대회와 17차 대회(중공에게 아직 17차 대표대회가 있다면)의 중간 시기 정도 되면 중국 정치의 방향과 '제4세대 지도집단'의 정치경향은 혼돈 상태로부터 점차 명료해질 것이다. 자리를 잡을 수 있는 것은 자리를 잡게 될 것이고, 그때까지도 설 자리를 제대로 찾지 못한 것은 역사 속으로 도태될 것이다. 주장도 그렇고 사람도 그렇다. 그리고 중국 정치에 획기적인 변화가 일어나기를 기대한다면 '17차 대표대회'를 기다려야 할 것이다.

담장을 든든히 쌓고, 양식을 많이 모으고, 왕이라 자칭하지 말라

마오쩌둥이 만년에 한, 세 마디의 말이 널리 알려져 있다.
"굴을 깊이 파고, 양식을 많이 모으고, 우두머리로 자칭하지 말라."
마오쩌둥의 이 세 가지 계책 중 뒤의 두 가지는 그런 대로 괜찮지만 가장 앞의 계책은 당시의 국제적인 추세를 잘 모르는 까닭에 중국을 부유하고 강한 나라로 이끌어 가는 길에 실패할 수밖에 없는 계책이었다. 역사 고서를 많이 읽은 마오쩌둥의 이 세 구절은 명대明代의 개국황제 주원장朱元璋의 이야기에서 따온 것이다. 이 이야기는 마침 이 책 앞머리에 쓴 후진타오의 고향 후이저우徽州와 관계가 있다.

후이저우에는 두산거리가 있는데 여기에는 후이저우의 특색 있는 민간주택이 그대로 잘 보존되어 있고 깊은 골목과 울안의 모습이 옛 모습 그대로 보존되어 있다. 벽돌, 나무, 석조로 된 대문, 꽃 문양의 창문 등도 모두 소중한 문화재로 남아 있다. 역사를 거슬러 올라가 주원장이 후이저우를 공격할 때 이야기를 해보자. 정식으로 후이저우를 들이치기 전 주원장은 친히 평민복으로 갈아입고 성안으로 적정을 탐지하러 들어갔다. 그러나 적들에게 발각되어 원군元軍에게 쫓기게 되었고, 다급해진 주원장은 두산거리에 숨어들었다. 여기서 주원장은 주승朱升을 만나게 된다. 주승은 주원장에게 세 가지 계책을 내놓는다. "담장을 높이 쌓고 양식을 많이 모으면 천천히 왕으로 불리게 되리라." 깊은 전략적 안광을 지닌 이 계책은 제갈량諸葛亮의 '융중대隆中對'보다도 더 의미심장한 말이었다. 후에 명태조가 나라를 세우는 데 기초가 되었을 뿐 아니라 6백 년 후 마오쩌둥의 영감도 촉발시켰다.

후진타오는 이 이야기를 알고 있을까? 당연히 명나라 때의 교훈을 그대로 현대에 옮겨 올 수는 없다. 후진타오 역시 이 이야기를 자신의 몸에 맞게 옮겨다 쓰고, 중국을 전략적으로 발전시킬 방향으로 사용하지 않을까?

'담장을 높이 쌓기' ― 중국이 대외에 개방하고 대내를 활발히 해 상품경제가 전례없이 발전한 오늘, 이 첫 계책을 들으면 어쩐지 시대와 어울리지 않는 것 같은 느낌이 든다. 그렇다면 '담장을 든든히 쌓기'로 고쳐보는 것도 무방할 것 같다. 여기에서 '담장'을 정신적 담장으로 이해하면 현실에 전혀 맞지 않는 것도 아니다. 필경 중국은 아직도 수많은 적들이 지켜보는 가운데 있으므로 항상 정신을 차리고 있어야 할 것이다. 더 광범한 의미에서 말하면 만약 경제 글로벌화, 문화 대융합의 시대에 강한 세력을 가진 문화가 막강한 경제 역량의 힘을 빌려 중국 땅을 휩쓸어 중국 문화를 먹어버리려 한다면, 중국 문명이 스스로 보호막을 세워 독특성을 보호하지 않는 한, 결국 외세의 문화 앞에 머리를 숙이는 셈이 되고 심지어 스스로 와해될 수도 있는 것이다.

'양식을 많이 모으기' ― 중국이 전통적인 농업대국에서 현대 과학기술을 발전시켜 경제대국으로 변모하여 21세기로 나아갈 때 인구, 자원, 생태환경 등은 낙관할 처지가 못된다. 이 두 번째 계책은 그 함의를 확대해 "국력을 높이는 이 근본을 확보하는 데 주요 역량을 쏟아붓자"는 뜻으로 해석하는 게 알맞겠다.

'천천히 왕으로 부르기' ― 중국의 시각에서 봤을 때 국제정치 모략에 밝은 덩샤오핑의 말을 빌어서 말하면 '우두머리가 되지 말라'이다. '천천히 왕이 되라'가 아니라 아예 '왕으로 자칭하지 말라'이다. 사회주의 진영의 우두머리가 되지 않을 뿐 아니라 제3세계의 우두머리도 되지 않으며, 아시아의 우두머리가 되지 않을 뿐 아니라 '동방세계'의 우두머리도 되지 않는다. 후진타오 개인이 처한 지위와 현재 눈앞의 사업에서 보면 중국 권력의 메커니즘 속에서는 '왕으로 자칭하지 않는' 것이 더 유리할 것이다. 당내의 어느 한 파, 예를 들면 '칭화淸華파', '공청단파' 등의 우두머리도 되지 말아야 하고, 스스로 당의 '제X세대 핵심'이라며 자기의 권위를 크게 세우지도 말아야 한다. 대신 역량을 모으고 인맥을 넓혀 적을 친구로 만들고 장애물을 조력助力으로 변화시켜야 한다. 인민이야말로 나라의 주인이라는 것을 진정으로 인식하고 진정으로 행동에 옮겨야 한다.

"인간사에는 대사代謝가 있거니 오고가는 것 다 고금古今이라네."

행운의 별이 중국을 비춰주고, 평행봉 위의 말 후진타오도 비춰주기를 바란다.

■ 부록

중공 계승제도의 말로

집권체제의 계승제도는 백 가지 폐단은 있어도 한 가지 이점은 없다. 후계자가 세기를 뛰어넘어야 한다면 계승제도 역시 세기를 뛰어넘어야 하는가?

권력계승 : 공산국가 정치국세 흔들림의 초점

최고 지도자의 권력계승은 모든 공산주의 국가의 공통된 난제다. 베이징 중난하이의 '권력교체' 역시 다년간 중국의 정치국정 불안의 초점이었다. 중난하이에서는 여러 차례 종잡을 수 없는 풍운의 활극이 펼쳐졌었다. 심지어 우리는 중공 대부분의 죽기 살기의 정치혈투가 모두 '누가 권력을 이어받는가' 하는 문제를 둘러싸고 벌어졌다고 말할 수 있다. 이것은 공산주의를 신봉해 온 중국이라는 이 동방색채가 농후한 대국의 몇십 년 역사에서 어쩌면 사람들의 관심을 가장 많이 모을 수 있었던 경관인지도 모른다.

마오쩌둥은 원래 역사가 만들어준 후계자를 그대로 승인하려 했었다. 그러나 나중에는 결국 이미 '후계자'로 세워진 지 20년이 다 된 류사오치를 '처리'해버리는 데 서슴지 않았고, 여태껏 그렇게 수고스럽게 건설해

온 당정권력의 체계를 자신의 손으로 허물어뜨리는 데 조금도 주저하지 않았다. 전국 인민들은 불구덩이에 빠졌다.

마오쩌둥은 그뒤 린뱌오林彪를 후계자로 세우고 세계 공산당 역사에서 처음으로 이것을 당의 정관에 써넣었다. 그러나 일년도 지나지 않아 두 사람 사이에는 모순의 금이 크게 생겼고, 1971년 세계를 놀라게 하는 '9·13' 사건이 발생했다. 마오쩌둥이 직접 당의 정관에 그 이름을 써넣은 황태자가 군사 쿠데타를 획책하다가 탄로나자 황망히 비행기에 몸을 싣고 외국으로 도망치던 길에 이국의 사막에서 추락해 불타버린 시체로 발견되었던 것이다.

이제 마오쩌둥은 고령이었다. 후계자를 고르는 일은 시급한 과제일 수밖에 없었다. 무슨 생각이 들었는지 마오쩌둥은 미처 세심한 관찰도 없이 갑자기 상하이 노동자 반란파 우두머리 왕홍원王洪文을 중앙에 불러들였다. 왕홍원은 하루아침에 반란파 거두에서 대국의 부주석이 되었고, 위로 두 사람을 모시고 밑으로 몇억을 거느리는 '작은 황제'가 되었다.

그러나 이 황태자의 운명 역시 오래 가지는 못했다. 왕홍원을 중앙에 불러들인 지 채 일년도 되지 않아 마오쩌둥은 자기가 직접 세운 이 후계자에게 불만이 생기고 귀찮아졌다. 마오쩌둥은 자기가 친히 '자본주의 길을 걷는, 당내의 제2호 당권파 인물'로 모자를 씌워 감옥에 넣었던 덩샤오핑을 다시 중앙으로 불러들였다. 그러나 이것 역시 잠시였다. 한 번 매맞을 봤으면 조금 정신 차리고 얌전해질 줄 알았던 덩샤오핑은 아직도 기가 살아 있었고 감히 '황제'의 비위를 거슬렸던 것이다. 마오쩌둥은 탄식했다. "다시는 재평가하지 말아야 한다고 하더니, 역시 믿을 수가 없구나." 그는 덩샤오핑 머리 위에 씌워 주었던 화려한 권력의 모자를 다시 빼앗았다.

이러는 사이 마오쩌둥은 더 늙었다. 이제 마오쩌둥은 노망도 부리게 되었다. 생명이 얼마 남지 않아 의식도 흐릿한 가운데 마오쩌둥은 다시 한

번 자기의 후계자를 지목했다. 충성심이 강하고 어눌한 화궈펑을 '중공중앙 제1부주석'에 올려놓고 중앙의 사업을 주최하게 했다. 뿐만 아니라 '그대가 일을 하면 나는 마음이 놓이노라'라는 친필 제사까지 써주었다. 과연 화궈펑의 일 처리 능력이 마오쩌둥의 말처럼 그렇게 '마음이 놓일' 정도였을까? 이런 가상을 펼쳐보자. 만약 마오쩌둥이 이삼 년 더 살아서 자기 눈으로 직접 화궈펑이 일하는 솜씨를 보았다면, 과연 '마음을 놓을' 수 있었을까?

마오쩌둥이 이러했다면 덩샤오핑은 어땠을까? 처음에 덩샤오핑은 아주 침착하게 후계자를 선택했다. 자기의 정치 노선을 추진하는 데 가장 알맞은 후계자를 친히 물색하고 골랐다. 한 사람만 고른 것이 아니라 두 사람을 골랐다. 후야오방과 자오쯔양이었다. 덩샤오핑은 이 두 대장을 선봉으로 내세우기 위해 직접 그들이 나아가는 데 필요한 길을 닦아주고 다리를 세워주었으며 길 위의 장애물들을 치워주었다. 후야오방에게는 당을 맡기고 자오쯔양에게는 정부를 맡겨 각기 자신의 직무를 행사하도록 했다. 늙은이가 후방에 진을 치고 앉아 먼 거리에서 지휘하고, 두 대장이 앞에서 제각기 보검을 하나씩 손에 들고 길을 헤쳐 나가던 당시는, 그만하면 '찰떡 궁합'인 셈이었다. 덩샤오핑은 언젠가 외빈 접견 때 이렇게 호언장담하기도 했다.

"하늘이 무너져도 그들 두 장자가 떠받칠 것이다."

그러나 이 말이 채 끝나기도 전에 학생운동이 일어나기 시작했다. 덩샤오핑 자신도 위에서 내리누르는 원로 좌파들의 압력을 당해낼 수가 없었다. 먼저 후야오방을 끌어내릴 수밖에 없었고, 개혁파들은 크게 상처를 입게 되었다. 드디어 1989년 세계를 놀랜 '6·4사태'가 터졌고, 덩샤오핑은 학생들 앞에서 너그러운 자세로 온건한 해결방침을 주장하는 자오쯔양마저 끌어내릴 수밖에 없었다. 자기가 세웠던 기둥을 스스로 넘어뜨린 덩샤오핑 역시 잠시 비틀거렸다. 85세의 덩샤오핑은 좌우를 살펴보았으나 도무지 마음에 드는 후계자를 눈앞에서 골라낼 수가 없었다. "세상에 영웅이 없으니 별난 놈이 이름을 날리네"란 말이 있다.

"아무리 둘러보고 비교해 봐도 장쩌민이 어울려."

덩샤오핑의 이 말을 들어보면 그 막무가내인 심경을 읽을 수 있다.

중공이 집권한 후 후계자를 양성한 역사 맥락

중공이 후계자를 양성하려는 이론체계는 초보적으로 1964년에 형성되었다. 실천은 당연히 이론 먼저 있었다.

첫 시작부터 후계자 양성에 대한 중공의 사상은 '평화적 변이'를 방지하고 '홍색 강산이 천추만대 영원히 그 색깔이 변하지 않는 것'을 지키는 것과 연결되어 있었다. 중공이 표방한 '군중언어'로 표현하면 "붉은 깃발이 영원히 휘날리게 하려면 아래 세대를 잘 양성해야 한다"이다.

마오쩌둥이 후계자 양성을 중시하게 된 데에는 두 가지 계기가 있다. 그 하나는 1953년 미국 국무장관 덜레스가 내놓은 '평화적 변이'설이다. 그때 덜레스는 이렇게 주장했다.

평화의 방식으로 사회주의 국가의 '압박받는 인민'들에 대한 해방을 촉진해야 한다. 중공의 제3세대와 제4세대에 가면 사회주의는 그 일이 가능하게 변화될 것이다.

후에 그는 더 구체적으로 중국대륙이 장래에 평화적으로 변이되는 날이 있기를 희망한다고 발표했다. 그의 이 말은 중공을 바짝 긴장시켰고, 후에 중공이 '평화적 변이'에 대해 항상 경각심을 늦추지 않고 더욱 강화하는 데에 '반면교사反面教師'가 되었다. 1960년대와 70년대를 거쳐 지금까지도 중공 지도자들에 의해 '와신상담臥薪嘗膽'의 표본이 되고 있다. 다른 하나는 1956년 구소련 소비에트 20차 대표대회에서 한 호루시초프가 스탈린을 반대하는 비밀보고이다. 마오쩌둥은 민감해질 수밖에 없었다. 자기가 죽은 뒤 자기 역시 죽은 호랑이 꼴이 되어 남들에게 몰매질을 당하지 말라는 보장이 없는 것이다. 미연에 방지해야 했다. 그 방법은 자기에게 충성하는 후계자를 양성하는 일이었다.

마오쩌둥은 '계승자'라는 이름을 좋아하지 않았다. 1961년 우한武漢에서 외교부 관리들의 보고를 청취할 때였다. 영국 몽고메리 원수가 질문할 때를 대비해 어떻게 답할 것인가 하는 문제를 놓고 마오쩌둥은 이렇게 대답했다.

'계승자'라는 이름은 좋지 않다. 나에게는 토지도 없고 부동산도 없다. 은행에 저축한 것도 없는데 나의 무엇을 계승한단 말인가? 붉은 넥타이('홍령건紅領巾'이라고 하는데, 어릴 때부터 공산주의 사상교육을 시키기 위해 조직한 아이들이 조직에 가입하는 날 목에 붉은 넥타이를 매고 공산주의를 위해 분투할 것을 맹세한다-옮긴이)들의 노래에 '우리는 공산주의 후계자'라는 말이 있는데 그 '후계자'가 더 좋다. 이것은 무산계급에게 어울리는 말이다.

마오쩌둥에게 '계승'은 재산에 대한 이어받기를 의미하고, '후계'는 혁명직책을 이어받는 것을 의미했던 것이다.

황상黃峥이 쓴 『류사오치의 일생』(중앙문선출판사, 1995년 출판)을 보면 이에 대해 더 구체적으로 소개하고 있다. 1961년 9월 몽고메리 원수를 회견하기 전날, 마오쩌둥은 외교부 판공청 부주임 슝샹후이熊向暉와 총리 사무실 비서 푸서우창浦壽昌에게 다음과 같이 말했다.

우리나라에는 부주석이 여섯 명 있었다. 그들 중 제일 앞에 서 있는 사람이 누구인가? 류사오치이다. 우리는 그를 제1부주석이라고 부르지 않았다. 그러나 그는 곧 제1부주석이 되어 제일선의 사업을 맡아 했다. 재작년 중화인민공화국의 주석은 성과 이름을 바꿨다. 더 이상 성씨가 마오이고 이름이 쩌둥이 아니다. 성은 류씨로, 이름은 사오치로 바꿨다. 전국인민대표대회에서 선거한 것이다. 이전에는 두 주석의 성씨가 모두 '마오'였다면, 지금은 하나는 그냥 '마오'이고 다른 하나는 '류'로 바뀐 것이다. 얼마간의 시간이 지나면 두 주석의 성이 다 류씨로 바뀔 것이다. 때가 되어도 마르크스가 나를 청하지 않으면 나는 명예주석을 하면 된다. 누가 나의 후계자인가? 여기에 무슨 '전략적 분석'이 필요하단 말인가? 여기에는 쇠로 된 막도 없고 죽竹으로 된 염簾도 없다. 오직 한 장의 종이만 있을 뿐이다. 마분지도 아니고 유리종이도 아니다. 시골에서 창문을 바르는 데 쓰는 그런 얇은 종이다. 다치면 구멍이 난다.

이때까지만 해도 마오쩌둥은 후계자 문제가 큰 문제로 제기되고 있다는 것을 의식은 하고 있었지만, 이에 관한 성숙된 사상체계는 아직 형성되어 있지 않았다. 그래서 아직 이 문제를 '전국 전당의 한 가지 전략 임무'로 하지 않았다. 류사오치가 실제적으로 '제1부주석'이라는 것은 중공의 어느 인물의 말을 빌리자면 '역사가 만들어 준 지위'였다. 이에 대해 마오쩌둥도 원래 지지를 나타냈으므로 이제 와서 반대를 표시하기는 좀 난처한 입장이었다. 물론 마오쩌둥이 당시 이런 말을 한 것은 자기가 내세운 일부 사회주의 건설의 붉은 조치들이 실패한 당시의 형세에서, 일부러 자세를 낮춰 류사오치 등 다른 사람들에게 보여주기 위해 쇼를 한 것일 수도 있다.

그러나 '소련의 흐루시초프' 등장 후 '중국의 흐루시초프'에 대한 경각심이 높아짐에 따라, 더욱이 중공 제1대의 노화 문제가 제기되고 벌써 일부가 사망함에 따라, 마오쩌둥은 후계자를 양성해야 한다는 위기감과 긴박감을 더욱 절실히 느끼게 되었다. 후계자 양성에 대한 그의 사상은 점점 성숙되었고, 따라서 후계자 양성은 전당全黨의 '자각적인 행동'이 되었다.

전당이 '후계자 양성'을 전략 임무로 하다

1964년 2월, 중공중앙조직부에서는 마오쩌둥에게 「지위地委 이상 각급 영도의 핵심을 강화해 제1인자들의 후계자 양성을 촉구하자」라는 보고서를 바쳤다. 이 보고는 곧 〈조직공작통신〉에 발표되었다. 이 보고에서는 '중앙 각 부문의 당위와 지방 성위 제1인자의 평균 연령은 56세로서 십 년 후면 너무 높아지게 된다. 이에 대비해 지금부터 계획적으로 지구地區 당위 이상 제1인자들의 후계자를 양성해야 한다'라고 제기했다. 마오쩌둥은 이 보고를 읽은 후 긍정을 표시하면서 젊은 간부들을 양성하고 선발해야 한다고 말했다. 3월 3일 중앙조직부 부장 안쯔원安子文은 '신생 역량'을 양성하고 선발하는 데 관한 강화를 발표해 40세 좌우의 사람들을 성장省長급, 장관급에 등용할 것을 제기했다.

그해 5월 중순부터 6월 중순까지 거행된 중앙사업회의는 처음으로 후계자 정책을 정식으로 토론한 중앙사업회의였다. 6월 16일, 정치국 상무위원들과 6명의 중앙분국 제1서기들은 베이징 13릉 저수지에서 회의를 가졌다. 이 회의에서 마오쩌둥은 처음으로 '무산계급 혁명사업의 후계자'를 양성하는 데 관한 구체적인 계획을 천명했으며 후에 크게 선전된 '후계자의 5가지 조건'을 제출했다.

7월 14일, 〈인민일보〉와 잡지 〈홍기紅旗〉는 소련공산당과 논전을 벌여 오던 「아홉 번째 평함九評」의 아홉 번째 문장을 발표해 처음으로 마오쩌둥이 제출한 5가지 조건을 공개했다. 간략하면 다음과 같다.

- 반드시 진정한 마르크스주의자여야 한다.
- 반드시 중국과 세계의 대다수 인민의 이익을 위하는 사람이어야 한다.
- 반드시 동지들과 단결하는 사람이어야 한다. 일찍이 자기를 반대했으나 실천에 의해 그 반대가 잘못되었음을 증명한 사람과도 단결할 수 있는 사람이

어야 한다.
- 반드시 비판과 자아비판을 용감히 할 수 있는 사람이어야 한다.
- 반드시 군중 속에서 나오고 군중 속으로 들어가는 사람이어야 한다.

마오쩌둥은 이 글을 심사하면서 후계자를 양성하는 부분에서 특별히 이런 코멘트를 가했다.

우리가 흐루시초프 수정주의가 중국에서 재연되는 것을 승리적으로 방지할 수 있는가 없는가의 문제이며, 우리 당과 국가의 생사존망과 관계되는 대단히 중대한 문제이다. 흐루시초프와 같은 야심가와 음모가에 대한 경각성을 높여야 하며, 이런 사람들이 우리 당과 국가의 각급 지도 자리를 빼앗는 것을 방지해야 한다.

이 5가지 조건 중 첫 번째 조건과 두 번째 조건은 마오쩌둥의 극좌노선과 계급투쟁론을 지지해 그의 뜻에 따라 '국제 현대수정주의'를 반대하는 내용이고, 세 번째부터 다섯 번째의 조건은 사업태도와 사람의 인품에 대한 것이다. 이 5가지 조건은 전문경험과 문화소질에 대해 전혀 언급조차 하지 않았다.

5가지 조건에 관한 한 가지 기막힌 에피소드가 있다. 1965년 중앙조직부 부부장 자오한趙漢은 베이다이허에서 문건을 작성하면서 이런 말을 했다.

"주석의 이 5가지는 좋기는 좋다. 만약 여기에 업무요구에 관한 조건 한 가지만 더 붙였더라면 훨씬 훌륭할 것이다."

이 한마디로 자오한은 1966년 '마오쩌둥을 반대한 사람'으로 낙인찍혀 비판을 받게 되었고, 얼마 지나지 않아 그는 박해를 못 이겨 자살로 생을 마쳤다.

문화대혁명 기간의 잔혹하면서도 황당한 후계자 양성

파란만장한 역사는 후세들에게 흥미진진한 읽을 거리를 제공해준다. 하지만 직접 그 역사의 현장에 몸담고 있던 당시 사람들은 절대 그 만장 같이 치솟았다 곤두박질치는 파도 위에 몸 던지기를 원하지 않을 것이다. 특히 역사 구성원의 대부분을 차지하는 민중들은 자기들이 몸담아 겪고 있는 역사가 조용히 지나가기를 희망한다. 결코 역사의 변화에 놀라 가슴을 졸이는 일이 없기를 바랄 뿐이다. "천지가 불인不仁하면 만물이 희생양이 되고, 성인聖人이 불인不仁하면 백성이 희생양이 된다"는 말이 있지 않은가?

문화대혁명이 시작되었다. 문화대혁명의 동기와 목적은 바로 후계자를 양성하는 문제와 연관되어 있다. 마오쩌둥은 이번의 피비린내 나는 대규모 운동을 통해 자기가 원래 인정했던 후계자 류사오치와 그 주위에 뭉쳐 있던 무리들을 제거해버리고, 자신이 믿을 수 있는 후계자를 새로이 발견하고 선발하려 했던 것이다.

이 목적에 도달하기 위해 마오쩌둥은 원래 자기가 후계자를 양성하고 선택하던 메커니즘을 전부 다 부숴 버렸다. 1968년 8월, 마오쩌둥은 "중앙선전부는 염왕전閻王殿(염라대왕 궁전)이고, 중앙조직부는 우리 손에 있지 않다"고 비판했다. 다른 한편으로 그는 새로이 작성한 후계자 양성에 관한 정책과 구상을 다시 제출했다. 이는 국제공산주의 운동사에서도 너무 새로워 모든 사람들의 입을 딱 벌리게 할 급진적인 조치였다. 새롭게 작성한 후계자 양성의 정책요점은 다음과 같다.

당은 '낡은 것을 버리고 새로운 것을 받아들여야 한다는 것을 강조하고, 무산계급의 신선한 혈액을 흡수해야 하며, 노동자계급이 일체를 지도하는 것을 보증'해야 한다. 또한 각급 영도 기관은 '혁명 군중'과 '군대', 그리고 '혁명 지도

간부'의 '3결합'을 실시해야 한다.

후에 마오쩌둥은 천보다陳伯達, 장춘차오張春橋, 야오원위안姚文元 등이 참여한 자리에서 '무산계급 독재하에 계속 혁명을 지켜나가자'라는 이론을 내놓았다. 이 이론에는 그의 극좌이론을 극치로 발휘한 후계자 이론도 들어 있다.

1971년 9월 린뱌오 사건이 발생하기 전에 마오쩌둥은 린뱌오를 겨냥해 "마르크스주의를 실시해야 하고 수정주의를 하지 말아야 하며, 단결해야 하고 분열하지 말아야 하며, 광명정대해야 하고 음모술책을 부리지 말아야 한다"라는 '세 가지를 해야 하고 세 가지를 하지 말아야 하는三要三不要' 원칙을 제기했다. 이것을 후계자를 양성하는 이론과 정책에 보탰고, 심지어 1973년 8월에 거행한 중공 10차 대회에서 당의 정관 총강령에 기재했다.

마오쩌둥의 후계자 이론은 광대하고 구구절절 도리에 맞았다. 그러나 문제는 전혀 실천의 검증을 해낼 수 없었다는 것이다. 당시 그의 이 이론 노선의 지도 아래 전국에서는 얼마나 많은 황당한 연극이 벌어졌는지 모른다. 중앙에서 명령이 내려지자 겨우 소학교 수준밖에 안 되는 숱한 노동자들에게 각종 직위가 맡겨지고 각급 지도기구의 지도자로 발탁되었다. 산시성 시양昔陽현의 다자이大寨농민 천융구이陳永貴와 시안방직 여공 우구이셴吳桂賢은 일약 국무원 부총리에 발탁되었고, 후에 또다시 톈진 기층에서 39세의 쑨젠孫健을 국무원으로 불러들여 '중국에서 가장 나이 어린 부총리'에 임명했다. 천양에서 채소를 파는 부인 리쑤원李素文과 산시 노동자 야오롄웨이姚連蔚를 불러들여 곧바로 전국인민대표대회 부위원장에 올려놓았다. 아무리 황당한 사극이라 해도 이렇게까지 황당한 사극은 없을 것이다.

권력교체 방식의 개혁은 과연 어려운가

이런 황당한 현상은 마오쩌둥이 저세상으로 가서 더는 '후계자' 양성과 선발에 참여할 수 없게 되면서 다행히 그 막을 내렸다. 문화대혁명이 끝난 후 중공은 극좌노선을 청산하기 시작했다. 화궈펑은 후계자의 위치도 지키기 어렵게 되었다. 그런 그가 자신의 후계자 문제에 신경을 기울일 새가 있었을 리 만무하다.

그러나 후에 대권이 덩샤오핑의 손으로 넘어간 후 그는 자기의 고령을 의식하고 '후계자' 문제에 대해 다시 긴박감을 느끼기 시작했다. 물론 1975년 왕훙원이 한 말이 그에게 큰 자극을 주었다지만 당시 그는 자신의 '후계자' 자리를 굳건히 지키기 위해 분투하고 있었으므로 다른 것을 돌볼 틈이 없었다. 이제 자기 자리가 든든해지고 천윈 등 원로들도 자기와 생각을 같이하고 있으므로 덩샤오핑은 자신의 뒤를 이을 후계자 문제를 다시 의사 일정에 올려놓을 수 있게 되었다.

여기서 반드시 하나 짚고 넘어가야 할 것이 있다. 비록 후진타오는 덩샤오핑과 천윈의 후계자 이론과 정책의 덕을 본 사람이지만, 마오쩌둥의 후계자 양성에 관한 이론과 정책이 후진타오 개인에게 역작용을 한 건 결코 아니다. 후진타오는 실제적으로 마오쩌둥이 1960년대 초에 제출한, 후계자는 붉고 전문화되고, 폭풍 속에서 단련해야 하고 세상구경을 해야 한다는 이론의 지시대로 실천하며 성장한 사람이어야 한다. 따라서 후진타오의 경력 역시 후에 가 덩샤오핑 등에 의해 중공의 대권을 이어받을 후계자로 선택되는 데에 유리한 작용을 한 것이 사실이다.

덩샤오핑이 후계자를 양성하는 데 있어서 전체적인 사상체계는 마오쩌둥처럼 그렇게 극단으로 내닫지는 않았다. 그러나 이미 형성되어 있는 그 테두리를 벗어나지도 않았다. 후계자가 반드시 구비해야 할 조건에 대해 덩샤오핑, 후야오방, 장쩌민, 차오스, 후진타오는 당시 당의 중심사업의 요구를 좇아 제각기 서로의 의견을 발표했다. 세 가지, 다섯 가지, 여섯 가지 등, 더러 시대에 따라 구체적인 용어의 변화는 있어도 마오쩌둥 시대의 조건과 별로 다르지 않았다. 그러나 한 가지 중요한 변화는 있었다. 그것은 바로 문화 전문지식 소질을 후계자 양성과 선정의 필수조건으로 열거해 넣은 것이다.

덩샤오핑은 마오쩌둥의 '지식을 깔보는' 경향을 바꿔 혁명화의 요구 외에도 지식화, 전문화를 강조했다. 이 한 가지 변화의 역사적 중요성과 의의에 대해 충분히 평가해 주어야 한다. 이때부터 중국의 인재들에게는 이전보다 많이 변화된 성장 환경이 주어졌다. 이렇듯 새로운 표준이 늘어난 건 좋지만 낡은 표준을 버리지 않고 그대로 가지고 있다는 것이 문제였다. 이렇게 되자 여러 표준 사이에는 내재적인 충돌이 형성될 수밖에 없었다. 예를 들어 덩샤오핑이 '네 가지를 갖춘 신인'에 관한 조건을 제기한 후 각급 공청단 조직에서 그 요구에 맞는 사람을 찾아보았으나 결국엔 찾아내지 못한 사실을 우리는 아직 잊지 않고 있다.

이것뿐이 아니다. 후계자를 양성하는 시퀀스와 메커니즘을 보면 20년 동안 실제적인 변화는 너무나 늦고 미약하다. 덩샤오핑 시대를 살펴보면 그래도 후야오방, 완리 같은 개명인사들이 있어서 인재 문제 상에서 비교적 트인 사고방식들을 가지고 있었다. 그러나 역시 기본적으로는 전통적인 틀에서 벗어나지 못했고 중국 고대의 인재등용 이론을 돌파해 현대 인재등용 시스템으로 바꾸지 못했다. 오히려 장쩌민 시대에 와서 이 문제를 해결할 수 있는 사고의 전환을 가져왔다고 할 수 있다. 물론 이 전환 역시 어쩔 수 없는 상황에서 가져온 것이기는 하지만 말이다. 중국 고대의 한비자韓非子의 말을 빌리면, 성공적인 통치를 하려면 반드시 '권權, 법法, 세勢'를 장악해야 했다. 최고자리에 올라앉은 장쩌민은 단시일 안에 강자로 군림할 수가 없었다. 마오쩌둥, 덩샤오핑처럼 하나를 말하면 밑에서 감히 둘을 받아 외치지 못하는 그런 위망威望이 형성되어 있지 못했다. 이런

'세勢'가 없으니 '권權'('권력' 또는 '권변權變'을 가리킨다. 더 직설적으로 말해 수단을 부리는 것을 뜻한다)을 휘어잡고 '법'을 따라 세워야 했다. 장쩌민은 법제화, 질서화, 규범화를 외칠 수밖에 없었다. 장쩌민으로서는 법제와 질서와 규범으로 자신을 보호해주고 자신의 지위를 공고히 해줄 수 있는 방패막을 세우려 했을지 모르지만, 객관적으로는 중국 사회의 전형 및 후계자 문제 등에 대해 초보적으로 규범을 형성하는 데 얼마간의 작용을 했다. 물론 그 규범이 성숙된 모양을 갖추려면 아직도 멀었지만 말이다.

이렇게 몇 년이 지나자 후계자를 선발하고 등용하는 메커니즘에 얼마간의 진보가 생겼다. 주요하게 아래 몇 가지 방면에서 그 진보의 흔적을 찾아볼 수 있다. 첫째, 점진적으로 각 단계의 지도간부 양성과 등용에 대해 표준을 세웠다. 적어도 각 급별에 있어서 연령 제한을 확실히 했다. 둘째, 권력교체의 후비後備대오가 양적인 변화(量變)에서 질적인 변화(質變)를 가져왔다. 간부대열의 문화구조가 이전의 저低소질의 공농병工農兵 위주에서 대학을 졸업한 고高소질 위주로 바뀌었다. 셋째, 간부 후보자에 대한 양성, 평가 고찰, 등용 등에 있어서 차츰 상대적으로 안정된 질서를 형성했다.

우리가 이미 여러 번 보아 왔듯이 근래 몇 년간 중공 고위층의 권력교체는 마오쩌둥 시대에 비해서 많은 진보를 가져왔지만, 그러나 여전히 많은 문제들을 안고 있는 게 사실이다. 가장 두드러진 문제점은 아직도 집권자가 후계자를 확정하는 시스템이 변화되지 않고 있다는 것이다. 물론 중공은 '확정'이라는 단어를 쓰지 않고 '후보자를 추천'하거나 '후보자를 건의'한다고 말을 바꿔 사용하지만 후계자 인선人選에 대한 집권자의 한 마디가 종종 결정적인 '확정' 역할을 한다는 사실은 알 만한 사람은 다 알고 있는 공개된 비밀이다. 나라의 최고 지도자의 권력교체는 가장 작은 범위 내에서 그 '추천'과 '선발'이 이루어지지만 그 영향은 전국의 국세에 미치기 때문에 어쩌면 가장 큰 위험을 동반한 '추천'과 '선발'일 수도 있다. 잘못 선정하거나 권력쟁탈이 일어나 정국에 혼란을 조성하고 국세가 흔들릴 위험도 내포하고 있는 것이다.

지도자는 오직 자기 두 눈에 근거해 후계자를 보게 된다. 이 두 눈을 속이기는 어쨌든 군중들의 천만 개 눈을 속이기보다는 훨씬 쉽다. 이로부터 '관직을 팔고 사는 현상'과 '거짓으로 과장해서 보고'하는 유행병이 생겼으니 이상할 건 하나도 없다. 중국 민간에 널리 퍼져 있는 최신 유행어들을 살펴보면 간부들이 어떻게 자신의 정치공적을 거짓으로 보고하는지 잘 알 수 있다. "숫자는 관리들에게서 나오고 관직은 숫자에서 나온다" "위에서는 아래를 누르는데 층층이 부담만 가중되고, 아래에서는 위를 속이는데 층층이 수분을 섞는다." 결국 위의 관리는 자신의 정치공적을 위해 아래 관리에게 임무를 과중하게 주고, 아래 관리는 숫자를 마구 부풀려 거짓 보고로 임무를 완성하거나 초과달성해 역시 상사의 신임을 얻는다. 그 결과로 위, 아래 관리들 모두 더 높은 출세의 길이 열리게 되는 것이다. "숫자에서 관직이 나온다"는 말이야말로 당대 중국 정계의 실상을 가장 잘 표현한 말이 아닌가 싶다.

권력계승의 3대 현상

1940년대 후반 이래 중공의 반세기가 넘는 역사를 죽 내리 훑어보면 우리는 세 가지 보편적인 현상을 발견할 수 있다.(법칙이라고는 단정지을 수 없다.)

그 하나의 현상을 보면 중국의 집권자들은 모두 자신의 훗날을 매우 중요시한다는 것이다. 그들은 자신이 지구에서 사라진 후의 나라의 발전과 세월의 변화에 대해 자신이 살아 있는 동안의 집권세월에 못지않게 신경을 쓰고 중요시한다.

마오쩌둥은 무산계급 혁명사업이 '천추만대' 그 색깔이 변하지 않는 것을 보장하려면 후계자 양성에 있어서 '수정주의를 반대하고 방지하는' 사람을 골라야 하며, '흐루시초프식의 인물'이 당에 들어와 '기본노선'을 개혁하는 것을 절대 막아야 한다고 재삼 강조했다. 덩샤오핑도 마오쩌둥과 마찬가지로 '개혁노선'의 '일백년 불변'을 보장해야 한다고 재삼 강조했다. 이런 생각과 태도들을 우리는 미국 및 기타 서방 국가의 지도자들에게서는 찾아보기가 힘들다. 동방의 맛이 다분한 싱가포르, 한국, 일본 등의 지도자들도 절대로 자신이 제정한 노선과 정책 등이 50년, 100년 후의 세상을 그대로 통제하고 다스리고, 자신의 후임이 자신의 노선, 정책을 그대로 따라 주리라는 천진난만한 환상을 꿈꾸지는 않는다. 자손은 자손대로의 복이 있다지 않는가? 이는 중국의 고훈古訓이 아닌가?

그런데 중공의 지도자들은 이 고훈을 어기고 기어코 '자손들의 행복'을 자기 손으로 다스리려는 괴벽을 가지고 있다. 그들의 이런 행위는 자꾸만 우리에게 진시황의 칭호를 떠올리게 한다. 그는 스스로 자기를 '시황제'라고 자칭했다. 그는 자기부터 시작해 1세, 2세, 3세……, 뒤로 끝없이 이어져 천세만세 영원히 황제의 자리를 물려주려 했음이 분명하다. 그러나 그 결과는 어떻게 되었는가? 너무 잘 알려진 결과여서 여기에 더 이상 적지 않는다. 중공도 마찬가지다.

마오쩌둥은 화궈펑에게 "그대가 일을 보면 나는 마음이 놓이노라"는 어필을 친히 하사하기까지 했지만, 화궈펑은 도리어 마오쩌둥에 의해 꺾였던 덩샤오핑에 의해 정치무대에서 내려왔다. 마오쩌둥의 방침과 노선은 그가 죽은 지 겨우 2년이 지나자, 그야말로 시체가 아직 채 식기도 전에 벌써 변화되기 시작했고 그가 그렇게도 걱정하고 단호하게 숙청했던 수정주의가 중앙에 나타나기 시작했다. 그런데 이상한 것은 이 모든 것을 친히 겪은 덩샤오핑 역시 후계자 양성에 있어서는 마오쩌둥이 걸은 길을 그대로 따라 걸으려고 한 것이다. 덩샤오핑도 마오쩌둥과 마찬가지로 자기가 믿고 마음놓을 수 있는, 자기의 길을 따라 끝까지 걸을 수 있는 후계자를 고르려 했다.

두 번째 현상을 살펴보면 위의 첫 번째 현상으로 인해 중공의 권력자들이 모두 이런 두 가지 단계의 '괴상한 코스'를 밟는 것을 알 수 있다. 즉 후계자가 등극한 후 앞의 절반 시간은 자기의 지위를 공고히 하는 데 소모하고, 뒤의 절반 시간은 자기의 후계자를 고르는 데 소모한다는 것이다. 등극한 후계자는 후계자로서의 지위와 권력을 공고히 하기 위해 조직기구 개편과 여론조성 과정에서 최대한 자신을 전임 지도자가 제정한 노선과 정책의 '가장 훌륭하고' '유일한' 실천자이며 선두주자라는 것을 증명하는 데 모든 심혈을 기울인다. 매사에 신경을 곤두세우고 처신에 조심해야만 최고 권력자로서의 절대적인 합법성을 승인받을 수 있고, 기타 적들의 공격을 방지할 수 있다. 그렇게 긴장 상태로 임기의 절반 정도가 지나 자기의 권력을 이용해 자신의 권력기반을 든든히 다지고 자기의 보좌에 별로 큰 위협이 없을 때쯤 되면 그때부터 나머지 절반 시간은 미래의 후계자를 고르는 작업에 신경을 쓴다. 그야말로 이어받고 나자 넘겨줄 준비를 해야 하는 것이다.

그 세 번째 현상을 살펴보자. 미리 선정되었던 후계자 대부분이 그 끝이 좋지 않았다. 류사오치는 타도의 대상으로 숨졌고, 린뱌오는 타국 땅에서 죽었으며, 왕훙원은 수갑을 차고 감옥에 들어갔고, 후야오방은 압력에 의해 자리에서 내려와 제명까지 살지 못했다. 또한 자오쯔양은 파면당한 후 지금까지도 연금 상태에서 할일 없이 지내고 있다. 그나마 화궈펑은 결과가 가장 좋은 사람이라고 할 수 있다. 줄곧 중앙위원의 이름을 달고 있다. 그러나 그 역시 나라의 대사에 직접 참여할 권리는 없고, 온종일 책이나 읽고 글씨 연습이나 하면서 세월을 보내고 있다. 자그마한 현위서기 자리라도 하나 맡겨 달라고 요청했으나 중앙에서는 인색하게 그의 요구를 들어주지 않고 있다.

이 세 번째 현상을 살펴보면 또 이런 현상도 발견할 수 있다. 일찌감치 후계자로 선정된 사람일수록 오히려 그 결과가 나빴다는 것이다. 밤이 길면 꿈이 많을 수밖에. 빨리 선정될수록 기다리는 시간도 길고, 그 사이 형세가 어떻게 변할지는 누구도 예측할 수는 없는 것이다. 게다가 후계자 본인도 산 사람이고 보니 후계자로 선정되고 나서 사상의 변화가 생기지 말라는 법 또한 없다. 그러니 후계자를 하나 골라 놓고 위에서 지켜보는 당권자當權者와 그 후계자 사이가 영원히 일치하리라는 보장도 없다. 당권자가 끝까지 후계자의 자리를 지켜주리란 법도 없다. 오히려 전임 지도자가 죽음을 앞두고 선정한 후계자들이 그 권력을 이어받는 데 성공했다. 화궈펑도 그렇고 장쩌민도 그렇다. 엉뚱한 곳에서 데려다 서둘러 올려놨으니 옆에서도 미처 어찌할 새가 없는 것이다. 다행일 수밖에 없다.

황태자는 후계자이자 숨은 도전자

황태자도 사실 그 입장이 난처하다. 황태자가 되었다는 것은 이제 그 위치가 실제로 일인지하一人之下 만인지상萬人之上에 닿은 것과 마찬가지인 셈이다. 어쩌면 위에 있는 최고 권력자만 빼놓고 누구나 무서워할 위치인지도 모른다. 그러나 사실 그 일인지하 만인지상의 위치가 황태자에게 난처함을 안겨준다. 만인지상은 어쨌든 좋은 일이지만 일인지하에 있다는 것은 최고 권력과 가장 가까운 거리에 있는 사람이라는 뜻이 아닌가? 손만 내밀면 닿을 최고 권력, 그래서 황태자에게는 오히려 그 최고 권력을 하루라도 빨리 손에 넣고 싶어 일을 저지를 수 있는 '실력'과 '동기'가 있을 수 있다. 이 점을 가장 잘 알고 있는 이는 밑에 있는 만인이 아니라 위에 있는 일인이다. 그래서 황태자는 오히려 최고 권력자가 가장 마음을 놓지 못하고 경계하는 존재일 수밖에 없다. 가장 위에 있는 최고 권력자는 믿을 수 있는 자를 골라 후계자로 세워 놓았지만, 세워 놓은 그 날부터 믿음을 의심으로 바꿔 오히려 경계할 수밖에 없는 대상이 된다. 선정된 황태자는 이제 만인 위에 군림하게 되었지만 위에 있는 한 사람 눈에 잘못 보이면 그 운명이 누구보다도 비참하게 될 수 있기 때문에 항상 신경을 늦출 수 없고 백 배 더 조심해야 하는 입장이 되고 만다.

최고 권력자는 후계자가 필요하면서도 또 도전자는 소멸할 수밖에 없다. 고금 중의 수많은 사례들이 이를 잘 증명해준다. 최근의 두 가지 사실만 예로 들어보자. 말레이시아 수상 마하티르는 원래 안와르 이브라힘을 자신의 후계자로 선정하고 부수상의 자리에 올려놓았었다. 그러나 안와르의 사상 경향이 점점 마음에 들지 않았고 안와르의 실력이 점점 커가는 데도 불안을 느꼈다. 그래서 끝내 이유를 만들어 안와르의 부수상 직위와 후계자 자격을 박탈했다. 이로 인해 말레이시아에는 한때 긴장감이 감돌았다. 요르단 국왕 후세인은 원래 쌍둥이 동생 하싼으로 황태자를 선정했다. 그러나 1998년 후세인이 미국에서 병 치료를 받고 있는 6개월 사이 하싼은 요르단의 언론을 통해 자신의 '치국계획治國計劃'을 공포하고 후세인의 막료 중 최고인물을 끌어내리려고 시도했다. 이에 후세인의 의심을 사게 되었고, 후세인은 하싼이 자신의 군권을 빼앗으려는 것으로 인정하게 되었다. 후세인이 먼저 손을 써서 하싼의 황태자를 폐위시켜버렸고 대신 아들 아부다라를 황태자에 책봉했다. 후세인은 곧 병으로 세상을 떠났고, 하싼은 눈을 빤히 뜨고 자기가 올라가야 할 자리에 다른 사람이 오르는 것을 지켜볼 수밖에 없었다. 그러나 아부다라가 끝까지 국왕의 자리를 지킬 수 있을지는 누구도 장담하지 못한다. 숙질간에 피비린내 나는 권력 싸움이 일어나지 말란 법은 없으니까.

중국 고대의 일부 국군國君들도 자신의 후계자 문제에 대해 상당히 신경을 썼다. 멀리말고 가까운 청淸나라 때만 살펴보아도 청조 중기 이후의 황제들은 자기가 살아 있을 때 누구에게 황위를 계승할 것인가를 공개하지 않았다. 밀서에 써서 자기가 죽은 후 뜯어보도록 했다. 이는 자신만을 위한 방법이 아닐 수 없다. 무산계급 정권의 최고 영수가 그런 비열한 방법을 쓸 수는 없다. 그렇게 하면 자기 생전에는 황태자로부터의 위협도 없고, 오히려 후계자 자리를 넘보는 모든 후보자들이 최후의 후계자로 지목되기 위해 충성을 아끼지 않을 것이기 때문에 최고 영수의 입장에서는 좋은 일이다. 그러나 자기가 죽은 후에 후계자 자리를 놓고 일어날 권력쟁탈과 심지어 내란 같은 것을 고려한다면 절대로 그런 짓을 해서는 안 될 것이다.

여기서 1998년 중국대륙과 타이완, 홍콩을 강타한 인기 드라마 '옹정황제雍正皇帝'에 나오는 전설적인 이야기 한 대목을 예로 들어보자. 옹정은 황제가 되기 위해 부황父皇 강희康熙의 비밀유언을 찾아 글자 하나를 고친다. 즉 '넷째 아들에게 전한다傳於四子'를 '열네 번째 아들에게 전한다傳於十四子'로 고치고 당당히 황제의 자리에 오른다. 전설로 전해져 내려온 역사이므로 그것이 확실한 사실인지는 알 수 없다. 하지만 청나라 황제가 만족滿族이어서 한족漢族 문화에 대해 잘 몰랐던 탓에 이런 역사적 조크를 만들었다면 이해가 되는 일이기도 하다. 만약 강희가 표준 한자를 알아 정자로 유언을 남기고 간자簡字로 남기지 않았다면 옹정이 그 밀서의 글자 하나를 감히 바꿀 수는 없었을 것이다. 물론 이는 전설일 뿐이다. 오늘날 많은 역사 학자들은 이 얘기가 믿을 만한 것이 되지 못한다고 제기하고 있다. 그러나 믿지 못할 전설에서도 우리가 참고할 수 있는 것은, 중국 고대의 권력교체가 얼마나 암투와 우연성을 많이 내포하고 있는가 하는 점이다.

또 이렇게 밀서로 책봉한 후계자가 아직 크기도 전에 황제가 황천으로 간다면 그가 지정한 후계자는 날개도 채 굳지 않은 판이라 설령 황제의 자리에 올랐다 해도 제대로 집권할 수 있었을까? 중국 역사에 어린 황제가 황제 구실을 못해 조정에 권력다툼이 창궐하고 심지어 내란으로 번진

일도 얼마나 많은가? 그 직접적인 피해자는 당연히 무고한 백성들일 수밖에 없다.

'인민을 위해 복무'하는 중공의 최고 권력자들이 이런 방법을 쓸 수는 없다. 그러나 이런 역사적 사실들이 시사하는 바는 너무나 커서 중공의 최고 권력자들은 누구나 자기의 후계자 문제에서 신중에 신중을 기할 수밖에 없다. 한편으로는 자기가 신봉하는 이념과 사업이 대대로 변치 않고 이어져 내려가야 하고, 다른 한편으로는 자기와 자기의 자녀들이 정치와 경제상에서 이미 취득한 권리와 이익을 지켜야만 했다. 국외의 적들이 국내 정치에 손을 뻗치지 못하도록 철저히 단속해야 하고, 그 단속의 방법은 자신의 뜻을 가장 잘 따르고 목숨 걸고 충성을 표시하는 사람에게 권력을 물려주는 일이다. 때문에 고대 황제들이 범했던 우를 다시 범하지 않아야 하면서도 후계자 양성과 선정에 있어서는 더욱더 정력을 쏟을 수밖에 없는 것이다. 최고 권력자들은 선정한 후계자로부터 오는 위협을 방지하기 위해 신임과 경계를 동시에 내세워, 겉으로는 웃고 속으로는 언제든지 칼을 휘두를 각오를 하고 있다. 그러니 황태자로서는 항상 긴장할 수밖에.

넘겨주고 이어받기 중 이어받기가 더 어려워

중공의 역사를 돌이켜보면 중공이 후계자를 선발하는 데 적지 않은 문제점들이 있었음을 알 수 있다. 자리를 넘겨준 사람의 책임(예를 들면 덩샤오핑이 후야오방과 자오쯔양을 세웠다가 폐위시켜버린 것)도 있고, 자리를 이어받은 사람의 책임(예를 들면 마오쩌둥이 후계자로 선정했다가 자리를 빼앗은 린뱌오, 왕훙원, 화궈펑 등)도 있지만 더 깊은 원인은 시대의 변천에 있다. 늙은 세대들은 당연히 자기들 시대의 표준대로 사람을 선정할 수밖에 없고, 이는 새로운 시대가 요구하는 영도자의 조건에 알맞을 리 없다. 여기서 한 층 더 깊게 그 뿌리를 파헤쳐본다면 무규칙, 무질서에서 그 원인을 찾을 수가 있다.

후계자 선발 또는 권력교체에 있어서 무규칙, 무질서는 후계자를 선발하는 윗세대에게 커다란 난제일 수밖에 없고, 선택된 후계자에게도 온갖 혼란스러움을 가져다준다. 일단 권력교체가 이루어지면 그때부터는 권력다툼이 시작되는 것을 피할 수 없게 된다. 그 원인을 살펴보는 것은 어렵지 않다.

후계자의 권력은 자기를 선택해 준 윗세대에게서 온다. 그래서 그 윗세대가 아직도 강한 권력을 가지고 있을 때는 후계자에게 정치 적수로부터 오는 큰 위협이 없다. 그러나 윗세대는 필경 역사의 무대에서 사라질 세대들이다. 그들이 사라지기 전에 후계자는 반드시 자신의 힘을 길러야 한다. 후계자가 자신의 힘을 어느 정도 길러 정치의 권위를 자기 몸에 세우려 할 때가 되면 늙은 세대의 정치권위는 더 이상 '보호산保護傘'이 아니라 햇빛을 가로막는 그늘이 될 수밖에 없다. 이 그늘을 벗어나지 않으면 자신의 권위를 세울 수가 없게 된다.

또 하나 늙은 세대가 정치무대에서 내려온 후 중대한 정치사변이 발생하지 않는 한 그들의 정치권위는 당장 사라지지 않겠지만 서서히 약해지는 건 자연의 법칙이다. 이 기간이 여태껏 윗세대들의 보호 아래 있던 후계자에게는 가장 힘든 시기일 수도 있다. 여기저기 잠재해 있던 위협들이 천천히 고개를 들고 도전해 오고, 아직 날개가 채 굳지 않은 후계자는 자칫 벼랑 아래로 떨어질 수도 있는 것이다. 화궈펑이 그 대표적인 예이다. 마오쩌둥이 친히 써준 '그대가 일을 보면 나는 마음이 놓이노라'도 화궈펑을 정치 적수들의 도전에서 구해주지는 못했다. 그의 적들은 언제 어디서 어떤 일로 마오쩌둥이 이 글을 화궈펑에게 써주었는가에 대해 의문을 제기하고 나섰고, 이 글이 보편성과 영구성과 절대성을 지니는가를 의심했다. 이 글이 과연 화궈펑의 정치지도 능력에 대한 총괄적인 평가인지, 아니면 어느 한 가지 일 처리에 대한 긍정과 치하인지 의심이 사라지지 않았다. 설령 마오쩌둥이 보편성과 절대성의 의미로 화궈펑에게 이 어필을 내렸다 할지라도, 그의 정치 적수들이 화궈펑은 마오쩌둥의 신임을 저버렸다고 인민들을 향해 선전하는 것을 막을 수가 없는 일이다. 당시 화궈펑이 마오쩌둥의 신임을 '속여서 얻어냈다'고 비판하지 않은 것만 해도 다행이라고 봐야 할 것이다. 그렇게 화궈펑은 정치의 권위를 세우지 못한 채 최고 권력자의 자리에 올라앉았으니 여기저기서 튀어나오는 도전을 막아낼 재간이 없었다. 심지어 그의 적수들은 그를 끌어내리기 위해 마오쩌둥이 '마음놓았다'고 해서 '인민들도 마음을 놓은 건 아니다'라고도 할 수 있는 것이다. 화궈펑에게 그 모든 것을 막아낼 힘이 없는 한 얼마든지 가능한 일이다.

덩샤오핑 시대는 마오쩌둥 시대에 비해 권력교체 과정에서 피비린내가 그렇게 심하지는 않았다. 권력쟁탈에서 실패한 자에게도 칼날이 돌아오지는 않았다. 그러나 역시 '후계자의 권력계승에 대한 합법성 부족'이라는 이 근본적인 문제는 해결하지 못했다. 후진타오가 다른 사람보다 최고 권력을 계승할 수 있는 자격을 더 가지고 있다는 것을 무엇으로 증명할 수 있단 말인가? 윗세대 원로들이 선정했다는 이 한가지 이유 외에는 그가 후계자로서 당당한 다른 이유를 찾을 수가 없다. 그 한 가지 이유조차도 늙은 세대들의 정치권위가 서서히 무너지고 나면 더 이상 이유로 작용할 수가 없을 것이고, 여기저기서 불거져나오는 의심의 목소리와 불만의 도전들을 감당하기 힘들 것이다.

중공은 지금껏 간부들에게 '손을 내밀어 관직을 요구하지 못하게' 했다. 관직을 요구하는 자에게는 일률적으로 관직으로 통하는 문을 닫아버렸다.(동시에 중공은 간부들이 스스로 자기를 천거하는 것—모수자천毛遂自薦, 스스로 자신을 인재로 천거한 고사에서 나온 성어—을 고무했다. 이율배반이 아닐 수 없는 간부 등용정책이다. 이에 관한 이야기는 더 하지 말자.) 서방 국가들의 민주 체제에서는 이런 문제가 존재하지 않는다. 공개적으로 관직을 요구하는 것은 너무나 자연스러운 일이다. 자신이 요구한 관직이 손에 들어오느냐 아니냐는 적수와의 공개적인 경쟁과 대중의 투표로 결정된다. 경쟁에서 이겨 요구한 관직에 임명된 후에도 민의(民意) 대표의 심사에 통과되어야 그 관직을 지킬 수 있다. 그러나 중공은 아직 간부들이 관직을 공개적으로 요구하지 못하게 하고 있다. 만약 그 공개적인 요구를 허락하면 중공이 자기들의 요구에 맞는 간부들을 선정하는 데 큰 장애가 되기 때문이다. 누구에게 주고 누구에게 안 준단 말인가? 감히 관직을 요구하고 나서는 사람은 자기의 실력을 스스로 인정하는 것일 테니까. 그래서 중공은 관직을 요구하고 나서는 사람에게 일률적으로 관직을 주지 않는 원칙을 내세운 것이다. 그러나 이것 역시 모순이다. 선택된 자는 스스로 손을 내밀어 요구하지 않은 자요, 스스로 손을 내밀어 요구한 자는 선택될 수 없는 것이다. 이런 결과는 권력에 대한 인간의 욕망을 기형적으로 만든다. 그래서 앞에서 요구하지 않고 뒤에서 요구하고, 손 내밀어 요구하지 않고 돈 내밀어 요구한다. 권력과 금전의 거래가 횡행할 수밖에 없고 부패가 만연해질 수밖에 없는 것이다. 겉과 속이 다른 사람이 권력의 자리에 더 빨리 오르고 말과 행동이 다른 거짓 인격의 소유자들이 정계에서 더욱 발전하게 되는 것이다.

권력교체에 있어서 이런 무규칙, 무질서는 또 다른 결과도 가져온다. 즉 한 사람이 후계자로 선정된 것이 윗세대에 의해서라면 그 윗세대의 정치권위가 사라지기 전에 후계자는 자기의 권력을 공고히 하기 위해 반드시 후계자로서의 현명함을 선전해야 한다. 그 선전으로 자기는 눈먼 윗세대에 의해 선정된 것이 아니라 자신의 현명함으로 선정된, 당당한 후계자임을 증명해야 한다. 물론 본인이 앞에 나서지는 말아야 한다. 새로운 권력의 주인으로 떠오를 자기 주위에 몰려드는 정치 지망생들을 이용하면 된다.

그러나 민주체제에서는 권력을 이어받은 자가 '홍보팀'을 조직해 급히 자기의 정확성과 현명함에 대한 찬가를 부를 필요가 없다. 왜냐하면 그는 민주선거로 선택되었고, 이미 권력의 합법성을 몸에 두르고 그 자리에 올라왔기 때문이다. 대중 앞에 다시 한 번 자기의 합법성을 설명하고 증명하려고 열을 올릴 필요가 없는 것이다. 하지만 중국은 이와 반대이다. 일단 후계자가 최고 권력의 자리에 정식으로 올라앉으면 각종 선전기구들이 일제히 그에 대한 찬가를 불러대는 현상을 우리는 볼 수 있다. 중국에서 유일한 예외는 후야오방이 금방 총서기 자리에 앉았을 때이다. 그러나 이것은 후야오방이 예외라는 뜻은 아니다. 그때는 당내의 투쟁이 한창 격렬할 때여서 덩샤오핑조차 자신에 대한 송가를 감히 부르지 못할 때였으므로 후야오방이 당의 선전기구들을 조종할 수 없었음은 당연한 일이다.

자신의 현명함과 정확성을 선전기구를 통해 알리는 것 외에 권력에 대한 자신의 합법성을 증명할 방법이 중공의 후계자들에게는 없다. 후계자의 성격이 어떻든, 자신에 대한 찬가를 즐기는 타입이든 아니든 상관없다. 누구나 다 이렇게 해야 한다. 그래야만 자신의 합법성을 증명할 수가 있는 것이다. 자기를 나타내기를 비교적 즐기는 장쩌민도 그렇고, 조심스러운 성격으로 떠드는 걸 싫어하고 비교적 저자세인 후진타오도 그렇다. 모두 다 이렇게 할 수밖에 없다. 이것은 개인의 요구이기도 하지만 더 나아가서는 당 사업의 요구이고, 무사하게 권력을 넘겨주고 이어받는 데 있어서 필수적인 수단이다.

후계자를 양성하는 것은 근본적으로 법제를 반대하는 것

중공의 제1세대 지도집단에서 제2세대 지도집단으로의 과도 과정은 피 냄새와 화약 냄새로 가득한 시간이었다. 또한 제2세대 지도집단에서 제3세대 지도집단으로의 과도 과정 역시 칼날이 번뜩이는 시기였다. 이에 비해 제3세대가 권력을 쥐고부터 지금까지 중국 정계에는 공개적으로 밖에 알려진 피비린내 나는 싸움이 없었다. 제4세대 지도집단의 형성과 성장도 그만하면 비교적 조용하고 순탄하게 틀을 잡아왔다. 어느 정도 질서가 잡혔다고 해도 긍정할 수 있을 정도이다. 이는 대단한 역사의 진보이다.

권력교체에 있어서 건전한 법제의 기초가 부족하고 최고층에 권력이 너무 집중되어 있는 제도의 결함을 개선하기 위해 장쩌민과 후진타오는 적지 않은 사업을 함께했다. 제3세대 지도집단이 올라와서 10년간 중공 내부에는 권력쟁탈을 위한 큰 혼란이 나타나지 않았다. 14차 대표대회에서 '양씨네 장군들'(楊家將. 양상쿤을 중심으로 한 군대내의 양씨네 패들—옮긴이)을 제거할 때도 그렇고, 후에 베이징 시위서기 천시퉁을 처벌할 때도 그렇고 표면상으로는 기존 질서를 많이 고려한 고민이 보인다.

그러나 마오쩌둥의 말을 빌리자면 이 모든 것은 '만리장정에 겨우 한 발짝' 내디딘 데 지나지 않는다.

아직도 너무 많은 법제의 공백지대와 회색지대가 존재하고 있다. 아직까지도 염정법廉政法과 공무원 재산신고법이 제정되지 않고 있고, 문관 시험제도가 법으로 제정되어 있지 않다. 국가 공무원의 직무 연임 기한과 퇴직 연령에 대해서는 명확히 규정되어 있지만 중국공산당 당 계통의 관리들에 대해서는 이런 명확한 규정이 세워져 있지 않다. 당이 일체를 영도하고 당의 관리 역시 정부의 봉급을 받으며 국가 공무원으로 간주하는 중국에서 이는 커다란 구멍이 아닐 수 없다.

또 설령 법으로 규정했다 해도 중공의 허다한 법규는 사례와 사람에 따라 다양하게 해석될 수 있도록 제정되어 있어, 실제 실행하는 데는 확실하게 처리하기가 매우 어렵다. 예를 들면 1982년 2월에 반포된 '중공중앙에서 노老간부 퇴직제도에 관해 세운 규정'은 '당과 국가의 지도간부

중 수요에 따라 약간의 퇴직 연령이 초과된 노혁명가는 남을 수 있다'는 조건을 덧붙였다. 이런 조건이 덧붙은 이상 이 규정은 있으나마나 한 것일 수밖에 없다.

또 하나 큰 문제는 입법의 권한이 잘못되어 있는 것이다. 중공중앙의 영도자들은 말끝마다 사람은 법 앞에서 평등하고 누구나 법의 범위 안에서 행동하고 공산당원은 법을 지켜야 한다고 하지만, 실제로 보면 많은 중공 고위층 관리들은 법을 우습게 여기고 있다. 법을 알면서도 법을 어기는 현상은 더 말할 필요도 없이 너무 많고, 여기서는 마음대로 법을 폐지시키거나 법을 부정해버리는 입법에서의 무법성無法性만을 이야기하려고 한다.

한 가지 예를 들면, 1995년 중공중앙은 4호 문건을 각 성, 시로 내려보내 중앙에서 제정한 '당정 지도간부 선발 임용사업 잠정 조례'를 실시할 것을 통지했다. 이 조례의 제정을 보면 중국의 입법 직권의 착란현상이 얼마나 심각한가를 알 수 있다. 중공중앙은 오직 '당의 간부'에 관해서만 여하한 규정을 직접 세울 수 있지, 정부의 관리에 대해서는 규정을 세울 수가 없는 것이다.

실제로 뒤에서야 당의 권력이 어떻게 작용하든 적어도 표면상으로는 형식적으로라도 질서와 순서를 지켜야 할 것이 아닌가? 그러나 중공의 권력층은 아주 쉽게 법을 무시하고, 더구나 입법 상식마저도 무시해버린다. 현재 중국의 정치체제에서 올바른 태도는 응당 헌법을 존중하고 전국인민대표대회의 입법권을 존중함으로써 이 '잠정 조례'를 둘로 나누어 중공중앙에서는 당의 간부들에게만 지시를 내리고 요구를 제기하며, 정부와 국영기업의 간부들에 대한 규범과 요구는 응당 전국인민대표대회에서 규정하고 하달해야 할 것이다.

후진타오는 수하들을 거느리고 중공 간부제도를 현대화시키기 위해 적지 않은 일을 했고 많은 신경을 기울였다. 그러나 그 역시 근본적으로는 중공 권력교체의 파동을 완전히 없앨 수는 없다. 왜?

여기서 잠시 경제학의 두 개념을 빌려 쓰자. 경제학에는 '구매자 시장'과 '판매자 시장'이라는 용어가 있다. 이것과 비교해 중국의 권력계승 메커니즘은 '넘겨주는 쪽'의 체제이지, '이어받는 쪽'의 체제가 아님을 알아야 한다. 권력을 넘겨주는 쪽이 주도적인 지위를 차지하고 넘겨받는 쪽은 종속적인 지위에 머무르는 것이다. 권력을 넘겨받는 쪽이 넘겨주는 쪽의 눈치를 보고 말을 잘 들어야 할 의무는 있어도, 넘겨주는 쪽이 넘겨받게 될 쪽의 눈치를 볼 일은 없는 것이다.

'후계자 양성' 또는 '세기를 뛰어넘는 후계자 양성' 등의 논리는 모두 양성하는 자의 입장, 즉 위에 있으며 이제 권력을 넘겨주게 될, 아직 권력을 쥐고 있는 자의 입장에서 제기한 것이지, 그 권력을 넘겨받을 자는 시키는 대로 양성을 당하기만 해야 하는 것이다. 여기에 넘겨받을 자의 주체성이 얼마나 발휘될 것인가? 넘겨받을 자의 입장에 서 있는 후진타오에게서 큰 움직임을 기대하고 완전한 개혁을 기대한다는 건 어불성설일 수밖에 없다. 지금의 그는 위의 신임을 얻는 게 더 중요한 일이다.

물론 중공의 정치어휘 중에는 "청년들은 폭풍과 풍랑 속에서 단련하고 성장해야 한다"는 말도 들어 있다. 그러나 그것은 감히 윗세대와의 투쟁에서 단련하고 성장하라는 뜻이 아니라 다른 뜻으로 사용된다. 즉, 청년들은 윗세대들이 시키는 혁명의 사업을 위해 목숨을 바쳐 헌신하라는 뜻이다.

이런 '넘겨주는 체제'의 근원은 결국 공산집권제도의 본질에 귀결된다. 즉 권력은 민중의 투표와 선거를 거쳐 산생産生되고 부여되는 것이 아니라 위에 있는 최고 권력자의 뜻에 따라 결정되고 부여되는 것이다. 후진타오와 그 아래의 총명한 수하들이 어떻게 권력교체의 방안을 설계하고 개진하더라도 결국은 아주 세부적인 부분이나 비본질적인 문제에서 작은 동작을 취할 수 있지, 권력교체의 근본에 대해서는 어찌지 못할 것이다.

그들이 할 수 있는 일은 이번의 권력교체가 가져올 진동과 파동을 최소한으로 줄이는 노력뿐이다.

*이 글은 1998년 명경출판사에서 출판한 『중공 과세기跨世紀 후계자 후진타오』의 한 부분이다. 이 글은 비록 후진타오의 생애와 직접적인 관계는 없어도 후진타오가 권력을 넘겨받게 될 역사적인 배경과 시대적인 환경을 이해하는 데 도움을 줄 것 같아 여기에 수록했다. __런즈추

■ 저자 후기

　이 책의 저자 런즈추任知初는 일찍이 중국청년문제 연구가로 1980년대 초기 후진타오가 공청단 중앙 상무서기와 후에 제1서기를 맡고 있던 기간에 여러 번 후진타오를 가까이 볼 수 있는 기회를 가짐으로써 후진타오에 대해 직관적이고 감성적인 인상을 누구보다도 잘 알 수 있게 되었다.
　이를 기초로 하여 시기마다 후진타오와 사업관계로 접촉이 있었던 관련 인사들을 일일이 방문하고 거기에 국내외의 각종 자료들을 광범위하게 찾아서 『중공 과세기 후계자 후진타오』라는 책을 집필했으며, 1997년 10월 후진타오가 중공 15차 대표대회에서 더 한층 인정을 받아 자신의 권력을 공고히 다진 뒤에야 비로소 이 책을 홍콩 명경明鏡출판사에서 출판했다. 이 책은 당시 국내외에서 처음으로 출간된 후진타오 전기傳記였으며, 국내외 후진타오 전기 자료의 공백을 메운 책이었다.
　그후 시간이 흐름에 따라 정계에서 후진타오의 활약이 강화되었고, 그의 정치 능력도 대외적으로 많이 공개되었다. 후진타오에 관한 자료들은 급속히 늘어났고, 국내외 학자들의 후진타오에 대한 추적과 연구도 훨씬 활발해지고 깊어졌다. 이런 외부환경의 형세하에서 런즈추는 『중공 과세기 후계자 후진타오』의 미비함을 점점 심각히 느끼게 되었다. 그리하여 후진타오에 대해 많은 연구를 하고 실제적인 작업을 많이 해온 원쓰융文思詠과 손을 잡았다. 두 사람은 이전에 공개되었던 모든 자료들의 진실성과 정확성을 반복해서 비교·분석했으며, 이를 기초로 하여 이전에 공개되지 않았던 대량의 사실과 문헌들의 내용을 보충해 원래 14만 자(중문 원판의 분량)이던 책을 30만 자(역시 중문판의 분량)로 늘여 책의 이름도 『후진타오전』으로 바꿔 다시 독자들 앞에 내놓았다.

이 자리에서 독자들에게 설명해야 할 것이 한 가지 있다. 『중공 과세기 후계자 후진타오』가 출판된 후 적지 않은 독자들로부터 이 책에 참고도서 목록을 첨부하지 않아 정치인물 전기로서의 규범성에 많은 손상을 주었다는 비평을 받았다. 어떤 독자들은 이 책에서 언급한 인물과 사실들의 진실성을 믿기 힘들다면서, 심지어 매장 끝부분에 주석註釋의 형식으로 자료의 출처를 밝혔어야 했다고 지적했다.

독자들의 건의에 대해 진지하게 고려하고 심각한 토론도 나누었다. 우리는 독자들의 이 비평과 건의에 심심한 감사를 표시한다. 하지만 우리에게도 난처한 점이 있음을 말씀드리고 싶다.

중국 정치무대에 새로 떠오른 '별' 후진타오는 중국의 특수한 정치환경에서 매사에 조심하고, 항상 저자세를 취할 수밖에 없는 입장에 처해 있다. 때문에 매스컴에서 자기에 대해 보도하는 것을 가장 꺼린다. 그래서 중국 매스컴에서는 그의 출국방문, 회의참가 등의 활동에 대해 관방官方 어조 그대로 문장을 싣는 외에 그의 생애, 성격, 사상 등에 대해 깊이 있게 다룬 글은 거의 찾아볼 수가 없다. 대신 해외의 매스컴들이 그에 대해 보도한 것은 많다. 그러나 해외의 보도들을 '맹물'이라고 하면 좀 심한 말이겠지만, '쌀알이 별로 보이지 않는 멀건 죽'이라고 평가하는 건 그리 잘못된 평가가 아닐 듯싶다. 그 보도들에서 분석의 기초로 사용할 수 있는 확실한 자료들은 너무 적거나 거의 흩어져 있고, 대부분의 내용들은 제멋대로 뜯어맞춘 것들이거나 떠도는 이야기들을 대충 버무려 글을 쓴 것들이다. 하나의 글 속에도 서로 모순되는 부분들이 많고, 이 글에서 엉터리로 다룬 내용을 다른 글에서도 그대로 옮겨다 사실인 것처럼 다룬 글들도 너무 많았다. 이런 시각에서 볼 때 해외의 보도 내용들은 양은 많지만 참고할 만한 것들은 오히려 적었다. 따라서 후진타오에 대한 연구와 중공 미래의 추세를 예측하는 데 상당한 어려움과 특수한 난제로 다가왔다.

가장 믿을 만한 자료는 직접 사람을 통해 얻는 것들이었다. 후진타오의 정치인생 각 단계별로 일찍이 후진타오와 관계가 있었거나 후진타오를 잘 아는 사람들을 찾아다니며 인터뷰를 하고 조사를 진행해 대량의 '제1차 자료'를 얻었다. 그러나 이들은 자신이 제공한 '제1차 자료'의 진실성을 보증하면서도, 극소수의 사람을 제외하고는 대부분 자신들의 성명과 신분을 밝히지 말아줄 것을 부탁했다. 중국의 특수한 정치환경을 고려할 때 우리는 반드시 그들의 이러한 요구를 존중해줄 수밖에 없다. 그래서 이 책에서도 그들의 이름과 신분을 밝히지 않았다.

이 책에서 참고한 자료는 주로 아래 네 가지 방면에서 얻었다.

1. 후진타오 본인의 보고, 문장, 문건과 연설.
2. 후진타오에 대해 일정한 요해了解를 가지고 있는 사람이 제공한 내용을 엄격한 비교와 대조를 거쳐 그 진실성이 검증되면 사용했다.
3. 국내외 신문, 잡지에 실린 대량의 보도와 문장들에 대해서는 대비와 분석을 통해 거짓은 버리고 진실성이 확인된 것들만 골라서 인용했다. 그러나 글의 편수가 너무 많아서 일일이 글의 제목을 다 밝히게 되면 이 책의 페이지 수만 늘게 되고 독자들에게도 별로 도움이 될 것 같지 않아서 일일이 밝히지 않았다.
4. 후진타오의 행적과 관계된 성지省誌, 현지縣誌, 연감年鑑 등을 광범위하게 찾아보고, 기타 인물전기들을 배경 재료로 찾았다. 그럼으로써 이 전기의 주인공이 활동한 시공時空무대와 사회관계에 대해 더 자세히 알 수 있었고, 후진타오의 사상 형성의 의거와 행동의 합리성에 대해 깊은 이해를 가질 수 있었다.

이번 책에서는 참고서적의 목록을 재삼 고려 끝에 뒤에 첨부하되 절충적인 방법을 사용하기로 했다. 전부 다 밝히지 않고, 중점이 되는 도서목록과 신문이름, 글 이름만 밝히기로 한 것이다. 일부 책 속에서 이미 출처를 밝힌 것들은 다시 밝히지 않았다.

이 부록만으로는 이 책의 학술 규범성에 별로 도움이 되지 못할 줄 알지만, 독자들이 진일보 사증査證하는 데는 도움이 되리라 믿는다. 이 책이 엄밀한 의미의 학술서가 아님을 감안하여 저자들의 이러한 노력과 절제를 독자들이 십분 이해해주기 바란다.

이 책이 완성되고 출판되기까지 가장 먼저 고마움을 드리고 싶은 사람은 명경출판사의 편집인 허핀何頻 선생이다. 런즈추의 『중공 과세기 후계자 후진타오』는 바로 그의 편달과 격려와 사심없는 자료제공과 연구성과의 제공에 힘입어서 출판될 수 있었던 것이다. 이번에도 이 책의 두 저자는 허핀 선생의 적극적인 지지를 받았다. 그는 우선 우리에게 신문 사이트의 모든 자료들을 개방해주었으며, 2002년 4월 말 후진타오의 미국 방문 기간을 전후로 우리의 이 글을 신문 사이트에 연재해주었다.

그외에도 이 책의 출판이 있기까지 도와주고 격려해준 고마운 분들은 많지만 일일이 이름을 밝혀 고마움을 표하지는 않겠다.

이 책은 아직도 많은 자료들을 빠뜨렸거나 일부 틀리게 쓴 부분들이 있을 것이라 생각한다. 독자 여러분들의 지적과 교정을 바라마지 않는다.

■ 후진타오 연보

__1942년 0세
12월 상하이에서 출생. 원적原籍은 안후이安徽성 지시績溪현.

__1947년 5세
장쑤江蘇 타이저우泰州시 다푸大浦중심소학교에서 공부. 타이저우 시창西倉거리 둬얼샹多爾巷 1번지에서 살았음.

__1953년 11세
타이저우시 제2중학교에서 중등학교 공부 시작.

__1956년 14세
시험에 합격해 장쑤성에서 유명한 타이저우 중학교에 들어가 고등학교 공부.

__1959년 17세
9월 칭화대학 수리공정학부 하천중추발전소 전업에 입학. 9월 11일 칭화대학에 도착, 등록.

__1960년 18세
봄, 1천5백 명의 베이징에 있는 대학생들이 칭화대학에서 대회를 열어 당시 미국에 도전해 나선 쿠바 학생대표단을 환영. 후진타오는 칭화대학 문공단文工團 일원으로 참가.

__1964년 22세
4월 중공 예비당원에 가입. 졸업을 앞두고 저학년 학생들의 정치보도원을 겸임.
10월 1일, 수도 각계 국경 15주년 대행진에 참가.
10월 16일, 합창단 일원으로 인민대회당에서 마오쩌둥 등 중앙 지도자들을 위해 펼친 '동방홍東方紅' 공연에 참가.

__1965년 23세
4월, 중공 정식당원이 됨.
7월, 대학 졸업. 정식으로 수리공정학부에서 정치에 종사. 학생 정치보도원을 맡음.

__1966년 24세
문화대혁명 초기 '자산계급 반동노선'을 집행했다고 비판받음. 그 충격으로 '소요파(逍遙派, 그 어느 파에도 참가하지 않고 방관하는 사람들-옮긴이)'가 됨.

__1968년 26세
12월 자청해 간쑤성 류자샤劉家峽수리전력중추 공사현장으로 옴. 수리전력부 제4공정국 813분국 방건대房建隊에서 노동.

__1969년 27세
수리전력부 제4공정국 기관 당총지黨總支 부서기를 맡음.

__1974년 32세
류자샤댐 공정이 준공될 무렵 수리전력 계통을 떠나 간쑤성 건설위원회로 전근되어 비서가 됨.

__1975년 33세
간쑤성 건설위원회 설계관리처 부처장으로 승진.

__1976년 34세
탕산唐山 대지진이 발생한 후 간쑤성 건설위원회를 대표해 공정팀을 이끌고 탕산 대지진 피해복구건설을 지원.

__1980년 38세
당시 간쑤성 성위서기를 맡고 있던 쑹핑의 눈에 들어 부처장급의 직무에서 부국장급으로 올라가 간쑤성 건설위원회 부주임에 임명됨.

__1981년 39세
쑹핑의 추천으로 중앙당학교 중청년간부 훈련반에서 연수. 학습기간 중 간쑤성위에 의해 공청단 간쑤성 서기로 내정됨.

__1982년 40세
9월 중공 제12차 대표대회에 참석. 11일 12기 중앙 후보위원으로 피선.
10월 17일~21일 중앙당학교에서의 학습을 마치고 간쑤로 돌아와 공청단 간쑤성 제6차 대표대회에서 공청단 성위서기로 당선됨.
12월 16일~31일 간쑤성 대표단을 이끌고 베이징에 가서 공청단 제11차 전국 대표대회에 참가, 공청단 중앙위원, 상무위원에 당선되어 서기처 제2서기에 부임.

__1983년 41세
1월, 공청단 중앙서기처 상무서기를 맡음.
1월 6일, 전국아동소년사업협조위원회 제1차 전체회의에 참석.
3월 15일, 〈중국소년보〉에 「오늘은 6·5계획을 위해 공헌하고 장래에는 4가지 현대화를 위한 선봉이 되자」를 발표.
4월, 중국소년선봉대 전국사업위원회 주임.
6월 17일, 6기 전국정치협상회 상무위원에 당선.
8월 17일~23일 제6차 중화전국청년연합회를 소집하여 청년연합회 주석에 당선.

__1984년 42세
1월 26일, 중국청년대표단을 인솔해 베이징을 떠나 파키스탄, 인도, 타이 등을 방문.
5월 후야오방을 수행해 후베이성을 시찰.
5월 24일, 칭화대학 수리학부에서 졸업생들과 좌담, 대학생들이 시대의 조류에 순응해 사회의 전진을 추진하는 촉진제가 될 것을 격려.
6월 20일, 중일민간인사人士회의 중방위원회 위원.
7월 5일, 중국국제문화교류센터 부이사장.
12월 14일, 공청단 중앙 제11기 3중 전회에서 서기처 제1서기에 당선.

__1985년 43세
3월 4일, 중국청년대표단을 영솔해 일본 방문.
5월 14일, 후야오방을 수행해 '아태지구 청년우호회견' 활동에 참가한 각 대표단 단장과 회견.
5월 22일, 중앙고문위원회, 중앙조직부와 공청단 중앙에서 거행한 '아래 세대 관심' 좌담회 사회.

6월 25일, 후야오방을 수행해 루마니아 공청단 대표단 일행을 회견.

7월 5일, 국제문화교류센터 이사회 전체회의에 참석. 〈광명일보〉에 「청년 지식인들을 도와 하루바삐 시대의 중임을 맡게 하자」라는 글을 발표.

7월 11일, 전국청년연합회의 프랑스 청년대표단 환영회에 참석.

7월 15일, 구이저우성 군구 정위政委와 구이저우성 인민무장위원회 주임위원에 임명.

7월 22일, 중공 구이저우성위, 성고문위원회, 성규율위원회, 성인민대표대회, 성정치협상회, 성정부, 성군구와 구이양貴陽시 영도간부 좌담회에서 강화 발표.

7월, 첸시베이黔西北 변원邊遠지구 비제畢節 시찰. 구이저우, 윈난, 쓰촨, 광시 변경지역을 따라 11일간 순시, 12개 현 방문.

8월 28일, 중앙국가기관 간부 특강단을 회견.

9월 중순, 대표단을 이끌고 베이징에 돌아와 중국공산당 전국대표회의에 참가, 중공중앙 정식위원으로 보궐 당선됨. 그후 중공 12기 5중 전회에 참가.

11월 25일, 중공 구이저우 5기 5차 전체위원 확대회의 사회, 원칙적으로 「구이저우성 국민경제와 사회발전 제7개 5년 계획을 제정하는 것에 관한 성위의 건의」를 통과시킴.

___1986년 44세___

2월 4일~9일 왕차오원 성장과 함께 후야오방 총서기를 수행해 첸시난黔西南 민족사범전문대학, 부이布依족 산채 우라烏拉촌, 톈성차오天生橋 수력발전소 등을 시찰하고 위문.

3월 4일~16일 중공 구이저우성 우호방문단을 인솔해 오스트레일리아 방문.

8월 8일~11일, 국무위원 구무谷牧를 안내하여 안순安順에서 구이양에 이르는 서부 관광 특구를 시찰. 경제사업과 대외경제사업, 관광사업에 대해 보고.

8월 19일~20일, 성위에서 승인해 성위 연구실과 성위 당학교, 성 사회과학원에서 연합으로 주최한 '정치체제 개혁 이론 토론회'에 참가. 11월 10일~11일 재차 거행된 토론회에 참가.

10월 21일, 성위와 구이양시위에서 거행한, 홍군장정 승리 50주년 기념대회에 참석.

11월 1일, 리핑黎平 12현 시찰.

11월 4일, 뉴질랜드에서 온 사업방문단 회견 및 연회 주최.

11월 중순, 자오쯔양 총리와 리펑 부총리를 안내, 톈썽차오댐 공정 등을 시찰. 18일 왕차오원 성장과 함께 자오쯔양과 리펑에게 경제사업 보고.

12월 3일, 전국 선진 당지부와 우수 공산당원 사적 경험 교류회에 참가하고 구이양에 돌아온 다섯 명의 대표와 회견.

12월 5일~12일, 성위 5기 6차 전체위원 확대회의 사회. 회의에서 중공 12기 6중 전회 정신을 관철해 사회주의 정신문명 건설에 대해 연구, 구이저우성 당대표대회를 소집할 것을 결정, 13차 대표대회에 참가할 대표를 선거.

__1987년 45세
1월 15일 구이저우성 주州위, 시위 선전부장 회의에서 연설. 연설에서 '사상전선의 첫째 임무는 네 가지 기본원칙을 지키고, 기치가 선명하게 자산계급 자유화를 반대하는 것'이라고 지적.
2월 23일~26일, 공장과 농촌을 시찰하러 온 톈지원 부총리와 공장과 금융기구를 시찰하러 온 천무화陳慕華 국무위원을 각각 따로 안내해 시찰에 나선 뒤 사업 보고.
3월 18일~19일, 구이저우성 주위서기, 시위서기 회의를 사회. 회의에서는 '자산계급 자유화를 반대하는 투쟁을 더 깊이 진행하고, 증산 절약운동과 수입을 증가하고 지출을 줄이는 운동을 실제 행동에 옮기자'는 의제를 토론.
3월 29일~4월 6일, 중공중앙서기처 서기 하오젠슈郝建秀를 안내해 구이양, 쭌이, 비제, 안쑨 4개 지구를 시찰하고 사업 보고.
7월 7일~10일, 중공 구이저우성대표회의에서 사회.
9월 3일, 〈구이저우일보〉에 「쭌이 경험을 학습해 양식생산의 새 돌파를 실현하자」는 문장을 발표. 성 직속기관 당대표대회의 중공 13차 대표대회 대표 무기명 투표 선거에서 전체 후보자 중 득표율이 가장 높음.
10월 24일~31일, 구이저우성 대표단을 이끌고 베이징에 가 중공 13차 대표대회에 참가. 중앙위원에 다시 당선됨.
11월 21일 과학기술계와 경제계 인사 간담회. 28일 민주당파, 무당파, 공상련工商聯 등 각계 인사 간담회. 29일 중국 공장장경리사업연구회 제4차 연례회의에 참가한 구이저우성 1백여 명의 공장장, 경리와 대화.
12월 11일, 성위 5기 9차 전체 확대회의에서 '당의 13차 대표대회 정신을 지침으로, 개혁을 동력으로 구이저우성 경제를 발전시켜 인민을 부유하게 하는 사업을 추진하자'라는 제목의 보고를 발표.
구이저우성에 와 있는 2년 동안 전성 86개 현, 시를 다 돌아봄.

__1988년 46세
1월 1일, 칭전清鎭발전소에 가서 직공들을 위문.
1월 중순, 성 7기 인민대표대회에 참석, 전국 제7기 인민대표대회에 참가할 구이저우성

대표에 당선.

3월 하순, 중공 국방예비역량건설 학술연구토론회에 참석.

3월 말~4월, 7기 전국인민대표대회 1차 회의 폐막식에 참가.

4월 3일, 베이징에서 거행된 「묘령풍정전苗嶺風情展」 개막식에 참가.

5월 2일, 성 '민족단결진보 표창대회' 대표좌담회에 참석. 공청단 12차 대표대회에 참석하는 구이저우 대표들을 회견.

6월 2일, 구이양에 참관 방문차 온 뉴질랜드 농목부農牧部 장관과 회견.

6월 8일, 구이저우성 비제 시험구 정책 논증회에 참석.

7월 2일 구이저우성 민주당파 협상회의에 참석.

7월 8일~11일 전성 지위地委서기, 주위서기, 시위서기 회의에 참가.

7월 30일, 구이저우성 군구에서 정년퇴직 간부들에게 공훈영예상장을 수여하는 의식에 참석.

8월 19일, 성고문위원회 7차 전회와 규율검사위원회 7차 전회에 참석.

8월 22일~30일, 중공 구이저우성 제6차 대표대회를 소집하고 사회, 회의에서 '진일보 사상을 해방하고 개혁개방의 발걸음을 빨리 해 90년대의 새 발전을 맞이하자'라는 보고를 발표. 구이저우성위 6기 1차 전체회의에서 높은 득표수로 재차 성위상무위원, 서기로 당선.

9월 8일, 성경제위원회 주임회의에 참석하고 연설 발표.

10월 8일~14일, 성위사업회의에 참석해 13기 3중 전회와 중앙사업회의에서 제정한 '경제환경을 깨끗이 하고 경제질서를 정리'하는 것에 관한 정책결정을 전달하고 '고정자산투자 재건항목을 깨끗이 정리하는 영도소조' 건립을 선포.

10월 14일, 구이저우대학 연수생이 흉기를 들고 학생 11명을 상해한 사건이 발생, 천여 명의 구이저우대학 학생들이 들고일어나 사건을 저지른 연수생이 들어 있는 기숙사를 포위해 물과 양식 공급을 30여 시간 중단시키고 경찰차를 부수고 거리에 나가 데모함. 후진타오가 직접 나서서 이 사건을 원만히 해결.

10월 30일~11월 20일, 중공중앙서기처에서 통전사업을 주관하는 서기 옌밍푸閻明復의 소환으로 구이저우에서 베이징으로 돌아갔다가 다시 함께 티베트로 시찰을 떠남.

12월 1일, 중공중앙에서는 후진타오를 중공 티베트 자치구위원회 서기(그뒤 곧 티베트 군구 정위로도 임명됨)로 임명하고 류정웨이를 구이저우 성위서기로 임명함.

12월 18일, 중공 구이저우성위 상무위원 확대회의에 참석해 중공중앙의 임명을 선포.

__1989년 47세

1월 17일, 티베트 성급 간부회의에서 연설을 발표해 티베트에 대한 당의 정책에 변함이 없음을 강조.

1월 18일, 중공 티베트 자치구위에서 소집한 애국민주인사 좌담회에 참석해 통일전선, 종교, 민족정책 등을 부단히 발전시키고 건전히 할 것을 강조.

1월 29일, 르카쩌에서 10대 판첸 유체 고별의식에 참가.

1월 30일, 라싸에서 티베트 민족인사와 종교인사들을 찾아봄.

2월 3일, 라싸에서 거행된 10대 판첸 추도회에서 추도사 낭독.

3월 5일, 라싸에서 폭동이 일어남. 11명이 죽고 1백여 명이 부상을 당함. 폭동은 며칠 동안 계속됨.

3월 7일, 국무원에서 8일 0시부터 라싸 지구에 대해 계엄령을 실시. 7일과 8일 자치구 정부의 명의로 6개 항목의 국세 안정에 관한 명령을 발표. 〈티베트 일보〉에는 후진타오가 철갑모를 쓰고 계엄부대 장병들과 함께 라싸시를 순시하는 장면을 찍은 사진이 실림.

3월 20일, 자치구 정부에서 소집한 '라싸시 외부인 전면 신고등기' 동원대회에 참석.

4월 20일, 자치구 당·정·군 각계의 민주개혁 실행 30주년 경축대회에 참가해 연설을 발표.

5월 17일, 티베트 산난山南 지구에 가서 조사연구. 계엄 참가부대 문명당직현장회의 개막식에 참석하고 열병식에 참석.

6월 30일, 라싸에서 거행된 서남 6성省·구區 6방方 경제협조회 제6차 회의를 사회.

9월 7일, 나취那曲 지구 구급區級 이상 당원간부 대회에 참가.

9월 19일, 중국불교협회 티베트분회 제5기 2차 이사회에 참석해 티베트에 대한 중공의 종교정책에 변함이 없음을 선포.

9월 30일, 네팔주 라싸 총영사 라나 바하뚜르타파를 회견.

10월 17일, 베이징에서 돌아와 티베트중학교 개학식에 참가.

12월 18일 티베트 자치구당위 3기 8차 전체확대회의 사회. 「현재 티베트의 형세와 완수해야 할 임무에 관해」라는 장문의 보고서를 발표. 보고에서 '한 손으로는 분열을 반대하는 투쟁을 장악하고 한 손으로는 경제건설을 장악해야 한다'는 방침을 제정.

__1990년 48세

1월 15일, 라싸에서 10대 판첸 입적 1주기를 기념해 가진 집회에 참가.

2월 9일, 중국인민은행 티베트 각 지점 지점장 회의에 참석해 연설.

2월 10일, 티베트 역법으로 13년에 한 번씩 오는 철마년鐵馬年을 맞이해 개최한 옹군擁軍 좌담회에 참가. 이날부터 27일까지 다른 책임자들과 함께 기층 인민위원회 간부와 상층 애국인사 및 농민들을 찾아 설 인사.

3월 18일, 티베트 대표단 단장으로 당선되어 전국인민대표대회 7기 3차 회의에 참가, 주석단 성원.

4월 4일, 인민대표대회 회의 기간에 인민대회당 티베트청廳 대회 뉴스센터에서 조직한 홍콩·타이완 기자들과 인터뷰.

4월 30일, 국무원에서 라싸에 대한 계엄철수 명령을 발포한 뒤 각 계엄 지역에 가서 장병들을 위문.

5월 19일, 티베트 당, 정 영도자들과 함께 포탈라 궁 수건 공정의 의무노동에 참가. 같은 날 티베트당위 5기 3차 회의 사회.

5월 23일, 자치구 5기 인민대표대회에 참가한 대표와 정치협상회의 위원 가운데 부분 애국인사 및 소수민족 대표들과 좌담.

7월 5일, 자치구 당위, 자치구 정부와 국무원 티베트 시찰단이 함께 소집한, 티베트 정세를 안정시키고 경제를 발전시키는 데 관한 좌담회에 참가.

7월 5일~18일, 중공 티베트 자치구 제4차 대표대회를 소집하고 회의를 사회. 제4차 당위원회 제1차 전체회의에서 재차 서기로 당선.

7월 20일 장쩌민이 칭하이에서 티베트에 도착, 22일 후진타오의 보고를 받음. 그후 며칠 동안 후진타오는 장쩌민을 수행해 포탈라 궁, 라싸 교구 등을 방문, 양팔정기羊八井 화력발전소를 참관.

8월 7일, 계엄부대에서 소집한 군대와 지방 좌담회에 참석.

10월 20일, 창두昌都에서 창두 해방 40주년 경축대회에 참가.

9월 28일, 자치구 당·정 대표단을 이끌고 망캉芒康현, 옌징鹽井구 등을 고시.

10월, 티베트 군구 당위 제1서기를 겸임.

__1991년 49세

1월 28일, 자치구 직속기관 제1차 당, 정 사업회의에 참석. 자치구 과학기술사업회의 폐막식에 참석.

1월, 티베트를 떠나 베이징에서 병 치료.

2월 11일, 베이징에서 사업하는 티베트 동포들과 티베트 새해를 경축.

5월 중순, 잡지 〈구시求是〉에 러디, 장춘뤄부와 연명으로 「티베트에서 당의 민족정책의 위대한 실천」이라는 장문을 발표해 티베트 건설의 경험을 정리 보고

5월 23일, 베이징시 각계 인사 티베트 평화해방 40주년 기념회에 참석.

__1992년 50세

3월 20일, 1년만에 처음으로 얼굴 공개, 베이징에서 열린 제7기 전국인민대표대회 5차 회의 폐막식에 참가하고 티베트 대표단 토론에 참가, 토론에서 개혁을 강화할 것을 창의하고 '티베트 독립세력을 반대하는 운동은 진일보의 개혁을 위해 조건을 창조했다'고 연설.

봄부터 중앙조직부 기관에 출근, 중공 14차 대표대회 준비사업에 참가, 주로 새로운 중앙위원과 후보위원 후보자들에 대한 심사를 책임짐.

9월 7일, 티베트 자치구 지방재정 건립 40주년을 경축해 제사를 써줌.

10월 11일~20일, 중공 제14차 대표대회에 참가, 주석단 성원, 대회 주석단 제1부비서장 담임. 14기 중앙위원으로 당선되고 14기 1중 전체회의에서 정치국 위원, 상무위원, 중앙서기처 서기로 당선.

12월 8일, 전국총공회 11기 5차 집행위원회에 참석해 연설을 발표.

12월 19일, 공청단 12기 5중 전회에 참석한 대표들을 회견.

12월 27일, 중국 항천航天 사업발전 유공 인원들을 회견.

__1993년 51세

1월 8일~12일, 우한武漢에서 소집된 중공 청년간부 단련성장경험 교류회에 참석 및 연설을 발표.

1월 12일, 베이징 융딩허永定河 공정에 찾아가 노동에 참가.

1월 19일, 베이징의 공장, 도시건설, 환경직장의 직공들과 중국농업과학원 연구원들을 위문.

2월 6일, 장쩌민, 리펑, 차오스 등과 함께 100여 명 문예사업 일꾼들의 보름맞이 모임에 참가.

2월 21일, 베이징의 티베트 동포들과 함께 티베트 새해를 경축. 이후 관례로 이 행사에 참가함.

3월 4일, 마오쩌둥 등이 레이펑雷鋒 따라 배우기에 관한 제사 발표 30주년 기념대회에 참가해 연설.

3월 중순, 8차 인민대표대회 대표로 당선, 제8기 전국인민대표대회와 정치협상회의 제1차 회의에 참석. 3월 24일, 8기 인민대표대회 주석단 3차 회의에서 인민대표대회 영도자 입후보자 명단 초안에 대해 설명. 3월 27일, 8기 인민대표대회 제5차 전체회의를 사회.

4월 4일, 중앙 지도자들과 함께 식수에 참가. 이후 이 행사는 관례가 됨.

4월 20일, 징주京九철로, 지안-딩난 구간 착공식에 참가해 오픈 테이프를 끊음.

5월 3일, 공청단 13차 대표대회 개막식에 참석해 연설 발표. 5월 10일 새로 당선된 공청단 중앙위원들을 회견. 이후 이 행사는 관례가 됨.

5월 5일, 펑더화이彭德懷 탄신 95주년 기념회에 참석해 연설.

이 달에는 여러 나라 대표단과 회견. 회견에서 세계는 다극화로 가고 있으며, 이는 비교적 장시간 평화적인 국제환경을 쟁취할 수 있을 것이라고 지적.

6월 8일, 중난하이 화이인탕懷仁堂에서 열린 전국 소수민족간부 양성선발 좌담회에 참석해 연설 발표.

7월, 중공중앙기구편제위원회 부주임(주임 리펑).

7월 12일, 제8차 중국 주외사절駐外使節회의에 참석.

7월 21일~23일, 전국 기구개혁사업회의에 참석해 연설 발표.

7월 26일, 랴오닝 단둥丹東에서 항미원조抗美援朝기념관 확장개관의식에 참석.

7월 26일~29일, 중국당정대표단을 인솔해 평양平壤에 가서 북한 '조국해방 전쟁승리 40주년' 행사에 참가. 27일 북한 열병식에 참가.

8월 6일, 베트남공산당 중앙사상문화사업 영도간부 대표단을 회견. 17일, 남아프리카공산당 주석 부처와 회견.

8월 9일, 전국조직사업회의에서 연설을 발표해 지도자 집단 내부에서 민주집중제를 견지하고 건전히 하며, 지방 보호주의와 본위주의, 분산주의 등의 경향을 극복할 것을 요구.

8월 21일, 중앙규율검사위원회 제2차 전체회의에 참석.

9월 1일, 전국부녀연합회 제7차 대표대회에 참석, 중공중앙을 대표해 축사를 발표하고 기타 지도자들과 함께 전체 대표들을 접견한 뒤 기념사진을 남김. 이후 관례가 됨. 6일, 새로 당선된 전국부녀연합회 7기 상무위원 및 부분 대표들과 좌담.

9월 3일, 일본 제5차 장성계획 우호교류사절단 주요 성원들을 회견.

9월 4일, 중공중앙당학교 1993년 가을학기 개학식에 참석. 이후 관례가 됨. 제7기 전국운동대회 개막식에 참석. 이후 관례가 됨.

9월 23일, 전국국유기업 당 건설사업 좌담회에 참가한 대표들과 좌담.

10월 2일, 기타 당정 영도자들과 함께 중공중앙 문예회에 참석한 선전문화 계통과 과학기술 교육계의 저명인사 대표들을 회견. 전국 제1차 인재와 과학기술 교류대회에 참석.

10월 4일, 처음으로 중공중앙당학교 교장 신분으로, 성, 부급省部級 영도간부 '덩샤오핑의 중국 특색 있는 사회주의를 건설하는 데 관한 이론' 연구토론반 개학식에서 연설 발표. 이후 매 학기, 각종 연구토론반, 연수반의 개학식 또는 졸업식에 참가하는 것이 관례가 됨.

10월 6일, 장애인연합회 제2차 전국대표대회 개막식에 참석.

베네수엘라 기독교사회당 전임 총서기 피에르 난시 부부를 회견.

10월 18일, 중공중앙 농촌사업회의에 참석.

10월 24일, 다른 지도자들과 함께 공회 제12차 대표대회 개막식에 참석, 대표들을 회견하고 기념사진 촬영. 이후 관례가 됨.

11월 2일, 성·부장급 주요 주도간부 이론 연구토론반 좌담회를 사회. 『덩샤오핑 문선』 제3권 학습 보고회에 참석.

11월 3일, 중공중앙당학교 전체회의에 참석 및 연설.

12월 16일~20일, 윈난성에 가서 고찰.

12월 22일, 베이징 구區, 현縣 인민대표대회 대표 환기선거(換屆投票)에 참가.

12월 24일~26일, 기타 영도자들과 함께 마오쩌둥 탄신 100주년 기념활동에 참가. 24일 대형 문예야회에 참석. 25일 대형 전람을 관람. 26일 기념대회에 참석하고 마오쩌둥 유체를 참배. 같은 날 '마오쩌둥 생애와 사상' 연구토론회 개막식에 참석.

1994년 52세

1월 23일, 전국 당원교육사업회의에 참석.

2월 1일, 국가교육위원회에서 마련한 유학 귀국 인원 신춘 문예야회에 참석.

2월 5일, 불의에 용감히 맞서 싸운 영웅전사 쉬훙강徐洪剛 등 전국 쌍옹(雙擁, 즉 擁軍 : 군대를 옹호, 擁政 : 정부를 옹호—옮긴이) 대표들을 회견. 제1차 수도 군민 봄맞이 문예야회에 참석.

2월 28일, 중앙규율위원회 제5차 전체회의에 참석.

3월 4일, 전국 당학교사업회의 개막식에 참석. 7일 폐막식 사회.

3월 5일, 3·8부녀절 기념 및 95년 제4차 세계부녀대회 영접대회에 참석.

3월 8일, 8기 정치협상회 2차 회의 개막식 사회.

3월 10일, 8기 인민대표대회 2차 회의 개막식에 참석. 11일 인민대표대회 티베트 대표단 심의토론에 참가. 중순 정협부주석, 상무위원, 비서장을 보궐선거하는 민주협상회의 사회.

4월 15일, 국무원 대외경제사업회의에 참석.

4월 16일~29일, 중공 대표단을 인솔해 라틴아메리카 3개국 아르헨티나, 브라질, 우루과

이를 방문.

5월 13일~18일, 허난성을 고찰. 13일 허난성위의 자오위루焦裕祿 서거 30주년 기념대회에 참석. 14일 허난성 란코우蘭考현에 가서 자오위루 기념관 오픈 테이프를 끊고 동상 제막식에 참가.

5월 21일, 베트남 당정 대표단 회견.

5월 26일, 중앙당학교의, 중국 특색 있는 사회주의 이론 연구센터 성립대회에 참석. 국무원 부녀아동사업위원회에서 개최한 90년대 중국아동발전규획 요강 사업회의 및 표창대회에 참석.

6월 10일, 중공중앙 직속기관 사상정치사업회의 대표들과 좌담.

6월 14일, 중공 제5차 전국 귀국화교가족 대표대회의 대표들을 회견하고 기념사진 촬영. 중공중앙과 국무원에서 소집한 전국 교육사업회의 개막식에 참석.

6월 16일, 전국정협에서 소집한 황푸黃浦군관학교 건교 70주년 및 황푸동학회 성립 10주년 기념대회 사회.

6월 20일~25일, 톈진에서 '기본노선이 100년 변하지 않게 하는 것을 견지'하는 전략적 수준에서 청년간부 선발을 중시할 것을 제기.

7월 20일~23일, 중공중앙, 국무원 제3차 티베트사업 좌담회에 참석.

8월 9일~16일, 내몽골 시찰.

8월 29일, 웬난臺南 장애인 운동선수들을 접견하고, 장애인예술단 공연을 관람.

9월 8일, 산둥성 웨이하이威海에 가서 전국 당학교 계통의 '덩샤오핑의 중국 특색 있는 사회주의 건설' 이론 연구토론회의에 참석.

9월 18일, 여러 당·정 영도자들과 함께 애국주의 영화주제곡 '금곡송중화金曲頌中華' 야외음학회를 관람.

9월 25일, 중국 사회발전 성취전成就展을 참관.

10월 상순, 전국 사상정치사업 과학전업위원회에 참석한 전체대표들과 회견.

10월 15일~19일, 상하이시 시찰.

11월 9일~16일, 광둥성 시찰.

11월 21일, 전국 당사黨史연구실 주임회의에 참석. 중공당사학회 제4기 이사회의 전체대표와 회견.

11월 30일, 중공 전국조직사업회의 개막식에 참석, 당중앙을 대표해 연설. 연설에서 '집단영도와 개인책임 제도의 상호결합 제도를 건전히 하고, 세기를 뛰어넘어 중요한 영도 중임을 담당할 수 있는 덕재德才 겸비한 우수한 청년간부를 양성하고 선발해야 한다'고 요구.

12월 9일, 중앙 기타 영도자들과 함께 법률지식 강좌의 첫 강좌 『국제상업무역 법률제도 및 GATT』를 청강.

12월 22일, 전국 과跨세기 청년인재 군영회群英會에 참석.

12월 23일, 전국 정법사업회의 대표, 당위 비서장, 판공실 주임 좌담회 대표와 회견.

1995년 53세

1월 17일~22일, 산시陝西 시찰.

1월 23일, 중공중앙규율검사위원회 5차 전체회의에 참석.

2월 10일, 베이징 순이順義현에 가서 현위, 시위 영도 경제건설 경험교류회의 대표들과 회견.

3월 2일, 중앙서기처에서 소집한 당내 정치사상사업 좌담회에 참석해 주요보고를 함.

3월 3일~18일, 전국인민대표대회와 전국정치협상회의에 참석, 막후에서 장춘원과 우방궈가 순조롭게 부총리로 당선되게 하기 위해 위원들과 대표들의 사상공작을 적극 전개함.

4월 9일~16일, 타이항산太行山 허베이, 허난, 산시 3성이 맞닿은 지역을 고찰.

4월 19일, 천윈의 유체를 호송해 바보우산八寶山에 가서 화장.

4월 22일, 중앙조직부의 젊은 간부 양성선발 경험교류회에 참석.

4월 27일, 베이징시 구, 현, 국 당원 영도간부 회의에 참석, 중앙을 대표해 왕바오썬 안건을 철저히 사출할 것과 천시퉁이 사직하고 웨이젠싱이 베이징 시위서기에 임명되었음을 선포.

4월 30일 이전에 공부했던 칭화 신新수리관水利館 303 교실에 와서 동창들과 함께 졸업 30주년을 경축.

5월 12일, 〈인민일보〉에 「전당이 모두 쿵판썬孔繁森을 따라 배우자」는 문장을 발표.

5월 12일~19일, 푸젠성을 고찰.

6월 14일, 베이징대학 등 56개 대학, 학교에서 항일전쟁 승리 50주년을 기념해 마련한 '황허 대합창' 공연을 관람.

6월 15일~24일, 내몽골 닝샤를 고찰.

6월 30일, 우수 현, 시 당위서기 표창대회를 사회. '쿵판썬 노래' 문예야회에 참석.

7월 3일, 우수청년 과학기술전문가 '성장의 길' 보고단 성원들을 회견.

7월 9일~16일, 칭하이성을 고찰.

7월 21일, 중공중앙 장관급 영도간부들에게 당과黨課를 강의.

7월 26일, 장쩌민을 배동해 중국과학기술협회 제2기 청년학술연회 대표들을 회견.

8월 15일, 항일전쟁 기념관과 루꺼우차오蘆溝橋를 참관.

9월 2일, 항일전쟁과 반파쇼 전쟁승리 50주년을 기념해 열린 대형 야회에 참석. 이튿날 기념대회에 참가하고 인민영웅 기념비에 꽃바구니 진정의식에 참가.

9월 4일, 리펑이 거행한, 제4차 세계부녀대회 각국 귀빈 초대 만찬에 참가. 장쩌민을 배동해 각국 귀빈들을 회견.

10월 14일~11월 9일, 투르크메니스탄 공화국을 방문해 이 나라의 독립 4주년 경축활동에 참가. 우즈베키스탄, 루마니아를 방문.

11월 10일, 장쩌민 등 영도자들과 함께 판첸 전세영동轉世靈童 순방尋訪. 영도소조 제3차 회의 대표들을 회견. 29일 국무원에서 파견한 대표가 라싸에서 금병제비뽑기 의식을 직접 사회, 제11대 판첸 선출.

11월 10일, 쿵판썬 사적 전람 개막식에 참석.

12월 4일, 장쩌민 등 영도자들과 함께 베이징에서 거행된 '국제가國際歌' 기념음악회에 참석.

12월 8일, '12·9운동' 60주년과 '12·1운동' 50주년 기념대회에서 강화.

12월 11일, 전국 서류사업회의 및 선진표창회의 대표들을 회견하고 연설을 발표.

1996년 54세

1월 18일~19일, 정치국 회의에서 자기가 책임진 의식형태, 사상정치, 일상사무 사업에서 '대담하게 관장하지 못했음'을 검토

1월 24일, 장쩌민, 리펑 등의 수뇌와 함께 전국 선전사업회의 대표 좌담에 참석.

1월, 베이징에서 거행된 전국 조직사업 좌담회의에서 중국의 일을 잘하는 관건은 당에 있고 사람에게 있다고 강조

1월 26일, 베이징에서 거행된 홍콩특별행정구 설립준비위원회 성립대회에서 장쩌민, 리펑 등과 함께 전체 위원들과 회견.

2월 8일, 여러 중공 수뇌와 함께 중난하이 화이런탕懷仁堂에서 '영도동지 법제강좌' 「법에 의해 나라를 다스리고 사회주의 법제국가를 건설하는 데 관한 이론과 실천문제」를 청강함.

2월, 광시 자치구 고찰. 각급 지도간부들이 군중관점을 든든히 수립해 실제 곤란을 방조해 해결해줄 것을 요구.

3월 27일, 그해 정치국 제5차 회의에서 장쩌민은 상무위원회에서 15차 당대표대회 준비사업 영도소조를 조직하기로 했다고 선포하고 조장에 후진타오, 고문에 쑹핑이 맡기로 결정했다고 선포했다. 연말 보도에 의하면, 준비사업 영도소조 조장을 장쩌민이 맡고 후진타오는 부조장 및 조직사업 영도소조 부조장을 맡기로 내용 수정.

3월 29일~4월 4일, 하이난성 시찰. '정치를 말하는 것'을 깊이 있게 받아들여야 한다고 강조.
5월 5일, 청년과학기술전문가 국정고찰단 성원들과 좌담.
6월 1일, 소년아동 '손에 손잡고 서로 돕기 운동' 보고 좌담회에 참석.
6월 21일~26일, 지린성 시찰.
6월 28일, 전국 선진기층당조직, 상무사업자 표창대회에 참석. 중공 당사 계통 표창대회 및 당사연구실 주임회의 대표들을 회견.
7월 17일, 무장경찰부대 당위확대회의 대표, 전국 경찰警察사업회의 대표들을 회견.
7월 19일~25일, 안후이에서 시찰, 큰 힘을 들여 자질이 높은 간부들을 양성할 것을 요구.
7월 19일, 화이허淮河 홍수방지 정황 시찰.
7월 29일, 다롄 경제기술개발구 법원형사심판청廳 부청장 탄옌譚彦 선진사적 보고회의가 베이징에서 거행됨. 후진타오 보고단 성원들을 회견.
8월 30일, 『세기 위인 덩샤오핑』 화보 출판을 기념해 인민대회당에서 거행한 좌담회에 참석.
9월 3일, 차오스가 독일 신문사와의 단독 인터뷰를 접수할 때 덩샤오핑의 '우右를 경계해야 하지만 주요한 것은 좌左를 방지해야 한다'는 강화를 인용할 것을 비준. 이 강화를 이튿날 <신화사>에서 발표.
9월 14일~21일, 쓰촨 량산涼山, 청두, 충칭, 푸링涪陵 등지를 시찰하고 이족彝族 농가와 삼협댐 공사 이민구역을 방문.
9월 29일, 신장 각 주, 시, 현 당정 주요책임자와 신장 주둔부대, 경찰, 신장 생산건설병단 간부 참관단을 접견, '두 손으로 장악하고, 두 손 모두 강해야 하고, 조국의 통일을 수호해야 한다'고 강조.
12월 9일, 그해로 두 번째가 되는 법률지식 강좌에 참석해 청강.
12월 11일, 전국 국유기업의 당 건설사업회의 개막식에서 강연.
12월 12일, 전국 보밀保密사업회의에 참가한 부분 대표들과 좌담.
12월 17일, 전국 제3차 덩샤오핑의 중국 특색 있는 사회주의 이론 연구토론반 개막식에 참석.
12월 18일, 전국 정법사업회의에 참석한 일부 대표들과 좌담. 1996년 국가과학기술상 수상자들을 회견.

___1997년 55세
1월 10일~20일, 대표단을 인솔해 쿠바, 멕시코, 콜롬비아 3개국을 방문.

2월, 덩샤오핑 서거. 덩샤오핑 치상治喪위원회 위원을 맡음, 추모활동에 참가. 24일 유체 고별식에 참가, 유체를 호송해 화장터에 감. 25일 추도대회에 참가. 3월 2일 중앙을 대표해 덩샤오핑 가족과 함께 비행기를 타고 덩샤오핑의 골회를 바다에 뿌림.

3월 21일, 일본 자민당 전부총재 오부치 게이조 일행을 회견. 3월 중 홍콩 청년방문단과 라오스 당정감찰위원회 대표단을 회견.

4월 16일, 리루이환과 함께 중앙판공청과 국무원판공청에서 소집한 티베트 지원사업 경험교류대회에 참가한 대표들을 회견.

4월 27일, 전국 기관 당 건설사업 좌담회에 참석.

5월 5일, 베이징 병원에서 펑전의 임종을 지킴. 후에 차오스 등과 함께 펑전의 유체를 바보우산에 호송해 화장.

5월 6일, 리루이환, 주룽지 등과 함께 중공중앙에서 개최한 '한 나라 두 가지 제도와 홍콩 기본법' 법제 강좌를 청강. 코스타리카 총통 비에디에 일행을 회견.

5월 7일, 전국 기구편제사업 좌담회 참석, 덩샤오핑 행정관리체제와 기구 개혁 연구토론회 대표들을 회견.

6월 6일, 중공 무장경찰부대 당대표대회 및 무장경찰부대 당위 확대회의 대표들을 회견.

6월 11일, 중앙조직부 제2기 청년전문가 국정고찰단 성원들과 좌담.

7월 1일을 전후해 홍콩 회귀 경축초대회 등 경축활동에 참석.

7월 14일, 장쩌민과 함께 베트남공산당 총서기 두메이와 회담.

8월 1일, 장쩌민이 사회한 당외인사 좌담회에 참석, 15차 대표대회 보고 초안에 대한 의견을 청취.

9월 6일~9일, 14기 7중 전회 사회에 참여.

9월, 중공 15차 당대표대회에서 중앙위원에 당선, 이어 1중 전회에서 중앙정치국 상무위원, 서기처 서기에 당선, 제7위에서 5위로 승진함. 9월 13일 15차 당대표대회 티베트 대표단 토론에 참가.

9월 23일, 중앙조직부에서 조직한 15차 당대표대회 정신관철 및 중앙조직부 당건설연구소 성립 10주년 좌담회에서 발언.

10월 29일~11월 1일, 싼샤댐 건설현장 시찰

10월 29일, 전국 농촌 기층조직 건설 텔레비전 전화회의에서 연설.

11월 17일~19일, 전국 금융사업회의에 참석.

12월 1일, 중화전국총공회에서 편집한 『전심전의로 노동자 계급에게 의거』 출판 발행의식 거행. 후진타오는 이 책의 서언을 썼음.

12월 21일, 전국 조직사업회의에 참석.

__1998년 56세

1월 12일~15일, 전국 선전부장회의 거행, 장쩌민 등과 함께 대표들을 회견.

3월, 9기 전국인민대표대회에 참석, 대회 상무주석 담임. 16일 국가 부주석에 당선.

4월 21일~30일, 일본과 한국 국사방문 진행. 21일 도쿄 도착, 일본 수상 하시모토와 함께 환영만찬에 참가. 23일 도쿄에서 연설 발표. 24일 매체 인터뷰 접수, 27일 한국 서울에서 연설 발표, 28일 김대중 대통령을 회견, 30일 서울에서 기자 취재 접수.

5월 8일, 진리표준에 관한 토론 20주년 기념 좌담회에 참석, 강연.

5월 13일, 베이징 하이테크산업 인터내셔널 윅 전람을 참관, 창조능력을 강화하고 지식경제를 발전시킬 것을 강조. 이 활동에 참가하러 온 외국 대표단 대표들을 회견.

6월 19일, 공청단 14차 대표대회 개막식에서 '새 세기를 향해 새로운 업적을 창조하자'라는 축사를 발표. 24일 장쩌민과 새로 선출된 공청단 중앙 영도성원들과의 좌담을 사회.

6월 24일, 중앙조직부의 '덩샤오핑 당 건설이론 좌담회'에 참가, 연설.

6월 26일, 공항에 나가 미국 대통령 클린턴을 영접.

6월 27일, 전국 농촌 기층조직건설 경험교류 및 표창회의에 참석, '새로운 세기의 발전수요에 적응해 농촌 기층 당조직을 더욱 강대하게 건설하자'라는 연설을 발표.

7월 20일, 일본공산당 중앙정치국 위원 후와데쓰조를 회견, 일본공산당과의 관계 정상화를 축하.

7월 28일, 인민군대, 무장경찰부대, 정법기관에서 다시는 기업 활동에 참여하지 못한다는 당중앙의 결정에 관해 중앙규율위원회, 정법위원회에서 텔레비전, 전화회의를 소집, 회의에서 연설.

7월 29일, 전국 독품금지 전람을 참관.

8월 21일, 후진타오가 간쑤성 리쑤樹현의 공회사업 경험을 긍정하고 중시하는 내용의 지시를 내렸음을 〈인민일보〉에서 보도.

8월 25일~26일, 헤이룽장성과 지린성에 가서 홍수재해 정황 시찰.

9월 14일, 중앙단학교團學校 건교 50주년 좌담회에서 축사 발표.

10월 28일, '99중양절重陽節'을 계기로 이해 'International old people's year(국제 노인의 해)'에 관한 텔레비전 연설 발표.

12월, 베트남에서 동맹東盟과 중·한·일 수뇌자 비공식 회동에 참가, 동맹과 중국 영도자 비공식 회동을 가짐.

__1999년 57세

1월 23일~2월 6일, 마다가스카르, 가나, 아이보리코스트, 남아프리카 등 4개국을 방문,

중국과 아프리카의 경제무역 합작을 추진.

3월 19일, 웨이젠싱이 사회를 본 '전국 세 가지 말하기 회의'에 참석, 중요한 연설을 발표.

5월 9일, 당중앙과 중국 정부를 대표해 나토가 유고슬라비아 주재 중국대사관을 공습한 것에 대해 텔레비전 연설 발표.

9월, 중공 15기 4중 전회에서 중앙군사위원회 부주석에 당선. 29일 중공중앙군위에서 거행한 상장上將 군인직함 의식에서 장쩌민 군위 주석이 9월 22일에 사인한 궈보슝, 쉬차이허우에게 상장군함을 수여하는 데 관한 명령을 선독. 이 회의에서 군위 부주석을 소개할 때 후진타오의 이름이 제일 앞에 소개되었음.

11월 4일, 베이징에서 주룽지와 함께 '전국 농촌부녀 10년 성과 전시회'를 참관.

11월 5일, 군위 부주석의 신분으로 장쩌민을 배동해 전군全軍 장비사업회의 대표들을 회견.

2000년 58세

1월 11일, 전국 선전부장회의에서 중요 연설 발표.

1월 12일, 중공중앙에서 마련한 성급省級, 장관급 주요 영도간부 재무세무 특별연구토론반 개학식에서 강연.

4월 9일, 중앙당학교 학술위원회 성립의식에 참가, 제1차 학술위원회 위원들에게 증서를 발급.

5월 25일, 중공중앙, 국무원, 중앙군위 연합으로 베이징에서 소집한, 군대, 무장경찰부대, 정법기관의 기업 활동 금지사업에 관해 텔레비전, 전화회의에서 총화연설 발표.

6월 21일, 상장군함 경함 승진 수여의식에서 장쩌민과 주룽지가 사인한 명령문을 후진타오가 선독.

7월 11일, 국제행정대학교 대학원 연합회 2000년 연회에 참가하러 온 각국 대표들을 회견.

7월 12일, 미국 국방부 장관 코웰과 회견.

7월 16일~30일, 미얀마, 타이, 인도네시아, 백러시아, 카자흐스탄 등을 공식 방문. 국가 부주석을 맡은 후 처음으로 5개국 방문.

9월 5일~9일, 바오딩保定시, 스자좡石家莊시에서 주로 당의 건설을 강화하는 것에 관한 조사연구 진행.

9월 22일, '2000년 세계화인華人포럼'에 참가하러 온 일부 유명 화교대표들을 회견.

11월 12일, 중앙당학교가 상하이에서 거행한, 장쩌민의 '네 가지 어떻게 인식' 학습연구반 졸업식에서 연설을 발표.

__2001년 59세

2월 26일, 쓰촨성을 시찰할 때 서부 대개발의 기회를 활용하여 천방백계千方百計로 경제 건설을 발전시켜야 한다고 강조.

4월 19일, 베트남공산당 제9차 전국대표대회 전체회의에서 연설. 18일에는 라오스 국가 주석을, 20일에는 쿠바공산당 대표단 단장, 조선노동당 대표단 단장, 러시아공산당 대표단 단장과 회견.

4월 30일~5월 3일, 저장성 원저우溫州, 항저우杭州, 자싱嘉興에서 사업을 시찰.

5월 4일, 오전에 베이징 유색금속연구총원總院을 시찰. 오후에는 인민대회당에서 홍콩 청년영수방문단 전체 성원들을 회견.

5월 16일, 전국 간부교육양성훈련사업회의 대표들과 좌담.

7월 20일, 중앙대표단을 인솔하여 티베트에 가 티베트 평화해방 50주년 기념활동에 참가.

10월 24일, 중앙혁명근거지 창건 및 중화 소비에트공화국 임시 중앙정부 성립 70주년 기념 좌담회에 참가, 연설 발표.

10월 27일~11월 11일, 러시아 사업방문. 영국, 프랑스, 독일, 스페인 공식방문.

11월 14일, 상하이시 직업교육훈련지도센터를 고찰.

12월 29일, 전국 조직부장회의 대표들과 좌담.

__2002년 60세

1월 19일, 베이징에서 열린 '중미관계 국제세미나'에 참가하러 온 미국 대표들을 인민대회당에서 회견. 24일 「장쩌민의 여덟 가지(江八點)」 발표 7주년 좌담회에 참가.

2월 21일, 성급 주요 영도간부를 위해 중앙당학교에서 조직한 '국제형세와 WTO' 연구토론반 개학식에 참석.

2월 27일, 정월 보름을 맞이하며 당정간부들을 향한 연설 발표. CCTV 뉴스에 톱기사로 방송됨.

4월 23일~5월 4일, 말레이시아, 싱가포르, 미국 공식방문. 4월 29일 미국 뉴욕에 도착. 30일 워싱턴에 도착해 미국 상하의원 및 미 국무장관 파웰을 회견. 5월 1일 미국 대통령 부시, 부통령 체니, 미국 안전고문 라이스, 미국 국방장관 럼스펠드 등을 접견.

5월 22일, 베이징에서 개막된 아시아 감찰요원협회 제7차 회의에 참석해 개회사 발표.

5월 31일, 중앙당학교 성급, 장관급 간부 연수반 졸업식 사회, 장쩌민이 의식에 참가해 중요 연설 발표. 연설에서 장쩌민은 전면적으로 '세 가지 대표' 정신을 관철할 것을 요구.

7월 15일~20일, 윈난성에서 시찰.

9월 8일, 기타 정치국 상무위원들과 함께 베이징사범대학 건교 100주년 경축활동에 참가.

9월 9일, 중일수교 정상화 30주년 기념활동으로 베이징에서 거행된 '세기의 약속-중일 여성 베이징에서 손잡고'에 참가하러 온 일본 사회민주당 주석이며 중의원 의원인 도이다 가코 여사 등 일본 여성방문단 주요대표들과 회견.

9월 13일, 이날 개막된 전국 재취업사업회의에서 사회.

* * * * *

이 자료는 중국 대륙의 〈신화월보新華月報〉와 타이완의 〈중공연구〉에 실린 대사기大事記에 근거하고 기타 관련자료들을 보충해 완성되었다. 지면을 절약하기 위해 후진타오의 직무에 규정한 범위내에서 여러 번 참가한 사교적이고 예의적인 활동에 대해서는 그 중복을 피해 제일 첫 번째 활동에 대해서만 기록했다. 예를 들면 중앙당학교의 개학식 참가, 고급간부 이론연구반 졸업식 참가, 정부에서 소집한 각종 사회단체 대표대회에서 중공중앙을 대표해 연설을 발표, 각종 명절을 전후해 경축활동과 기념활동에 참가한 것 등에 대해서는 제일 첫 활동에 대해서만 기록했다. 그외 장쩌민 등 기타 중공 지도자들과 함께 참가한 형식적인 활동에 대해서도 일부만 제외하고 다른 것은 포함시키지 않았다.

■ 참고자료

(淸) 陳錫等修, 趙繼序等纂『績溪縣誌』(乾降二十年刊本, 成文出版社有限公司,台北, 一九八五年)
(淸) 淸愷等修, 席在泰等纂『績溪縣誌』(嘉慶十五年刊本, 成文出版社有限公司, 台北, 一九八五年)
『徽州府誌』(嘉慶十五年刊本, 成文出版社有限公司, 台北, 一九八五年)
許家屯:『許家屯回憶與隨想錄』(明鏡出版社, 香港 一九九八年)
謝泳:『書生私見』(上海文藝出版社, 上海, 一九九八年)
吳月, 王會紹, 王明康, 余賢傑:『甘肅風物誌』(甘肅人民出版社, 蘭州, 一九八五年)
『當代中國』叢書編委會『當代中國的甘肅』(當代中國出版社, 北京, 一九九二年)
甘肅省委研究室編『甘肅省情』(甘肅人民出版社, 蘭州, 一九八八年)
吳江:『十年的路』(鏡報文化企業有限公司, 香港 一九九五年)
『中國共産主義靑年團第十一次全國代表大會文件匯編』(中國靑年出版社,北京, 一九八三年)
『中國共産主義靑年團第十二次全國代表大會文件匯編』(中國靑年出版社,北京, 一九八八年)
共靑團中央宣傳部編:『閃光的生活道路-張海迪事跡』(中國靑年出版社, 北京, 一九八三年)
共靑團中央宣傳部編:『閃光的生活道路-張海迪事跡』(續編) (中國靑年出版社, 北京, 一九八三年)
李玉琦主編:『中國共靑團團史簡編』(中國靑年出版社, 北京, 一九九七年)
貴州地方誌編纂委員會貴州鑒編輯部編:『貴州年鑒』(貴州人民出版社,貴陽, 一九八六年)
貴州地方誌編纂委員會貴州鑒編輯部編:『貴州年鑒』(貴州人民出版社,貴陽, 一九八七年)
貴州地方誌編纂委員會貴州鑒編輯部編:『貴州年鑒』(貴州人民出版社,貴陽, 一九八八年)
貴州地方誌編纂委員會貴州鑒編輯部編:『貴州年鑒』(貴州人民出版社,貴陽, 一九八

九年)

龍超雲主編『中國西部槪覽・貴州』(民族出版社, 北京, 二〇〇〇年)

『當代中國的西藏』編輯委員會編, 丹增, 張向明主編『當代中國的西藏』(上, 下, 當代中國出版社,北京, 一九九一年)

『西藏自治區槪況』編寫組:『西藏自治區槪況』(西藏人民出版社, 拉薩一九八四年)

陳觀潯編:『西藏誌』(巴蜀書社,成都一九八六年)

徐明旭:『陰謀與虔誠:西藏騷亂的來龍去脈』(明鏡出版社, 香港, 一九九九年)

王力雄:『天葬:西藏的命運』(明鏡出版社, 香港, 一九九八年)

王力雄 :『與達賴喇嘛對話』(人間出版公司, 美國, 二〇〇二年)

師博主編:『西藏風雨紀實』(中國華僑出版社, 北京, 一九九三年)

[意大利]圖齊『西藏宗敎之旅』(中國藏學出版社, 北京, 一九九九年)

達瓦才仁:『西藏藏人如是說』(『中國時代』, 一九九八年第九期)

安琪:『「妖魔化的」西藏問題』(『中國時代』,一九九八年第二期)

郭德宏,張湛彬,張樹軍主編『黨和國家重大決策的歷程』(第五卷-第六卷, 紅旗出版社, 一九九七年)

『三中全會以來重要文件匯編』(上, 下, 人民出版社, 一九八二年)

蔡國裕 :『中共黨史』(國史館印行, 台北, 一九八八年)

夏海:『中國政府架構』(淸華大學出判社, 北京, 二〇〇一年)

鄒錫明:『中共中央機構沿革實錄』(中國檔案出版社, 北京, 北京, 一九九八年)

江澤民:『論三個代表』(中央文獻出版社, 北京, 二〇〇一年)

邱石編:『共和國重大決策出台前後』(第一卷 - 第四卷, 輕濟日報出版社, 北京, 一九九八年)

新華月報編輯部編『新中國五十年大事記』(上, 下, 人民出版社, 北京, 一九九九年)

中共中央黨史硏究室『中國共産黨新時期歷史大事記』(中共黨史出版社, 北京, 一九九八年)

李谷成 :『中共黨政軍結構』(明報出版社, 香港 一九九〇年)

李國強 :『中國當代名人錄』(第一-第十八集, 香港廣角鏡出版社)

黃崢:『劉少奇的一生』(中央文獻出版社, 北京, 一九九五年)

何頻,高新 :『中共「太子黨」』(上下, 明鏡出版社, 香港 一九九六年)

王若水:『胡耀邦下台的背景』(明鏡出版社, 香港 一九九七年)

胡績偉 :『從華國鋒下台到胡耀邦下台』(明鏡出版社, 香港 一九九七年)

高新:『江澤民的權力之路』(明鏡出版社, 香港 一九九六年)

高新:『江澤民的幕僚』(明鏡出版社, 香港 一九九六年)

漢子:『大地滄桑:中南海人物学沈內幕』(中國大地出版社, 北京, 一九九三年)

金劍 :『中共政要沈浮錄』(香港文化教育出版社有限公司, 一九九四年)
丁望 :『北京跨世紀接班人』(當代名家出版社, 香港, 一九九七年)
高新, 何頻:『誰領導中國』(明鏡出版社, 香港, 一九九七年)
中國局勢分析中心主編, 寧鄉漢, 文思詠執筆:『朱鎔基的內閣』(明鏡出版社, 香港, 一九九八年)
中國局勢分析中心主編:『中共最高決策層 - 十五大之後的權力布局』(明鏡出版社, 香港, 一九九八年)
白沙洲:『江澤民變法』(明鏡出版社, 香港, 一九九八年)
宗海仁:『 朱鎔基在一九九九』(明鏡出版社, 美國, 二〇〇一年)
吳稼祥:『角力十六大』(明鏡出版社, 美國, 二〇〇一年)
伊銘:『中共第四代權力部署』(明鏡出版社, 美國, 二〇〇二年)
楊中美:『 胡錦濤:中共跨世紀接班人』(時報文化出版業彬有限公司,台北, 一九九九年)
『胡錦濤事略』(『中共研究』一九九二年第十一期)
龍飛:『對中共選拔培養「跨世紀接班人」之研析』(『中共研究』一九九二年 第十期)
龍飛:『評析江澤民加速培訓跨世紀接班人之意圖』(『中共研究』一九九四年 第九期)
龍飛:『評析中共領導幹部年輕化之可行性』(『中共研究』一九九四年第十期)
姚克觀:『論大陸培養選拔跨世紀年輕幹部』(『中共研究』一九九七年第五期)
中共中央關於抓緊培養選拔優秀年輕幹部的通知 (中發[一九九五] 二號文件, 傳載於『中共研究』一九九七年第五期)
俞劍鴻:『中共中央繼承問題的辯證初探:自一九六九年起』(『中共研究』一九九七年第七期)
翁銘 :『一九九九年的中國是「胡錦濤年」)(『鏡報月刊』一九九九年二月號)
文產 :『胡錦濤精明穩健大器之材』(『廣角鏡』一九九九年二月號)
中國〈炎黃春秋〉,〈中華兒女〉,〈名人傳記〉,〈新華月報〉,〈華聲〉,〈紫光閣〉,〈大地〉,〈經濟參考〉,〈瞭望周刊〉,〈南方周末〉;
美國〈時代週刊〉,〈新聞週刊〉,〈紐約時報〉,〈華爾街日報〉,〈洛杉磯時報〉,〈華盛頓郵報〉,〈中國時代〉,〈當代中國研究〉,〈北京之春〉,〈中國之春〉,〈民主中國〉;
香港〈前哨〉,〈爭鳴〉,〈九十年代〉,〈開放〉,〈廣角鏡〉,〈鏡報〉,〈星島日報〉,〈信報〉,〈明報月刊〉,〈亞洲周刊〉,〈鳳凰周刊〉;
台灣〈中共研究〉,〈中國時報〉
多維新聞網, 新華網, 人民網, 光明網, 中青在線;
中共中央, 國務院等官方網站貴州, 甘肅, 西藏省區政府網站;
清華大學網站